THE ARTIST PROJECT

THE ARTIST PROJECT, WHAT ARTISTS SEE WHEN THEY LOOK AT ART

THE ARTIST PROJECT, WHAT ARTISTS SEE WHEN THEY LOOK AT ART

像艺术家一样观看

解读120件
大都会艺术博物馆珍藏

[美] 克里斯托弗·诺伊 编著 文小雅 译

后浪

Christopher Noey

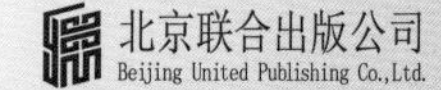

前 言

大都会艺术博物馆向来是为艺术家们服务的博物馆，所以当我听说即使是最优秀的艺术家也会到这里寻找灵感时，也就丝毫不觉得意外了。漫步在我们的罗马馆时，你可能会发现正在欣赏一尊巨大的大力神（Hercules）石像的杰夫·昆斯或者被一个古老的小女孩墓碑标示物打动的亚当·弗斯。德博拉·卡斯可能会在不远处的希腊馆正看着她认为是“另一个时代的漫画”的希腊陶瓶，凯欣德·威利则正在浏览我们的欧洲画廊，那架势好像他是这画廊的主人——他确实是——我们都是，大都会艺术博物馆对每一位长期仔细观察的人的奖励，就是它变成了所有人的博物馆。凯欣德在探索我们馆收藏的早期尼德兰肖像画时，没准会撞上妮娜·卡查杜里安，或者在意大利文艺复兴时期的作品之间碰上罗兹·查斯特：所有人都在消费前辈们的作品，也在被前辈们的作品消费。当然，每天还有很多我们不认识的艺术家在这里参观、学习，努力了解过去发生的事情，再决定自己对这一切是要拥抱，还是要排斥。

2015—2016 年，在我担任大都会艺术博物馆馆长期间，有 120 位艺术家与我们合作创建了一个名为“艺术家项目”的线上栏目。每位艺术家选择一个激发了他们的想象力并对他们而言意义重大的艺术品或展馆。我们记录下他们的想法和回答，并将其制作成 3 分钟长的短片，这些短片在 15 个月里分批上线。这些艺术家有的来自美国本土，也有的来自世界其他地方，他们用不同的媒介进行创作，而且处在职业生涯的不同阶段。这个屡获殊荣的线上系列栏目便是这本书的基础，这本书则为艺术家们对博物馆珍藏所做的独特而热情的诠释提供了更多背景。我希望这本书能鼓励读者以新的方式看待艺术。

“艺术家项目”线上栏目由导演克里斯托弗·诺伊和制作人特蕾莎·赖（Teresa Lai）领导的团队构思和开发，如果没有彭博慈善基金会的支持，这将是一项不可能完成的任务。为此，我感谢彭博慈善基金会很有眼光地支持了这个线上系列栏目，并将其纳入 Bloomberg Connects 文化资讯项目的一部分。富有创意的费顿出版社长期出版有关艺术和当代艺术家的书，是本书完美的出版方；大都会艺术博物馆的联合出版人格温·罗金斯基（Gwen Roginsky）和费顿出版社的副总裁德博拉·亚伦森（Deborah Aaronson）共同促进并监督本书的出版。

最后，我要感谢这 120 位艺术家，他们抽出宝贵时间离开自己的工作室参与了该系列的制作，并分享了个人的看法和见解。读者可以访问 artistproject.metmuseum.org 在线收听他们的声音并查看更多图像。他们的话语让我们明确了长期以来对大都会艺术博物馆及其馆藏的认知——这是一个令人激动的、充满发现和灵感的地方。

托马斯·P. 坎贝尔

艺术家们如何看艺术——克里斯托弗·诺伊

从 2014 年秋到 2016 年春，我差不多和书中的 120 位当代艺术家都进行过座谈，我们就大都会艺术博物馆收藏的某件艺术品或某组作品展开了对话。发现这些艺术家在看艺术时会看到什么，成了《像艺术家一样观看》一书的基础。“艺术家项目”最初是一个线上系列栏目，现在它的内容被结集成书。虽然这些艺术家代表着各种各样的声音，他们看待艺术品的角度也各不相同，但他们面临着同样的挑战——如何创作出动人的作品。这些艺术家一生都在探索创作的过程，因此不难理解为何每个人面对“遇到一件艺术品意味着什么”这一问题时，都有自己独到巧妙的见解。

我们为“艺术家项目”选择艺术家时遵循的标准是什么？首先，我们想要邀请那些喜欢谈论艺术的艺术家，当你去参观一家博物馆时，你就想和这样的人在博物馆共度时光。这群艺术家里，有的人在大都会艺术博物馆有自己的作品，有的人没有，有的人已经声名显赫，有的人刚刚崭露头角——简而言之，他们作品涉及的范围、他们代表的声音都很广。这些艺术家以当代的视角来看待艺术，但他们的好奇心是无限的——他们鼓励读者遨游于全球不同地区、不同文化的五千年艺术史中。

在创作《像艺术家一样观看》时，大家常常跟我们提起《纽约时报》艺术评论家迈克尔·基默尔曼（Michael Kimmelman）撰写的系列文章，这些令人难忘的文章都是关于与当代艺术家一起探索博物馆的。该系列文章与《像艺术家一样观看》的不同之处在于，基默尔曼与他的合作者们的谈话涉及多个画廊，而我们的访谈专注于单件作品或某个空间，让艺术家们能有机会更长久、更深入地审视它们。专注于单件作品不仅可以让我们再现艺术史的广度，还可以鼓励我们的读者与作品之间产生一种约翰·杜威（John Dewey）称之为“体验”的关系——深刻且专注的观察会启发而非扼杀想象力。在本书中，读者将按照以下形式与这些艺术品相遇——它们和策展人简短的解说及艺术家的访谈并置——这种形式不仅激发读者对比艺术家选取的作品及艺术家自己的作品，还激发读者对不同的艺术家进行比较。它提醒我们，一件艺术品可能会点燃伟大的对话。

每次访谈持续 30 分钟左右，我很幸运能够全部亲力亲为。实际进行的谈话可能非常宽泛，但我基本上只问三个问题：为什么这件艺术品会震撼你的世界？艺术家做出的哪些决定给你留下了深刻的印象？这件作品如何体现其“当代性”？

听这些艺术家侃侃而谈，通过他们的眼睛看艺术品，让我体验到了发现的快乐。他们不仅知道如何理性地解读一件作品，还知道如何感性地解读它。他们总有办法让自己的解读个性化。有些人探讨了顿悟——某件作品让他们开启艺术生涯的那一瞬间。例如，莫琳·加拉斯在她的家乡新英格兰的启发下画出了宁静的、杳无人烟的风景画。她第一次看到保罗·塞尚（Paul Cézanne）的苹果时，还是个艺术专业的学生，当时她就想：“‘哦，我也可以这样画。’我没有觉得它们令人心生敬畏，相反，我觉得塞尚给了很多许可。我从他的作品里看到了自己的出路。虽然我已经画了二十五年，虽然我已经老去，但这些作品依然启发着我。”

探索这本书的乐趣之一是能有机会将艺术家讨论的作品与他们自己的作品进行比较。将这些作品并置建立了非常有说服力的联系。虽然我们并没有明确要求艺术家将自己的作品与他们选择的物件联系起来，但不可避免的是，当他们谈论其他艺术家的作品时，我们也会了解他们自己创作时的策略。凯欣德·威利承认自己被约翰·辛格·萨金特（John Singer Sargent）的才华所诱惑，他甚至欣喜地承认萨金特操控了他：“我是一个年轻的黑人男子，试图冷静面对这些图片表现殖民主义和帝国的方式——但是，这些图片太棒了！这是一种带着犯罪感的愉悦。”所以，当我看到埃里克·费舍尔，还有街头艺术家斯万的选择时，就见怪不怪了——费舍尔选择探索马克斯·贝克曼（Max Beckmann）绘画中一个男孩的成人礼，这个主题贯穿费舍尔自己的职业生涯；街头艺术家斯万看到杜米埃（Honoré Daumier）的《三等车厢》时，发现“在怎么看、怎么观察、怎么讲述真相等方面，他透着浓浓的反权威意味”。不过，南·戈丁倒是让我吃了一惊。她告诉我说，她最近在朱莉娅·玛格丽特·卡梅伦（Julia Margaret Cameron）的作品中发现了卡梅伦的一些挣扎，比如男性摄影师质疑她的技术、她的能力和她的主题；同时，戈丁又发现了摄影师和拍摄对象之间因为互相信任而产生的力量。与戈丁对话，让我对她和卡梅伦的作品有了新的理解。

一些艺术家偏爱大师们的杰作，比如朱莉·梅赫雷图，她谈到了委拉斯凯兹（Velásquez）炫目的胡安·德·帕雷亚（Juan de Pareja）肖像画；又如阿琳·舍切特，她谈到了令人难以忘怀的蒙着面纱的古希腊风舞者；还有苏珊·弗雷孔，她谈到了杜乔（Duccio di Buoninsegna）的《圣母子》。对于这些耳熟能详的大作，他们仍然提出了一些令人意想不到的见解。除此以外，艺术家们还邀请我们去发现一些不那么为人熟知的作品，这也是该系列的乐趣之一，比如最初把安·阿吉吓一大跳的 18 世纪小瓷雕，还有促使安娜贝斯·罗森将目光越过大师杰作的本宁顿陶瓷小鹿：

> 这该死的大都会艺术博物馆！这里收藏了每一件精致绝伦的珍宝，从文化和艺术的角度来看，它们每一件都代表着极致的伟大。这只小母鹿显得渺小又微不足道，直到你真正注意到它的眼睛。然后就有了这种关联。

本书鼓励读者在阅读艺术家们的话语时，细细研究并重新思考他们提及的艺术品。这些艺术家持有的观点迥然各异，但他们一致鼓励我们对这些作品细察、再察，且不仅限于自己喜欢的作品。达娜·舒兹就指出：“有时，你实际上可以从自己不喜欢的作品里学到更多。”

在与本书中的艺术家们对话时，我经常发现自己穿越到了他们的工作室，穿越到了他们创作作品的时刻，好像我就站在他们身后看着他们工作一样。比如克里·詹姆斯·马歇尔正在剖析安格尔（Ingres）的《灰色调宫女》：

> 为了达到想要的某种效果，安格尔的图像被风格化了……上半身的扭转方式以及手臂下方的乳房。这个乳房位于极其别扭的位置，让人感觉它几乎长在身体的一侧，而没有长在正常的胸部位置。如果你沿着这个女人背部的曲线直到大腿，然后再往下穿过膝盖，直到位于末端的脚，你会发现这是一条非常漂亮、韵律十足的曲线，它从图片的左侧一直延伸到右侧……他要保持整个画面的平面性，这样，人物才具有装饰性。

我们希望这本书能够表现出艺术史的广度，因此一开始我们就打定主意让每个艺术家都选择不同的作品。然而，我们还是遇到了一个略微棘手的情况。内兰德·布莱克选取了非洲马里的班巴拉人制造的能量像（也称为 Boli）。但在我们采访他之后，其他四位艺术家要求使用同一作品。在一个不乏经典杰作的博物馆中，我坚信，很多艺术家会像我一样迷恋这种没有固定形式的礼器，何况它还挑战了风格、来源和完成度等传统观念。这件作品由血液、泥土和其他物质混合制成，经年累月不断地添加上述材料使得这个能量像生生不息，或者，正如布莱克充满诗意地描绘道："这种雕塑的制作方法跟雪堆的形成是一样的，它最终的形状其实是多股力量独立作用的结果。"能量像具有表演性，当卡鲁普·林兹将马奈的工作室想象成一个装扮场所时，他产生了一种感性，"模特们走进来穿上（衣服）扮演不同的角色"。能量像与族群产生互动，艺术品不仅为族群而造，也被族群所造——许多艺术家被这个想法吸引。读者将会发现，这些主题在艺术家们的对话里反复出现。

最终，我在采访时最大的乐趣是艺术家们带给我的各种惊喜，他们出人意料的措辞为我解锁了这些艺术品，并促使我从理智和情感两个方面与之建立联系。帕特·斯蒂尔对保护村庄的刚果能量像表达了深深的亲切感，她说："他在博物馆里，正尽着自己最大的努力。"她承认，每次在大都会艺术博物馆看到这个能量像时都会眼泪汪汪："他像一位退役的橄榄球运动员。"瓦格西·穆图在谈到埃贡·席勒（Egon Schiele）的素描作品时说："没什么合适不合适的。一切都是原始的——性是原始的，两性关系也是原始的。"大卫·萨利称马斯登·哈特利（Marsden Hartley）画的捕龙虾的人穿的红色衬衫"让人心碎"，并补充说："这是悲剧艺术家的艺术悖论——他可以以凄美的方式来描绘悲剧性事件或表达生命的悲剧感。"

这么多艺术品中，有一些我不曾见过，但在采访完这些艺术家之后，我现在算是见识到了。他们深知，艺术品可以告知我们过去、探索陌生的事物、将我们与遥远的地域和生活在那里的人们联系起来；当然，艺术品还能激发我们的想象力，打开通往未来的道路。因此，知道艺术家在欣赏艺术时看到了什么才会如此意义非凡。我们要时时记得，艺术家在每次创作时究竟有多少利害需要考虑。

维托·阿肯锡

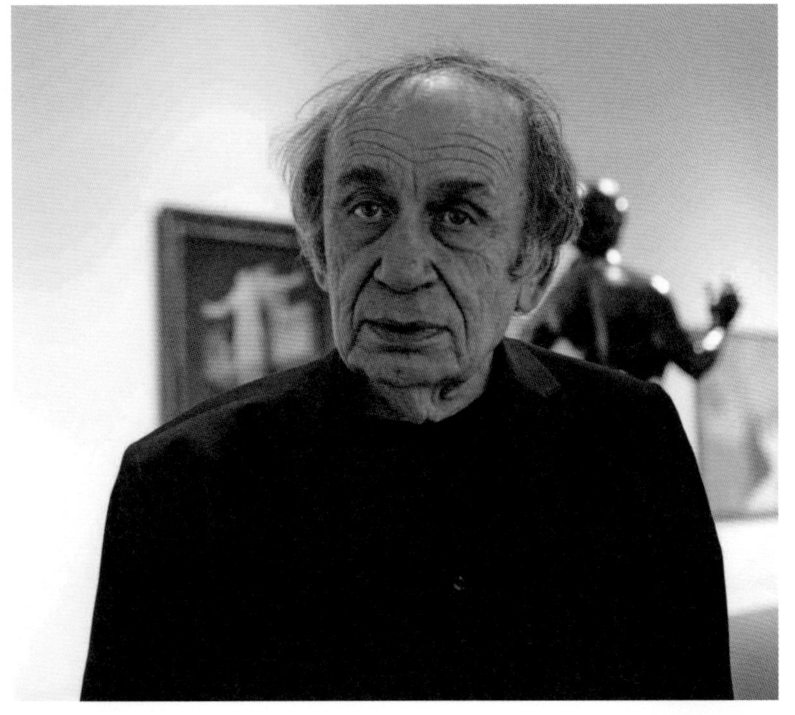

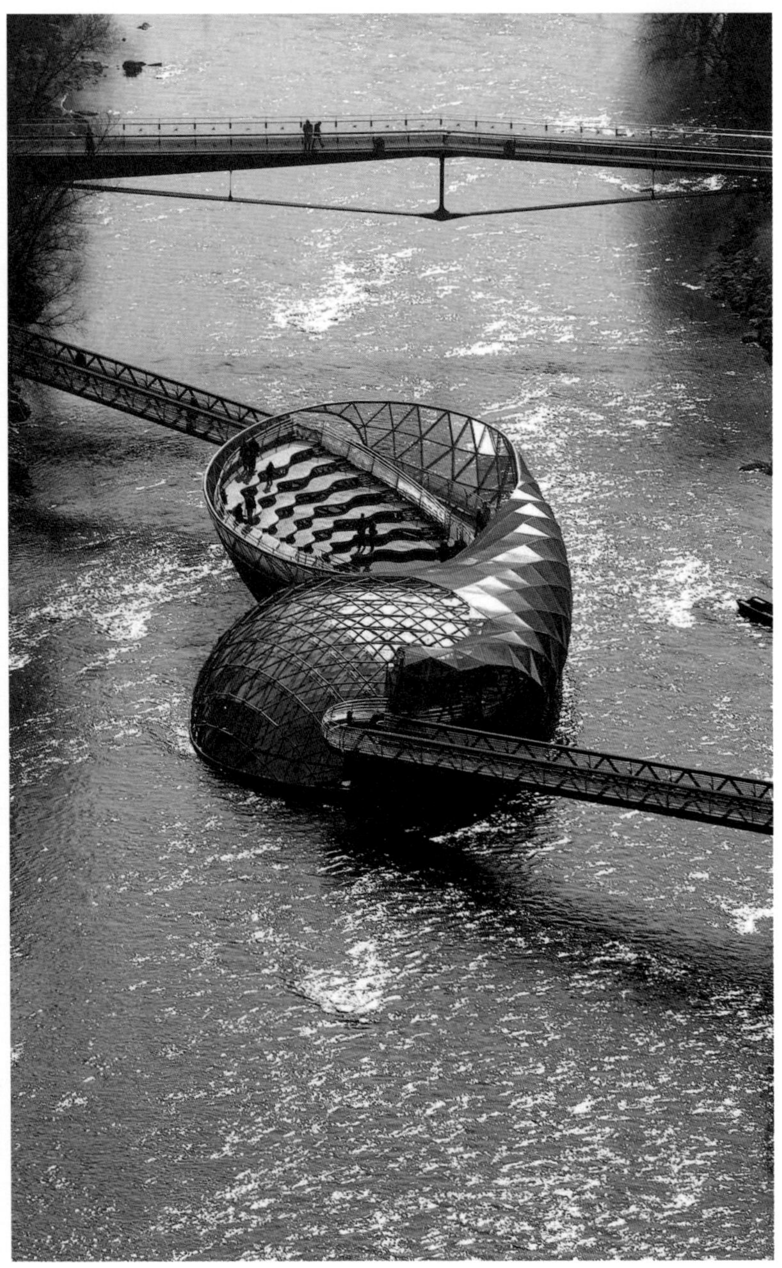

“这把椅子看起来就像它觉得自己是个人。”

我并没有正儿八经学过艺术。20 世纪 60 年代末，我开始创作涉及“我”这个人的作品；到了 70 年代末，我开始从事类似于设计或建筑的工作。那时候我意识到，自己之所以想这么做，是因为我真的很讨厌“观众在这里，作品在那里”的位置关系。这就是“表演”一词让我很不爽的地方——它要求有观众、有听众。我想做能把人包含进去的作品，就像器皿一样；我想要人们使用我的作品。

“之字形椅”可能是最容易制作的椅子了。赫里特·里特费尔德（Gerrit Rietveld）是我遇到过的最精准的思想家。他有一套颇费心思的制作方法。

一方面，这只是一把基础款椅子；而另一方面，这把椅子算得上是一道严谨的数学题。它由四面木板组成，其中两面大小一样—— 一面坐人，一面用于固定在地面。椅子坐人部分的正下方就是底座；这把椅子没有扶手，也不需要椅背。我觉得，里特费尔德想制作的是一件具有抽象“椅子属性”的作品。

他肯定这样想过：我要如何把这几件东西组装在一起，它才能把自己支撑起来呢？突然，他灵光一闪：它必须是对角线啊！二十年后，也就是 60 年代初，新材料出现了。于是维尔纳·潘顿（Verner Panton）不再需要对角线，因为他可以应用各种曲线。然后，弗兰克·盖里（Frank Gehry）用更廉价的材料制作了类似的物品。但里特费尔德的椅子始终占据着开创性地位。这把椅子看起来就像它觉得自己是个人。如果我蹲在地上，就跟这椅子一模一样。

僧侣或牧师们可能会喜欢这样的东西。这把椅子有点“舍生取义”的意味，它给你的感觉是——坐上去不会很舒服。

我认为里特费尔德不仅想制作一把椅子，他还想制作一个几何图形。看着这把椅子，我就想说“它美得令人难以置信”，对我来说，这样的东西为数不多，因为美与装饰无关，美也不是将一些不同的部件组合起来就能实现的。这把椅子看起来基础又简单——我真不愿意这样说，因为我是天主教徒——它几乎是圣洁的。我觉得，这是艺术家把心里的某个想法变成了现实。它接近完美。

阿肯锡工作室，穆尔岛，奥地利格拉茨，2004 年 ←

赫里特·里特费尔德，《之字形椅》，约 1937—1940 年 →

里特费尔德的之字形椅由四块木板制成，木板两端铰接在一起，形成之字形。它摒弃了椅子的传统特征，没有两把扶手、没有四条腿，椅座也不带垫子。一块板与另一块板按照数学般精确的角度相互连接，尽量少用支架、螺母和螺栓。这件作品拥有内在的线性设计，看起来不仅是件实用的物品，还是件雕塑。里特费尔德对抽象设计的兴趣源于其早年参与的“风格派”先锋运动，该流派坚信，抽象思维是纯粹精神的再现。

赫里特·里特费尔德的《之字形椅》

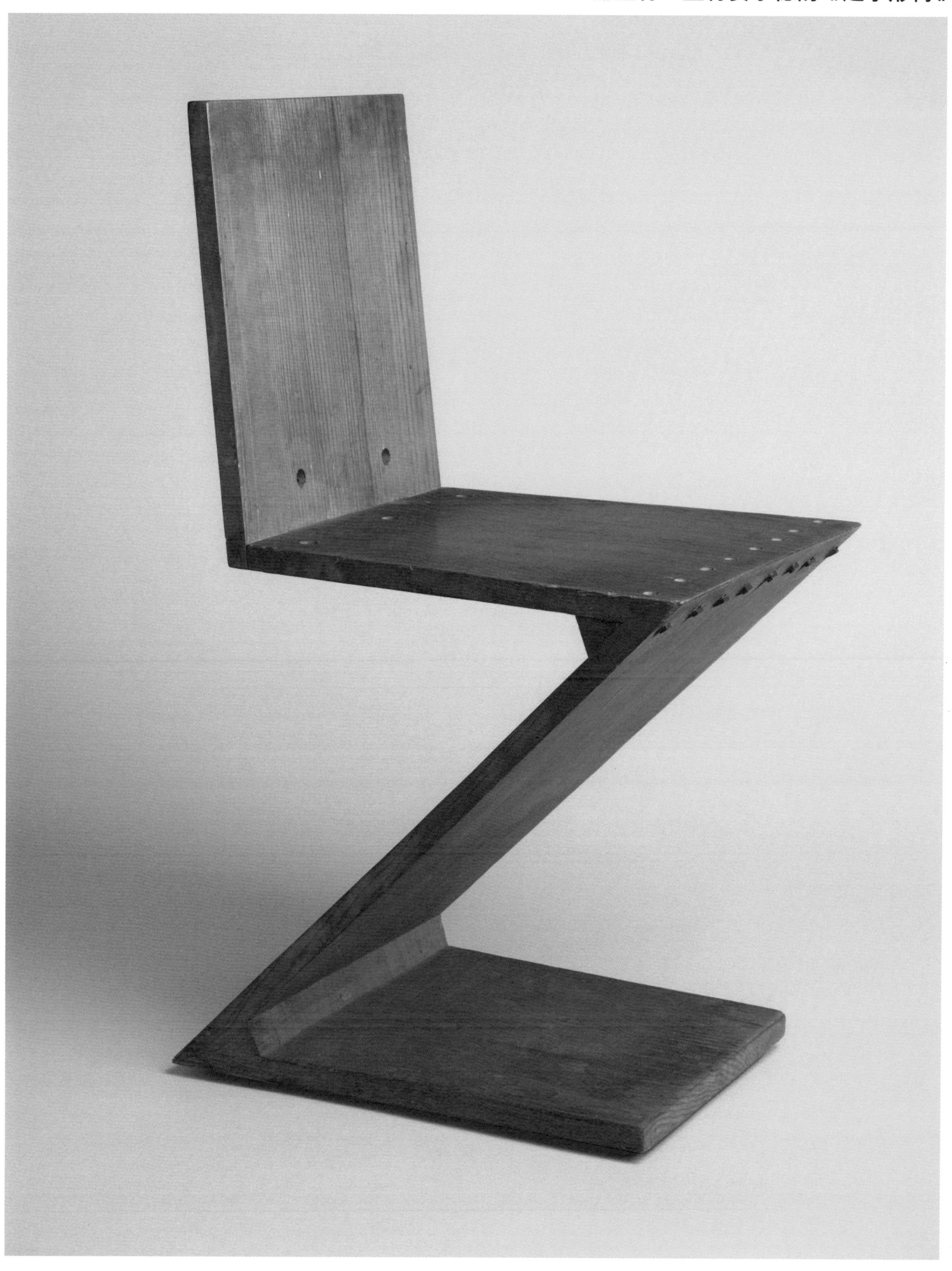

安·阿吉

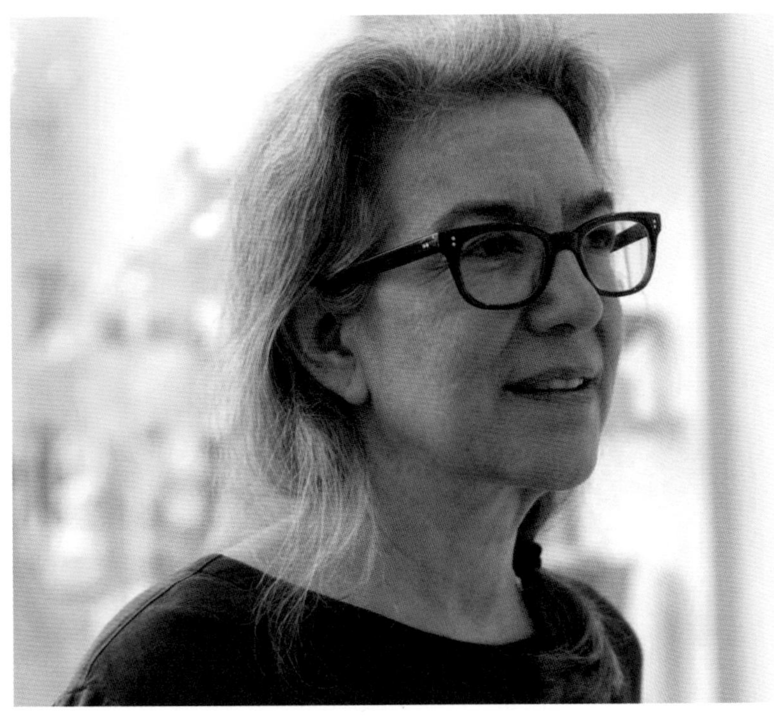

“他们其实是你想成为的那种人，但是你成不了，因为你太古板了。”

我学过绘画。在学校里，每个人都在展示自己的画作，但没过多久就有些无聊了，因为它已经是艺术了——好坏姑且不论，它已经很严肃了。我意识到，如果你将自己的画作画在某个具有功能性的物件之上，它的地位就会下降，于是我对陶瓷物件痴迷起来。我喜欢这种挑战。

当我第一次看到这些唯宝（Villeroy）小雕像时，其实并不怎么喜欢它们——相反，我还觉得它们看着有点恐怖。但后来我了解到，它们并不会像在博物馆里那样被摆放，因为这些小雕像最初是为甜品桌而制作的，餐后会和餐具一起被收走。听到这一说法时，我认为它们并不是雕塑，而是具有特定功能的物件。这样一来，这些小雕像在我眼里就变得妙趣横生了。

大都会艺术博物馆里的所有东西——绘画、雕塑、功能性物件——混杂在一起，让这个地方变得相当有意思。我很喜欢这样的风格。

在房间里摆一个小雕像让人觉得挺超现实主义的，这个雕像的比例转换让人感觉恍若置身于《爱丽丝梦游仙境》中。这个男人的笑脸会立刻吸引你的注意力，然后你就被整件作品迷住了。这个男人挺奇怪的，他脸上长了几颗痣，鼻子也很漂亮。女人的脸没有什么特色，就像从模具中冒出来的现成角色。她精致又美丽，但这个男人真的太搞笑了。他们是街头剧场常见的角色。我认为他们有点像嬉皮士，放荡不羁，爱开玩笑，无忧无虑。

在这个展厅中，我觉得他们有一点颠覆性。我认为，他们不属于这个展厅，所以放在这里显得有点格格不入，不过这倒让人松了一口气。他们其实是你想成为的那种人，但是你成不了，因为你太古板了。他们代表了纯粹的快乐、对生活的热情拥抱，以及对困境的承受能力。

在我们这个时代，有这样一种愿望，希望每件艺术品都有对应的作者，但这件作品没有作者。像这样没有出处的奇妙物件，在大都会艺术博物馆里比比皆是。《哈勒奎小丑一家》属于它自己的时代，但即使是像我这样的艺术家，仍然受到它的启发。对我而言，它就像贝尼尼的雕塑作品一样。

这件作品中，男人和女人的臀部挨在一起，身体的其他部位都在运动，让人神奇地感觉到他们似乎在流动——就像在飞一样——动感十足、毫无保留。他们就在展厅那里，像个旋转不停的陀螺一样，充满了勃勃生机。

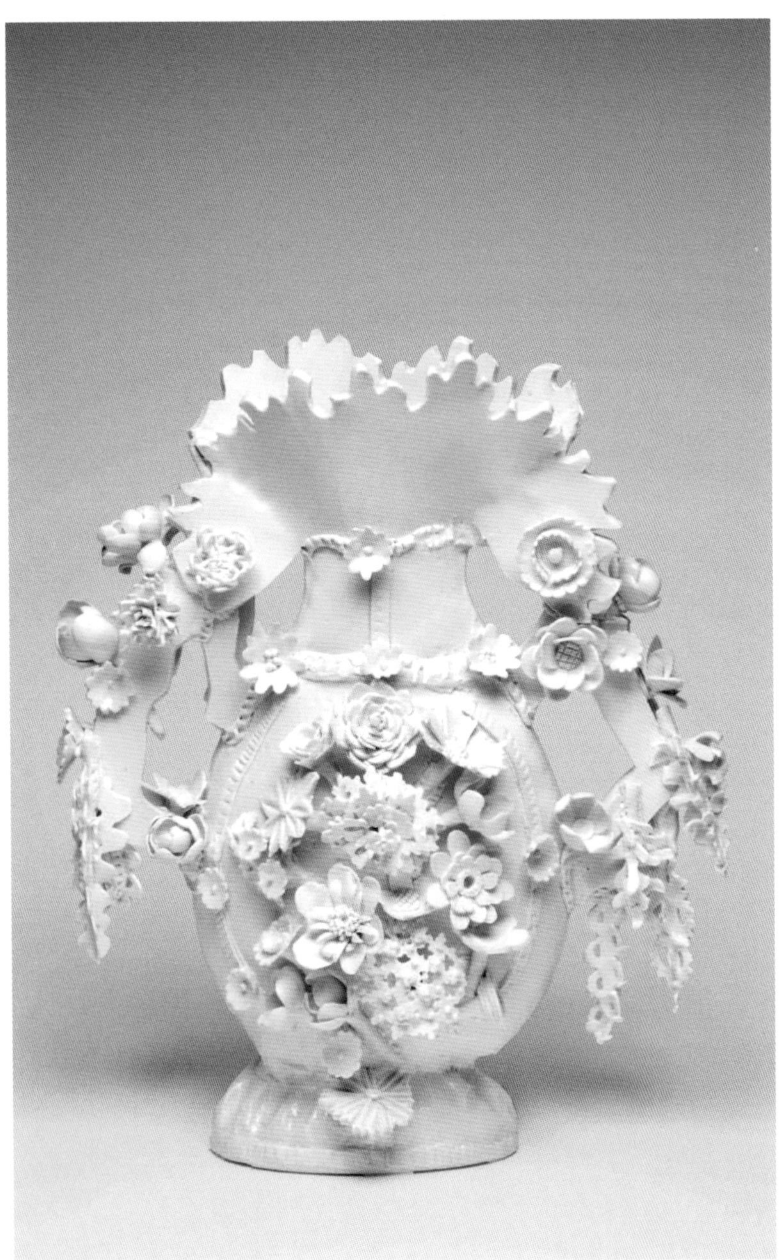

安·阿吉，《花瓶》，2009 年 ←

《哈勒奎小丑一家》，约 1740—1745 年 →

《哈勒奎小丑一家》是一组小型意大利喜剧团雕塑作品的夸张放大版本，该组喜剧团雕塑作品由约翰·约阿希姆·坎德勒（Johann Joachim Kändler）于 1738 年在梅森建模制作。它是唯宝工厂制作的这类组合作品中唯一一个已知的例子。坎德勒最初的设计本来可以使用生动的色彩增强效果，但成品并无任何装饰，反倒传达出一种更温和的情绪。这件作品非同一般，它巨大的尺寸以及与其出产地梅森之间的依赖关系就是明证，因此它很可能是件试验品，大面积的火烧裂纹和脱色更加印证了这种推测。

唯宝工厂的《哈勒奎小丑一家》

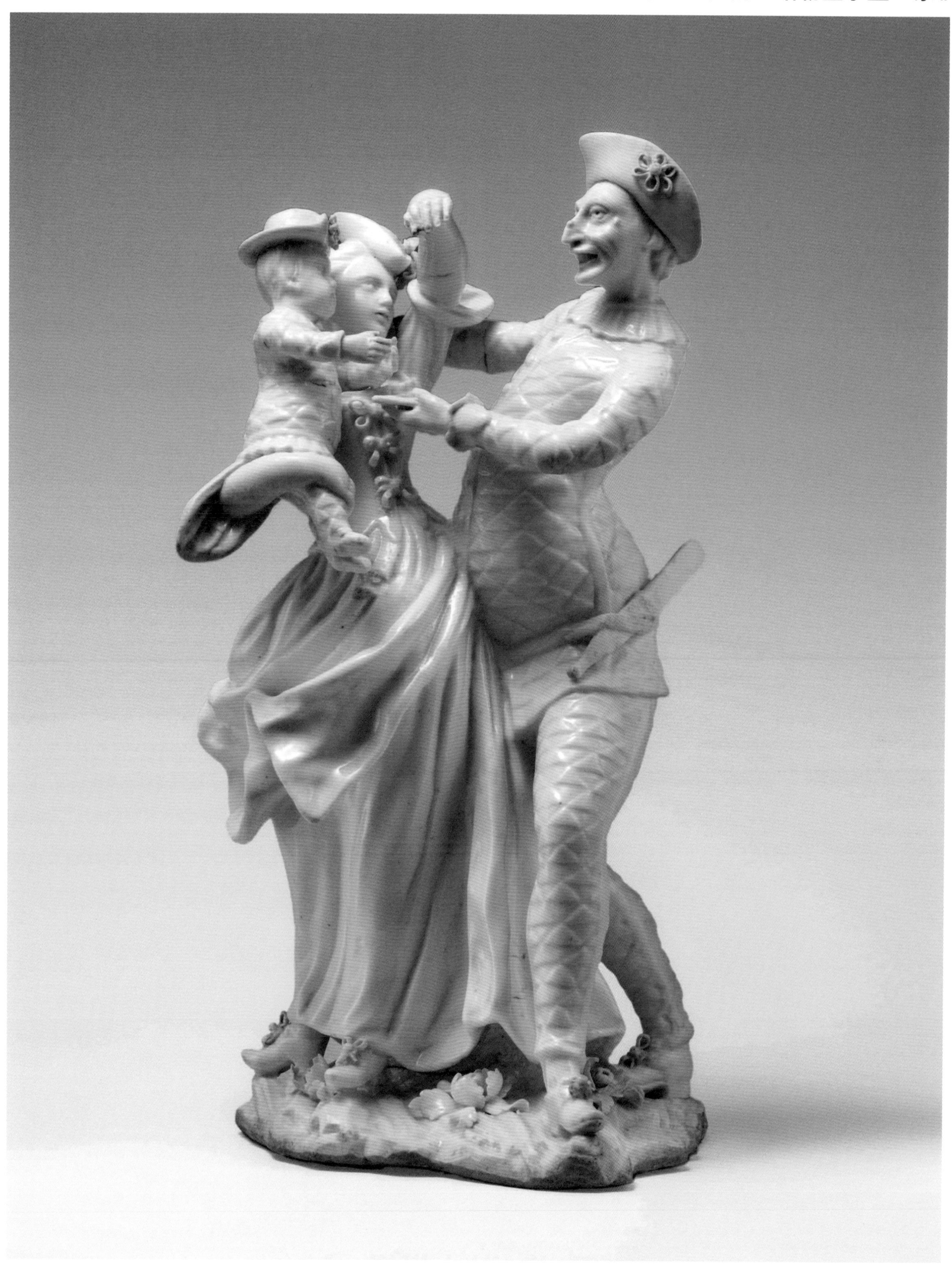

奈德卡·阿库奈利·克罗斯比

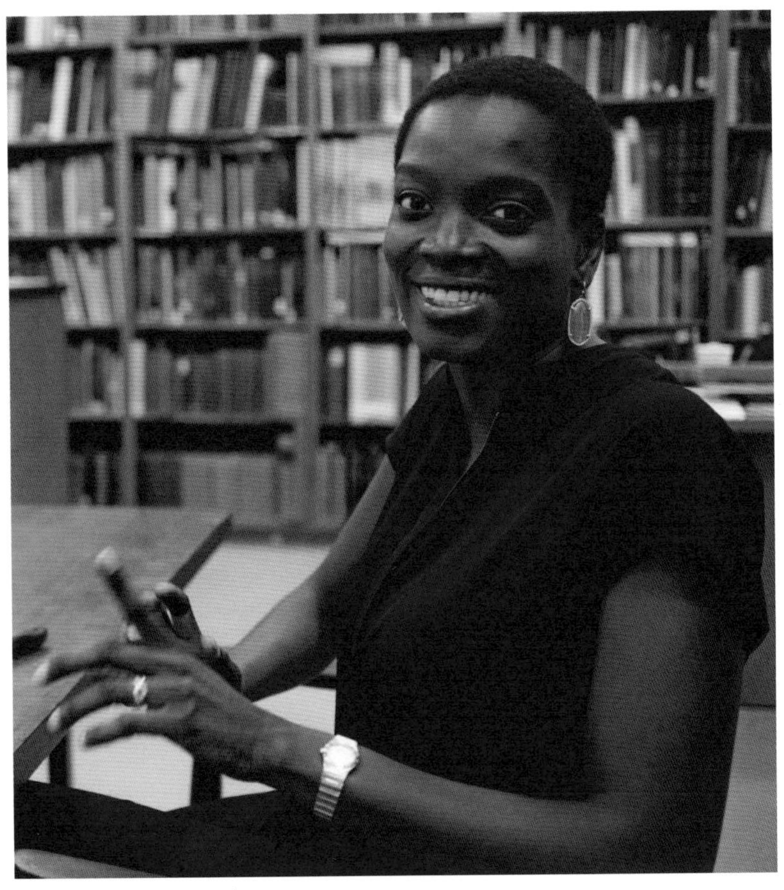

“整幅作品看起来安安静静的，然而又在你心里轰鸣回响。”

很多时候，我的创作涉及自己的生活和家庭空间。我让观众有机会窥探我的日常生活——乔治·修拉（Georges Seurat）的《刺绣；艺术家的母亲》就是这样。该作品再现了艺术家的母亲正在刺绣的场景，她似乎做过很多刺绣活，但这幅作品想要呈现的远不止于此。它的许多美感源自触感，这种触感靠孔蒂蜡笔着笔于画纸上的方式呈现出来。作品里的光出奇地亮，而阴影则逐渐增强，你几乎能看出来修拉是怎样一圈又一圈地增加阴影的——这一点、那一点逐步叠加。这样的质感与刺绣活动相互呼应，道出他的母亲在那段时间的生活：她就是这样，安安静静坐在角落里做她的针线活。该作品有种让人迷恋的特质，尤其是作品中最暗的部分，当然，她整个人大部分都没于阴影中。我们感受到艺术家和母亲之间的亲密联系，还有他对母亲的爱意。整幅作品看起来安安静静的，然而又在你心里轰鸣回响。

我在工作中做的某件事将我引向这幅作品，那就是在一件非常暗的作品中创建一个空间，当观众靠近这个空间时，就会发现其中蕴含许多信息。当你近距离观看这幅作品的时候，那些细微的颜色切换和渐变逐渐被了解，逐渐变得清晰，这是一种截然不同的体验。这种体验让你融入修拉的世界，变成他空间和生活的一部分，从而创造出和艺术家的亲密联系。

有时候，想要创作情感丰富或浪漫主义的画作，而又不想过分感性，这真的很难，但修拉在这幅作品里做到了。我觉得是这幅作品的抽象性没让它变得过于感性。修拉在抽象与具象之间找到了最合适的边界线——使用有限的词汇来讲述非常复杂的故事。

这件作品的当代感归功于修拉的才华，他既可以根据传统进行创作，又可以找到让传统与众不同的方法，即从传统中创新。说这幅作品漂亮真是太庸俗了，但不可否认的是，它真是件漂亮的作品。我猜我们现在总被教导要多问为什么，光说这幅作品漂亮显然不够。

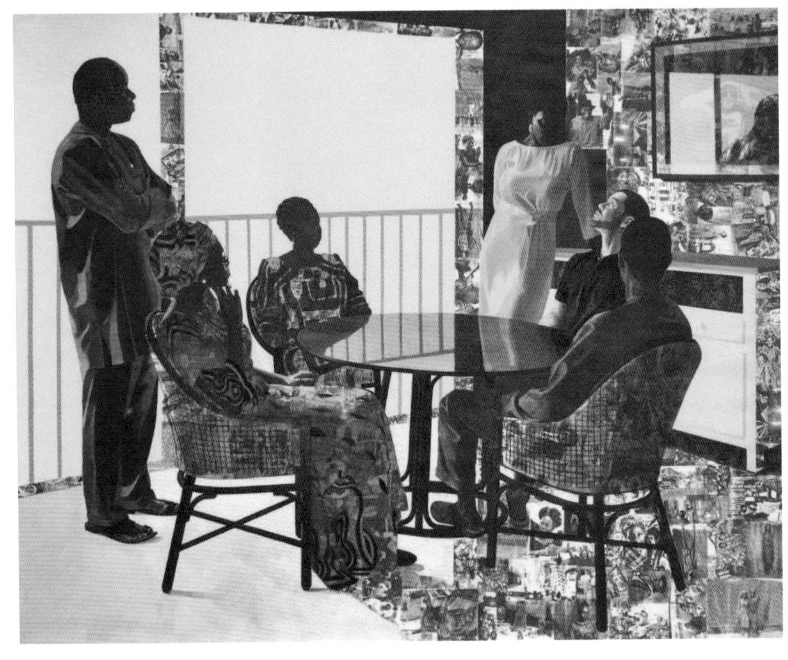

奈德卡·阿库奈利·克罗斯比，《静静的脸庞》，2015 年 ←

乔治·修拉，《刺绣；艺术家的母亲》，1882—1883 年 →

艺术家的母亲欧内斯廷·费弗尔（Ernestine Faivre）这张宁静的肖像画是修拉用孔蒂蜡笔精心打造的独具匠心的造型作品。孔蒂蜡笔是他最喜欢的绘画媒介。整幅作品没有线条，只有如天鹅绒般质感的黑色在不同色调间过渡。通过轻涂蜡笔所再现的少量自然光照亮了室内，女人正在房间的一个角落做针线活，营造出一种宁静的家庭氛围。这幅作品的抽象美赢得了同时期画家保罗·西涅克（Paul Signac）的称赞，他称之为“有史以来最漂亮的画作”。

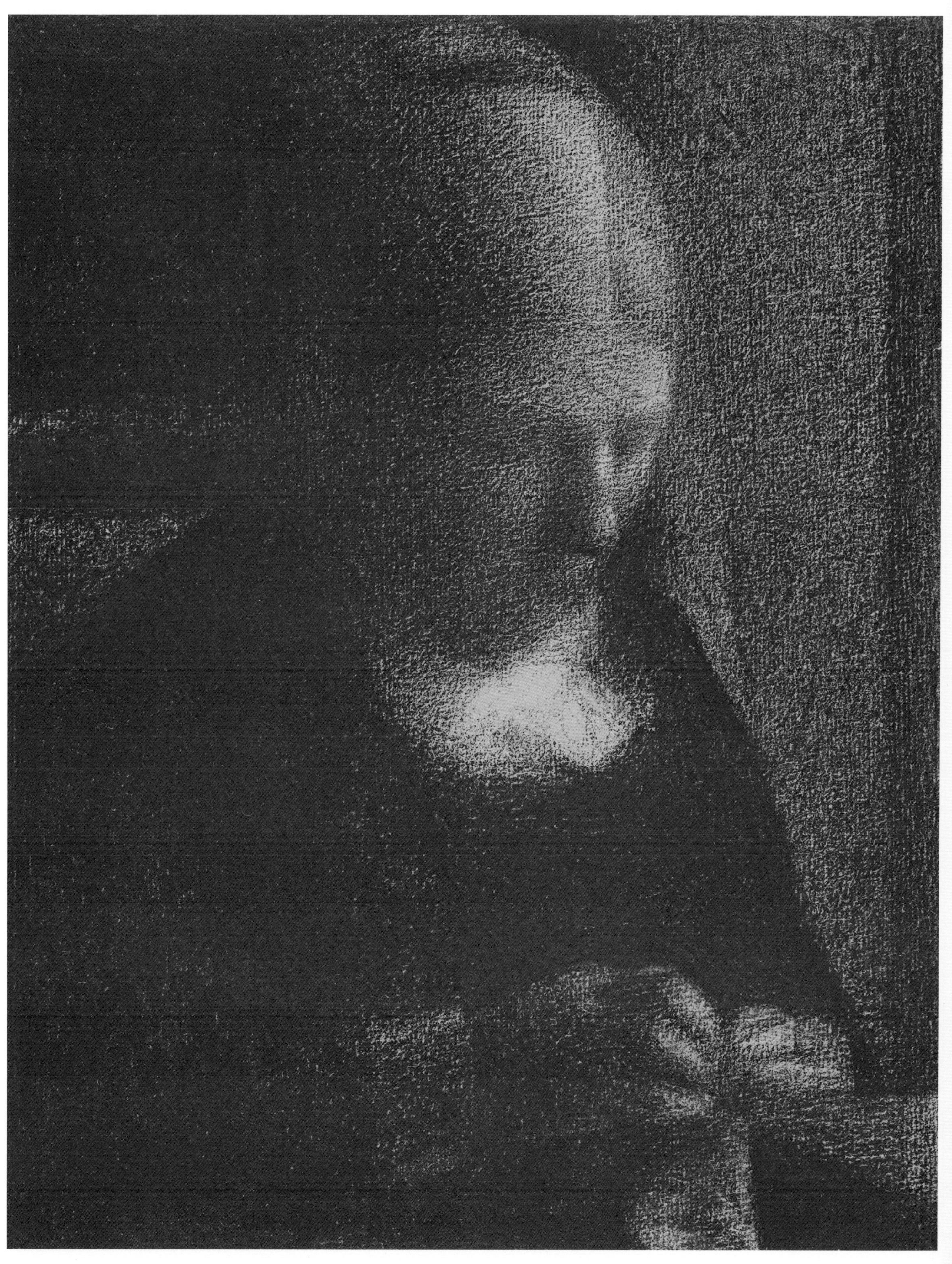

加达·阿梅尔

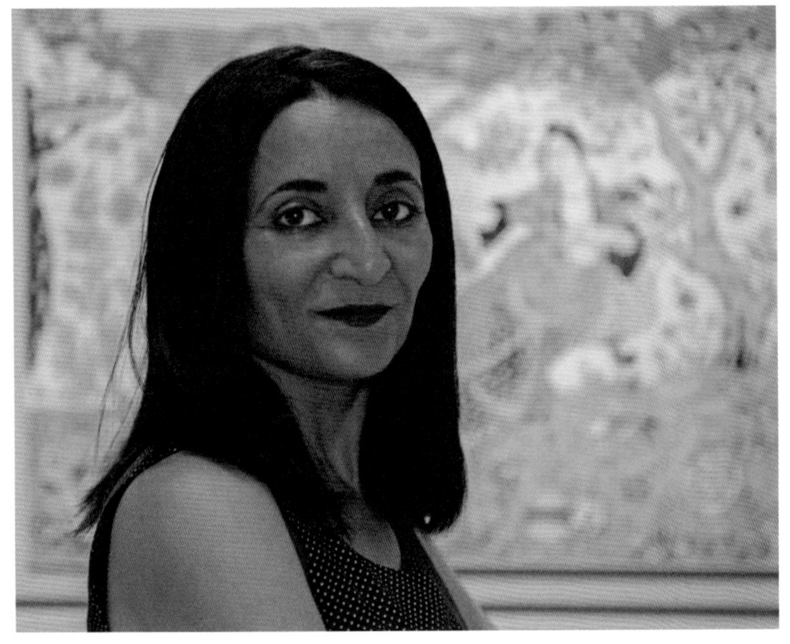

“这是马蒂斯出现以前，很马蒂斯的一幅作品。”

我出生在埃及，成长在法国，现定居美国。但人们仍然喜欢把我称为穆斯林或埃及人——至少美国人喜欢这样称呼我。这让我很困扰，因为在某种程度上，这是对我的一种排斥。这也正是我选择一件伊斯兰艺术品的原因，反正人们已经把我限定在伊斯兰文化的盒子里了，那我就必须意识到它的存在。这种感觉像是对身份认同的一次探求。

这块伊朗瓷砖镶嵌板让我印象深刻。我喜欢画面中心的这个女人。身边的男子跪在地上，朝她致敬。她很厉害，透着某种欲望。我喜欢这一点。她微笑着，正递给男子什么东西，男子也在递什么东西给她。这幅作品关乎爱情，男人和女人揭下面纱前来相遇。其他几位女士拿来了更多酒，她们都很开心。外面的花园里处处开满鲜花。我也很喜欢这些人物的绘制方式，那些轮廓线像图案一样。这种方式有点天真——就像孩子们的绘画那样充满了童真与幸福。这是马蒂斯出现以前，很马蒂斯的一幅作品，从这个角度看，它让人感到很现代。

我很喜欢它是由瓷砖制成的：低级艺术与高级艺术的划分历来与东西方之间的划分有关。这幅作品在西方世界永远都不可能被认为是一幅画。它是瓷质的，所以可能被归为次一级的艺术。

绘画媒介是人类发明的：持这种观点的人希望我们如此相信。这就是媒介在我工作中非常重要的原因。媒介不同，艺术家的身份也就不同：你制作的是低级艺术品吗？你制作的是高级艺术品吗？对于不同的人如何看待材料或媒介，我一直很感兴趣。为什么一种媒介的价值就比另一种媒介的价值高呢？

我不喜欢过于理性的艺术。我喜欢让我心动的艺术。出门去，平静生活，和陌生人聊天……这是一种交流。真的，这就是我从这些瓷砖中识别出来的东西。她走出了家门，她自由了，她成了女王。

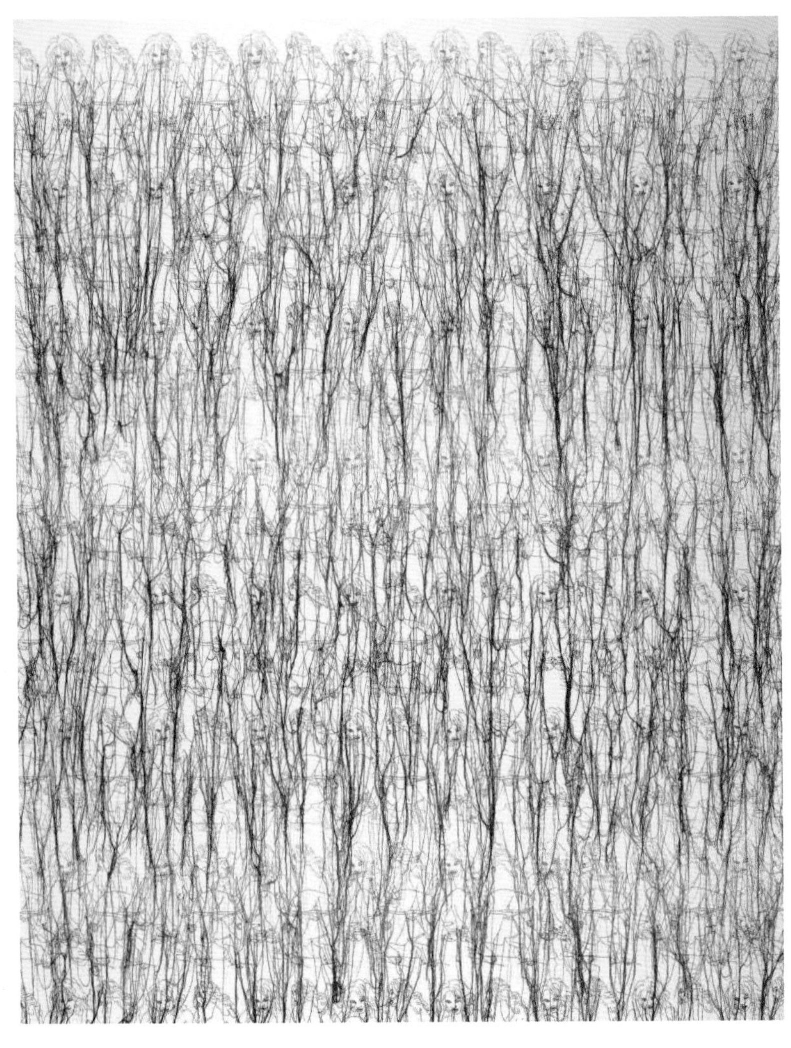

加达·阿梅尔，《欧石楠的枯萎》，2006 年 ←

《花园聚会》，1640—1650 年 →

在这块来自伊朗的瓷砖镶嵌板中，画面中心的女人斜倚在靠垫上，懒洋洋地递出一个装满酒的杯子。她看向观众的目光里有着一股挑逗的意味，前臂上露出灼烧的痕迹，这些痕迹让人联想到神秘主义者和情人。一个身着欧式服饰、戴着欧式帽子的男子——也许是个商人，跪在她面前。画面中的其他人物或呈上点心，或陪着说话。

《花园聚会》

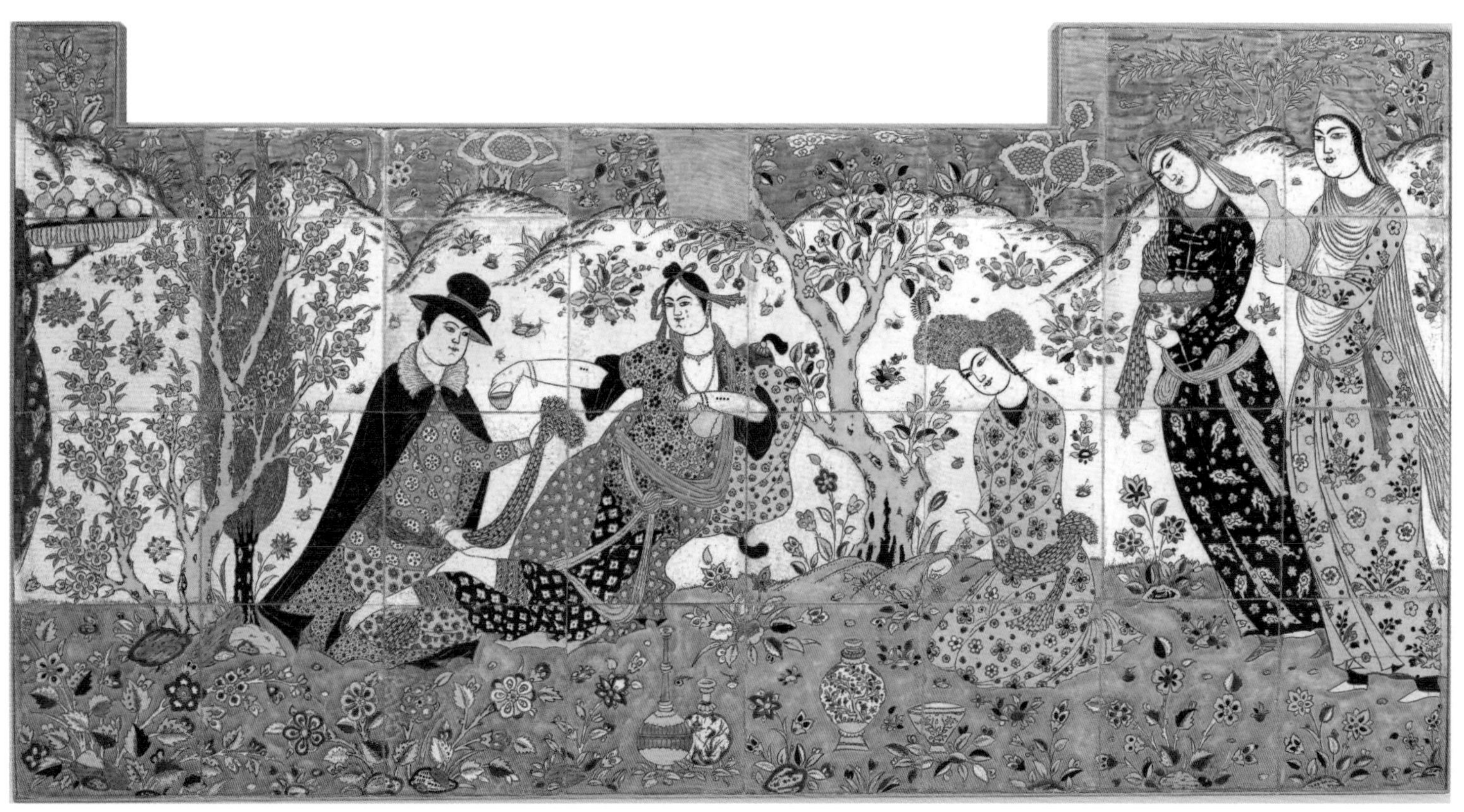

卡姆卢茨 · 阿拉姆

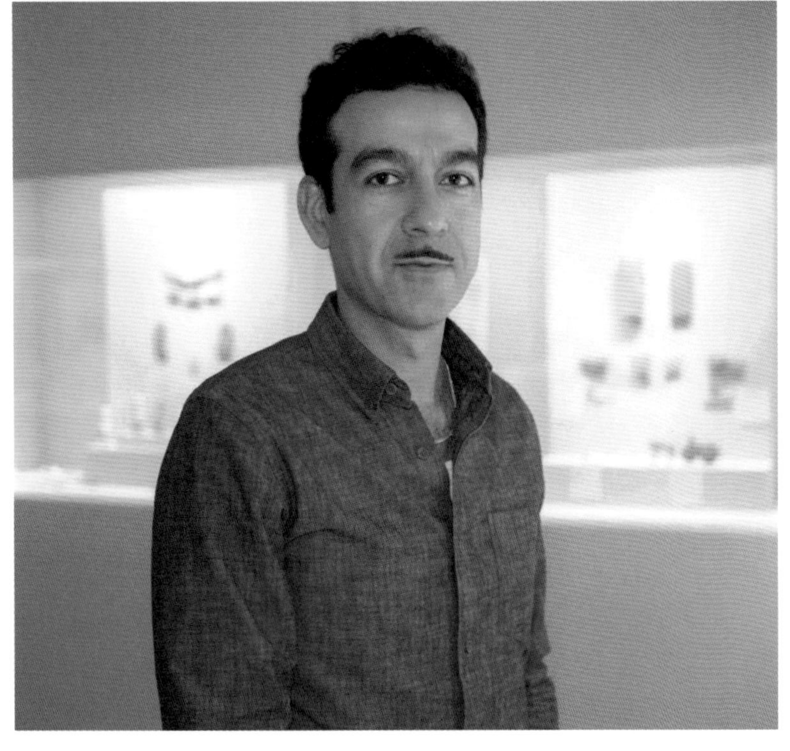

“我们走进藏有古代艺术品的画廊就可以梦回过去。”

陈列着古代西亚艺术品的画廊令我着迷，它们被我称作“文化怀旧”场所。具体来说，“文化怀旧”说的是伊朗人，尤其是定居在西方的伊朗人，他们会去大都会这样的博物馆参观，见证自己辉煌的过去。

艺术品的呈现问题对我而言很重要。我们在画廊看到的，实际上是以当代形式展示的包含着过去的物件，而且我历来认为，这些物件不存在什么中性的背景。博物馆背景与展品本身一样重要，它告知我们，今天这些物件在讲述着什么。因此，我还会注意展品的陈列方式和打光方式。

这些砖块曾是某个建筑的一部分，很可能是环绕整个房间的图案的一部分，但现在它们作为残片被展示——一组完整的花卉图案。我们可以看出这一花卉图案在重复出现，意识到这一点就会改变我们对这组残片的理解。

时间是影响这些古老物件的另一个因素。当我们看着它们时，会感到时间的流逝。经年累月的风吹雨打赋予这些砖块画作般的品质，就像画家将油彩涂到画布上之后，又将它刮去，留下了早前的痕迹。这种令人动容的品质在最初制作的时候并不存在。今天，在我们看来，当初的颜色可能又俗又艳，没有什么吸引力。

我常想，不知道过去是否存在一些我们尚未发现的传统手法。有一种说法认为，古代西亚的人们见识有限，无法创作出各种栩栩如生的自然形式；但如果有人能够精确地雕刻出这些风格独特的眼睛或花卉图案，那么他也肯定能做出像真正的牛头一样的作品。也许艺术家更关心如何刻画动物的神韵，而非复制它的身体特征。

观察投射到这些物件上的神话真的令人着迷。我们走进藏有古代艺术品的画廊就可以梦回过去。当我们看着这些物件寻找意义时，实质上是我们在赋予它们意义。当然，我不是暗示人们可以忘记这些物件最初出现的背景，因为这样有点不负责任，但同时，似乎有一种无法抗拒的魔力吸引着我们将它们视为当代物件。实际上，它们如今就是陈列在纽约的一家博物馆中、带有自己过去的物件——就是如此。不过，没关系，每次看到它们时，我们不必接受它们背后的历史。

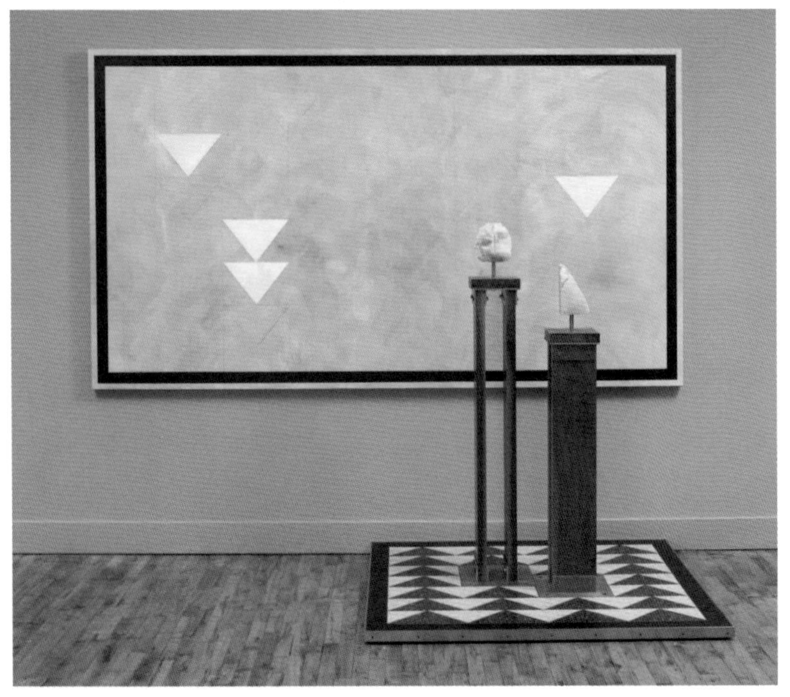

卡姆卢茨 · 阿拉姆，《生活失败纪念碑》，2016 年 ←

带有棕榈叶图案的砖块，约公元前 6 世纪—公元前 4 世纪 ↗

来自柱头上的牛头，约公元前 5 世纪 →

这两块建筑装饰残片可追溯到阿契美尼德王朝（公元前 550 年—公元前 330 年）。琉璃瓦曾经是苏萨（Susa）宫殿建筑群中众多彩色壁饰的一部分。苏萨是古老的波斯城市，复兴于阿契美尼德王朝时期。波斯波利斯最初由波斯帝国的皇帝大流士一世（Darius Ⅰ，公元前 522 年—公元前 486 年在位）建造，它是帝国的礼仪首都。城内门廊的天花板和主要建筑的大厅皆由细长的槽形立柱支撑，立柱顶部装饰着各种具有纪念意义的石柱头。在波斯波利斯附近发现的这个柱头采用了牛头的形状。

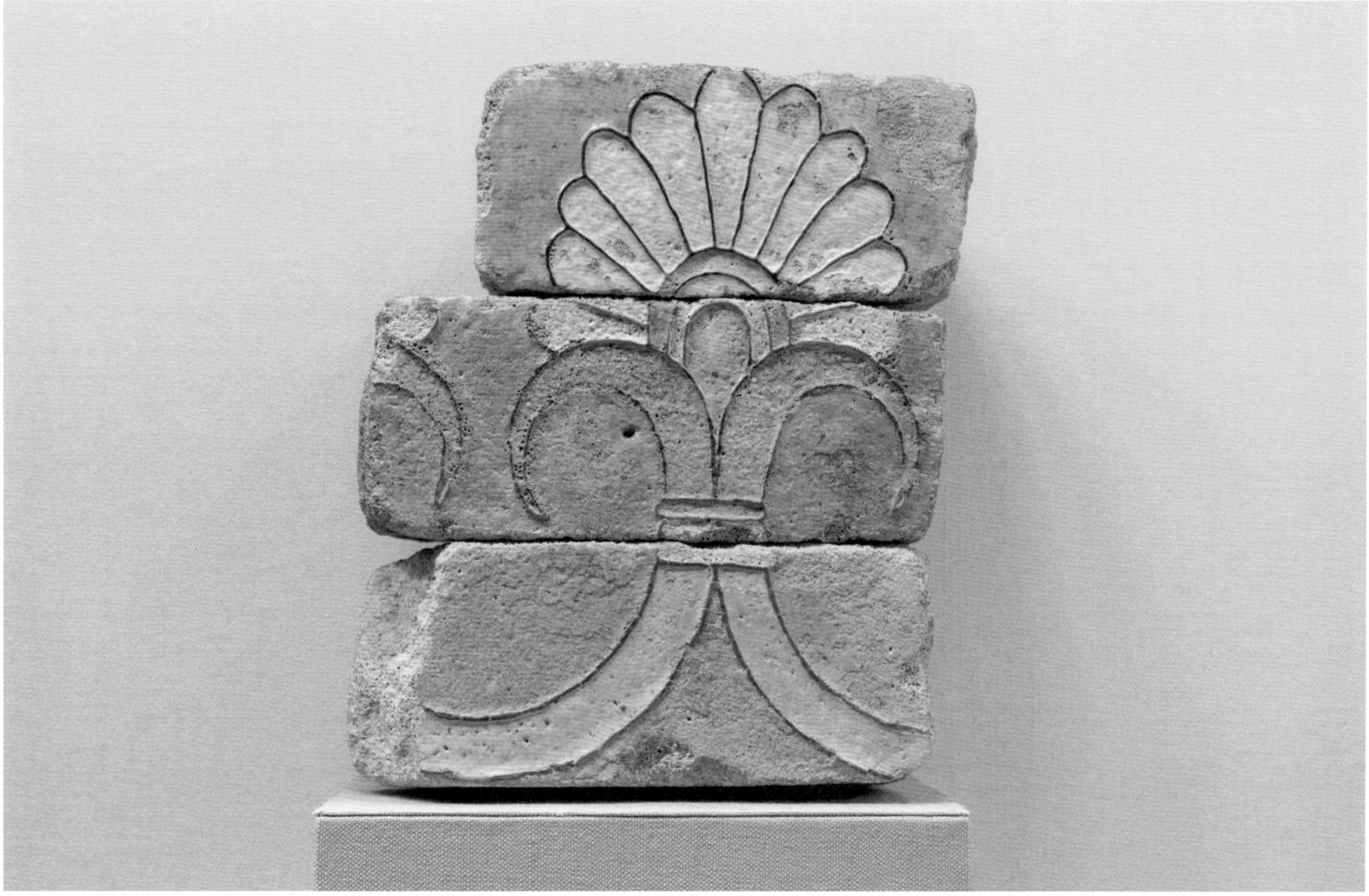

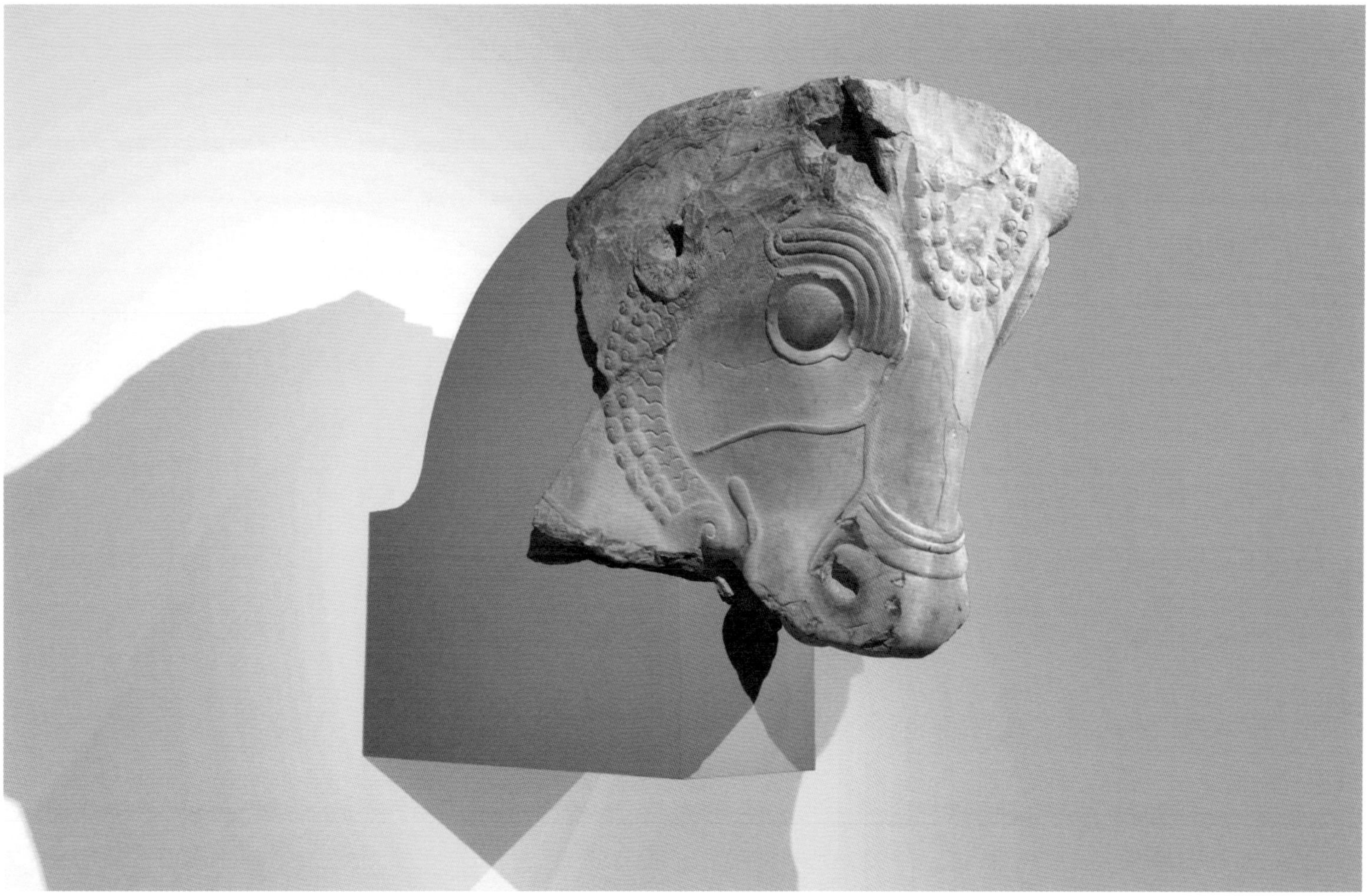

科里 · 阿肯吉尔

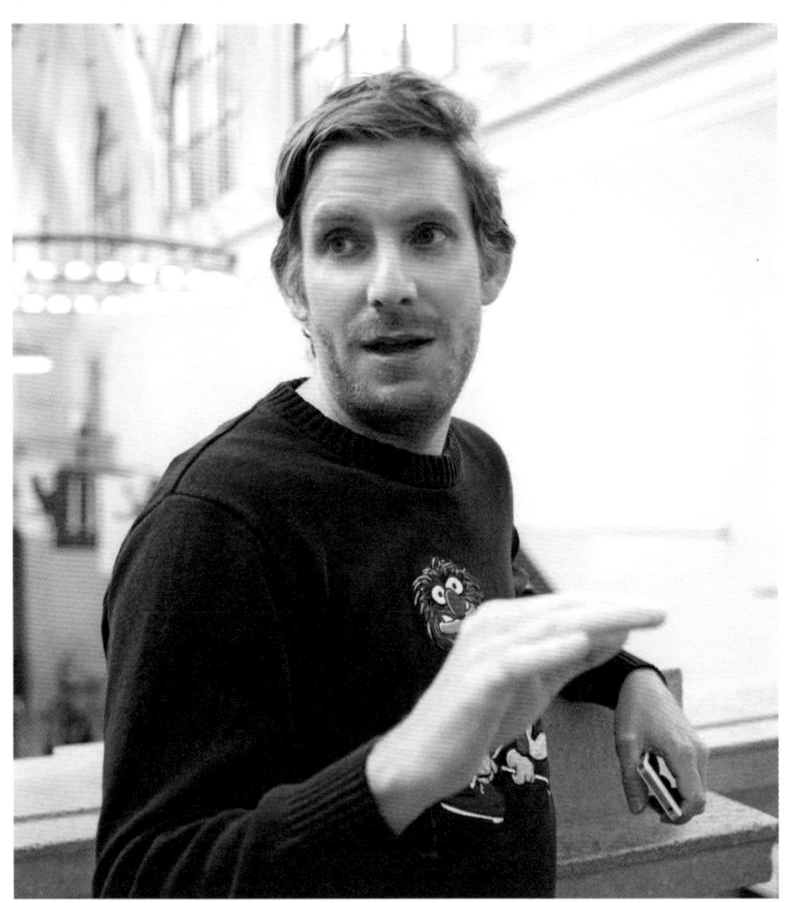

“我对羽管键琴很着迷，因为我喜欢与人们故意忽视的东西打交道。”

我的创作涉及对过时技术的保存。我已经编写了一些计算机程序，希望它们能产生一些有意思的结果。音乐也是相似的——所谓音乐就是一组用特定设备运行的指令，设备可以是钢琴、柔音号或单簧管。

羽管键琴是我最喜欢的一种过时的音乐设备。它是一种拨奏弦鸣乐器，因此按下琴键的力度无关紧要——每个键都会发出相同音量的声音。钢琴后来引入的创新之处就是用来敲打琴弦的琴槌，并且它能以不同的速度进行敲打，这样一来钢琴的声音既可以响亮，也可以轻柔。

当我想到羽管键琴时，我想到了羽管键琴之后的历史时刻。我多想见证当年人们心潮澎湃地坐在钢琴前的样子啊。当我第一次坐在计算机前的时候，估计与人们第一次接触“古钢琴”时的心情相似。

当我看到羽管键琴时，我首先想到的还是羽管键琴，然后才是钢琴。接着我会想到设备，然后想到那些已经消逝的东西。我的思想就这样盘旋上升。人们并不习惯从这些问题出发来思考音乐。

在我们的生活中，音乐似乎总是那么活跃，那么富有体验性。我不需要靠听音乐来考虑这些事情，但是，羽管键琴最棒的地方在于它是注定为演奏而生的，它的声音美极了。还有什么比羽管键琴更好的乐器呢？高音听起来很漂亮，低音听起来却很原始，带有一种非常奇特的现代感，就像有人在嘻哈音乐中留下了奇怪的男低音一样。我真是爱极了那种僵硬、原始、机械的声音。

我对羽管键琴很着迷，因为我喜欢与人们故意忽视的东西打交道。你不再受文化压力的困扰，因为某样东西一旦过时，它在该文化中就不复存在了。作为艺术家，我的初衷就是找到尚未被保存的东西，然后宣布它为艺术品，再说服人们相信它是艺术品，最后将它偷偷摸摸塞进某家博物馆。这样，我就已经赢了。我就是干这个的。对我而言，奇怪的事情是眼睁睁地看着自己的作品过时。这可是别样的体验！

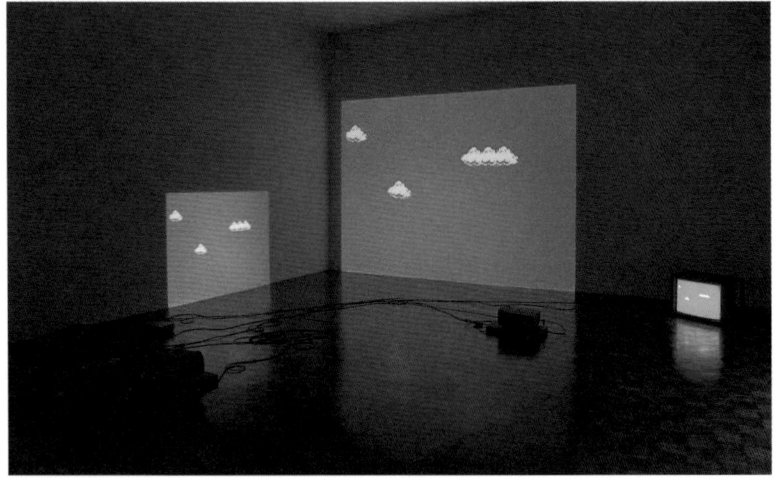

科里 · 阿肯吉尔，《超级马里奥云》，2002 年 ←

羽管键琴，17 世纪晚期 →

这款意大利羽管键琴有三组完全一样的琴弦。有一组的弹拨位置非常靠近固定琴弦的装置（称为琴马），演奏时，这一组产生的声音比其他两组更高更响亮。琴盖内画有一幅风景画，画面中有一个猎人带着猎狗在打猎。琴键上方的盖子上绘有托比亚斯（Tobias）和天使拉斐尔（Raphael）在一起的场景。中规中矩的树叶和天空的景致让人联想到加斯帕德 · 杜盖（Gaspard Dughet）的作品，他是尼古拉斯 · 普桑（Nicolas Poussin）妻子的哥哥。

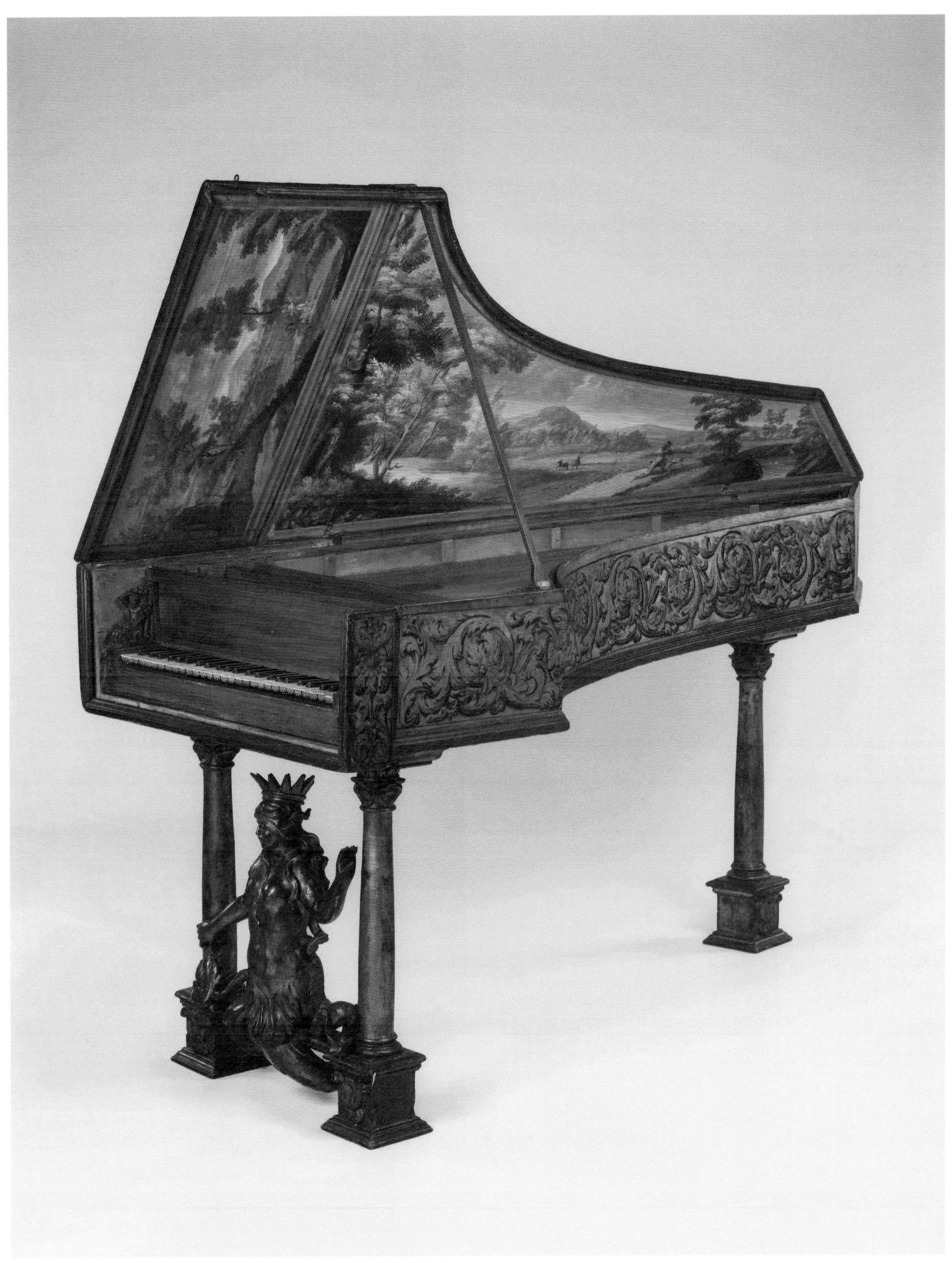

约翰·巴尔代萨里

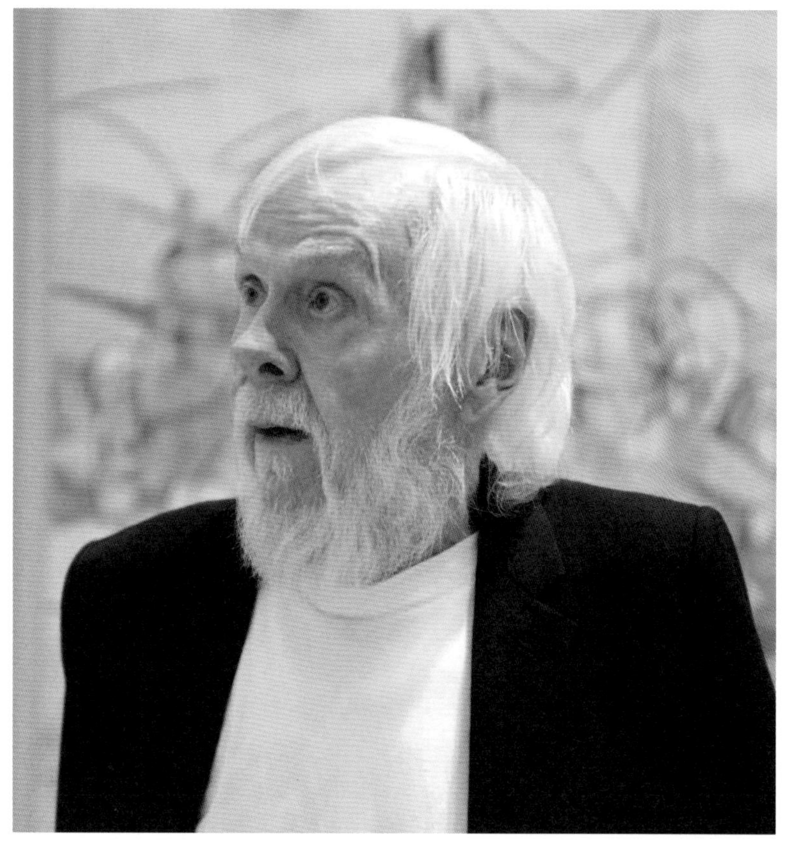

“我觉得这幅作品非常出色——它让艺术看起来无关乎技巧。”

我被大家贴上了“观念艺术家”的标签，我认为“观念艺术家”一词并不恰当。但每个人在生活中都会得到一个标签。我还有一个标签是“加利福尼亚艺术家”，我觉得这称呼也不对。我更愿意大家只称我为“艺术家”。

我最早对菲利普·加斯顿（Philip Guston）感兴趣还是在高中的时候。我的父母订阅了《生活》杂志，他的早期作品就发表在这本杂志上。我常常把登有他作品的那几页撕下来，保存好，这活儿可是非常复杂的。他晚些时候的作品遭到了严厉的批评：这根本不是艺术，而是如此……如此……于是当时我就想，对，如果人们这么说他，他的路就走对了。

我喜欢加斯顿的原因在于，他总是试图让自己摆脱“技巧”的束缚、褪去一切繁复——就像一个真正的哑巴艺术家，在这里，“哑巴”一词是褒义的。因此，他的笔法表面上看起来笨拙又质朴，实际上却很繁复。他的作品没有光滑的表面，你甚至可以看到画刷的痕迹。

我也喜欢他选择主题时的简单明了，就像凡·高（Van Gogh）画的一双旧靴子一样——你不用画一座大教堂，你只要成为一个有趣的画家即可。瞧瞧，那鼓鼓的眼睛，绝对简单明了。鼻子在哪儿？我们见过他的嘴吗？而且，眉毛几乎跟耳朵一样，完全可以互换。加斯顿作品中的人物总是在抽烟，作品里总有一团无声的烟雾；如果不是有一支烟在那儿，你把那团东西当成一块石头或什么别的东西也没问题！看到这里，你还不笑吗？

这是一种令人联想起死亡的幽默。它带来的笑声被“生命之短暂”这种想法的阴影所笼罩。有诗意的人可能觉得死亡荒谬而有趣。这幅作品里有不同的时间要素：灯光、时钟以及一支香烟燃尽的短暂时间。人物所在房间的光线比外面的光线还要亮。整个房间看起来就像一间牢房。作品中的人几乎被床单裹了起来——被裹成这样，你说是给犯人穿上了束身衣也不为过。从某些意义上讲，这种感觉像是在做噩梦——被时间拘禁的噩梦。

这幅画很难让人一看就喜欢。我觉得，大部分观众会说：“嘿，我的孩子也能画成这样。”这就有点不屑的意思了。我觉得这幅作品非常出色——它让艺术看起来无关乎技巧。加斯顿毫无疑问知道自己会激怒一些人。我绝对认同他的勇气，这也是我一直强调的事情之一——不要成为大师，不要作秀。

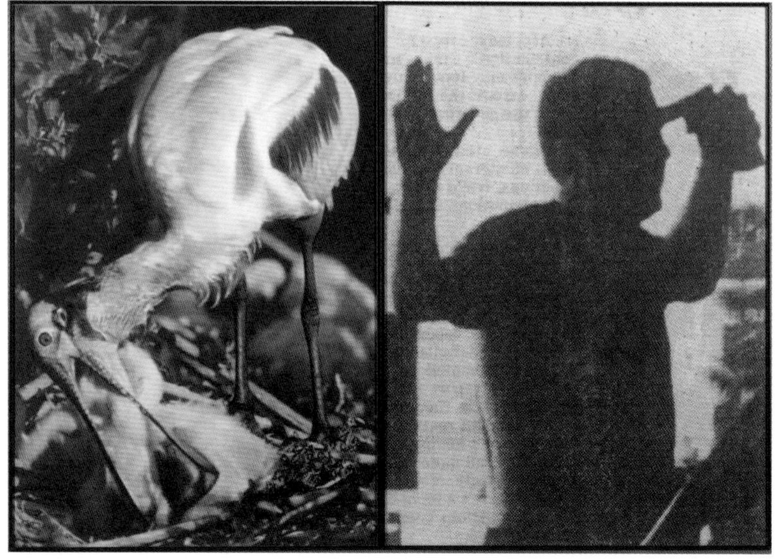

约翰·巴尔代萨里，《（罕见的）灵魂》，1987 年 ←

菲利普·加斯顿，《一动不动的人》，1973 年 →

1970 年 10 月，在马尔伯勒画廊举办的加斯顿画展上，许多喜欢他优雅的抽象作品的人惊讶地发现，他回归了自己二十年前就已经放弃的具象性图像。加斯顿本人说：“我实在厌烦了一切有关纯粹的东西！我就想讲故事。”作品里这个孤独的人——一个焦虑不安、正在抽烟的人——常被解读为画家本人，他半夜瞪着眼睛躺在一个荒凉的房间里，陪伴他的只有时钟的嘀嗒声。

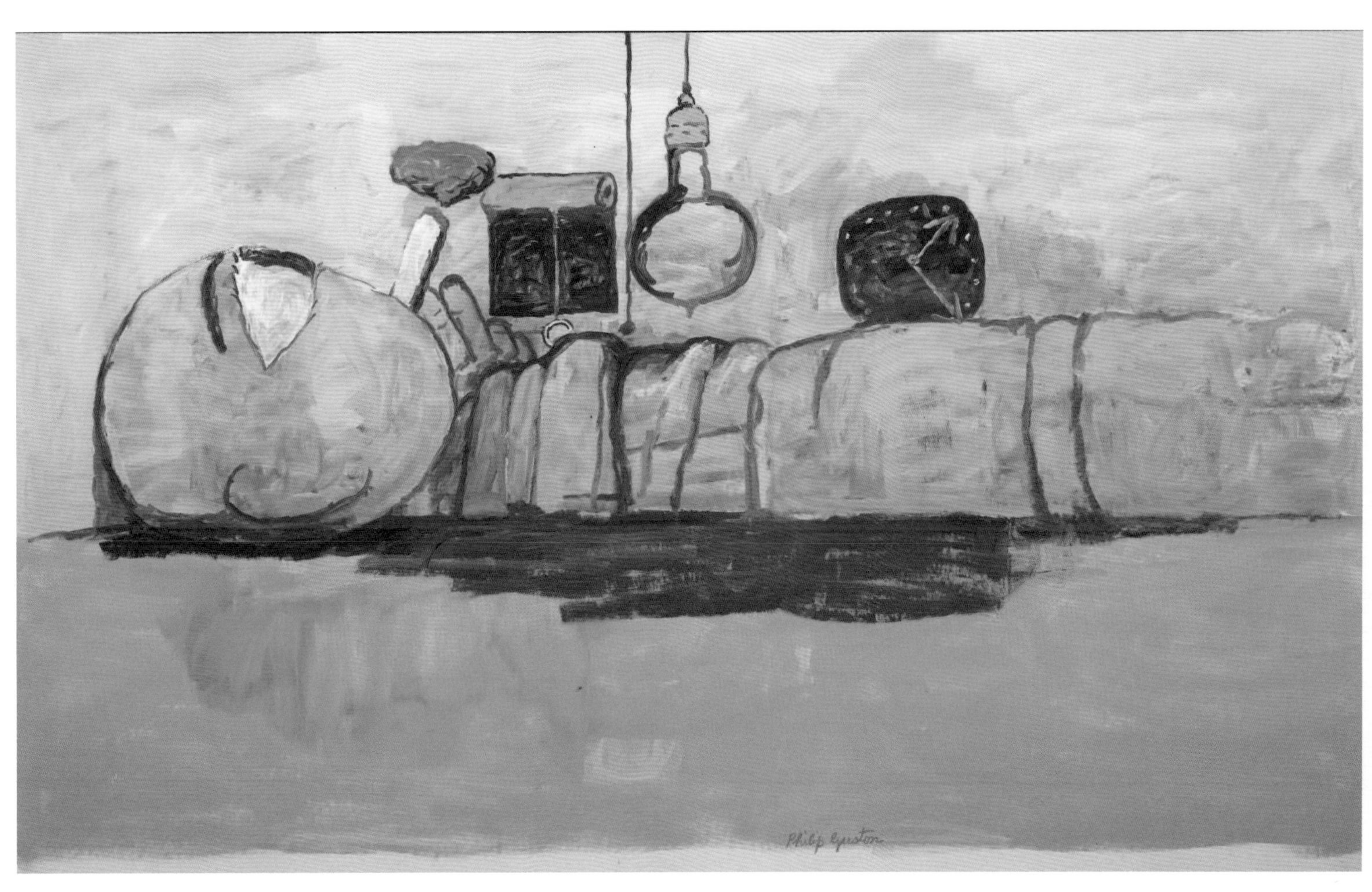
Philip Guston

巴里·X·鲍尔

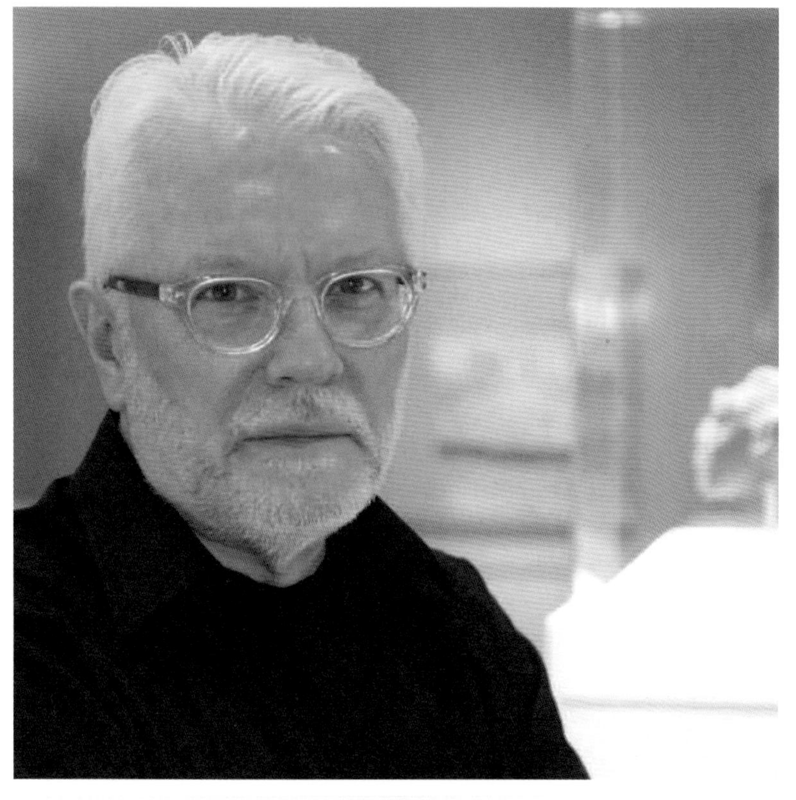

“（这块残片）在令人难以置信的理想化与人性之间取得了平衡。”

这块埃及阿玛纳时期的女王面部残片，在令人难以置信的理想化与人性之间取得了平衡。头部的其他遗失部分——这么说你会觉得内疚——甚至给了这块残片更多的力量，即使残片上只有一张嘴，没有眼睛。有人可能认为眼睛部分的残片看起来会更有力量。

漂亮的唇线让这张嘴看起来有点超凡脱俗，不像人类。同样地，唇线让整个嘴唇看起来肉嘟嘟的。嘴唇的主人显然是一个美丽的女人，但是，在造型中却可以看到一些细小的纹路，比如，脖子上就有几道，雕刻得很漂亮。

这种强烈的整体感让我不禁想到——制作这件作品的过程中，恐怕没有哪个部分是不重要的。虽然我们只见到了这块残片，但是，我有种感觉，这件作品处于完整状态的时候肯定像一件珠宝。它是由黄玉制成的，这种材料比钢铁还硬。艺术家显然用了另外一种石料对这块黄玉进行雕刻——那个时候也只能用石料来进行雕刻。即使是在具备全部有利条件的21世纪，我仍然要很费劲才能做出和它技术水平相当的作品。

这个女子可不是普通人，她来自王室。埃及经历过从多神论转变为一神论的短暂时期，然后又再次回归了多神论。阿玛纳人及其追随者互相摧毁了各自拥有的作品。当政治和宗教等因素发生变化时，为什么总会伴随着对艺术家作品的摧毁呢？我将我的一生倾注到了自己的作品里。从情感上讲，这一点让我很难接受。

在我被这样的物件震撼的那一刻，我感觉，我能理解古埃及当年所做的选择，于是古埃及似乎也变得没那么遥远。古埃及有让我们倾慕的东西，那就是“人”，跟你我一样的“人”。

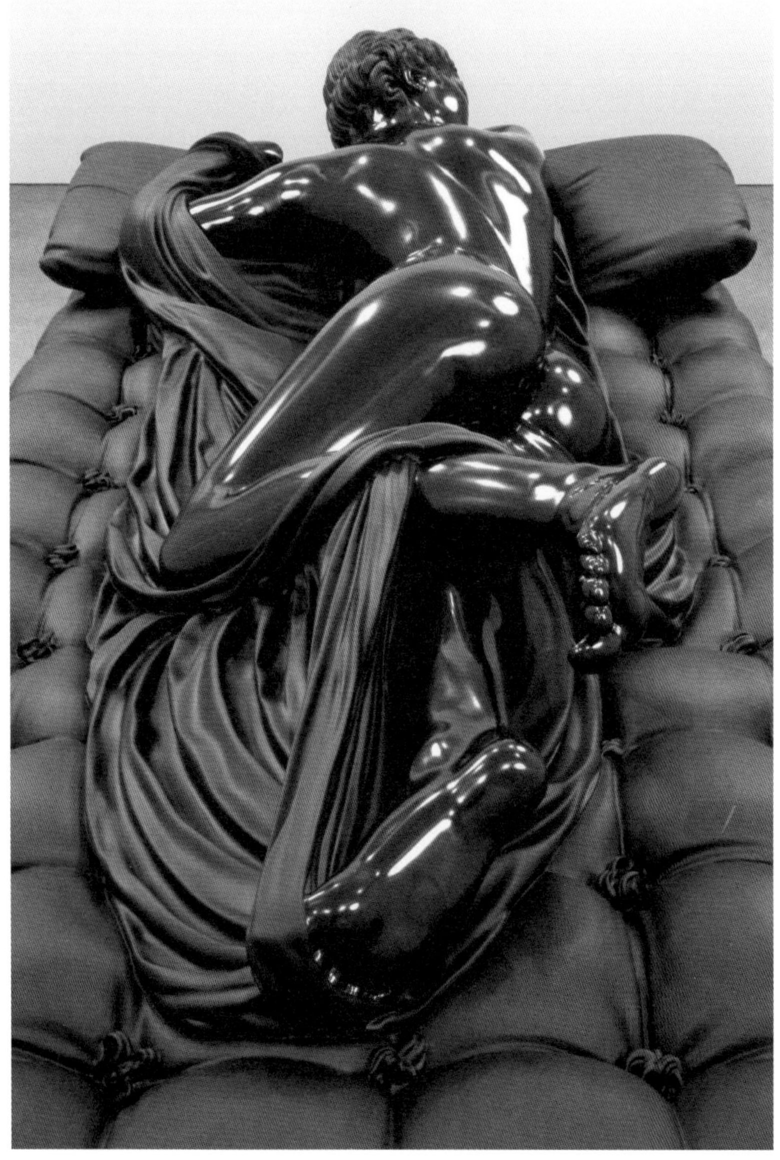

巴里·X·鲍尔，《沉睡的阴阳神赫马佛洛狄忒斯》，2008—2010年 ←

女王面部残片，约公元前1353年—公元前1336年 →

这块残片来自一位身份不明的王室女子雕像。该雕像由多种材料制成，比如脸部和四肢使用了黄玉，还可能使用了埃及雪花石膏来表现身上的白色亚麻服饰。该雕像可能表现的是古埃及第十八王朝法老阿肯那顿（Akhenaten）的母亲泰伊（Tiye）王太后，她是个令人着迷的美丽女子。但也可能表现的是阿肯那顿的王后纳芙蒂蒂（Nefertiti）或基亚（Kiya）。

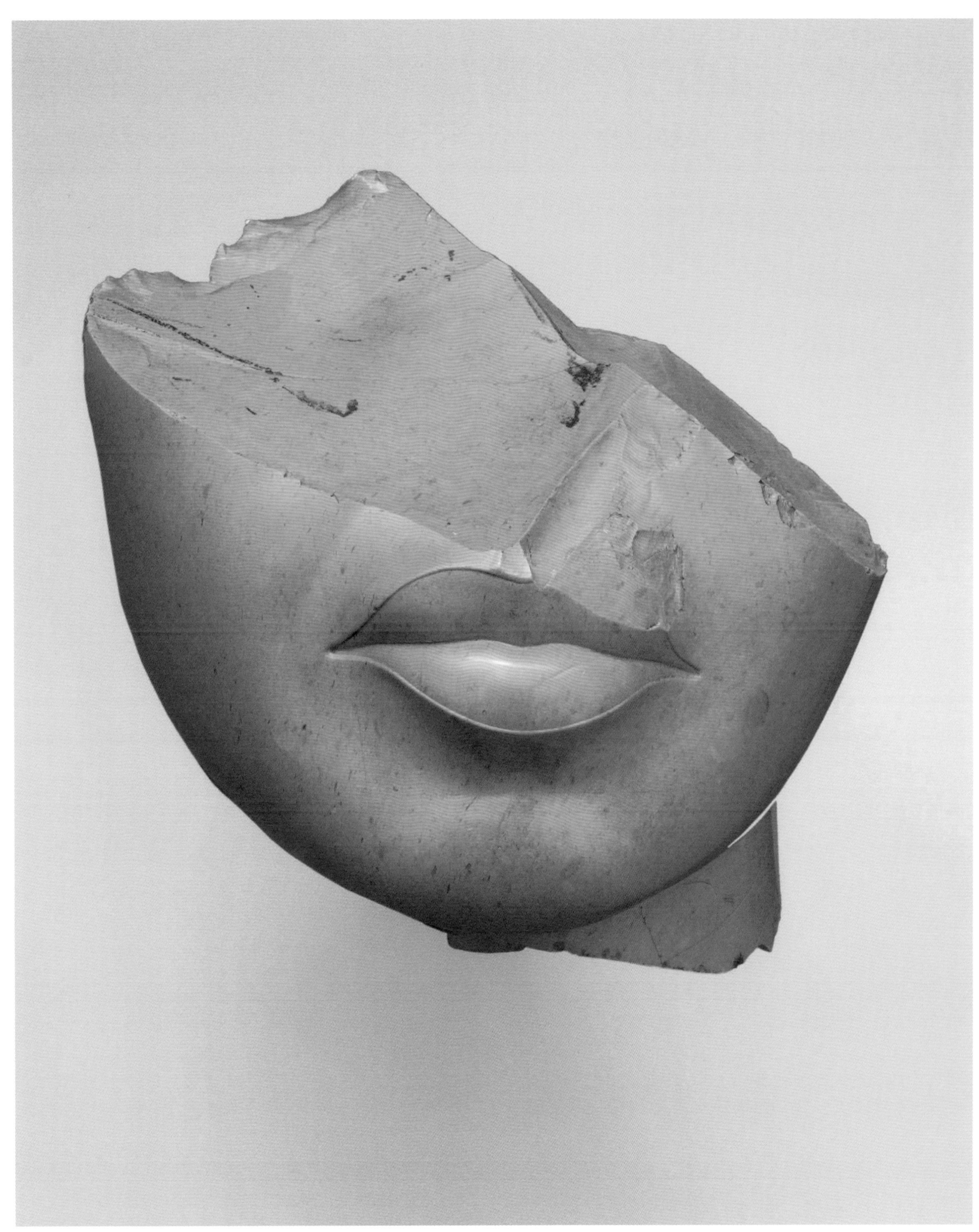

阿里 · 班尼萨德

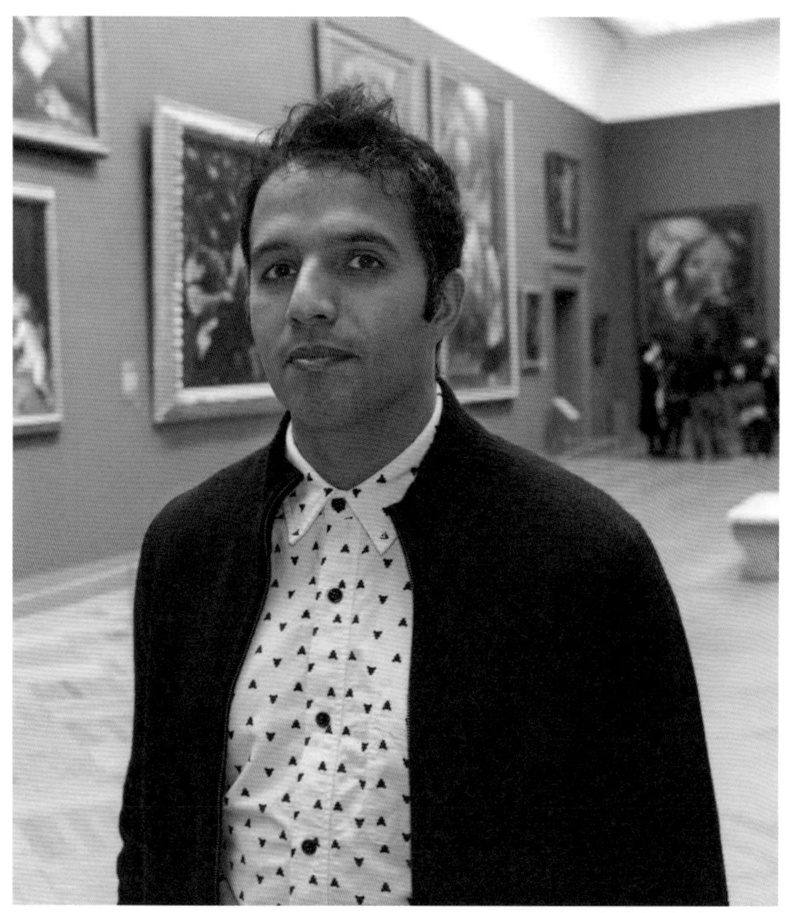

“博斯画笔下的世界更像是幻象或梦境。”

我有联觉反应：在自己的作品里，我听得到声音。正是这种联觉反应帮助我完成了创作。看艺术作品时，真正吸引我的就是那些同样具有这种声音的作品。在希罗尼穆斯·博斯（Hieronymus Bosch）的作品《三王来拜》中，我可以听见那些穿越墙壁的声音。博斯创造的世界全部来自想象，触及心灵不为人知的地方，这正是我最感兴趣之处。

《三王来拜》算是博斯最“正常”的作品之一了，然而，当我凝视这幅画的时候，我觉得有些事情已然发生，就像什么东西爆炸了一样。你能在画面上看到各种废墟，如果仔细观察细节，你还能发现其他小的零碎支棱出来。博斯的作品总是散发着神秘的气息。

博斯采用了鸟瞰的视角。虽然画里有中心人物，但构图会将你带入画中，你可以进出窗户，也可以在前景和后景之间来回穿梭。你的眼睛可以自由地四处看。就像上帝的视角一样——因为你不身处其中，所以可以判断自己目击的一切。你不断地发现小小的暗示和秘密，它们会带来一些线索，让你领会博斯的想法。

博斯对人物进行分组的方式一直很有意思，我真的很喜欢这些人物的脸。他们之间没有对话，自我克制，完全沉浸在自己的心灵中。对我来说，博斯是一位社会评论家，这就是该作品的主题看起来非常具有当代性的原因。这些人物或许会身着不同的服装、扮演不同的角色，但他们也是人——同样的事情一遍又一遍地发生，他们不会消失。博斯画笔下的世界更像是幻象或梦境。你心里会想：我看见了什么？这是什么？我认为这就是绘画的作用，真的。如果你让绘画向你展示它本身是什么，而不是对它进行分类，它就会开始同你交流。

多年来，我学会了以这种方式进行创作。我必须对自己的作品敞开心扉，它会引领我去它想要的方向。在我欣赏其他作品时，这种方式也很有帮助，也恰恰是它告诉我，博斯的《三王来拜》的墙壁里有东西，会释放出某种癫狂。这件作品里还有其他的声音，但当我看到它时，“墙壁里有东西”是所有声音里最响亮的那个。

阿里 · 班尼萨德，《审问》，2010 年 ←

希罗尼穆斯 · 博斯，《三王来拜》，约 1475 年 →

在技术层面对博斯的大量作品进行检视之后，我们可以重新考量他的作品。长期以来，人们认为这幅作品是后来的仿制品，实际上，它可以被归为博斯最早的作品，因为其中出现了和他早期作品高度吻合的元素。这些元素包括作品底画的显著特征、类似于隧道的透视角度以及脸部刻画得十分细腻的颇具木质感的人物类型。作品中，天使们在高处拉起幕帘，这样的场景设置很像舞台布景，可能暗示该作品受了博斯家乡斯海尔托亨博斯（'s-Hertogenbosch）宗教舞台剧的影响。

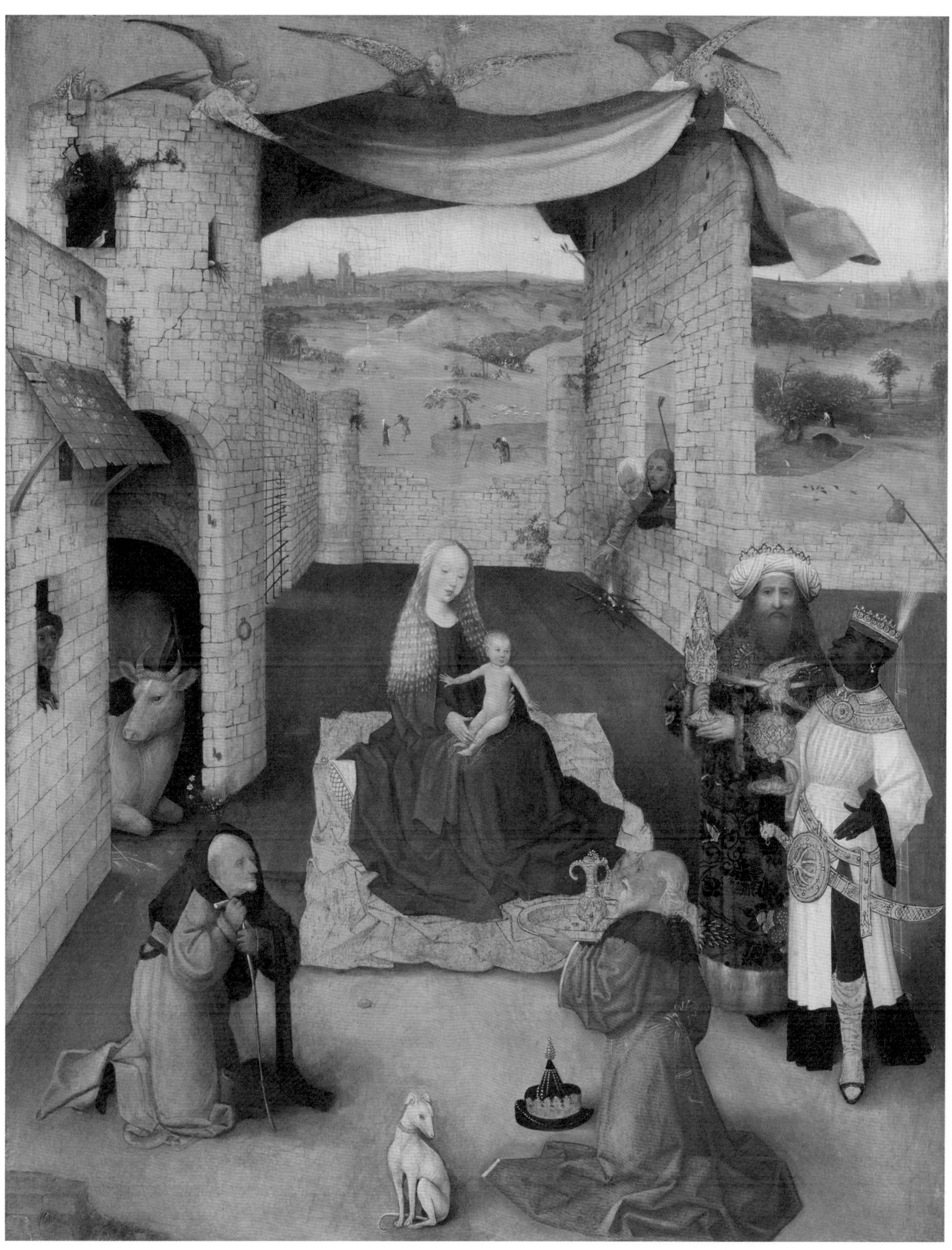

戴亚·巴塔勒

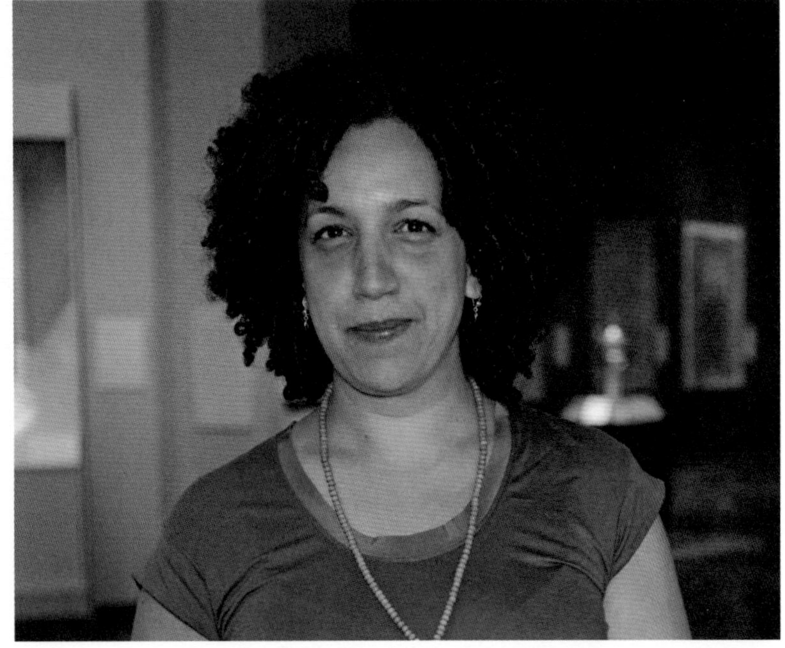

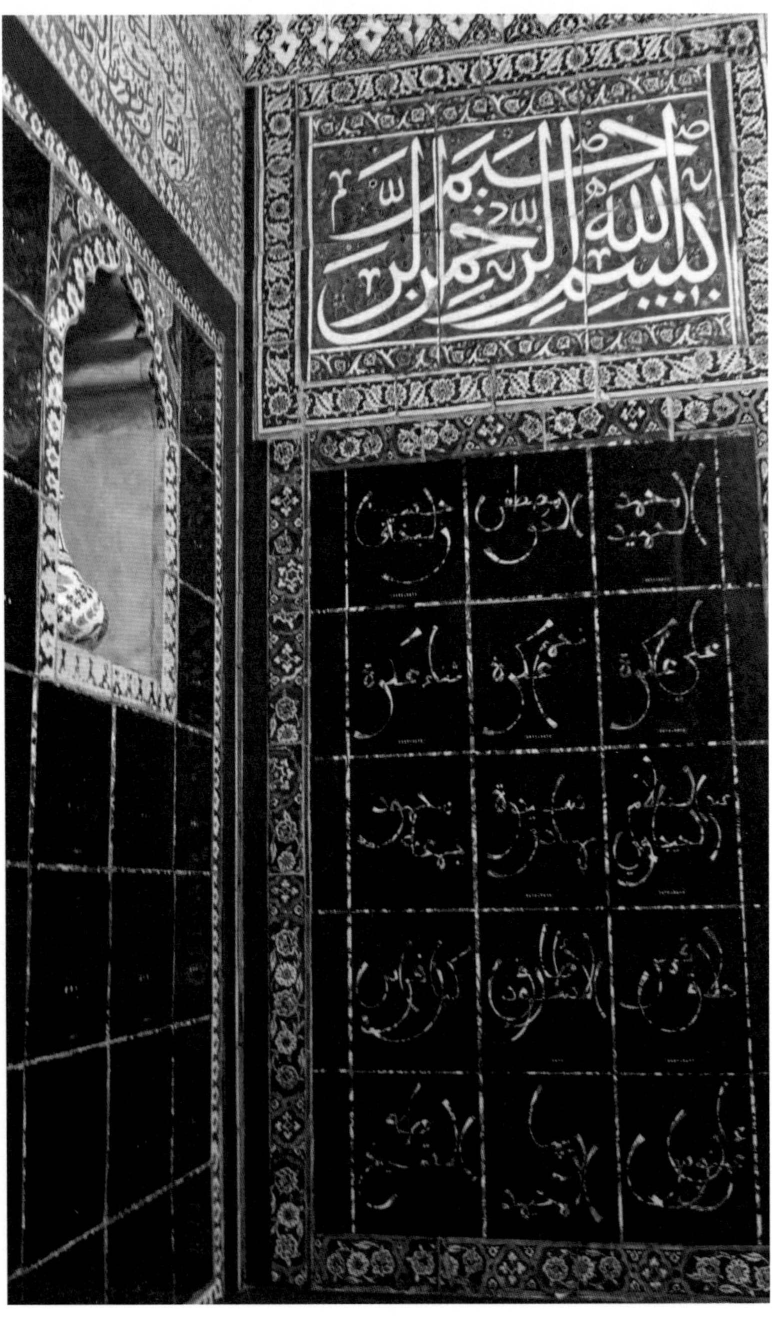

"当你观察此类古老艺术品的细节并将其放大时，你会发现里面存在着某种人与人之间的联系。"

我的创作涉及在特定的环境中使用阿拉伯语言及文本。我以前常去画廊和博物馆欣赏伊斯兰艺术，而且总认为展出的那一切都是从我们的世界里偷走的。但是，鉴于最近在该地区发生的冲突和破坏，我很高兴一些作品得以在其他地区保存下来。曾拥有这块瓷砖的清真寺可能已经不复存在，但我们现在还有幸站在该建筑物的标志前面。

即使你看不懂阿拉伯语，这块瓷砖本身也是一件令人惊叹的精美艺术品，它独具内涵和文化含义，但现在却处于另一种环境中。它传达了一个非常简单的信息："您软弱的仆人卡云·伊本–阿卜杜拉（Kayun ibn ‘Abdallah），这个有罪的人，需要上天怜悯的人，建造了这座神圣的清真寺。"对那些会阿拉伯语的人来说，他们也很难读懂这铭文，因为单词的拼写方式和正常的阅读方式不一样，铭文中的字母互相叠加在一起，真的需要花一些时间才能读明白。

它非常注重形式、阴性和阳性。瓷砖的背景色为深蓝色——完美地将你的注意力全部吸引到铭文上。非常有趣的是，字母之间填充了绿松石色，也许是因为艺术家手头的深蓝色颜料用完了吧。或者，艺术家正用着绿松石色，突然又觉得，哦，这颜色看着不太好啊…… 想到这些我就想笑。同样有趣的是，这位艺术家试图将这种非常简单的信息传达给观众，何况这件作品显然经过了精心的构思，它制作精良，看起来非常华丽。这是在向上天及其神圣的身份致敬。

有趣的是，艺术家可能只在某个建筑区域内工作，因为瓷砖和铭文各自的尺寸显然受到了这个区域的限制。这块瓷砖可能是一个精美圆顶的局部，美丽的光线从圆顶进入，精美的墙壁上绘满花卉图案。在这种情况下，你肯定会心生敬畏。我是无神论者，但我仍会心生敬畏，因为在更大的空间里，我只是个渺小的存在。

当你观察此类古老艺术品的细节并将其放大时，你会发现里面存在着某种人与人之间的联系——他当时在想什么？他当时在做什么？有时，你会觉得某根线条抖了抖。它提醒我，该作品的制造者是一个真实存在过的人。有时，当我们在博物馆驻足于某个艺术品前面时，会忘记这一点。

戴亚·巴塔勒，《祭奠堂》，2012 年 ←

刻有书法铭文的瓷砖（含细部），伊斯兰历 1000 年 / 约公元 1591—1592 年 →

16 世纪初，在奥斯曼帝国控制叙利亚之后，叙利亚的传统陶瓷生产仍在继续。这段时期的叙利亚瓷砖、瓷器与伊兹尼克瓷器有关，但不使用红色。这块刻有铭文的大块瓷砖产于叙利亚，是为一座不知名的清真寺打造的。铭文上写着："您软弱的仆人卡云·伊本–阿卜杜拉，这个有罪的人，需要上天怜悯的人，建造了这座神圣的清真寺。它建于伊斯兰历 1000 年（约公元 1591—1592 年）。"

叙利亚出产的刻有书法铭文的瓷砖

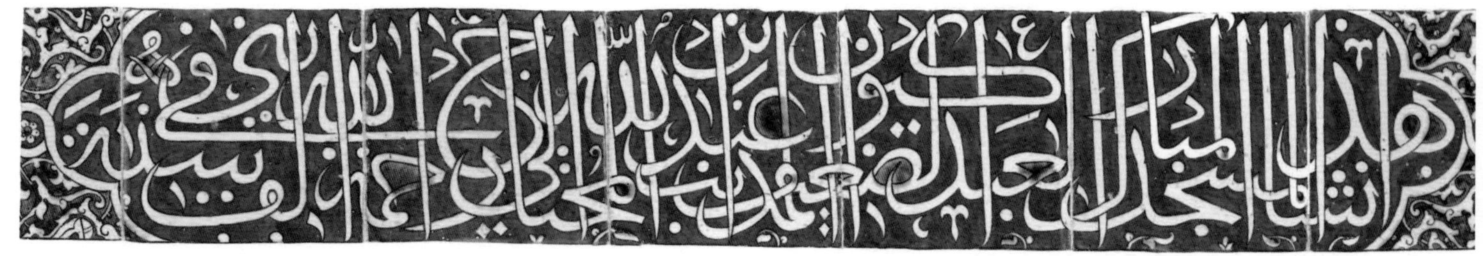

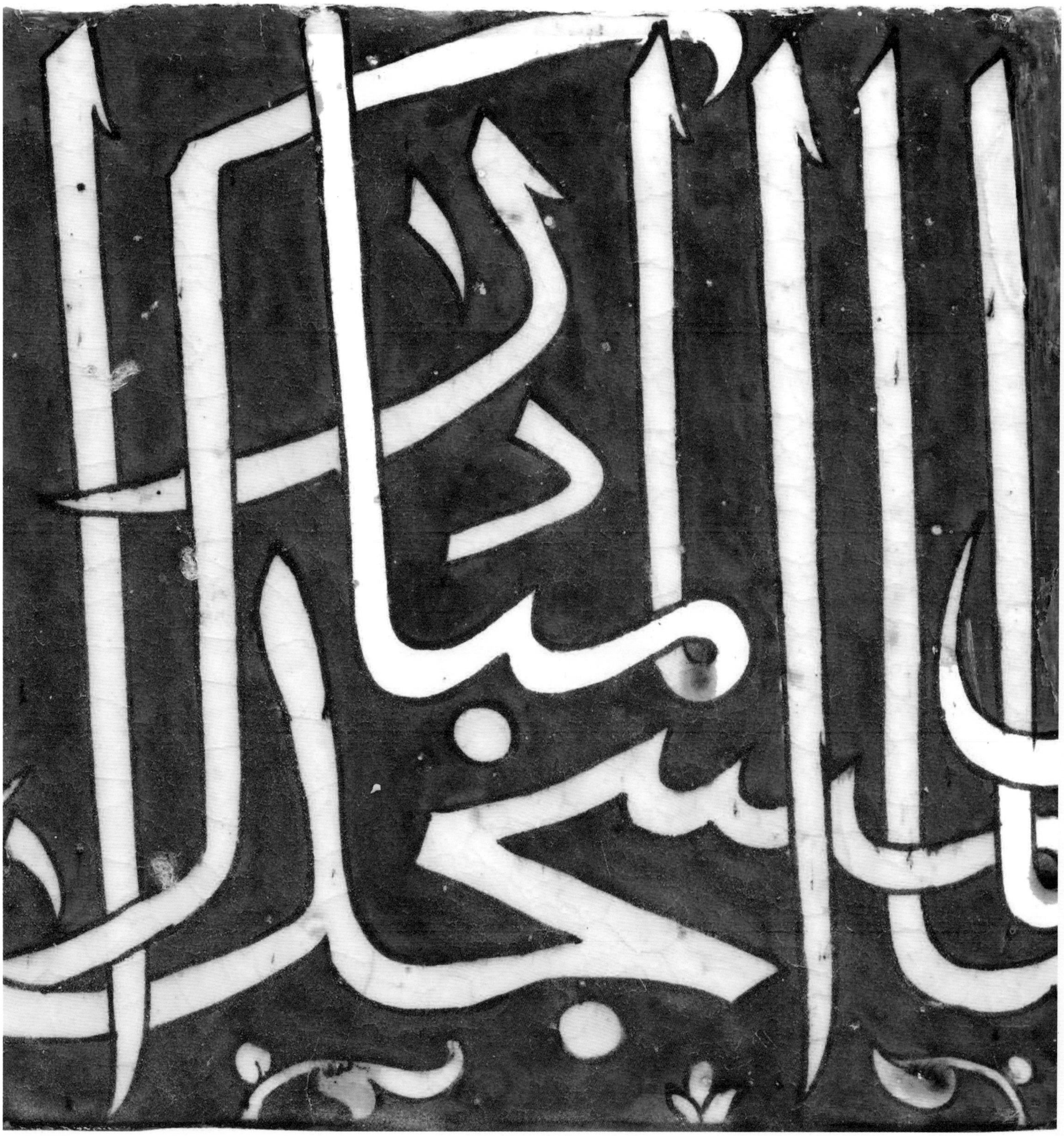

佐薇 · 贝洛夫

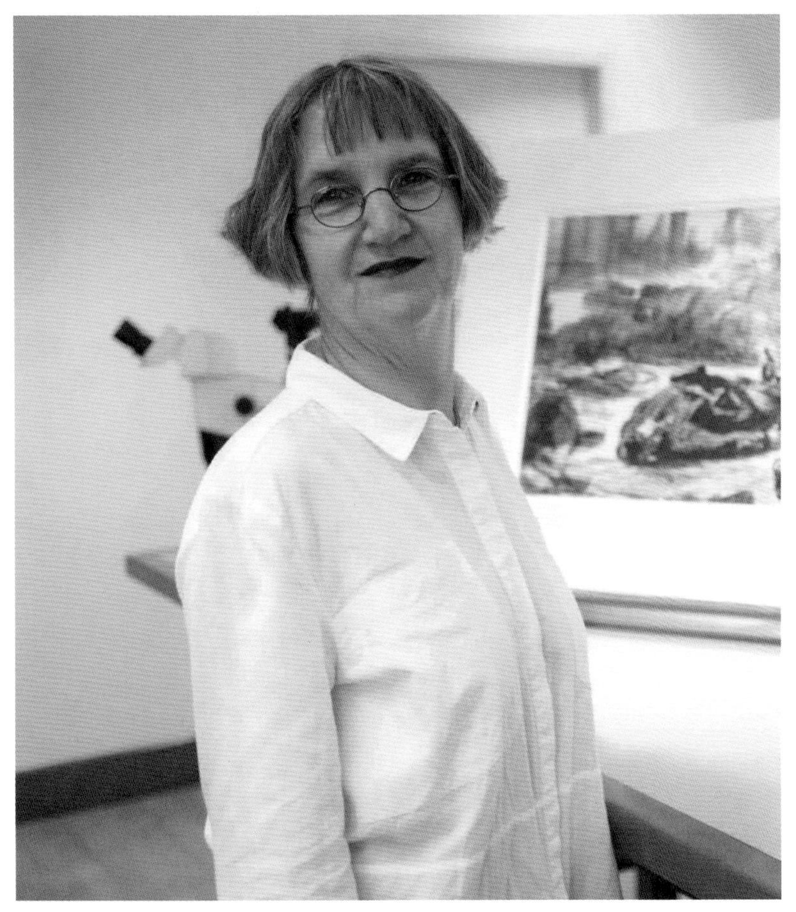

“美丽与否，这不是重点。重点是，作品明确传达了画家的想法吗？”

我喜欢回顾过去，因为这样可以帮助我们思考未来。对我而言，爱德华・马奈（Édouard Manet）可以帮助我思考当下发生的一切。马奈是一位非常注重思想的艺术家，他很在意在现代资本主义制度下成为现代公民意味着什么。他画的是自己周围的世界。在这幅画中，你可以看到路障边有个死去的工人，在战争中，有近两万名这样的工人被法国军队屠杀。马奈以普通工人的角度创作历史性绘画，这些工人的名字我们永远不会知道。他通过作品告诉我们，历史上最重要的人不是政治家，不是领导人，而是大街上的普通人——他们才是我们必须纪念的人。

巴黎公社运动是第一场伟大的占领，劳动人民接管了自己的城市并建立了以社会正义为基础的公社。三个月后，政府进军巴黎，对巴黎公社成员进行了屠杀。人们在街上被肆意残忍地枪杀——马奈这幅画展现的就是这样的场景。如果画成一幅葬礼的场景，那差不多就是对这一残暴行径的洗白。

那些笨拙难看的腿也暗示了一种随意性，非常直接。所有的线条都很粗糙生硬，每根线条都想表达些什么。这不是一件抽象的作品——我肃然起敬。美丽与否，这不是重点。重点是，作品明确传达了画家的想法吗？这才是它的美丽之处。这点也很有趣，因为这是一处细节。它的构图非常像拍照。马奈无法向我们展现整个场景，但通过这处细节，他暗示了画框之外还有更多的尸体。

我在这幅画中看到了我们的世界，因为画中的场景正在美国发生——非裔美国人在街上被枪击，开枪的不是军队，而是警察——我们仍在与他们斗争。这就是这幅画打动我的地方——斗争还没有结束。这也是我对历史感兴趣的原因——历史给了我希望，我觉得可以和别人分享自己的苦痛。马奈在对我说：“我们需要与这些人共度时光，因为他们是英雄，他们需要被纪念。”

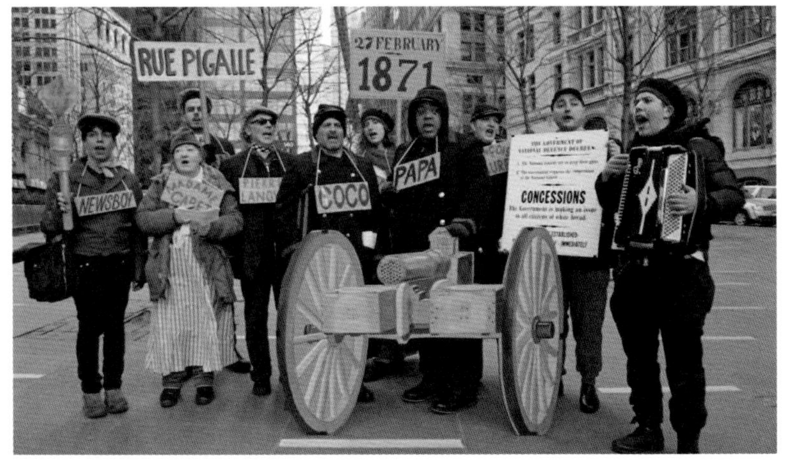

佐薇 · 贝洛夫，《公社的岁月》，2012 年 ←

爱德华 · 马奈，《内战》，1871—1873 年 →

马奈在这幅石版画上署了名，并写下“1871 年”这一年份，但大家认为它应该是画中所描绘的场景发生的年份，而不是马奈创作这幅画的年份。该图像记录并纪念了卷入这场终结巴黎公社斗争中的士兵和平民之间的屠杀。这幅画由铅笔短斜线勾勒出的精妙黑色线条和抽象图案构成，并以极简的笔法处理了无名的受害者们。

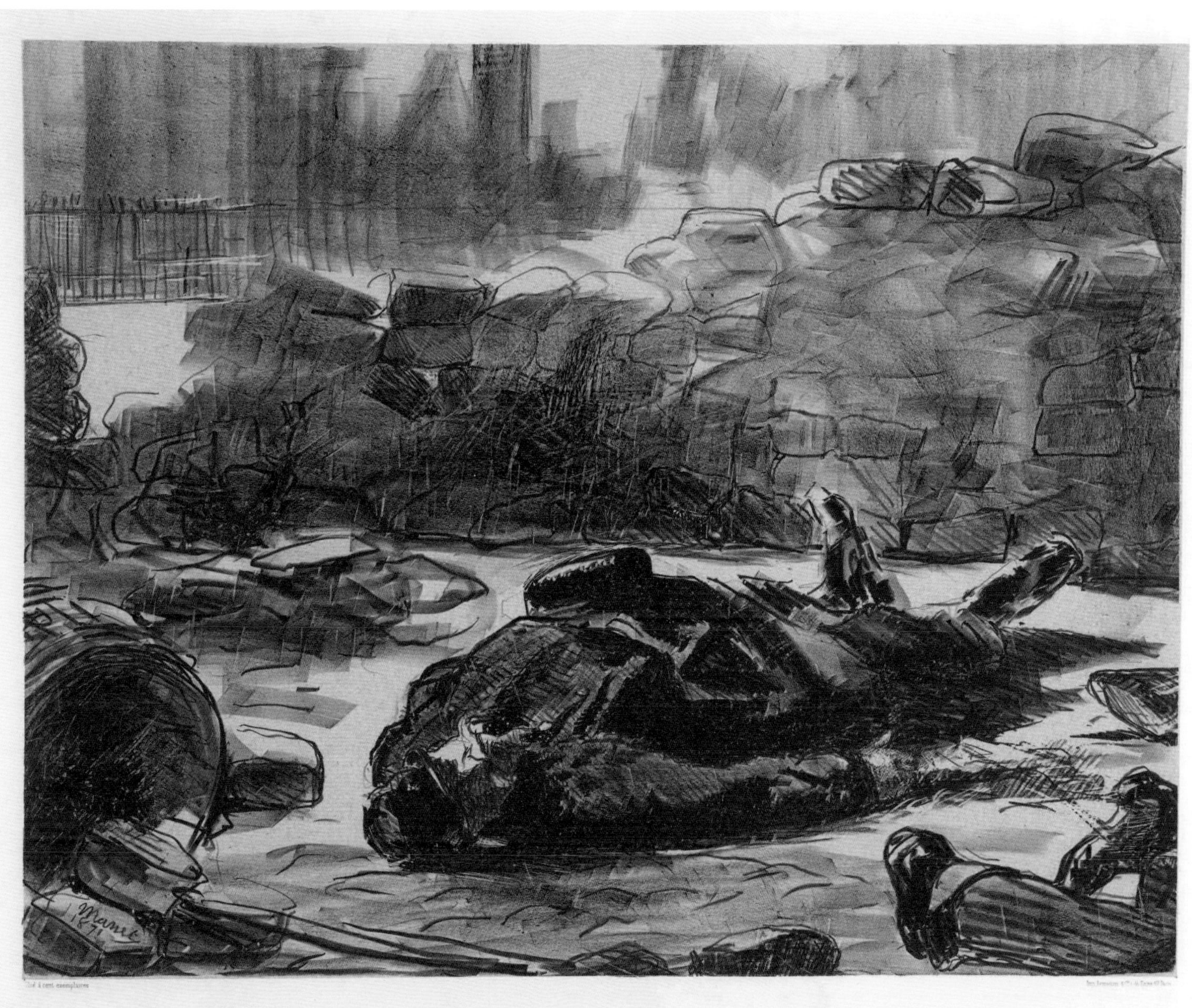
Manet
1871
GUERRE CIVILE

达沃德·贝

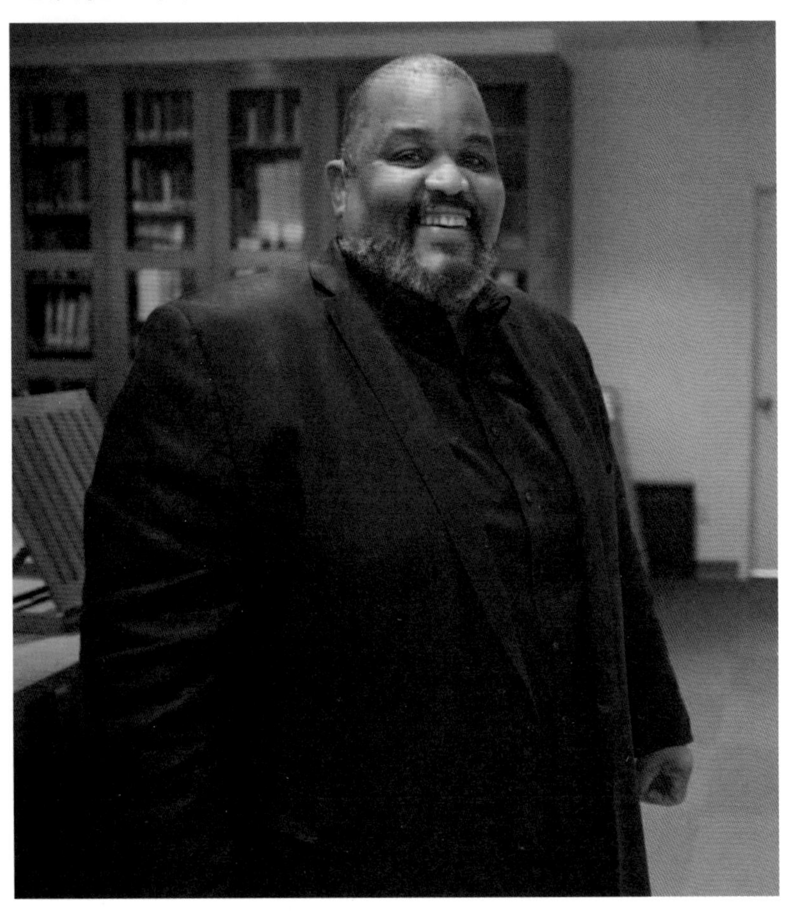

“他的深层次贡献是以非裔美国艺术家的身份将自己展示给外界，并将其融入自己的作品。”

在众多以摄影为媒介的非裔美国艺术家中，罗伊·德卡拉瓦（Roy DeCarava）是第一位让我可以找到创作灵感的艺术家。他的照片都是在正在进行的运动中拍摄的，拍摄的是流动的日常生活——他记录的是自己去过的地方和见过的人。

在德卡拉瓦的照片《从地铁站拾级而上的男人》（1952）中，该名男子的衬衫皱皱巴巴，袖口松开，帽子也像是被压扁了。他努力走上地铁的台阶，看起来似乎用了很大力气，想要走进阶梯尽头那片灿烂的阳光里。德卡拉瓦就在那里等待，希冀着这个瞬间的发生。

摄影家德卡拉瓦强调了所有的叙事性元素。当你欣赏他的作品《比莉·哈乐黛》（1952）时，你会发现他把它印得非常柔和，比莉·哈乐黛吸引了他，那是个温柔的瞬间。德卡拉瓦和比莉肯定是相识的。

德卡拉瓦的作品有着深刻的形式基础。他拍摄的那张莫特大街地铁站的照片相当简洁——照片中没有人物，只是在一幅广告里出现了半张人脸。在《拿公文包的男人》（1959）这张照片中，男人抓牢公文包的双手表现出很大的张力，但画面背景中出现了一条女人的腿，这个女人似乎正要走进画框，抵消了男人紧握公文包的手带来的部分张力。但最终，德卡拉瓦选择用形式结构将照片的深层含义包裹起来。

他的照片不光涉及非裔美国人这一主题，他的深层次贡献是以非裔美国艺术家的身份将自己展示给外界，并将其融入自己的作品。他明白，自己特定的种族主观性是其作品意义中非常深刻的一部分。他所见为何、因何而见、如何而见，以及最终如何从自身的经历中拍出这些照片——它们在很大程度上体现了他的身份。

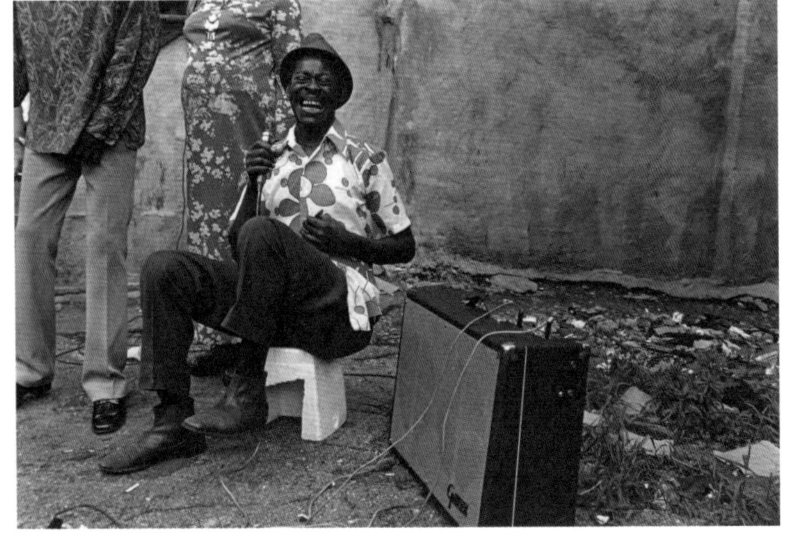

达沃德·贝，《布鲁斯歌手》，1976年 ←

罗伊·德卡拉瓦，《莫特大街》，1951年 →

20世纪50年代，德卡拉瓦逐渐成了纽约最重要的视觉艺术家之一。他最初接受的是绘画教育，20世纪40年代后期，他开始从事摄影工作。他最知名的大概是那些关于哈莱姆地区的摄影作品和爵士音乐家们的肖像照片，这些摄影作品被公认以亲密、抒情但不感伤的方式再现了美国黑人的经历。德卡拉瓦还以精美的明胶银版照片和富有诗意的选色而出名，他的特点就是“无穷的灰色调”。他接近媒介的方式仿佛是在表现一首复杂绵长的即兴爵士乐独奏，而不是一曲悲凉的布鲁斯。

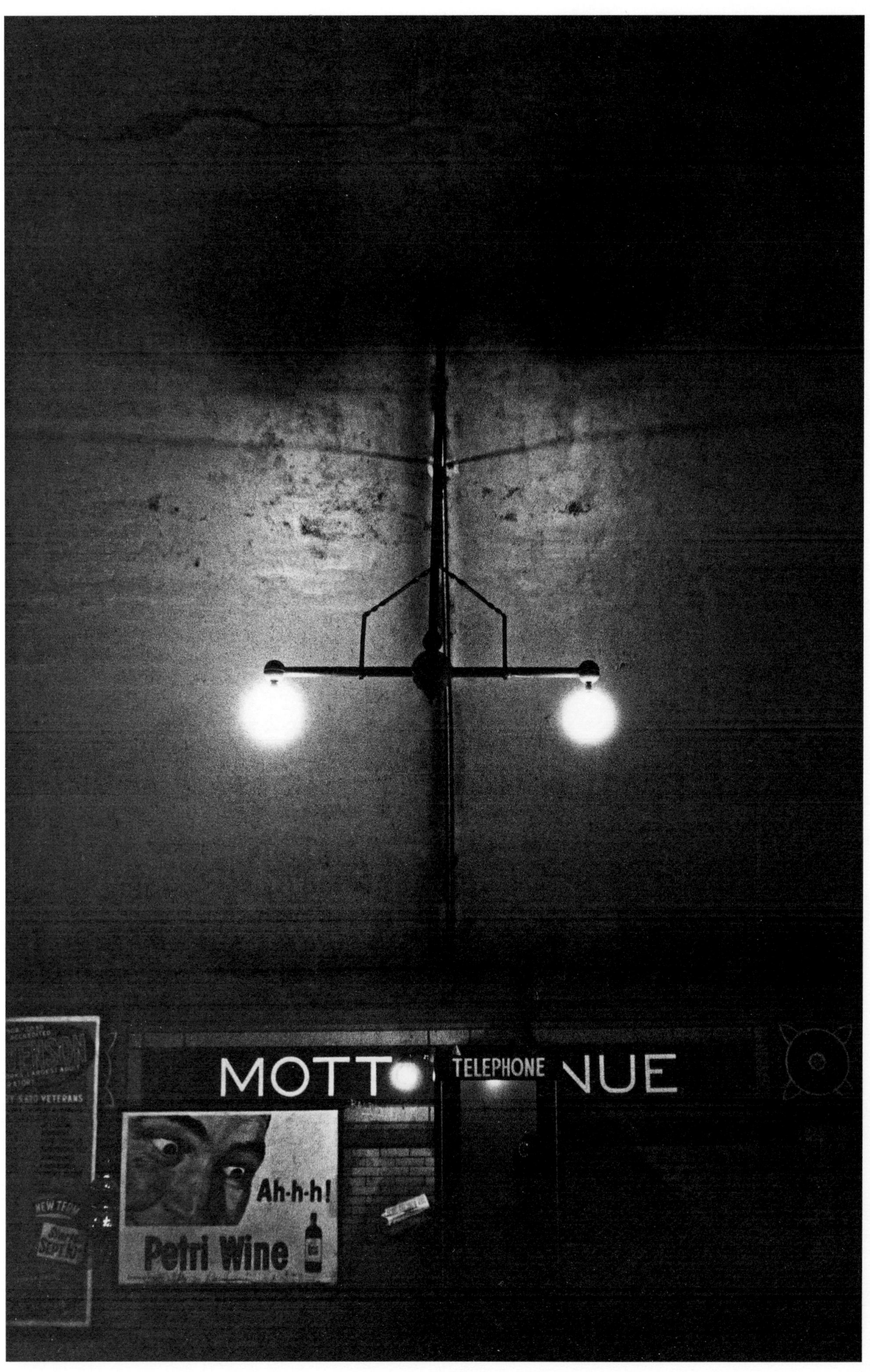
MOTT
TELEPHONE
NUE
Ah-h-h!
Petri Wine

内兰德 · 布莱克

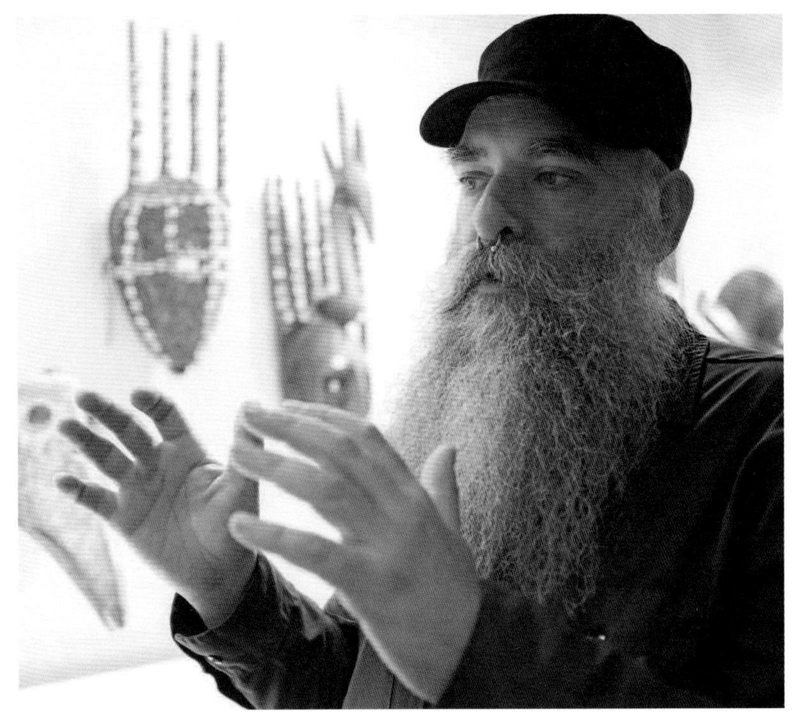

“作为雕塑，能量像的大部分意义并未囿于人们所能见的外在，而是蕴含在作品之内。”

世上有很多东西让我感到视觉上的震撼，或者说，能轻易地将我拽进去，但我觉得能量像是让自己受益最多的东西。作为雕塑，能量像的大部分意义并未囿于人们所能见的外在，而是蕴含在作品之内。雕塑居然有不为人知的地方——每想到此，我就兴奋不已。

马里最大的族群班巴拉人使用能量像，并且，只有在特殊的场合、有特别许可的人才能见到它。能量像的内部结构很像消化道：水倒进去，从另一端流出来，你接住它，然后喝掉。与其把它当成一件雕塑来研究，不如将它视为一种乐器——毕竟这些能量像都可以用来表演。使用时，人们将血液或者其他材料倒进去，它最终的形状取决于包裹它的所有材料。

能量像在许多方面对以西方为中心建立起来的艺术传统提出了真正的挑战。灵光一闪，然后你就完成了一件作品——我们对这样的想法已经习以为常。但事实并非全然如此。这种雕塑的制作方法跟雪堆的形成是一样的，它最终的形状其实是多股力量独立作用的结果。

在西方，我们感到与当代艺术格格不入，因为它与特定的地点和时间缺乏联系。这个能量像是族群制作的东西，它带有人们为了制作它所放弃的一切东西的回响。这样的想法本身就具有力量。

当你看着这件能量像的时候，请问自己以下两个问题：在我隐藏起来的东西里面，我认为哪些是强大有力的？我忽略了什么？你就会意识到，内在才是最重要的。这是很难得的体验，主要还是关于某种持久的关系。

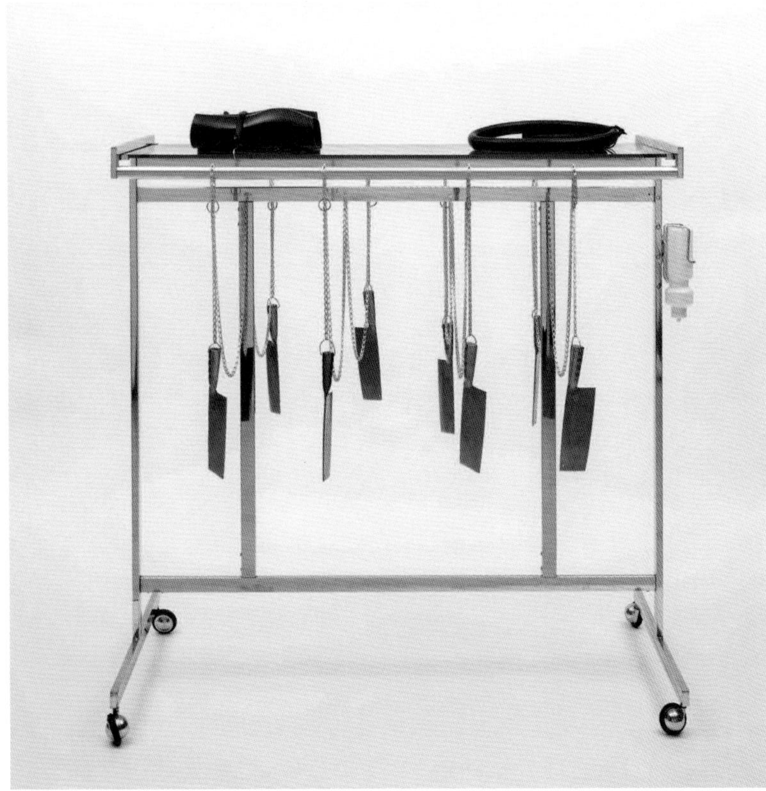

内兰德 · 布莱克，《第 5 号工作台》，1989 年 ←

能量像，19 世纪—20 世纪上半叶 →

能量像的核心结构为木支架，支架外面包裹着白色棉布，棉布外面裹上黏土及各种祭祀用的材料，形成一层壳。如此例所示，许多来自马里的能量像采用了不太精确的动物形象，而来自其他地方的能量像可能具有人形。能量像的主要功能是积累并控制自然出现的生命力，目的是保障族群的精神健康。传统上，只有男性团体才拥有能量像，也只有具备秘传专业知识的人才能安全地掌控这些能量像。

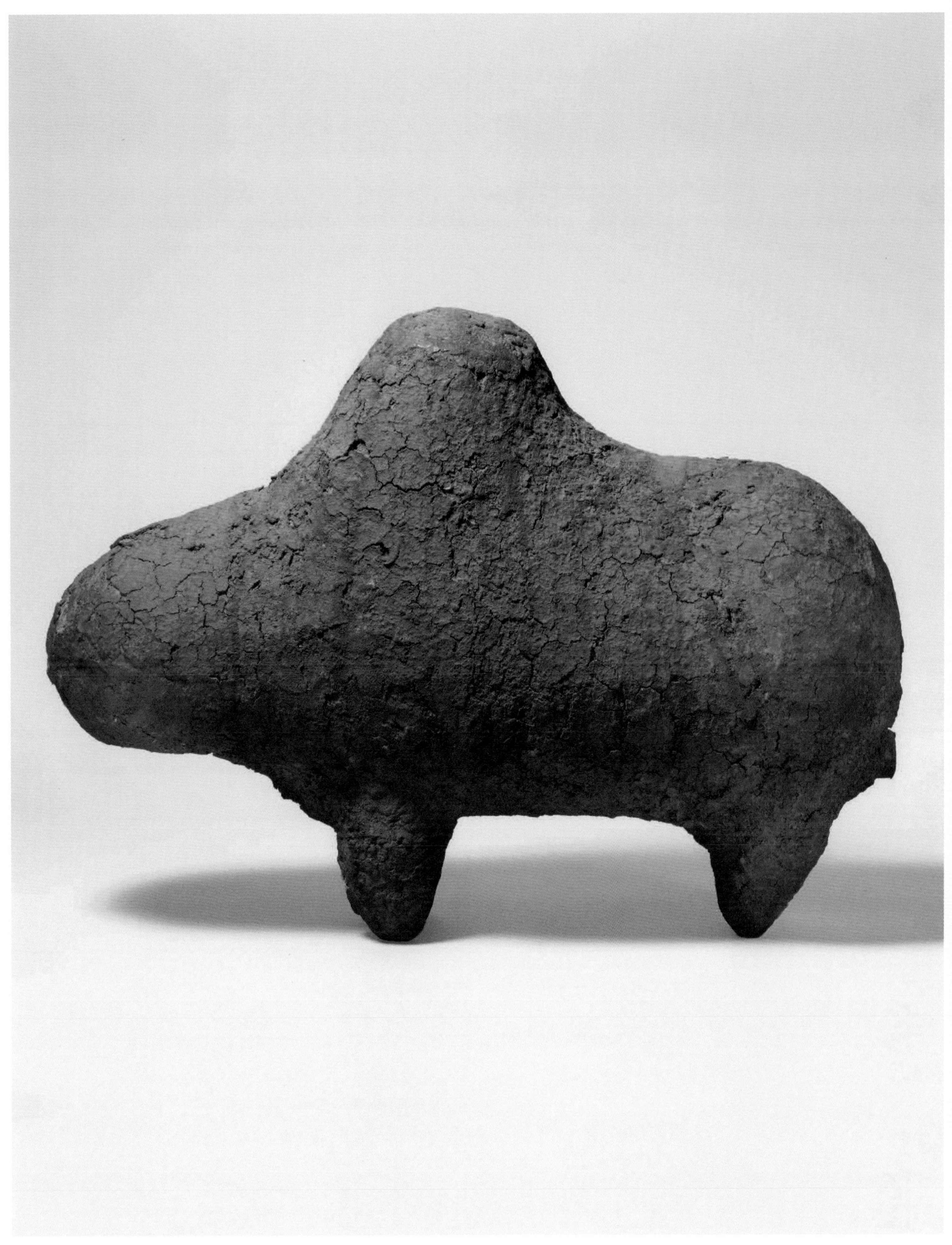

芭芭拉·布卢姆

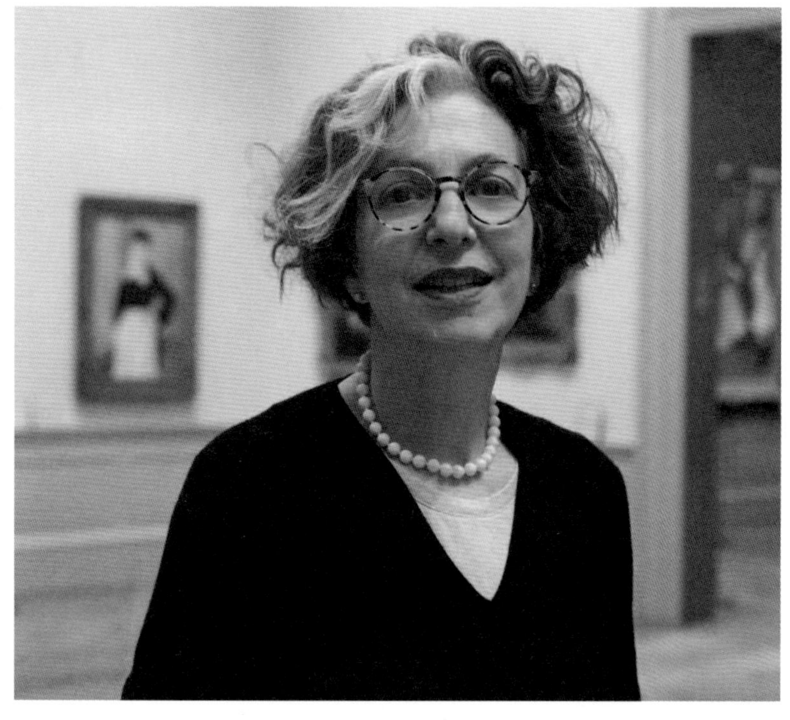

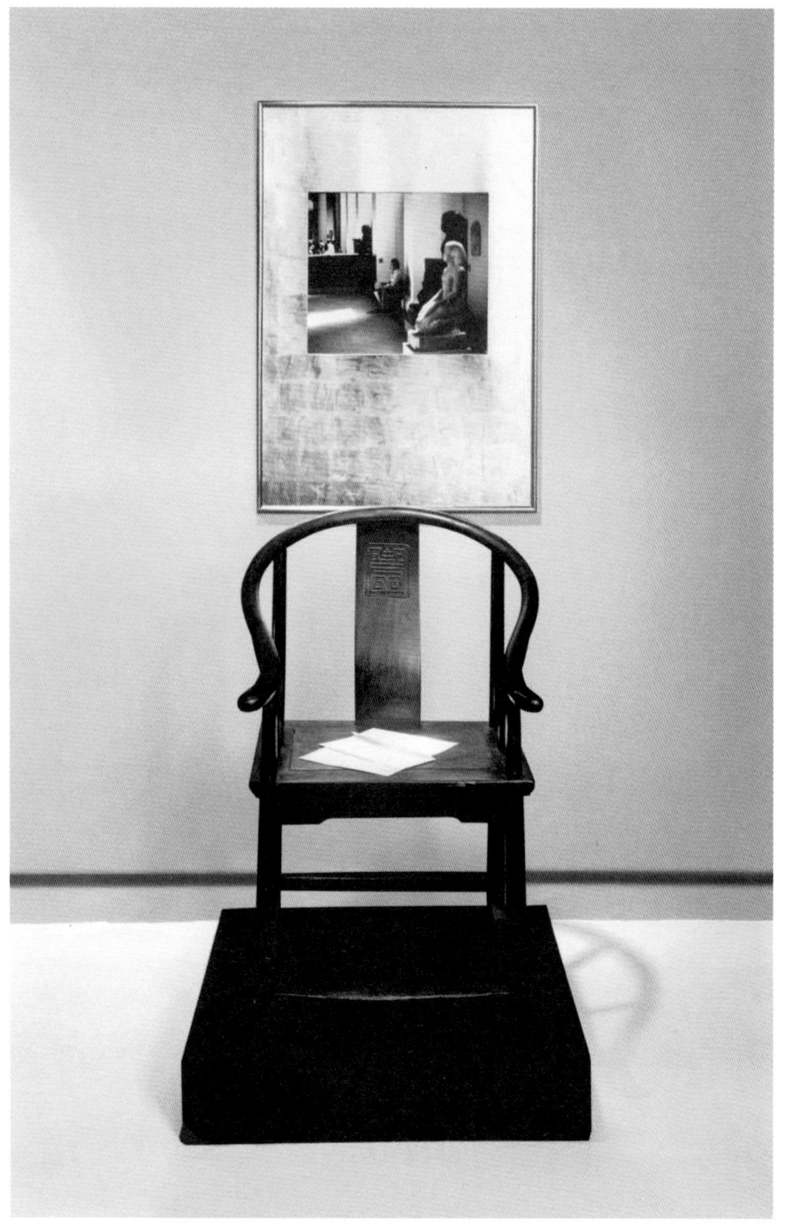

“作为艺术家，你的创作是向人们展示他们从未见过的东西。”

我对“不在场”的各种描绘特别感兴趣。一个人如何描绘根本不在眼前的东西？虽然我不是画家，但威尔汉姆·哈默修伊（Vilhelm Hammershøi）的画作如此神秘，它们深深地吸引了我。他的作品都与他和妻子艾达（Ida）在哥本哈根居住的那套公寓相关。他孜孜不倦，一遍又一遍地围绕它进行创作。当你看到他的画作时，首先想做的不是去思考房间里发生了什么，而是想像观察三维物体一样观察它。

哈默修伊的画作让维米尔（Vermeer）的室内画看起来杂乱无章。这幅画让人感觉疏落有致，但并不简朴。如果你想让整个场景变得简朴，就不会让光线穿过门落到房间里。这幅画的悠长爱意都在漂亮的温柔夜色里。观者非但不会感到匮乏，还会产生愉悦感。这种感觉很难形容。你会觉得空荡荡的，但又不会感到缺东少西；你会觉得有点孤独，可并不因此而忧郁——你觉得是这样而不是那样，就像哲学上的争论一般。

作为艺术家，你会思考哈默修伊究竟打算做什么。这幅画是否在描绘某种心境？它透露出平等主义的信息。哈默修伊让我们平等地关注所见的一切，在月光所到之处，所有的物体都同等重要。月光照在地板上、墙壁上；月光透过房门，落到门把手上。

许多文化里都有对死亡的描绘——死亡面具、魔鬼、天使或一道光环——它们代表我们不知道的东西。实际上，这仅仅是对我们并不知道，但一直存在的某种东西的描绘。你并不理解自己所见的东西——哈默修伊正诱导着你进入这一状态。这可是相当罕见啊！

看着这幅画，你或陷入沉思，或提出疑问，这些反应都很令人兴奋。沉思也好，疑问也罢，皆有助于对那些不在场的东西进行一种忧郁且神秘的描绘。我不喜欢“鬼里鬼气”这个词，因为这个场景并不可怕，反而非常普通。如果说，作为艺术家，你的创作是向人们展示他们从未见过的东西，那么，这幅画给了世人一份伟大的礼物——离开大都会艺术博物馆后，你就不再需要这幅画，因为你将像哈默修伊一样审视这个世界。

芭芭拉·布卢姆，《贪婪》，1988 年 ←

威尔汉姆·哈默修伊，《斯特兰戈德街 30 号的月光》，1900—1906 年 →

哈默修伊位于哥本哈根的公寓给了他很多灵感，他因此创作了诸多佳作。一天中，他会在清晨、正午和晚上的不同时刻描绘这个房间，从这里可以看到房间外面带有窗户的凉廊。这是他最具代表性的图像。在这幅画中，我们可以看到朴素的房间内饰在月光下呈深紫红色，高度浓缩了哈默修伊作为“静与光”画家的美誉。静谧又神秘，这样的组合放大了同时期北欧象征主义画家作品中的敏锐度，如比利时的泽维尔·梅勒里（Xavier Mellery）和挪威的爱德华·蒙克（Edvard Munch）。

威尔汉姆·哈默修伊的《斯特兰戈德街 30 号的月光》

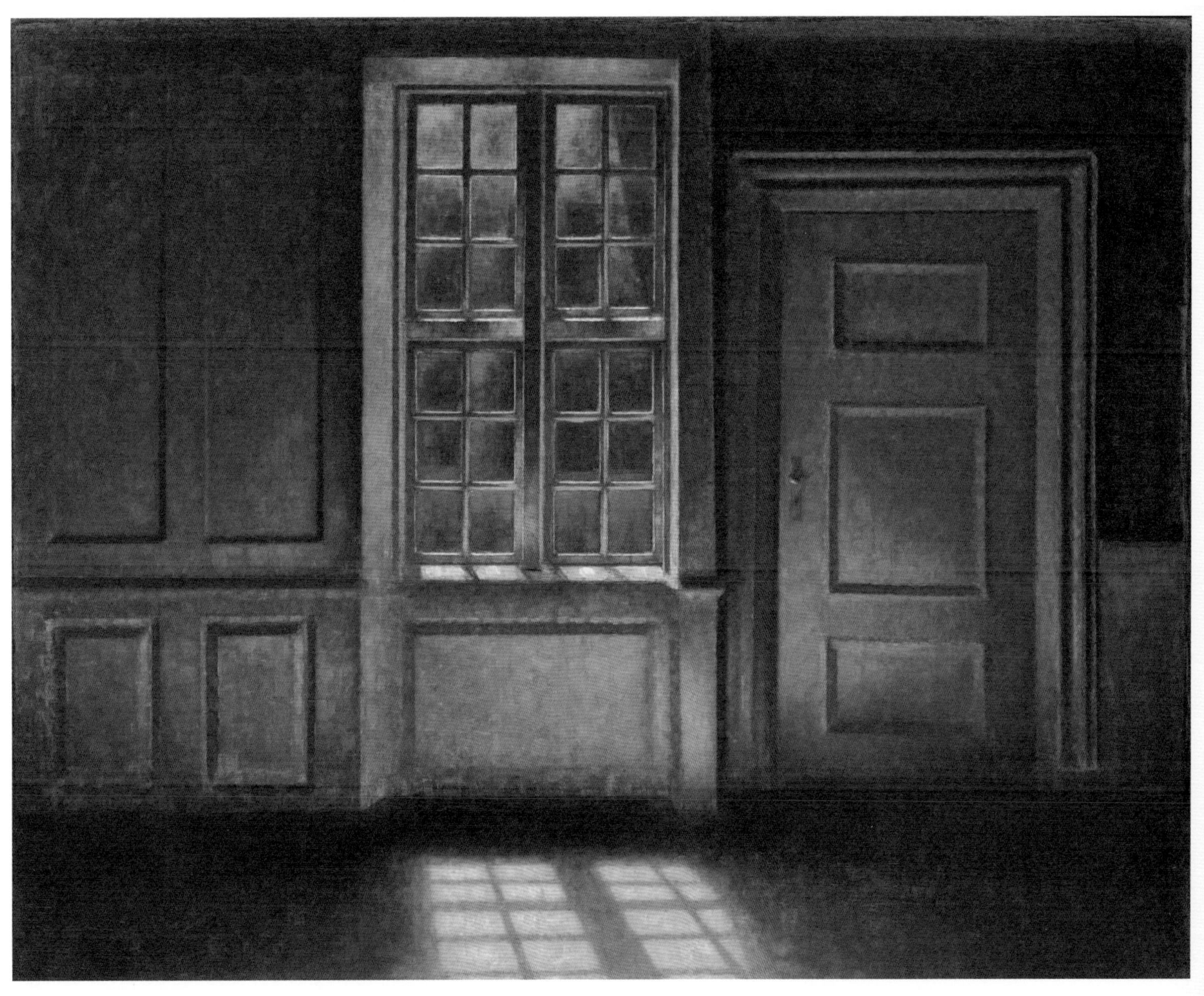

安德烈娅·鲍尔斯

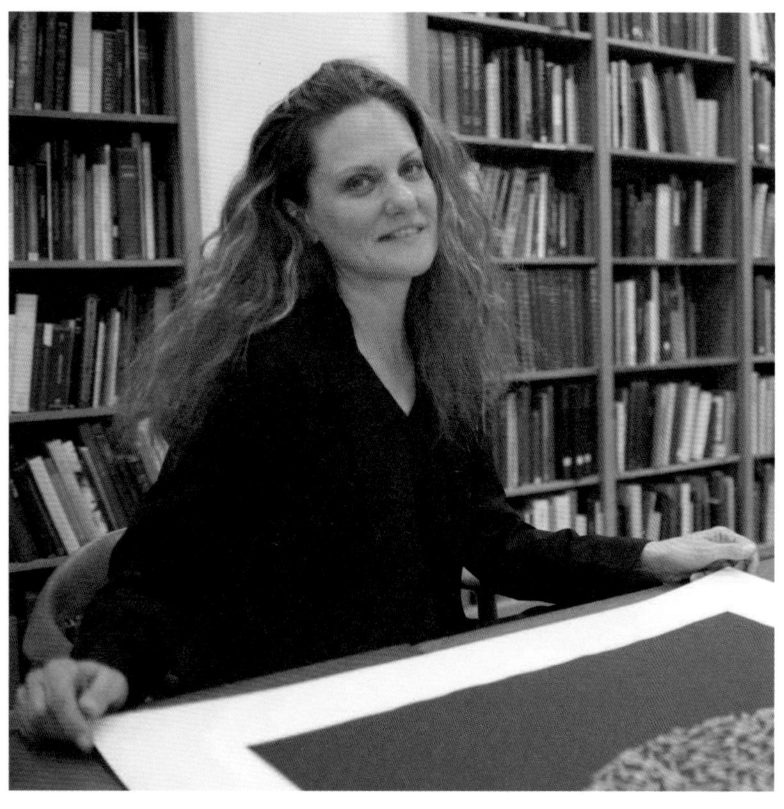

“她将审美意识扩大到优先考虑不同的色彩、形式和纹理，这些元素曾被看作廉价、无足轻重、过于女性化的东西。”

我是一名政治艺术家，所以我喜欢从政治角度考虑艺术的形式。我们认为形式是中立的，但从美学角度做出的决定总是来自某个地方——它们也自带故事。对一件艺术品而言，最重要的是能够听到艺术家在说什么。他们在乎什么？他们的呼声是什么？

20 世纪 60 年代，霍华德娜·平德尔（Howardena Pindell）在耶鲁大学学习绘画。她曾谈到美术老师可能会这样说：“如果你使用色粉笔、发光材料或鲜花，那么没人会严肃对待你的作品。”于是，她决定偏要使用那些东西。她拿起彩绘纸，在上面打孔，然后将它们粘在一起。细绳将它们变得非常立体；亮粉让它们闪闪发光。她将审美意识扩大到优先考虑不同的色彩、形式和纹理，这些元素曾被看作廉价、无足轻重、过于女性化的东西。

我很喜欢这张叫作《椭圆形记忆系列 II：神龙城堡》的明信片。首先，这个疯狂、有机的椭圆形代替了男权主义的方形排版。平德尔经历过一次严重的车祸，这导致她记忆受损，所以她在这些明信片上写写画画，想找回自己的记忆。作品里其实包含两种形式的失忆——除了平德尔本人的失忆之外，还有非洲大流散——非洲人被迫为奴、被运送到世界各地的这段历史被忘记了。在这件作品里，她将自己的经历和历史结合了起来。

我读过很多关于平德尔作品的评论，所有的评论都会提到她的愤怒。非洲女人总是怒气冲冲的——这完全是丑陋的刻板印象。我在她的作品里就没看到什么愤怒。仅仅因为她有自己的政治主张，为自己的信仰发声，并不意味着她得怒发冲冠。

作为观众，我们不得不意识到自己假定的、投射到作品中的东西。如果你不是白人，你会习惯于观看艺术品并明白它不是为你而创作的，你被排除在作品之外。平德尔的作品风格各异，远远超越她所处的时代。她创作了具象作品、抽象作品和版画作品。20 世纪 70 年代初，她依然需要在艺术界面对“女性”和“有色人种”的双重身份。她最终成了一名策展人，但我们博物馆里的绝大部分藏品仍是白人男性的作品，因为这些作品得靠有资金的人买下，最后才能进入博物馆。我们得开始看看其他民族的历史，不能只关注压迫者的历史。

我很喜欢“激进的耐心”这个观念——改变从来不局限于人的一生。改变在你出生前已经开始，在你之后还会继续，你要做的就是在活着的时候努力去改变，这样一来要做的事情就太多了。我一辈子都在向平德尔这样的艺术家学习。她是我的老师。

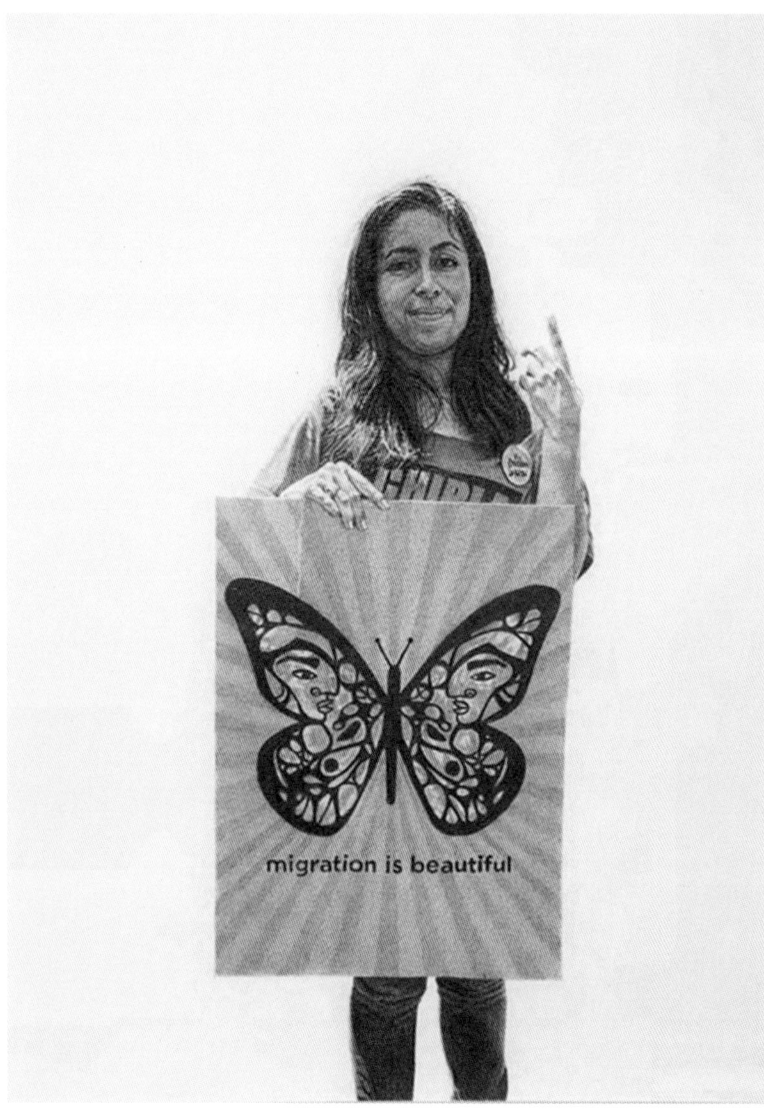

安德烈娅·鲍尔斯，《美丽移民 II》（《洛杉矶 2013 年劳动节》），2015 年 ←

霍华德娜·平德尔，《椭圆形记忆系列 II：神龙城堡》（含细部），1980—1981 年 →

平德尔在这幅拼贴画的右下角签了名，也在左上角反着签了名，这样一来，我们可以从两个相反的方向欣赏这幅作品，如我们现在看到的这个方向，也可以倒过来观看。被剪开的明信片、带有荧光剂的涂料和打了孔的彩纸叠加在一起，创造出了万花筒般的景象。在大都会艺术博物馆购得这幅作品后不久，博物馆请艺术家完成一个调查表。平德尔在调查表里写道，她原本打算描绘一座城堡，但是，龙或蜥蜴的形象“突然间出现了”。

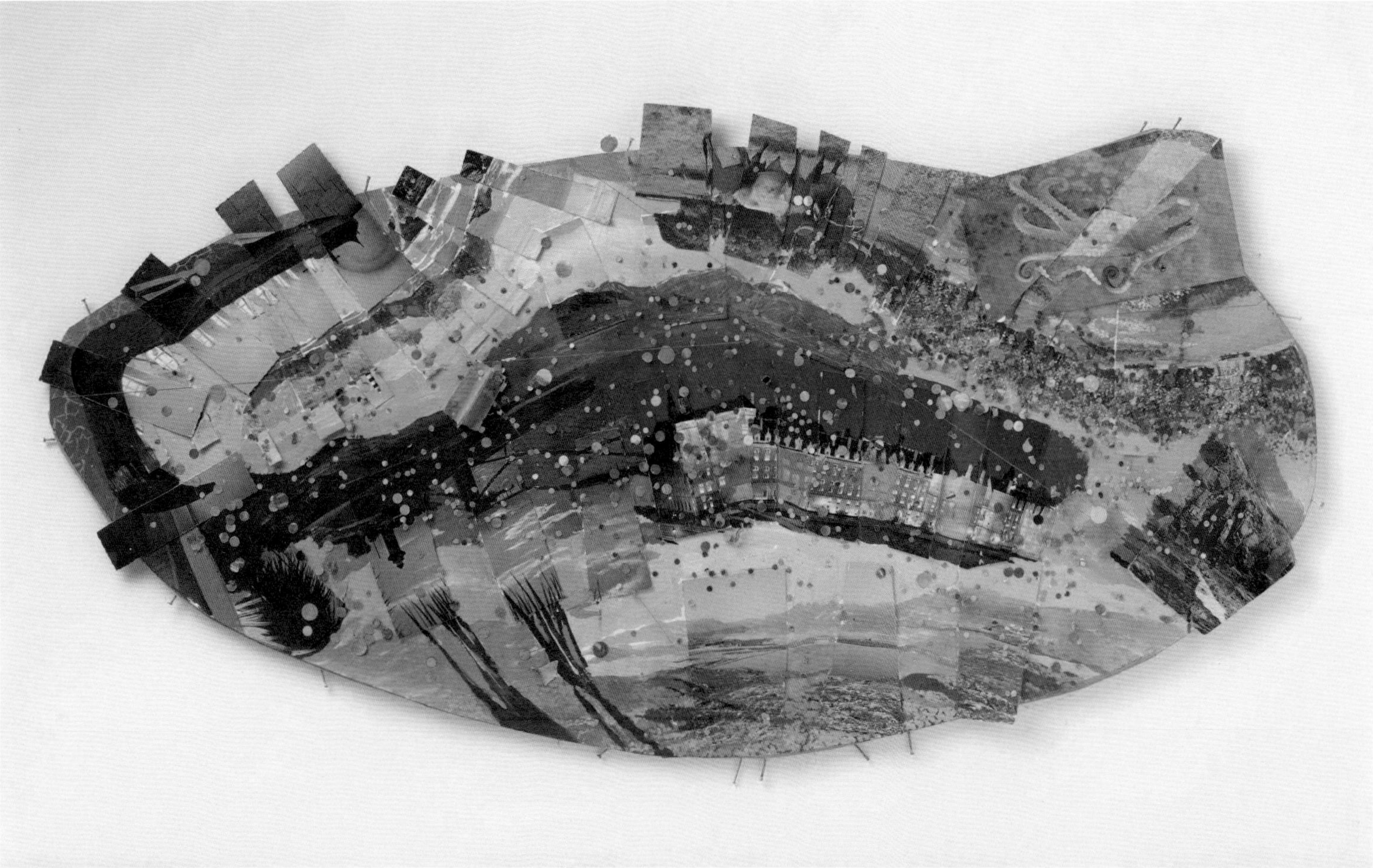

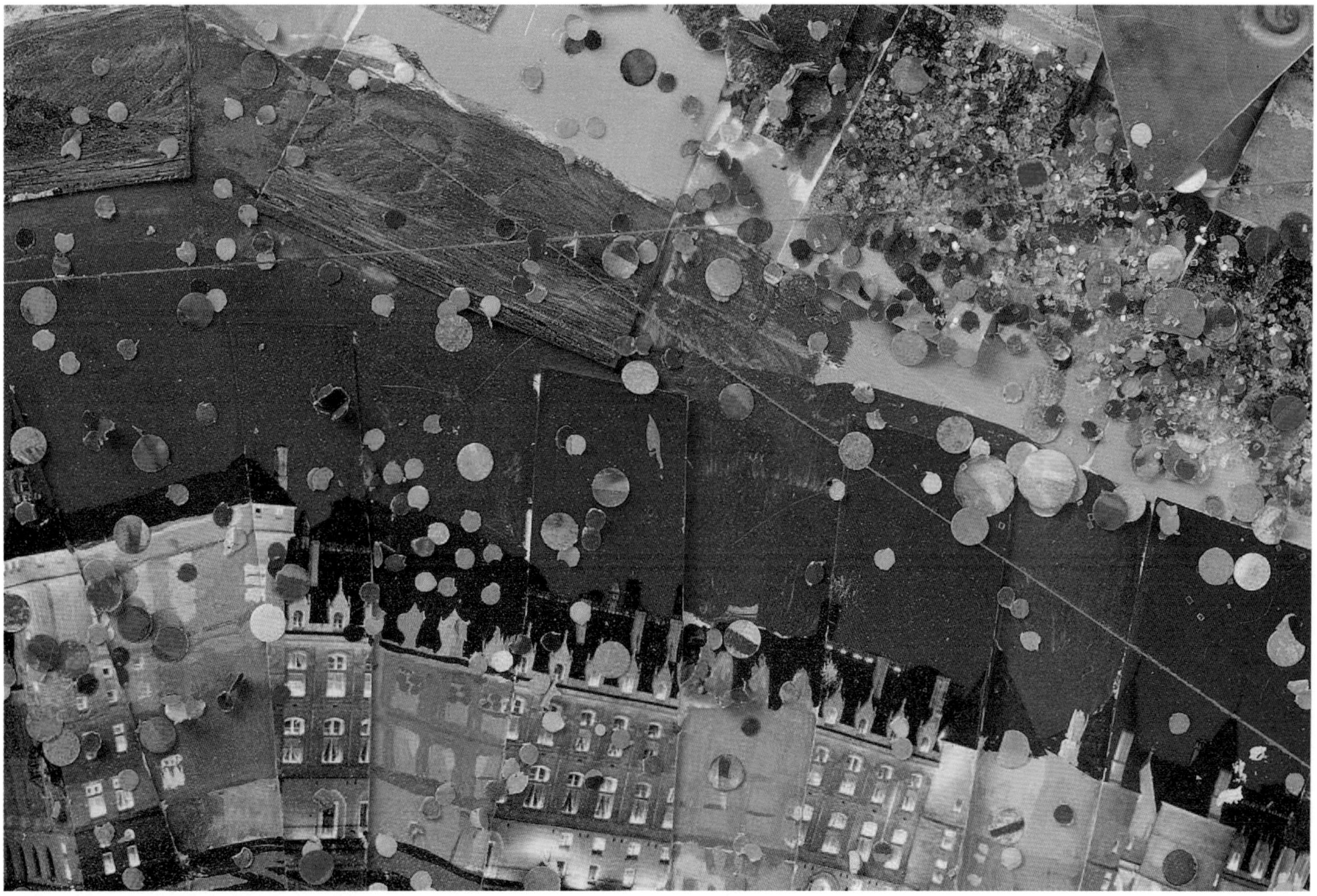

马克·布拉德福德

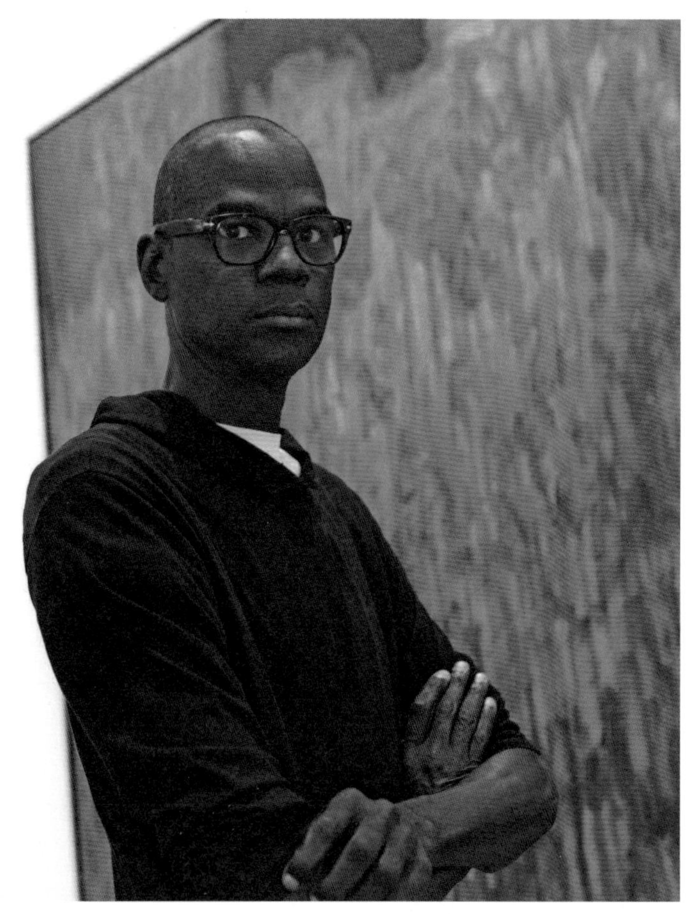

“将我们社会的整体结构作为抽象的出发点，可以让抽象艺术重新焕发活力。”

作为抽象派画家，我对20世纪50年代纽约抽象表现主义开始的那一刻尤为着迷。克利福特·史蒂尔（Clyfford Still）反对亲密关系。这幅作品尺寸巨大，它不是那种容易掌控的架上绘画，也不是那种能够让人感到舒服和温暖的作品。每次我看到某样标记被反复使用时，就会问自己——他想达到什么目的？他在跟那个巨大的表面对话，在跟自己对话，很可能还在跟艺术史及自己的同行对话。他为我们留下了小小的记号和路牌。作为抽象派画家，我做了同样的事情——留下了一些谈话的内容。

画布本身几乎变成了一种色彩、一种颜料，让人感觉它不仅仅是背景。画布的边缘躁动不安，感觉整个表面都被撕扯掉了。

你能看出，史蒂尔用的是一把调色刀，而且他很拼命。他是如何通过情感控制画面温度的呢？我感到惊讶不已。这幅作品看起来并不癫狂。史蒂尔亲手研磨全部颜料，决定它们的亮度、色调和质地。这样他就能使用某种很饱和很热情的颜色，比如红色，再把色温降下来。我发现，他对黑色的使用令我格外着迷。黑色是他钟爱的颜色。那可是20世纪50年代！我是说，他好像在说：“我是个生活在50年代的白人男性，对我来说，黑色（黑人）并不恐怖，黑色（黑人）不具有威胁性。我要在作品中广泛使用黑色，大面积使用黑色。我还要谈论这种颜色。”他是否有政治倾向，你无从得知。同一时期，现代主义正在继续，民权运动也在进行。天啊！爱默特·提尔（Emmett Till）案件也差不多是这个时期发生的！我是说，你如何能将这一事件从一系列事件中剥离呢？

这件作品从本质上来讲就是抽象的吗？也许不是吧。我们可以追溯艺术家的意图，史蒂尔为自己作品的展示位置和陈列方式制定了很多规则。他的作品不可以被移动，也不可以被出借。他就像舞台上最后的老母亲一样——就算死了，也要在坟墓里控制一切。我觉得我跟他不一样。我会是另外一种母亲——孩子离家的时候，我会对他说：“祝你好运，我的孩子，愿上帝与你同在。”你得对你的孩子放手啊，这也是生活的一部分。

艺术家对自己的命运负责、掌控自己的命运，是非常令我敬佩的，但你知道，千里马也会有失蹄的时候。作为21世纪的非裔美国艺术家，当我回顾抽象表现主义时，我会遭遇政治、难题、理论，我能够读到他的宣言。但我认为还有其他方法可以看穿抽象性。将我们社会的整体结构作为抽象的出发点，可以让抽象艺术重新焕发活力。对我来说，这真的超级有趣。我觉得它令人脊背发凉，太惊人了！

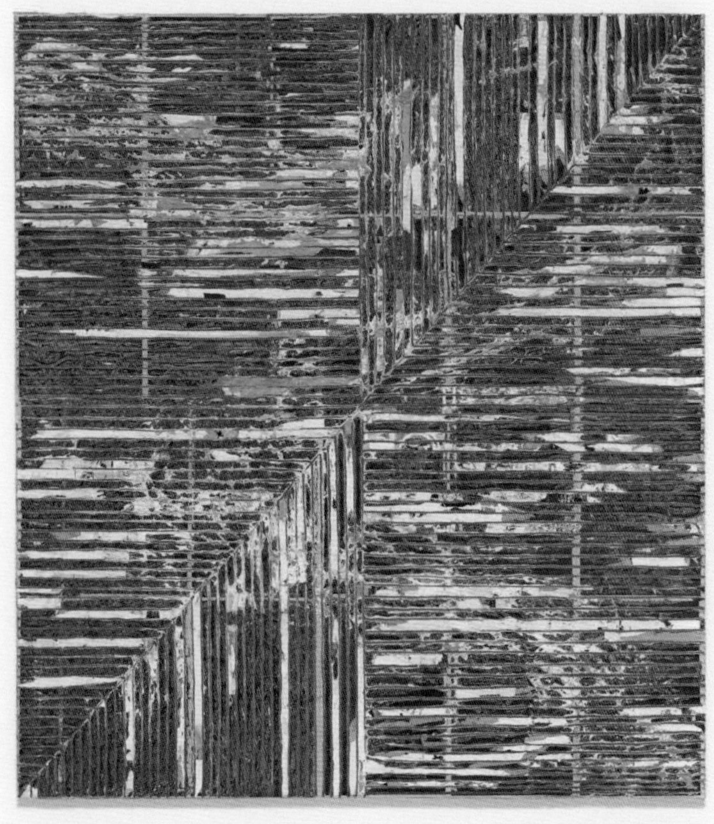

马克·布拉德福德，《楼板间的缝隙》，2014年 ←

克利福特·史蒂尔，《无题》，1950年 →

史蒂尔的构图通常分为不同的垂直单元——比如这幅完成于1950年的作品——他画作的尺寸通常都很大。紧密相邻的颜色区域互不重叠，而是并置在一起；他的调色刀涂色精准，画家形容它可以“用力劈，偶尔也戳两下”。史蒂尔删除了所有具象图像及错乱的空间感，专注于颜料的物理特性和表面质地。他的构图充满了节奏感，创造了他所谓的“活的精神”。

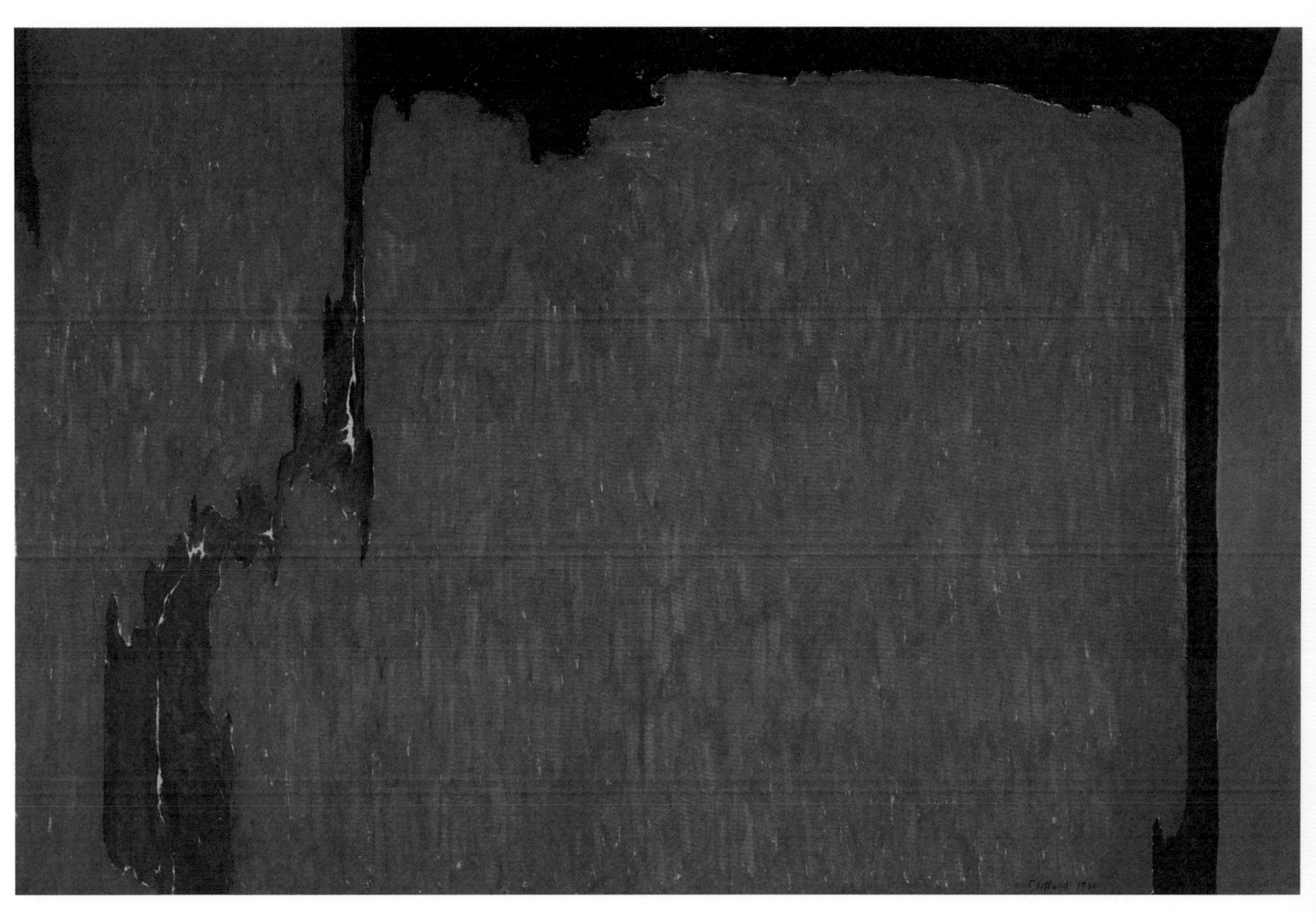

塞西莉·布朗

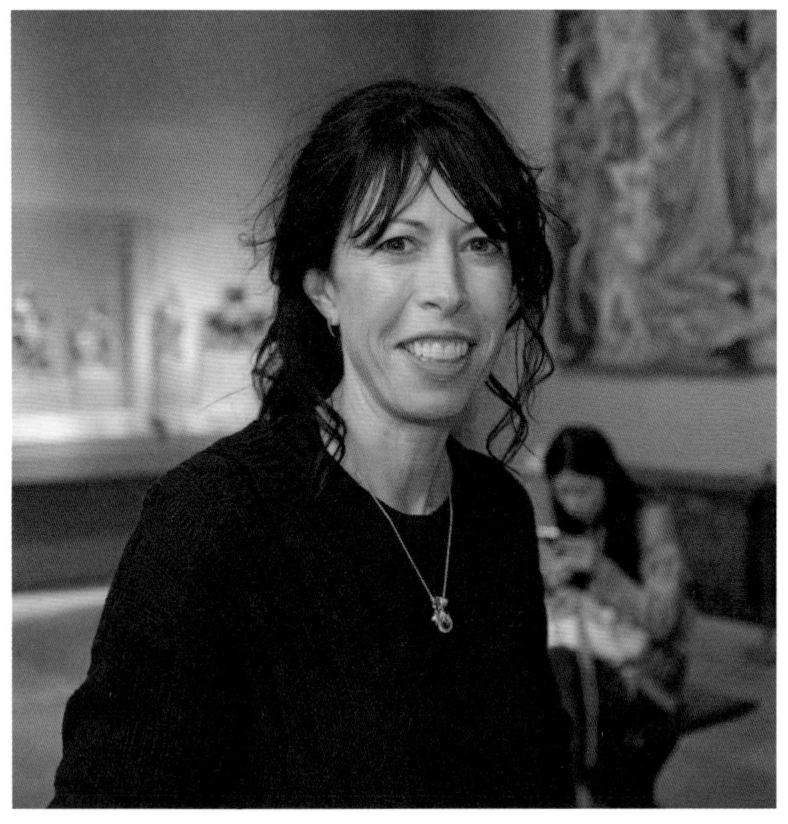

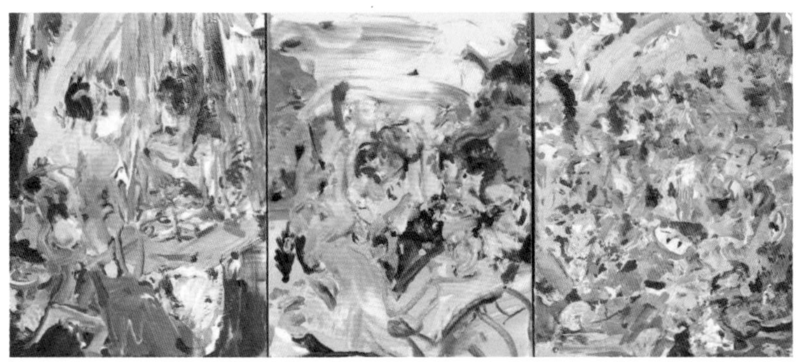

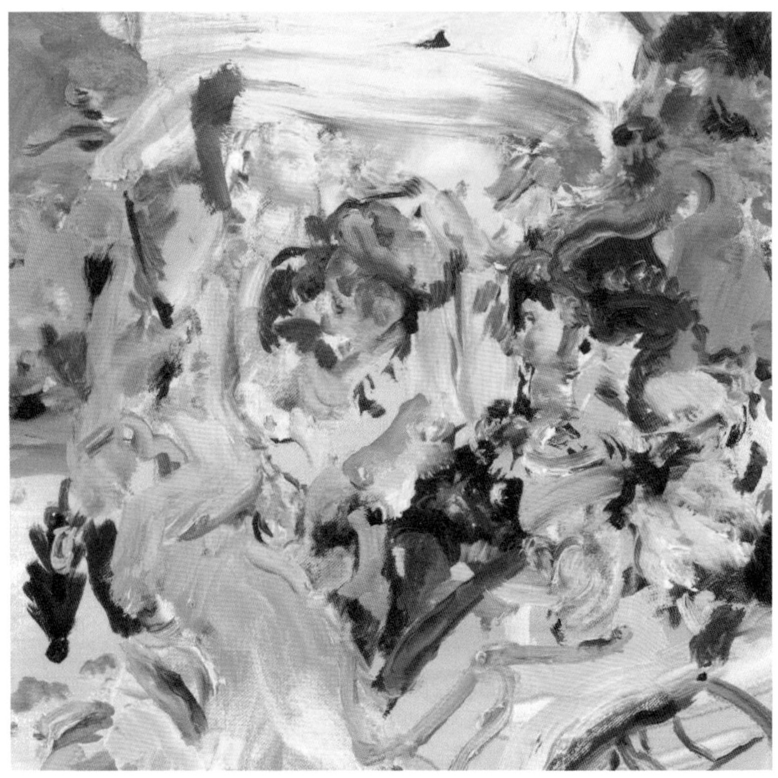

“尽管这些雕像的主题相同，但仍有一定的变化。”

在某种程度上，艺术一直是我的宗教。艺术在我生命中扮演的角色，正是宗教在其他人生活中扮演的角色。我经常认为欣赏艺术作品是对现实的终极逃避，毕竟你处在这个完整无缺的世界。我喜欢大都会艺术博物馆的中世纪雕塑展厅，对我来说，它是个完整的环境。展厅的气氛让人完全感觉不到时间，我不是说它过时了，而是说它是一个自成体系的世界。

当我作画时，我知道我的局限所在——我一直很喜欢这一事实。看着画框，你知道你拿到了属于自己的矩形，平平整整、边界清晰，四边以内是你可以任意发挥创造力的地方——让人心安，也让人兴奋。我觉得展厅内的每一件圣母子雕像都是为某个特定地点而制作的。尽管这些雕像的主题相同，但仍有一定的变化。不同的雕像呈现出不同的特点，或俏皮，或新奇，或充满想象力——无论基督是在跟一只小鸟玩耍，还是在轻抚圣母的脸颊或下巴。艺术家们需要刻画圣子的双脚——在一些雕像中，圣子的双脚被衣幔盖住了，而在另一些雕像中，他的小脚趾从衣服底下露了出来。

圣母子像没有固定的模式，圣母一直是圣母，只是你没办法把圣母囿于某一种形象解读。这个中世纪展厅让人有一种梦幻般的感觉，之所以有这种感觉，一部分是因为每位圣母身上似乎都有其他圣母的影子。这些圣母像负载着不同的情感，都有自己的个性。她们当中有些甚至风情时髦到让人惊讶。你会觉得她们再现了那些坚强、有趣、复杂的女人，她们的凝视发人深思。我很清楚地意识到衣幔下的身体非常性感，性感到可能触犯禁忌。孩子是唯一让她保持贞洁的东西。这些艺术家肯定一直在试着寻找平衡，既要展现圣母的女性美，又要让她看上去不过分性感。

这些雕像既生动可爱，又显露出庄严和肃穆。它们本身的年龄很可能还强化了这一点。我总是更喜欢那些经历过岁月风雨的作品，颜料的残痕增加了几分伤感。偏爱破碎和零散的东西是一种当代的感性。这些雕像带有内在的甜蜜和悲伤，还带有一种失落感。它们体现了一种变迁、一种时间飞逝的感觉，这让你意识到时光既可以飞逝也可以静止。

塞西莉·布朗，《美丽脸庞，痛苦悲伤》(含细部)，2008 年 ←

《圣母子》，1345 年 →

1345 年，在比利时东部马斯河谷附近的迪斯特市，圣凯瑟琳修道院内的贝居安女修士们支付了两英镑定制这座雕像。该雕像最初放置于教堂内的高坛上，现在放在那儿的是复刻品。雕像的制作者很可能是列日附近马斯河谷中部的一位雕塑家，他在圣母玛利亚风格的基础上增添了一点当地色彩。在当地，此类雕像的衣服都带有夸张的袋状褶皱，面部特征也极为相似——眼睛大且距离远、鼻梁挺拔、嘴唇较薄。

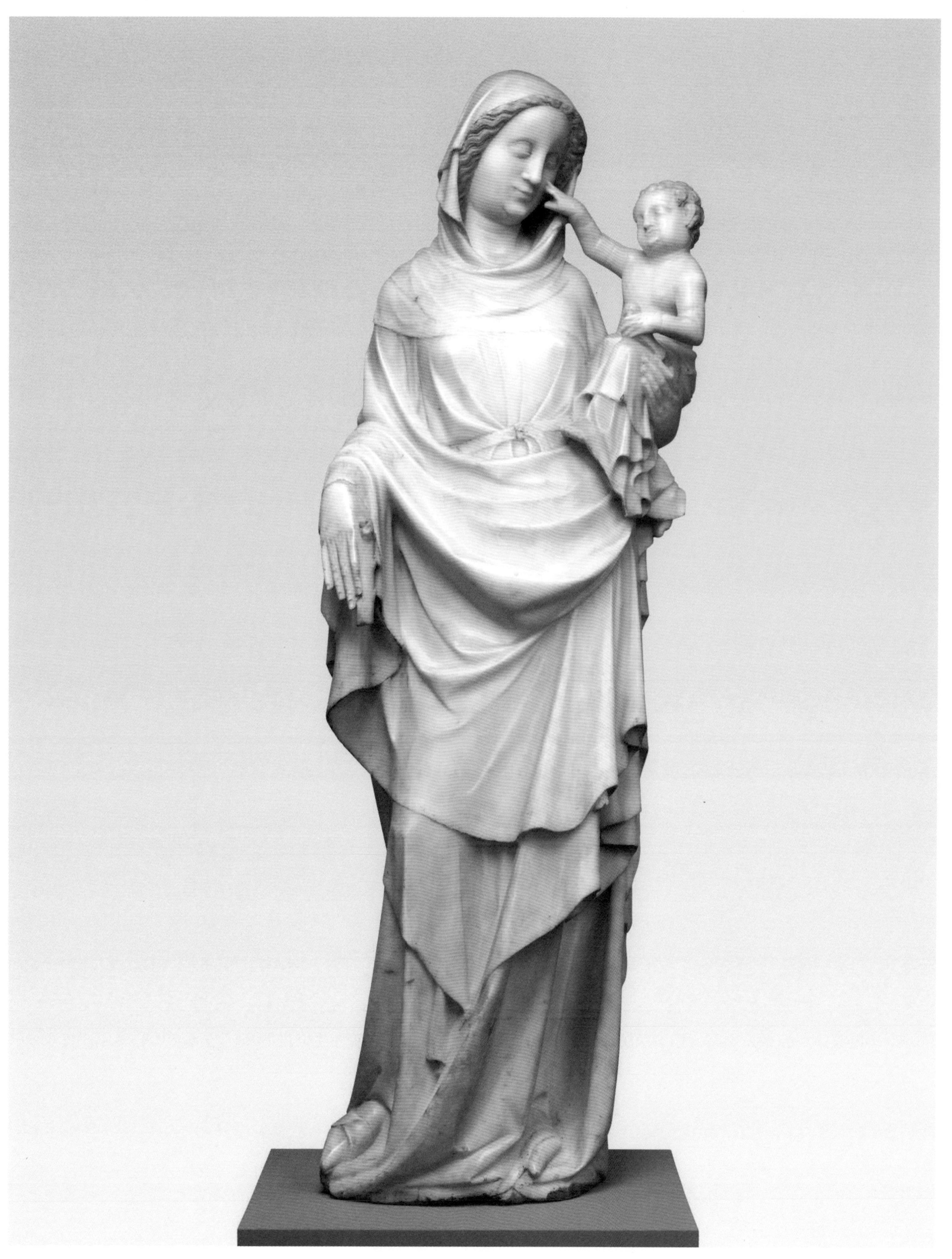

路易斯·加姆尼则

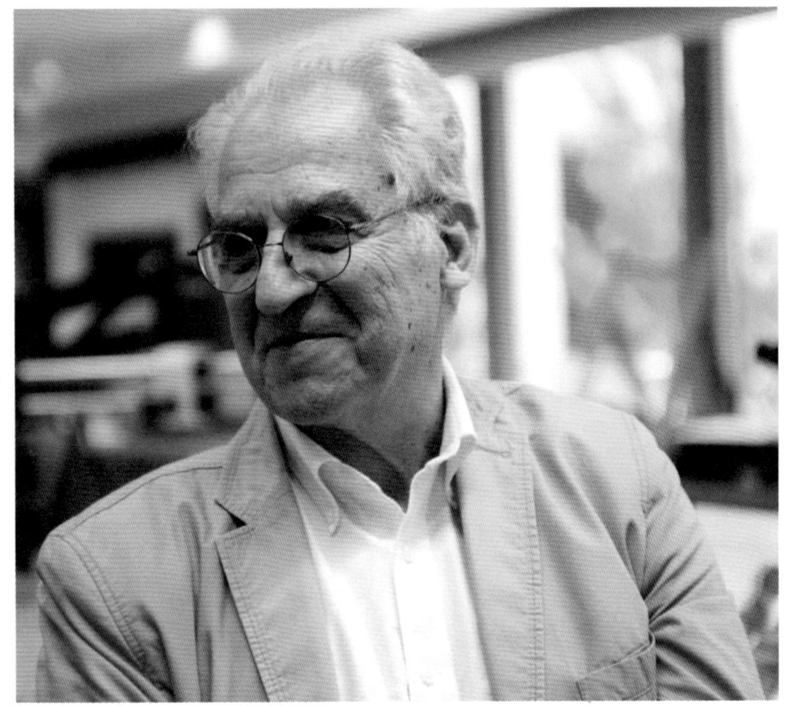

“皮拉内西预言过，波普艺术会把不相干的事物打造成象征性标志。”

我不喜欢以某种技法被归类。艺术旨在传播知识，与你使用什么技法无关。我打定主意——我不是一个尝试做艺术的版画家，而是一个偶尔使用版画技法的艺术家。我不是艺术史学家，但我不喜欢那种保守的版画，它们仅为复制绘画作品而存在，自身并不带有任何新知识。乔瓦尼·巴蒂斯塔·皮拉内西（Giovanni Battista Piranesi）是努力通过版画产出知识的版画家之一。作为建筑师，皮拉内西并不成功，但他利用自己的这一背景将建筑分解成最小的单元，然后再将它们罗列在版画中。他按顺序将事物进行分类。他的作品实际上与技术无关，而与组织整体有关。

所以我说，他的作品是当代的。20 世纪初以前，重现一直是艺术的终极成就。再现，就是你再一次表现已然存在的东西。它流行过一段时间，还衍生出一些技法，然后，在 20 世纪 60 年代，观念变得比技法更加重要。我觉得，皮拉内西预言过，波普艺术会把不相干的事物打造成象征性标志。

我认为，总的来说，艺术史是一种投射活动：我们将现在投射到某一物件上，无从知晓我们是否能站在创作者的角度理解它。从这个意义上讲，我们很自私。我们的理解局限于它是否对我们有用这一角度。这么做倒也没什么错，只是我们应当对自己的行为负责。

我的政治主张基本上是反权威的。我觉得，我们应该检视而非接受各种教条，这样的异见大有裨益。归根结底，艺术实际上与处理秩序有关：挑战既定的秩序是为了确保它们是有效的，还能将不同的秩序连接起来以发现新事物。毕竟艺术是唯一拥有无限想象力的领域。

皮拉内西告诉我们，只要有标准，你就可以重组任何东西，而且，这标准你想怎么定就怎么定。所以你可以着手建立自己的秩序。这非常重要。

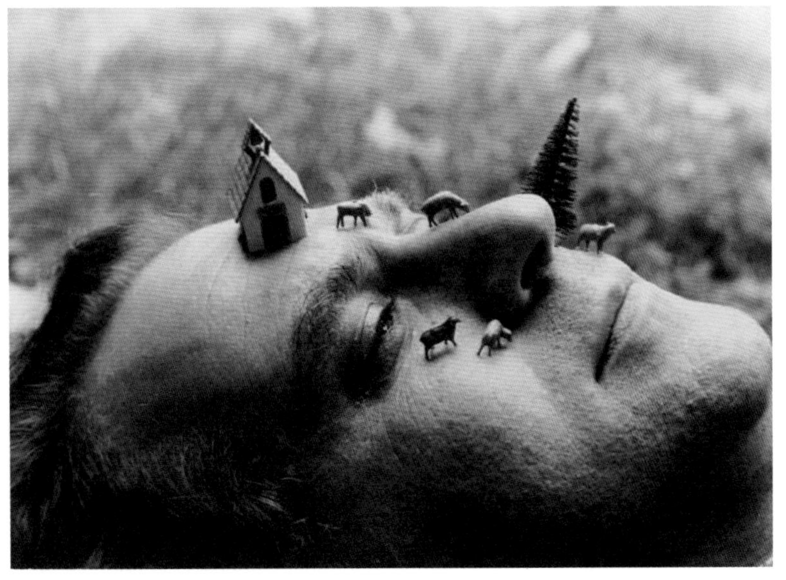

路易斯·加姆尼则，《景观是一种态度》，1979 年 ←

乔瓦尼·巴蒂斯塔·皮拉内西，《罗马人的宏伟建筑》，1761 年 →

皮拉内西的《罗马人的宏伟建筑》为“希腊的艺术与建筑是否优于罗马的”这一经久不息的辩论做出了贡献。在 18 世纪 50 年代，知识界越来越青睐希腊。当法国建筑师朱利安-戴维·勒罗伊（Julien-David Le Roy）于 1758 年发表了《希腊最美丽的古废墟》后，皮拉内西以《罗马人的宏伟建筑》作为回应，为罗马建筑装饰进行了辩护。

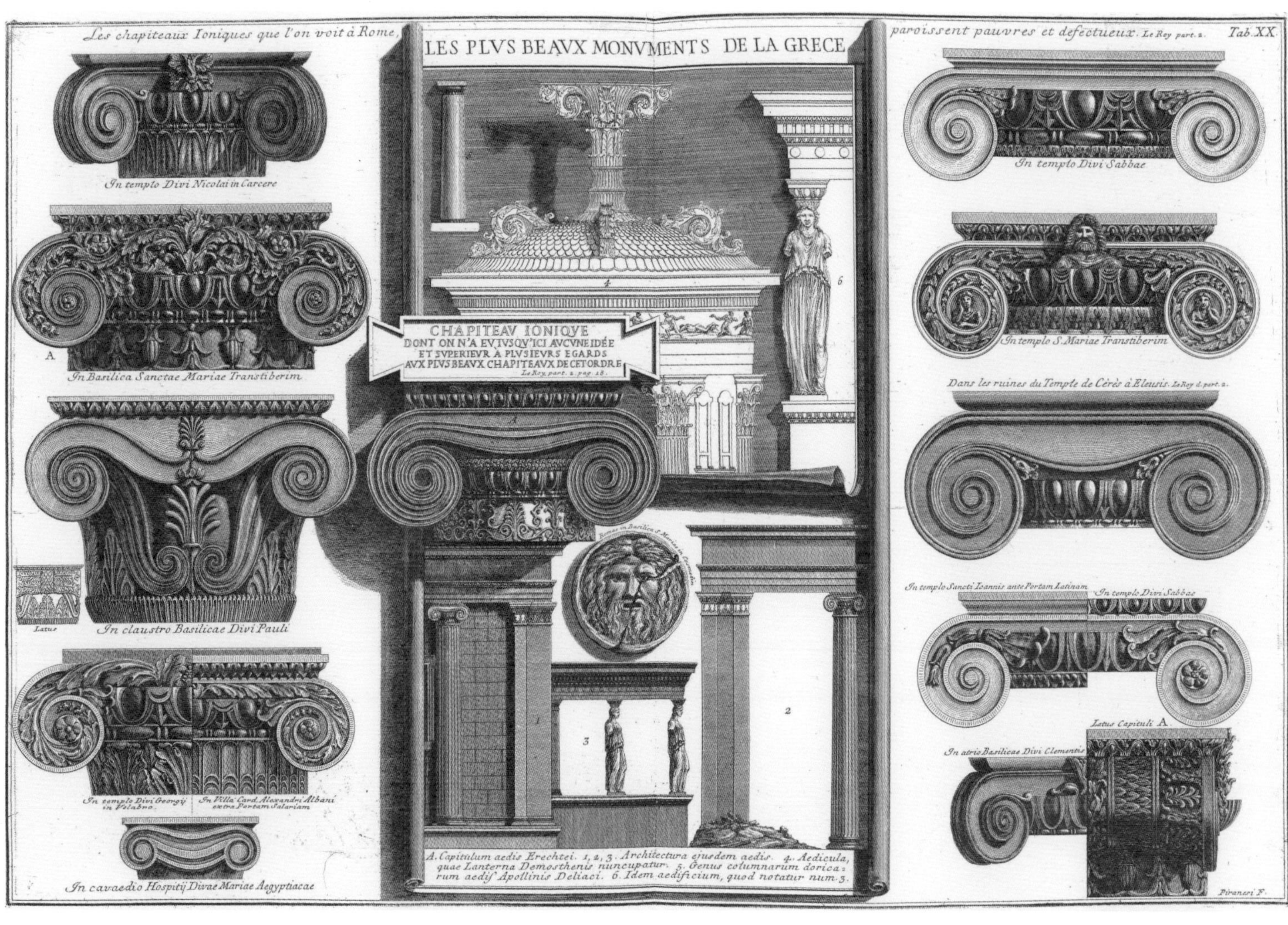

Les chapiteaux Ioniques que l'on voit à Rome,
LES PLVS BEAVX MONVMENTS DE LA GRECE
paroissent pauvres et defectueux. Le Roy part. 2.
Tab. XX.
In templo Divi Nicolai in Carcere
In templo Divi Sabbae
CHAPITEAV IONIQVE
DONT ON N'A EV IVSQV'ICI AVCVNE IDÉE
ET SVPERIEVR A PLVSIEVRS EGARDS
AVX PLVS BEAVX CHAPITEAVX DE CET ORDRE
Le Roy part. 2. pag. 18.
In templo S. Mariae Transtiberim
A.
In Basilica Sanctae Mariae Transtiberim
Dans les ruines du Temple de Cérès à Eleusis. Le Roy d. part. 2.
Latus
In claustro Basilicae Divi Pauli
In templo Sancti Ioannis ante Portam Latinam
In templo Divi Sabbae
Latus Capituli A.
In atrio Basilicae Divi Clementis
In templo Divi Georgij in Velabro
In Villa Card. Alexandri Albani extra Portam Salariam
A. Capitulum aedis Erechtei. 1, 2, 3. Architectura ejusdem aedis. 4. Aedicula, quae Lanterna Demosthenis nuncupatur. 5. Genus columnarum doricarum aedis Apollinis Deliaci. 6. Idem aedificium, quod notatur num. 3.
In cavaedio Hospitij Divae Mariae Aegyptiacae
Piranesi F.

尼克 · 凯夫

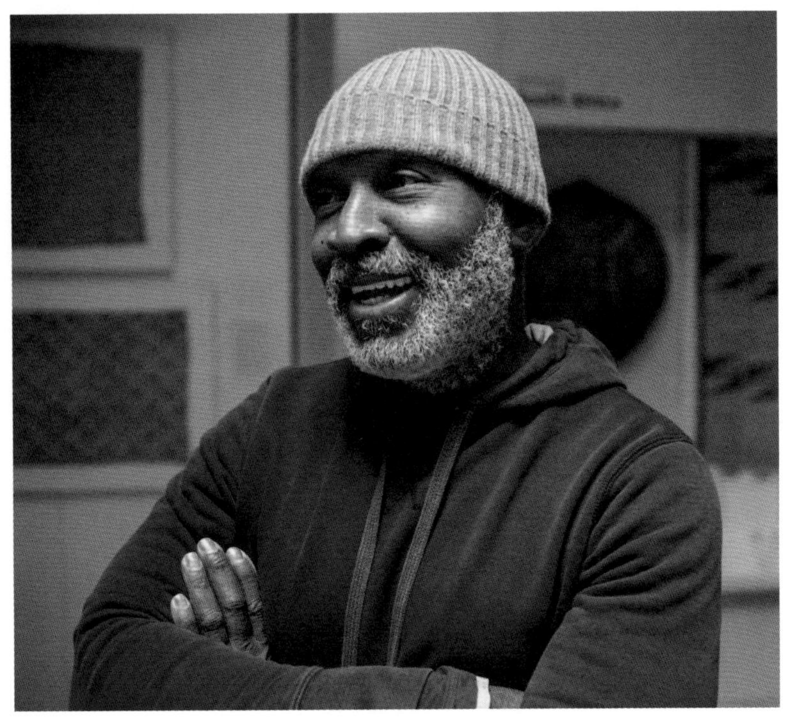

“在某种意义上，混沌中有了秩序。那就是真正的魔力所在。”

当 18 岁的我看到这些织物时，就清楚地发现了一些与自己的创作理念相同的东西。我对各种图案自身的顺序和节奏做出了反应。尽管这些织物是平的，但表面上绣了图案之后，它们就动了起来，有了结构，但也有了一种随意性。

这些库巴布匹既可以被视为人造装饰品，也可以被视为一块木板或一幅绘画。以这种方式看待它们会很有趣，但实际上最初制作它们的时候是有目的的。它们是在庆典场合穿的裙子。

将一样东西与它原来的环境分离并让它独立存在——这是我喜欢的选择，喜欢的玩法。它促使我以相同的方式看待自己的作品：它们可以像雕塑一样立体，也可以是静态的，而且还具有实际功能——当裙子穿。

布匹是集体制作的，这让人有种同志和家人般的感觉。手已经成了布面织造的一部分。在某种意义上，混沌中有了秩序。那就是真正的魔力所在。

这些库巴布匹与人联系在一起，但它们也提供了想象的空间，这种想象的空间因极其纯净而真实。对我来说，这就是我能想象创作出来的一切：如何让自己进入某个地方或某种心境，从中我能设计出一种有节奏感的布料，它可以沟通并诉说某种目的，或者，在那里我可以从广义上思考设计？

要成就不凡的事物，你其实不需要做很多。我认为，有时候，简单最为不凡。

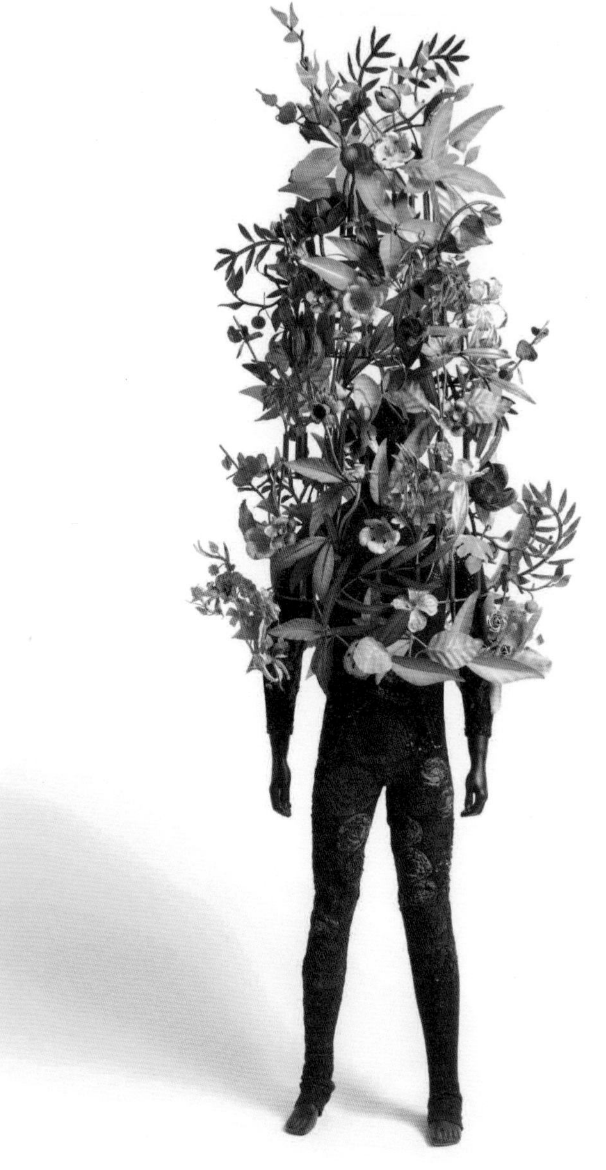

尼克 · 凯夫，《发声套装》，2008 年 ←

庆典上穿的女士半身裙（含细部），20 世纪早期至中期 →

织物生产和装饰的不同阶段皆见证了刚果民主共和国库巴族全体成员的共同协作。库巴族男性负责种植马达加斯加酒椰，并用椰棕织布；女绣工使用数百年传承下来的技术完成了一系列令人眼花缭乱的设计。

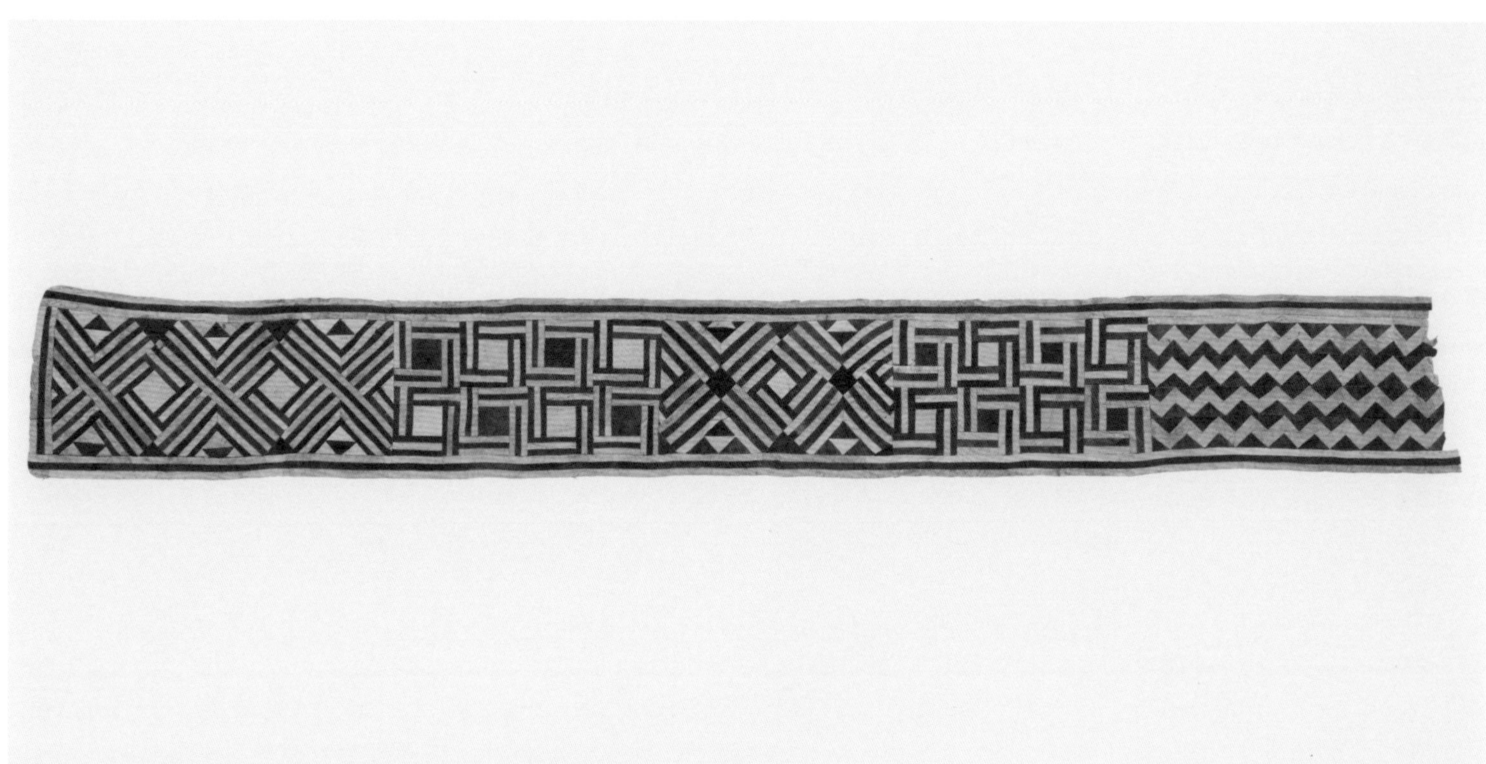

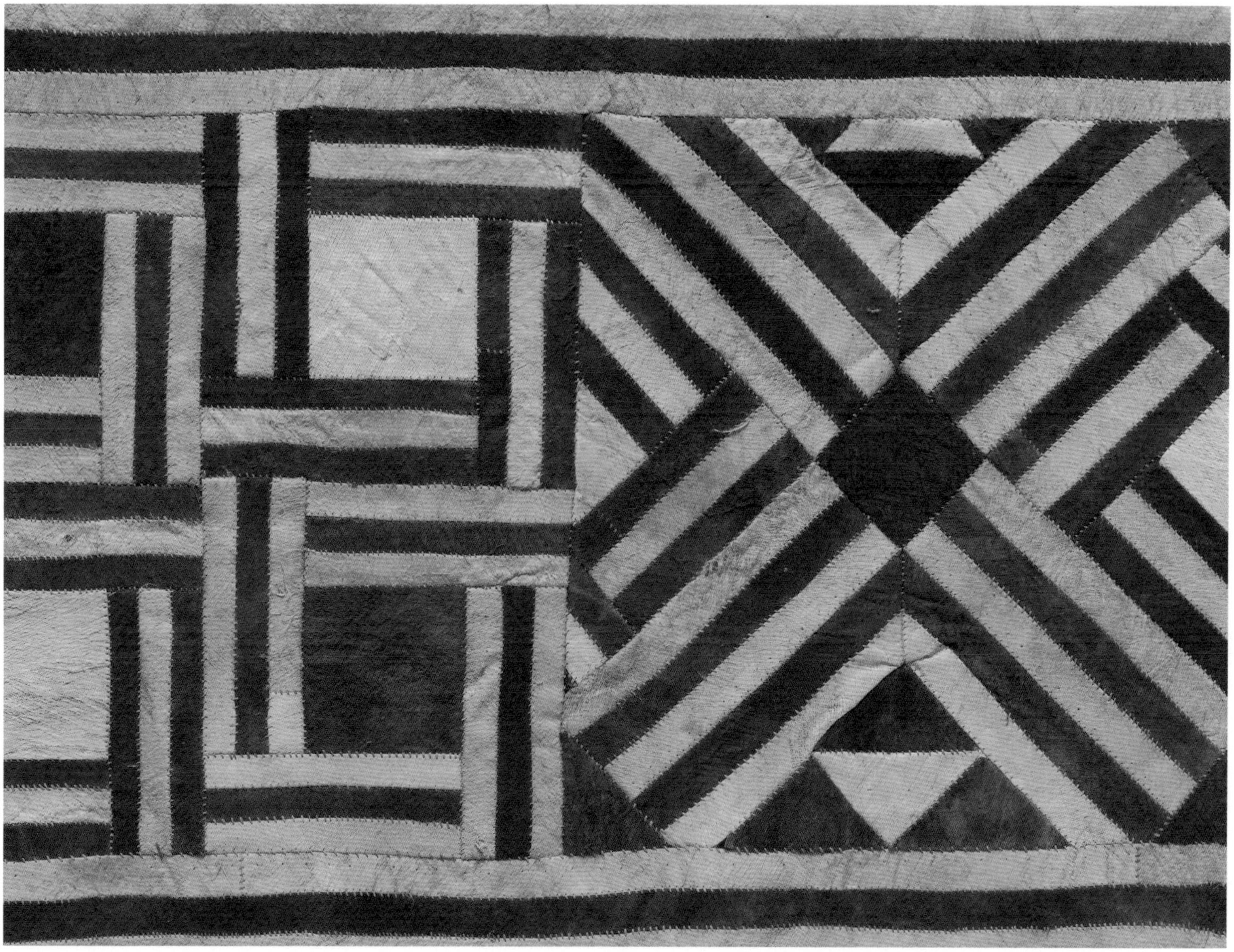

亚历桑德罗 · 切萨科

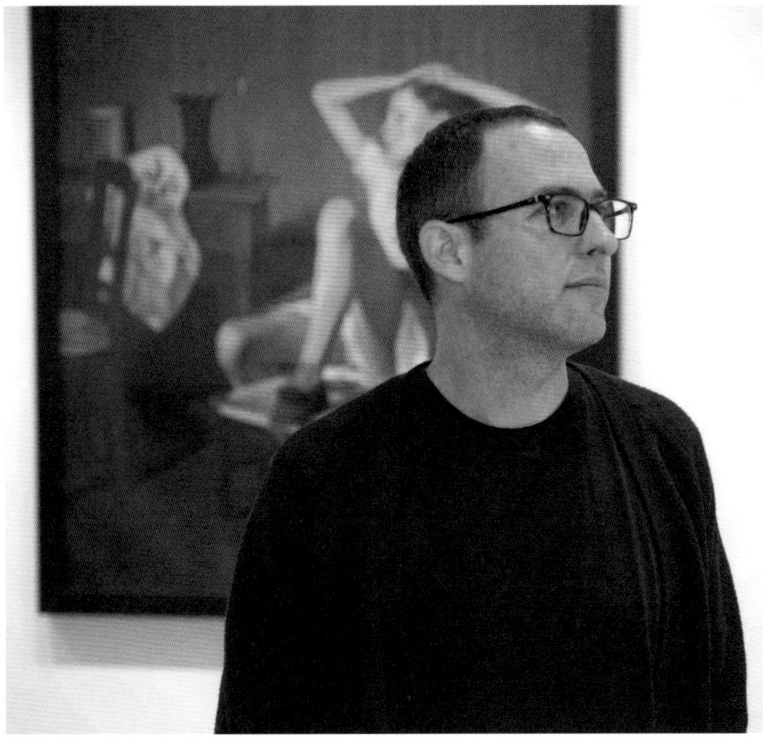

“某个故事也许没有讲完，但依然代表了某种视角。”

我喜欢质疑我们讲的故事以及讲故事的方式。当我参观博物馆时，我不禁要问，这个展厅在讲什么故事？我认为艺术不应该给出结论，但是，这个展厅在问些什么问题呢？艺术允许这些具有创意的误读，哪怕只是为了好玩。

一旦开始制作艺术品，你就会变成专业的观赏者，很难再以一种更业余的方式看待事物。但是，允许自己感到惊讶或暂停冷嘲热讽都会产生一些成果。例如，如果不了解阿尔贝托·贾科梅蒂（Alberto Giacometti）的全部作品及其历史，能看懂他的雕塑作品吗？

这座名为《威尼斯女子Ⅱ》的雕像让人感到极其悲伤和空虚。这不是一个好玩的物件。你盯着它，它就盯着你。我们不知道这个女人在等什么，她为什么要这么一动不动地站着，站得如此笔直。但是，身体的表面让人觉得她没那么僵硬。看起来，她的心都碎了，而且焦躁不安，她的身体从内到外都在颤抖，伤痕累累。这些伤痕是她自己造成的，还是别人造成的？为什么她的身体如此细长、如此瘦弱、如此贫血？它是否指的是某一历史背景，或者，集中营里流传的尸体照片？无论如何，时间的流逝在今天创造了不同的环境，取景也是作品意义的一部分。

以 907 号画廊为例，我们可以看着贾科梅蒂的这件雕塑，然后问，这个女人在看什么？她在考虑什么？她为什么一动不动？她是在监视旁边巴尔蒂斯（Balthasar Klossowski）画中的那些年轻女孩吗？她的监视是否涉及任何判断？那是她过去的回忆吗？我不知道——我可以像这样一直问下去。很明显，我刚刚所说的一切都是错误的。这些话与作品无关，只是我对作品的投射而已。

这样的“误读”在艺术领域常常发生。博物馆可以说是一种相当抽象的“声音”。某个故事也许没有讲完，但依然代表了某种视角。有人会做出这些决定，我们禁不住要想：“看”，究竟意味着什么？

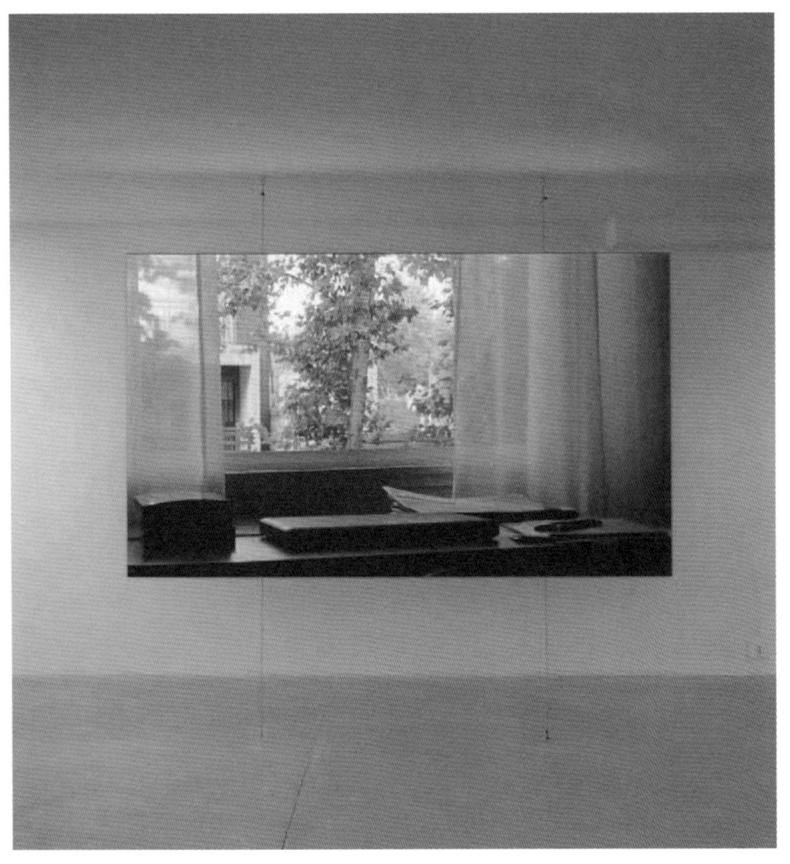

亚历桑德罗 · 切萨科，《沉思》，2013 年 ←

阿尔贝托 · 贾科梅蒂，《威尼斯女子 Ⅱ》，1956 年 ↗

贾科梅蒂制作的人物无一例外都特别消瘦和虚弱。
这件雕像属于 15 个裸女系列的一部分，她们取模于同样的陶土，采用同样的支架，其中 9 件由青铜浇铸。

907 号画廊陈列图 →

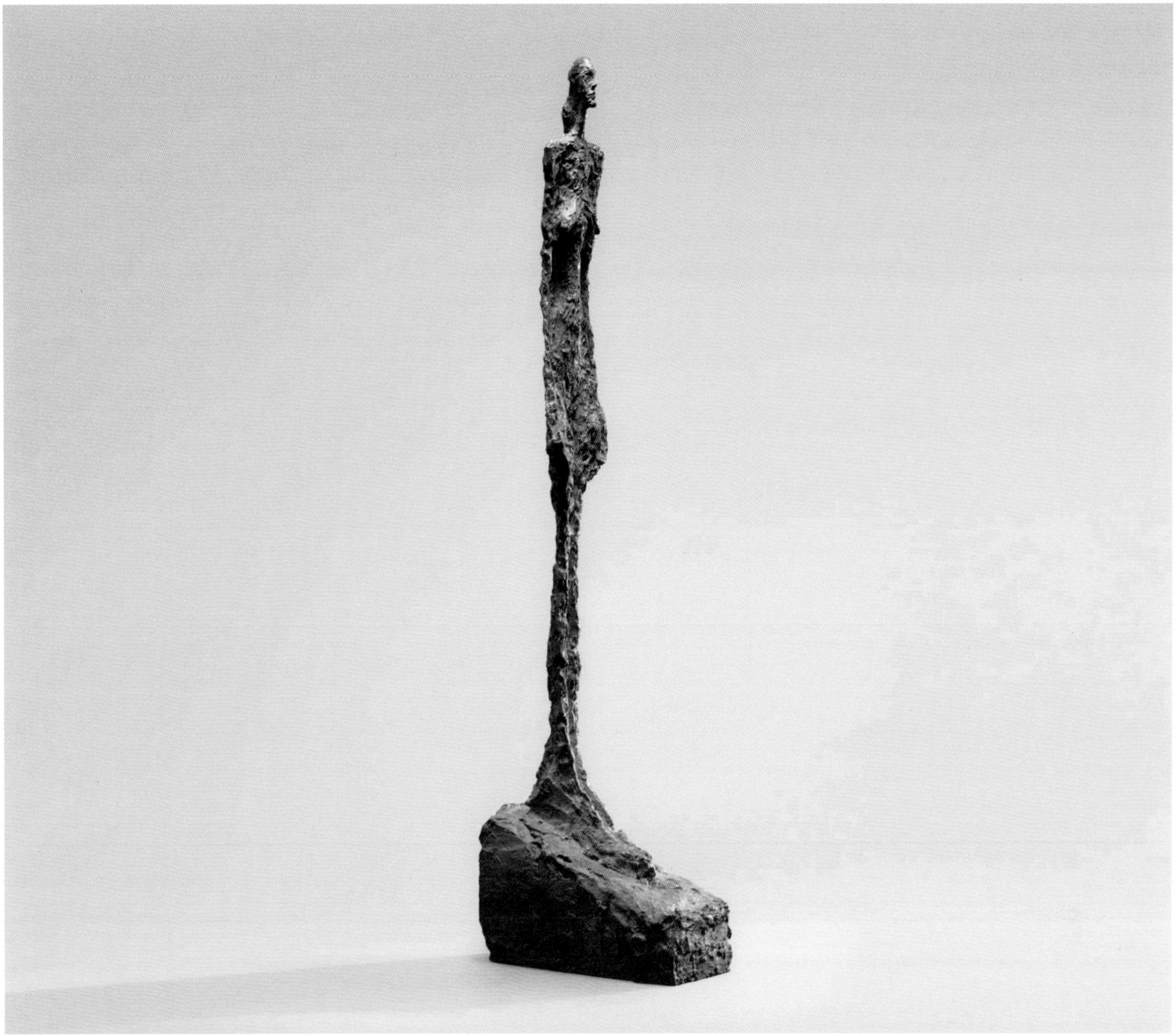

阿尔贝托 · 贾科梅蒂与巴尔蒂斯在 907 号画廊的作品

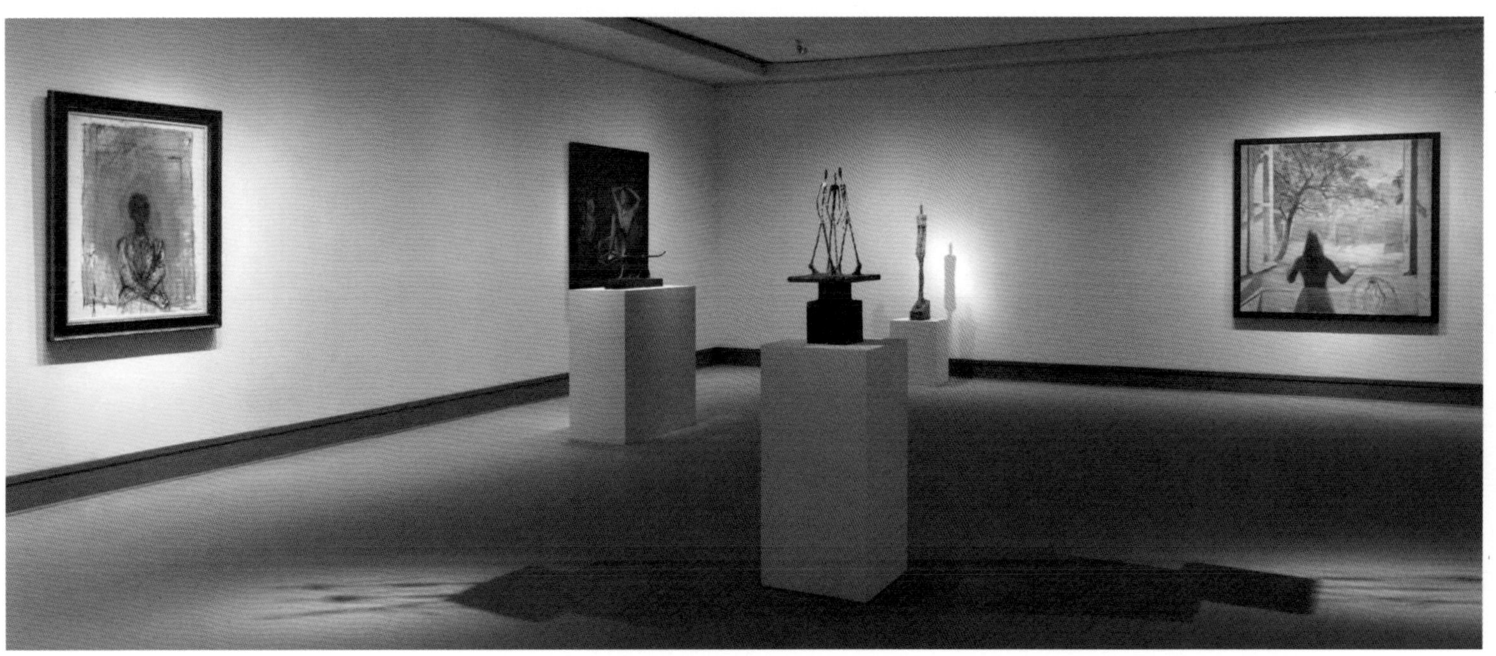

恩利克·查哥雅

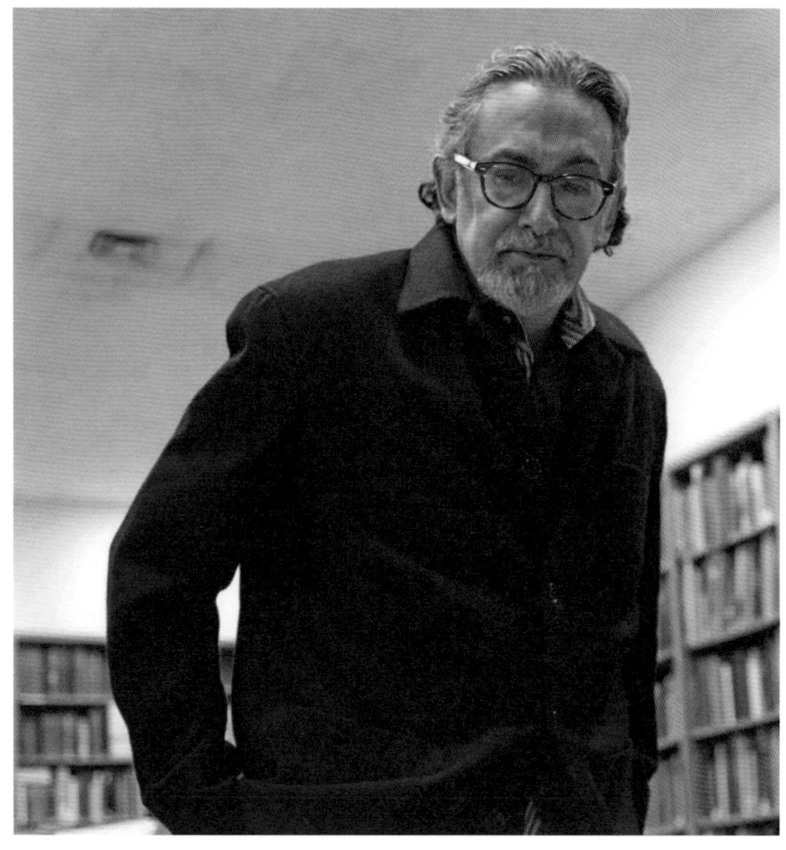

“他没有将自己局限于某个时间、某个地点。人类的经验超越了历史。”

我会在作品中挪用意象，由此创造了自己的语言。我具有政治经济学背景，它激发我在作品中增加有关社会的内容。

发现西班牙艺术家弗朗西斯科·戈雅（Francisco Goya）的作品《狂想曲》时，我才十几岁。我很想买一幅，可当时还是学生的我买不起，于是我创作了自己的版本。有机会看到原作非常重要，尽管它尺幅很小，你还是能看到蚀刻线条的三维特点，它不像复制品那样扁平。

《狂想曲》可以说是窥探 18 世纪末的一扇窗户，但是，一旦你开始研究那些意象，你就会逐渐意识到有些东西从那时起并没有太大变化。对我而言，这就是戈雅的天分，他没有将自己局限于某个时间、某个地点。人类的经验超越了历史，但也陷入了螺旋式上升的重复，在某个时期你似乎会回到过去相同的位置。

尽管这些版画是戈雅在神圣宗教裁判所的最后几年里制作的，但他仍然对此感到紧张，因此《狂想曲》里有很多模棱两可的地方。在审查制度下确实会发生这种情况，因为艺术家必须比审查员更聪明。目前尚不清楚戈雅赞成还是反对宗教裁判所，但对我来说，他显然持反对态度！

第 43 幅作品是做噩梦的戈雅的自画像，但如今的怪物更糟。比如全球变暖和战争，我们如何才能阻止它们？跟这些相比，蝙蝠、猫、猫头鹰根本算不上什么威胁——事实上，它们几乎已经成了濒危物种。但戈雅作品中传递的信息仍然很有意义——我们该醒了！

尽管戈雅的怪物是隐喻式形象，但它们代表了非常真实的社会情况：从贪婪、对世界末日的恐惧、社会腐败，到人们如何伪装成好人。我们从它们身上看到了自己，因为那就是我们，是人类的经历。

如果没有幽默感，这些版画会让人无法忍受，但戈雅热衷于为人类精神的黑暗带来光明——不仅要做好人，还要改善我们的体验。任何有益于人类、有益于世界的事情都是好的，因为我们是这世界的一部分。艺术也许不会改变这一点，但艺术可以帮助我们思考这一点。让我惊讶的是，戈雅的艺术作品如今仍然能让我们思考。

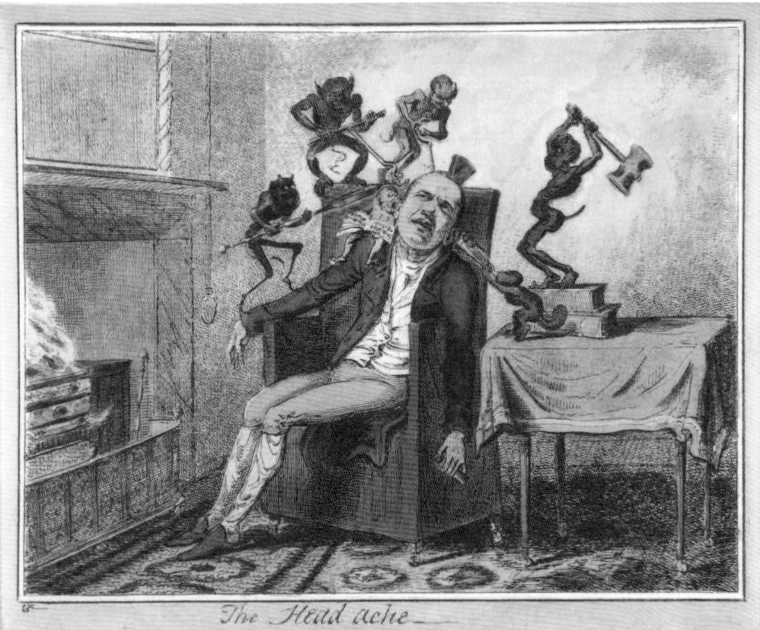

恩利克·查哥雅，《头痛：乔治·克鲁克香克同款作品的版画》，2010 年 ←

弗朗西斯科·戈雅，《理性沉睡，心魔生焉》，《狂想曲》系列第 43 幅，1799 年 →

这是戈雅出版于 1799 年的 80 幅蚀刻版画《狂想曲》系列中最著名的一幅作品。它一般被理解成艺术家对自己所在社会的批判。戈雅在 1796 年到 1798 年从事该系列的创作，许多为版画而作的草图留存到了今天。尽管它草图上的题字表明，戈雅最初打算将其作为封面使用，但在出版时，它被排在了 43 号。然而，这幅作品象征了整个系列——理性缺失后，会发生什么。

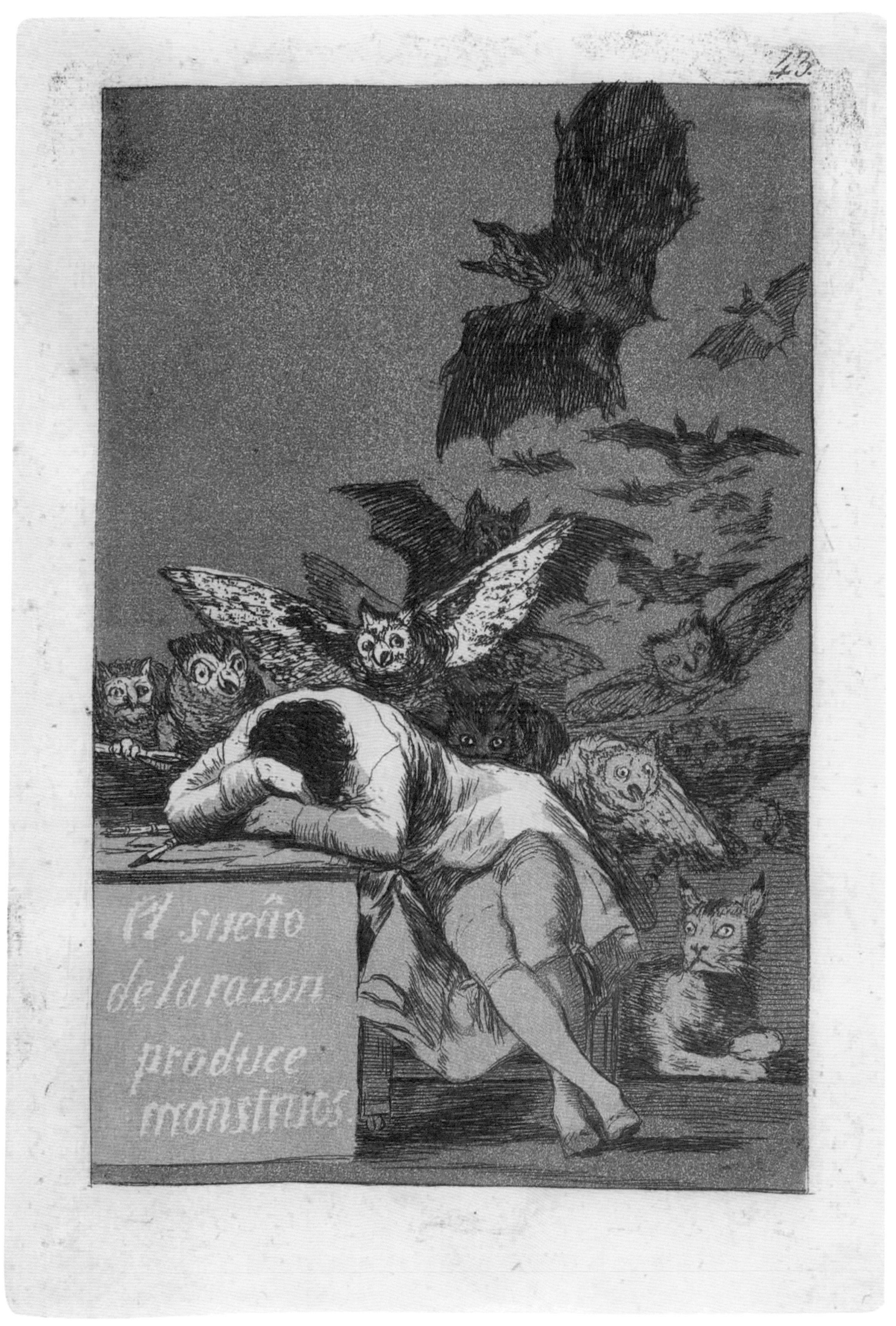
43.
El sueño
de la razon
produce
monstruos.

罗兹·查斯特

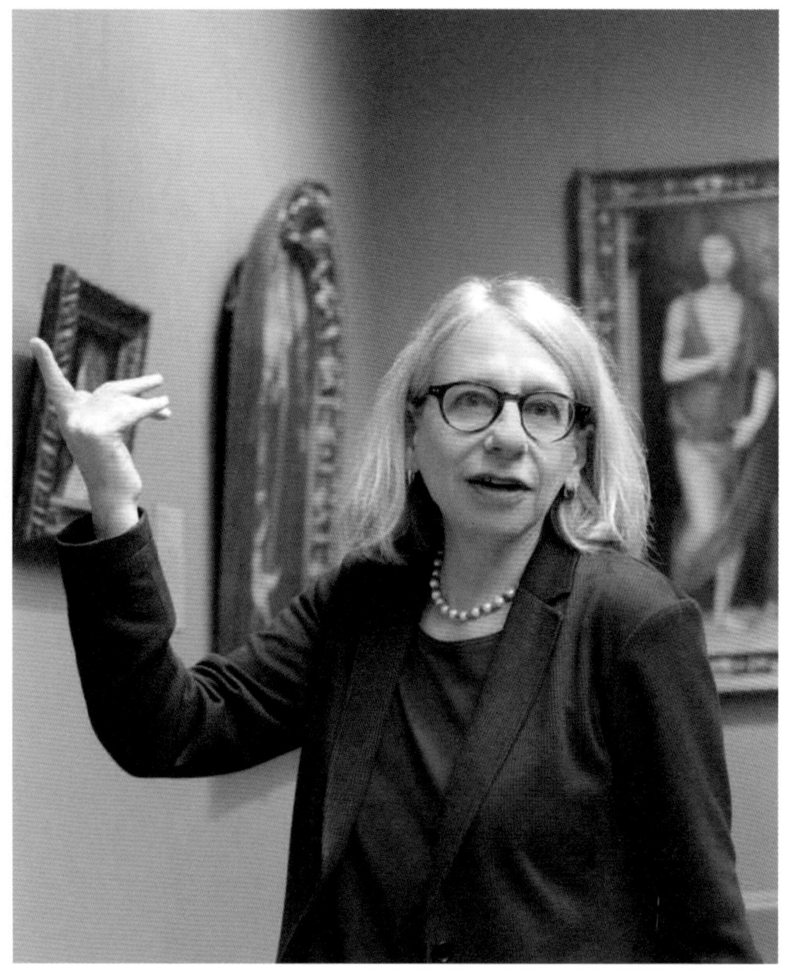

“有时，我会突然想到一个很逗的故事。”

我喜欢这个时代，因为一切都还没有变得那么完美，透视法则也还没有完全成形。那时候的作品更稀奇。我喜欢扁平的感觉，我喜欢虚构的背景，我喜欢关于建筑和解剖学的尝试，不过并非总能奏效。我喜欢这个时代！

有时，我会突然想到一个很逗的故事，特别是在卡尼维尔修士（Fra Carnevale）创作的《圣母诞生》这幅画里。画面正中间的人物正在冲洗一个刚出生的婴儿，画面前景中有成群的妇女，有些似乎已经怀孕了，她们给人的感觉像是在交流：“对，我怀胎差不多七个月了。”在背景中，我觉得有个女人似乎正在接受某种美容治疗，就像在泥浴一样——当然，我不知道究竟是不是在泥浴。然后就是那个巨大的建筑，它与主题完全无关。

我留心过的诸多意大利文艺复兴时期的画作都包含一些与宗教无关的元素。在前景中，你会看到与宗教有关的东西；但在背景中，你看到的都是日常生活，比如有人正扛着麦子去市场。

我经常想，这些人要是在作品中看到自己的形象该是多稀奇的事啊，因为在他们生活的世界里根本不会有各种形象轰炸。不知道他们那时是否已经有镜子可以用？普通人可没有肖像画。

在此类作品中，细节远远超出了需要。也正是这些多余的细节吸引着你，让你觉得作品中描绘的一切是那么真实。华特·迪士尼（Walt Disney）曾经说过，想要使漫画形象看起来逼真，你在场景中放置的东西必须要超过别人能看见的量，因为漫画作品可不仅仅是幅简图。我创作漫画的时候，除了有笑话有人物之外，还希望能让读者觉得那个场景是真实的——如果他们打开画里的抽屉的话，他们知道会在抽屉里找到什么。

因为知道绘画的难度，所以在这些画作中，我可以看到画家正在努力解决这些麻烦。看着这些作品，我觉得就像在与它们对话，也许因为我能听到画家的声音。对我来说，画家似乎更人性化，而且没那么机械化。画家的已知与未知之间存在着一种张力，似乎他在说，这画起来太复杂了，我得创造出一种行之有效的绘画方法。这一点我特别喜欢。

罗兹·查斯特，《小鸽子》，2009 年 ←

卡尼维尔修士（巴托洛梅奥·迪·乔万尼·科拉迪尼），《圣母诞生》，1467 年 →

画家打破常规，以当代的方式表现了圣母的诞生。在画的背景中，助产妇为婴儿沐浴净身；而在画的前景中，妇女们互相问候。作品中，雄伟的宫殿模仿乌尔比诺公爵（Duke of Urbino）府邸的样式，装饰着罗马风格的浮雕。该幅作品原来是乌尔比诺的圣玛利亚德拉贝拉教堂的祭坛画，于 1467 年受委托而创作。

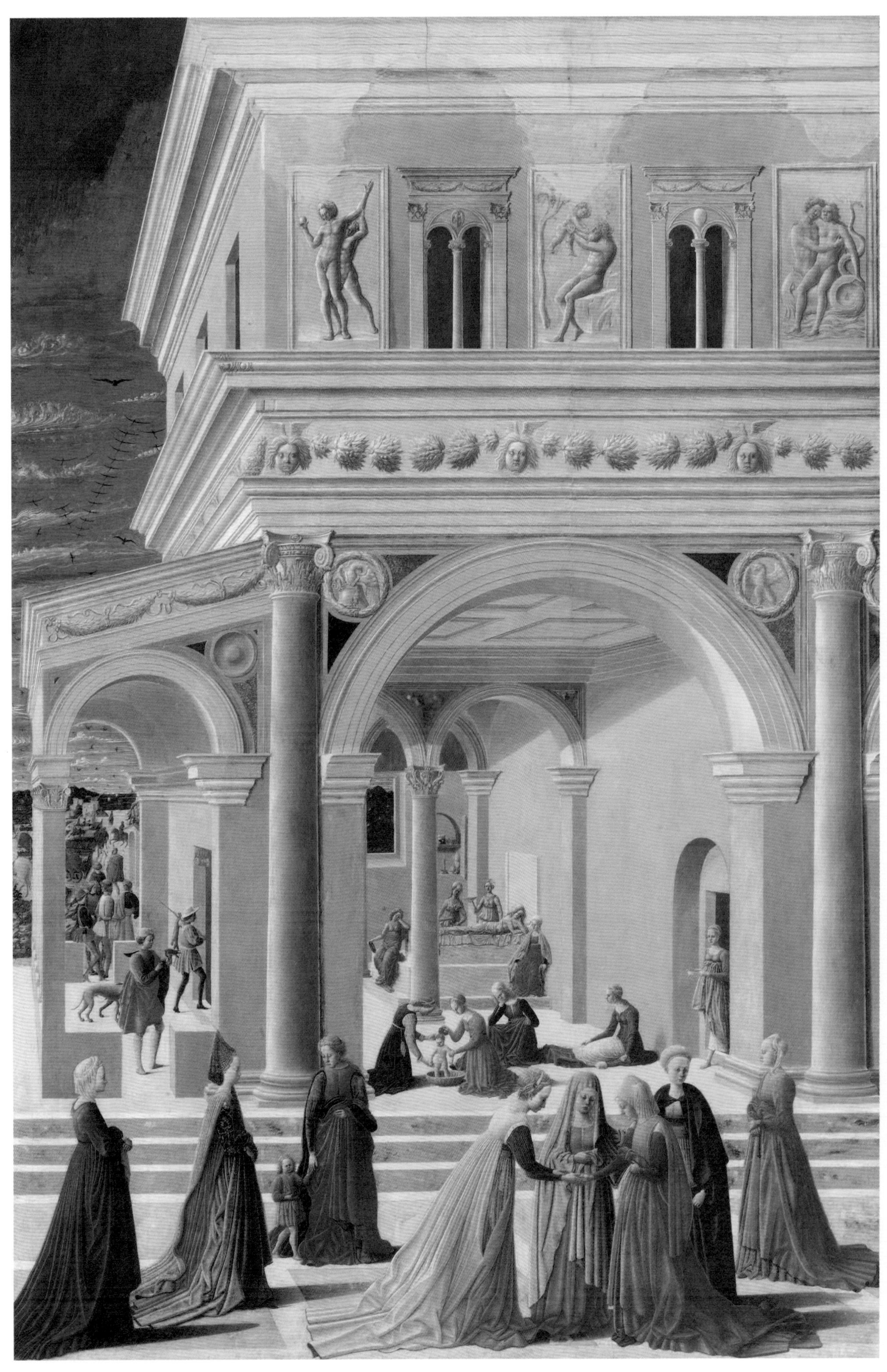

威利·科尔

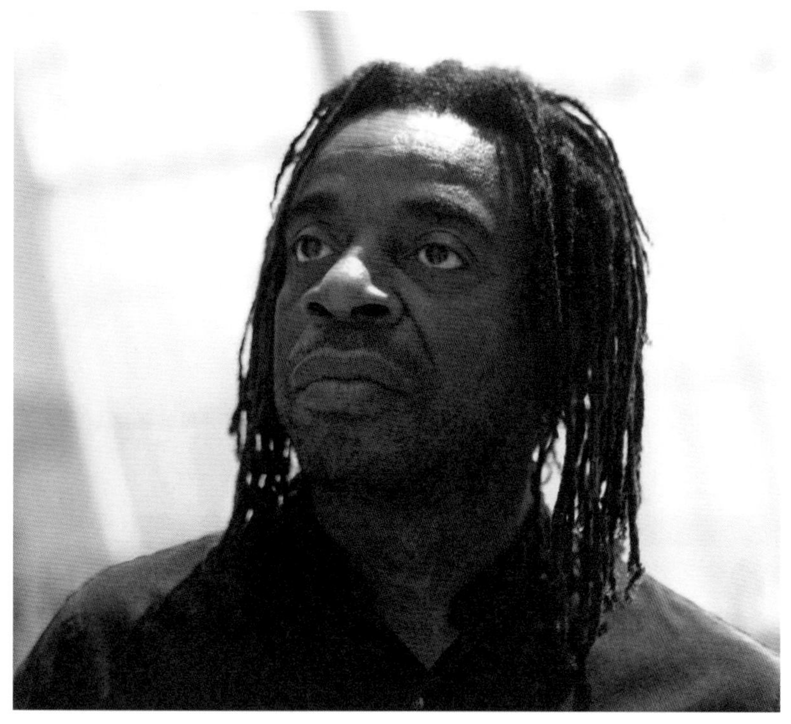

“我能感觉到用于庆典仪式的物件里蕴含的力量。”

我喜欢把自己当作一名感性的工程师。感知是意识或教育的产物。从 1968 年到 1972 年，我在读高中，那时美国刚刚经历了 60 年代的骚乱、肯尼迪总统遇刺事件和马丁·路德·金领导的民权运动，这些事件引发了黑人觉醒运动。该运动影响了我们艺术系，大家开始在教室里讨论非洲艺术。我们并没有寻找非洲，但他们把非洲加在我们身上。我们曾经有一项家庭作业——自己选一样东西进行再创作，于是我选了这件《羚羊头饰》（*Ci wara*）。

我可以推断的是，因为羚羊头饰曾被用于农耕仪式，所以它与土地之间的联系吸引了我。只是在了解这个头饰的过程中，我才意识到它的这个功能。乍一看，吸引我的只是它的图形质量及对称性。你可以假装它有正面图，但正面图不会表现出它的形状。相反，要理解这件作品，必须区分其左侧和右侧。那个年纪的我，正喜欢读《疯狂》这本讽刺杂志，它里面的《黑白间谍》可不就是同一张面孔吗？

我们看到的是表达，是生活。羚羊头饰后部有个小小的形象，我将它视为母子图。我认为万事万物都是有生命的。我能感觉到用于庆典仪式的物件里蕴含的力量。

当然，数年以后，我开始使用自行车零件制造羚羊头饰。有人曾经告诉我说，ci wara 一词的意思是“役用动物”。在美国，自行车就是个役用动物，至少对我来说是这样的。我那些用于仪式的物件带着生活和历史气息，因为我是用人们使用过的东西来设计它们的。我想当然地认为，雕刻师可能考虑过树里的生命，因为这些雕塑是用木头雕刻而成的。这件头饰最初的生命存在于自然中，而艺术家意识到了这一点。被做成雕塑后，它必须经历一些仪式去获得力量。

如果没有接受教育，你将无法辨认该物件来自过去。木料及其表面的质感能暗示你这一点，但是，如果你只看物件本身的形状，你可能认为它来自未来。教育让我们用不同的方式看待事物。这件头饰为我所见的一切带来了灵感。突然之间，非洲出现在我的世界里，我对形状和设计的参照点都将来自这个世界。它让我开始探索“非裔美国人”这一术语，并且，在那一刻，我决定将非洲人的东西从美国人的东西里剥离出来。这件羚羊头饰为我打开了一扇门。

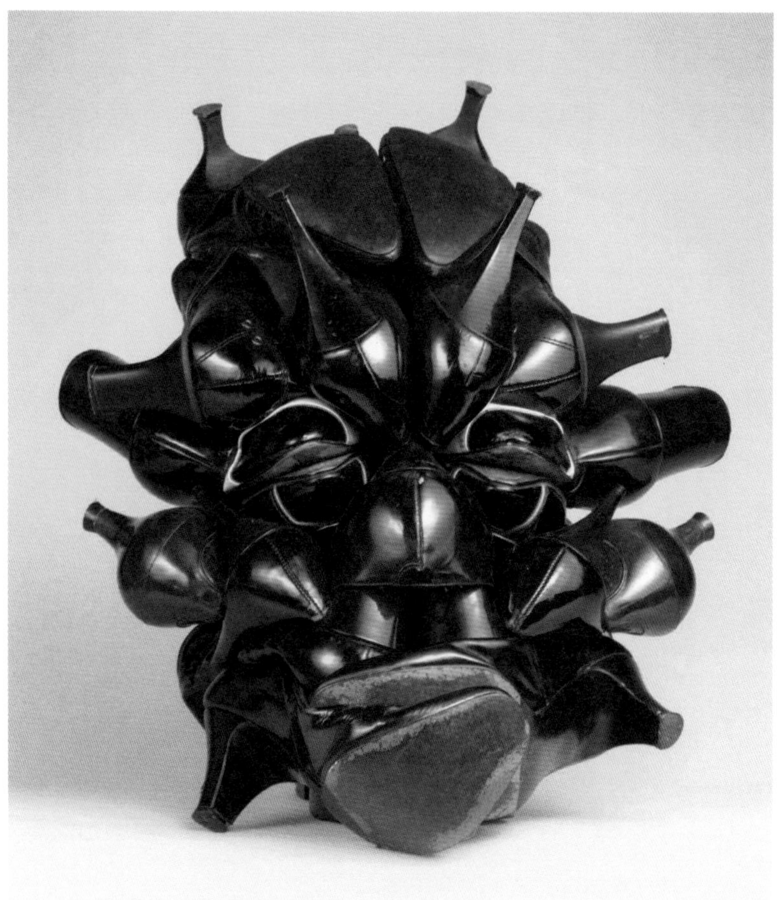

威利·科尔，《闪》，2007 年 ←

羚羊头饰：母羚羊，19 世纪—20 世纪初 →

在非洲马里的班巴拉族，羚羊是口口相传的半神兽，它为该部族引入了农业。在它的指导下，人类首先学会了耕种土地，成长为富庶能干的农民。班巴拉部族如今仍然以农业为主要产业，大多数班巴拉人是自给自足的农民。雕刻这些羚羊头饰是为了纪念最早的神兽。传统的羚羊头饰至今仍是非洲艺术里辨识度最高的形状之一。

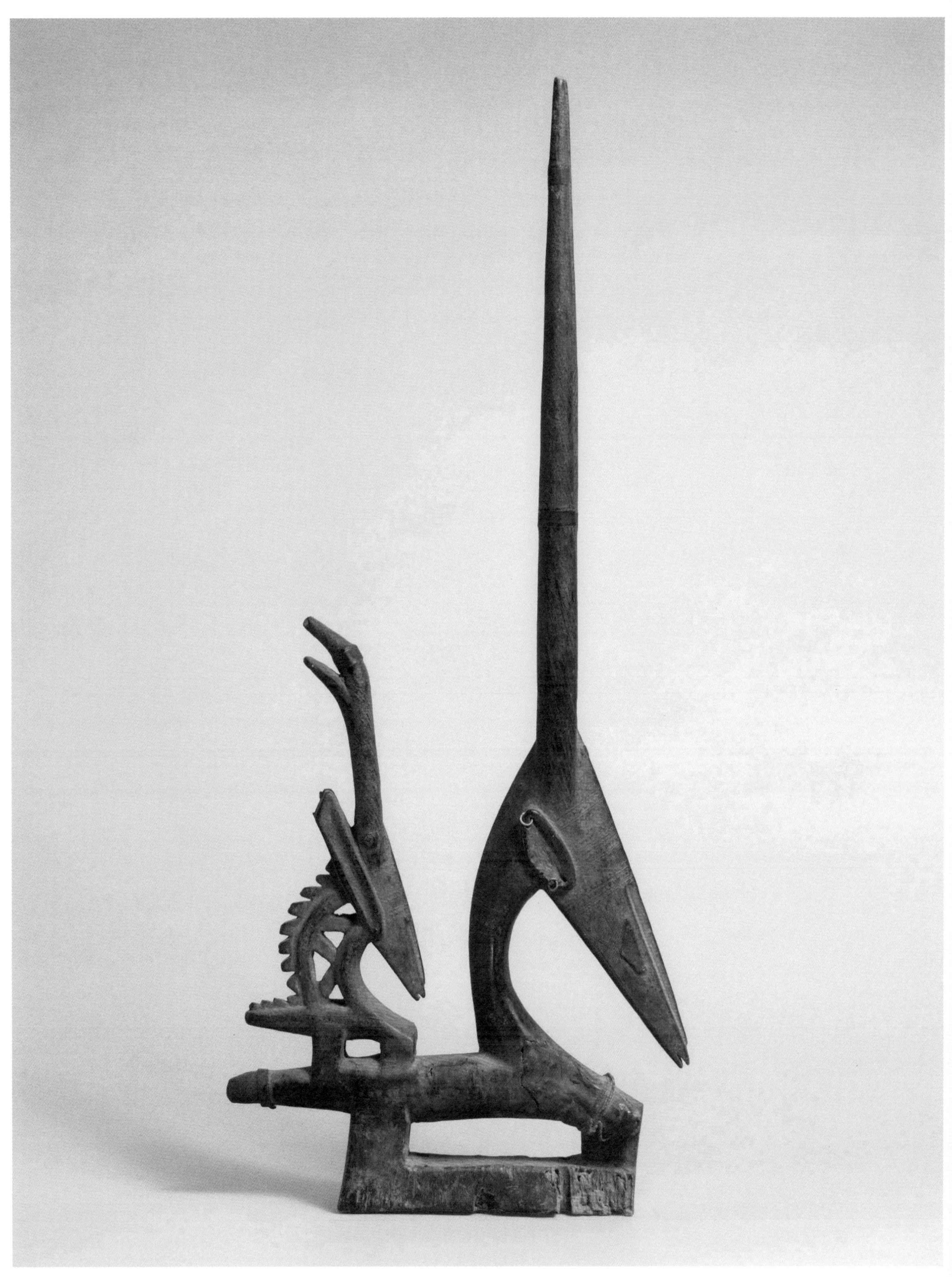

乔治·康多

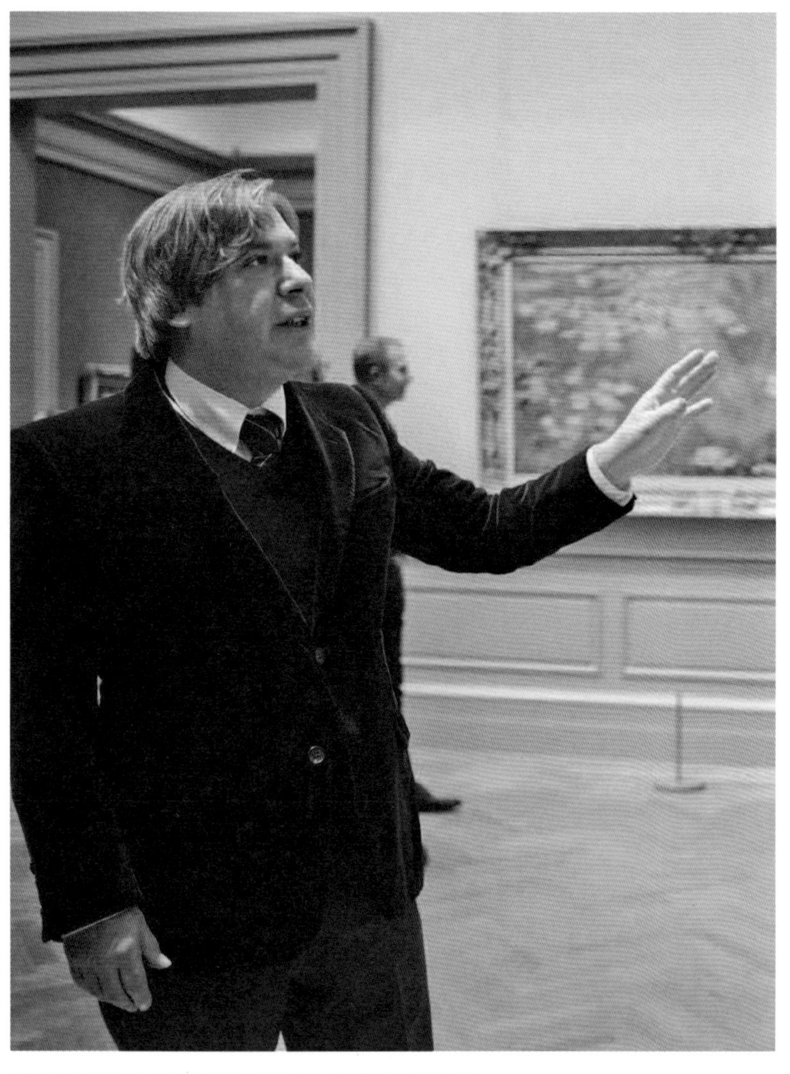

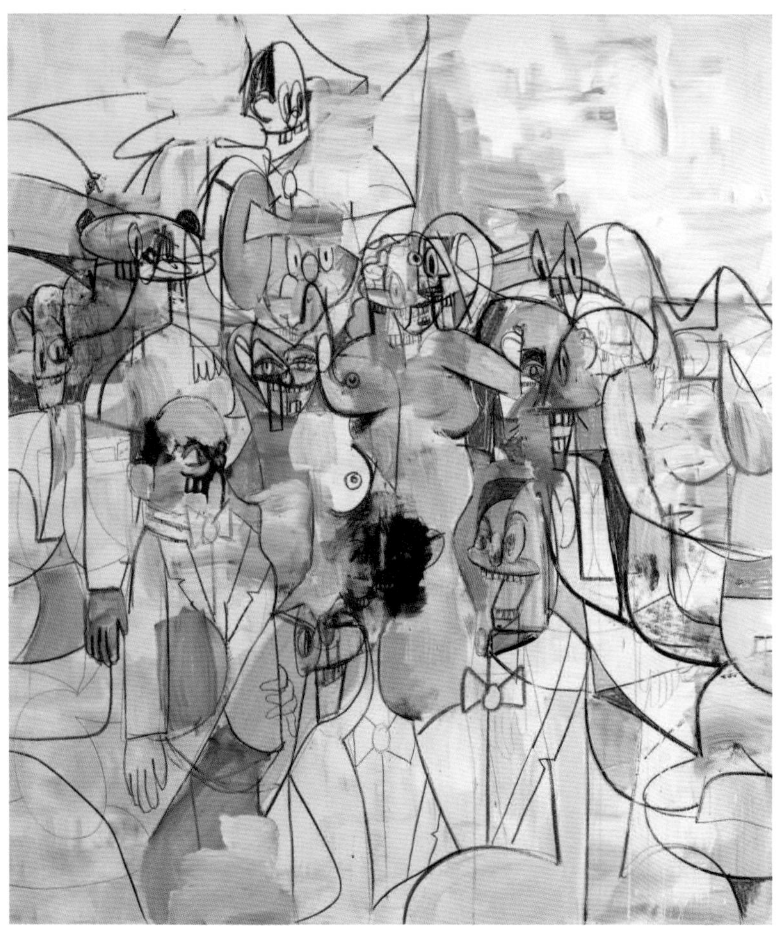

“没想到我看到了最令人震惊的转变。某种可怕的东西变成了这个精致的白日梦。”

我最近一直在看克劳德·莫奈的作品。我来大都会艺术博物馆看到了这幅画，当时我就想：这作品相当荒诞。里面的色彩搭配奇丑无比，我这辈子都没见过——色调完全相反的颜色，比如紫色和黄色、橘色和绿色，就这么混在一起。

这幅画表面上看起来非常鲜活。我不知道莫奈是不是在一幅更早完成的作品上画的这幅画，因为其笔触左右移动，与实际构成绘画内容的笔触并不吻合。他的画布表面很干燥。画上去的东西在扩散，有点正在分解的感觉。画面上有斑点和污渍，还有一些似乎刚从他的画刷上任意滴下来的颜料，他就让它们留在那儿了。

莫奈作品中彻底的视觉体验几乎无人能及。走近一点，它看起来像某样东西；走远一点，它看起来又像别的东西。这幅作品令人惊讶的地方是，即使在三米远的地方，它看起来还是一样的；即使在五米开外，作品里的颜色看起来依然粗糙杂乱。于是，接下来我要去展厅尽头看看保罗·塞尚的《玩纸牌的人》，当我回头看莫奈这幅作品时，没想到我看到了最令人震惊的转变。某种可怕的东西变成了这个精致的白日梦。

你看到了一幅俯视图，叶子的顶端和阴影倒映在小路上。如果你看到真实花朵的比例，就可以想象出小路差不多两米长，而画布的尺寸大约是一米八。实际上，这幅作品是对时空中某个特定瞬间的美好记录。

大部分时间我都凭记忆作画。我不喜欢根据生活进行创作，也从不根据照片进行创作。我只通过想象来增强自己的记忆力。这幅画感觉像是生动的回忆，但莫奈的做法是根据生活进行创作。那时，他的视力开始下降，可能他觉得自己离完全失明已经不远，除非及时捕捉自己在花园里精心雕琢的自然景象，否则他永远无法再画它们。

在完成画作之前，我通常不会退后看自己的作品。我喜欢站着画画，想象退后一定距离，作品看起来会是什么样子。每当以那种方式创作时，我就会想到莫奈。

这幅画最妙的地方在于，莫奈能够近距离处理毫无规律的笔触之间的细微差别，最终形成一幅精确的图像。它绝对是大师级作品，就好比在地球上，你看不出地球是圆的，除非你乘坐宇宙飞船飞出地球。这就是我从莫奈的这幅画里学到的东西——走得越远，你就离得越近。

乔治·康多，《上下班高峰》，2010 年 ←

克劳德·莫奈，《穿过鸢尾花的小路》，1914—1917 年 →

鸢尾花是莫奈最喜欢的花卉之一。在莫奈位于法国吉维尼的家里，通往宅子和日本桥的小路两边种满了鸢尾花。花园小路的鸟瞰图是莫奈在第一次世界大战期间创作的系列经典画作之一，这些画作以强烈的力度和广阔的视角捕捉到了这些花朵的重要本质。

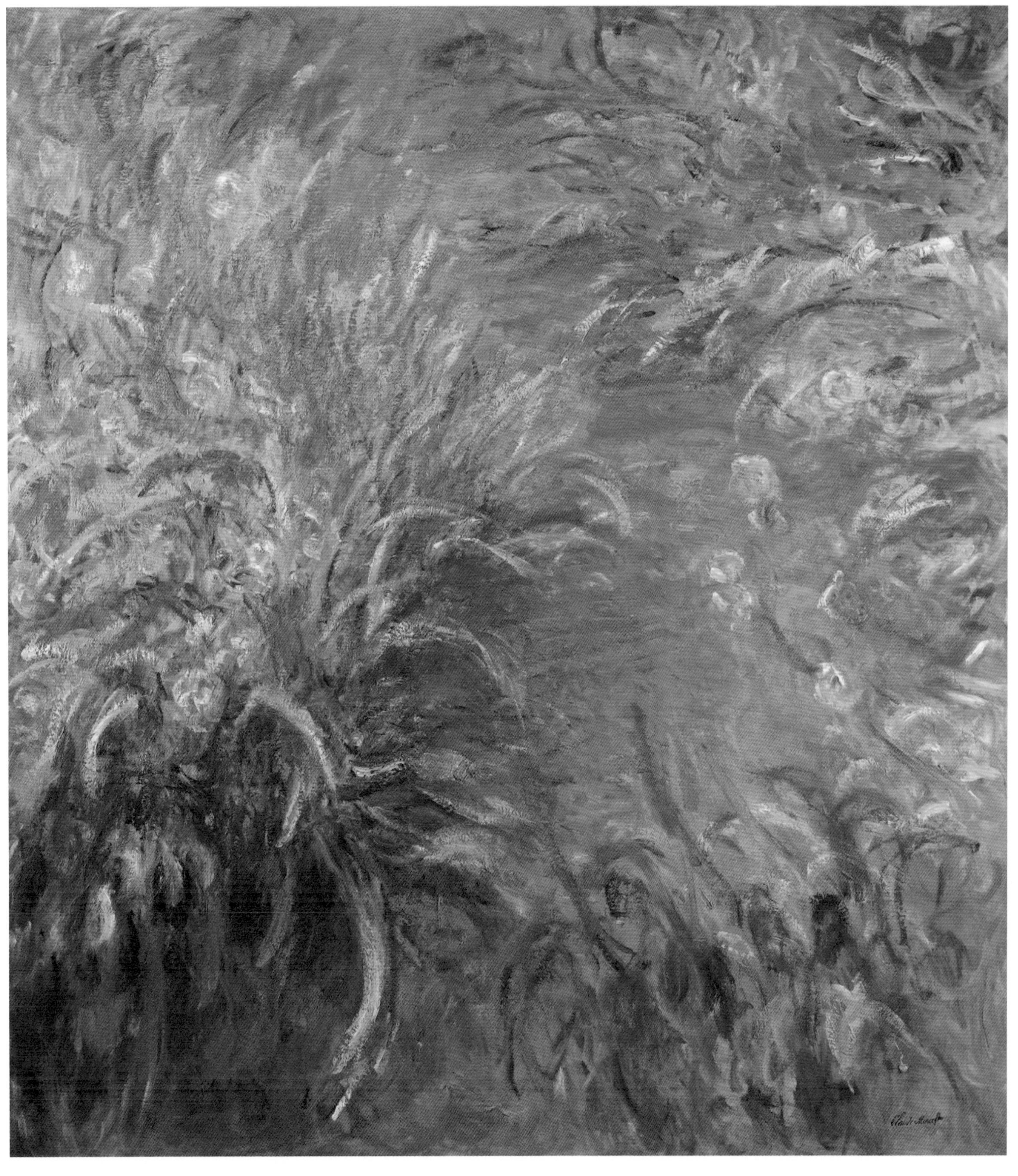

佩塔·科因

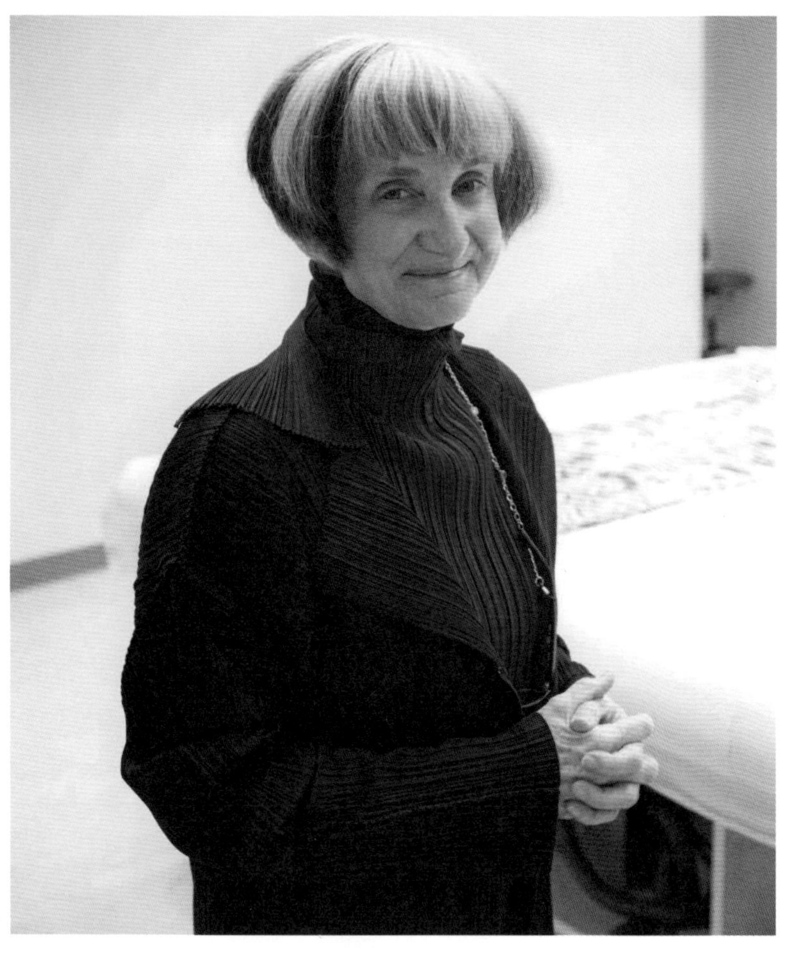

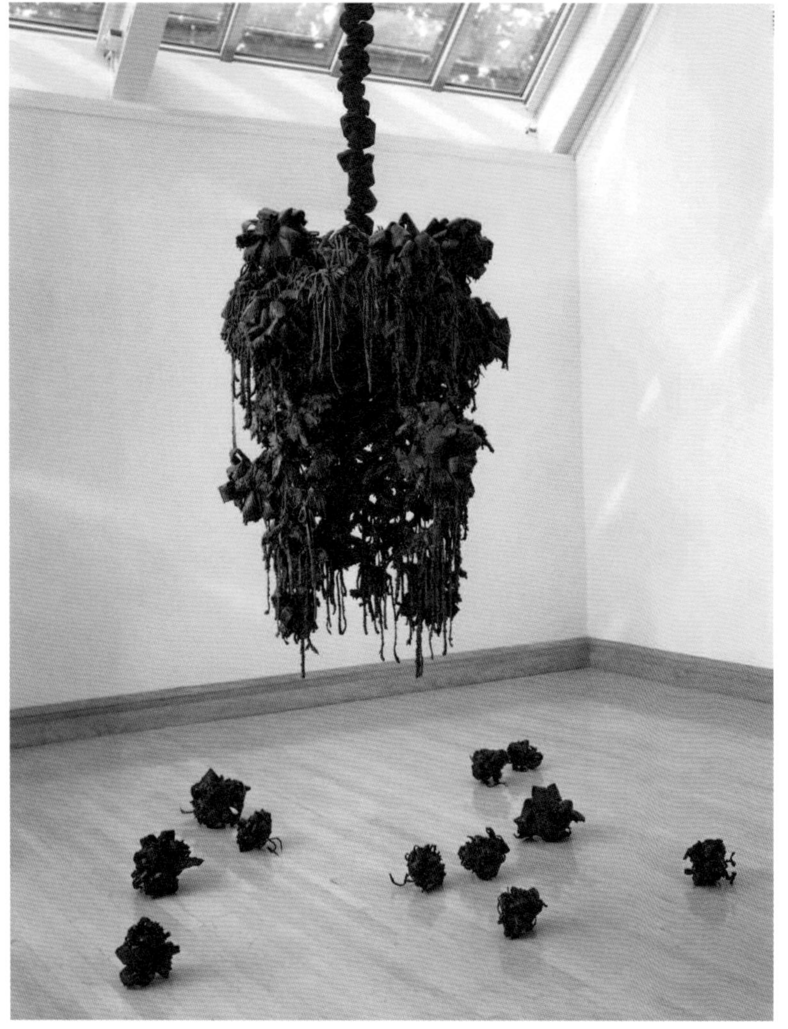

“它美得就像一幅画，只是整幅画是由线构成的。”

我超级喜欢逛博物馆，逛完之后，当我回到工作室开始工作时，在博物馆看到的一切就会慢慢渗入我的创作，成为它魅力的一部分。这款和式嫁衣绝对是美丽的化身。它美得就像一幅画，只是整幅画是由线构成的。这些线并不是平的，而是立体的。嫁衣上的每个元素（如鸟儿、梅树、竹子）都采用了不同的织绣法。若不细看这件嫁衣，你根本无法想象其精致程度。

嫁衣上的花纹呈现的是一个传说中的岛屿，人是无法抵达那里的，但道长可以骑在这些鸟的背上飞到那里。新娘就是这个岛代表的一切。她为新家庭带去了嫁衣上描绘的一切：象征力量的松树，象征韧劲的竹子，雪中绽放的梅花则象征新娘的坚韧和多子多福。而这座仙岛是长寿的象征。

有些新娘的嫁衣上可能绣有梅树或竹子，有些可能绣有松树，但穿着眼前这件嫁衣的新娘拥有全部三种图案——她是享有最多特权的新娘。她穿上这件嫁衣，晚上在烛光下四处走动，衣服上的真金线会随着她的移动不停地闪烁。穿着它就像是一场行为艺术，“穿”这个动作意味着一切。新娘要离开娘家人了，当她再回娘家时，就是客人了。这是一件恐怖又悲伤的事情，非常非常悲伤。出嫁那天肯定是情绪特别激动的一天——你将离开自己熟悉的一切去迎接未知的一切。这太可怕了！

离开一个家庭去加入另一个家庭绝对是一种仪式，一种令人难以置信的仪式。现在的女孩子出嫁跟当年完全不一样了。我们的文化现在有点颠倒，但仪式仍然能将我们黏合在一起。

佩塔·科因，《无题第875号》（《黑鹰》），1997年 ←

织绣有蓬莱山的和式嫁衣，18世纪下半叶—19世纪上半叶 →

在古老的中国神话中，蓬莱（日语：Hōrai）是位于东海的永生神山，它被栩栩如生地绣在这件江户末年的和式长袍上。在日本，蓬莱山被风格化地绘成一座聚集了仙鹤、乌龟等生灵的秀丽岛屿，正如这件长袍所示，岛上满是松树、梅树和竹子。在日本，经常能在新娘嫁衣上看到蓬莱山的图案。

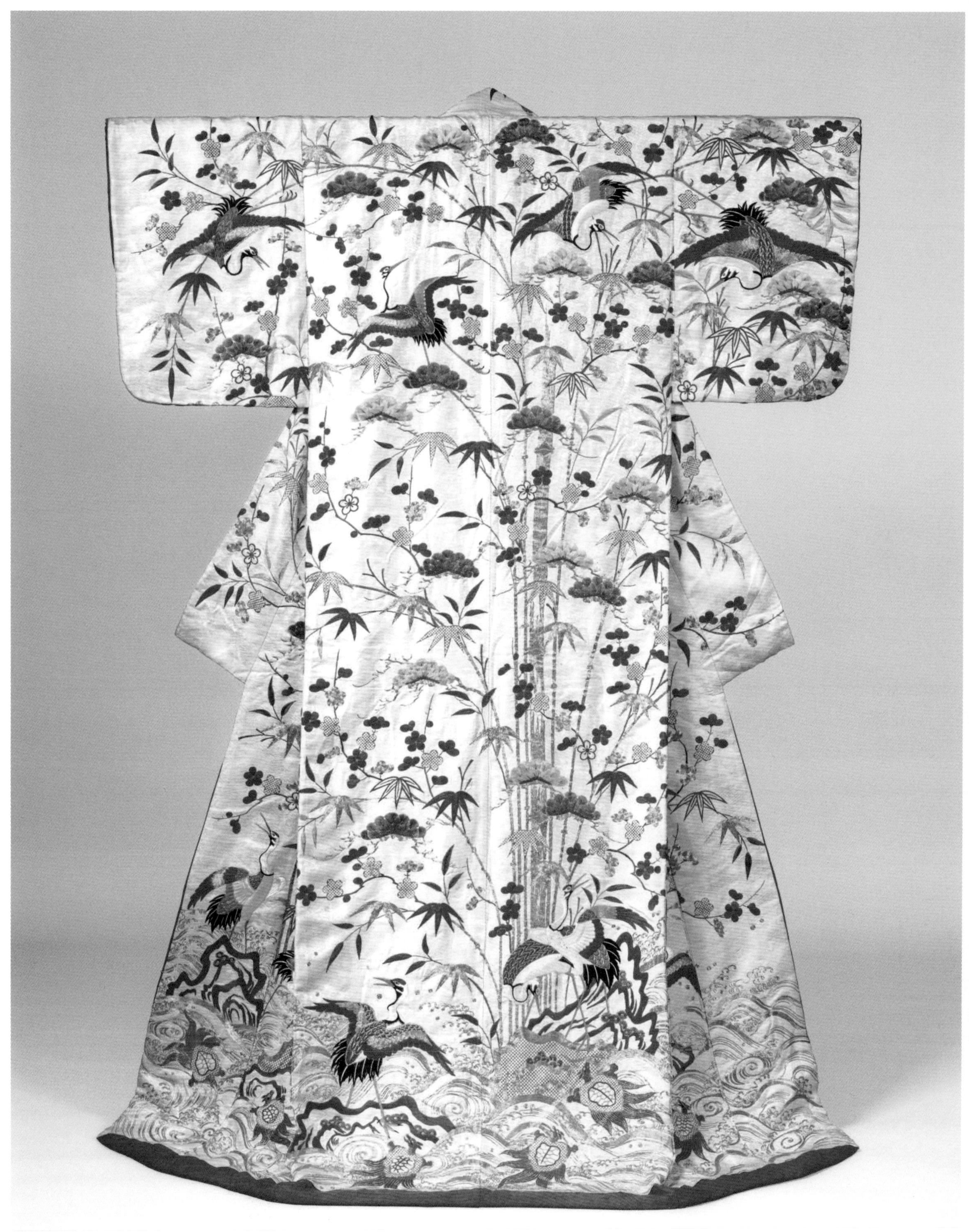

约翰·柯林

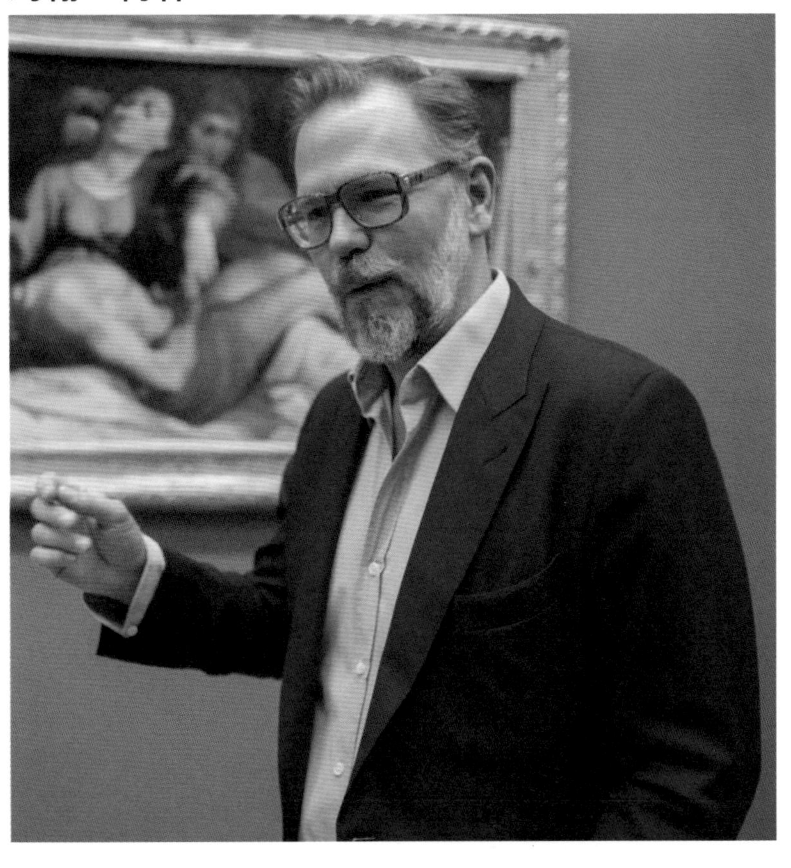

“先设定规则，再与之违背，在一幅画里，真实与虚幻、深度与扁平以自相矛盾的状态共存着。”

我小时候并不去教堂做礼拜，所以，在我看来，宗教画和其他画别无二致。它们有时让我陷入有关宗教的沉思中，但伟大的事物会引导你周游各处，再引导你重回自己的生活。这些画都是艺术作品，而不是宗教哲学作品。我认为，卢多维科·卡拉奇（Ludovico Carracci）的作品就是这样的。伟大的画作在这方面是充满弹性的。

这幅《圣母哀子》有点“倒行逆施”的感觉。作品在某一部分建立起来的规则，却在另一部分被彻底遗忘了。图中活着的人举止做作、仪态非常风格化。如果你真要按照风格主义原则打造一个人的形象，你得打断他们的骨头，扭曲他们的身体，要了他们的命。基督的样子是绝对真实的，但也因暴力而风格化了。我们能从骨子里真实地感受到这个死去的人，仿佛图中发生在圣母玛利亚和其他人身上的一切真的在现实中发生过一般！

这幅画里的很多东西让人觉得摸不着头脑，比如那个不露脸的怪异额头。这是当时魔幻世界的一部分，但又是必要的。这样你就不必具体地表现耶稣了。作品中的许多冲突只需移动一个元素就能解决，但你意识到，这才是重点——卡拉奇喜欢那些东西。画画的时候，你有时会进入一种魔幻的境界，这时你的画会不受控制自由发挥，你要学会驾驭它，而不是顺从它。

我一直对卡拉奇画圣母脸时遵循的规则感兴趣：从画面略靠下的地方打亮脸部，以及浅色区域的白皙——可能代表皮肤的白皙或光线的明亮。另外，圣母玛利亚的脸呈平行四边形，微微往后倾斜，而不是端正地立在画面中间——卡拉奇要把圣母的脸画正还不是小菜一碟？他这么做是要提醒你画面是扁平的，同时提醒你忽略这一点。对我来说，这就是绘画的神奇之处：先设定规则，再与之违背，在一幅画里，真实与虚幻、深度与扁平以自相矛盾的状态共存着——现代主义让这些东西清晰起来，甚至让人有些厌烦，但它们一直潜藏在绘画的波澜壮阔里。

我一直不喜欢彻底改变媒介语言这样的艺术观念，尽管每当有人这么做的时候总能吸引眼球。作为一位具象画家，我不得不接受一个事实——我永远不会创作风格一致的艺术品。因此，我很开心地看到巴洛克鼎盛时期发生了类似的事情。他创造了神秘又有形的存在——既不扁平也不真实，并且，在某种程度上，既像死去了，又像还活着——就像基督。

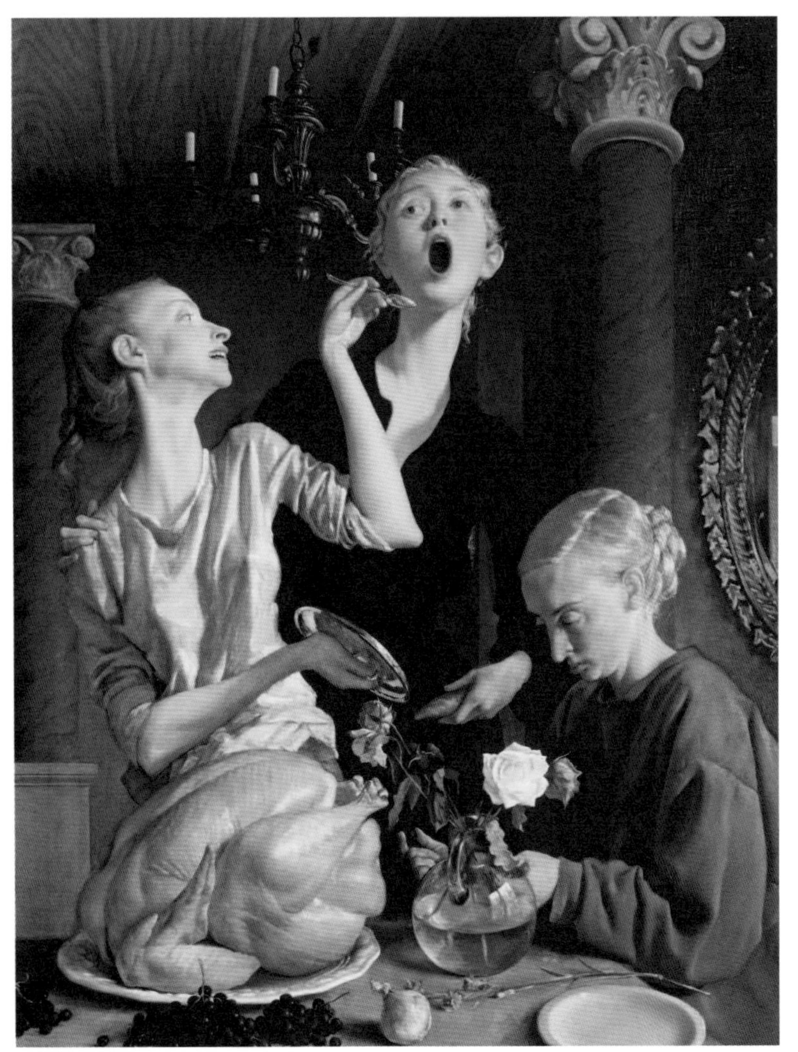

约翰·柯林，《感恩节》，2003 年 ←

卢多维科·卡拉奇，《圣母哀子》，约 1582 年 →

卡拉奇这幅惊人的画作是他绘画改革的里程碑式作品。基督的形象来自一个摆好姿势的模特，画家采用了直接而缺乏理想化的形式进行创作，让 16 世纪的评论家们震惊不已。和基督相比，圣母、三个玛利亚和施洗约翰的形象都是风格化的。卡拉奇通过表现形式进行尝试，而不通过和谐美丽的抽象感进行尝试，这是他早期作品的特点。

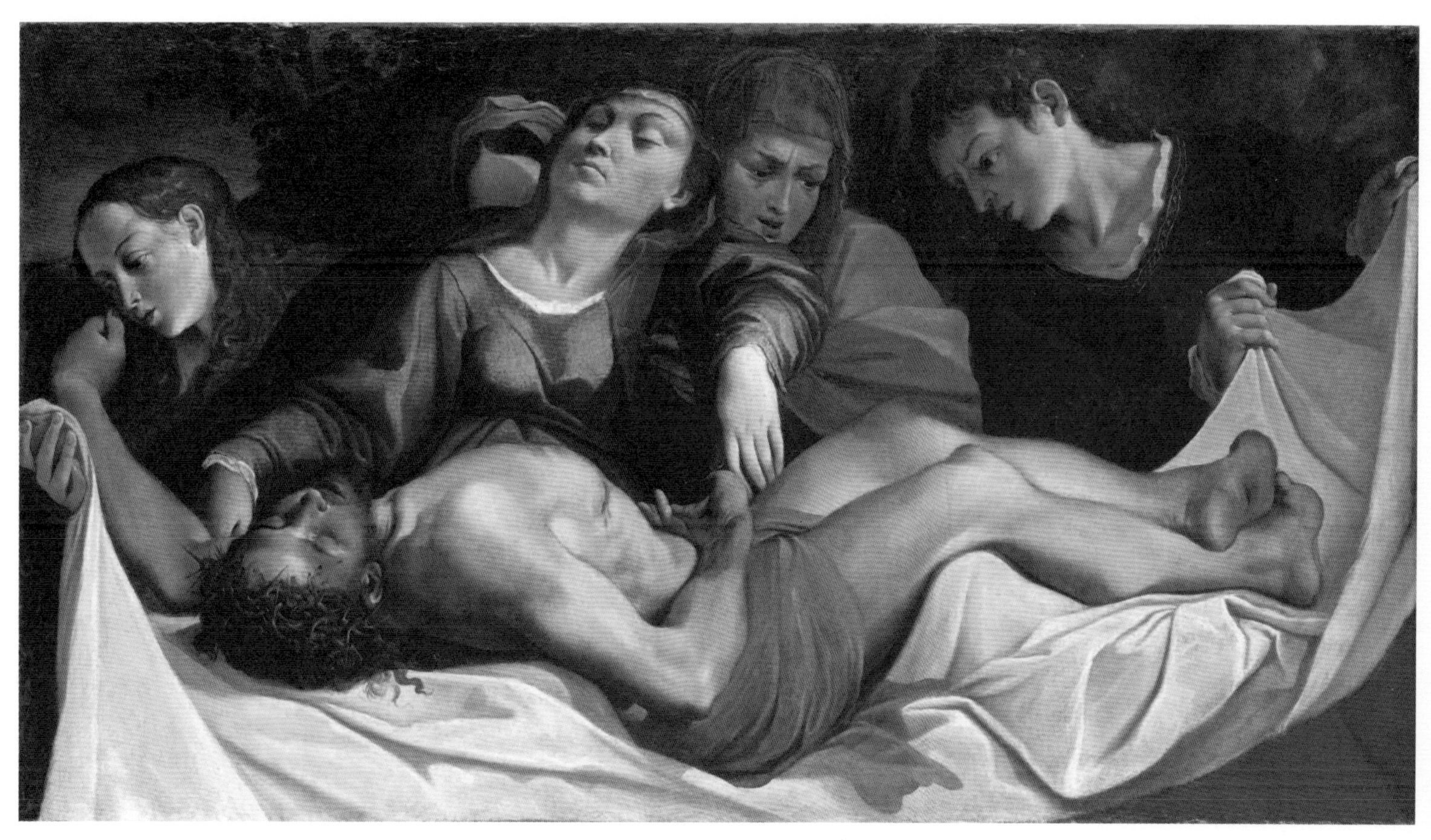

莫伊拉·戴维

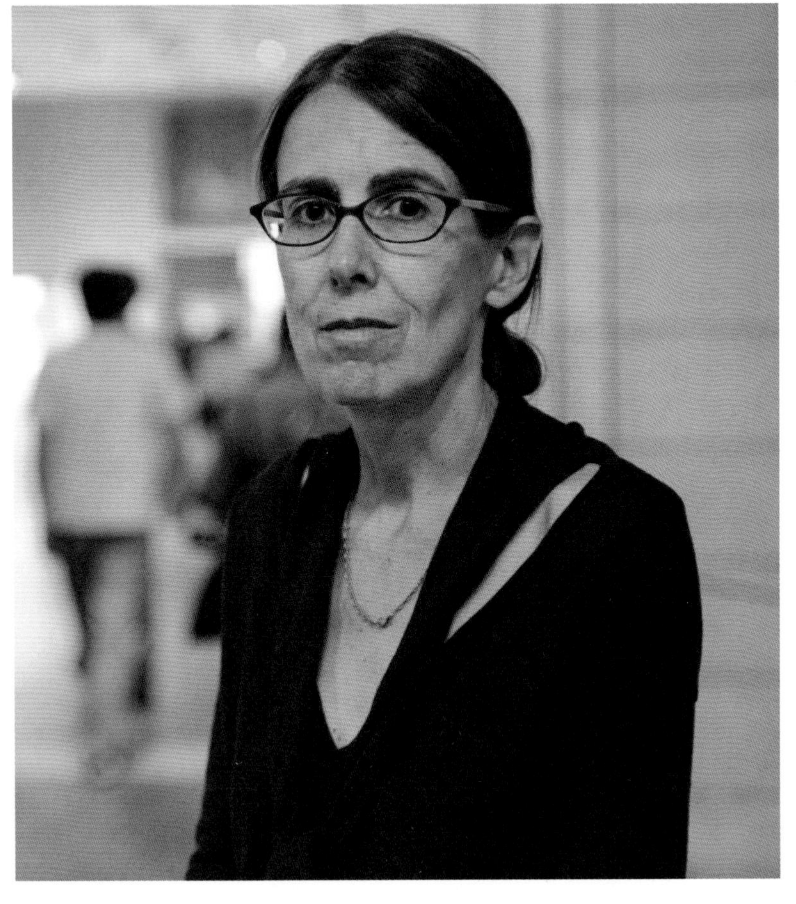

“这珠子确实让人想起死亡，但也能让你否认死亡，因为这颗珠子也好，那个墓园也好，都如此精致，让你痴迷其间。”

我相信大多数人都沉迷于死亡，因为这是我们唯一一无所知的事物。我发现自己一遍又一遍地探寻有关死亡的主题。这个小小的象牙雕真的让我震惊不已。这是一颗念珠，高约 6.4 厘米。你最先看到的是一对恋爱中的年轻夫妇。有趣的是，在我看来，他们并不年轻。实际上，他们眼睛下垂，脸上有淡淡的微笑，看起来有点疲惫。翻过来，你就会看到那个骷髅头。衣服的褶皱从它的肩上垂下来，但如果仔细观察，你会注意到一只蝾螈爬进了这个骷髅头，正从它嘴里爬出来。这是在地下腐烂的死神，提醒我们死亡是所有人的归宿。

艺术家通过互为镜像的衣褶和手势将这三个人物联系起来。男人的手握在女人的手上方，他们背后骷髅的双手几乎是一样的握法，但看起来那么孤独。这是强化死亡概念的另一种方法。

我还注意到底部的植物图案。虽然经过了风格化和抽象化处理，但仍暗示着有事情要发生。祖母绿坠子也可能代表着多子多福和大自然。我们既有生，也有死。

小小念珠握在手里，就像握着小小的死亡。我仿佛看到了一种幽默感。这颗念珠解释了身体的变化，真让人有种看漫画书的感觉——漫画书里的骷髅头上可不总是画有小虫子和毛毛虫吗？

我并不觉得这颗珠子可怕，我觉得它挺漂亮的，散发着和墓园一样的美。墓园不就是花园吗？我们可以去这些地方享受时光。这珠子确实让人想起死亡，但也能让你否认死亡，因为这颗珠子也好，那个墓园也好，都如此精致，让你痴迷其间。

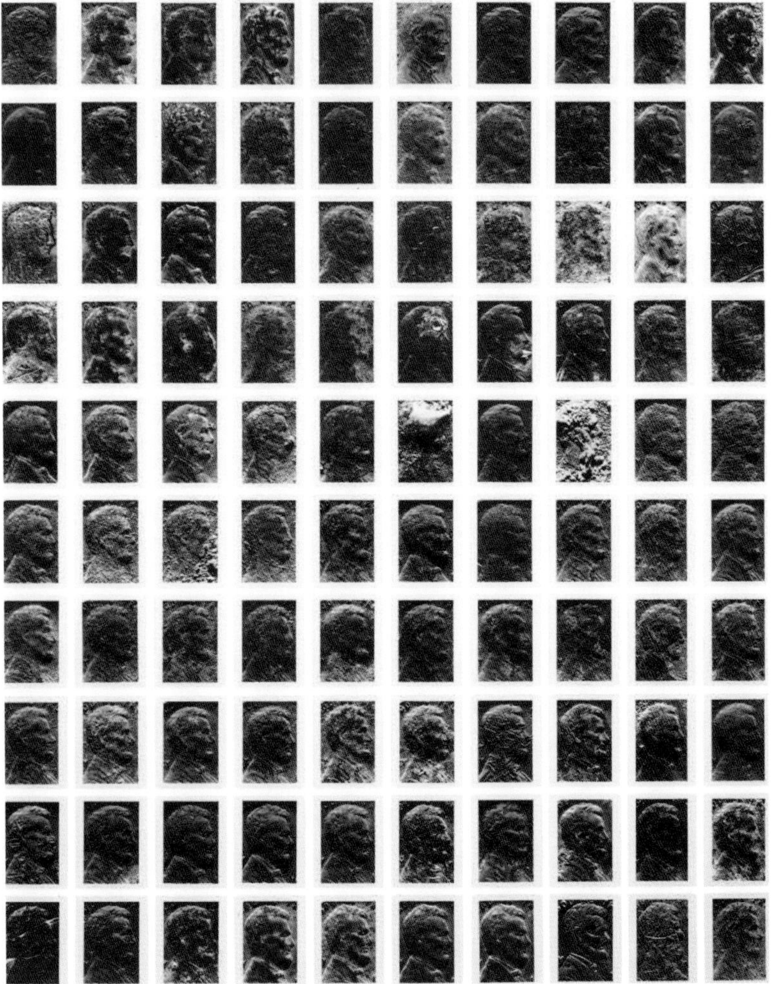

莫伊拉·戴维，《铜头像网格图》，1990 年 ←

带爱侣和死神头像的玫瑰经念珠，约 1500—1525 年 →

串珠是吟诵玫瑰经时的记忆辅助，玫瑰经是献给圣母玛利亚的多部分祷文。这件不凡的念珠串尾部的珠子将骷髅与一对迷人的恋人组合在一起，宣告着死亡在不断临近。这样的图像被称为“勿忘你终有一死”（拉丁文 memento mori），鼓励人们反思生命的短暂。

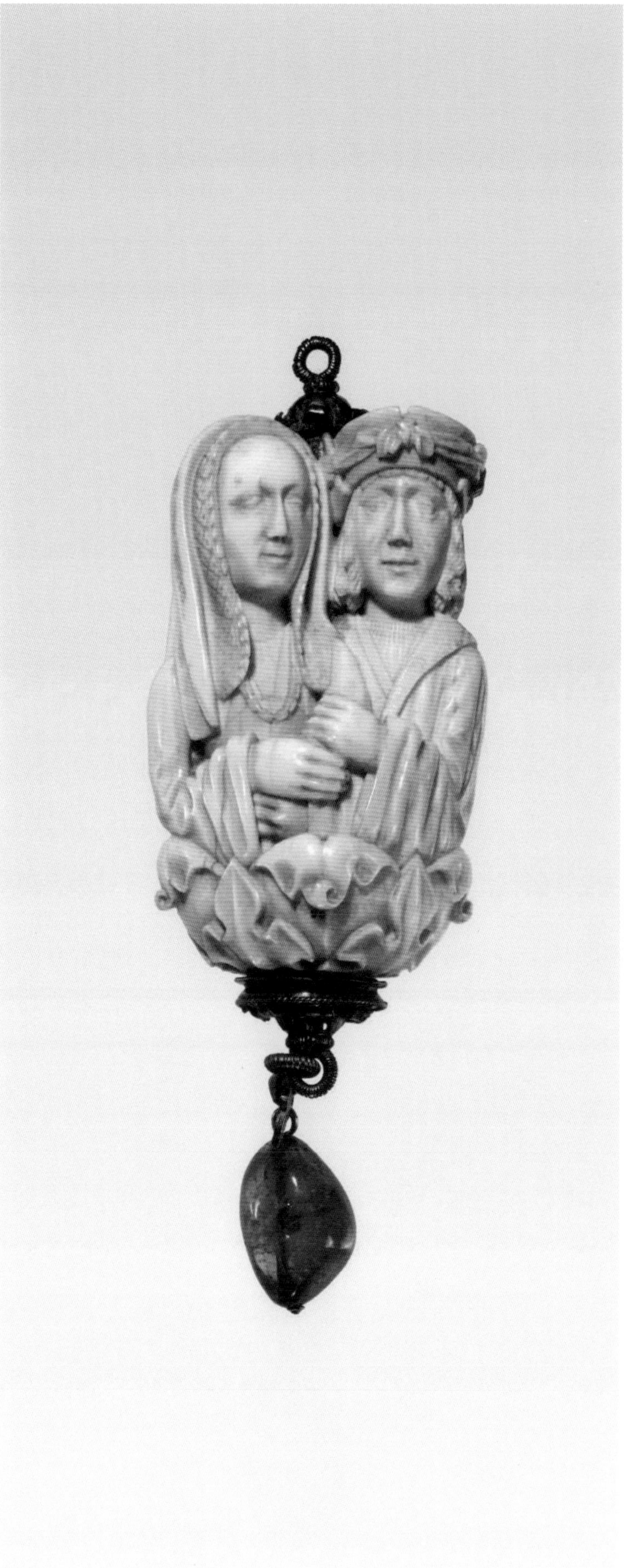

带爱侣和死神头像的玫瑰经念珠

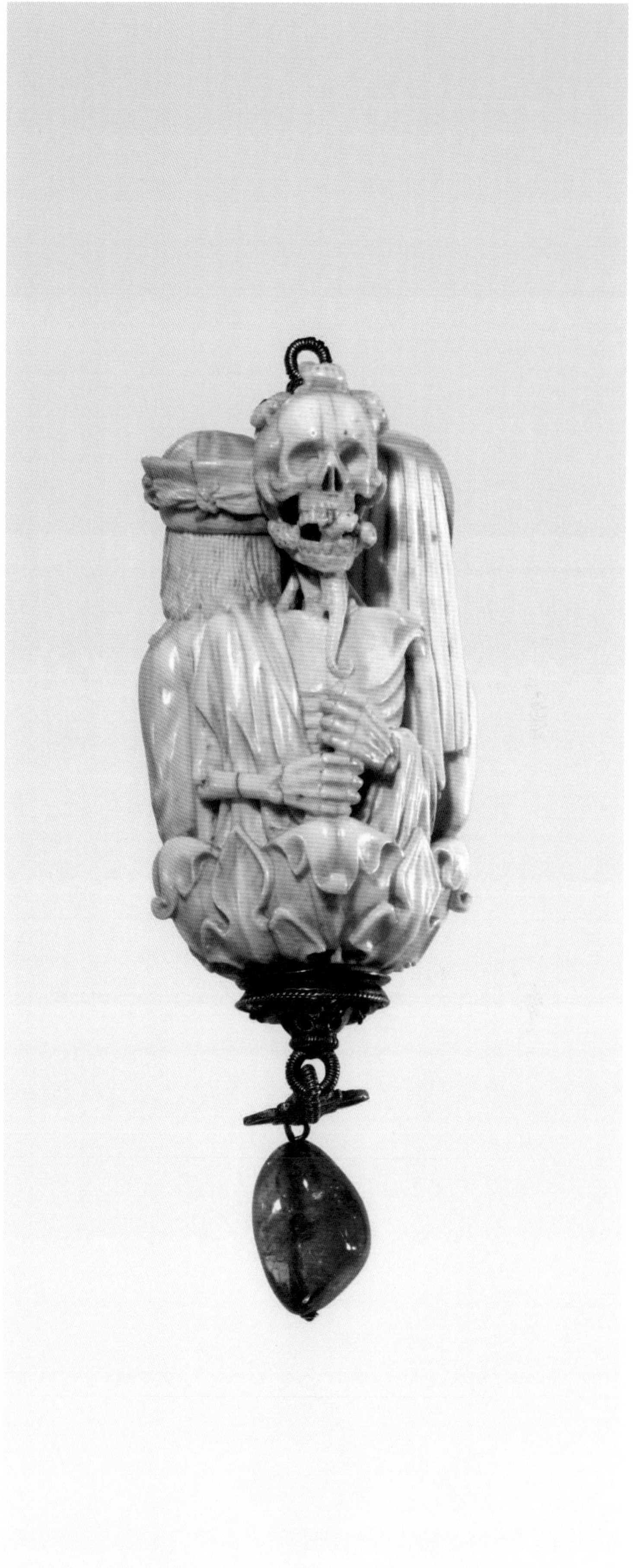

埃德蒙·德·瓦尔

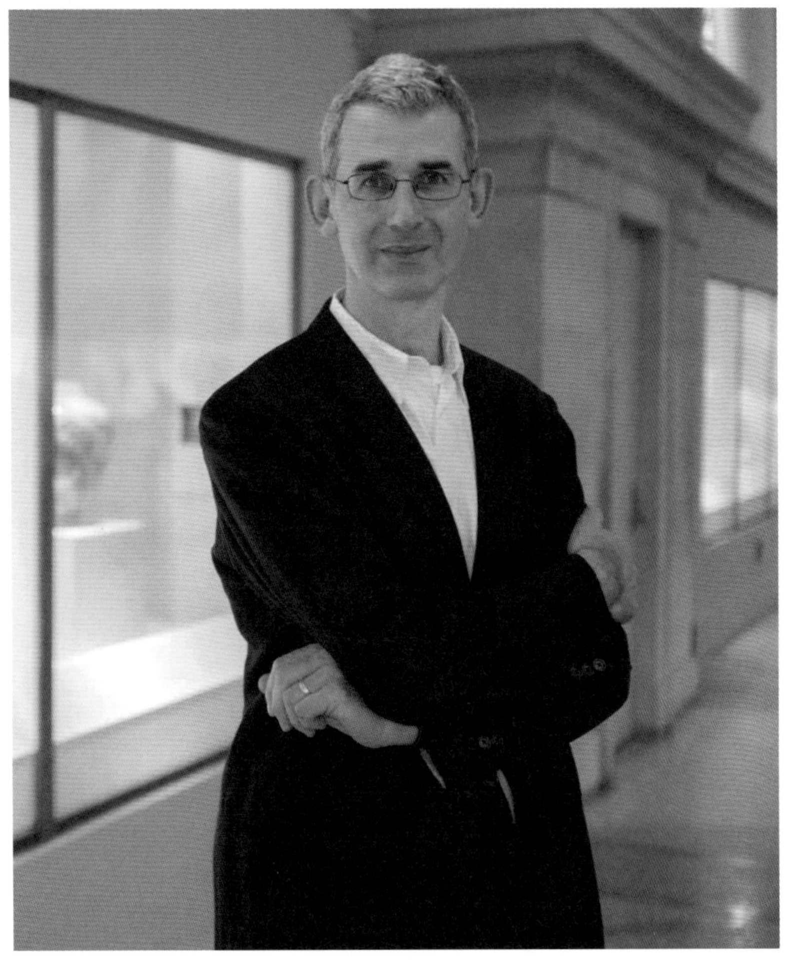

“我一直想要弄明白，在不纯洁的世界里制作如此纯洁的物件究竟意味着什么。”

我一辈子都在思考白色的意义——我的意思是说，我一辈子都在制作瓷器，看在上帝的分上！我想弄清楚，为什么在上千年的岁月里，人们几乎不装饰东西。这样的选择算得上是寓意深远。世间再也找不到比这水壶更白的东西了。最初被制作出来的时候，它是那样白，因此，人们使用专门的术语来称呼这种特殊风格的瓷器——“甜白瓷”。

这把壶的制作时间与人类发现的白砂糖制法的时间相同，但当你看着它的时候，你会觉得它完全属于我们这个时代，更像是20世纪20年代的东西——可能由俄罗斯激进分子或德国包豪斯建筑学派制作，也可能受了战后美国功能主义的一点影响。但实际上，这把壶是一件有着五六百年历史的中国瓷器。

将两块瓷片连在一起是非常非常困难的工作。在瓷器制作史上，这种连接常常出错。这把壶有着看起来笨拙却很诗意的宽把手、圆滚滚的壶身，这些形状一直延伸到罐口边缘。

这把壶被称为“西藏僧帽壶”。为什么有人想制作形状像西藏喇嘛僧帽的壶呢？说来话长。这些特殊物件都是为明朝的永乐皇帝朱棣制作的。有一种观点认为，这位皇帝登基前杀戮过多，因此，登基后，他与佛教之间形成了一种奇特的忏悔关系。他将宗教圣物带入宫廷，试图净化自己。

在中国文化里，白色象征着哀悼，同时，白色也代表着擦除，比如白页和卷轴上的留白带来的感觉。中国艺术品里的空白比比皆是，比西方艺术里普遍多了。白色的力量，也就是留下东西继续存在的力量，向我们讲述着革命、现代、掠夺一切、擦除一切、重新开始。这把壶各部分的形状并不协调。这恰恰是现代主义要面对的形式谜题：如何将陌生的事物有效地结合在一起？

对我而言，真正重要的东西总是与当代有某种近缘关系。它们让人觉得不可或缺，它们让人想要重新探索，它们让人觉得刺激。这把壶就是一件很刺激人的物品，而且，对我来说，这把壶有着深刻的当代性，因为我一直想要弄明白，在不纯洁的世界里制作如此纯洁的物件究竟意味着什么。这个问题对我来说相当重要——它究竟意味着什么呢？

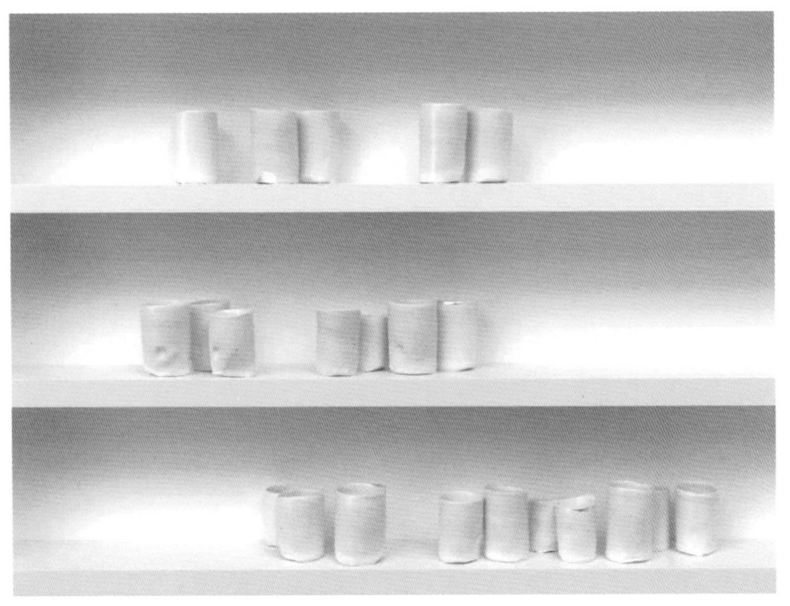

埃德蒙·德·瓦尔，《强光》细部，2014年 ←

西藏僧帽壶，15世纪早期 →

这把水壶拥有圆球形壶身和夸张的阶梯状壶嘴，因为壶嘴的边缘很像西藏喇嘛们戴的僧帽而得名“僧帽壶”。在庆典仪式中，这些壶用于盛放净身用的液体。僧帽壶最早出现于元朝，那时，皇宫内院信奉藏传佛教。白色带暗花的瓷器设计表明，这把壶大约烧制于明朝永乐年间（1403—1424）。这种设计需要在瓷器表面精心雕刻，上了釉之后，这些雕刻出来的花纹接近消失，从而形成暗花。

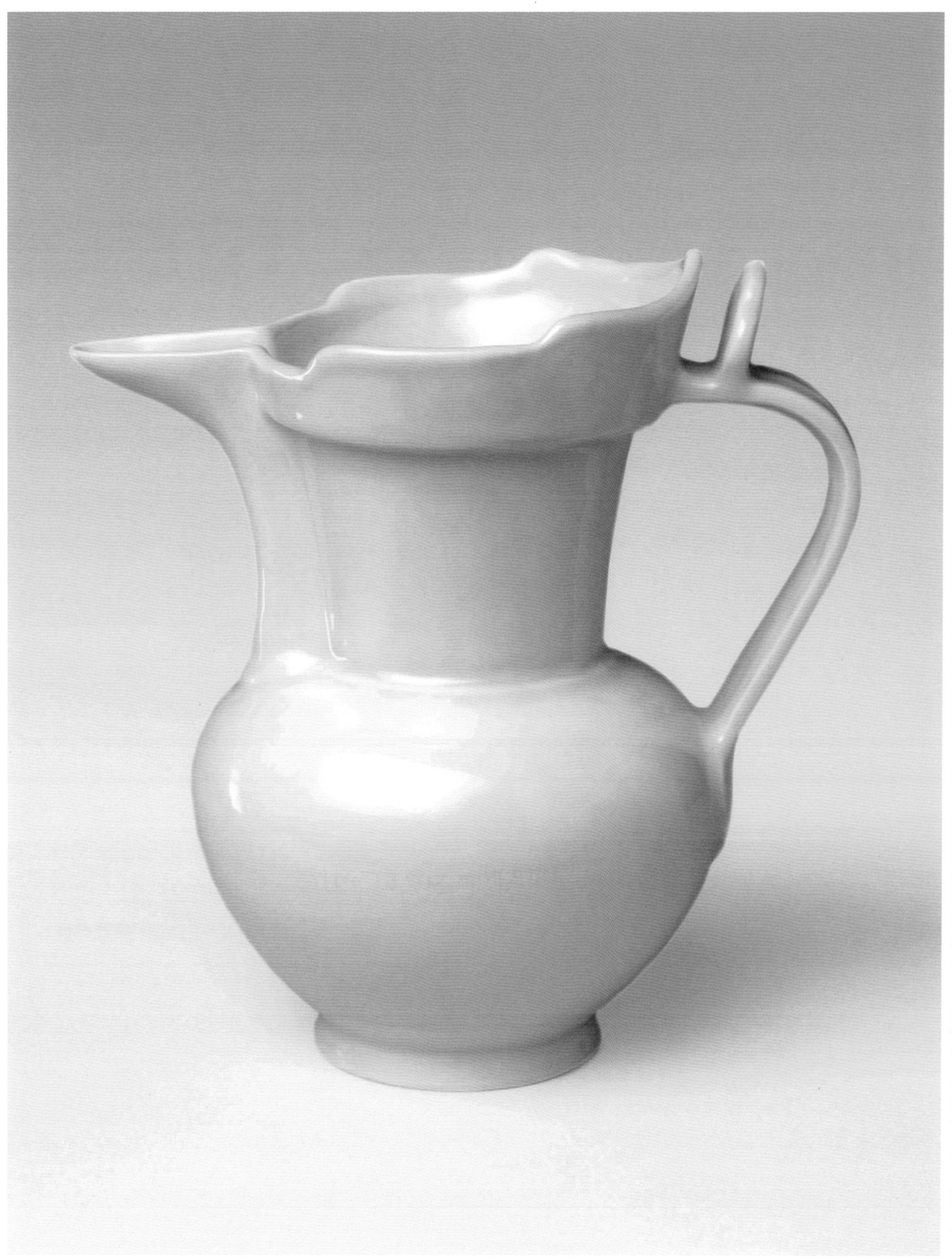

托马斯·迪曼德

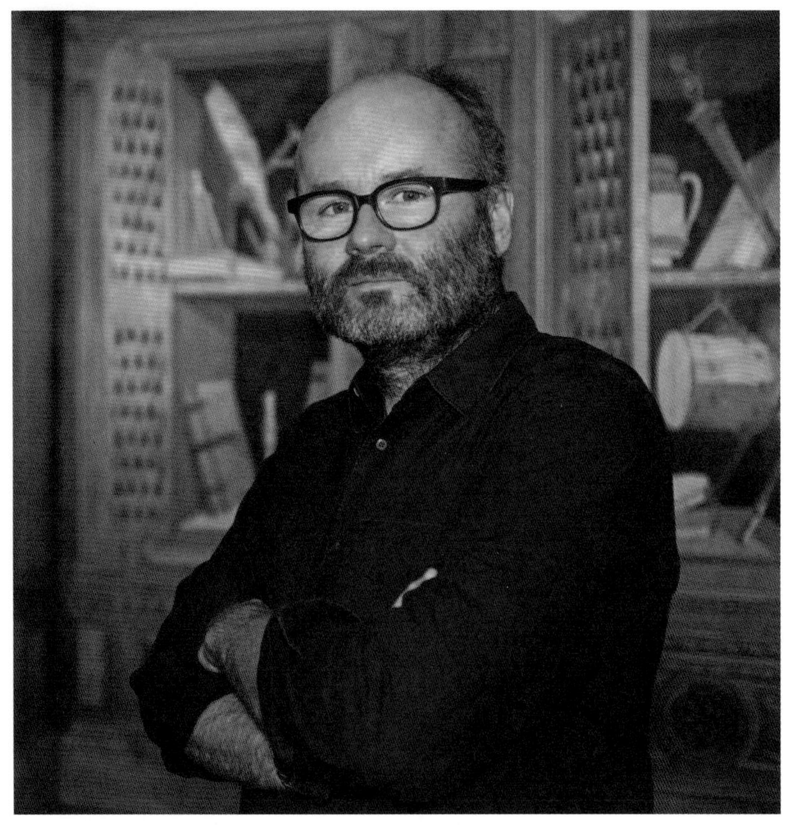

“凭借大脑的天赋，人们有望以某种方式围困日常生活中的各种恐惧。”

我使用硬纸板制作和实物尺寸相当的空间雕塑和房间雕塑，然后再为它们拍照。我经常在摄影中展现某个空间及其潜力，或者，某个空间及其特征。它是用其他事物来呈现人类的存在，例如事物颇具偶然性的排列，或者，你在某个瞬间瞥见的一扇半掩的门。那就是我在图中的房间里看到的东西，仿佛——砰的一声——就在那一瞬间，一切都凝固到了那些细纹薄木板上。你看到的所有东西实际上是平面的木制品。让我惊奇不已的是，这等于将真实的世界转化成了各种几何形状。

乌尔比诺公爵在古比奥修建了这个寓意丰富的书房。房间里的每个物件都有意义，传达了强烈的文化感。在历史上，早年的国王们会用巨大的王冠或大量的金子来表现自己的权力；而在这里，一本书就可以做到这一点。墙壁上刻画的众多书本里，其中一本上面有个小小的纸用圆规，你还能在书的一侧看到它投下的阴影。所以，这本书不是要表明“我喜欢书”或者“我想让你知道我有书”，而是说“我读了这本书，然后把它放在那个角落了”。

这个房间里处处是奇迹，处处表现出精湛的技艺。我最喜欢的是长凳上的马佐基奥（mazzocchio）——由四边形拼成、带有棱角的圆环。做好这个圆环极其困难，它体现了艺术家对媒介的精准把控。

还有一些看起来完全抽象的装饰小图案，很明显，艺术家意识到了整件作品的致眩特点。它不仅仅欺骗了你的双眼，还代表了一种心境和一种思考人文理念的方式。

在文艺复兴早期，中心透视法是一种新工具。这里，你要特别注意的是，当你进入房间时——仅仅在这一刻——你的整个视角是准确的。当你走近窗户时，你会看到窗边的长凳严重变形。你有一个视角，但这个视角很不像人的视角。我说的是“不像人”，并非“不是人”，因为我们的脑袋一直在移动。因此，我们对世界的了解其实是移动的眼睛对世界的了解。中心透视法完全可行，但过于纯净了。你看到的是不纯净的真实世界，它被转化成了几何和数学。凭借大脑的天赋，人们有望以某种方式围困日常生活中的各种恐惧。这在当时是一个真正的乌托邦式主张，即虚拟空间的想法。时至今日，你仍然可以感受到它的现代性。

好的艺术可以连接数百年的历史。当我看到这个房间的时候——是现在，而不是五百年前——我的大脑开始研究它。它让我自己独立观察，让我产生自己的想法。这就是我热爱艺术的地方。如果这个房间像这样 360 度全景展示，那么，我除了开心，还是开心。

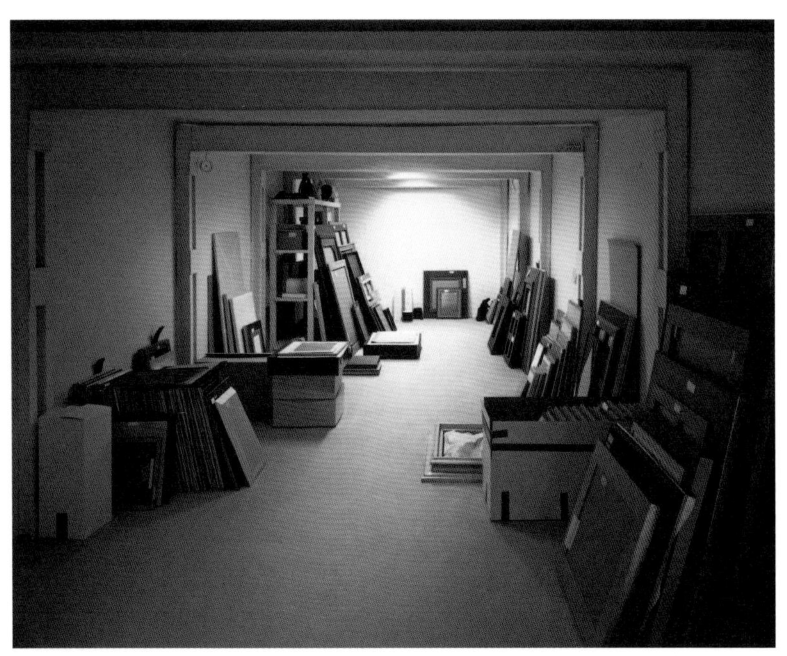

托马斯·迪曼德，《储藏室》，2012 年 ←

古比奥公爵宫里的书房，约 1478—1482 年 →

这些细节图片来自一间用于冥想和学习的书房。房间的墙壁是用一种名为“嵌花”的木镶技术打造而成的。墙上橱柜的斜条格子门有的完全打开，有的部分打开，体现出文艺复兴早期艺术家对线性透视的兴趣。橱柜里陈列的物品反映了费德里科·达·蒙特费尔特罗公爵（Duke Federico da Montefeltro）对艺术和科学的广泛兴趣；艺术家对书的刻画让人想起公爵的那座巨型图书馆。

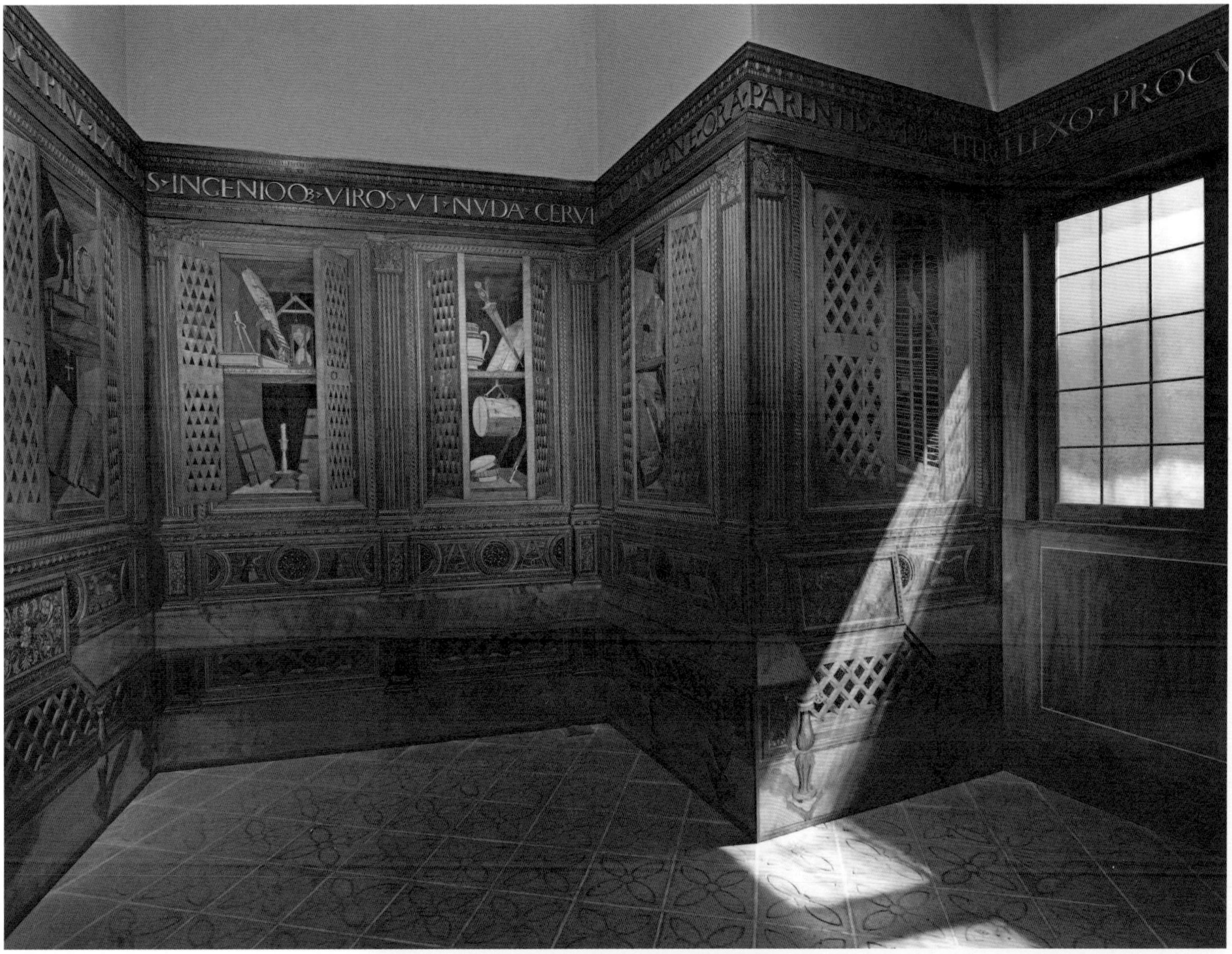

古比奥公爵宫里的书房

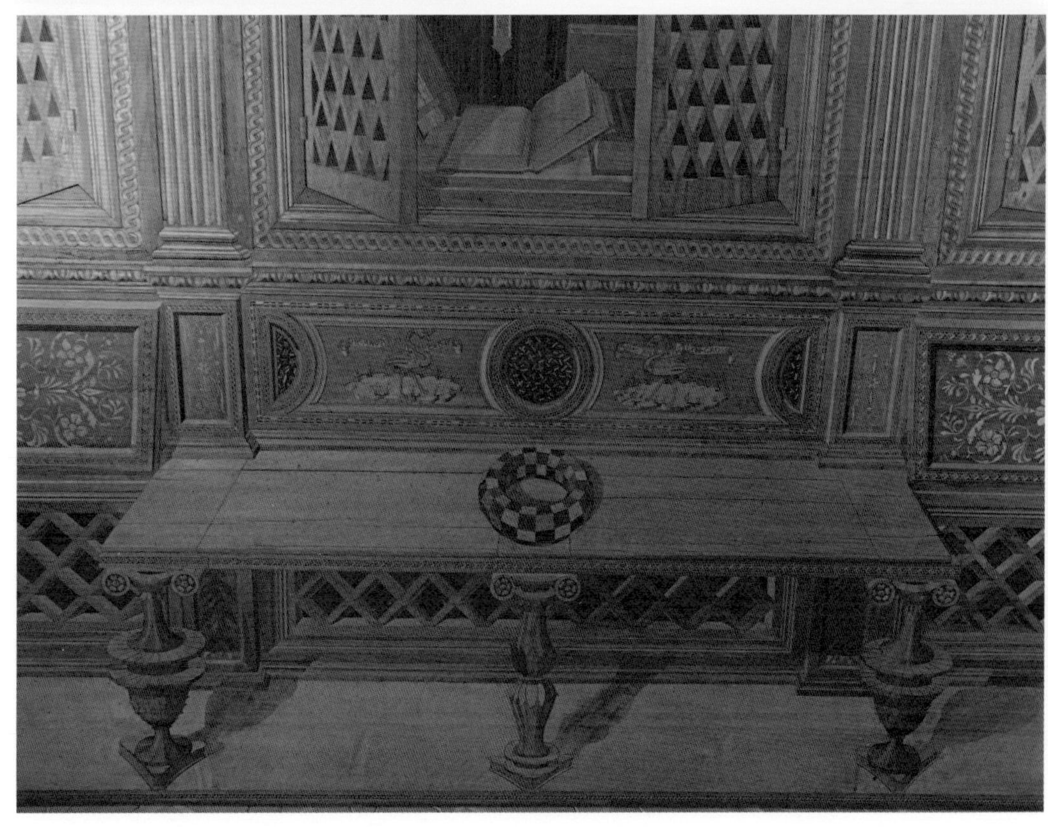

特雷西塔·费尔南德斯

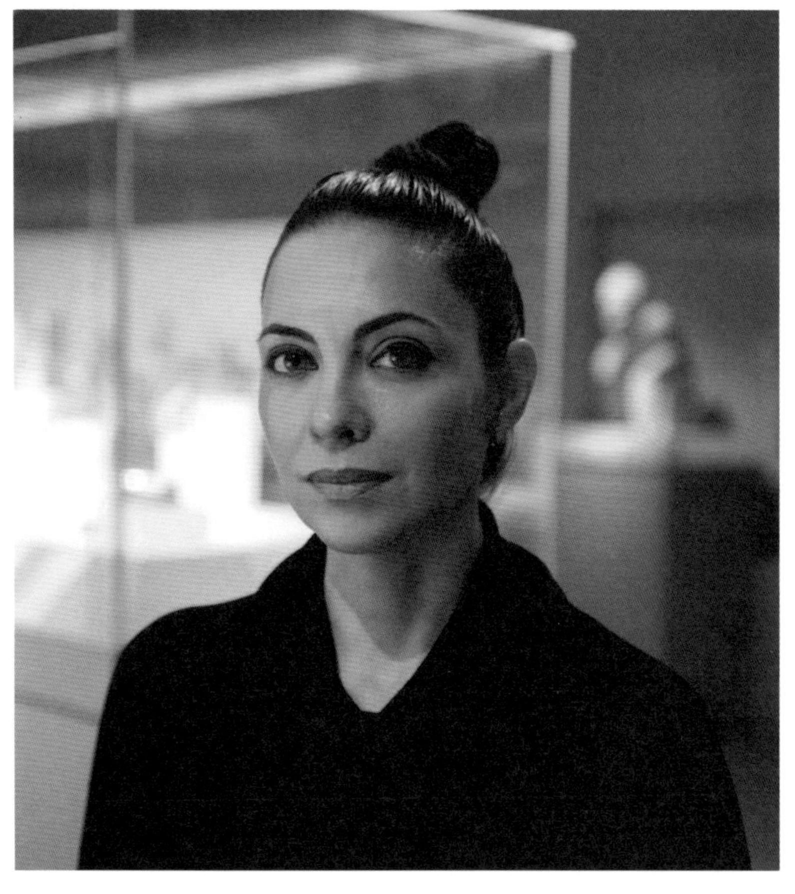

“我们都知道，金器代表伟大，但历史上留存下来的金器只有少部分能指向‘伟大’。”

我制作大型的雕塑作品，这些作品都和地下与宇宙之间的联系相关。人类把地球上的金属与天体联系起来，这种叙事让我痴迷不已——苍穹之下的物体与苍穹之上的物体相互对应。黄金就是极好的例子——它通常与太阳关联在一起，而且是从河床和泥土里提取而来的，因此，金器其实是自然的一部分。

大都会艺术博物馆里前哥伦布时期的金器就像是众目睽睽之下得以精心保存的秘密。它们光芒四射。我知道，阳光照在这些作品上，反射出各种耀眼的光线，这是体验它们的重要部分。要是把它们放在箱子里面，我们可看不到这些动态元素及自然光线赋予它们的活力。

其中一些作品有着非常复杂的抽象性。你看到某个物件在眼前熔化，彻底变成形象的、几何的、极简的形状，这完全是自然主义的表现手法。图像里面包含着图像。我觉得，这就是抽象的含义——一样东西如何能暗指另外一样东西。

在美国，我们经常忘记“美国”的“美”实际上指的是“美洲”的“美”。这些物件是经常被忽略或完全不可见的历史的一部分。我们无法追踪这些金器的出处，即使把它们熔化，它们也还是金子。

前哥伦布时期的大部分黄金都被有条不紊地装上了西班牙大帆船，它们已被熔化成了金锭。当我在欧洲藏品中看到金器时，我清楚地知道它们曾经是面具、胸甲、成对的鳄鱼或扁平的猫须的形状。

每件金器似乎都带有自己过去的幻影。它们保留了自己以前形状的记忆，因此，我们不能根据现在的形状来给它们下定义。

人类历史上曾屡次出现过种种试图抹杀其他族群历史的行径。就金器这个特殊的例子来看，这些物件之所以动人，和它们承载的厚重有关。我们都知道，金器代表伟大，但历史上留存下来的金器只有少部分能指向“伟大”。对我来说，大都会艺术博物馆的这组黄金物件给人的感觉像是在注视着露出海面的冰山尖顶，在那儿，我们所见的不过是可以想象的冰山一角。

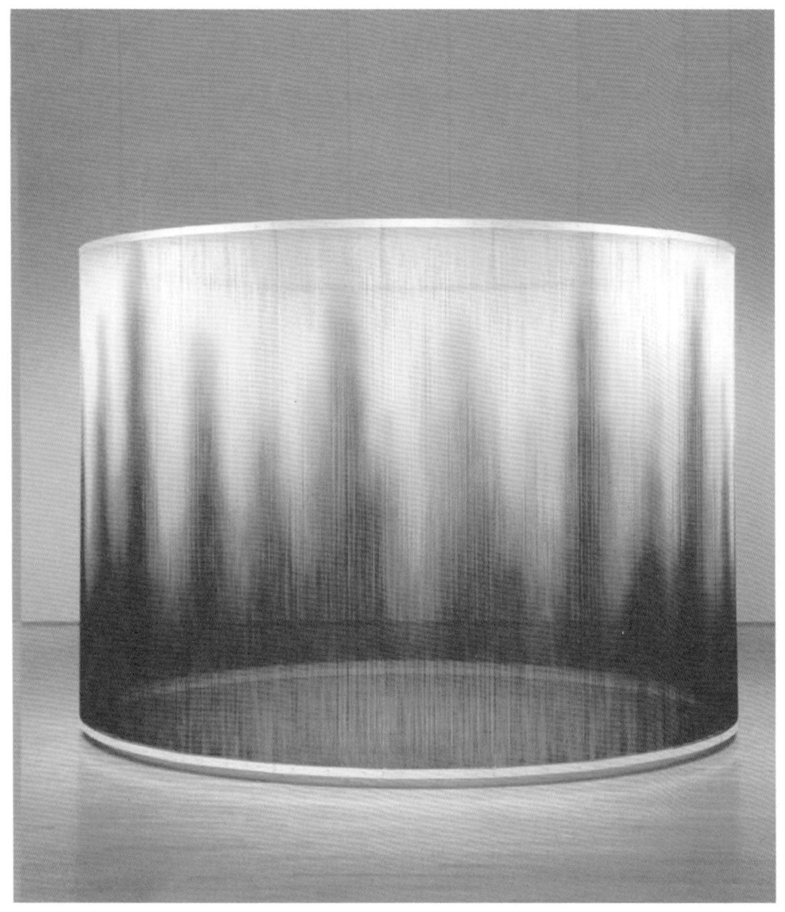

特雷西塔·费尔南德斯，《火》，2005 年 ←

葬礼上用的面具，约公元前 5 世纪—公元前 1 世纪 →

经锤打而成的面具是古代美洲出产的尺寸最大的一种黄金制品。这个面具来自哥伦比亚西南部的卡利马地区，那里的人们利用冲积河床里丰富的黄金储藏，开创了延续至少两千年的独特黄金加工传统。伊拉马时期卡利马地区的黄金面具通常用含金量高的单片金箔锤打而成，外观平整，细节上和真正的人脸很相似。在此示例中，金匠采用从背面锤打金箔的凸纹工艺让这个面具看起来独具特色，还将部分金箔切除，留出了瞳孔和嘴巴的位置。脸颊两边各有三个小孔，在佩戴时用于固定面具。

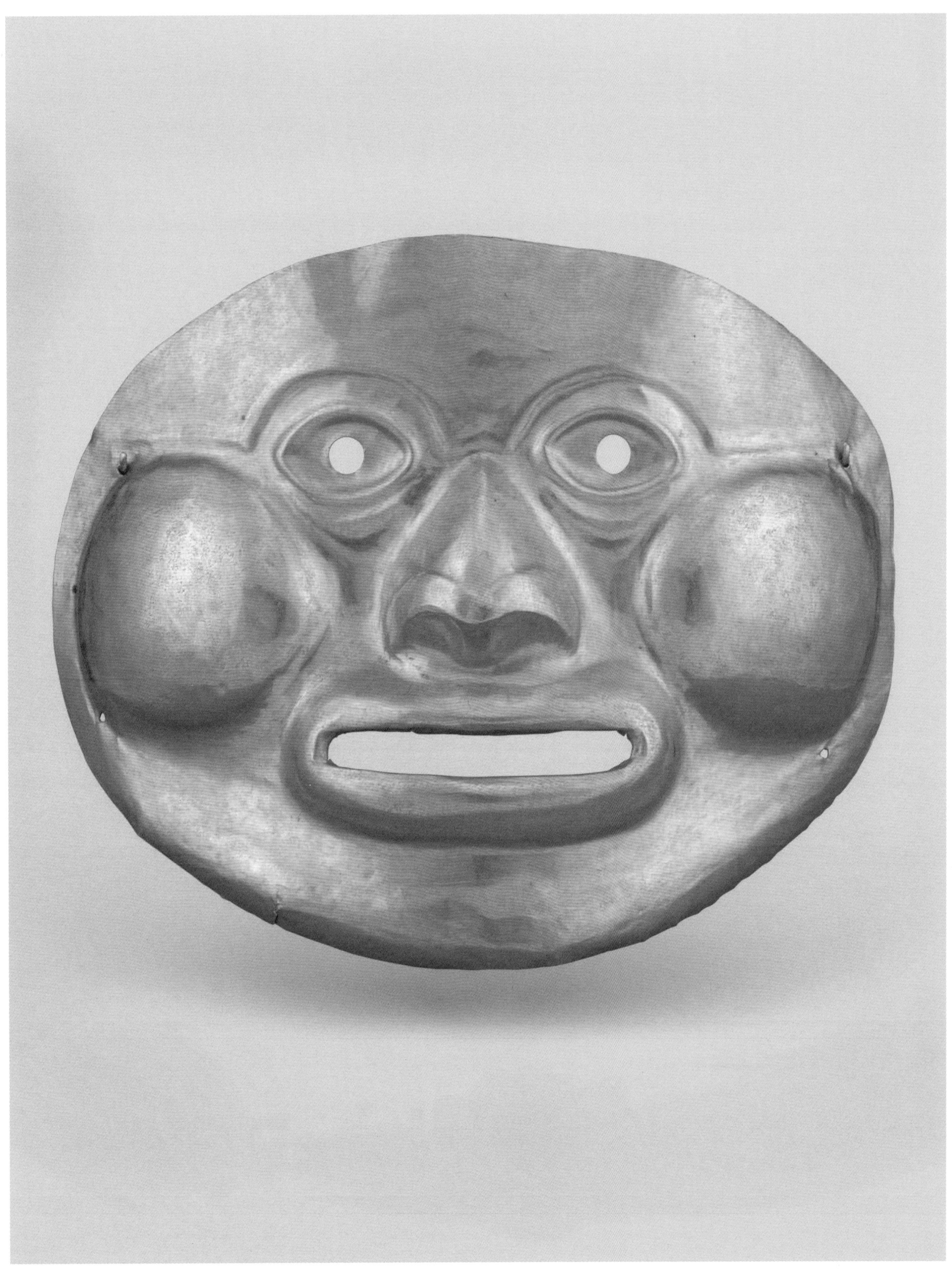

斯宾塞·芬奇

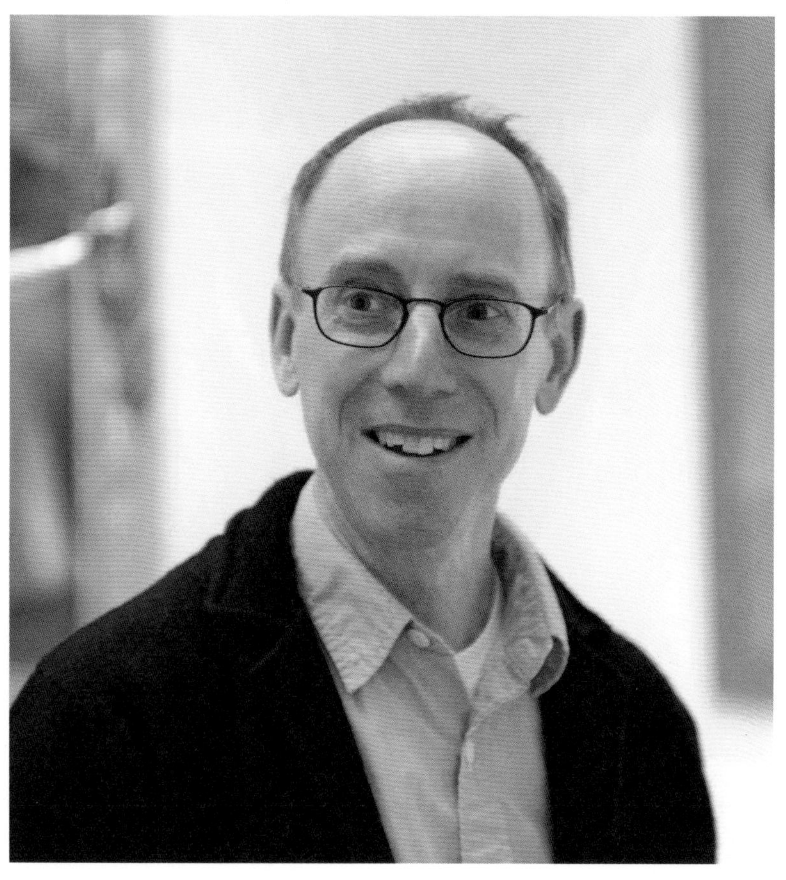

“我对艺术里传统观念的非传统表现方式非常感兴趣。”

我对艺术里传统观念的非传统表现方式非常感兴趣。“视觉陷阱”艺术看起来非常华而不实，可我们有威廉·迈克尔·哈内特（William Michael Harnett）啊！你看这个艺术家的书信架，它是一幅19世纪的抽象画。如果你眯着眼睛看这幅画，就基本上看不到细节了。它是一幅很漂亮的抽象画——看，颜色的选择、橘色和蓝色信封的位置，还有那一小截奇怪的绳子。

“视觉陷阱画”的全部思想都着眼于绘画的基础：再现物体，重构现实，你在制作别的东西的同时，也在试着复刻某样东西。

这不仅是一幅抽象画，也像一幅肖像画，差不多就像一篇日记。试想，从一系列纸张里构思一幅肖像画——这想法太超乎传统了，同时，这也是以类比的方式在组织信息和图像。我们眼前的这幅作品就是这样。你看，一条带子横在一个信封上，这个信封底下压着另一个信封，底下的这个信封下面还压着一张票，而这张票上面又压着带子。你再看，这朵奇怪的、螺旋状的花就像是随手涂鸦。整个作品有点像个笑话——画里有画。撕下一张文件纸后露出的褪色木板让你想知道房间里的光照是怎样的。

在某些方面，这幅《艺术家的书信架》与当代图像惊人地相似。这幅作品的背景类似于电脑屏幕的桌面壁纸。它没有其他艺术品的那种丰富性，但有着写实摄影作品的高度透明感，作品本身和它想要表达的内涵之间不存在张力。这幅作品看起来并不包含太多思考，画家只是个复制员，他没有增加多少内容，但我觉得它的内涵远不止这些。

艺术家看艺术品的时候，心里是怀有特定目的的——在看是否有自己能学习并运用到个人实践中的东西。看着这幅作品，我心里就是这样想的。它相当小众，但我非常喜欢这一点。作品有不足之处，毕竟里面包含的物品一般不会成为艺术的主题。这幅作品这么谦虚，它接受自己的局限性。而且，尽管它面对着各种令人难以置信的逆境，也依然体现了艺术创造的义务。

哈内特当时确实在同时考虑画作和物象二者的本体论。制作一件艺术品意味着什么？这幅画的核心是画家的哲学探索。

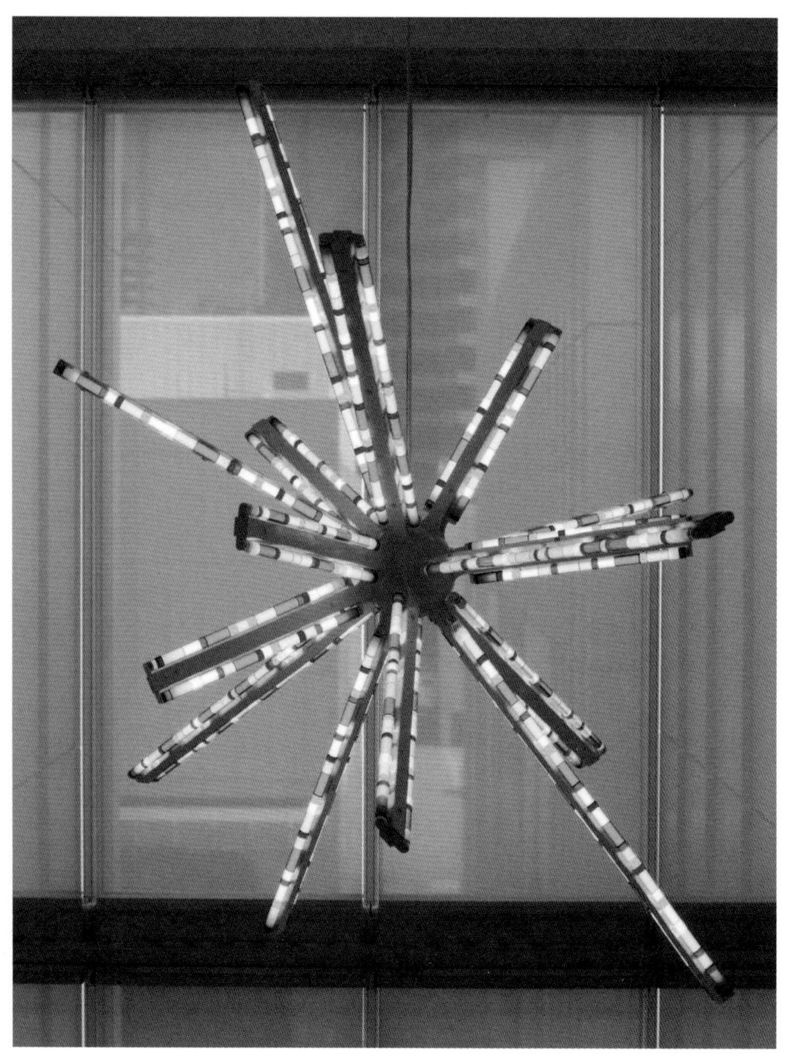

斯宾塞·芬奇，《闪亮的星（天狼星）》，2010年 ←

威廉·迈克尔·哈内特，《艺术家的书信架》，1879年 →

这是哈内特两幅著名的“架子”画作中较早的一幅，他和同时代画家约翰·F. 佩托（John F. Peto）从17世纪荷兰画家那里继承了该主题。画家细致地描绘了作为背景的木板、书信架上的粉色带子、被带子压着的卡片和信封，以及书信架周围的碎纸片。卷曲的边缘、淡淡的阴影和质地独特的纹理让观者误以为画里的所有元素都是真实的。

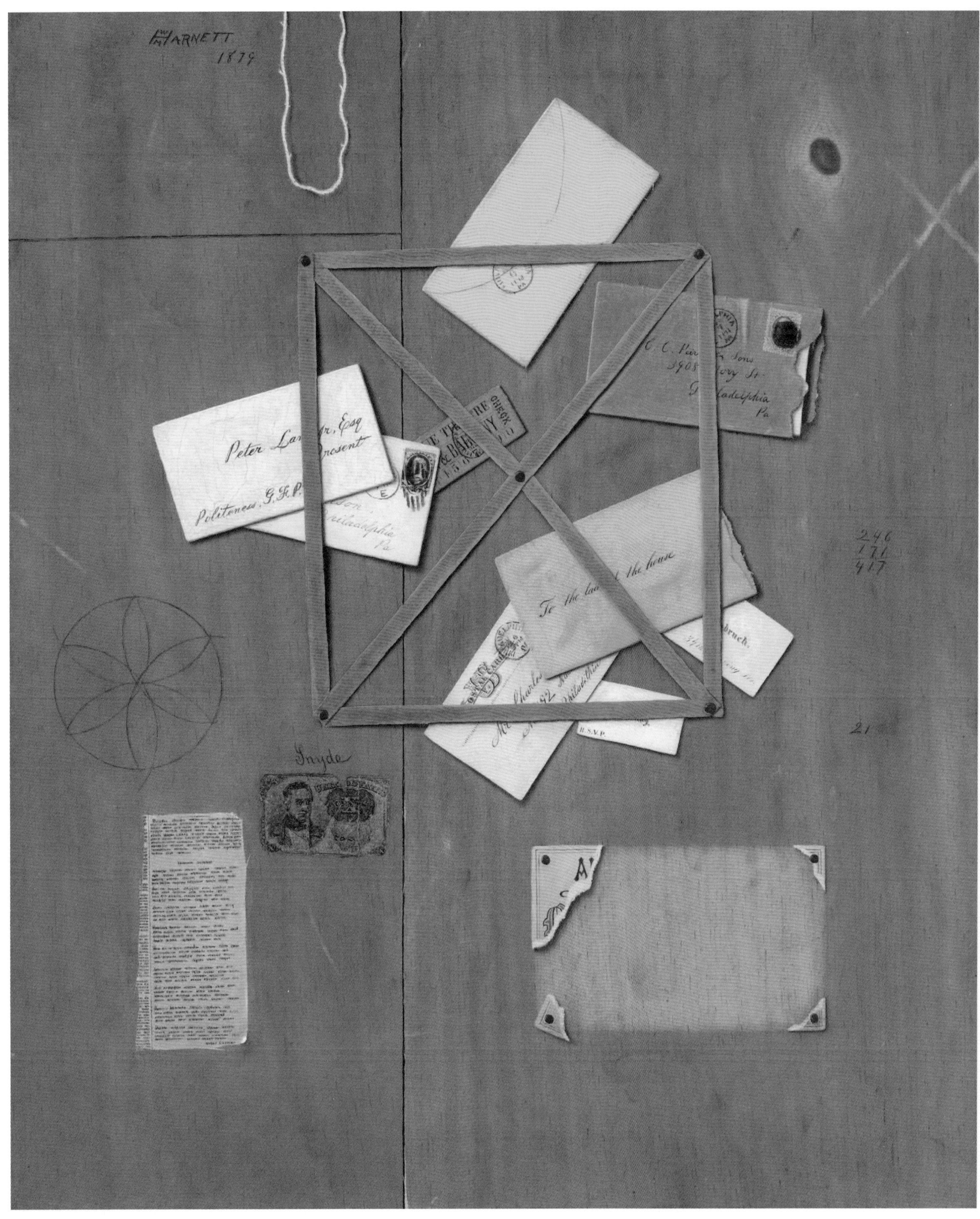
HARNETT
1879
Pa
R.S.V.P.
246
171
417
21

埃里克·费舍尔

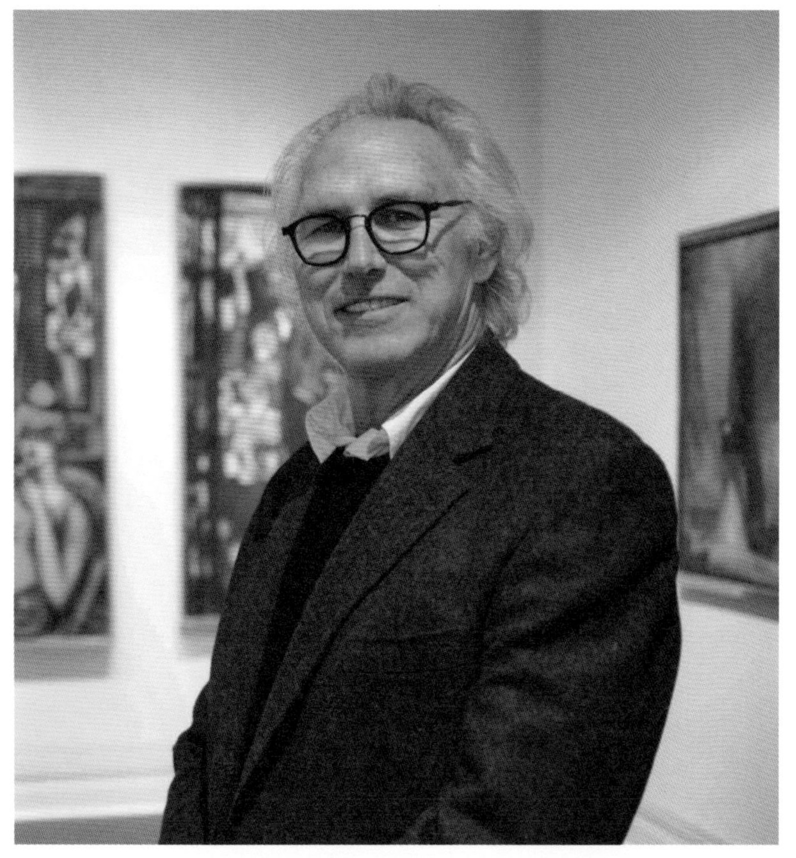

“他画的是人如何努力为人。”

人们不相信自己可以真的读懂一幅画。似乎你必须得对作品之外的东西足够了解之后，才能理解自己为什么要看它。马克斯·贝克曼画作的伟大之处在于，任何对它的解读都不正确，因为他作品里包含的叙事基于深厚的个人联系以及一些神话故事。但是，即使你不了解这些神话故事，也不会影响你欣赏他的作品，它们只是为作品增添了数层解读。

三联画《开始》的叙事让我觉得很亲切——一个成年的男孩。贝克曼在正中间的那一联里表现了一个打扮得像王子的男孩，他骑着玩具木马。这场景真的是既生动又形象。处于青春期的男孩们常常会破坏自己的玩具：童话《穿靴子的猫》里的那只主角猫玩偶无助地倒挂在那里，让整个画面动了起来。

右边那联画的是一所小学，画里的人物都是男性，其中一些人表现很差。通过展示画作，贝克曼暗示观众是行为人或参与人，让你记得自己也曾经这么干过。画里有个老人，看起来像老师，他身后有个成年男子的半身像。还有个地球仪，看起来像只球，似乎马上会掉到地上再弹起来。画家让画面看起来很不稳定。

在左边那联里，这个男孩正看着自己将要进入或拥有的一切。他在青春和死亡之间跳跃，几乎是一次梦幻般的转变。贝克曼的层次感来自情感需求。在作品里，你可以看出他在认真地权衡如何描述某物。

社会仪式的一部分是大家集体认识到它的重要性，并主动与他人分享。你经历了青春期，它开始唤起欲望和物化的本性以及交换的潮流。它让我觉得我不是唯一的那一个。

无人能抗衡贝克曼作品里的复杂性。他在构建的同时也在解构，而且他始终没有脱离人生这场戏。他画的是人如何努力为人。

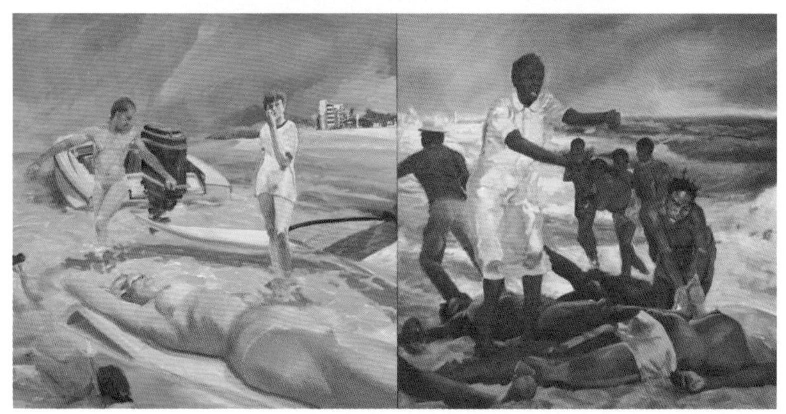

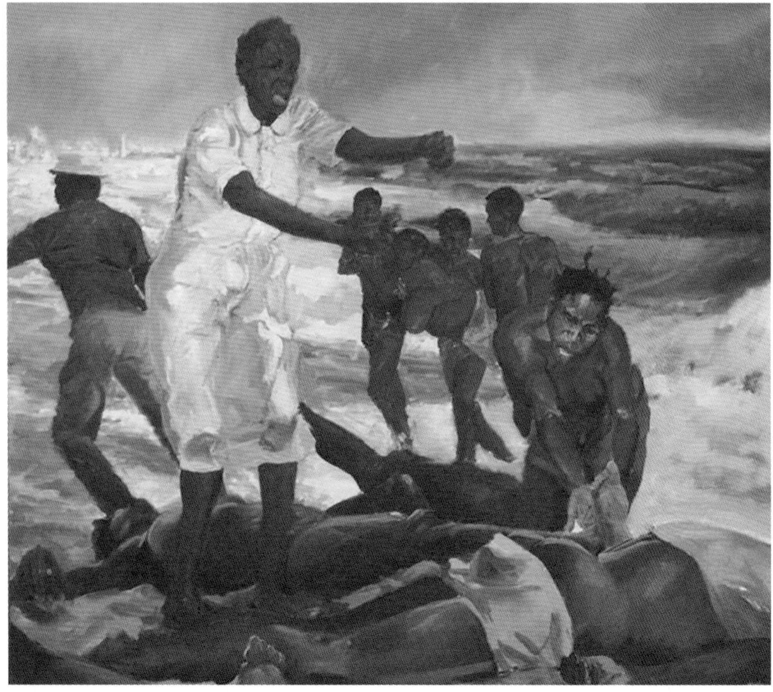

埃里克·费舍尔，《来/去/那座岛》（含细部），1983年 ←

马克斯·贝克曼，《开始》（含细部），1949年 →

该作品完成于1949年，那一年，画家65岁。这套名为《开始》的三联画带有自传的性质。右边那联展示了贝克曼在德国莱比锡上学时的情形，左边那联画的是一个梦境，右边写实、左边梦幻，左右两边处于平衡状态。他深受两次世界大战的影响，被迫远离德国四处流亡，所以通常会将悲剧性主题和表现主义笔法、鲜艳的色彩糅合在一起。

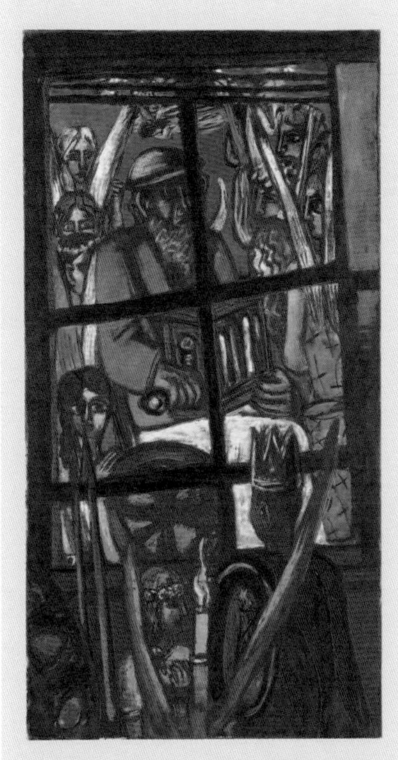

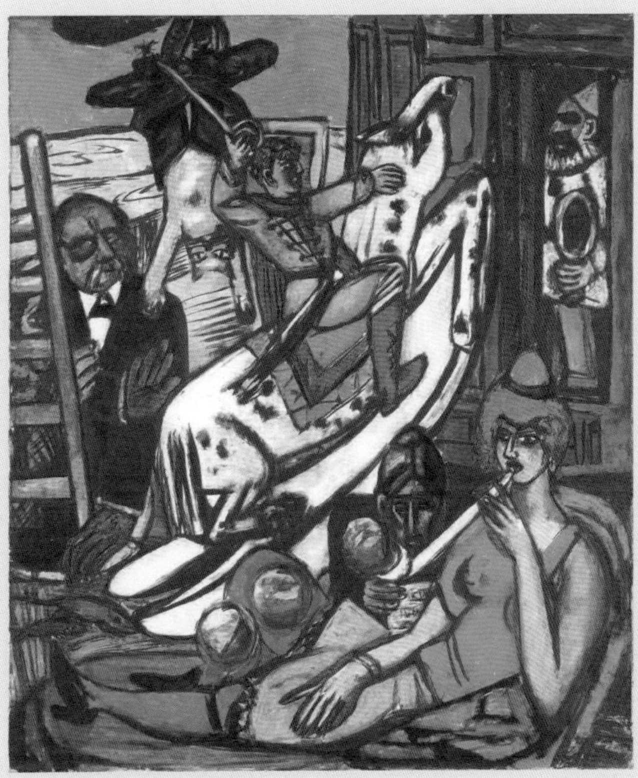

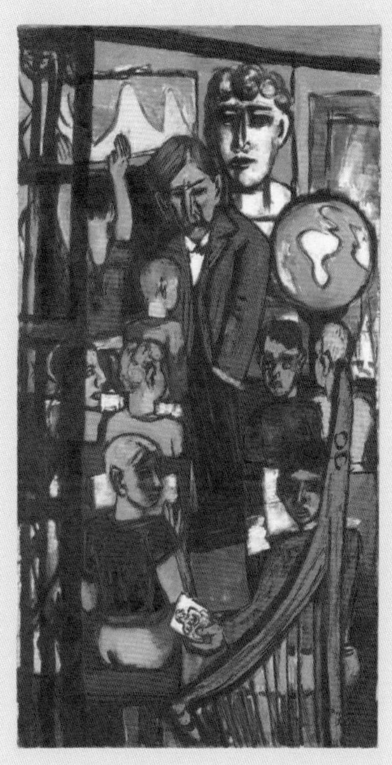

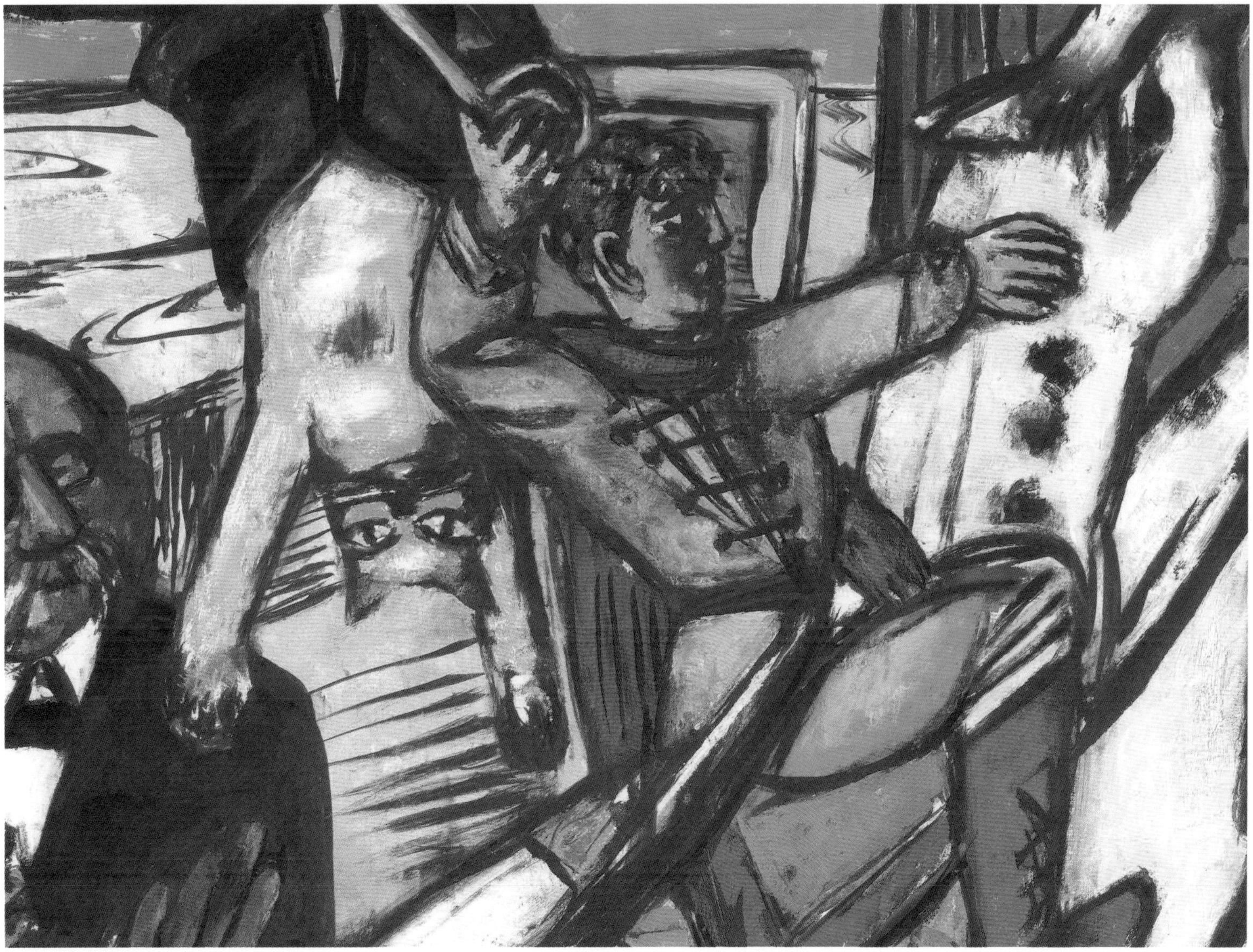

罗兰·弗莱克斯纳

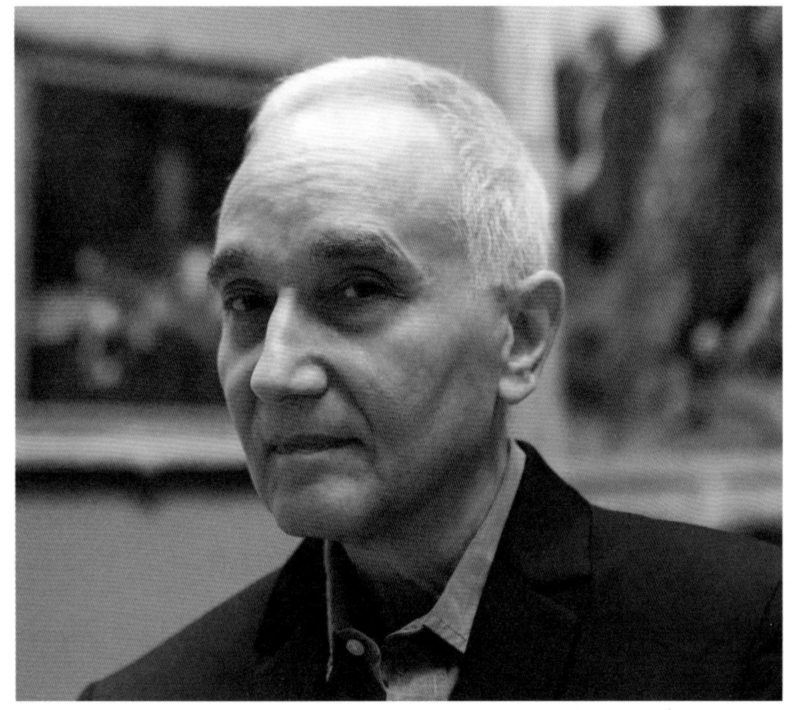

“我把这幅画看作一部黑色电影。”

我在创作系列虚空画时，受雅克·德·盖恩（Jacques de Gheyn）这幅画的启发画了一幅画。虚空画是一种静物画，17世纪在荷兰蓬勃发展，非常流行。它被画在肖像画的背后，用以向人们提醒死亡的存在。这是第一幅独立结构的虚空画，但画家雅克·德·盖恩并不太有名。

虚空画是一种中立的创作方法。画这类画的画家从未尝试着发展个人风格——虚空画很传统也很呆板。这幅画展现了虚空画里所有的传统象征符号。这些物件的象征意义都是既定的。在17世纪，但凡去过教堂的人都知道这些物件的含义，因为《圣经》上皆有记载。

但这幅画里的肥皂泡可是另外一回事，因为这完全是画家的创新。第一次看到这幅画时，我就觉得它垂直的排列方式非常有力。头骨和肥皂泡暗示同样的主题，即“人不过是个肥皂泡”，画家借此传达了死亡的必然性。实际上，我做了幅拼贴画，把头骨完美地放入了肥皂泡里！

这幅画不属于现实主义绘画。这个肥皂泡悬浮在壁龛正中间，而且，整幅画对称得可怕，就连骷髅头缺失的门牙都是左右对称的。它属于观念性绘画——肥皂泡上方有两个哲学家，他们指着肥皂泡，在这里，它代表地球仪。

作为当代观众，我们在观察这幅画时，不会去寻找这些元素背后蕴含的道德内涵和神学内涵。如果我要创作当代虚空画，它们肯定不会是象征性的，我会用材料来表达短暂和易逝。虚空画的悖论在于，你会用存在的假象来表现不存在。我把这幅画看作一部黑色电影：郁金香会枯萎，烟雾会消散，金钱会花光，肥皂泡会破裂——一切都逃不开死亡。

我很喜欢这幅画的一点——肥皂泡里用了很薄的颜料，因此，它的很大一部分已经消失了。如果绘画材料很脆弱，那么，这幅画确实是极度的虚空。时间的流逝正在起作用。

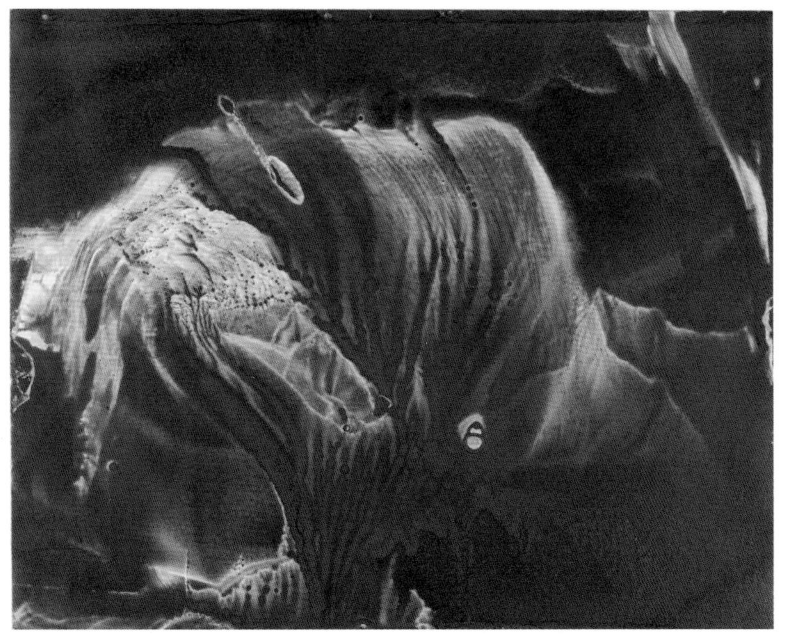

罗兰·弗莱克斯纳，《无题》，2007年 ←

雅克·德·盖恩二世，《虚空静物画》，1603年 →

德·盖恩是一位富有的业余艺术家和出色的画家，他不仅绘画，还雕刻。这幅画通常被认为是最早的独立虚空静物画。画里的骷髅头、巨大的肥皂泡、切下来的鲜花以及烟气袅袅的骨坛象征着生命的短暂。肥皂泡里浮现的形象，比如“破轮之刑”所用的轮子以及麻风病人的铃铛，还有画面下部的硬币和奖章，它们指的都是人类历史上发生过的愚蠢行为。

雅克·德·盖恩二世的《虚空静物画》

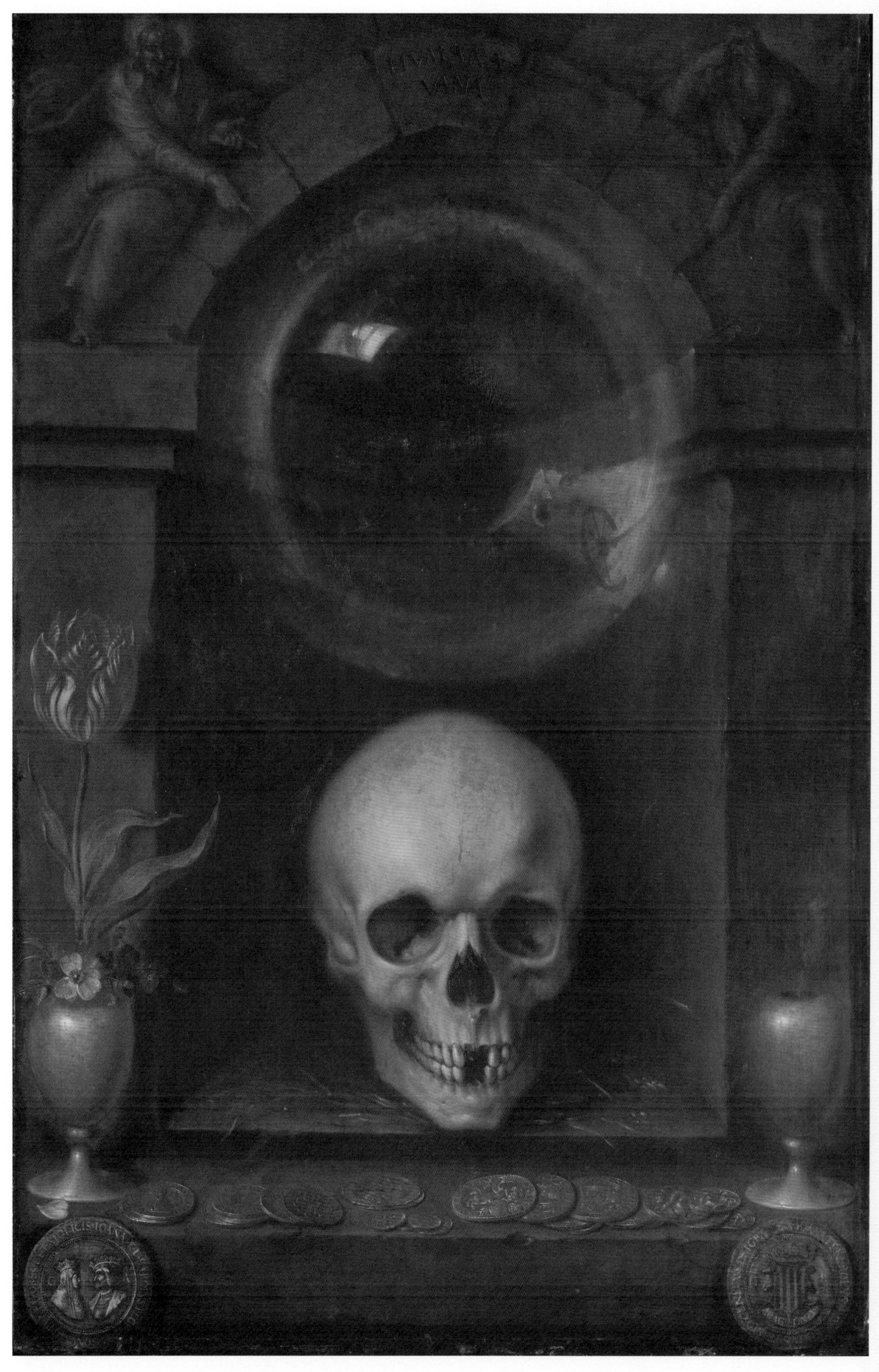

沃尔顿·福特

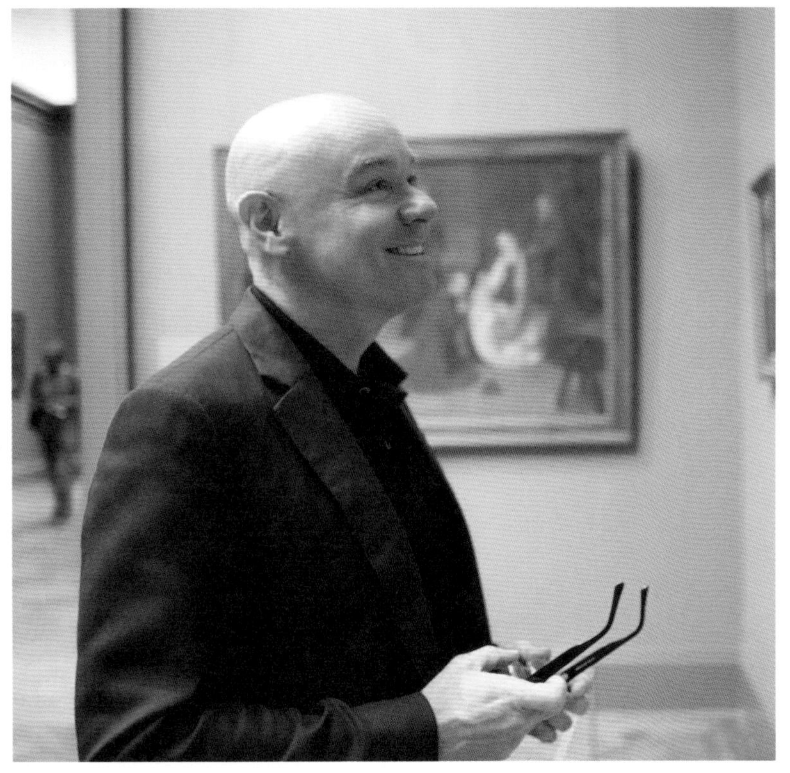

“你会有这种感觉——凡·艾克认为反正他画的是地狱，当然可以打破各种规则。”

我这一辈子都在画画。我对这幅《最后的审判》很敬畏。在艺术史上，这幅画绝对是最伟大的怪物画之一。天堂看起来像董事会会议，董事会成员坐在天堂里观看下面“最后的审判”。观众坐在那里，有趣的事情将一一登场。在这个场景里，世界末日就是舞台。

为了创造这些恶魔，扬·凡·艾克（Jan van Eyck）不得不出门研究各种事物——事实上，那里存在着恐惧。这个生物——它长着猴子的头、青蛙的腿、甲壳虫的翅膀，背上布满蟾蜍身上的那种斑点。也许凡·艾克只不过是去海滩拾荒，边走边捡起龙虾和其他甲壳类动物的碎片，还有蜘蛛蟹粗硬的碎片。然后，他再去卖鱼的市场，看看那些稀奇古怪的鱼。他在创造怪物。这幅画的大小和一张活页纸差不多，只不过画面很拥挤。

你会有这种感觉——凡·艾克认为反正他画的是地狱，当然可以打破各种规则。这是创造、是不合道德的裸露和血腥。灵魂被吸进大地，被海浪吞噬，再被骷髅蝙蝠样的怪物排泄出来，这个怪物把我们剩下的这些人与地狱分隔开来。陷入地狱的人们淹没于这种恐怖之中，他们被这些丑陋无比的怪物折磨、钻孔、吞食，直到大量的血液流出来将自己淹死。我猜测，这一过程会循环往复，直到永远——像血淋淋的恐怖片一样，太生动了。凡·艾克很可能真的看到过某人被撕成了两半，因为他绘画的方式逼真到让人毛骨悚然。

在我们的文化中，我们与日常死亡的恐惧是分开的，所以需要了解死亡。例如，当人们在高速公路上减速观看车祸时，并不是因为浅薄，而是在试图收集所需的信息。你可以清楚地看到，凡·艾克就来自那个世界，它教你认识精神、肉体和生命的短暂本质。

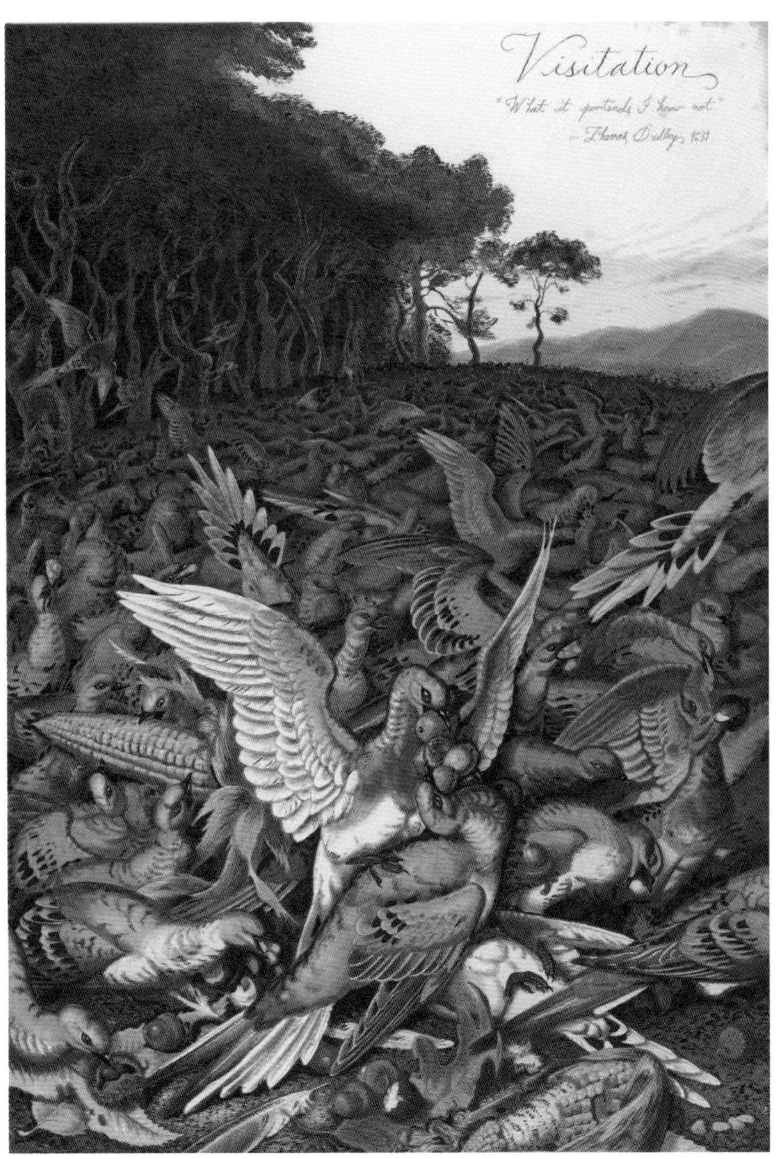

沃尔顿·福特，《圣母往见》，2004 年 ←

扬·凡·艾克与工坊学徒，《最后的审判》（含细部），约 1440—1441 年 →

尽管受限于尺幅，但《最后的审判》里依然充满了异常丰富的细节。纵深空间以垂直方式呈现——被压缩到画作的前景里——并被画家分为天堂、人间和地狱三层。被拯救的人群和受炼狱之苦的人群分别被画家置于画作的顶部和底部，而不是置于基督的左右两侧。这两个世界之间则是被割裂的陆地和海洋，如《启示录》（20:13）里描述的一样，那里正不断地冒出死者。

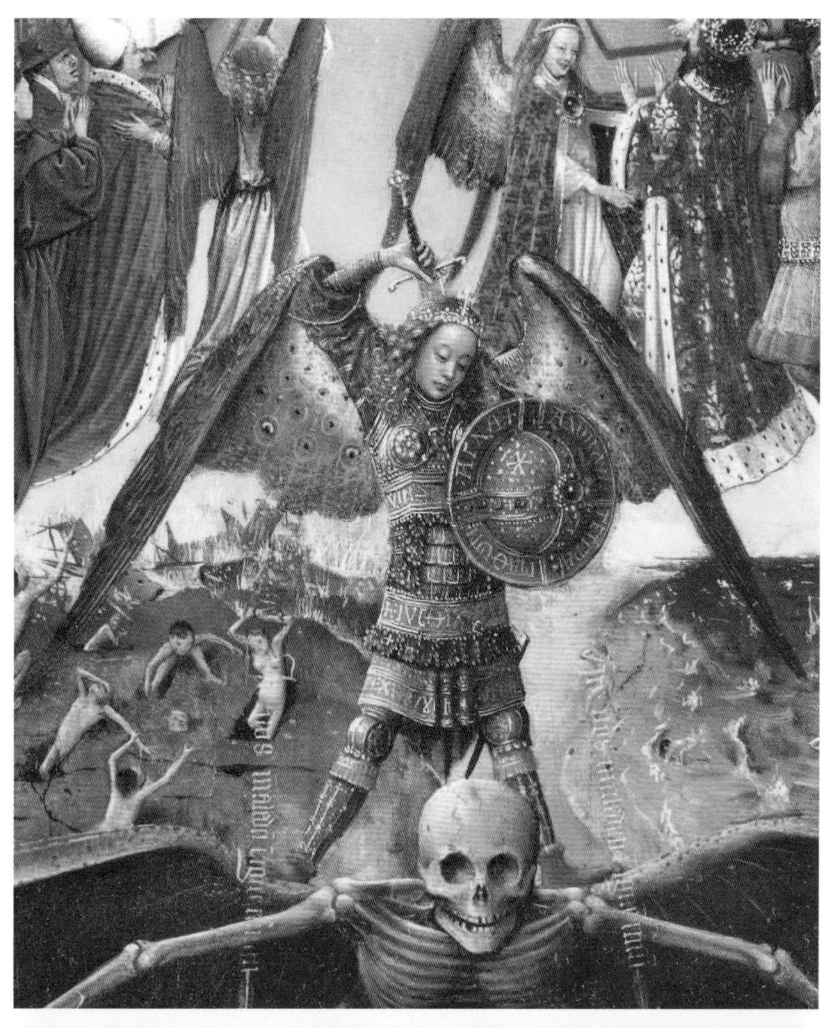

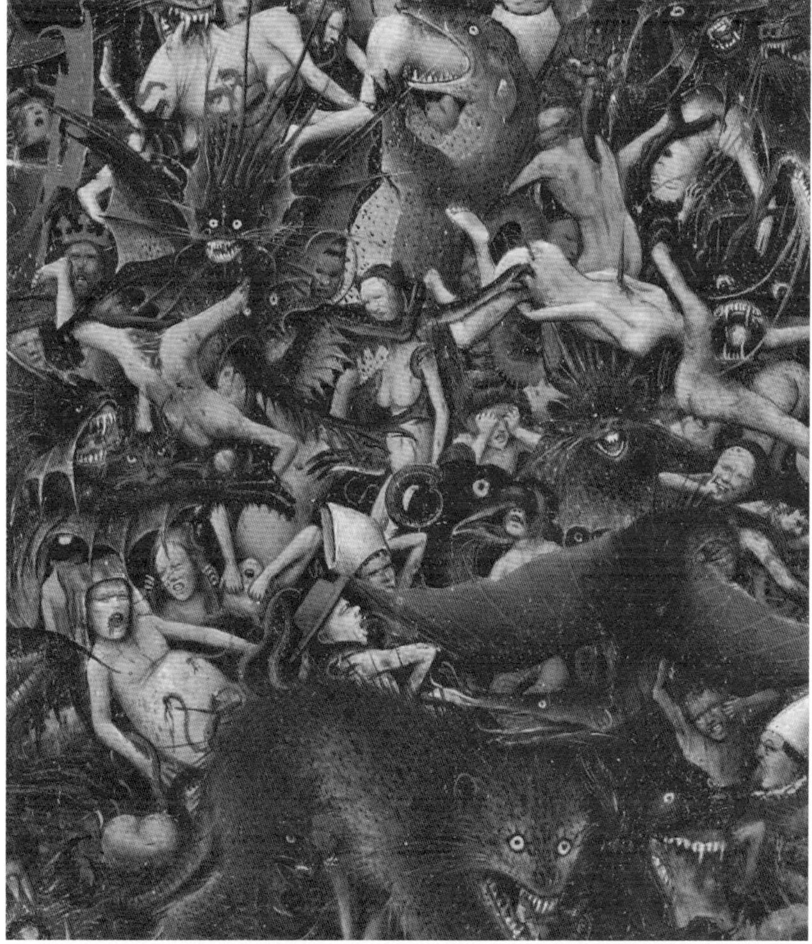

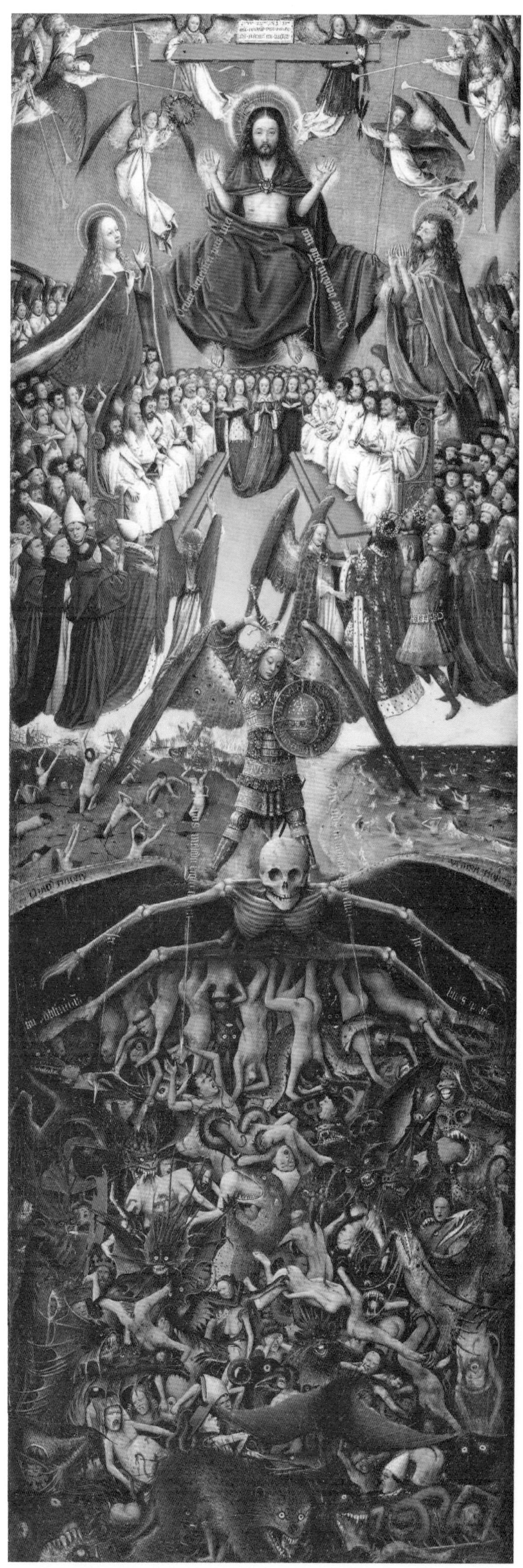

纳塔莉·弗兰克

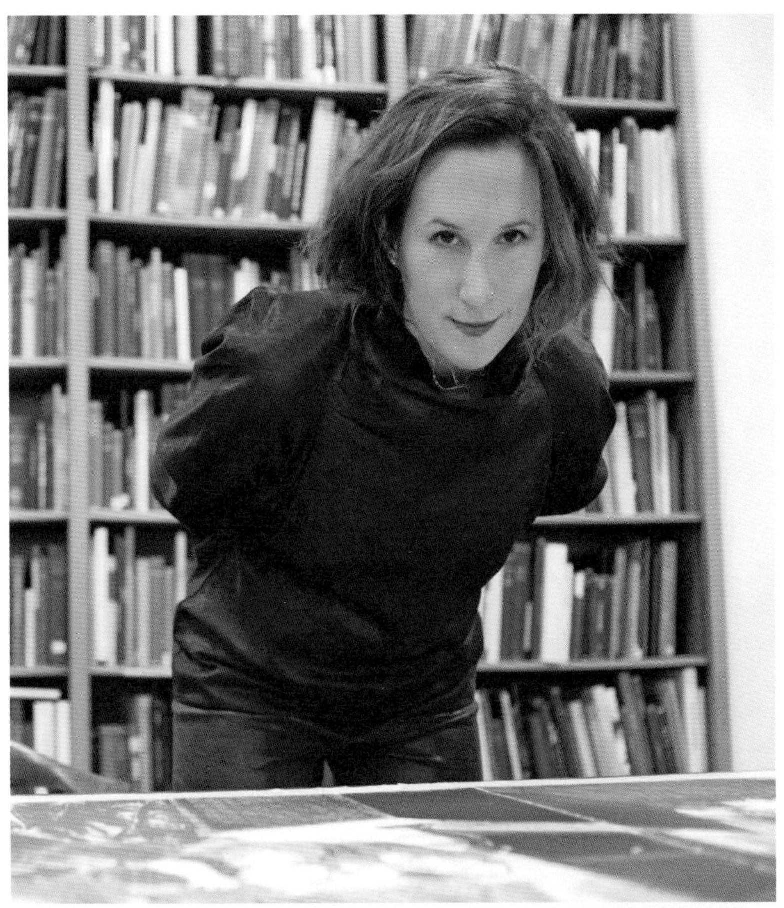

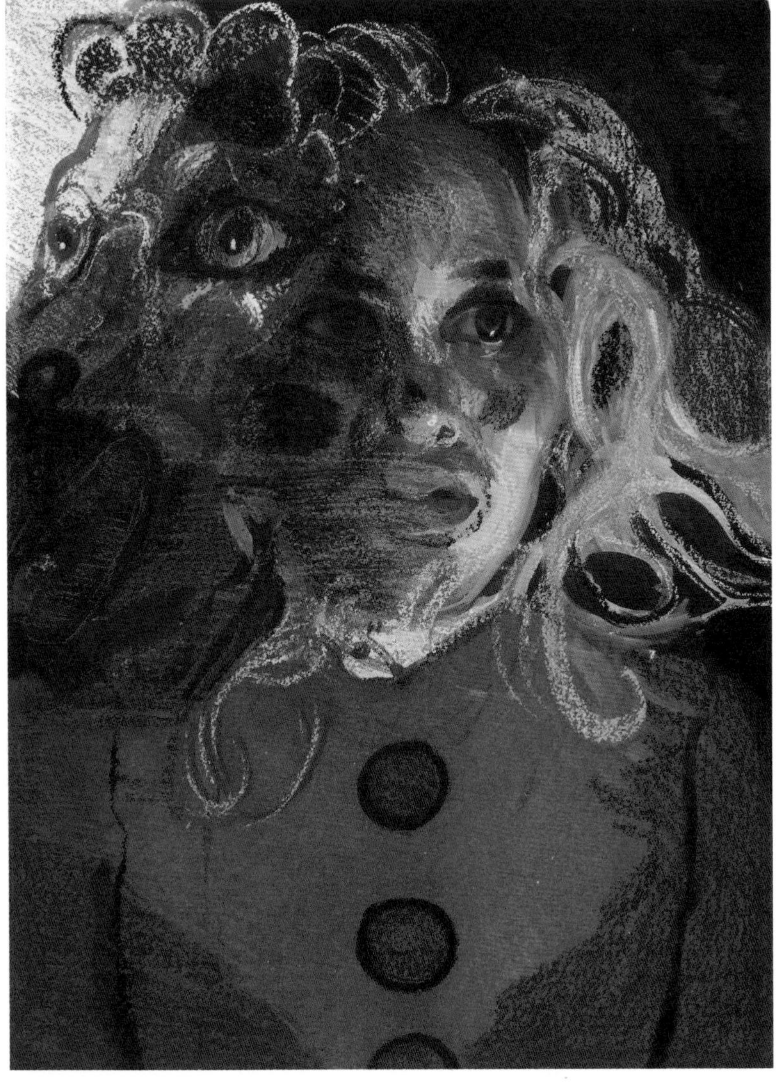

“她的作品让我第一次通过成年女性的眼睛来看这个世界。”

凯绥·珂勒惠支（Käthe Kollwitz）是我接触的第一个女性艺术家。我小时候读过很多书，但那些文学作品似乎都是以男性的角度创作的。她的作品让我第一次通过成年女性的眼睛来看这个世界。

例如，《强暴》这幅作品里的形象肯定是一名女性。她平躺的姿势可以让你感觉到她的身体、腿部（尤其粗壮的大腿）以及头部的重量。她的双手被反绑在身后，双腿张开。背景中有个小女孩正低头看着现场。这幅作品纯粹是女性的领域。显然，有个男人曾出现在现场，但对我来说，这是最早以女性角度表现性暴力的作品。

感同身受——这是我从珂勒惠支那里得到的东西。无论是她作品里的年轻妇女和她们的丈夫，或者，只是一个独自待着的女人，你都能从中感受到作为女人的沉重感。

她的形象和自传在她的作品里随处可见，它是如此纯净，富有张力，又毫不设防。作为一个年轻人，想要弄清楚她的作品关于什么，她的故事是什么，这简直勇气可嘉。

我觊觎她身上很多我自己觉得不曾拥有的技能。她是一位不可思议的画家，我总是被那些颜料和色彩吸引。她将各色人物放置在一起，仿佛试图展现内在的东西，同时又体现出她的把控力，于是她的作品完美地表现出了完整的思想。创作版画作品是很难的，因为一旦下刀，你便不可能再擦除；一刀下去，你就带走了某些东西，再也放不回去。而且版画印出的图案是反向的。对我来说，这样的远见与控制是不可思议的。

我们这个时代离珂勒惠支制作这些版画的时代并不远，但发生了很多变化，可在这期间，很多东西也没有变化，比如，女人们仍然默默无闻。从这个角度来看，珂勒惠支的作品简直算得上是轰动的。她是个女权主义者。在妇女还不能接受教育的时候，她已经在创作先锋派作品了。她从自己的生活和周围的环境中汲取了很多东西，并将它们变成让自己成功的东西。她在世时，已然得到了认可和赞颂。

你可以在她的每一件作品里感受到她的政治主张、她的真诚、她的自信和她叙事的力量。我常常会想起她，因为她的作品大胆无畏，影响着我如何看待这个世界。

纳塔莉·弗兰克，《千兽皮 III》（《格林童话》），2011—2014 年 ←

凯绥·珂勒惠支，《强暴》，1907 年 ↗

凯绥·珂勒惠支，《青年情侣》，1904 年 →

《强暴》来自珂勒惠支的《农民战争》系列版画作品。该系列根据 16 世纪日耳曼贵族的残酷行径和随后引发的起义而创作，共有 7 幅作品。这幅版画描绘的是暴力犯罪现场：在茂密的植被和盛开的花朵中，一个被性侵的妇女的半身被隐藏起来，裸露的肉体和褴褛不整的衣物突出了她的脆弱。她的后面有个小女孩，也许是她的孩子，这个小女孩跟自己周围的向日葵一样，低垂着头。在《青年情侣》这幅作品中，狭窄而幽闭的空间表现了将两个人分开的紧张情绪和情感距离。男人转过身，退到阴影中，女子的脸朝着前面，几乎没什么表情。两人的身体之间横着鼓囊囊的枕头。

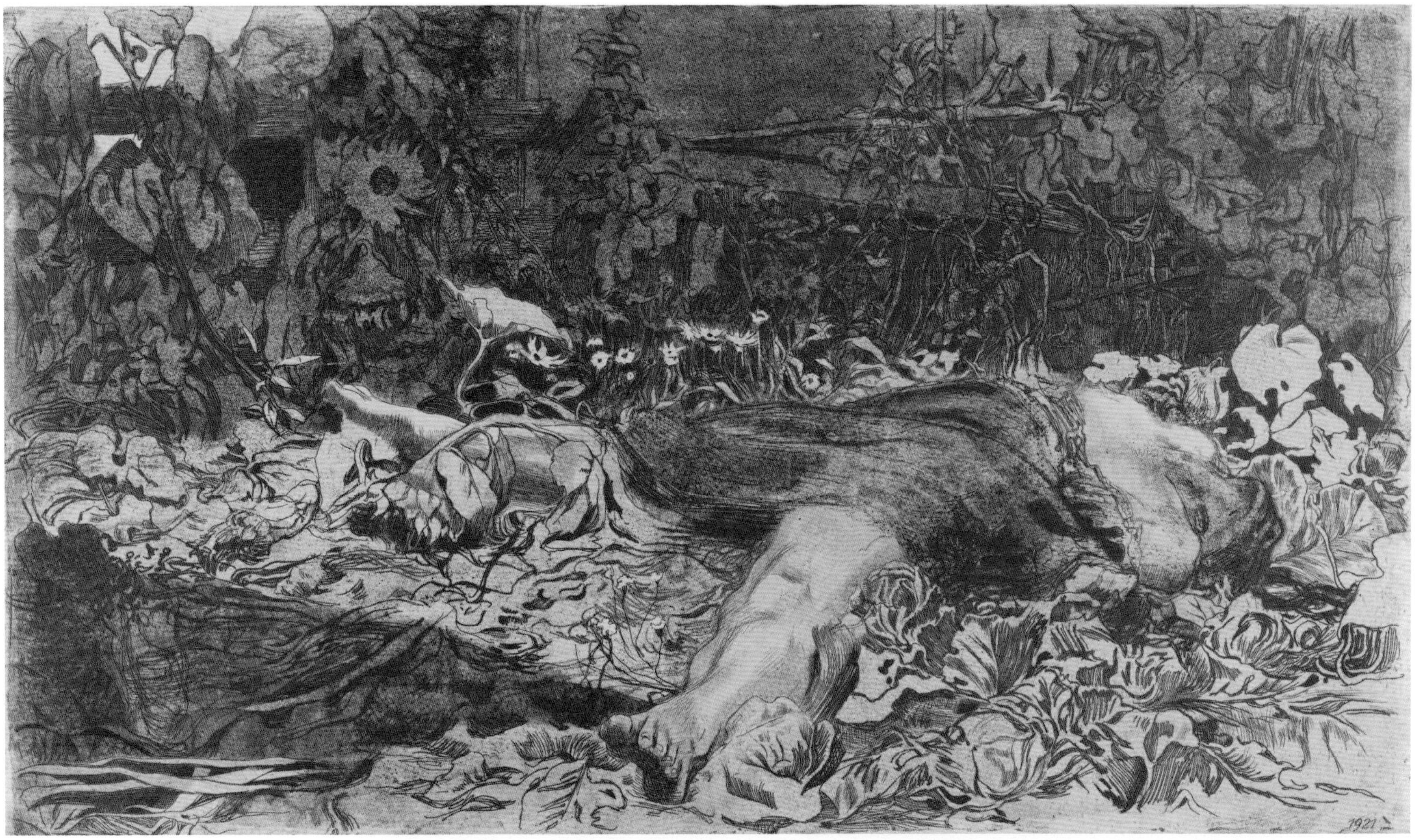

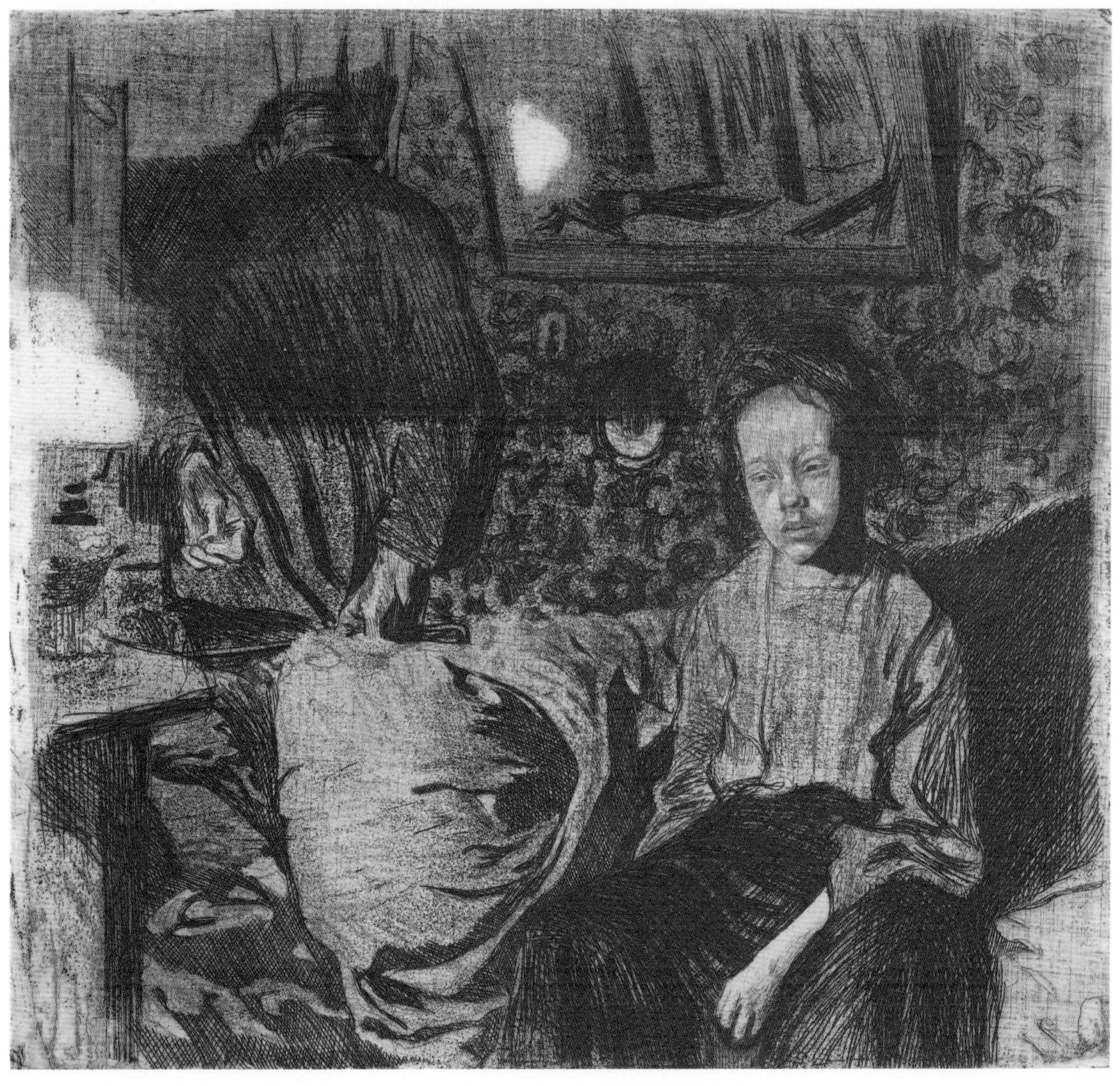

拉托娅·鲁比·弗雷泽

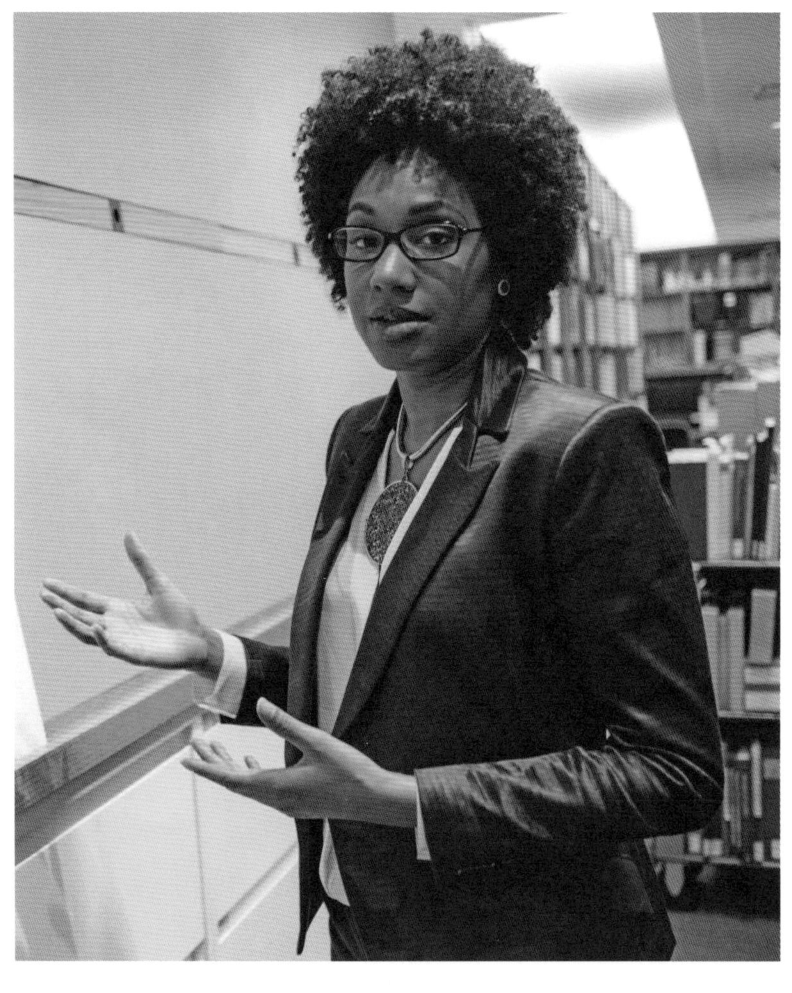

“人们的伤痛和苦难中蕴藏着惊人的美丽。”

从十几岁起，我就迷上了20世纪初期的社会纪实摄影。在我阅读过的摄影历史书里，最重要的一位非裔美国人就是戈登·帕克斯（Gordon Parks）。他允许那些被流放和孤立的穷人通过自己的形象获得权威。在拍摄这些人的时候，他的内心充满了尊重和人文关怀。

这幅名为《瑞德·杰克逊》的人像照片在帕克斯的作品中占有重要地位，它是帕克斯从《生活》杂志那里得到的第一份约稿，属于《哈莱姆的黑帮老大》系列。在这个系列中，他拍摄的是绰号为“瑞德”的伦纳德·杰克逊。1948年，十几岁的年轻人没有太多的机会：教育系统失灵，他们生活在肮脏的环境中，在经济上毫无话语权。

就这幅人像而言，它非常客观，完全不带任何是非判断，但《生活》杂志处理这幅作品的方式全然不同。在杂志给出的小标题里出现了“暴力”和“挫折感”等词语，而且，整个布局让伦纳德·杰克逊看起来像是一种威胁或危险。毕竟人们宁愿只看到好与坏之间的二元对立。

帕克斯令人印象深刻的是，他能够以诗意的方式平衡这个残酷而温柔的世界。从审美和形式上来看，我看到了扬·维米尔；从光影上，我看到了伦勃朗；我还看到了弗朗西斯科·戈雅。我看到了艺术家对质感、取景、距离、并置等要素的美妙理解……

人们的伤痛和苦难中蕴藏着惊人的美丽。这就是我们创造艺术的原因。事实是我们需要社会纪录片，尤其是在当今社会。当我看到这张照片时，我会想到那些被警察杀害的黑人，以及他们的正义无处伸张这一事实。

这张照片也象征着帕克斯本人。从这幅瑞德的肖像中，我可以看到帕克斯的诗意。我认为他既是电影制片人又是作曲家——它是一张安静的照片，但我能听到它发出的声音。

这就是帕克斯天赋异禀之处，也是他令我着迷的原因，这一切鼓励着我继续使用相机进行创作。帕克斯可以通过展示每个人心理的多面性来打破一切刻板印象。这样的创作如此人性，如此普通，而又无可辩驳。

拉托娅·鲁比·弗雷泽，《鲁比奶奶和我》，2005年 ←

戈登·帕克斯，《瑞德·杰克逊》，1948年 →

戈登·帕克斯是20世纪五六十年代最杰出的非裔美国摄影师和记者，他记录那些被忽视的人群的经历，同时还拍摄名人、时尚和新闻。哈莱姆黑帮老大瑞德·杰克逊的照片是他1948年为《生活》杂志拍摄的系列照片之一。这一专题摄影首次理性地近距离观察了20世纪中叶哈莱姆地区的现实生活，为他和其他纪实摄影家在20世纪60年代更激烈地揭露民权问题埋下了伏笔。

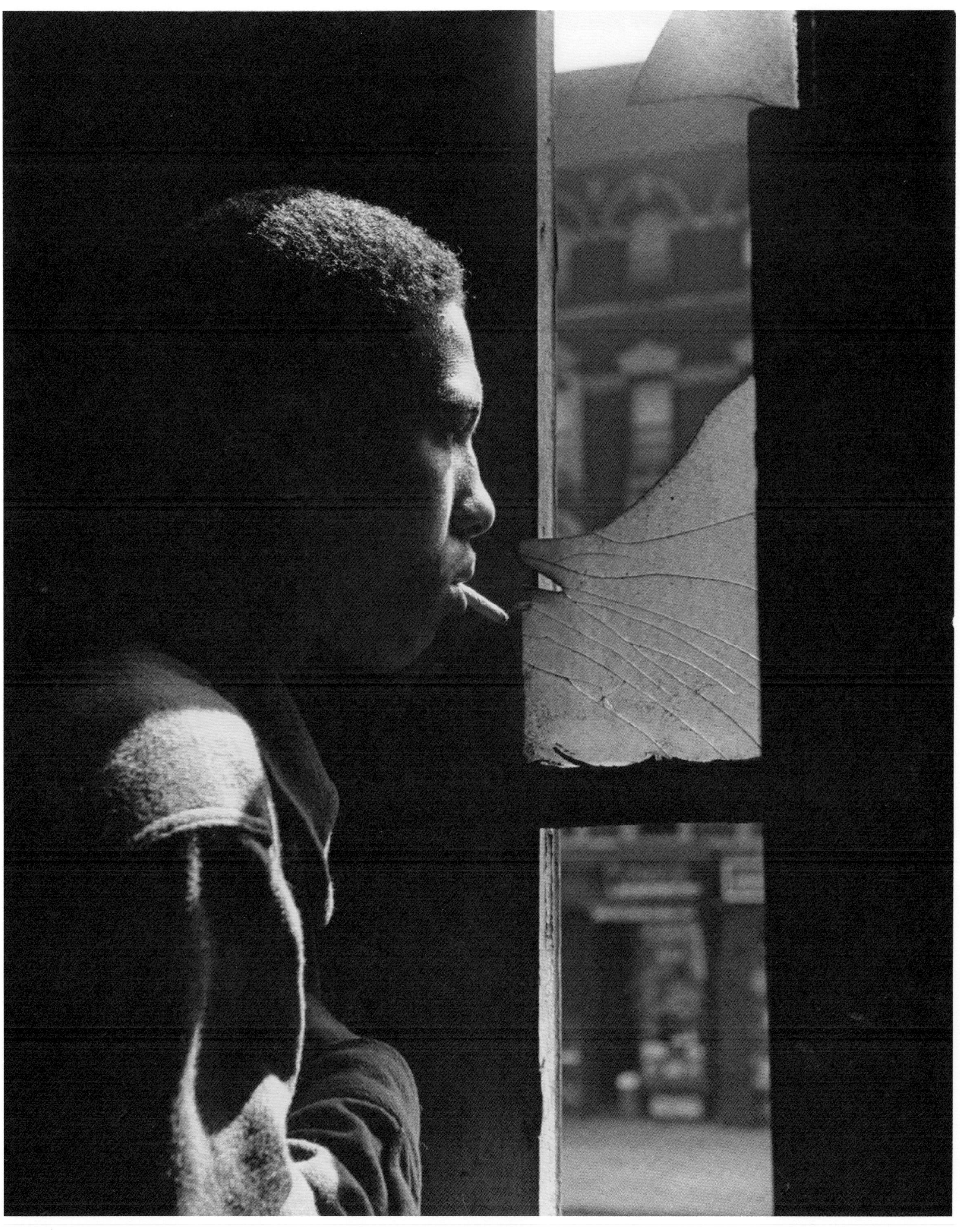

苏珊·弗雷孔

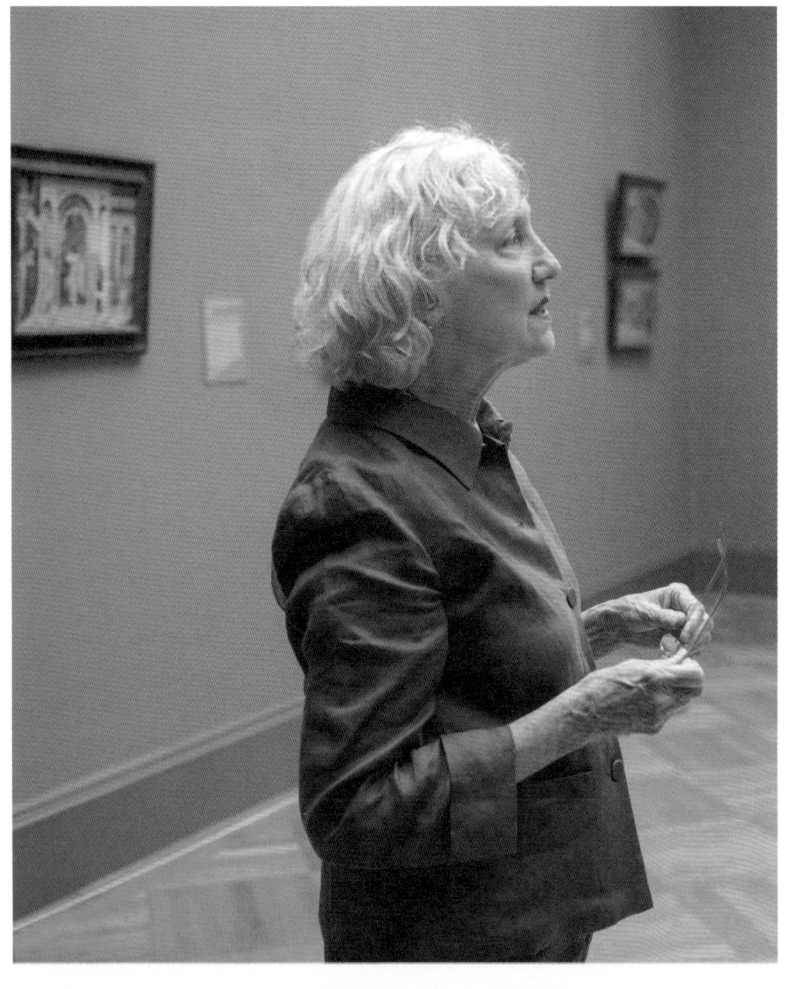

“我迷失在了作品里，我觉得这就是艺术体验的奇妙之处——你再也不在这里了。”

这幅画我看过很多遍。每次看见它，我都会被它的力量吸引。虽然尺寸不大，但即使从远处看也很引人注目。这幅画创作于 700 多年前，居然还可以如此完好，简直就是奇迹。随着岁月的流逝，这幅画居然越古老越美丽，因为它是一幅好画。我发现，如果画《圣母子》的画家不是个好画家，你会很难对它保持长久的兴趣，因为你无法保证自己会一遍又一遍地看它。但杜乔·迪·博尼塞尼亚知道如何创作。

我认为杜乔是一位出色的调色师。对我而言，作为一名画家，我在绘画中使用的色彩越多，创作就会变得越复杂、越困难。我佩服他如何可以让这些颜色和明暗在作品中和谐地发挥作用。我认为色彩是光明和生命：圣母的蓝色长袍，柔和的粉色面纱，脸颊的肉色下面衬着土绿色，赋予人物谜一般的色彩，让观者觉得无法触及。

这幅画对母亲和孩子的描绘能让我们产生共鸣。母亲知道自己的儿子将被钉死在十字架上，而艺术家成功地通过她的面部特征描绘了她永恒的悲伤。

我相信这是私人赞助者定制的宗教画。顾客可以在祈祷中使用这幅画，并被它深深地打动。金色象征你看着这幅画时应该产生的感受——它会将你照亮。这片金色——它不是黄金制作的平面——也被雕刻出了光芒四射的效果，充满了神秘意味。

这幅画表现出一种未画完的状态，是杜乔精心设计想要呈现给观者的样子。他带给我们艺术的神秘感。观者被带入画作里的现实，而它传递着无穷无尽的内涵，让观者将它与所见所想联系起来。

这幅画让我从自己的身体里抽离了出来。我迷失在了作品里，我觉得这就是艺术体验的奇妙之处——你再也不在这里了。你置身于自己从不曾踏足的地方。在一幅优秀的艺术品里，这样的经历会一遍又一遍地发生。

苏珊·弗雷孔，《番红花红》，2009 年 ←

杜乔·迪·博尼塞尼亚，《圣母子》，约 1290—1300 年 →

锡耶纳画派创始人杜乔的这幅抒情作品开创了意大利艺术史上的一个伟大传统，即从现实生活中借用形象来重现圣母玛利亚和圣子耶稣这样的神圣人物。还是孩子的基督轻柔地撩开母亲的面纱，母亲哀伤的表情表明她早早地预见自己的孩子会被钉死在十字架上。造型精美的衣褶强化了人物的立体感和身形，低矮的栏杆将画中虚幻又神圣的世界和观者世俗又短暂的世界连接了起来。

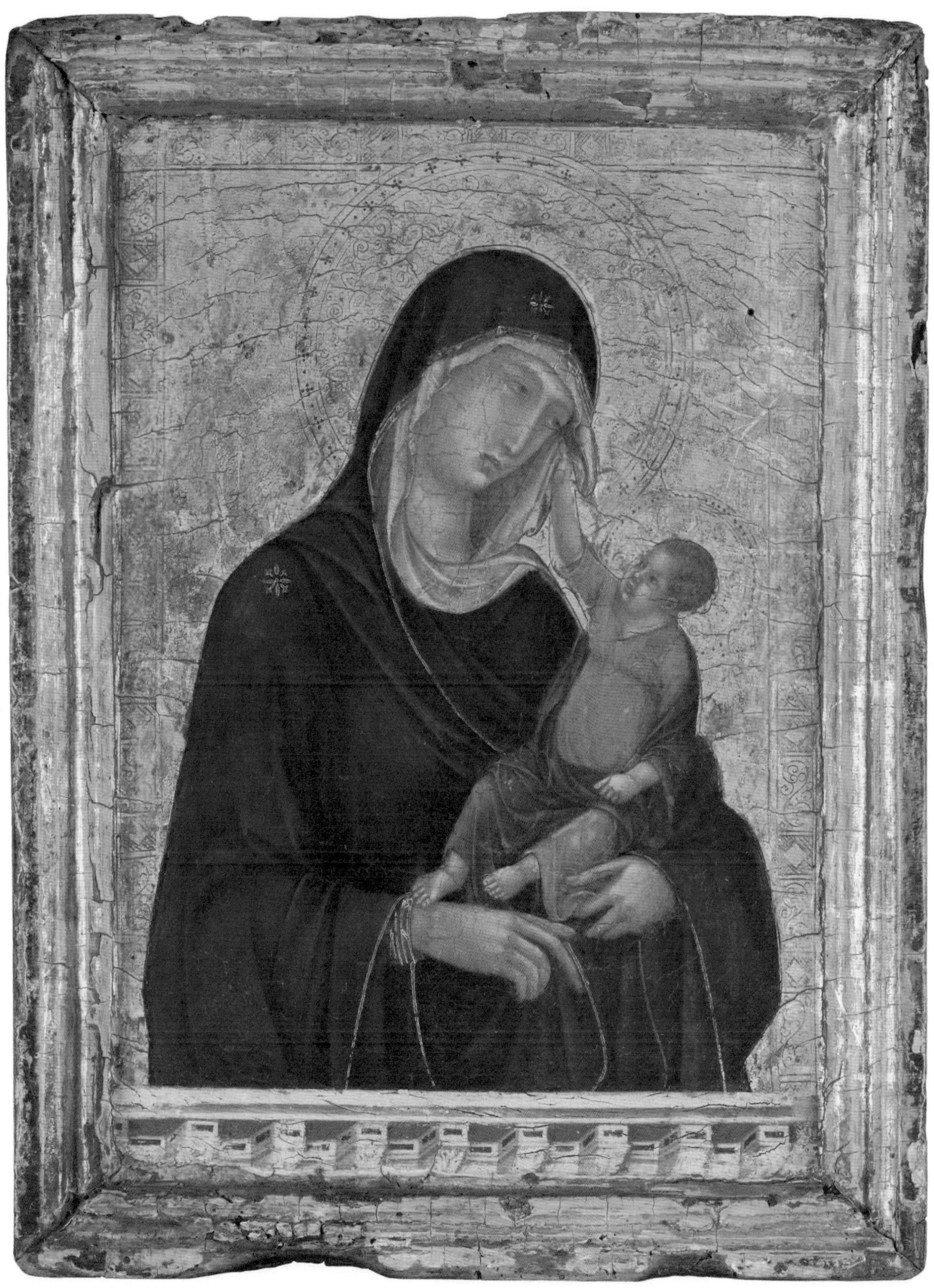

亚当·弗斯

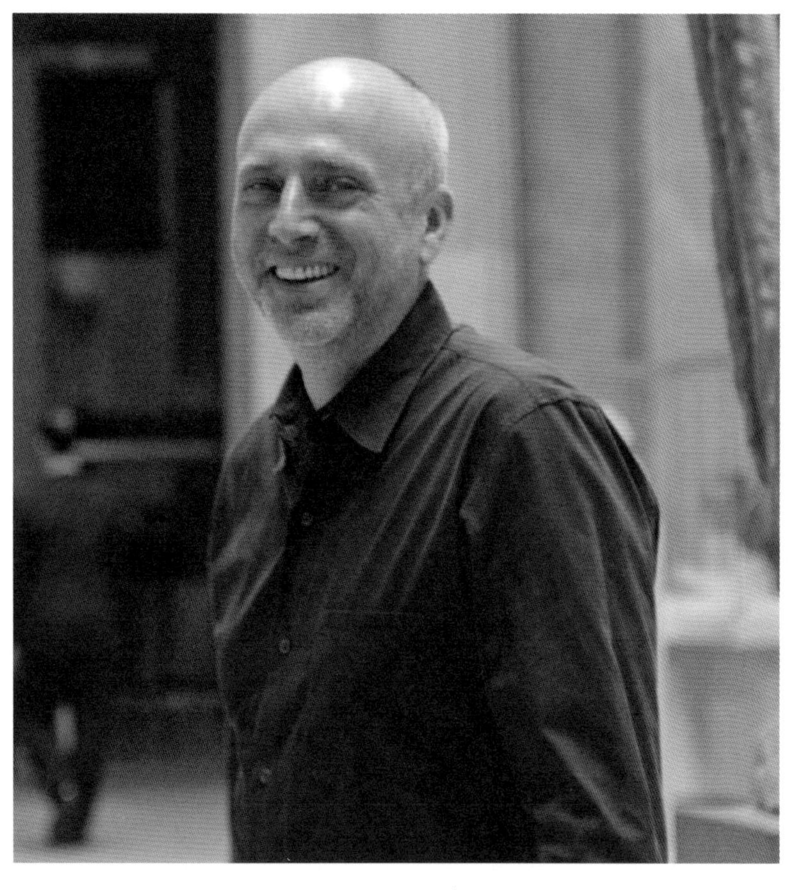

“她在向这个世界说再见，而艺术家捕捉到了这种不甘的情绪，这是多么精湛啊！”

我在大都会艺术博物馆当服务员的时候就被希腊和罗马艺术迷住了。晚上，我们为各种派对提供服务，这样可以赚得额外的收入，我发现自己常常独自一人在黑暗中穿过古典画廊。这些雕塑所处的环境似乎很符合它们圣物的特质。

这座用大理石雕刻而成的小女孩墓碑是通往许多思想的门户。它是一座墓碑，这一点对我而言意义非凡，因为我自己的作品讲述的就是材料与其他事物之间的迁移。这件雕塑具有明显的双重特征，它同时表现了浓郁的美丽和悲伤。这是一个关于生命的故事。我们置身于戏剧性的一刻——一个孩子即将丧生。我把这只鸟当作她生命的象征，代表着她身体内外之间的迁移。鸟和她嘴唇的亲密接触象征着她最后一口呼吸。生命的力量让人认识到了离世时的悲伤。

我发现这件作品格外美丽，它雕刻精美，比如女孩的头发，让我不由得想到了水。它既是雕塑，又是石板上的绘画，这样的形式也很有趣。织物的动感也象征着生命的力量：它垂落、碎裂，表明她的生命正在消失。

她充满了小孩子般的乐观情绪，亲吻自己的宠物鸽子，跟它告别。她在向这个世界说再见，而艺术家捕捉到了这种不甘的情绪，这是多么精湛啊！这件作品在很大程度上想要表现我们的生命之帘即将拉上时的那种感受，还想偷瞄一眼帘子后面究竟是什么，因为我们确定自己会进入帘子后面的那出戏。

作品里充满了未曾发挥出来的潜力，既是一场内在的悲剧，又有无尽的美。这是一个爱的拥抱。

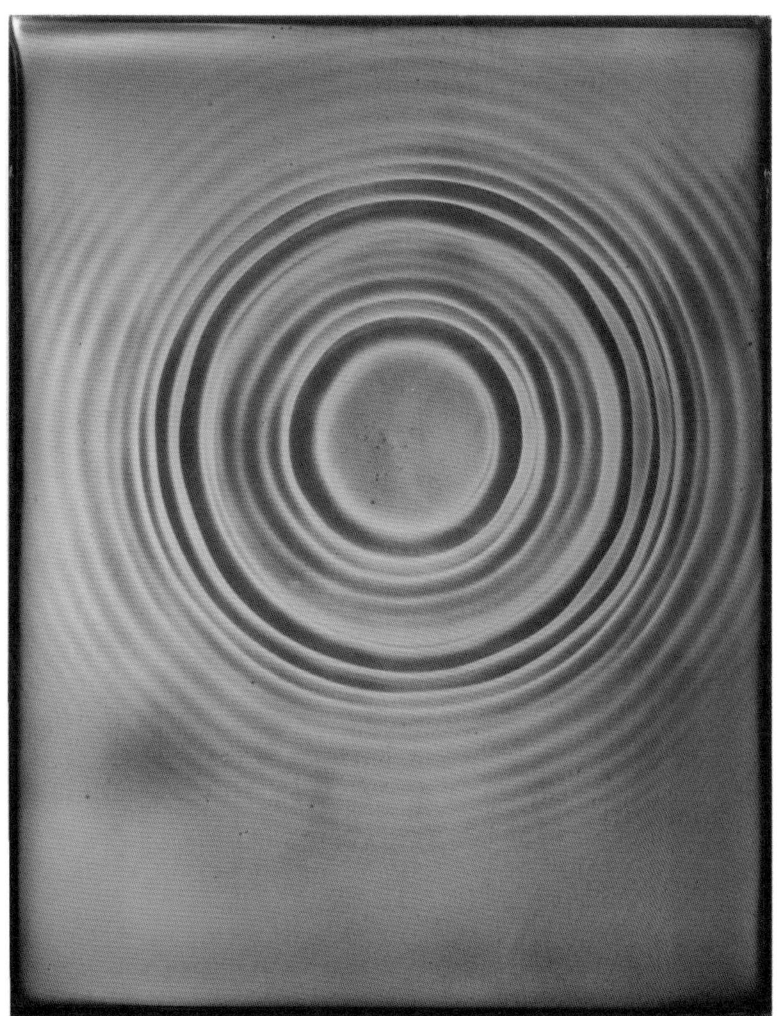

亚当·弗斯，《方舟》，2004 年 ←

小女孩大理石墓碑，约公元前 450 年—公元前 440 年 →

通过与宠物鸽子甜蜜地道别，这件雕塑异常优美地表现了这个孩子的温柔与肃穆。她的传统希腊式外衣上没有系腰带，在身体的一侧敞开，衣服的褶皱勾勒出她的站姿。许多工艺最精湛的石雕都来自爱琴海南部的基克拉泽斯群岛，那里曾盛产大理石。该石碑的雕刻者可能是公元前 5 世纪中后期齐聚在雅典装饰帕提侬神庙的艺术家之一。

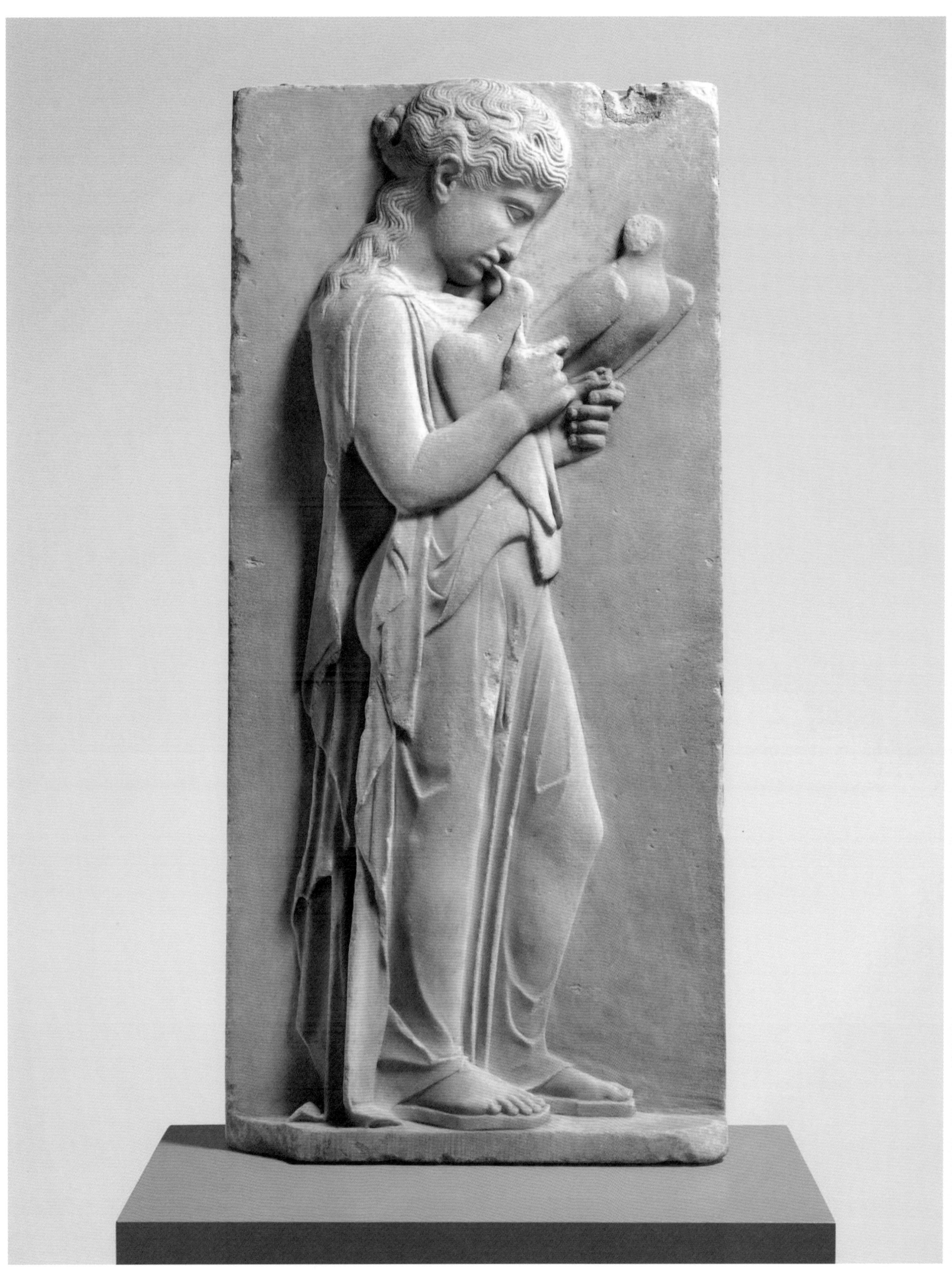

莫琳·加拉斯

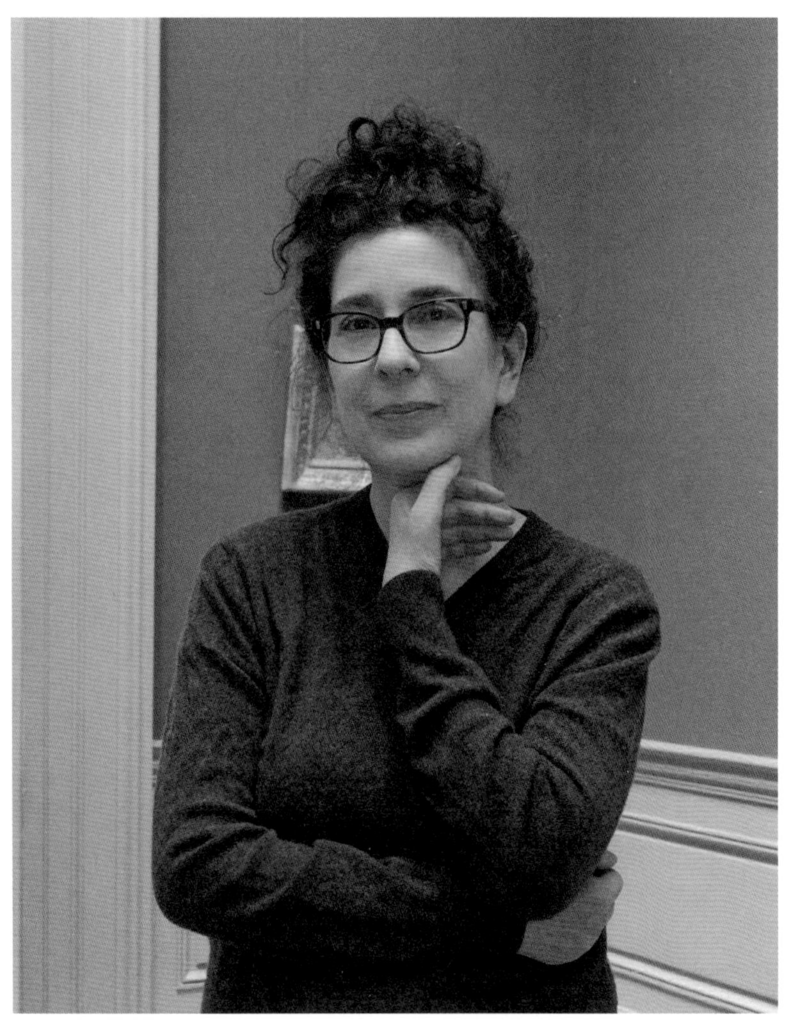

"这是某些画家拥有的一种体验：需要精炼事物，抓住绘画的本质，即使画一只苹果也是如此。"

保罗·塞尚（Paul Cézanne）不愧为抽象派绘画的开山鼻祖。他的静物画现在依然很有启发意义，尤其是抽象派和具象派同时出现在当代艺术中的时候。第一次看到这些画时，我还很小。记得我当时想的是："哦，我也可以这样画。"我没有觉得它们令人心生敬畏，相反，我觉得塞尚给了很多许可。我从他的作品里看到了自己的出路。虽然我已经画了二十五年，虽然我已经老去，但这些作品依然启发着我。

塞尚作品的主题都是我们再熟悉不过的日常物品，简单又朴素；但这些画从来没有让人觉得它们只是苹果的复刻品。它们都是绘画作品。你可以看画布，一切都在指明画家是如何煞费苦心完成它的。每个印记都暴露在观者面前——他希望所有人都了解画家的体验。

塞尚总是花很长时间来创作这些画——有时他不用苹果，而用桃或梨——但我很确定他喜欢用苹果的原因之一是它的保鲜期较长，不容易坏。我理解创作的过程——我就属于那种经常花一个小时才能画一笔的人。绘画是很多思考，是很多观摩。

作品的情感来自颜料的处理方式。物品的形式看起来有点粗糙，因为它们是从底层的标记开始，逐层画上去的。这些苹果非常硬实，就像雕塑一样。你几乎可以感觉到将它们握在手中的质感。苹果周围有一圈黑色的轮廓线，但并没有完全碰到苹果的形状，因此它们看起来似乎会颤动。

这些画透露着一种不安，我认为这缘于不断变化的角度。画里也没有水平线。桌布盖住了桌子边缘，它的倾斜会让人有一点幽闭恐惧和不稳定的感觉。

作品里还蕴含着完美主义。整幅作品被严格地把控，但并非因为它是一件大师级作品。关键在于：继续进步，继续进步，继续进步，变得越来越好。失败没什么大不了的。这样一来，艺术家画画时压力就会小一些，因为如果有什么没处理好的，下一次可以进行调整。

我觉得塞尚试图将自己对绘画的全部了解融入所画的每一个对象。这是某些画家拥有的一种体验：需要精炼事物，抓住绘画的本质，即使画一只苹果也是如此。

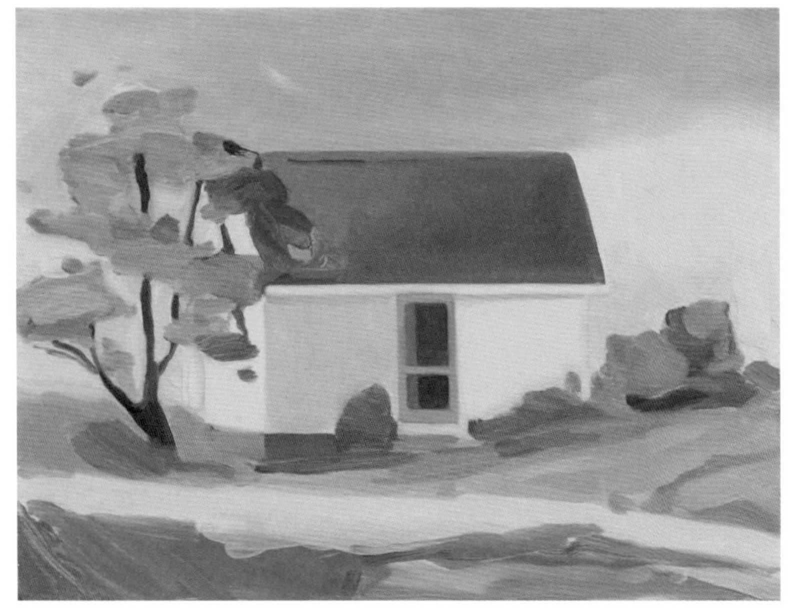

莫琳·加拉斯，《玛莎葡萄园的彩虹路》，2015 年 ←

保罗·塞尚，《静物：苹果与报春花》，约 1890 年 ↗

保罗·塞尚，《静物：姜罐与茄子》，1893—1894 年 →

静物画是塞尚最喜欢的绘画类型之一。他不仅对形状、图案和颜色的并置着迷，而且描绘物体在空间中的排列这样的挑战也很吸引他。画家很少画《静物：苹果与报春花》里面的那种开花植物，因为可能在塞尚未完工前，这些花就已经枯萎了。他通常更喜欢质感较硬的东西，比如苹果或《静物：姜罐与茄子》中的紫色茄子。

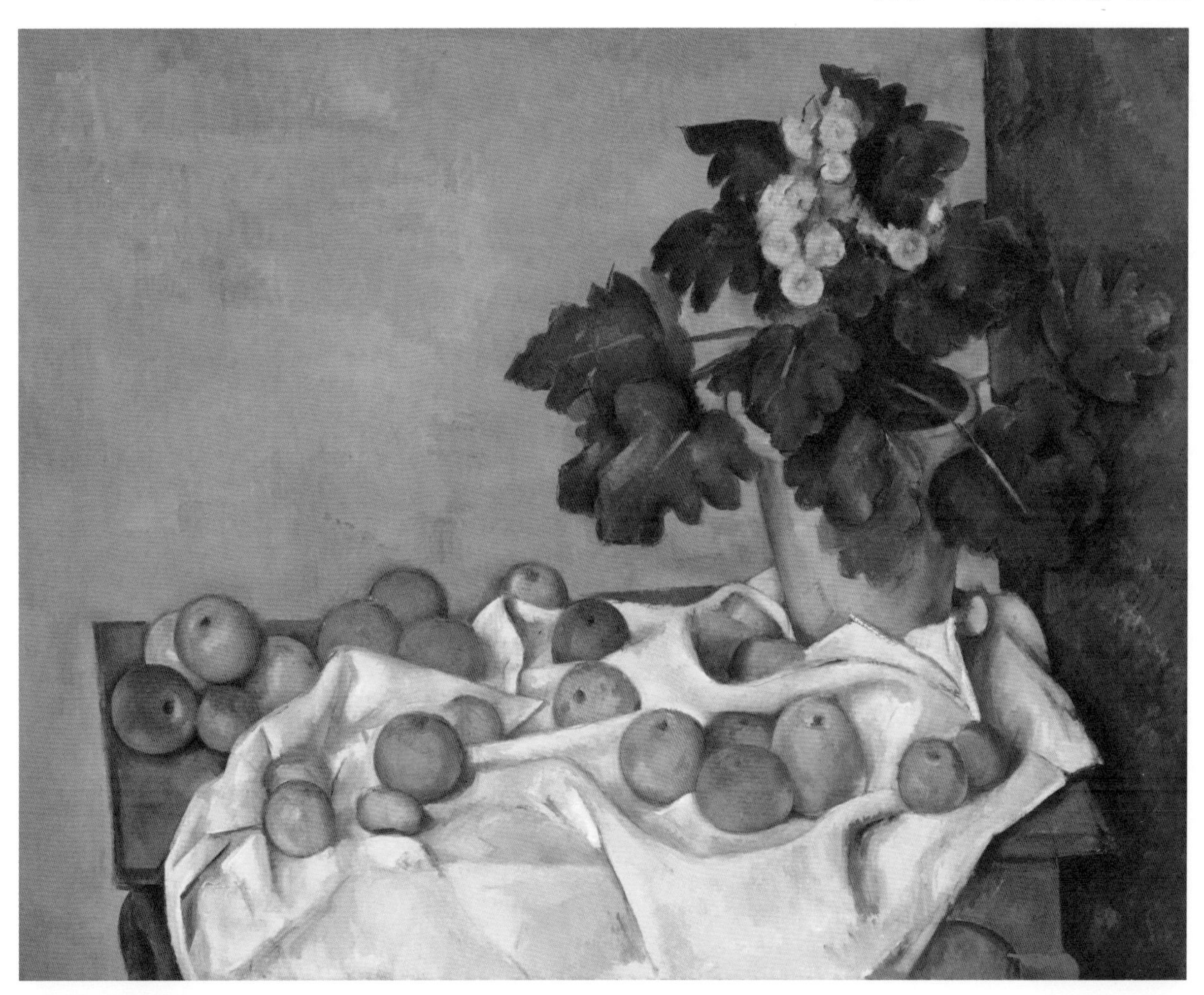

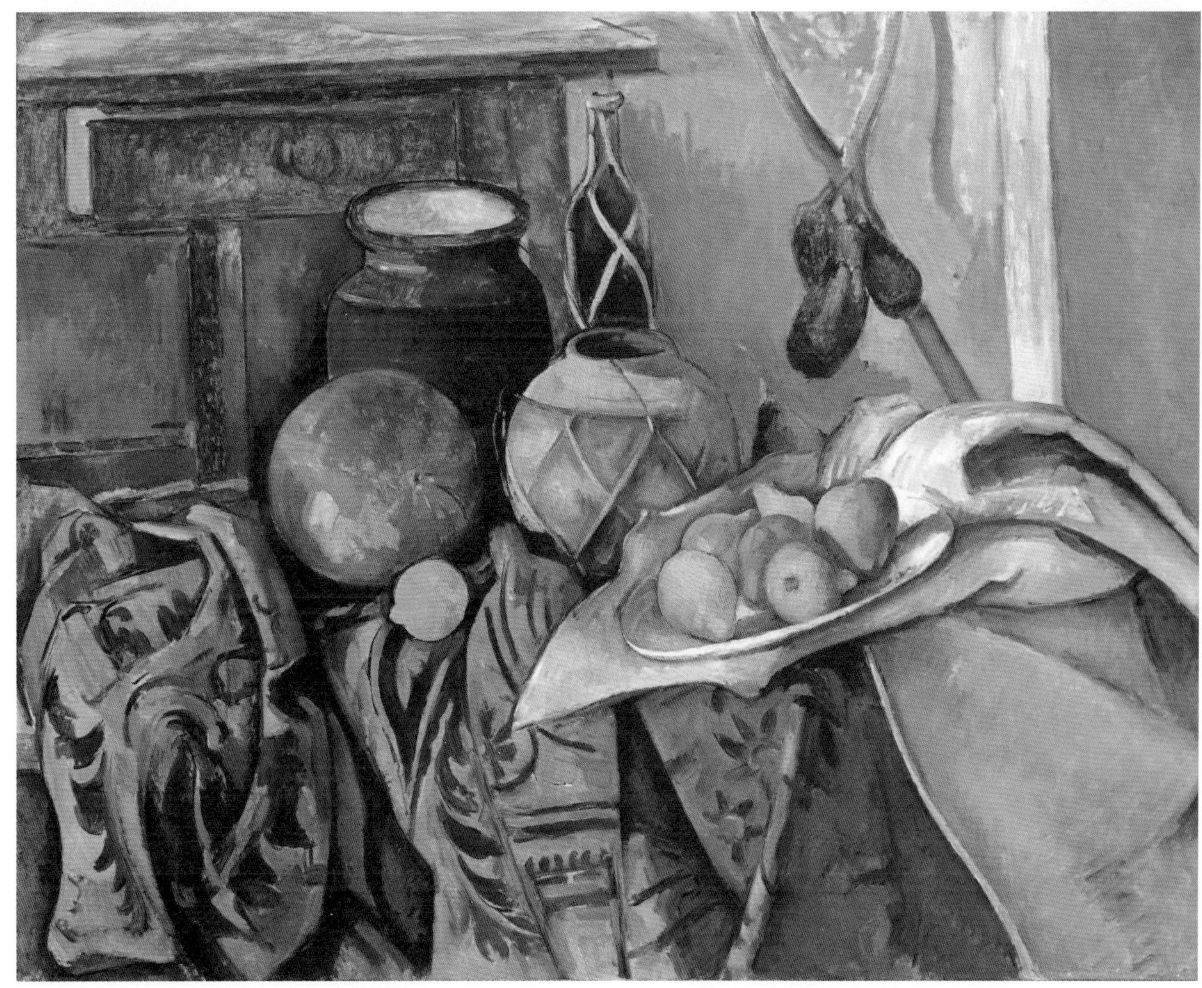

杰弗里·吉布森

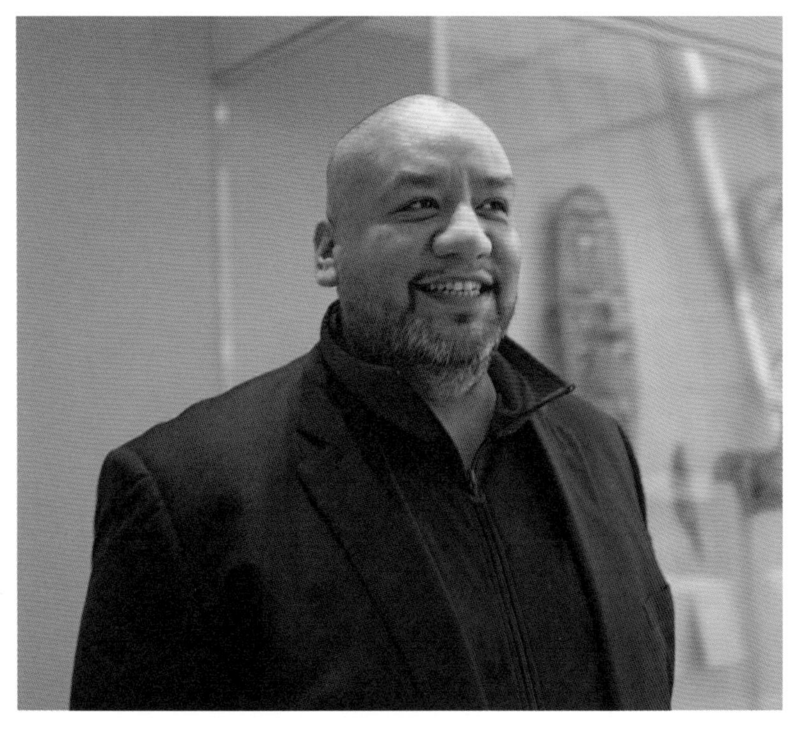

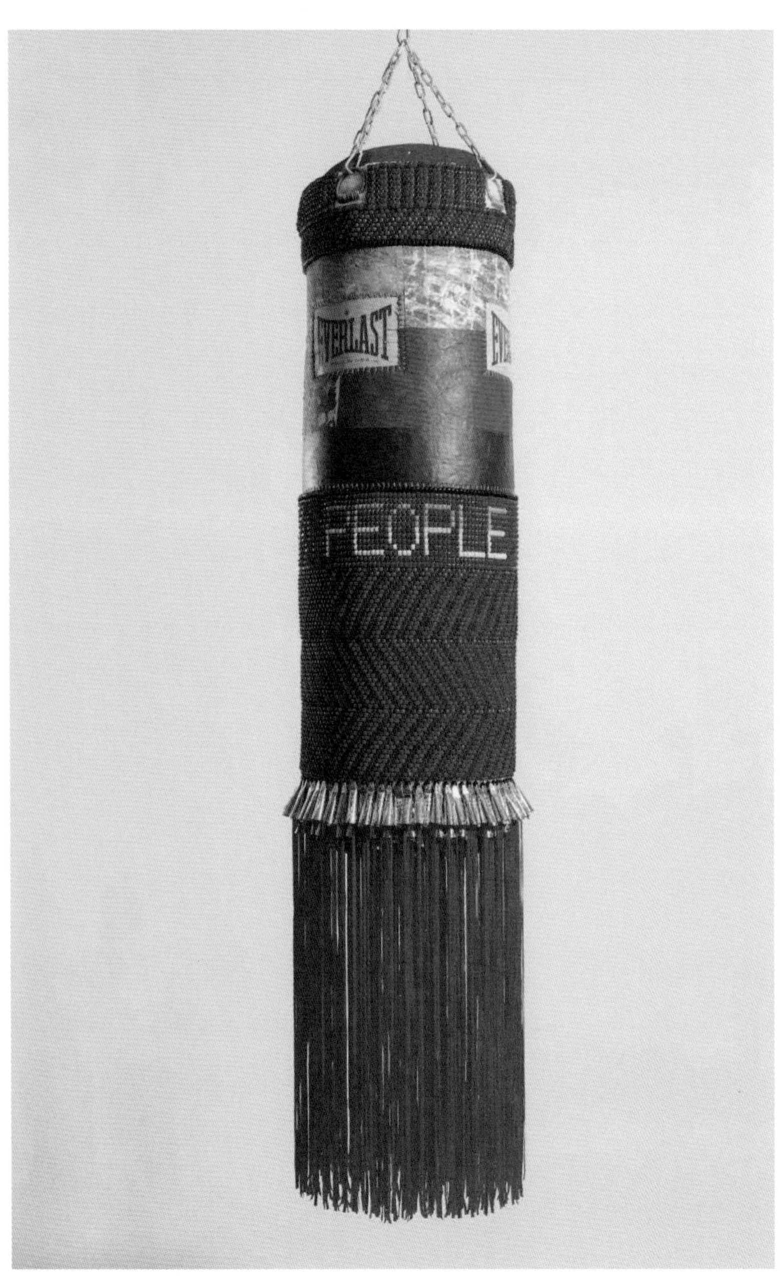

“起初，我不知道这些是狭缝锣，因为我没有这方面的知识，所以把它们视为雕塑。”

当我是一名实习研究员时，我开始在芝加哥从事民族志收藏工作。直到30多岁，我才能重新审视这些藏品，并了解它们对我产生的影响，包括我如何思考定义、形式和抽象。

每次访问大都会艺术博物馆，我都会去大洋洲馆，但我从未研究过这些藏品的历史。作为美国原住民，我的这种行为让自己都感到震惊，因为所受的教育告诉我，这样做非常糟糕——如果一个人在没有完整地了解相关故事背景的情况下接触某物，那么这个人基本上和殖民者别无二致。首先，了解整个故事是不可能的。也许潜意识里，我采取了抗拒的态度，因为这种童趣般的好奇心给我带来了欢喜——我可以到这里来，迷失在自己的想象中。

我发现这些狭缝锣（切缝竖形鼓）既顽皮又古怪，它们有着某种比喻意义。我历来明白这些锣并不是作为艺术品被制成的，而是出于某个特定目的被制成的，它们被用于特定的环境中。将它们从原来的环境中移走，然后放到另一个环境里，对它们的认知就会开始出现分歧，这些分歧有时可能会导致抽象化。起初，我不知道这些是狭缝锣，因为我没有这方面的知识，所以把它们视为雕塑——毕竟这个锣的任何方面都同等重要，并且，我还试着探寻制造者是如何决定使用这种形式的。

狭缝锣上的眼睛有着红色的瞳孔，瞳孔由内而外发射出东西——这些东西肯定不是人类能发出的。我们只是将它拟人化，因为我们可以轻松地识别头部、手臂和眼睛。我一直把鼻子下面的部分解读为嘴巴，但实际上，狭缝锣前部的那条缝才是嘴巴。我认为这样的处理很惊人，因为这一部分看起来最不像嘴巴，反而承担了嘴巴的功能——当你敲打这个锣的时候，先祖的声音就从“嘴巴”里传了出来。

这些作品都不是短时间内能完成的。制锣的树必须长得够大，还必须得被挖空。狭缝锣表现的是神明的历史，制造者必须参加庆典仪式。一些物件的出现源于对某一信仰的笃信，我痴迷于这样的物件，因为它们让我追问自己，在当代生活中，我们究竟为什么而奉献。

我在成长的过程中并没有信仰宗教，也没有特定的精神实践，但人们出于信仰而制作的那些物件总让我惊叹不已。作为一个当代艺术家，我曾纠结于我们将何去何从——什么东西会为我们提供新的路径、将人类的未来推向更远处呢？

杰弗里·吉布森，《像我们一样的人》，2014年 ←

狭缝锣，20世纪60年代中后期 →

瓦努阿图北部地区高耸的狭缝锣是世界上最大的乐器之一。在每个村庄，许多狭缝锣会组成一个非正式乐团，它们被安放在村庄的舞池里，在所有重要的社会活动和宗教活动中，比如入会仪式、葬礼和舞会等，起着伴奏作用。每位演奏员站在自己的锣前，用棒状的木槌敲击锣上的“嘴巴”，也就是狭缝。在多个人的精心配合下，它们可以产生丰富又复杂的节拍。

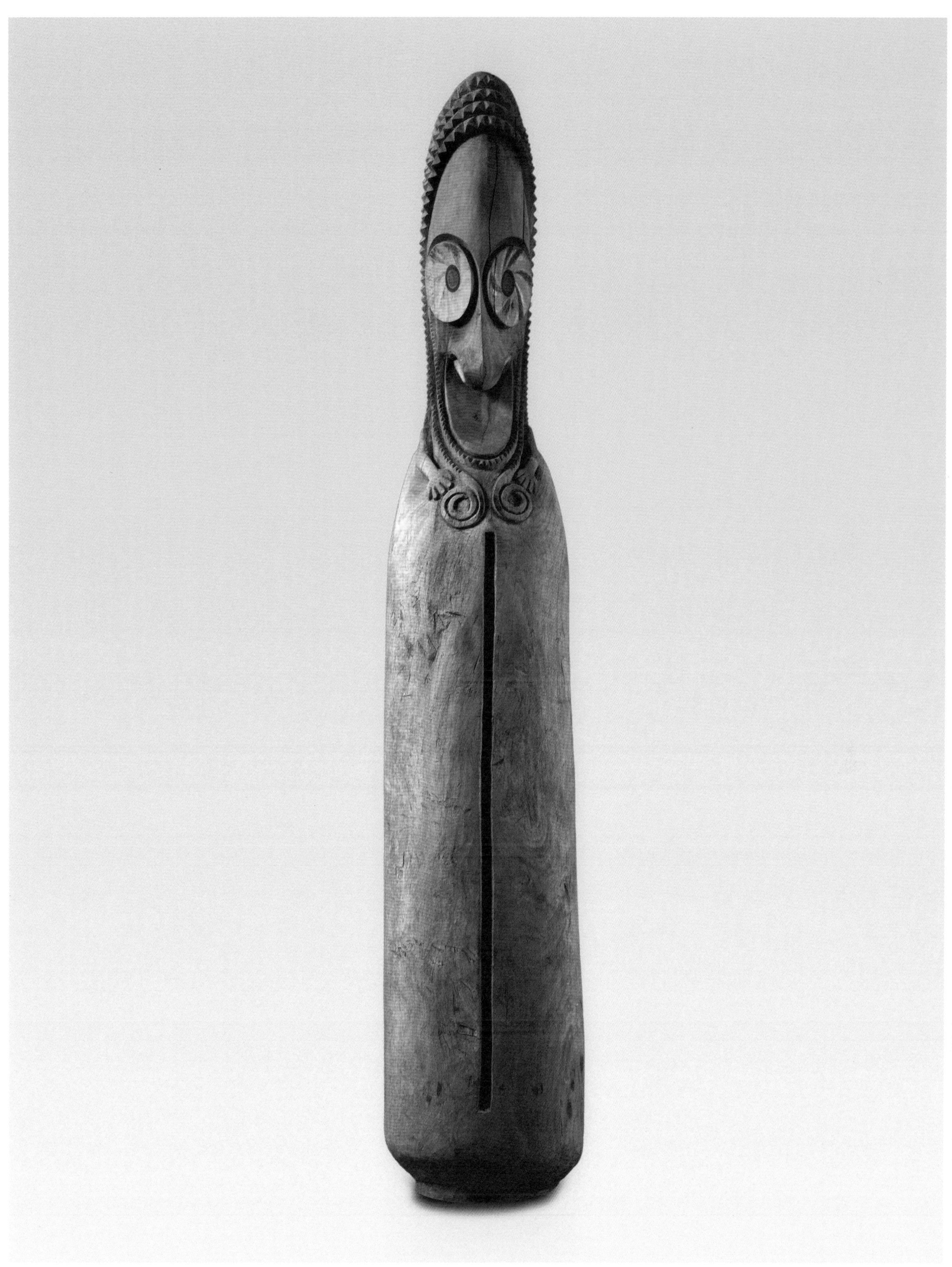

南 · 戈丁

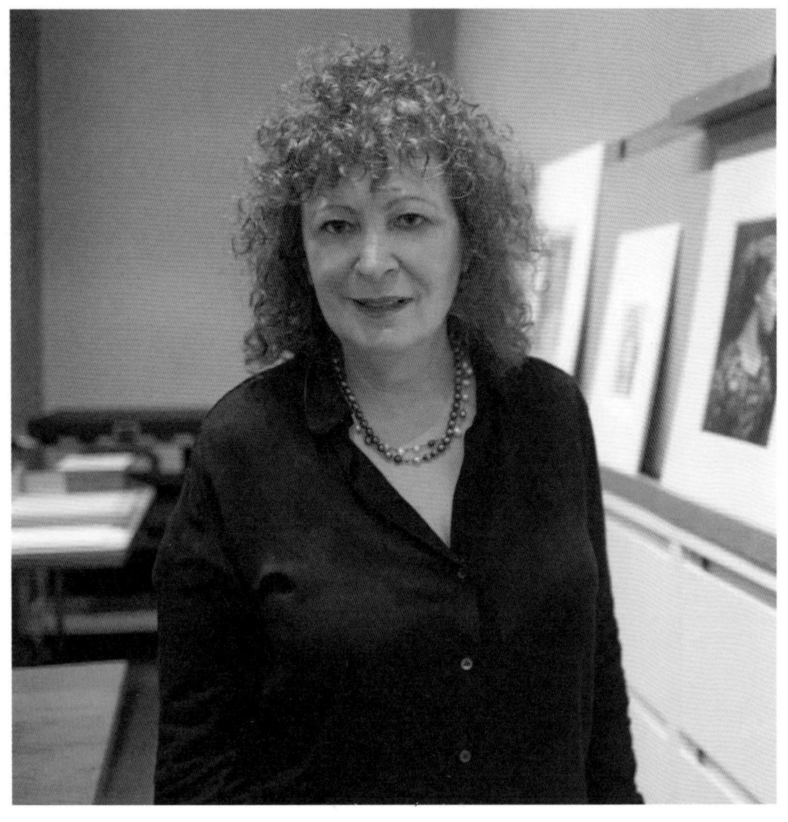

"这是对爱的庆祝，对我而言，是艺术能达到的最高境界。"

多年来，由于我在技术上不够出色，也缺乏自己的主题，所以男性摄影师们给我带来了很多困扰。我对许多摄影哲学有诸多疑问，比如，我不相信存在亨利 · 卡蒂埃-布列松（Henri Cartier-Bresson）所谓的"决定性时刻"。哪个时刻不是决定性的？对艺术而言，恰恰是处于不同时刻之间的那些时刻最有趣。

我以前一点都不喜欢朱莉娅 · 玛格丽特 · 卡梅伦，因为我觉得她的技术痕迹太过明显，直到我来到大都会艺术博物馆，才发现我俩是同一类人。她的作品在那个时代是史无前例的，因为连图像都不清晰。她使用的是大相机，被拍摄的人得长时间一动不动地坐着，所以她最早的照片都是失焦的。这本来是个错误，但她反正也不喜欢棱角分明的东西，所以决定喜欢这种模糊。这和我的创作经历一模一样——我最好的作品也源自失误。

卡梅伦展现了人们的灵魂，这一点在眼神有些飘忽的人物照片里尤为明显。她一次次为同一个人拍摄照片，你可以看到，除非得到主人公的信任，否则这些照片是不可能出现的。在不允许女性表现情感的时代，她把女性从条条框框中解放出来，而且她做得非常有礼貌。

人们让我意识到，他们认为我的作品是性别政治的产物，但我确实没有这样想过。我也从自己的角度解读卡梅伦——她的作品算是政治性的，因为她追踪了维多利亚时代女性的重大变化，她不仅赞美女性的美丽，而且更多地赞美女性的自主权，当时，那可是全新的观念。

她对神话非常感兴趣，在一些照片中，女性正扮演着圣徒、古希腊同性恋女诗人萨福（Sappho）或夏日女神等为人熟知的角色。《波莫娜》是爱丽丝 · 利德尔（Alice Liddell）的照片，正是这位爱丽丝启发了《爱丽丝梦游仙境》的创作。右手叉腰的姿势让她不单是一个美丽的模特，她也是强硬的。她正在展现自己的自主和强大。

卡梅伦最喜欢的模特是她的外甥女朱莉娅 · 杰克逊（Julia Jackson）——作家弗吉尼亚 · 伍尔芙的母亲。卡梅伦让她化身为圣母玛利亚，她看起来脱俗又真实，镇定地直视镜头。

我不知道有多少女性创作过如此强烈的作品来刻画其他女性。我觉得，男性不可能拍出这样的照片。卡梅伦拍摄的是女人之间的关系，这是对爱的庆祝，对我而言，是艺术能达到的最高境界。

我的作品和我的生活之间没有界限，我觉得卡梅伦以前也是如此。

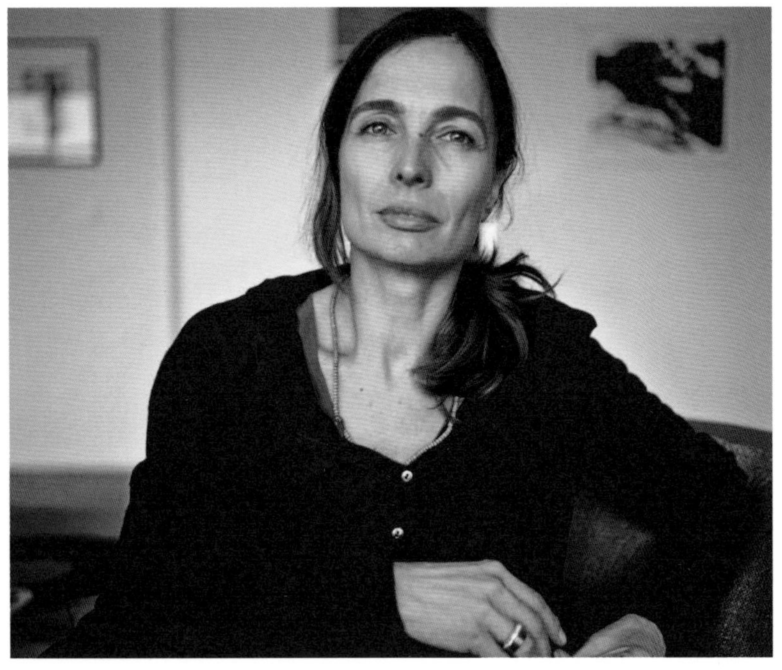

南 · 戈丁，《艾拉在我的公寓》，柏林，2015 年 ←

朱莉娅 · 玛格丽特 · 卡梅伦，《波莫娜》，1872 年 ↗

朱莉娅 · 玛格丽特 · 卡梅伦，《朱莉娅 · 杰克逊》，1867 年 →

卡梅伦是摄影史上最伟大的肖像摄影家之一，她巧妙地糅合了非正统的技巧——深厚的精神敏感度，还有拉斐尔前派的审美美学，创造了生动的肖像摄影作品并映射出了维多利亚时代女性的内心。1863 年，卡梅伦收到了她的第一台相机，那时她已经 48 岁了，还是六个孩子的母亲；她有着虔诚的宗教信仰，阅读广泛，个性有点古怪，却和维多利亚时代的许多著名艺术家、诗人及思想家成了朋友。和她同时代的人里，有人批评她技术不精，其实，她是在刻意避开玻璃底片所能呈现的完美分辨率和微小的细节。相反，她选择了精心投射的光线、软对焦和长曝光，哪怕是模特极轻微的动作都能被她的照片记录下来，散发出不寻常的呼吸感和生命感。

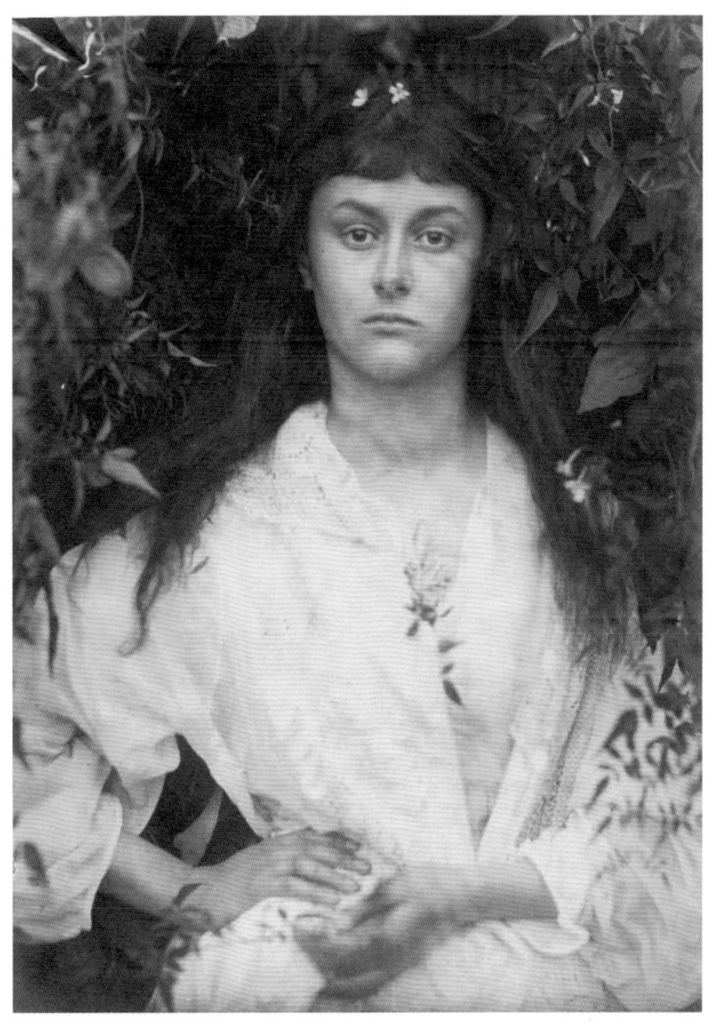

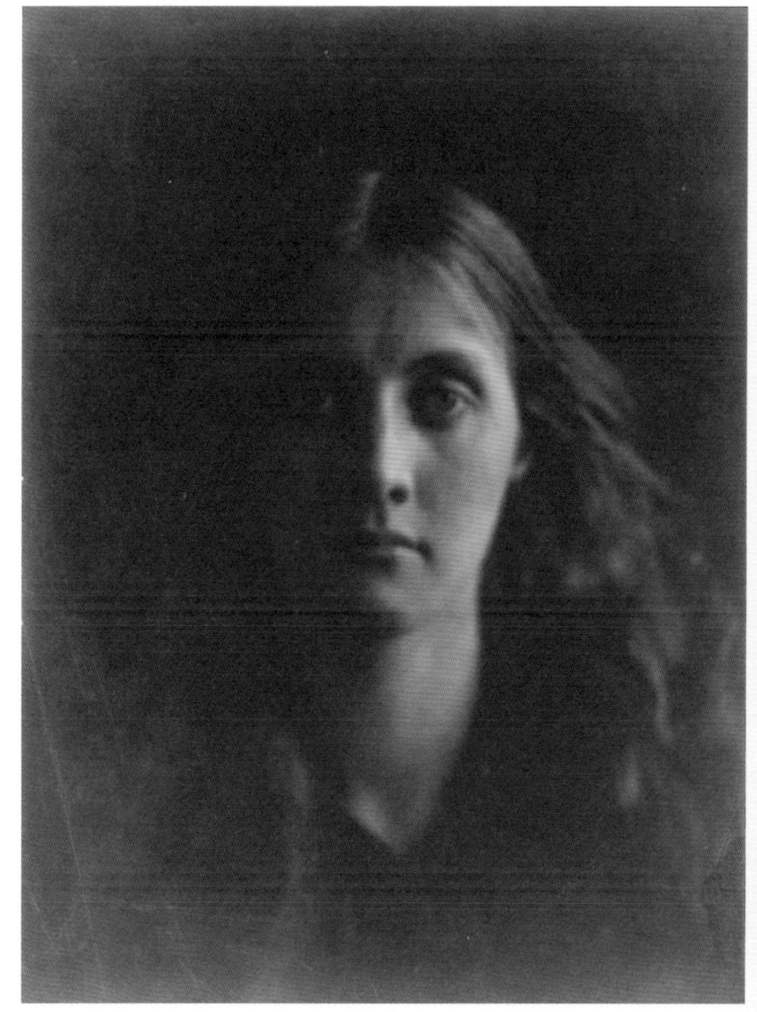

谷文达

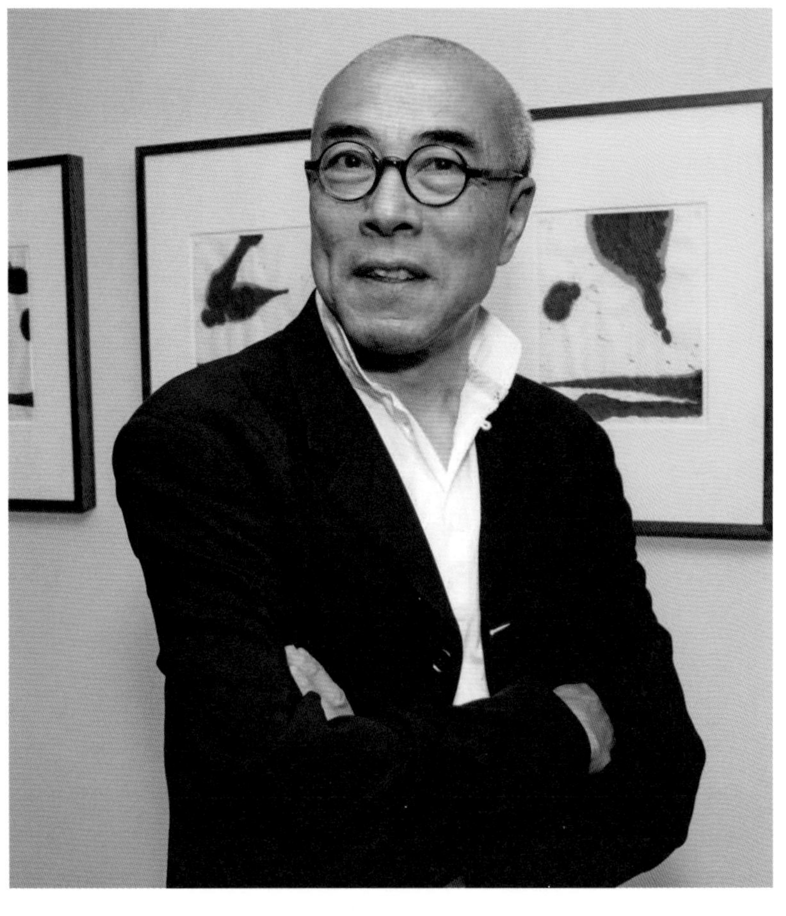

“它继续以另一种形状、另一种尝试往前发展。因此，传统在他这里获得了新生命。”

作为一名艺术家，在创作时，我将中国古典山水画和书法的学术传统与西方当代艺术融合在一起。罗伯特·马瑟韦尔（Robert Motherwell）的作品来到中国时，我还是一个学生。他的作品拓宽了墨水和宣纸所能展现的视野，是一种由内至外、自然生成的表达。

我不确定亚洲文化对马瑟韦尔产生了多大影响，但他创作《抒情组曲》时想象的东西肯定和创作大型画作时不一样。整个作品给人一种在流血的感觉。它只涉及一样东西——控制——你必须控制颜色、色调和水量。否则，只能画得一团糟。

这些作品并不像他的油画那样完全抽象，其中包含一些现实主义成分，比如天空和风景。他的质朴就是美丽之所在。他对传统学术型绘画技巧并不精通。但他充分发挥自己的创造力，并将其应用于原生态的新材料中。这样更有趣。它继续以另一种形状、另一种尝试往前发展。因此，传统在他这里获得了新生命。

一幅好的学术型绘画只关乎墨水、笔速以及对内心情绪的控制。在中国，佛教其实只有两个派别：一派强调“偶然”，另一派强调积累——意味着你需要每天练习。

我认为这挺矛盾的，结果就是材料是亚洲的，而思想却是西方的。任何文化都不能完全精确地翻译成另一种文化，绝对不可能，但误读也是创造。两样东西可以融合在一起，然后变成别的东西。

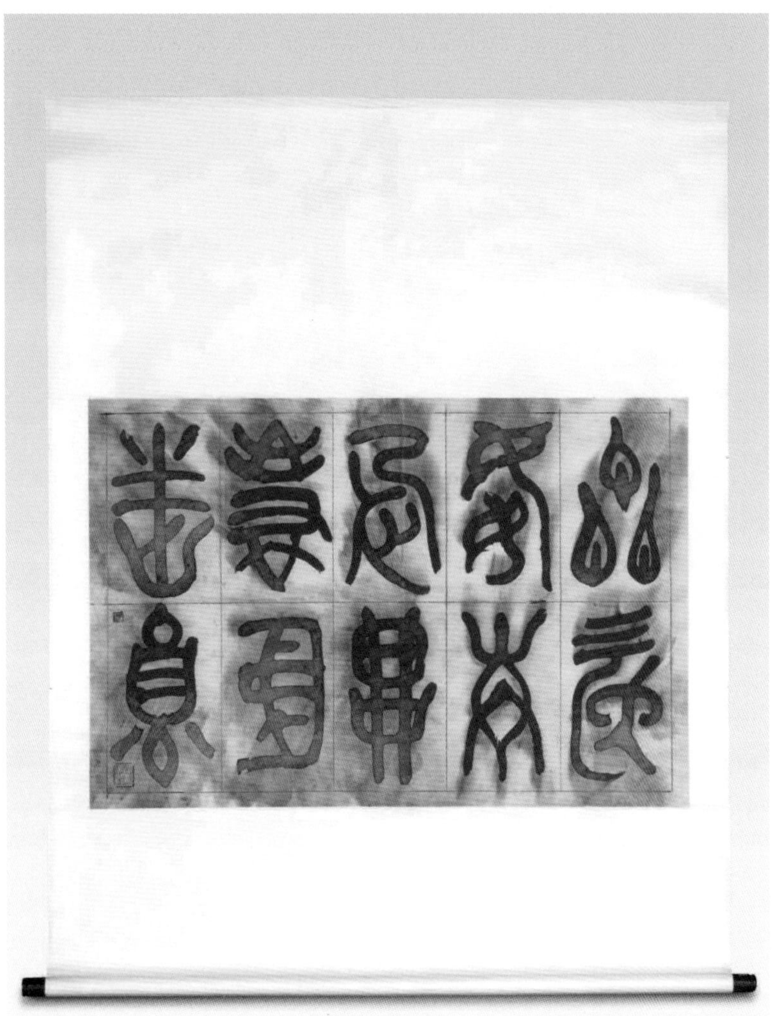

谷文达，《遗失的王朝——C 系列：书法练习本格式中的仿印章铭文》，1983—1987 年 ←

罗伯特·马瑟韦尔，《抒情组曲》，1965 年 →

马瑟韦尔从禅宗绘画的思想和方法中找到了灵感，他将其描述为“纯粹的自动主义”。在系列作品《抒情组曲》里，马瑟韦尔放飞了他的潜意识。他在地板上铺上宣纸，以大力投掷或慢慢流淌的方式用墨。墨汁迅速渗入宣纸松散的纤维中并急剧膨胀，于是随机产生了意想不到的效果。马瑟韦尔这种自然的手法传达了他从绘画中获得的兴奋感和自由感，对他而言，这“也许是唯一能与思想同速的媒介了”。

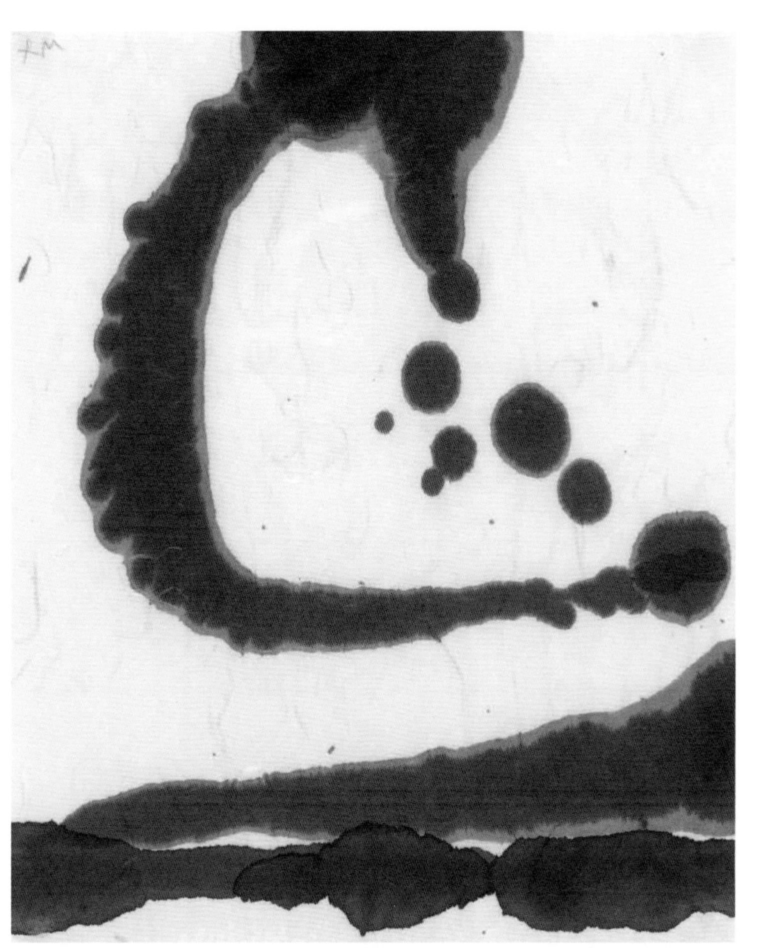

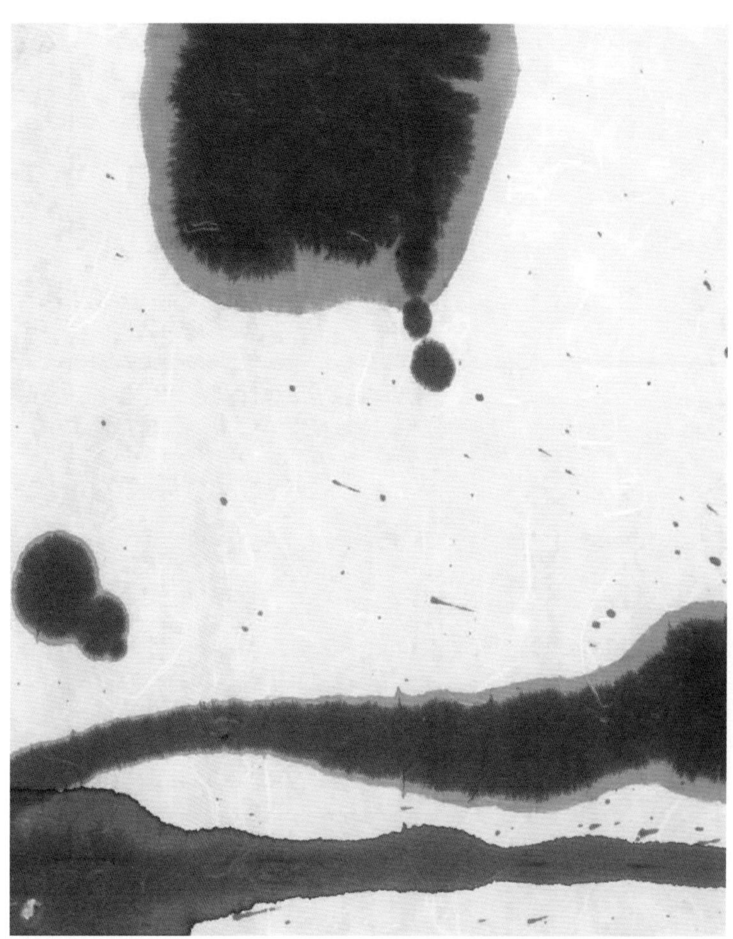

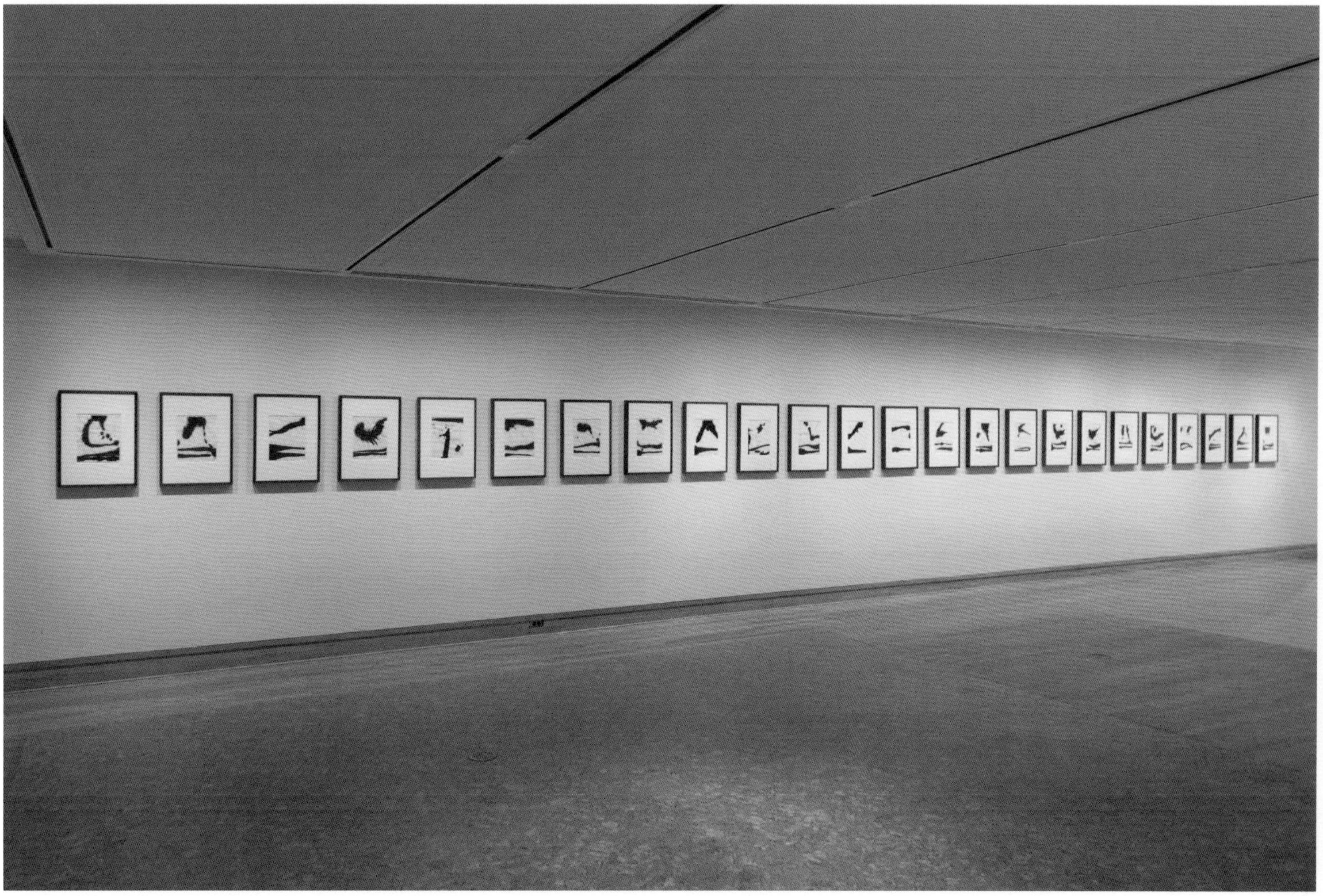

戴安娜·阿尔-哈迪德

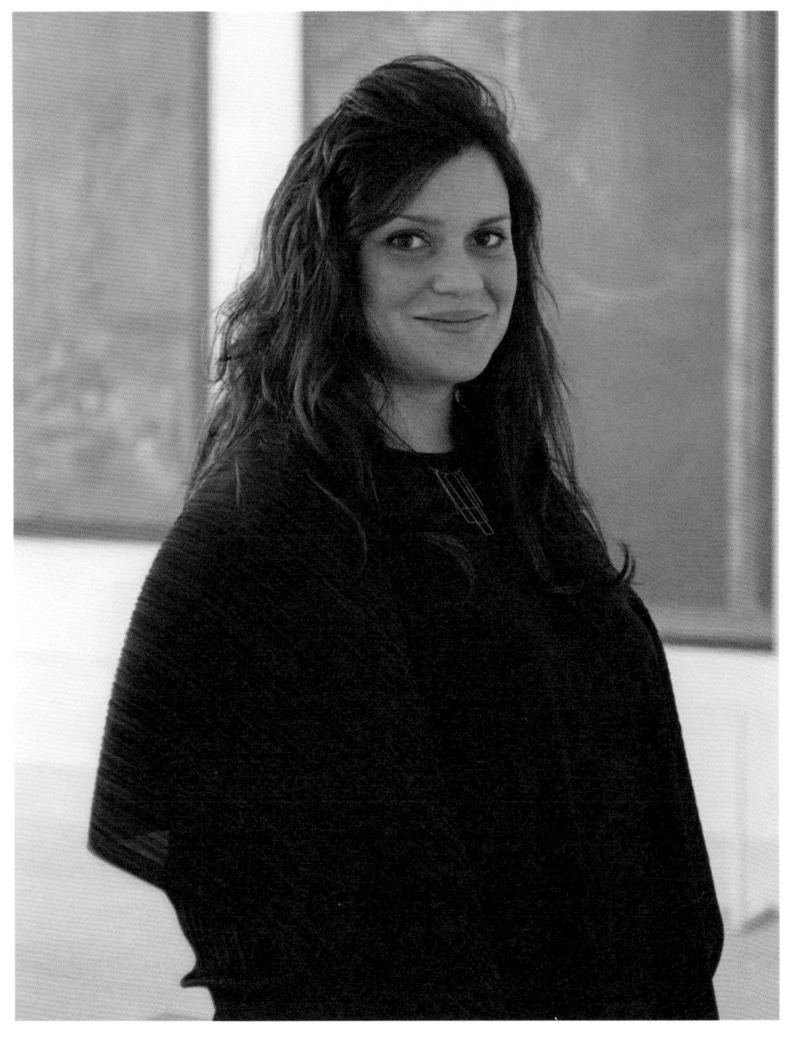

“我对虚幻和实际之间的那条界线很感兴趣。”

我开始制作一些尺寸足够大的雕塑，它们大到不再是物件，而变成了自身所在环境的一部分。我将这些空间视为装置作品，它们和我们实际居住的房间别无二致。那不勒斯郊区就有这样的别墅，我觉得它们有点像汉普顿宫，我说的是古时的汉普顿宫。看看，这才是真正的奢华——主人是个爱炫耀的家伙。这是一间卧室，仅供单个访客使用。太放纵了，而且，这是在公元前1世纪——真令人震惊!

即使墙面是平的，壁画里的透视也太夸张了。你可以沉浸在这个空间里，无尽地穿过这些令人印象深刻的杰出建筑，然后进入花园。它具有一种叙事的力量——告诉你所在的确切位置，以及在这片土地上，你还可以去别的哪些地方。

但是，你也可以抬起头观察表面，审视错视画的细节。它有时看起来像金属的，有时看起来又像大理石的。阴影从一个特定角度投射下来，表明房间里有一扇真正的窗户——真的非常聪明。

乍一看，你会觉得这个房间很宽敞，但很快你就会注意到它的对称性：西墙和东墙互为镜像。房间里有一种真实的纵深感，但对我来说，这种纵深感也有点像虚构的，例如，那些堆叠的建筑物看起来就不太可能是真的。

观者面对的事实是，眼前的一切仍然画在墙上。我对虚幻和实际之间的那条界线很感兴趣。同样一面墙，既可以依赖之，也可以否定之。

看到这些的时候，我实在无法不去想将这一切呈现到我们眼前的那场灾难，也就是公元79年维苏威火山的爆发。谁不喜欢庞贝古城的故事呢？这是人类历史上最不幸的事件之一，但从历史的角度看，这又是一起何其幸运的事件。听起来有点恐怖，但这是一个奇怪的悖论：维苏威火山的爆发彻底消灭了一个地区，但同时，这个地区得以留存下来。

你时刻都被提醒着不要忘记这一瞬间，因为墙面上到处可见长长的裂纹和缝隙，维苏威火山的爆发已经融入了眼前的图像。你会意识到，这是数千年前完成的作品。历史给人的感觉是那样漫长，让人很难将其观念化，但是，庞贝古城却向我们展示了历史不过是突然一瞬间的事情。这个房间将真实的事物与想象的事物之间那点模糊的边界连接了起来，让我们清晰地瞥见了历史长河中罕见的、意义深远的一刻。

戴安娜·阿尔-哈迪德，《格拉迪瓦的第四面墙》，2011年 ←

意大利博斯科雷亚莱地区P.法尼尤斯·悉尼斯托别墅中的卧室（含细部），约公元前50年—公元前40年 →

公元79年，意大利南部的维苏威火山爆发，给罗马帝国的庞贝城、赫库兰尼姆镇以及那不勒斯湾周围的其他地区带去了死亡和破坏。在这些遗迹中，有一处是乡村别墅，这间卧室就属于这座别墅；房间内的壁画因火山灰的覆盖得以保存完好。它们用鲜艳的色彩形象地描绘了城镇景观、圣殿以及有洞穴和喷泉点缀的田园风光，让人得以窥见一个奢华、精致、悠闲的世界。

意大利博斯科雷亚莱地区 P. 法尼尤斯 · 悉尼斯托别墅中的卧室

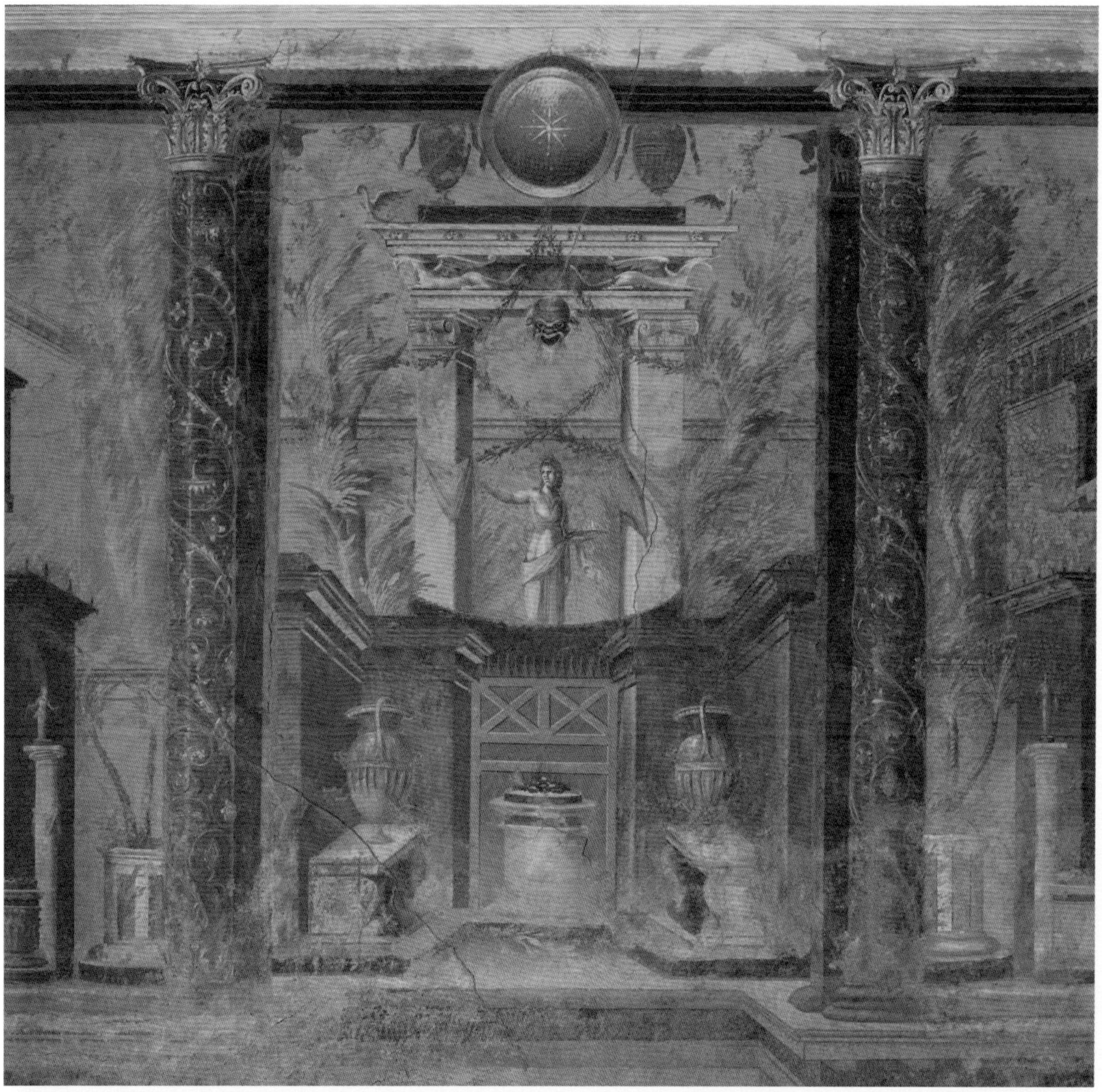

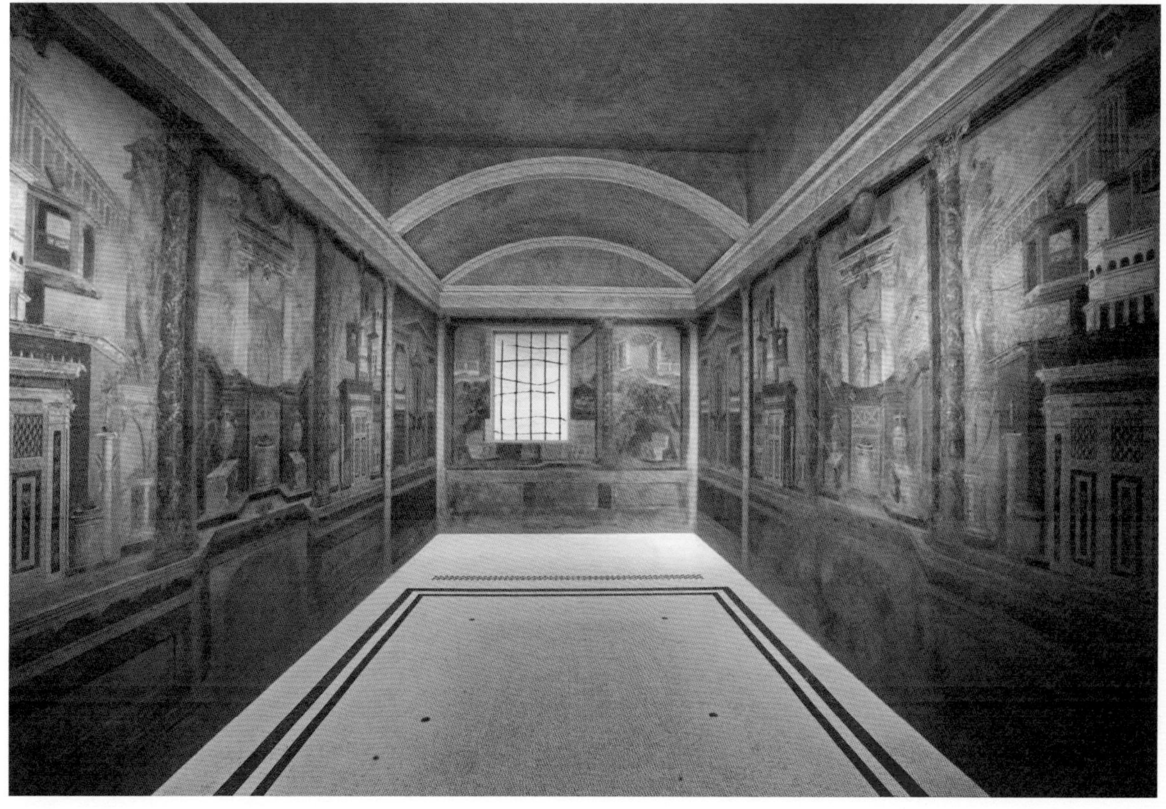

安 · 汉密尔顿

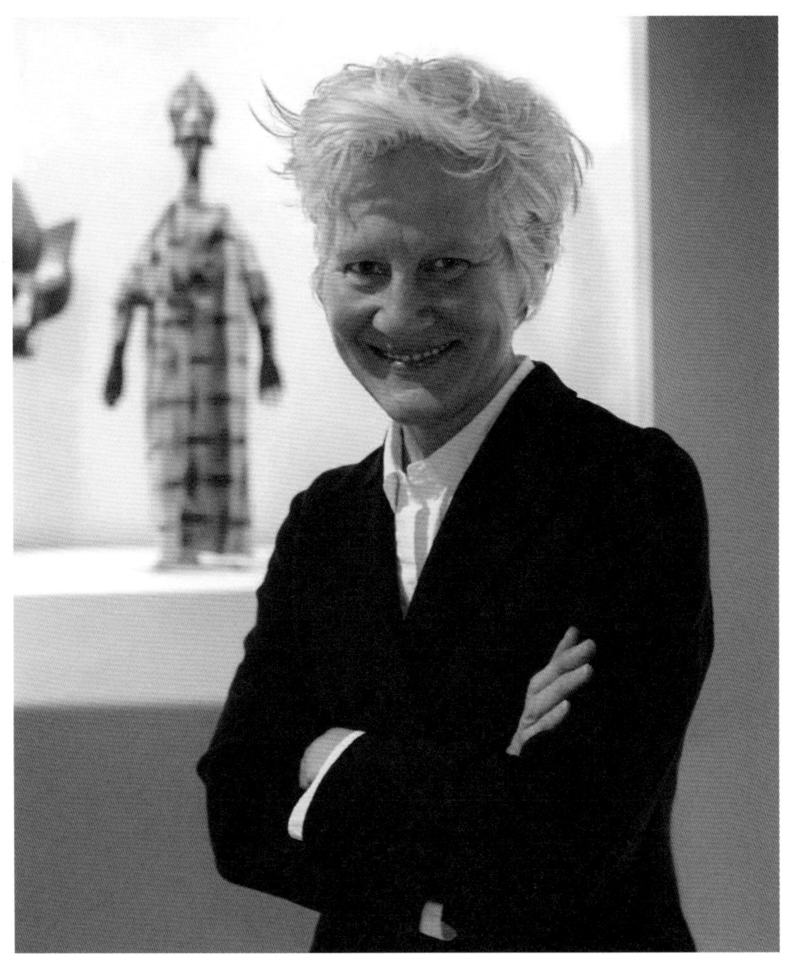

“对我而言，制作也是一种寻找。”

对我而言，制作也是一种寻找——你创造一些条件，希望可以借此找到自己需要的东西。博物馆为浮想联翩创造了一些条件。馆内不同的物件吸引了我，但这一件吸引我反复回来观看。这是一个木偶，或者说，一个提线木偶。它身上到处是使用过的痕迹：布料脏了，有些地方已经磨损。它在这个世界上存在过，但现在，它已经完全脱离了以前的生活。

整个木偶都在“用自己的身体传递情感”，即它在对我这个观者说话。我们凭着极少的信息来识别这个木偶。红色的手是木质的，没有多少手势可以做，但又有做出任何手势的可能。还有实际操纵它们的那双手，那双有魔力的手。

你得想象木偶真正动起来的样子。想象它面部或头部那种非常生硬的坚忍，像是戴着头盔，一脸庄严。然后想象这块布，它会如何动，这个木偶又如何变成某个在故事中昙花一现或有点存在感的东西。

它的质朴给了它更多的潜力。这个木偶由最普通的材料制成：绳子、布头、颜料、一点木头和金属。这些常见的材料成就了这一鲜活的存在。

我很希望自己能创作出这样的作品，但以我的文化背景根本不可能办到。这个木偶将我与允许艺术家参与故事讲述的某个地方和某种文化连在了一起。最初，它在博物馆以外的世界具有某种功能，但是，很多当代艺术品都理所当然地认为它们是要进入博物馆的，无论最后进了还是没进。在制作时，艺术家明显希望这件物品能够生机勃勃，然而，它现在已经寂静无声，于是我才可能用另一种方式让它重现生机。

你如何对待自己喜欢的、吸引你的事物，并接近它们的功能？你必须通过一扇侧门进入。是什么赋予它生命？你可以将它视为艺术家角色的象征。也许，我们的任务是赋予其生命，就像操纵提线木偶的人一样。你可以通过一个提线木偶来处理自己无法当面解决的问题，比如当今的政治和社会问题。然后，你可以将镜头掉转，审视你自己的进程。

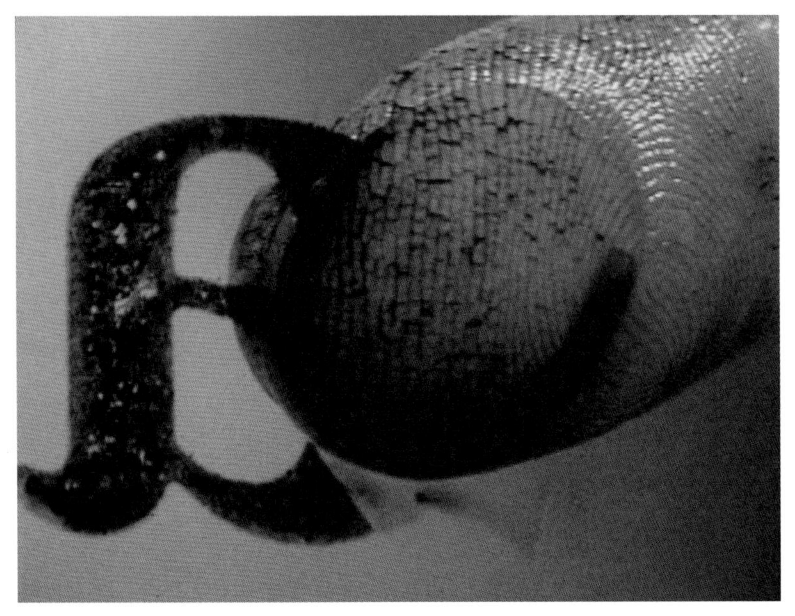

安 · 汉密尔顿，《ABC》，1994 年 /1999 年 ←

男性提线木偶，19—20 世纪 →

在马里，沿着塞古地区（Ségou，原班巴拉王国的首都）的尼日尔河和巴尼河，村里的青年团上演了木偶戏。这些木偶浓妆艳抹，着装艳丽。一个小型的移动式舞台被布或草覆盖着，好把表演的人隐藏起来，他们会在舞蹈区域移动这个舞台。舞台前面安装着一个木质动物头，双颌之间装有铰链——这个舞台本身就是一个大型木偶。随着木偶的运动和伴奏的歌曲，青年团便开始对族群的社会和政治生活展开评论。

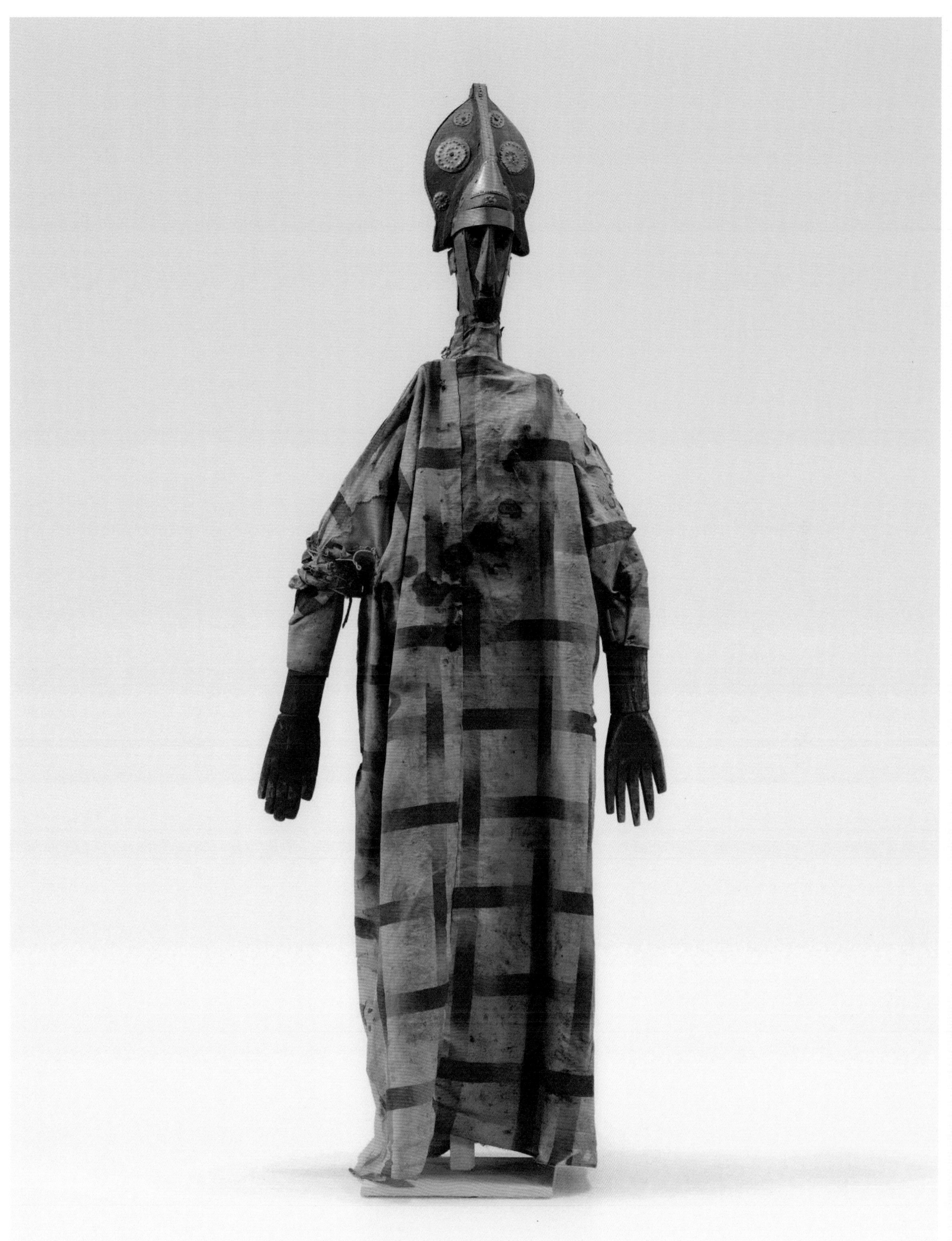

简·哈蒙德

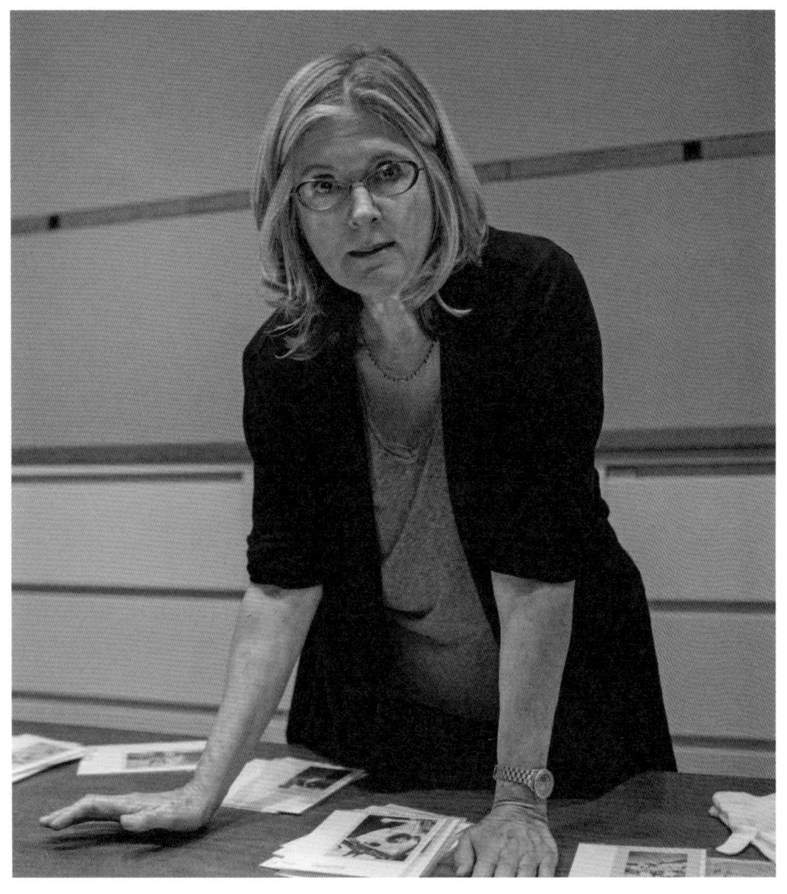

“我有个理论——摄影是穷人的动物标本剥制术。”

我收集已知信息和转换信息的做法非常多样化，所以我成了快照收集者。彼得·科恩（Peter Cohen）收藏的每一张快照和生活照都极其特殊。这些照片的拍摄者是谁？他们生活在什么年代？他们为何要拍摄这些照片？我们一无所知。人们拿出相机的原因之一是想捕捉一些短暂的东西——蝗虫的飞行和一场大雪。就像，“我堆了这个雪人，它现在看起来漂亮极了，我去拿相机”。

我有个理论——摄影是穷人的动物标本剥制术。换句话说，一个人可能拍了张照片向你展示他们猎到的鹿，于是照片变成了一种战利品。或者，可能人们高度认为，照片是一种类似于电视真人秀的记录。它是没有脚本的行为，但如果没有照相机，这种行为便不会发生。

这些照片的艺术存在于观者眼中。拍摄这些照片的人很不专业，照片都糊了。有些还犯了拍摄上的错误，然而这些错误却带来了精彩的效果。这些意外是在哪里结束的？在这种艺术类型中，我们将其与现代艺术相联系的自我反思是从何时开始的？我们一无所知。

我们都熟悉杜尚的思想——你可以接受那些本不打算成为艺术的东西，而作为艺术家的你，带着了不得的艺术想法，可以重新诠释它并称之为艺术。我们接受这种观点。但是，如果没有人称之为艺术会发生什么？如果他们死了，进了坟墓，也从未说过“这是艺术”，那要怎么办？

这些照片富有创意，令人兴奋。我在这些图像中挖掘自己想要的东西：我想要这个家伙的靴子，我想要那个埋在沙里的头像。这些快照可用于司法鉴定，因为它们充满了各种信息，我称之为“事物之所以为物”的“物性”：窗帘、纸板、玉米田、龙舌兰。瞧，这个男人穿着夏威夷草裙。我完全了解穿着这条裙子的感觉——这是我们女人的裙子。这是共享的文化信息。

人们越来越喜欢生活快照。我认为产生这一现象的原因有两个：首先，业余摄影无处不在，人人都在拍照；其次，模拟摄影逐渐衰落，趋于消亡。拍摄这些照片的人不是艺术家，照片里面的人——被拍摄的主体——也不认为他们是艺术品的一部分。我们没有理由认为，这些人会想到自己的照片某一天会出现在大都会艺术博物馆，但等你看了这些照片之后，你可以了解更多有关摄影的信息。

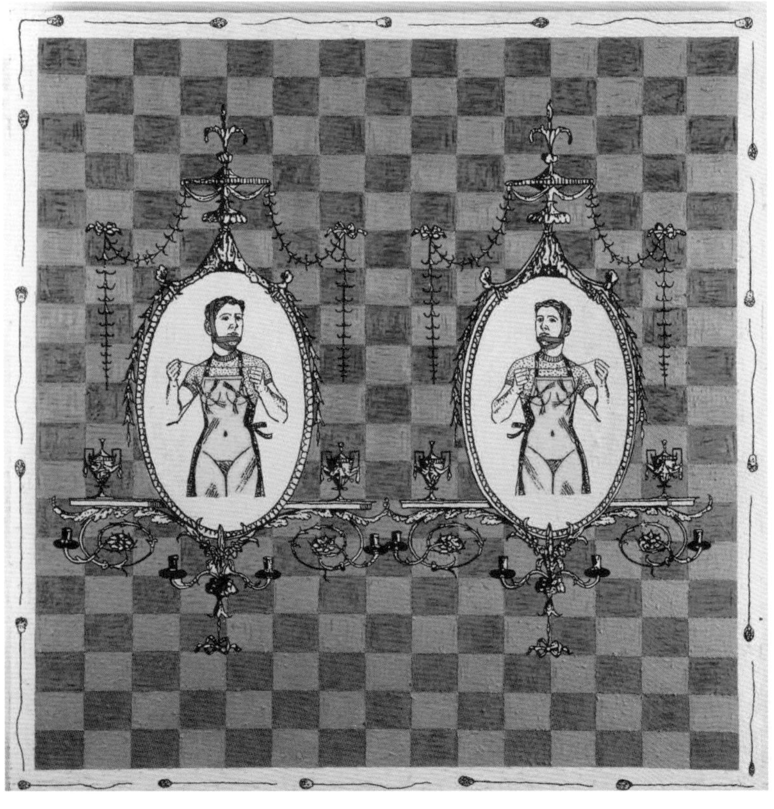

简·哈蒙德，《无题（41,231,85,56,200,35）》，1991 年 ←

243 张业余快照，20 世纪初—20 世纪 70 年代 →

大都会艺术博物馆里收藏的这些日常生活照片展示了默默无闻的业余爱好者们出人意料的视角。这些照片虽然是从当时的背景中剪切出来的，但是充满了那个时代的美学精神；这些新鲜偶得的艺术品产生于相机变成现代生活中常见又好用的器材这一时期。尽管拍摄这些照片时，拍摄者并未想过要将其公开展示——该收藏中的大多数照片都是在跳蚤市场、鞋盒或家庭相册中发现的——但这些被发现的图像经常让人想到沃克·埃文斯（Walker Evans）、曼·雷（Man Ray）、亨利·卡蒂埃-布列松和黛安·阿勃斯（Diane Arbus）等摄影大师的作品。

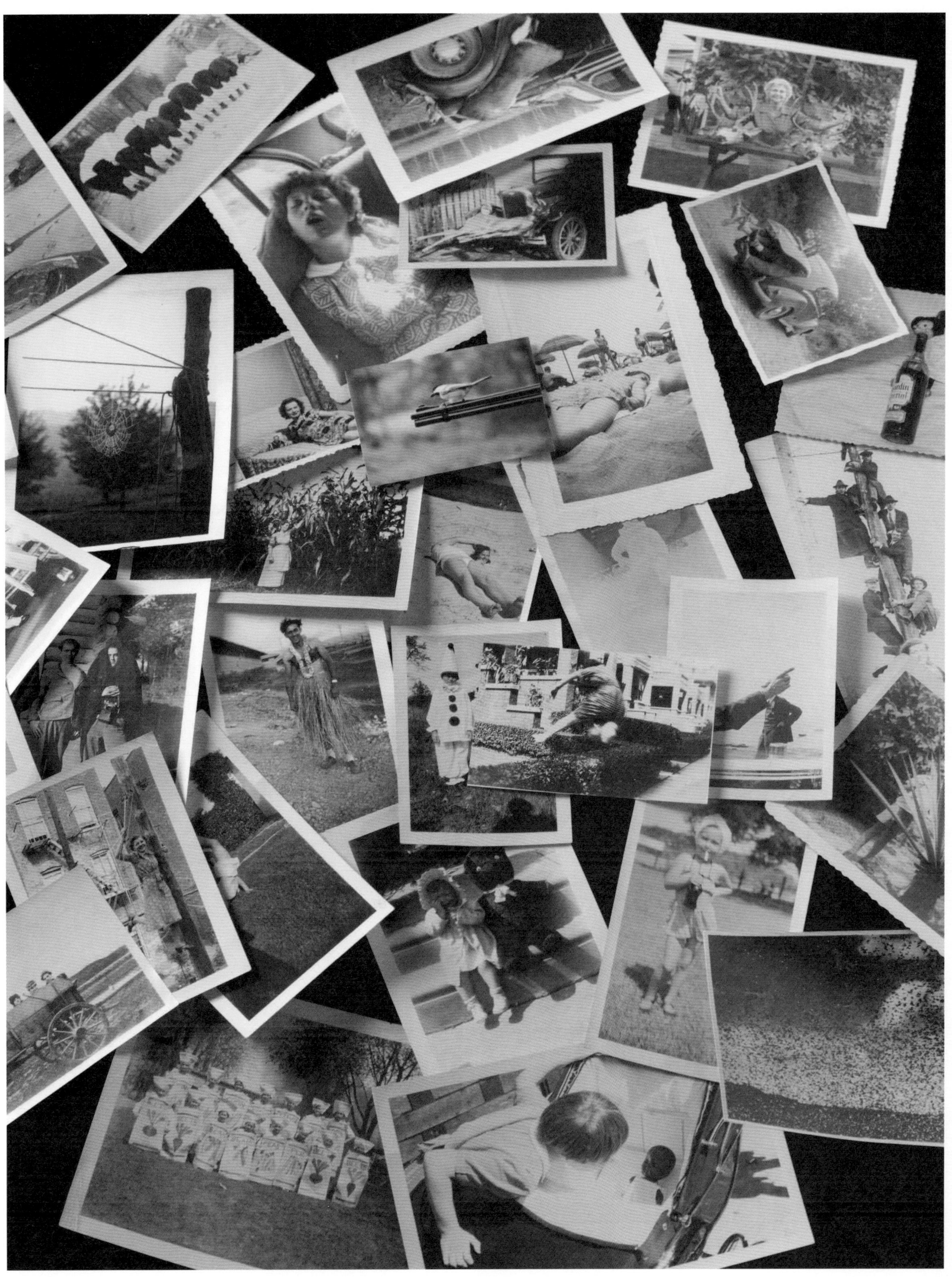

雅各布·艾尔·哈纳尼

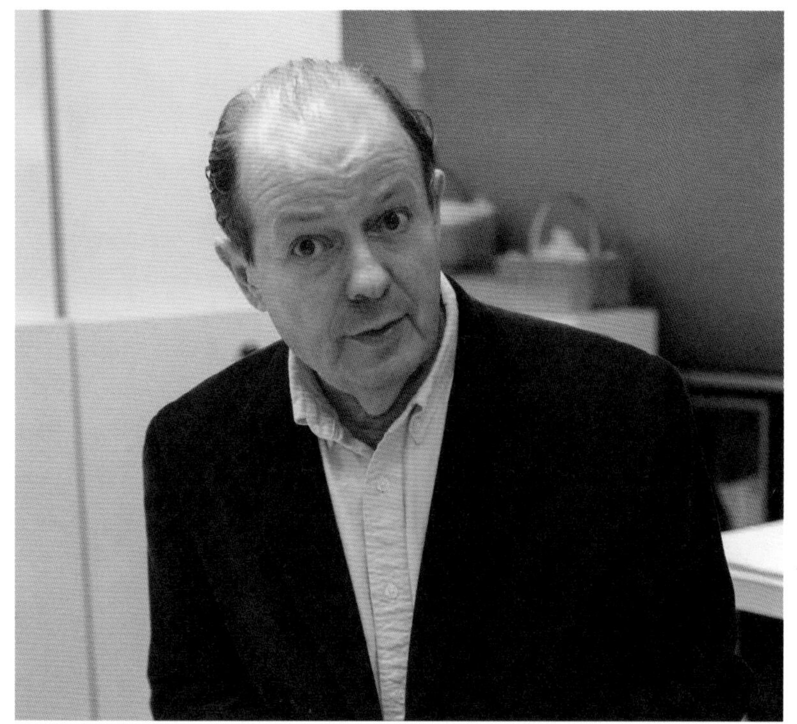

“一本书一旦完成，就能延续到永远。”

我出生在摩洛哥，6 岁半移居以色列。20 世纪 70 年代，我来到纽约，我的绘画在这时走到一个极端，因为我很好奇一幅画究竟能被画得有多小，于是我每天工作 12 个小时，专门坐在那儿画各种线条。我画的其实是时间。第一次看到这本《密西拿-托拉》时，我震惊了——整本书都是手工制作的！我感同身受，因为我知道“写”这部书、制作插图、上色等步骤需要耗费的时间。这本书让我觉得亲切，因为我是读着它长大的。

《密西拿-托拉》一书涉及犹太人生活的各个方面，包括健康、性、上帝和食物等。拉比们如今也会参阅它。我的家人不信教，但我们要去犹太教堂，而且我们会读希伯来语。那就是《哈加达》《托拉》和祷文的力量——它们是我们生活的一部分。每天翻书两百次是我们成长的一部分。即使我们心中牢记祷文，但还是会反复地大声诵读，我们应该看书，这样才能专心致志。你真的要看着那些字母。

纽约的一切都是那么快，令我震惊，有快餐，有快艺术，一切似乎都转瞬即逝。我成长的环境跟纽约太不一样了。在以色列这个树木稀少的国家，纸张非常昂贵，所以我不可能像美国人那样运用色彩和颜料。因此，对我而言，制作小型画作与原材料的匮乏有关。但我有充足的时间。我的一些作品着实很耗时间。

据说，现在普通人在一幅画前停留的时间不会超过 3 秒。而制作《密西拿-托拉》这本书的人必须花费几年时间才能完成它。我对此感同身受。为这本书绘插图的画家可能一辈子都没有离开过他出生的地方，甚至没去过离家 80 千米以外的地方。当时没有印刷机，所以我能够理解有人将毕生精力用来制作一本书；一本书一旦完成，就能延续到永远。这本书的图像、颜色和黄金制作部分如今依然清晰如新，简直是个奇迹。

雅各布·艾尔·哈纳尼，《祷文》，1978—1981 年 ←

巴尔博弥撒画师，《密西拿-托拉》，约 1457 年 →

《密西拿-托拉》是著名中世纪哲学家摩西·迈蒙尼德（Moses Maimonides）的作品。他这部非凡的著作完善了犹太律法，使其成为系统全面、易于理解的选集，如今它仍然受到犹太拉比和学者的青睐。这部来自意大利北部的《密西拿-托拉》手稿是有史以来最精美的手抄本之一。该手稿相传为巴尔博弥撒画师所制，他为其绘制了大型图饰，解释了律法的各个方面，还为不同章节分别添加了序言。在制作这部手稿时，画师没有任何现存的先例做参考，于是他将目光投向了周围的世界。因此，这部手稿也提供了有关当时服装、建筑和风俗的丰富信息。

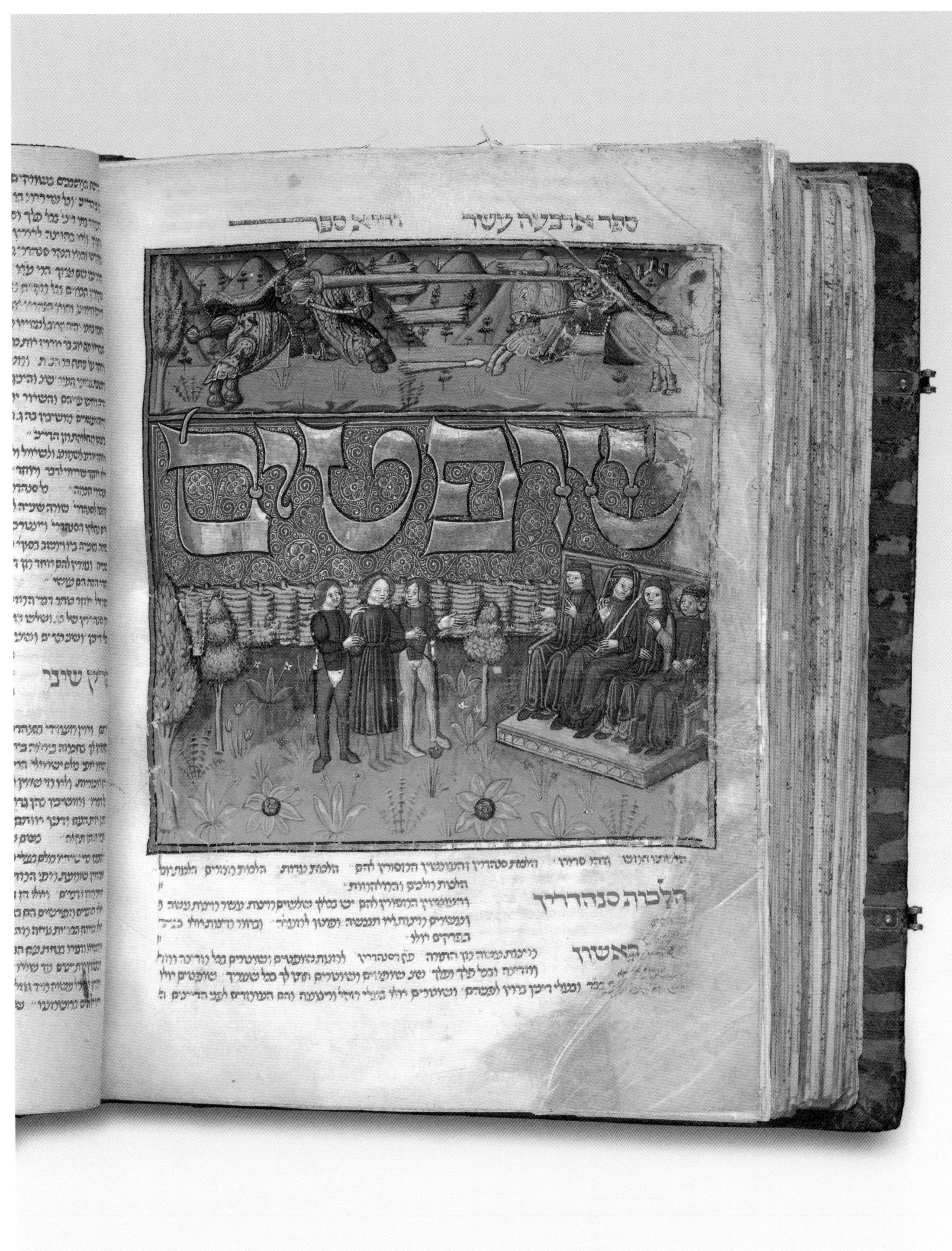

扎里娜·哈什米

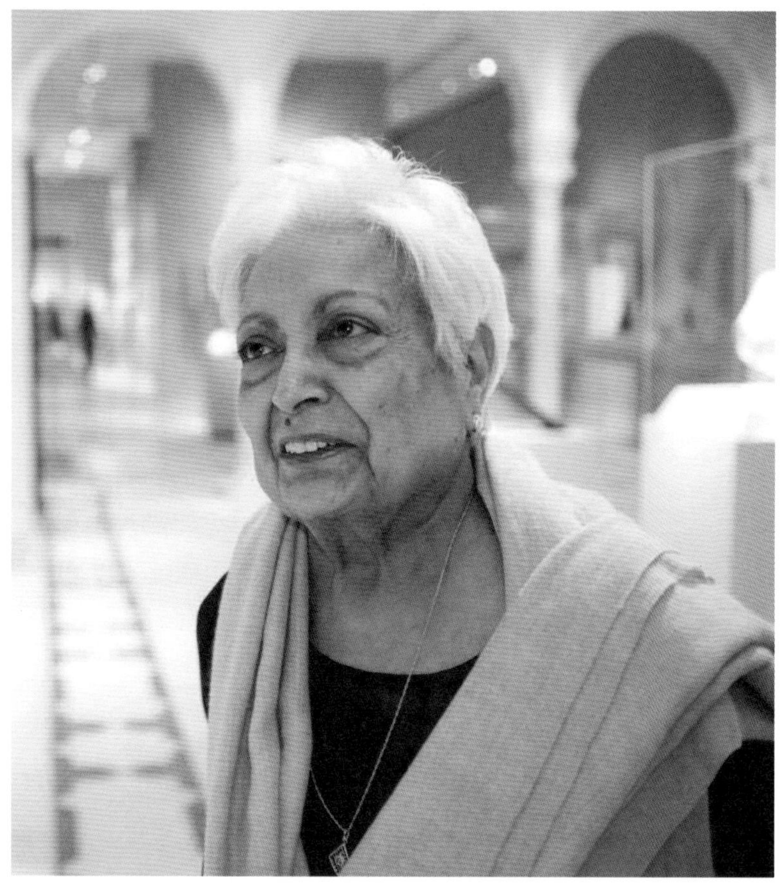

“当一个人与自己的语言分开时，会遭受很大的损失。”

每次我去博物馆的时候，只是随便走走。之前我对这件作品一无所知，但它吸引了我的眼球，因为我很喜欢书法。我的作品与书写、书法息息相关，因为我不使用色彩。

我以前从不知道有人能够这样雕刻。我对它进行了一些研究，试图了解其内涵。这件作品来自孟加拉地区。在大理石上雕刻并不容易，但这件作品刻得非常精致。我认为它的顶部完全是装饰性的，垂直的线条是“alif”，即阿拉伯语字母表上的第一个字母，也是波斯语和乌尔都语字母表上的第一个字母。它的重要性在于，这就是你书写“安拉”的方式。

穆斯林儿童成长到 4 岁零 4 天时，就会开始学写阿拉伯语，大家还会为此举行一个小小的仪式。他们学习的第一个字母就是“alif”。它直直的笔画体现了一种哲学观，也是一句祷文的一部分：“安拉，请指给我正直的路。”它是《古兰经》的核心，大多数穆斯林都对此烂熟于心。

位于作品底部的是先知穆罕默德的题词，但其内容并不源自《古兰经》。它说：凡是在地上建造了清真寺的人，安拉都会在天上给他准备一座房子。听起来很美吧？而且，写出来也非常漂亮。

作品上的文字互相重叠，很难辨认。我可以读到“穆罕默德”，也可以认出所有字母，但由于我不懂阿拉伯语，即使认识它们，也无法理解整个句子的意思。教我《古兰经》的人可没有教我怎么翻译。我会牢记祷文，会祷告，但并不知道自己在说些什么。

我懂乌尔都语，也会书写，因为这种语言使用的是相同的字母。我已经在印度之外生活了近五十年，但是，由于文化上的联系，我一直保持着自己的语言水平。当一个人与自己的语言分开时，会遭受很大的损失。你将无法阅读由自己的母语写成的经文、诗歌和文学作品。

因此，从情感上讲，我很喜欢这件作品，甚至不必知道它在说什么。它本能地打动了我。

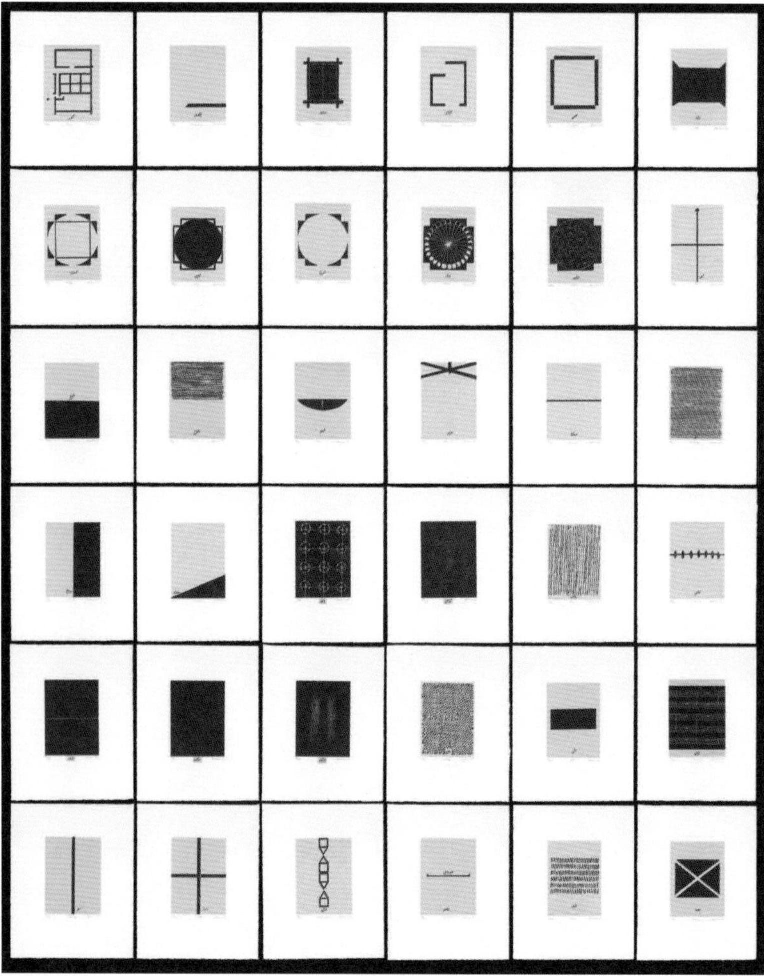

扎里娜·哈什米，《家是个陌生的地方》，1999 年 ←

来自一座清真寺的铭文（含细部），石板，伊斯兰历 905 年 / 约公元 1500 年 →

这段用花押字写成的铭文上标记的日期是伊斯兰历 905 年 / 约公元 1500 年，它来自孟加拉西部的一座清真寺，这座清真寺是为苏丹侯赛因的儿子达尼亚尔王子（Prince Daniyal）而建的。该铭文是印度穆斯林碑文作品中的杰出典范。垂直排列的字母中被娴熟地插入了规则的图案，构成该图案的弓字形单词是中世纪孟加拉地区和后来德干地区穆斯林书法的典型特征。

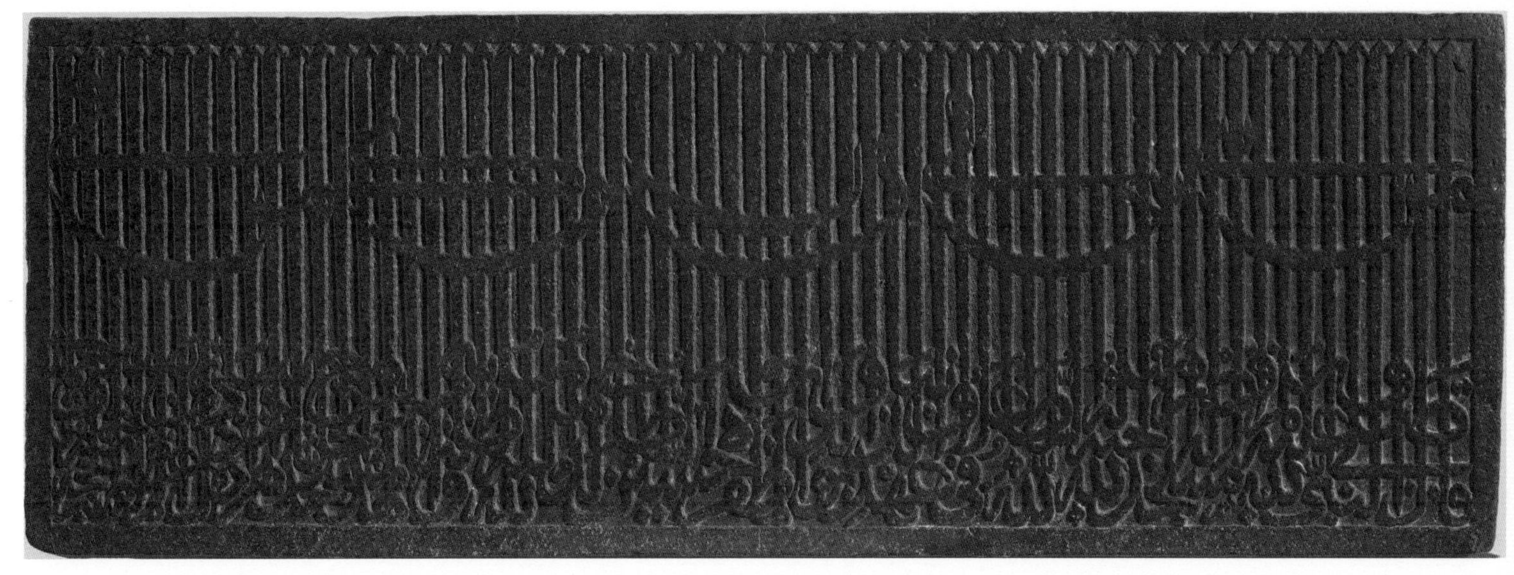

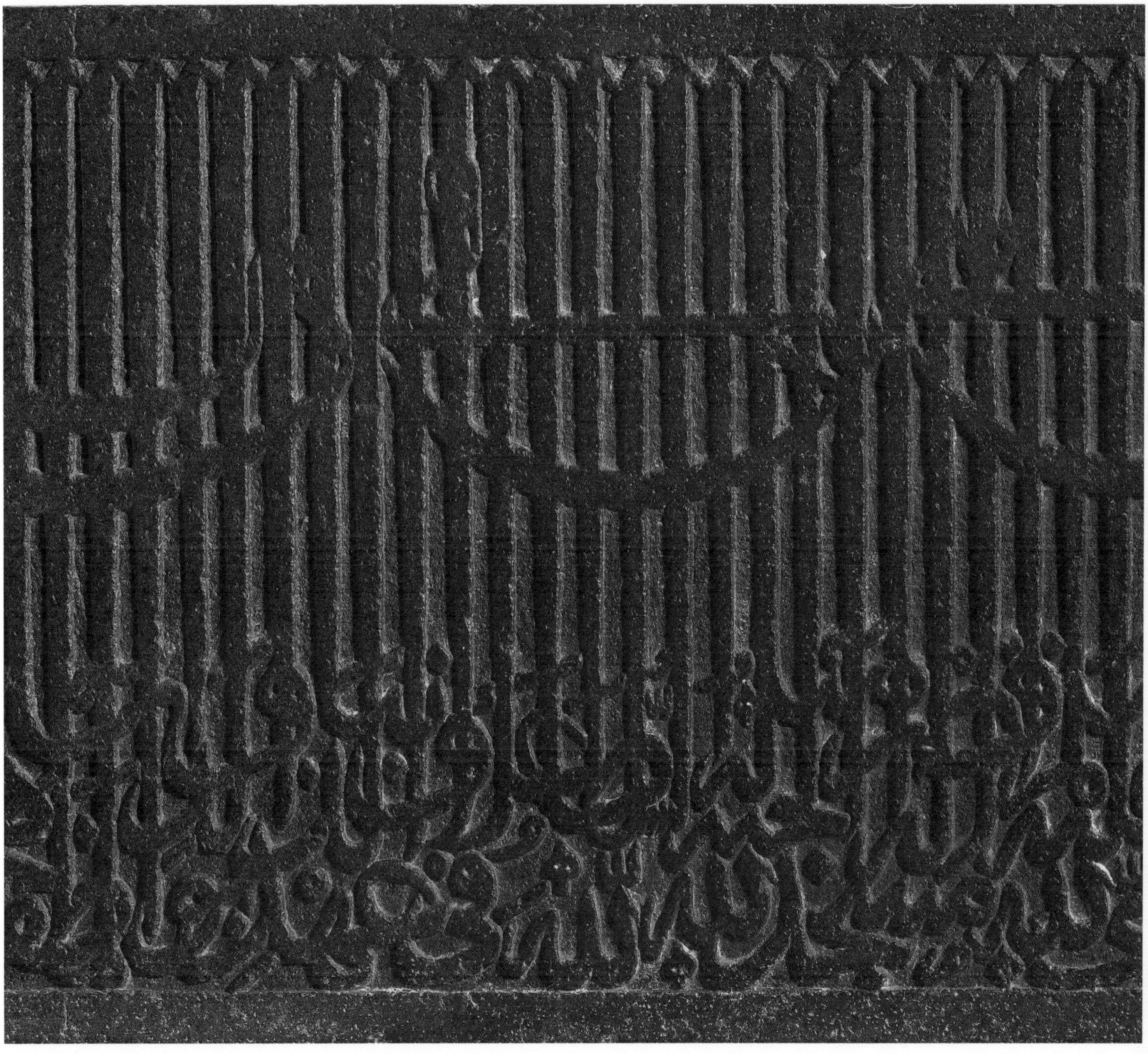

希拉 · 希克斯

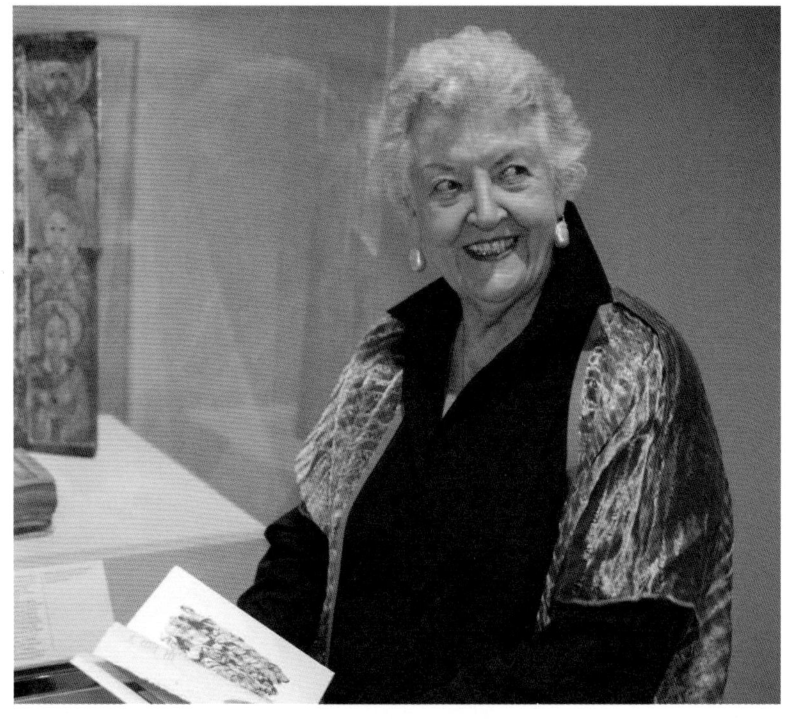

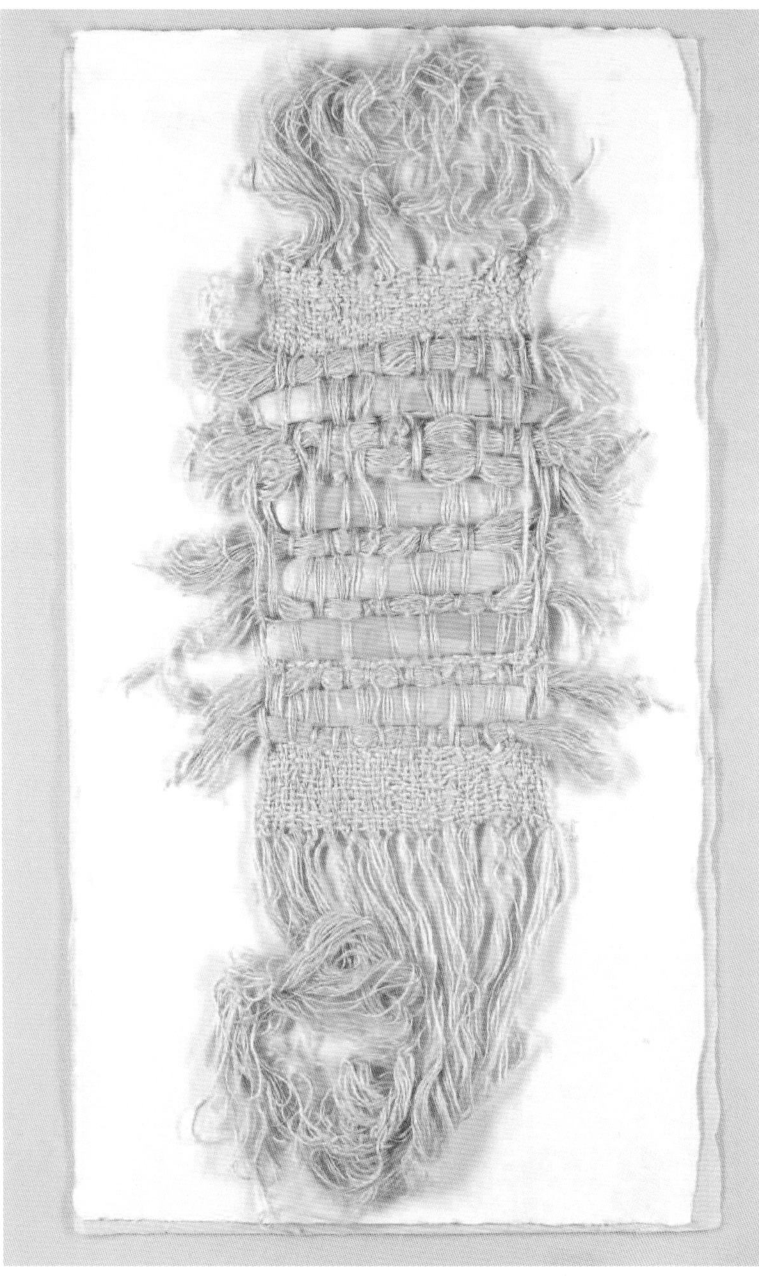

“打个比方说，它是一种你想要带回家的艺术。你将它带入你的生活，它就属于你了。”

从我能走路、能看见、能思考、能观察、能触摸开始，我就是个艺术家。我觉得艺术不是什么专业，我把它看作一种生活方式。我在一个和我的手差不多大的框架上编织。棉线在我的手里一条条组合起来，这项工作几乎变成了撰文或书法，甚至像祷告。

我以前从未见过这样的书，于是立刻被它吸引了，它和我的小织布机差不多大。这是一本来自埃塞俄比亚的祈祷书，它让艺术成了人体的延伸，因为你可以把它握在手上、拥有它。同时，书上的图案展现了强大的力量，它能让想象力开始一次具有里程碑意义的旅行。这些书页几乎可以说是门、窗或庙宇的建筑设计图。

每一根小线条都是手描的，让人感觉很坚硬，不是那种粗粗细细、弯弯曲曲的书法。所有字母均以粗体显示，看起来简直像是雕刻出来的，每次翻页就像走在路上转弯似的。每页都不相同，每页都有惊喜。

这些书页既不完全属于具象艺术，也不完全属于抽象艺术，它们两者兼具。牧师举起双手，引导我看向他抽象的胸甲和光环。他看上去很幽默，非常友好，平易近人。这不是那种恐怖的宗教描写，而是诱人的描写。在书的某一页，一只可爱的小鸟正走过页面。它让人不由得想起，也许书页边缘各种小小的符号都是鸟的脚印。

只要你经过这本小书，你一定会停下来。它的魅力相当持久。你不会只随随便便瞟它一眼，你会想看穿它，走进它里面。这本书如此私密，打个比方说，它是一种你想要带回家的艺术。你将它带入你的生活，它就属于你了。

这本书里包含了很多想法。对我来说，这只是思考线条、方块、纹理和构图的一种直接又有力的方法。我不必完全了解它在艺术史中的地位如何。

由于我在许多不同的地方和不同的文化环境里生活过、工作过，所以对此已经习以为常。我不把自己当作游客，而把自己当作其他地点、其他时代和其他文化的渗透者。所以我觉得自己是一位渗透艺术家。从民族志上说，艺术可能离你的世界很远。所以呢？勇敢地跳进去吧，和它建立联系，不必担心它来自哪个世纪。没了时间的束缚，它就变得普遍了。

希拉 · 希克斯，《鳞》，1976 年 ←

传为贝斯利奥斯（Baselyos）的作品，《祈祷书：圣母玛利亚的风琴》，17 世纪晚期 →

这本祈祷书是有关圣母玛利亚的经文，具体内容根据一周不同的日子来安排。在这样的作品里，用视觉形象阐述的段落可以增强口头祈祷的力量。这部来自埃塞俄比亚的手稿一共有 148 页，其中 4 幅图饰的主题强化了手稿的力量，包括作者阿巴 · 吉奥尔吉斯（Abba Giyorgis）的介绍性图片——他正在祷告，还有各种纯几何形状的装饰图案。

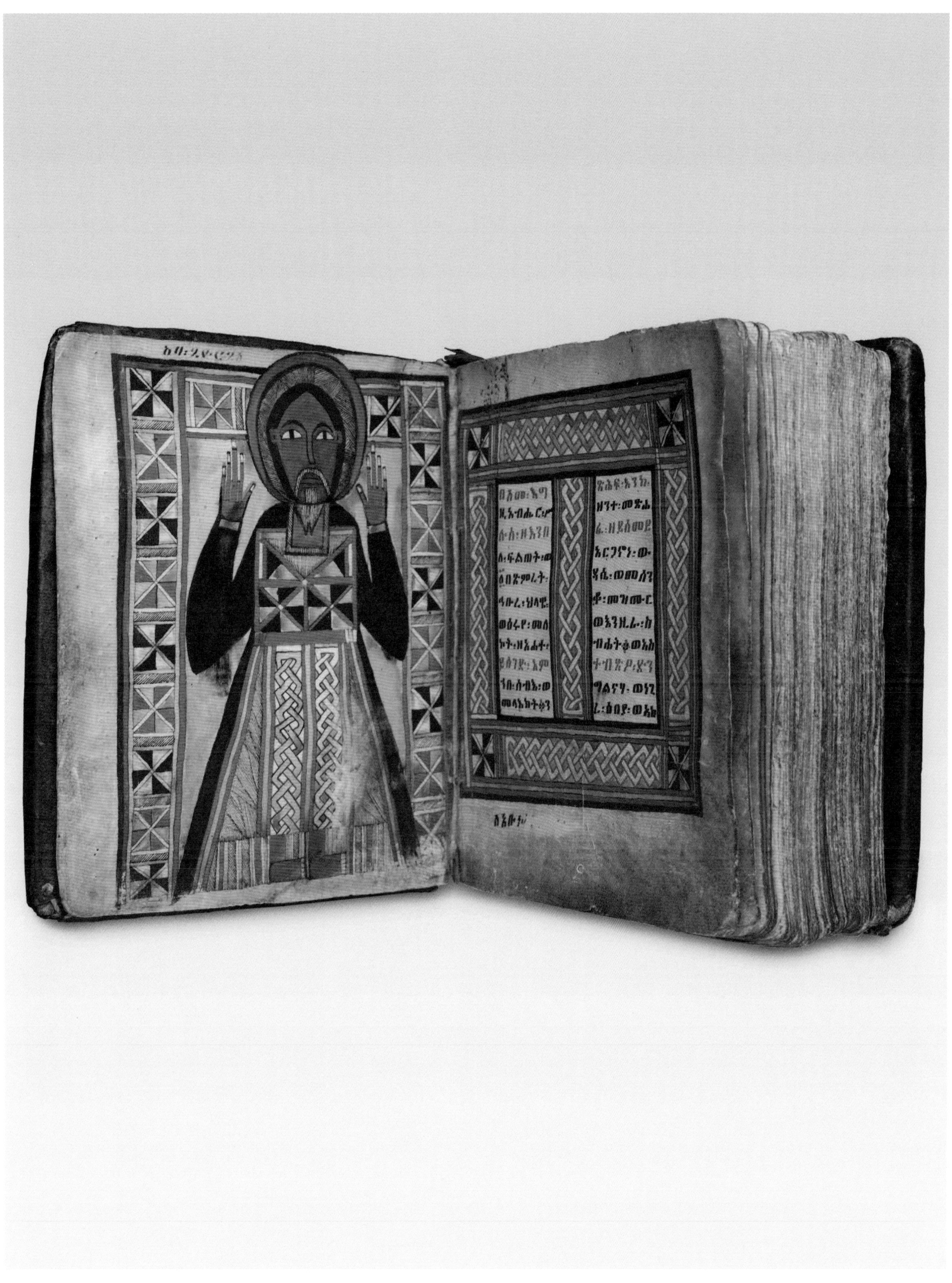

拉希德 · 约翰逊

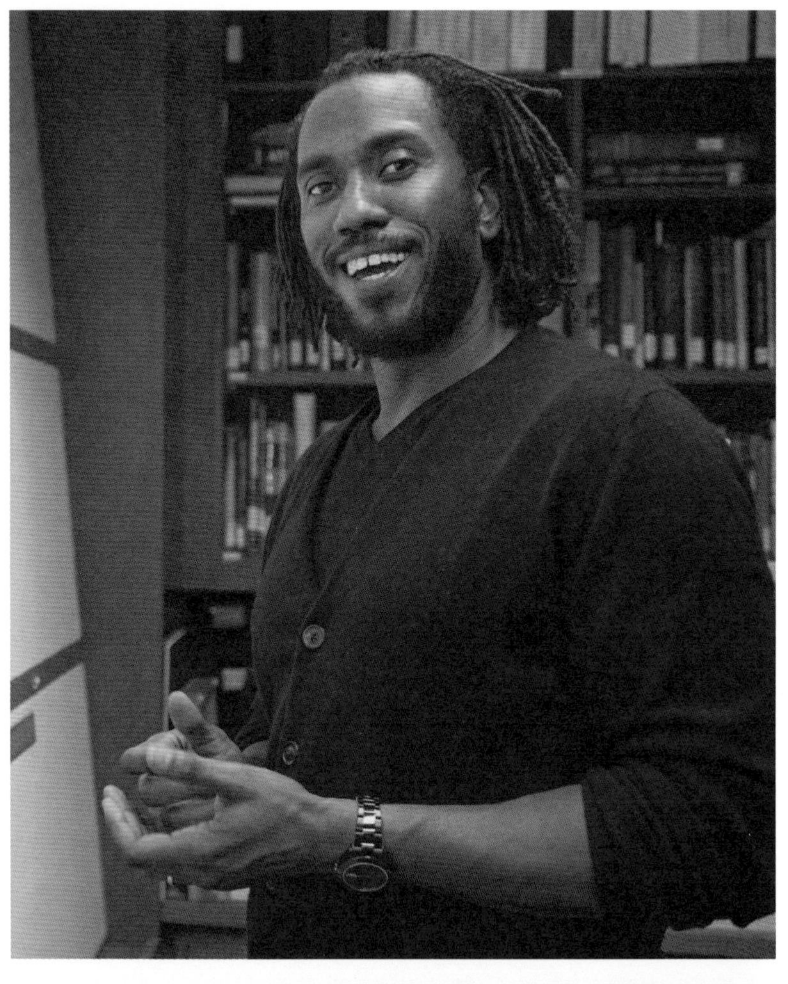

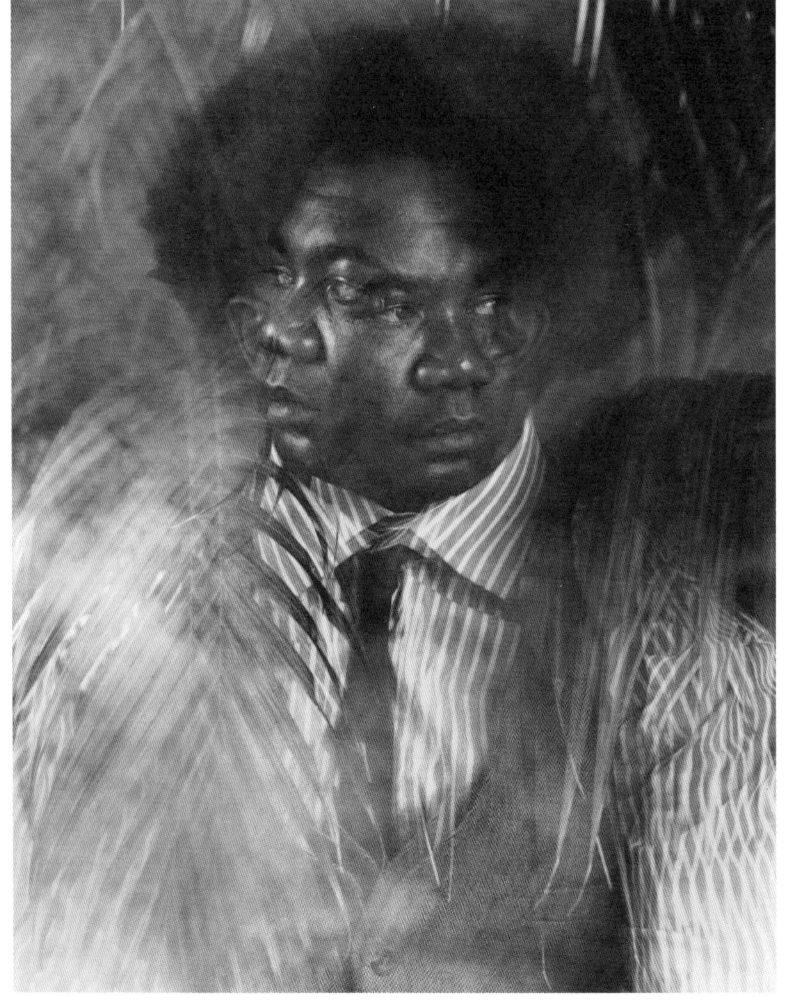

“弗兰克只让我们看几样东西，我们据此建立的叙事则突显了他作品的重要性。”

在职业生涯的最早期，我就接触了艺术家兼摄影师罗伯特·弗兰克（Robert Frank）的作品。那时我对堪的派摄影还不太了解。记得在看他为《美国人》那本书拍摄的照片时，我当时就想到了它们在我心里搭建起来的叙事。有趣的是，他是德国犹太人，出生于瑞士，几乎一直四处流浪，但他仍然注意到 1955 年发生在美国的事情，并以此作为这本书的拍摄重点，它实际上讲述了一个美国故事。

弗兰克的摄影作品《新奥尔良的电车》展示了从白人空间过渡到黑人空间的种族隔离车厢。你很少能看到一张照片里有这么多画中画，单张照片变成了五六张，只有那些真正有眼光的艺术家才能从全局进行把控。如果你质问摄影师的眼光是否独到，此类照片可以清楚地告诉你答案。

在另一张名为《新泽西州霍博肯市的游行》（1955—1956）的照片中，他将注意力放在了国旗上。国旗是民族自豪感的象征，国旗图案在人们日常生活中发挥作用的方式一定很奇怪。在这张照片中，人们似乎被国旗淹没了。在美国大一统的观念前，美国人处于次要位置。我们所有人都必须遵从这一民族身份。

通过对运动过程的精密组织，弗兰克只让我们看几样东西，我们据此建立的叙事则突显了他作品的重要性。想想今天我们在摄影时采用的方法，你会发现和弗兰克的完全不同。当你知道你唯一的机会在这 1/30 秒时，会产生一种生涩感。从某种意义上说，这正是今天缺失的东西。

图像可以讲述某种真相，如果我们不持续了解过去、与过去和解，那么我们肯定会重蹈覆辙。这样的作品可以帮助我们了解过去以及为未来做出的那些决定。

拉希德 · 约翰逊，《新黑人脱身术社会运动俱乐部（马可）》，2010 年 ←

罗伯特 · 弗兰克，《新奥尔良的电车》，1955 年 →

1955 年至 1956 年，弗兰克在美国旅行，他从纽约出发，最后抵达加利福尼亚，一路上他都在拍摄照片，这些照片最终成就了他里程碑式的作品《美国人》（1958）。这次旅行极大地改变了这位摄影师对美国的印象。弗兰克发现，美国并不像战后欧洲人想象的那样自由和宽容，在艾森豪威尔时代看似幸福的表象之下，其实沸腾着种族主义的疏离和偏见。弗兰克的醒悟深刻地表现在新奥尔良电车的乘客身上，他的视角哀伤而沉重。

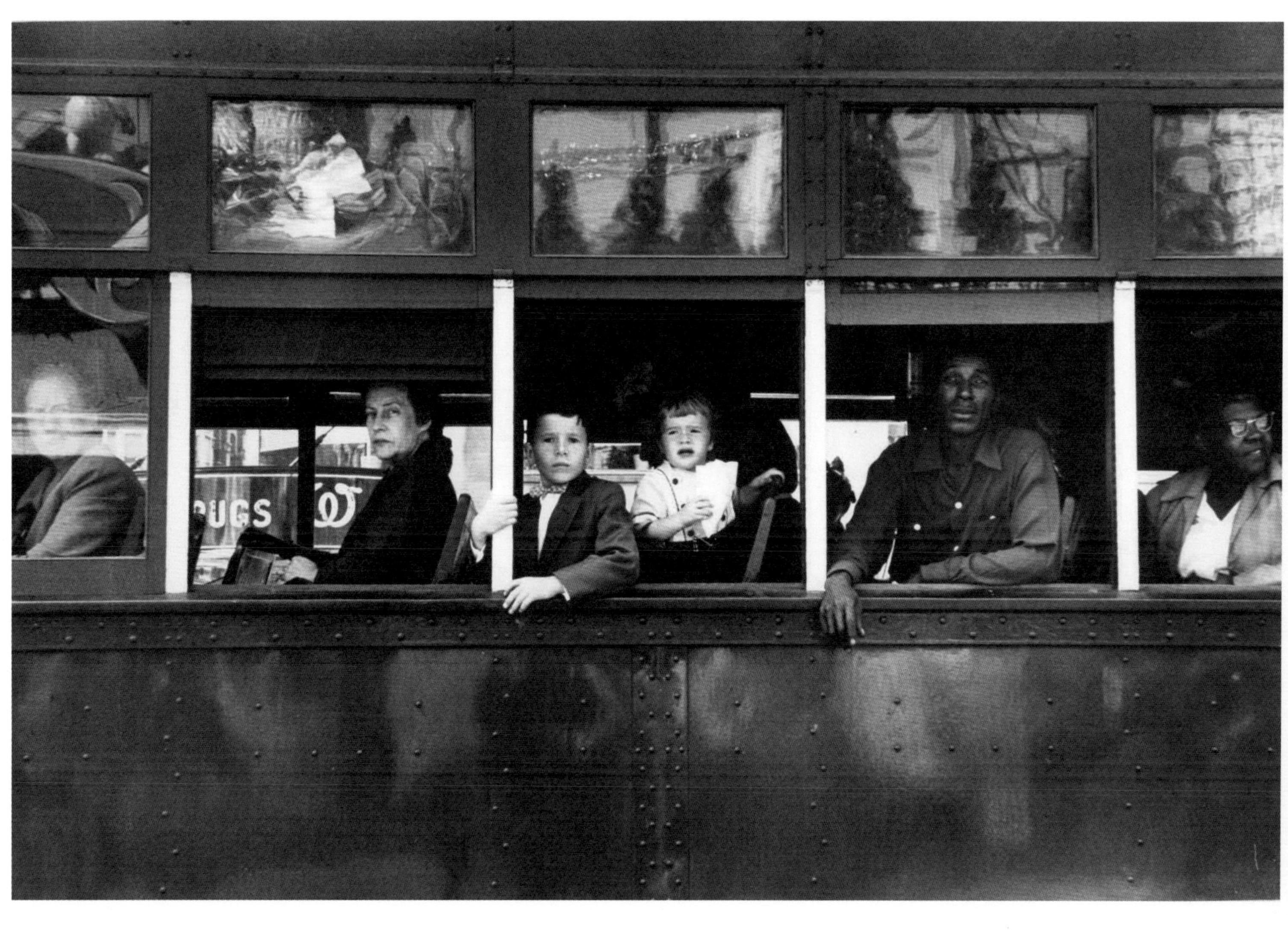

Y. Z. 卡米

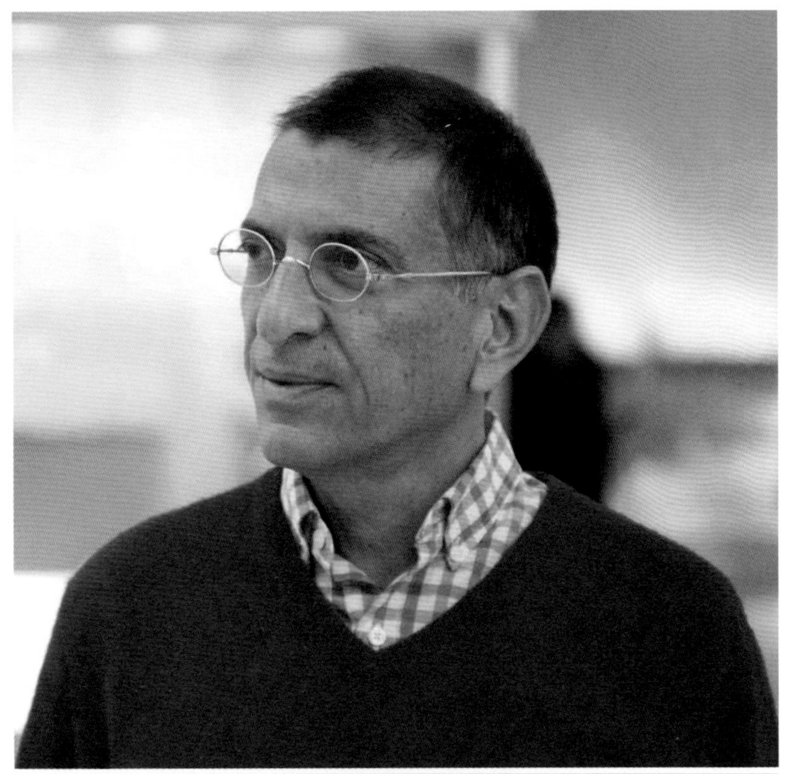

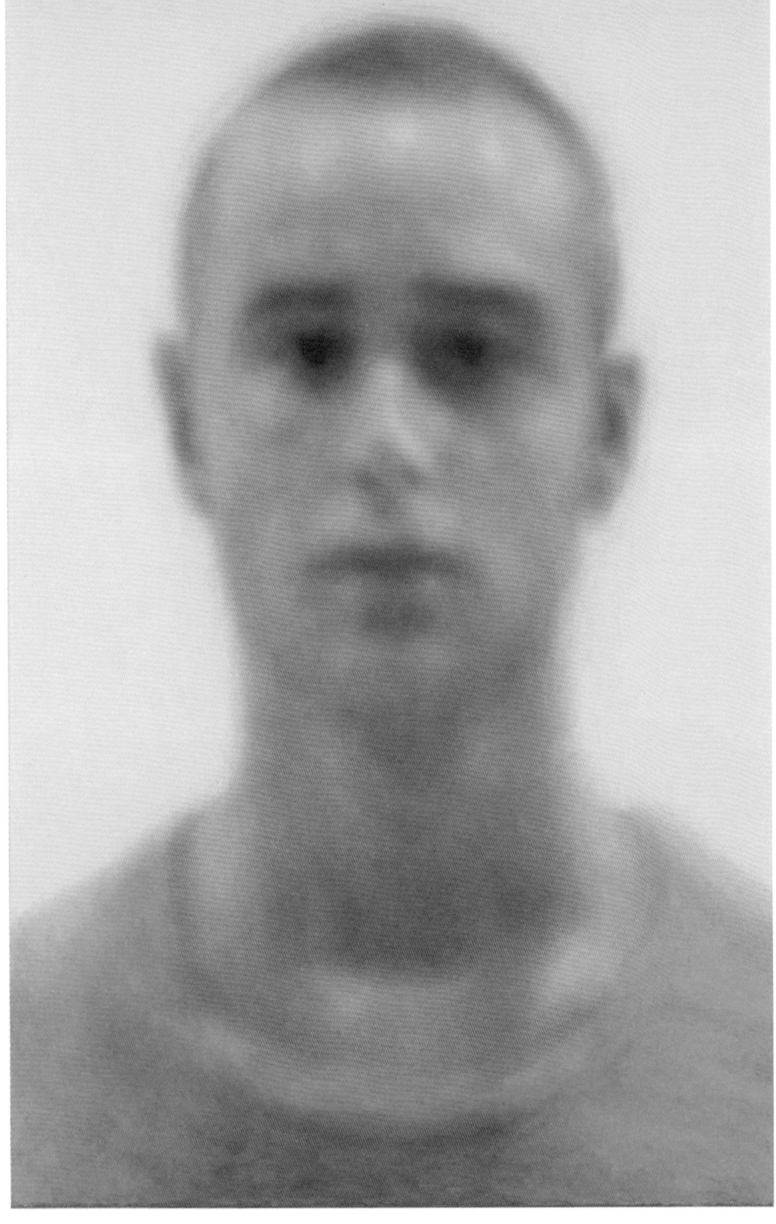

“在一张人脸面前，你的情感总会有所反应。”

我主要画肖像画。我的母亲是来自伊朗的肖像画家，伊朗是我的故乡，我从小就画肖像。我至今仍然清楚地记得第一次接触法尤姆肖像画时的场景。这些画像与我之前接触的没有任何共同之处。对当年还是年轻画家的我而言，那些眼睛太大、太夸张了，但又是那么真实、那么深情、那么令人信服，好似正在给我们提供另一个维度的信息。

在世界各地，总共有 700—800 幅法尤姆肖像画，然而我们对它们的作者一无所知。我们唯一知道的是，这种技术和风格曾在埃及一个名叫法尤姆的地区使用，那里是尼罗河西岸的一片绿洲。

第一次看到这些肖像画的时候，你会觉得它们是后文艺复兴时期的作品，但它们是在两千年以前的公元 1 世纪绘制的。该肖像画的美学源自希腊和罗马的古典艺术传统，但功能却是埃及式的——它们会被放在死者的木乃伊上。雇主会委托一位艺术家为其制作肖像画，完成后，它会被挂在雇主家中。当这个人死亡后，肖像画会被裁切，以适应木乃伊的尺寸。所以，这些肖像画的形状既狭窄又奇怪。

这些画以蜡画法完成，混合使用了蜡和颜料，只有把它们加热后才能入画。这些肖像画是要被永久保存的，这也是使用热蜡颜料的原因。果然，两千年以后，一切仍然保存完好。

每一幅肖像画都讲述了一个人的故事。这些画作并非一成不变，虽然它们都会用到透明白色，并且背景都以浅灰色绘制，但脸部的颜色就不遵循任何公式了。每张脸都很个性化。例如，有一幅画的是一个眼睛受伤的男孩——他的小胡子表明他正处于青春期；另一幅则是一个穿着蓝色披风的女人，他们俩看起来是那么真实。

在一张人脸面前，你的情感总会有所反应。法尤姆肖像画如同真正的照片那样让我们感到直接。人们会和这些作品产生共鸣。也许我这么说有点陈词滥调，但一件真正有深度的艺术品确实没有文化界限，也不受时间限制。

Y. Z. 卡米，《有着紫色眼睛的男人》，2013—2014 年 ←

《穿蓝色披风的女人》，版画，54—68 年 →

该作品属于第一代彩绘肖像版画。艺术家在直射的白光下描绘了这名年轻女子，包括她小巧精致的发卷和浅蓝色的披风——显得跟她忧郁的眼睛、宽阔的脸庞有些不和谐。在画笔和工具的打磨之下，蜡画这一媒介呈现的质感揭示了艺术家对面部曲线和尺寸的精心塑造。根据画像里的发型和其他绘画特征，我们可以将这幅作品完成的时间追溯到公元 1 世纪中叶。

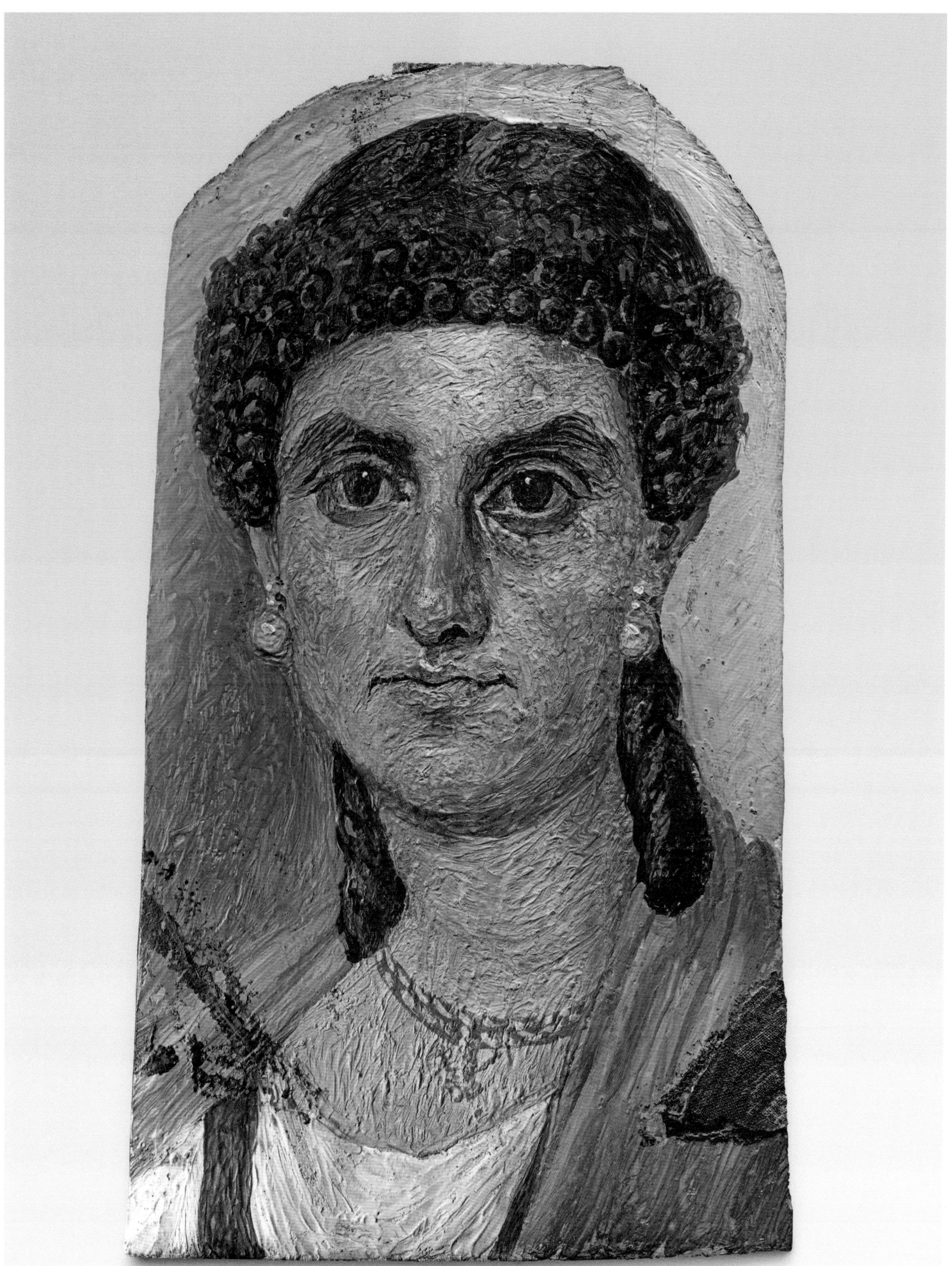

德博拉 · 卡斯

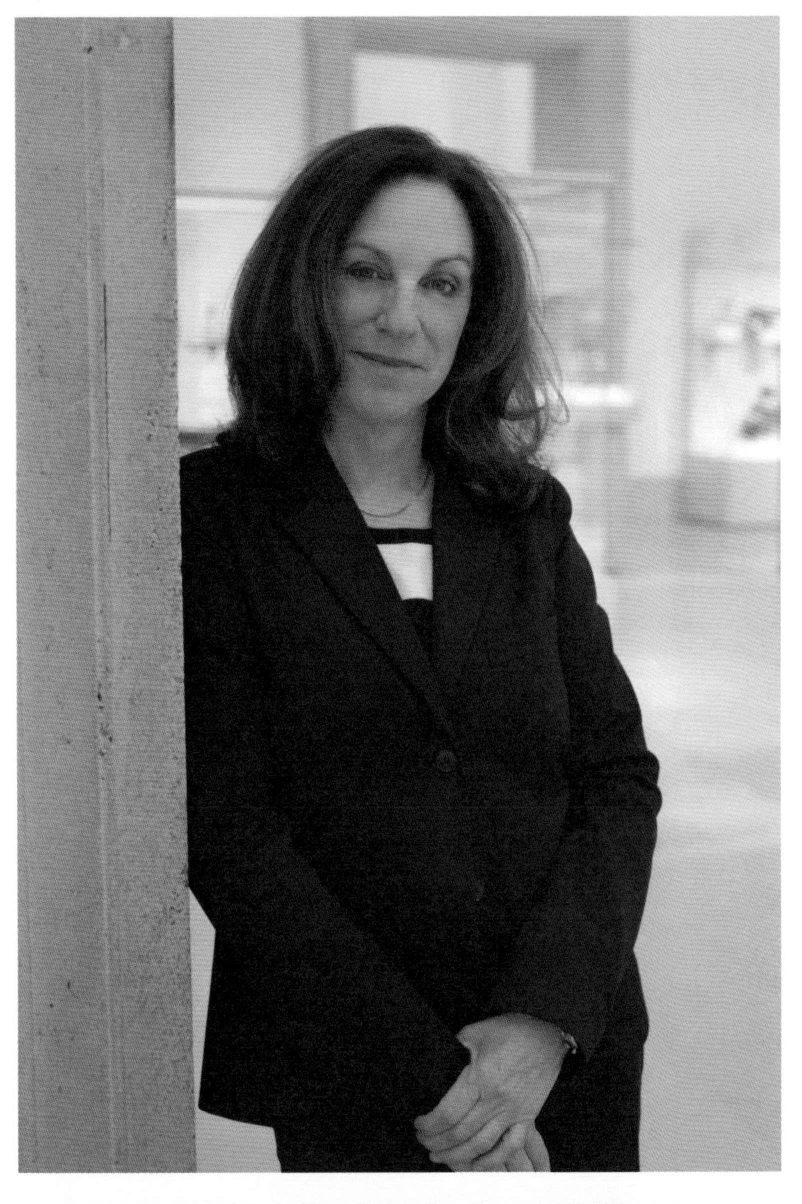

“我看到的是自己无法解读的另一个时代的漫画。”

我认为每个艺术家都可能是那种一直画画的孩子，所以我喜欢这些公元前的罐子也就不足为奇了。我喜欢这种绘画风格。一到陶瓶展厅，我就挪不开脚。希腊陶瓶上的图案太有型了，我完全被它们迷住了。

我认为，参观希腊陶瓶展厅等同于看卡通和漫画。我是这样想的：我看到的是自己无法解读的另一个时代的漫画。例如，一千年之后，我敢肯定没人会懂《花生漫画》是什么东西。所以，我觉得我看的就是公元前 500 年的《花生漫画》。如果你恰好居住在这一时期的希腊，那么你会完全了解你阅读的故事，知道这些人和神的身份，知道他们在做什么。

当然，我对这些图像也不是完全不了解。瞧，这个家伙是个半人半马的萨蒂尔（satyr）。他们是喜欢派对的怪物——为派对带来了葡萄酒、音乐、女孩或男孩。

想象一下，在基督教创立之前、在全部道德生效之前，你穿着托加袍，在狂欢酒会上用这个希腊陶瓶喝酒。

当然，那时候美的定义也跟现在的不一样，比如，那时候小阴茎很流行，但为什么小阴茎现在不流行了呢？这就是当时的“美”。

我总以为我是个异教徒，因为我觉得信仰单一的神对我来说不可想象，毕竟你明明可以有很多个神，而且很多还是女神。

你知道吗？我对陶瓶的痴迷说不定来自上辈子。我觉得我上辈子就生活在陶瓶制作的年代，不过我很可能只是做陶瓶的人，而不是那些喝酒狂欢的人！

这是另外一个时代——一个声色犬马、智力卓群的时代。

如果你是个感官控，你可以一头扎进生活、尽情环游世界。这就是你要做的——到处闲逛、享受盛宴。这个陶瓶与肉欲有关，肉欲正是其力量所在。

德博拉 · 卡斯，《分裂的两个红杨朵（我的猫王）》，1993 年 ←

由陶工希伦签名，传为画工马克隆所绘，赤陶制基里克斯杯（酒杯），约公元前 480 年 →

宴饮（饮酒会）是古代雅典的主要社会习俗。这个杯子是最精致、信息量最大的早期表现物之一。宴饮只有公民——男人——可以参加，女人是为男人服务的。陶瓶一侧手柄底下的男孩是仆童。宴饮用具包括一个被花环装饰的调酒缸，里面装着掺了水的葡萄酒，还有一个带着长柄勺和过滤器的灯柱。酒杯里面的萨蒂尔和女祭司是酒神狄俄尼索斯的追随者，是参加宴饮的雅典人在神话传说里的对应者。

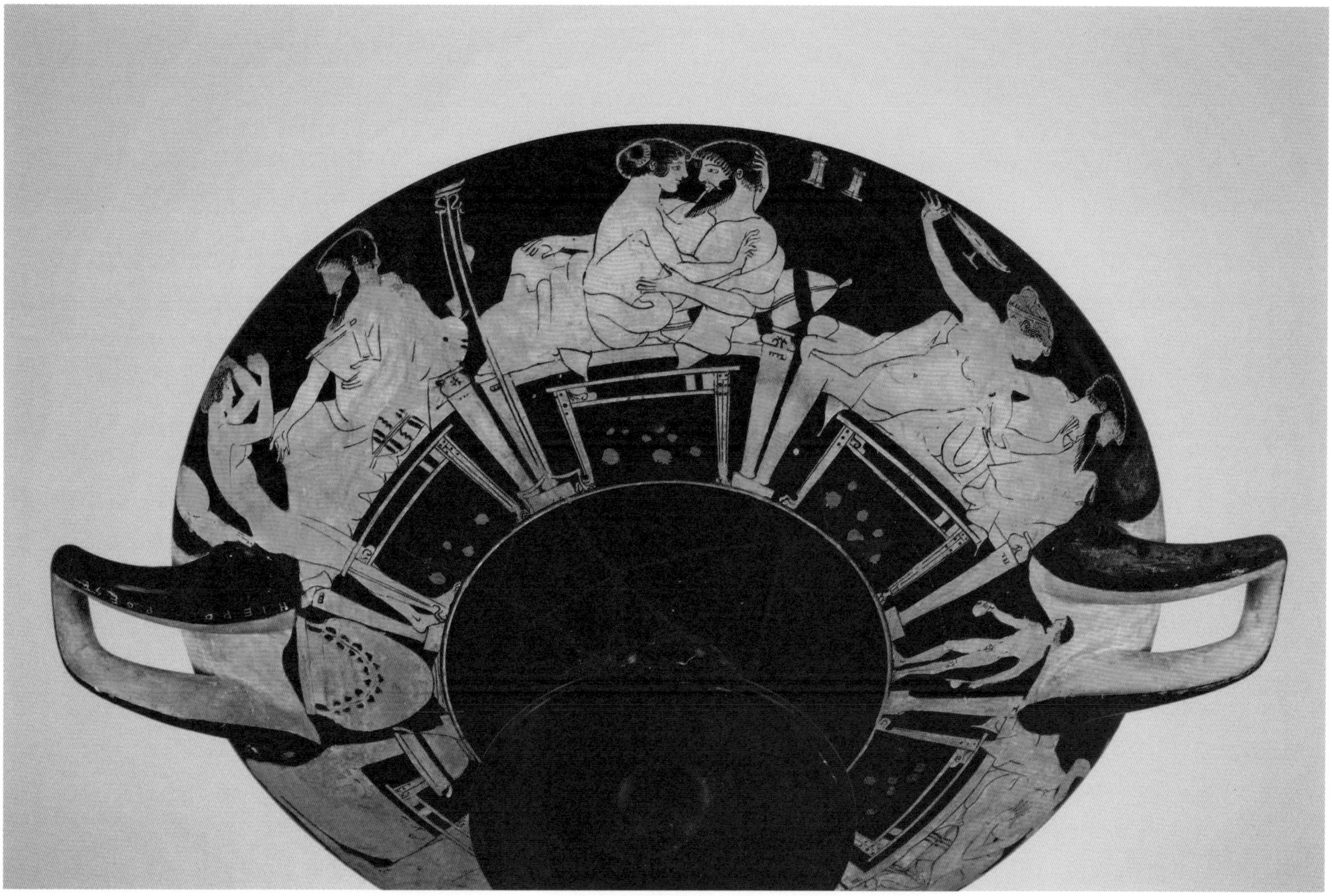

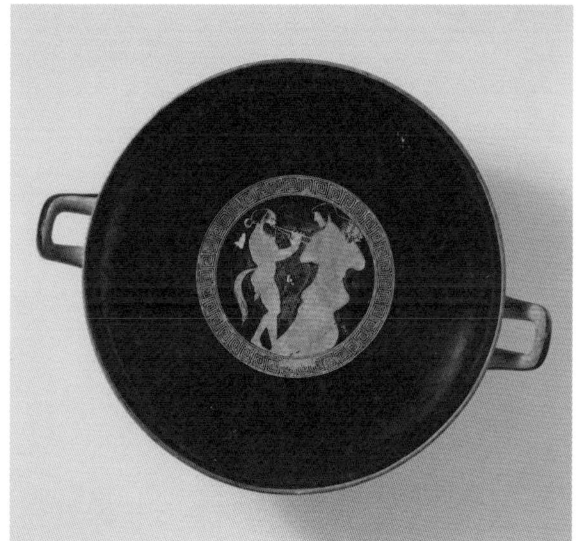

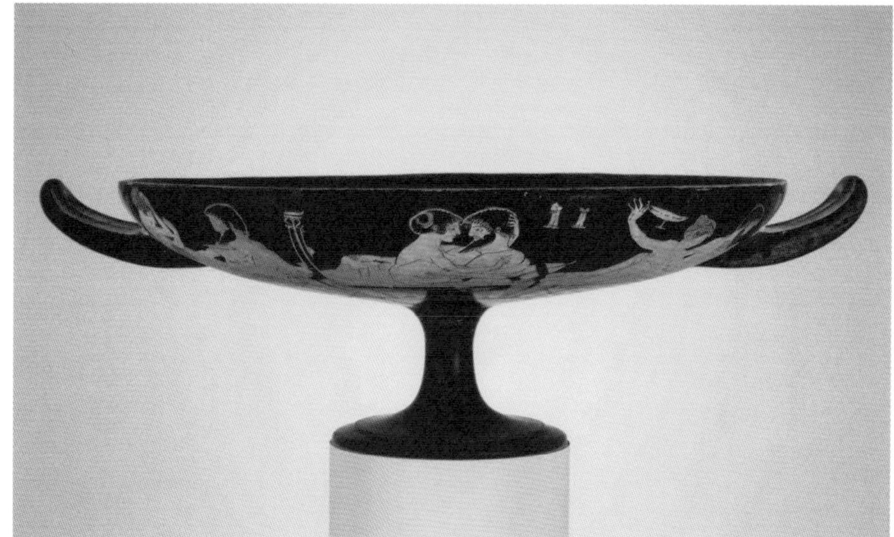

妮娜 · 卡查杜里安

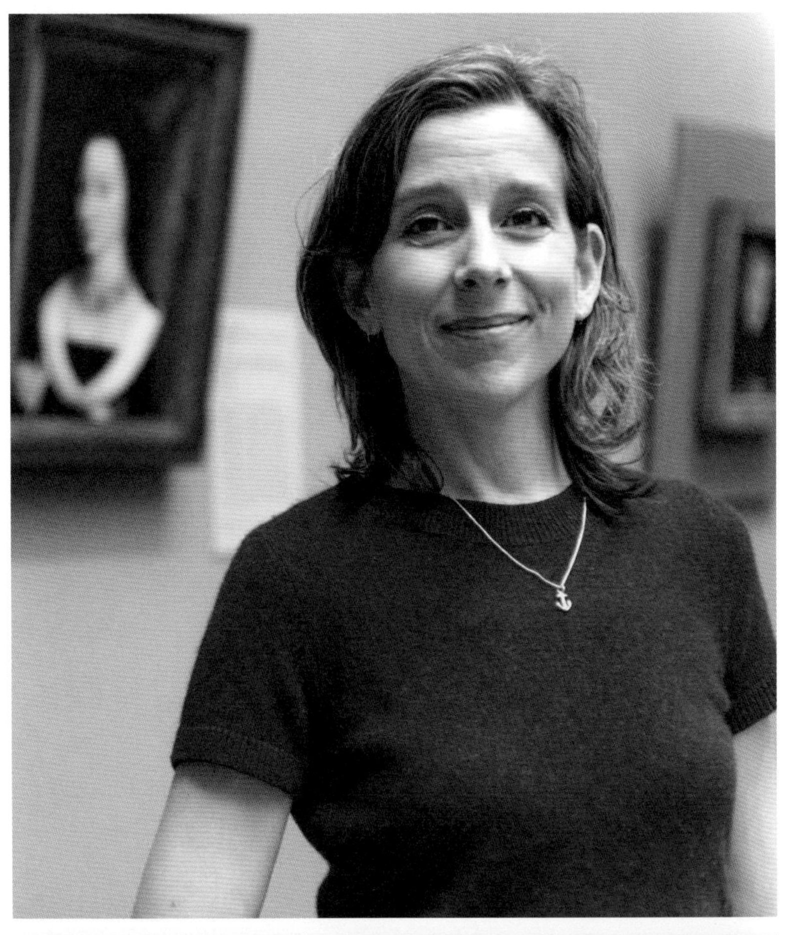

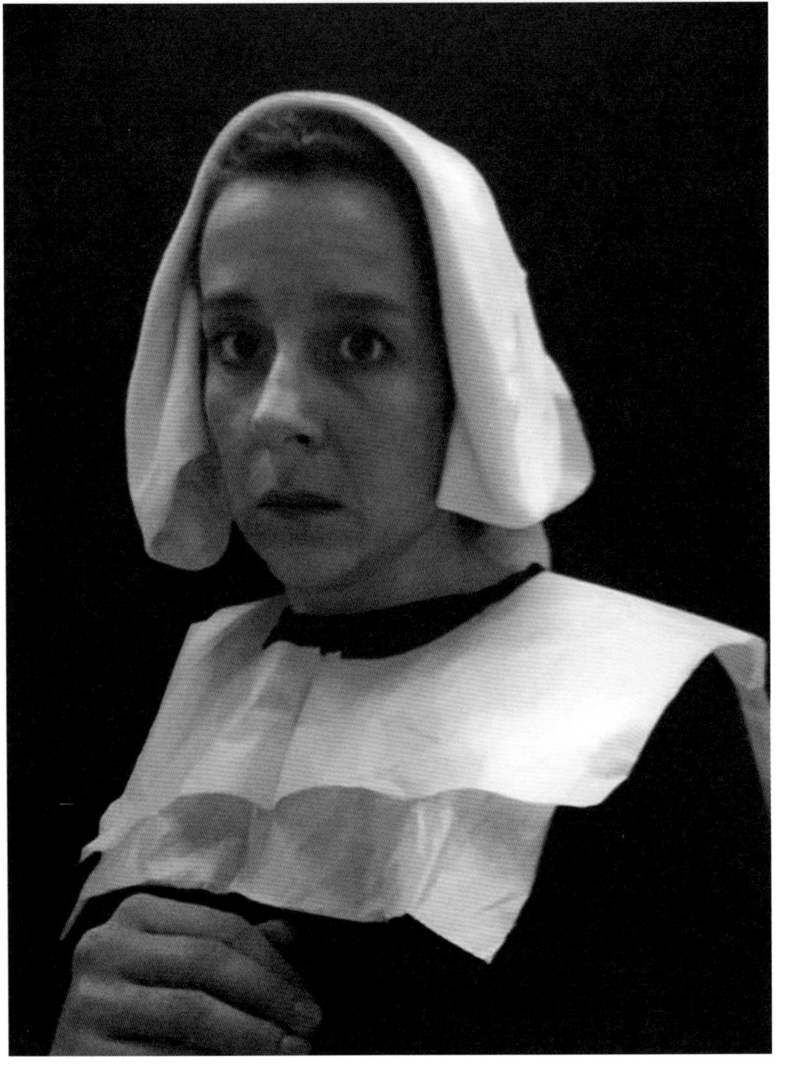

“它们已经变成了我想拜访的朋友。”

我是 21 世纪的艺术家 / 创作人。我一生从未作过画。但是，每次参观大都会艺术博物馆时，我都会径直前去欣赏这些画。它们已经变成了我想拜访的朋友。

在画家汉斯・梅姆林（Hans Memling）的这两幅肖像画中，女人似乎是掌控局面的那位，但从历史的角度看，这种猜测是错的，因为她的丈夫年长很多。他看起来已经 40 多岁了。她呢？14 岁？仅这一点就已经很有趣了，以我们当代的感性来看，还有点让人害怕。她的眉毛拱起，稍稍带着一点怀疑的神色——她看起来像是那种知道自己在想什么的人。

我想象他们两人如何对话，如何互动。他们在一起有多高兴？我意识到，我对这些内容的解读可能也受了当代人思想的影响。确实，从某种程度上讲，我的回应有点粗糙、不负责任，而我还觉得这没什么问题。

我的许多主题都基于我们周围的平常事物。我着眼于那些最不起眼的事物，让它们成为我创作的起点。

我喜欢这些作品的朴素风格。它们很大胆，对比度很高，作品里挤满了很多东西，但周围却充满一股低沉的、嗡嗡作响的张力。你好似正在独自观察某人——他的身姿、面部表情，还有全身散发的庄重和平静。也许这与我自己的困惑有关，我总是在想，如何通过最小的控制造成最大的影响。

我试图将自己的实践与梅姆林这样的大师联系起来，也许这有点奇怪，但我确实想以敏锐的眼光观察周围所有的事物。我认为这是一项工作——关注世界上的事物，然后，向那些正在观看你作品的人展示自己一直关注的事物以及自己想向他们展示的一切。

妮娜 · 卡查杜里安，《卫生间自画像——弗拉芒风格第 4 号》，2011 年，选自《座席》项目，2010 年至今 ←

汉斯 · 梅姆林，《托马索 · 波蒂纳里（1428—1501）肖像画》《玛利亚肖像画（玛利亚 · 玛德莱娜 · 巴龙切利，生于 1456 年）》，约 1470 年 →

这对人物画像介于真实和理想之间的巧妙平衡展现了梅姆林高超的技巧，正是这些技巧让他成了当时最受追捧的肖像画家。佛罗伦萨的托马索・波蒂纳里是美第奇银行布鲁日分行的经理。很可能在 1470 年这对夫妇结婚时，波蒂纳里就委托了画家创作肖像画。它最初是三联画，中间那一联画的是圣母子像。除了表现这对夫妻的虔诚之外，玛利亚身上精致的项链和礼服也彰显了他们二人的财富和社会地位。

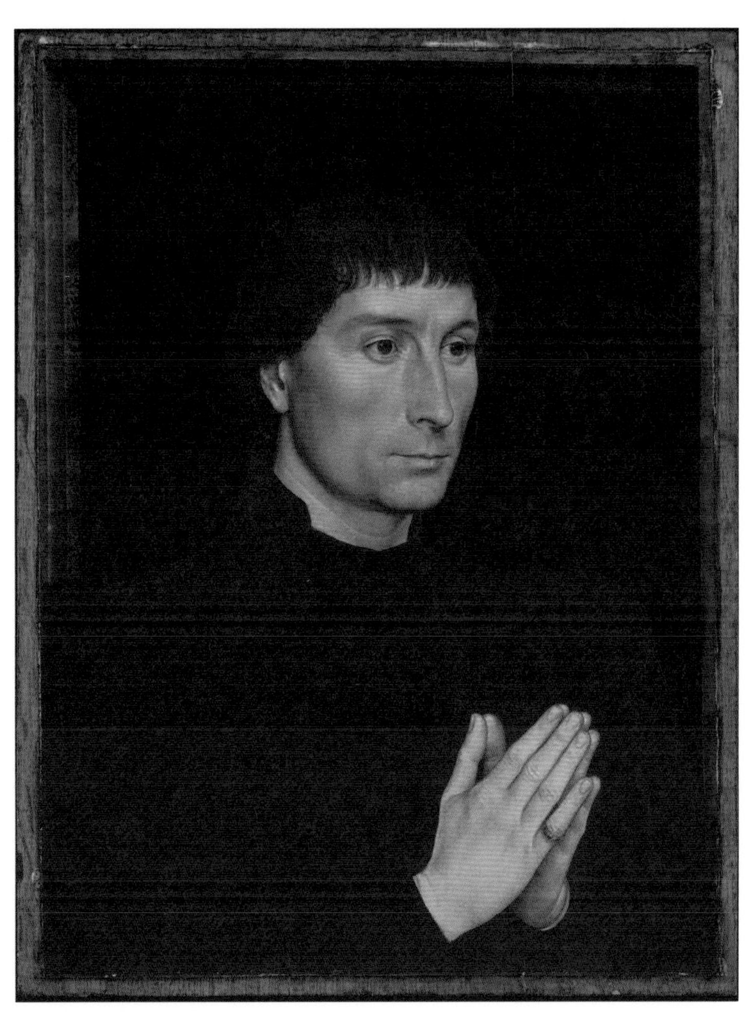

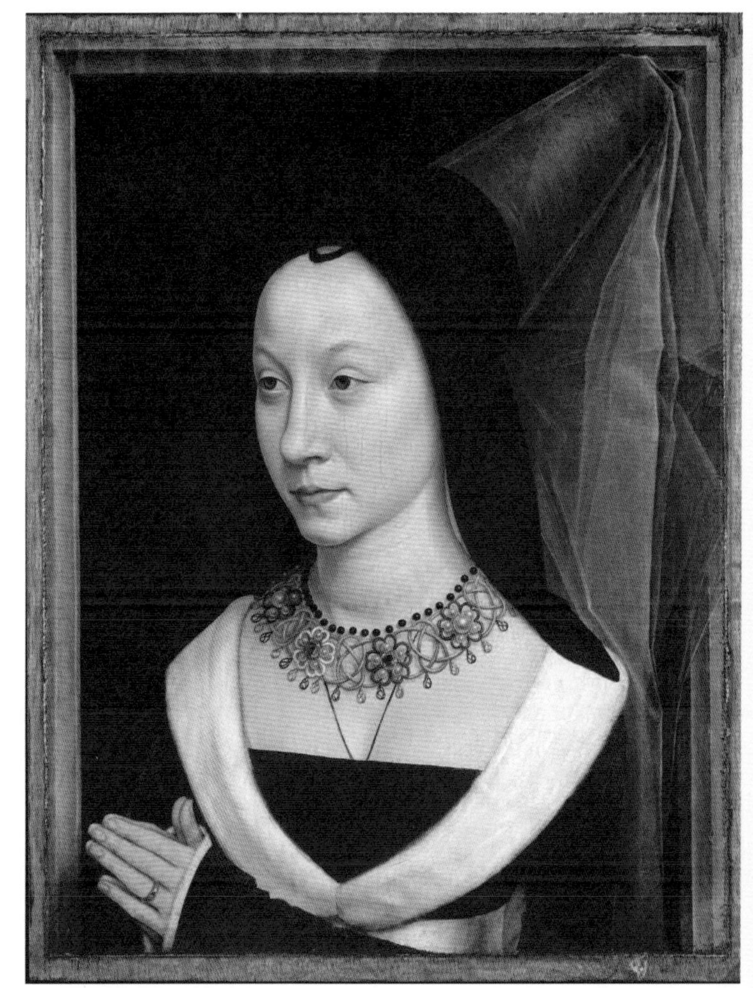

亚历克斯·卡茨

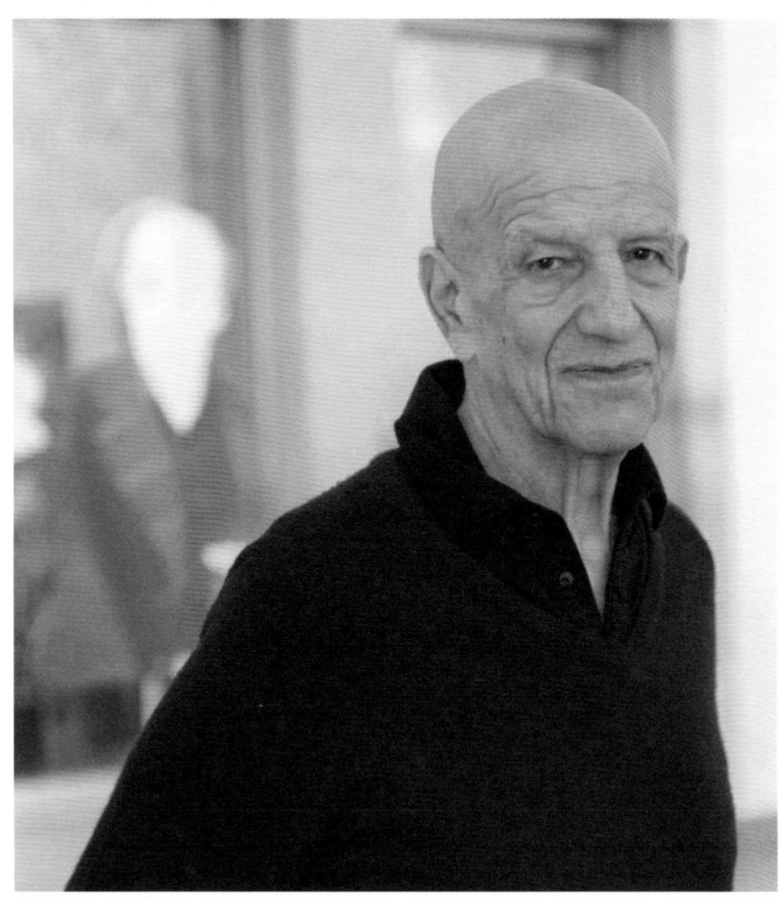

“他的艺术创作没有什么策略可循，他是个浪漫主义者，只遵循自己的直觉。”

绘画创作中有很多规则告诉你可以做什么、不可以做什么。我是个配色师，也是个具象画家。1954 年，当我首次展示自己的一幅画时，一位年长的画家走到我面前说：“造型是过时的，调色是法式的。”人们期望具象作品带有叙事性。作品必须与人文主义有关，或者，与“孤独的美国人”这一概念有关。对我来说，这些东西似乎很老套。我知道我想做什么——肯定不是那样。叙事是在一瞬间产生的，而我正在努力进入当下。这就是我一直很喜欢抽象画的原因。我的语法是抽象的——不是虚幻的——它来自我对抽象画的观赏。

一直以来，我都很喜欢弗朗兹·克莱恩（Franz Kline）。他是我最喜欢的抽象表现主义艺术家。我只把自己和他联系起来。他在情感上要比其他人承担更多的风险，因为他的光芒特别短暂。他的画很快就会从墙上撤下——我曾经很想要那种速度。

我不知道《黑、白、灰》是不是他创作过的最佳作品，但我自己一直很喜欢它，因为它有可能成为空气画。特别是在那个时代，你不应该创作空气画，你应该创作具象画。现代艺术、民权主义、极权主义和宗教禁令全是教条。一切都是相同的，一切都是固定的。

克莱恩刚起步时，他的画作是图形化的；到了 20 世纪 50 年代中期，当他开始创作大型的豪放画作时——整条胳膊都在用力——他去了另一个地方。首先，在开始作画之前，他在纸上已经有了很好的图像。当你把一切放大，如果它们很平淡，则通常都会显得有些僵硬，但克莱恩把它们打开，让它们呼吸。

弗朗兹·克莱恩更像诗人弗兰克·奥哈拉（Frank O'Hara），而不像抽象表现主义领袖画家克利福特·史蒂尔。这幅画的笔法很像书法，它有实际的内涵。如果近距离观察它，它又变得很自然。但你从远处观察也会有同样的感受：这是一幅真正有力的画作，充满力量感，而且非常精致。他对画作边缘的处理就像爱德华·马奈一样——笔触雅致又花哨，甚至有一点浮夸的感觉。他骨子里是个波希米亚画家。他的艺术创作没有什么策略可循，他是个浪漫主义者，只遵循自己的直觉。

固定的价值体系如今似乎无法正常运行，因为我们生活的时代有着更多不可控的变量。克莱恩的作品并非绝对。当然，从某种意义上讲，黑白是绝对的，但当他朝着空气透视的方向前进时，他就把自己从一个平面上延伸了出去。这看起来像是一种情感姿态，他走出了绝对的境地，去了另一个地方。

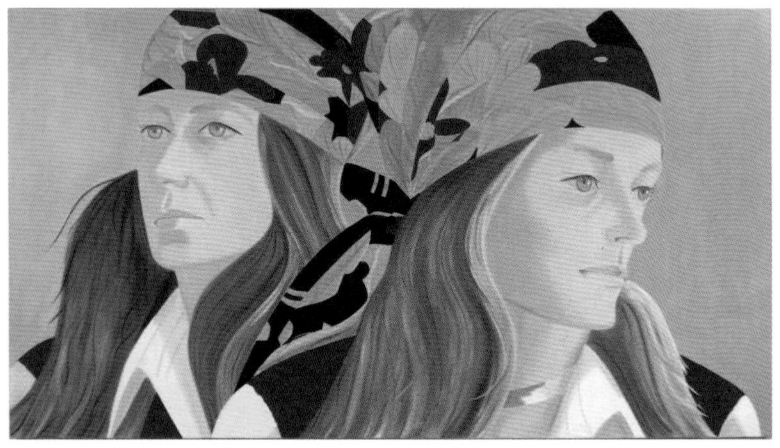

亚历克斯·卡茨，《诗人的脸》，1972 年 ←

弗朗兹·克莱恩，《黑、白、灰》，1959 年 →

克莱恩短暂而辉煌的职业生涯几乎集中在 20 世纪 50 年代，他以对黑白的广泛运用而闻名，继承并发展了威廉·德·库宁（Willem de Kooning）、杰克逊·波洛克（Jackson Pollock）和罗伯特·马瑟韦尔在 40 年代末开始的主题。克莱恩活泼又平衡的黑白画源自早期风景画，例如马斯登·哈特利笔下的缅因州浮木和大瀑布，还源自日本禅宗书法——但画家本人一直否定。

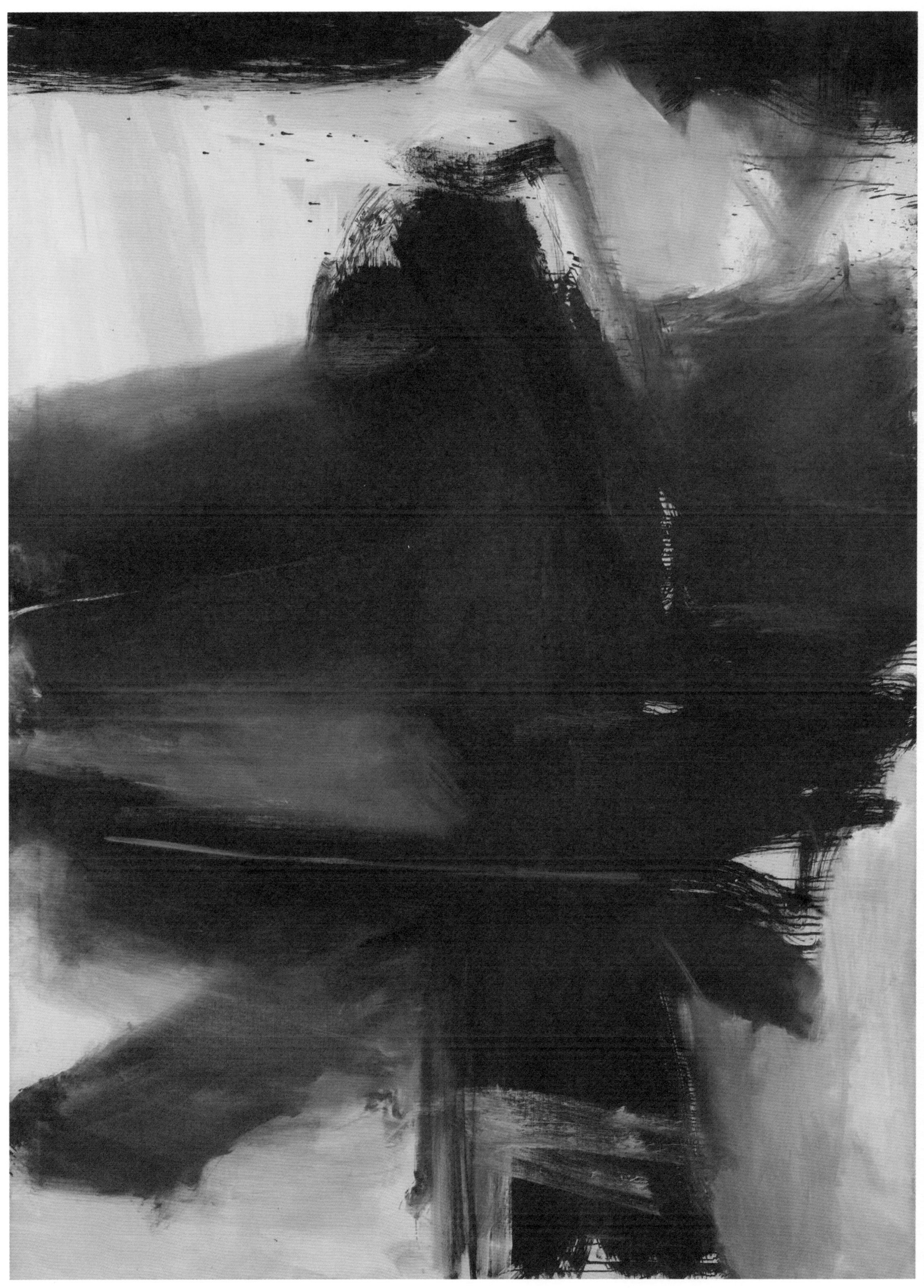

杰夫·昆斯

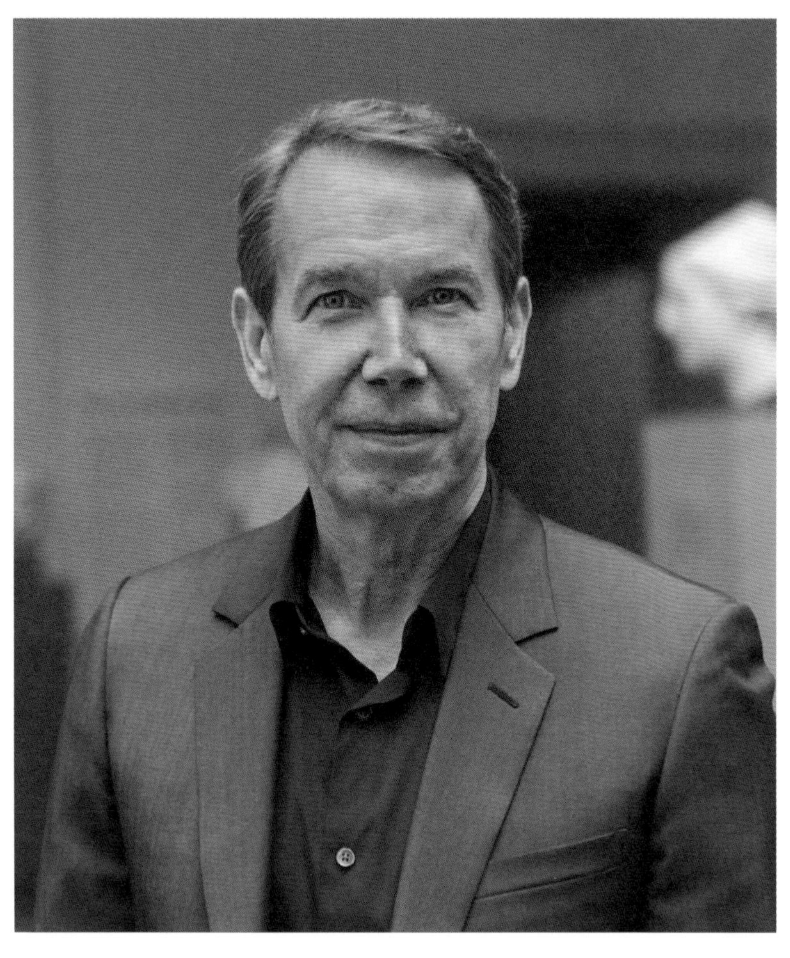

“欲望与美丽在艺术中非常重要，它们让身体看起来性感。”

我喜欢古罗马时期，那时候的人们努力创造可以与自然媲美，甚至超越人类的东西。在大都会艺术博物馆的罗马雕塑馆，我们可以体验到生命和思想传达的永恒感。馆藏的许多雕像是希腊原作的罗马复刻版，你能够感受到，罗马人从公元前3世纪开始就想极力维护希腊原作中蕴含的力量。同时，罗马人也一直渴望创造一种新的形式，一种新的物质成果。

通过这些感觉，你会产生很多想法，由此便可以从人体生物学转向纯思想的抽象化。血肉之躯的运动、眼睛的某个细节、一个脚趾的长度、一只乳房的形状或发丝飘动的方式，所有这些都是为了实现艺术家的意图。从一座雕像到另一座雕像，这些不同的特征会告诉你他们是谁——是大力神？还是美神？所有信息都包含在这些艺术品中。

罗马雕像中的那些细节常常令人耳目一新。人体是有关生命和繁育的对话工具。欲望与美丽在艺术中非常重要，它们让身体看起来性感。然而，当我看到希腊三女神雕像时，我却认为它不见得与欲望或支配有关，也许因为这是三位女神的群雕。这件作品与个人在集体中的地位更加相关。

对我来说，罗马雕像代表了我们需要的最关键的信息，即作为人类应该如何最圆满地度过一生。它们的尺寸比真人的尺寸更大一些。艺术家塑造的众神蕴藏着深刻的思想。当你看着大力神雕像的时候，你能在自己体内感受到作为大力神的感觉。作为个人和集体，我们可以成为自己想要成为的一切，我很喜欢这种动力和幻想。它很激励人，而且扩大了我们人生的维度。我希望我的生活可以像他们理解的那样广博。

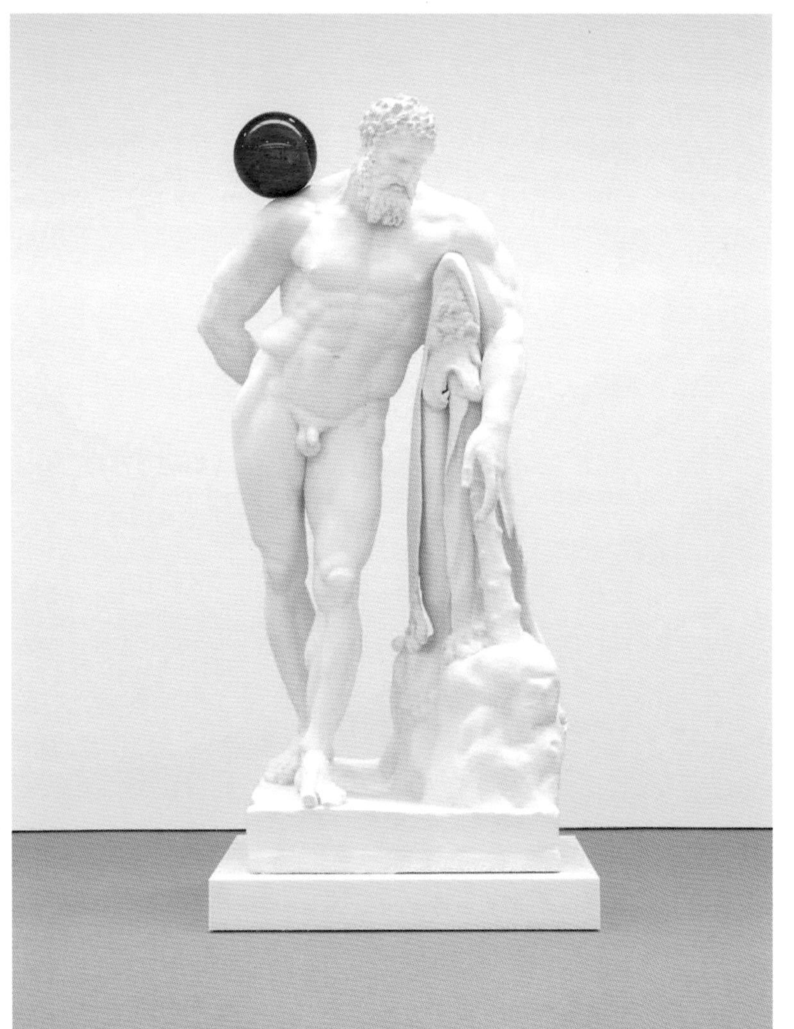

杰夫·昆斯，《凝视球》（《法尔内塞的大力神》），2013年 ←

年轻的大力神的大理石像，69—96年 ↗

这座比真人还大的雕像很可能与大都会艺术博物馆里的另一座大力神雕像是一对，那座大力神雕像有胡子，看起来更年长。这两座雕像可能是罗马公共浴池某个大房间里的装饰品，也可能是万神殿附近皇家浴池里的装饰品，这些浴池最初于公元62年尼禄皇帝在位时修建。这两座雕像是17世纪初期罗马古物收藏的一部分，当时人们热衷于修复古代雕像的缺失部分。尽管这座英雄雕像有着明显的修复痕迹，但它仍然戏剧性地表现了罗马帝国鼎盛时期的规模和强大。

三女神大理石群雕，公元2世纪 →

在希腊神话里，三女神——阿格莱亚（Aglaia，代表美丽）、欧佛洛绪涅（Euphrosyne，代表快乐）和塔利亚（Thalia，代表丰饶）——被视为次要的神，却是许多艺术品的创作主题。罗马时期，这类公元前2世纪希腊原作的复刻品非常受欢迎。在罗马镶嵌画、石棺、青铜镜等个人物品，甚至硬币上，都可以找到类似的三女神形象。

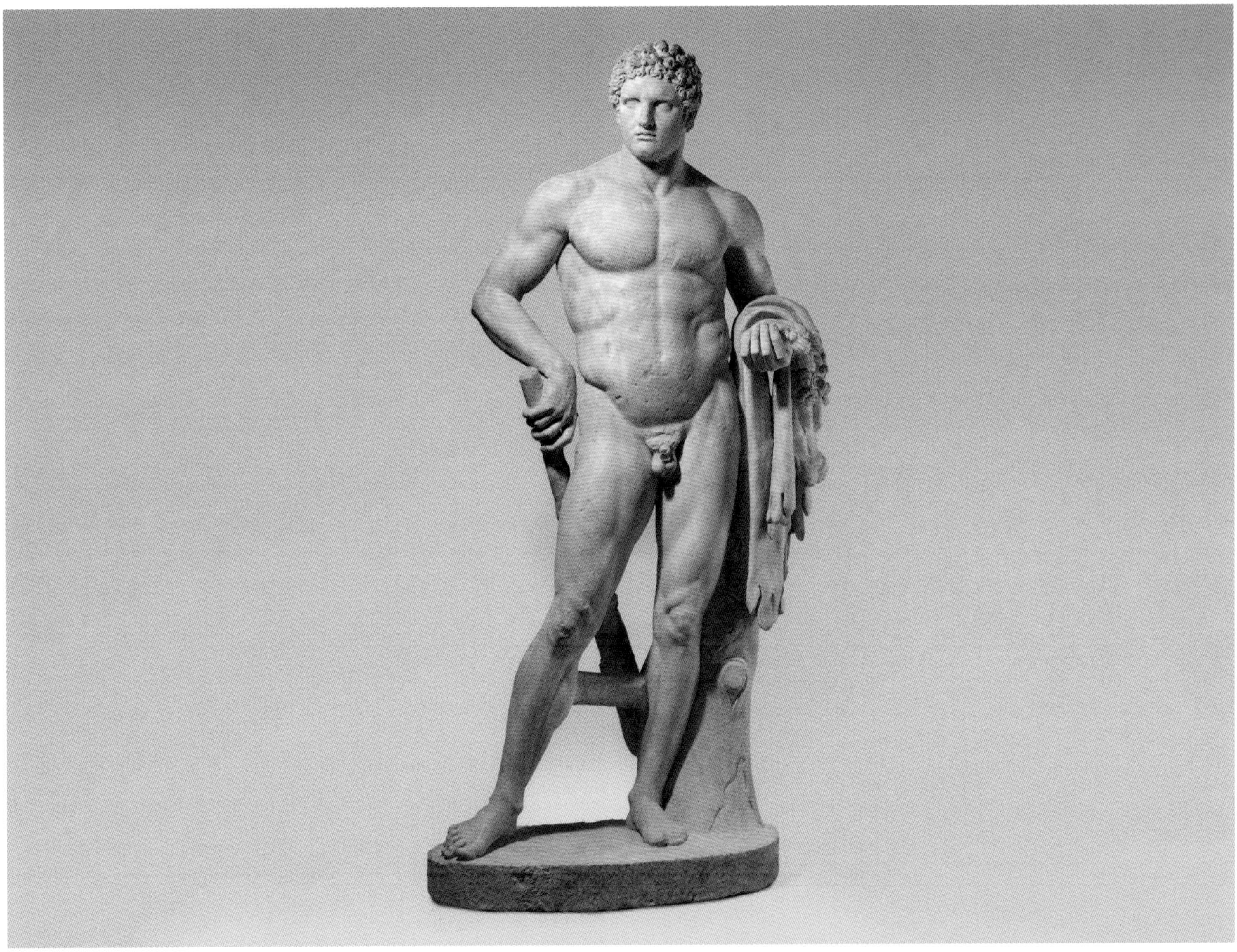

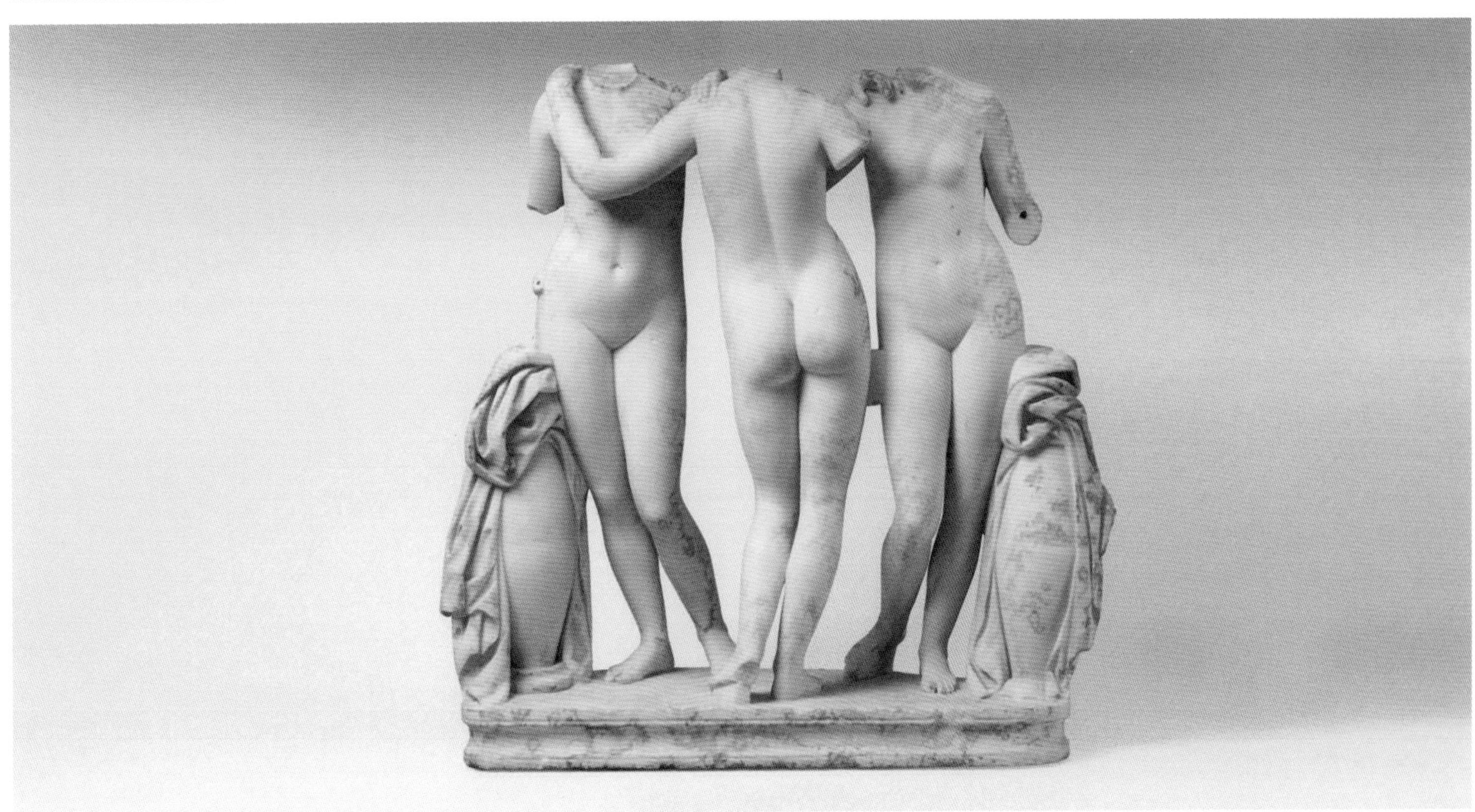

黎安美

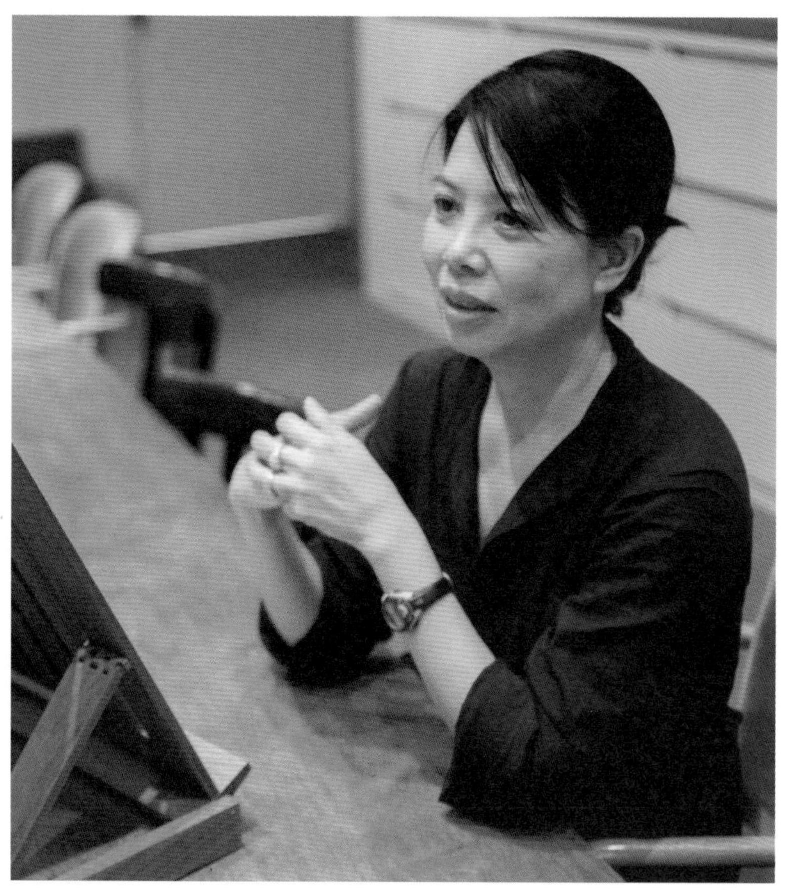

“做饭时，你心存关爱。”

《厨房》当然不是尤金·阿杰（Eugène Atget）的大师级作品之一，但我选择了它，因为它和我的成长经历之间存在着深刻的共鸣。人们猜想这张照片拍的可能是阿杰的厨房，但事实上，它是工作区域——并没有炉子。这是准备饮食的地方。阿杰的作品如此有趣，因为它和看的艺术有关。他和物体、光线及空间的刻画联系起来，但同时，他也可以营造某种神秘感。

我在越南长大，但在1968年战争期间，我们移居到了巴黎。对我来说，待在巴黎让我得以喘息。我和这张照片中丰富的食物有着一种奇怪的联系。我记得，在战争时期，你首先想到的是——食物够吗？这张照片似乎不是在战时拍摄的，因为满是面包。我想，这些袋子里装满了糕点——羊角面包、巧克力面包——你在星期天早上能找到的全部美味食物。

阿杰准确地知道应该将相机置于何处——有点俯视的角度，这样一来你就可以看到所有东西——但你永远不会感觉到相机的沉重。反倒是这种不露痕迹的风格使画面充满诗意，让人觉得亲切。他接近每一样事物时都是那样谦虚，从而将人的因素融入作品中。

当你一个人在异乡颠沛流离时，你就会想起故乡的饮食文化。它是嗅觉，是触觉；你与爱相连，你与食物相连。做饭时，你心存关爱。对我来说，那是一项重要的仪式。

当我们住在法国时，我在学校里和朋友们一起体验法国文化。回到家，我的祖母正听着越南音乐、抽着香烟，想方设法在我们巴黎的小公寓里重制越南菜肴。

《厨房》在很多方面引起了我的共鸣，而且并非都是舒适的。作品触发的情感很复杂，它恳请你讲述框外的故事。

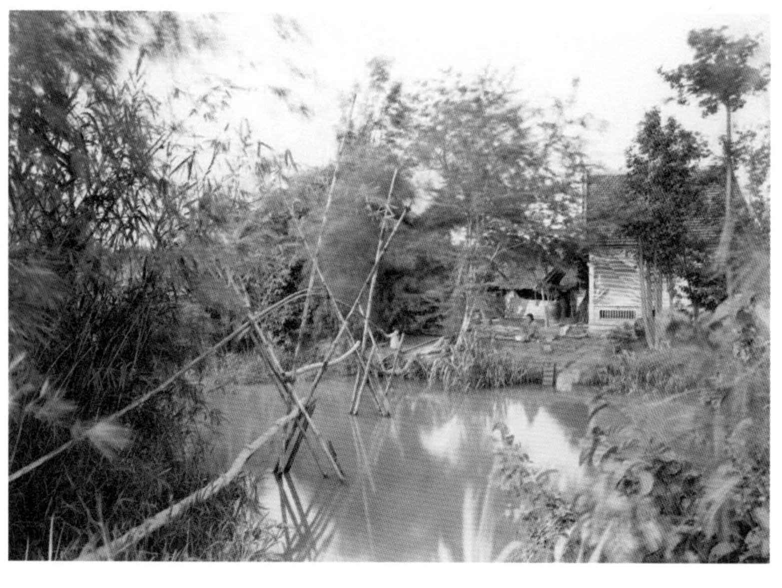

黎安美，《越南南部的同塔省》，1994年 ←

尤金·阿杰，《厨房》，约1910年 →

阿杰痴迷于制作自己谦称为巴黎及其周边地区的“文献记录”作品，并为那些代表法国文化和历史的建筑、景观和文物编撰了图片纲要。除了在职业生涯早期短暂地尝试过街头拍摄外，阿杰很少拍摄人物，因为他更喜欢街道、花园、庭院和其他地方——例如厨房，它们构成了一座文化大舞台。

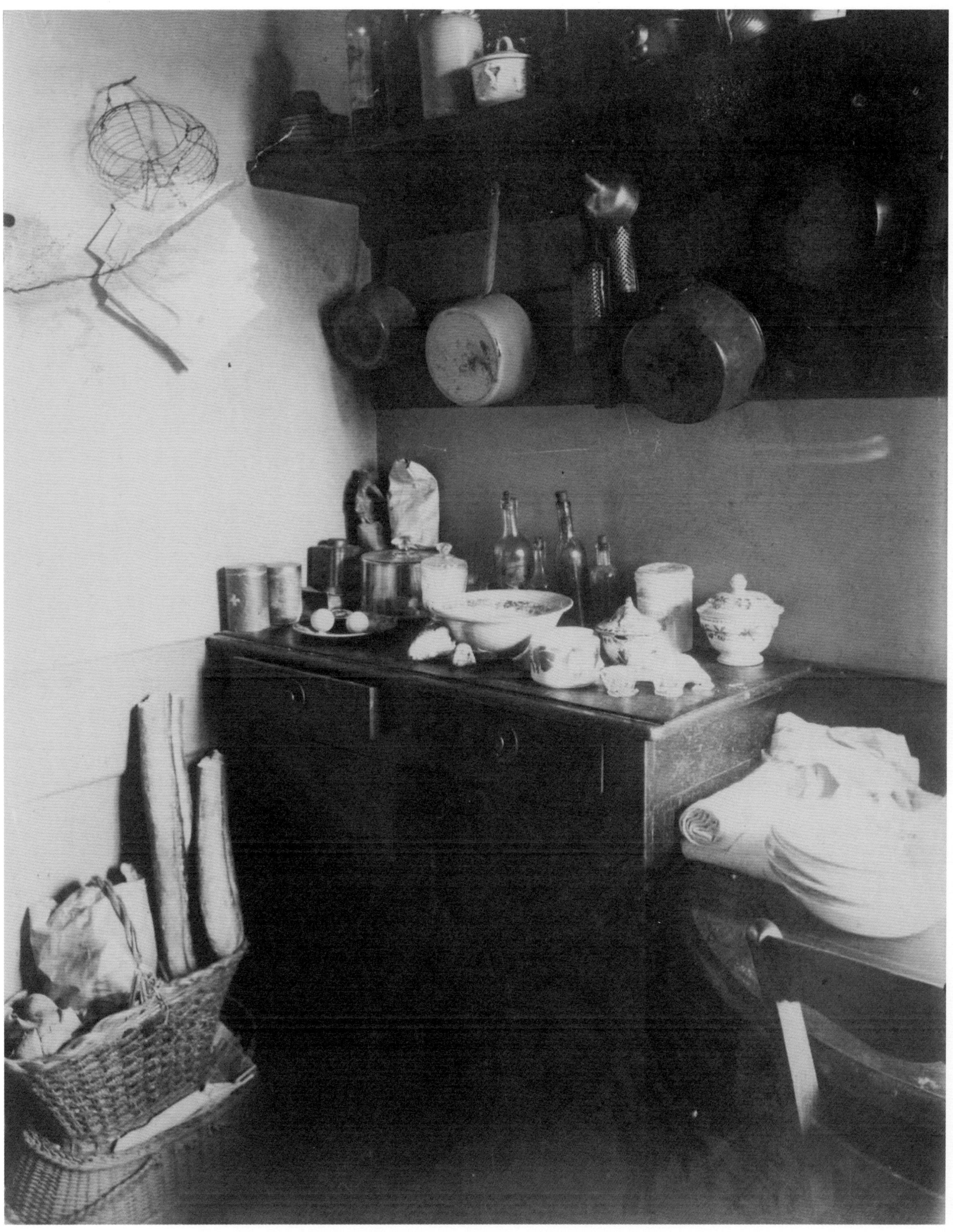

李日

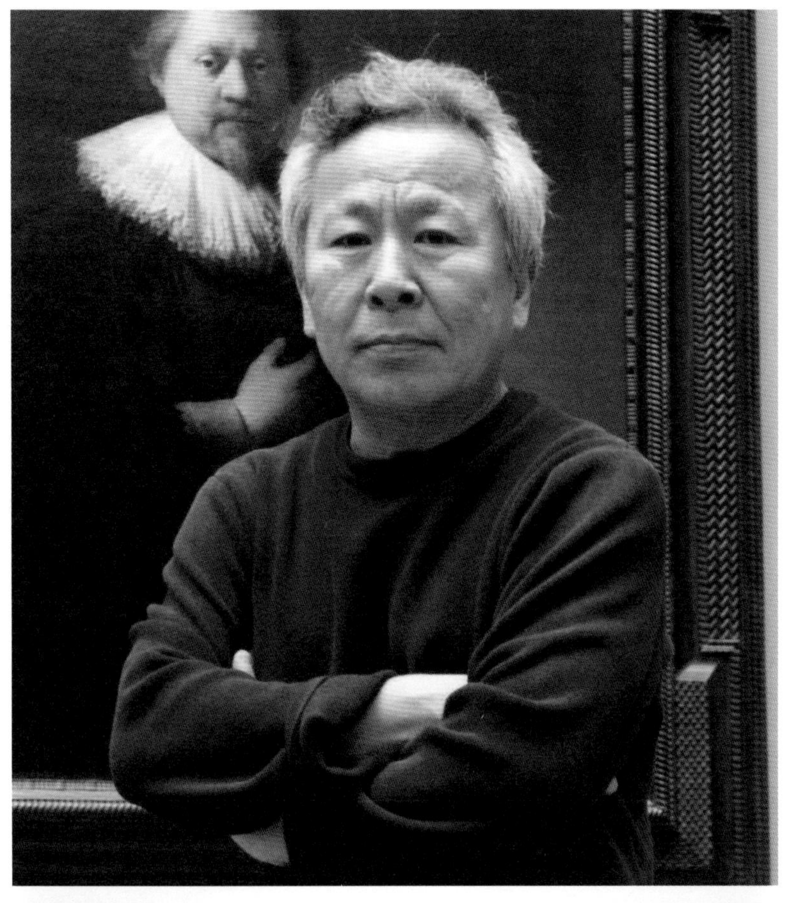

“我知道，人人都喜欢伦勃朗的作品，但对我来说，作为一名艺术家，我最喜欢的是伦勃朗作品中的背景。”

同行艺术家们称我为“圆珠笔艺术家”。1977 年，我来到纽约，第二天我就去了大都会艺术博物馆。这是我生平第一次看到这些伟大的作品。在博物馆里，我们在绘画作品中看到了成千上万个不同的人物。但是，收藏伦勃朗画作的画廊非常特别，因为作品和观者之间存在着更强烈的私人关系。

我知道，人人都喜欢伦勃朗的作品，但对我来说，作为一名艺术家，我最喜欢的是伦勃朗作品中的背景。我喜欢那些安静、干净、黑暗、开放的空间，这一切让我反思。背景里透出一种微妙的情感，让人不禁想起传统亚洲风景画里描绘的昏暗森林，那里的暗黑丛山中，有迷雾缭绕的溪流淌过。

画作中的背景看起来只是简单黑暗的空间，但创作这样的空间需要混合多种深色颜料才能得到完美的色调。反复用画刷上色才能营造出层次感和深度，从而激起观者深沉、忧伤的情绪和沉默。

它让我想起了自己的绘画作品。二十多年来，我只使用黑色墨水。我一遍遍覆盖圆珠笔画出的线条，通过重复的手法创造出深度和动感。

伦勃朗用深色来强调明亮的脸、手和领圈，让人觉得似乎是人物自己在发光。于是，他的画给人一种宗教感——简单的构图、忧郁的人物、明亮的脸庞，甚至黑色的画框，共同营造出一种圣殿般的气氛。

我和这幅画之间有一种私密的联系，或者说，这幅画能够打动我的内心。

李日，《无题 303》，2003 年 ←

伦勃朗 · 凡 · 莱因，《拿扇子的年轻女子画像》，1633 年 →

1631 年末至 1632 年初的那个冬天，伦勃朗抵达阿姆斯特丹。他早年作为历史剧场景画家的经历，加上他对人物面相和性格特点的深入研究，使他成了阿姆斯特丹最有创意、最成功的肖像画家。与这幅栩栩如生的女子肖像画同一时期创作的是她丈夫的肖像画，画的是他刚从椅子上站起来的场景。如果把这两幅画放在一起看，他们夫妻二人似乎正在互相回应。这两幅画可以算是 17 世纪 30 年代伦勃朗最富有创造力的作品。

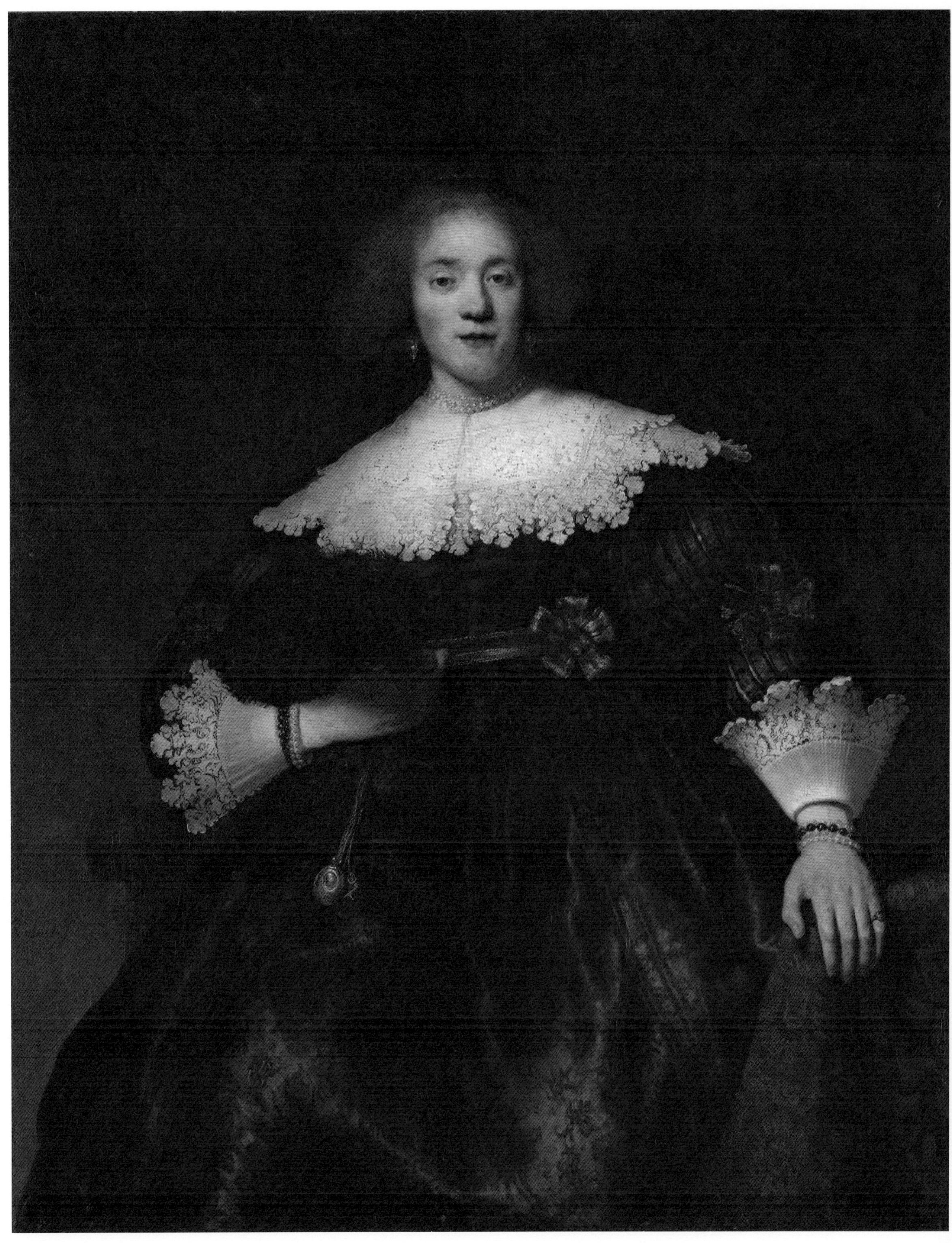

李明维

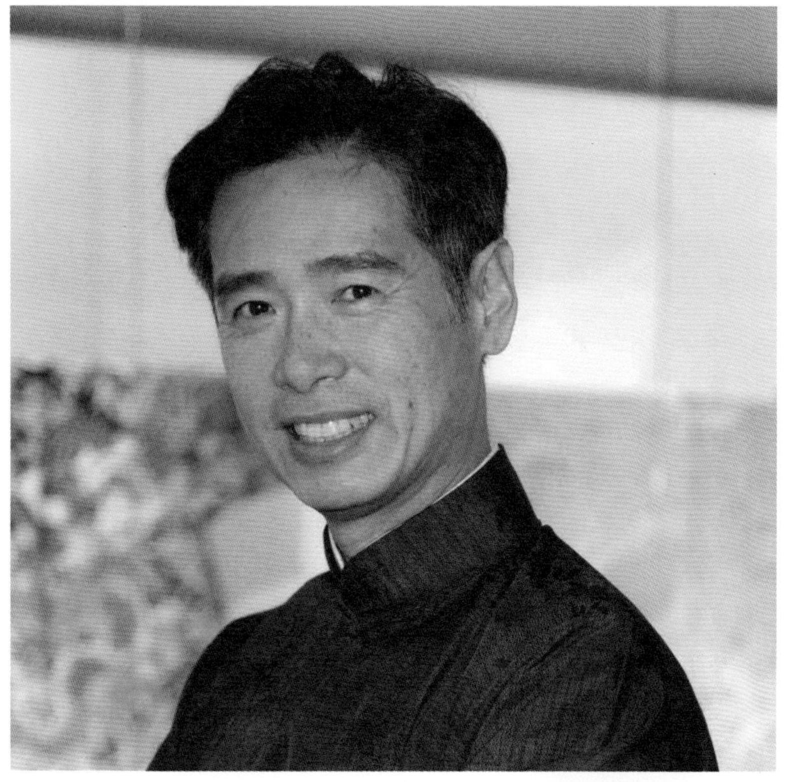

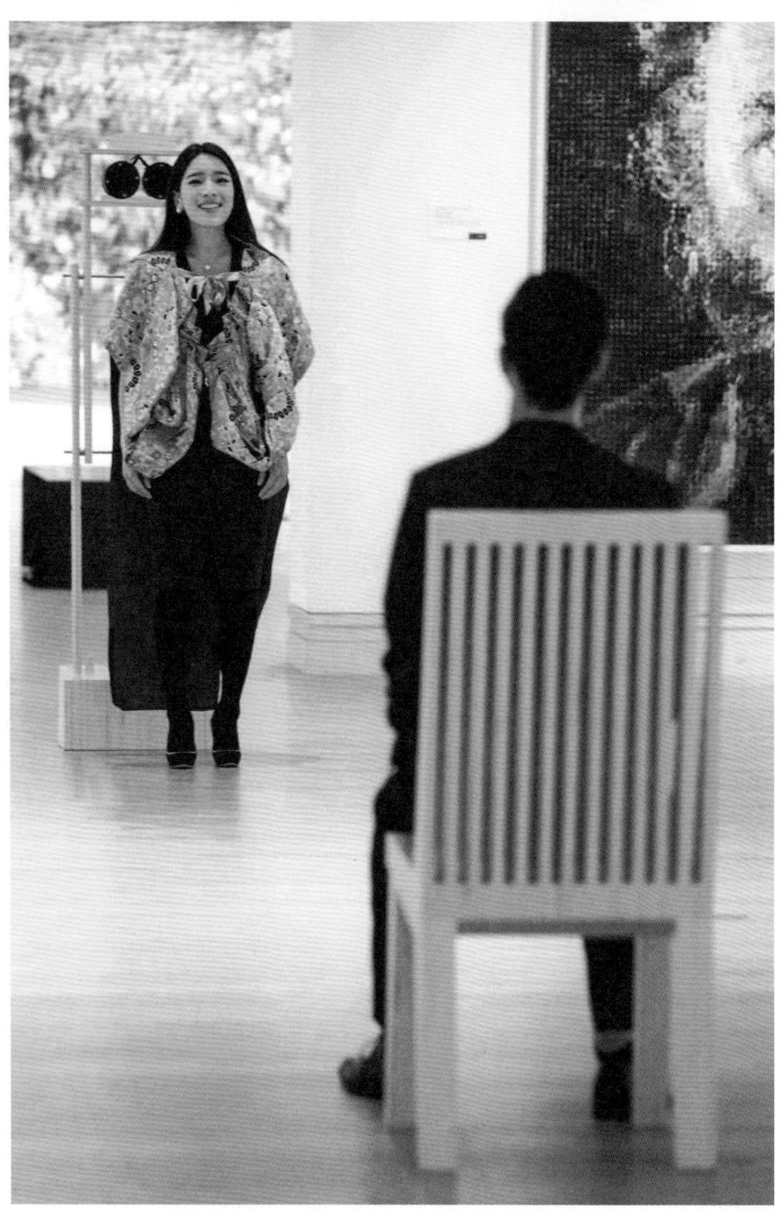

“穿上一件不同的长袍，你就换了皮肤，成了另外一个人。”

在成为观念艺术家之前，我曾做过多年的纺织工人。衣服，尤其是如此华丽的中国吉服，是一种标志，几乎就像第二层皮肤。穿上一件不同的长袍，你就换了皮肤，成了另外一个人，就像变色龙一样。

这两件吉服是御制的。上面的象征符号非常严格——每个官员只能穿自己品级的官服。这件带着蓝色的金黄色礼服是女式吉服，又称百蝠团花纹吉服，上面绣有许多飞行的蝙蝠。西方人可能会觉得奇怪，为什么是蝙蝠呢？这跟语言有关——蝙蝠的“蝠”在汉语中的发音与表示好运的“福”完全一样。这件吉服上的蝙蝠正围绕着“寿”字飞舞，“寿”是长寿的意思，是说穿这件吉服的人能活得长长久久。

另一件吉服是皇帝穿的，皇帝就是天子。吉服上绣有龙，龙的等级比蝙蝠的还要高。这件吉服专供皇帝使用。吉服上还有其他高度风格化的波浪纹、云纹和火纹。所有的符号都是自然元素，带着神秘感，和穿这件吉服的人一样。

这些吉服的设计会让穿着它们的人看起来更高大。那时的人大多数都很瘦小，所以设计这些吉服的初衷不是为了展示身体，而是为了遮盖身体，这样一来，当你走进大厅时，就会看起来高大威武。

看着这些吉服，你会发现，三四百年过去了，很多东西实际上没什么变化，这真是令人印象深刻。我现在穿的衣服确实是它们的“直系后代”。虽说现在已经没几个人穿这种长袍了，但当我身处西方国家时我就会穿，一穿上它们，我就觉得另一部分的“我”显现出来了，我很喜欢这样的感觉。因为长袍的面料会兜住空气，所以我身体移动的方式也就不同了，我不得不以一种庄重的方式走路，这样便为我的观众创造了一个角色。来自不同文化背景的人看到我的文化传承时，眼睛里会露出欣喜之色，我很喜欢。吉服传递的信息太强了：“你们是我的子民。”皇帝说。

李明维，《花开的声音》，2013—2015 年 ←

丝绒质感的龙袍，17 世纪 ↗

这件罕见的龙袍展示了清朝早期的龙袍设计，龙袍和龙纹的尺寸以及龙的力量感和威严感均沿用了明朝（1368—1644）龙袍的设计样式。

女式百蝠团花纹吉服，18 世纪上半叶 →

这件百蝠团花纹吉服相当有名，是 18 世纪早期中国宫廷精心绣制的典雅制服中的经典款式。汉语中蝙蝠的“蝠”与福气的“福”是同音字。吉服上，每个团花上都有五只蝙蝠，代表中国传统文化里的“五福”。

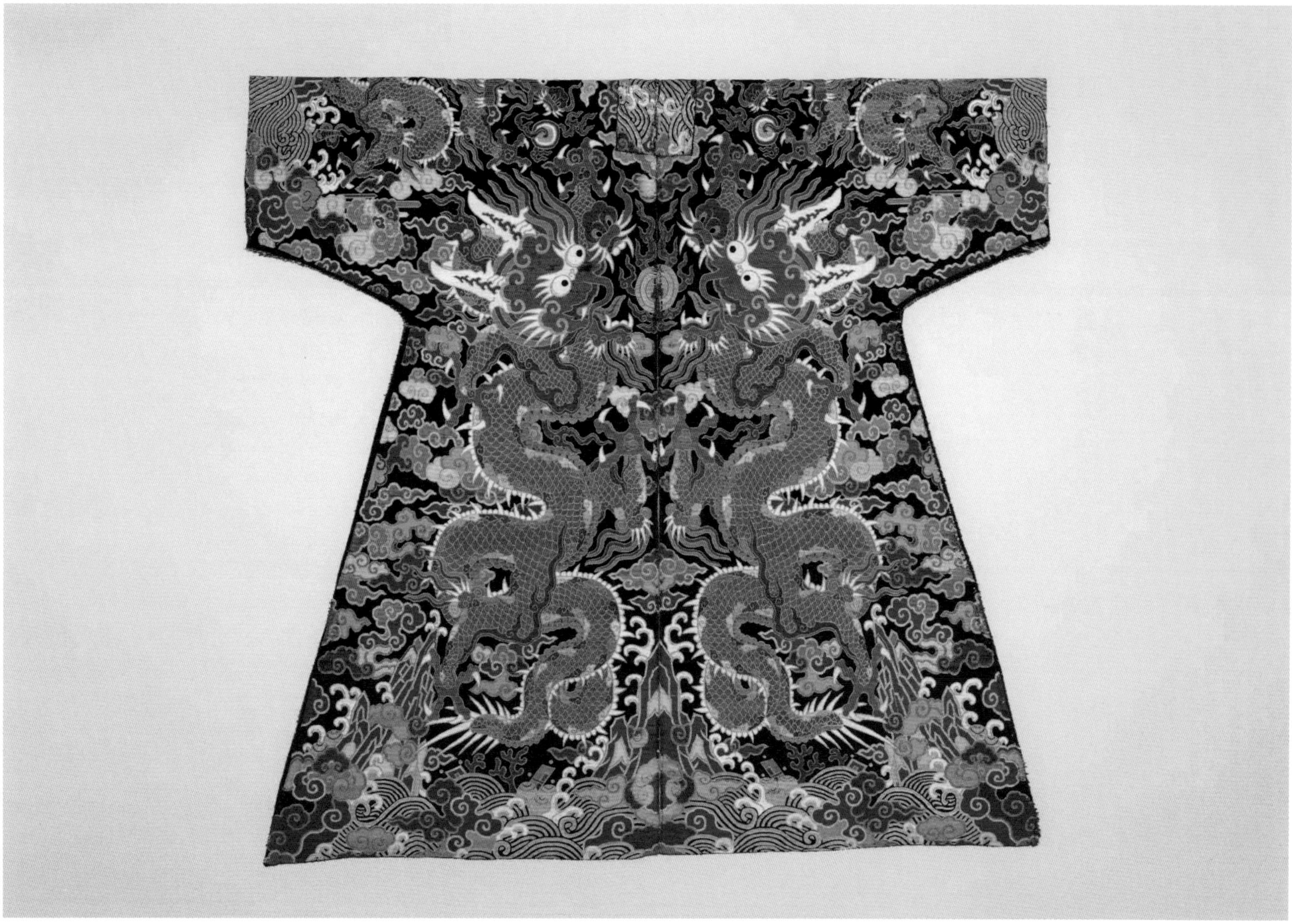

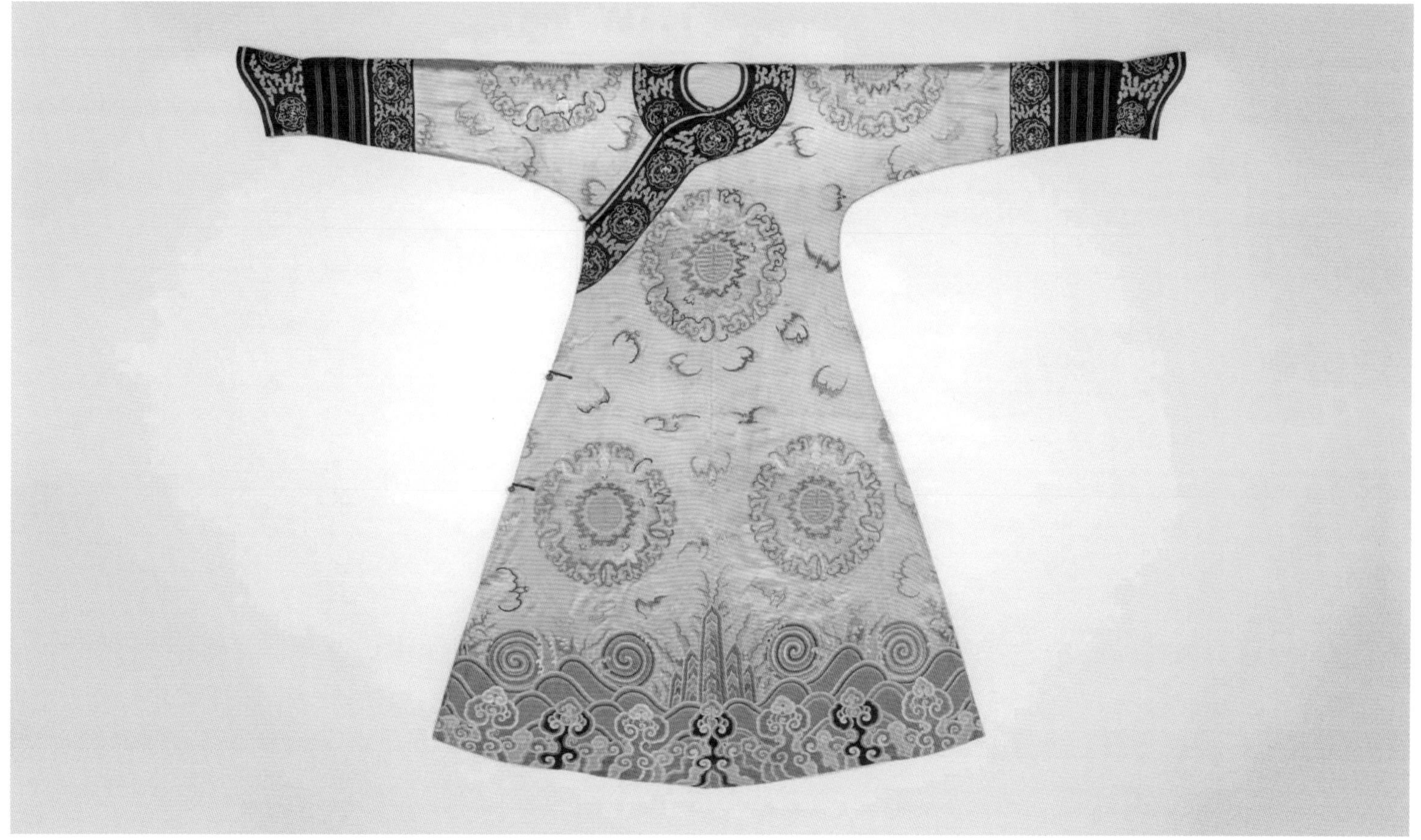

李禹焕

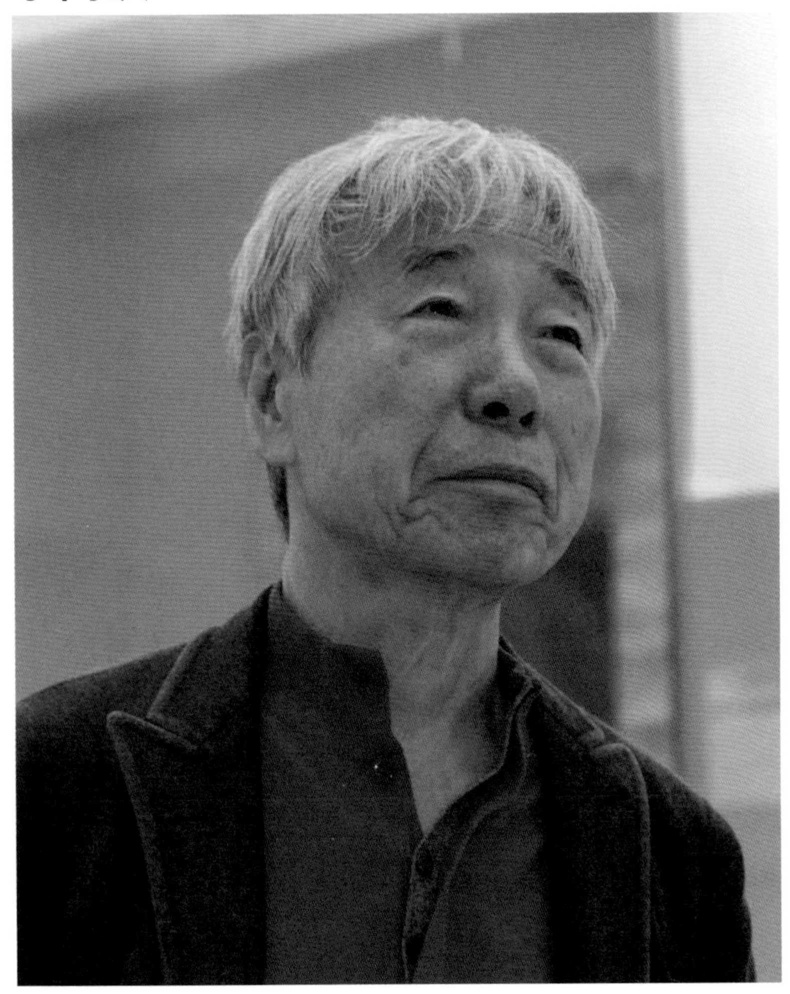

“正因为不平衡、不完美，你才能够以无限且真实的方式去看待事物。”

究竟是谁在18世纪的朝鲜制作了这只白釉罐，我们对此了解不多，因为罐子上没有太多信息。我选择它，是因为它具有一种近乎魔幻的感觉。这个罐子的形状并非完全对称——既不是正圆形，也不是正椭圆形。甚至连颜色都有一点不正——大家说这罐子是白色的，但实际上，它差不多呈灰白色，并带有淡淡的土黄色、橙色和蓝色。总之，我们几乎难以形容这个罐子。艺术家是故意这样做的吗？真不知道。也许这些都是窑内高温造成的一些小瑕疵，而且艺术家觉得尚可接受。

当你看到18世纪的中国陶器时，你会觉得它们简直太完美了，完美得不真实。日本艺术家也试图创造完美，但同时，他们也试图表现人性。朝鲜陶器介于两者之间，我认为，这个罐子就代表了这种关系。它并没有尝试达到至美的境界，相反，它似乎在努力实现不完美。它反映了生活本身——你的生活是多变的——它并不完美。这就是朝鲜半岛上的人们对生活的理解。这种理解让他们更加开放，更加自由，让他们接受自己的不完美。

日语里有个表达叫作“空気を読む”，意思是“读空气”。它意味着你必须能够感知氛围，感知你周围所有物体的振动。这一观念体现在这个罐子上，也就是艺术家用于呈现它颜色和形状的方式。他试图通过瑕疵来制造振动。在自己的作品中，我也会使用简单的笔触，但是，我并不想用其中的某一笔来代表整件作品。我希望这一笔的感觉能与画布上的其他部分、画布里的空间以及整件作品的振动共同发挥作用。我认为，这位艺术家肯定也尝试过这样做。

对我来说，这个罐子非常女性化，甚至带有一种情欲；它让人想起女人柔软的身体。在欧洲艺术中，维纳斯有着同样的魅力。我觉得，这件作品散发着丰腴女人的那种风韵。

人们常常鄙视任何形式的不完美，他们会说，“嗯，这个不完美”或者“这个有点不平衡”。正因为不平衡、不完美，你才能够以无限且真实的方式去看待事物，同时揭示了一个事实——我们潜力无限。

李禹焕，《从线开始》，1974年 ←

月亮瓶，18世纪下半叶 →

在18世纪的朝鲜，被称为“月亮瓶”的圆形大白釉罐十分流行。这种烧制于朝鲜王朝晚期的独特瓷器，通常是将两个半球形连接在一起制成的，因形状而得名“月亮瓶”。在烧制的过程中，釉彩偶然产生的桃红色增加了它的魅力。

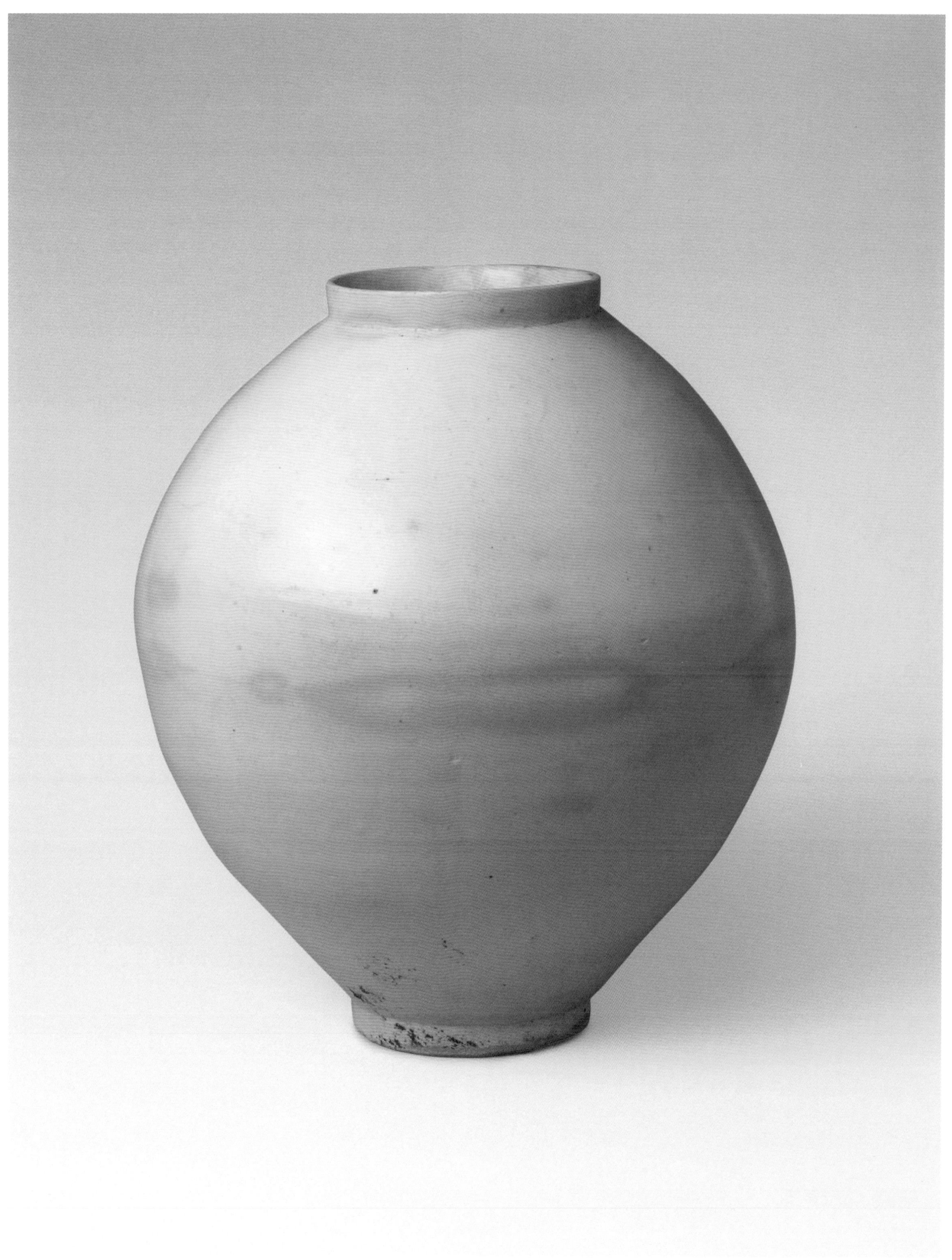

格伦·利贡

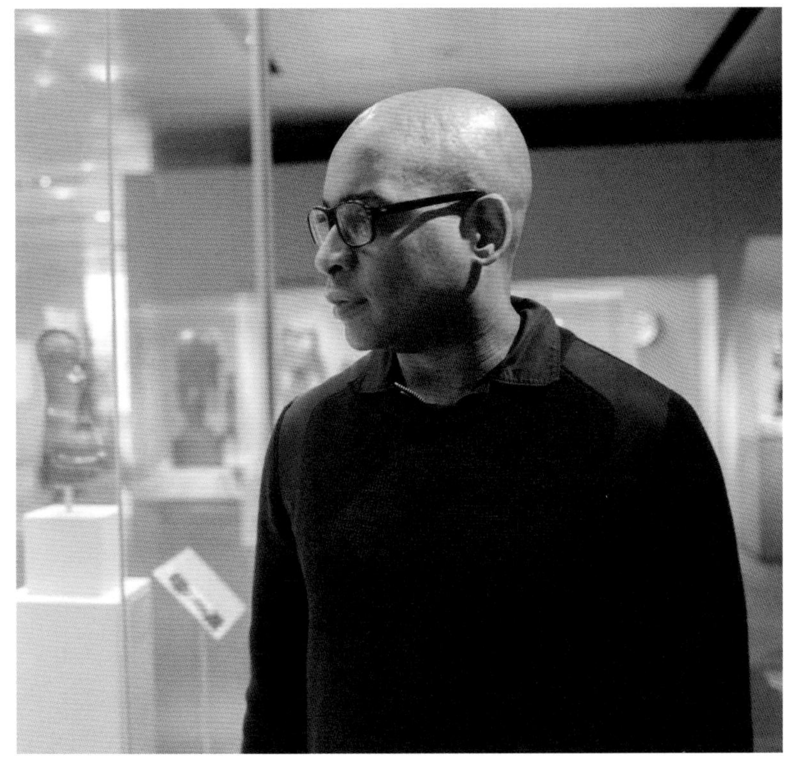

“我真喜欢这样的想法——如此抽象的事物居然可以如此具体。”

我的作品大多是画。一幅画挂在墙上，你就这样看着它。我不做雕塑，所以，对我来说，有关雕塑的问题既陌生又令人惊讶，我不得不学习关于它的知识。我正在从非洲艺术中学习事物如何在空间里运行。

让我惊叹的是，这些毕里人像是由整块木头雕刻而成的。这颗头的有趣之处在于它的各种特征都非常风格化，包括大眼睛、高挑眉、嘴巴和鼻子。它们都是面部的一般标志，但又非常具体。这不是一件直接意义上的肖像作品，而是呈现了你想要某人做的事情。例如，耳朵伸出来，形成一条通向先祖们的通道。这件作品会说话，你也会对它说话。耳朵的位置与其对祷告的接受程度相关。我真喜欢这样的想法——如此抽象的事物居然可以如此具体。

任何艺术品都是一种理想化的描画，是关于某物的一种想法，而不是事物本身。即使这件雕像在它原来的环境中不会被当作“艺术品”或者“雕塑作品”，它的比例依然相当漂亮。椭圆形的头部，修长的脖子——美学价值增加了它的精神价值。这是人类的特质——我们崇拜美丽的事物。因为这种崇拜，我们一遍遍地回看这些作品。

我并没有带着制作漂亮的作品这样的想法进行创作，但它的漂亮往往诱人去探索它的其他方面。在当代艺术中，我们对观者的体验感兴趣的一点是，他们是如何融入艺术品的。对我来说，这些雕像已经做到了这一点。它们将人激发起来，这就是二者之间的关系。人们不只是站在那儿看着这些作品，而是和它们一起做事。

这件雕像被放在装遗骨的容器之上，因此，它已经经历了数代传承。但是，在某个时候，它的宗教意义不复存在，最终出现在了博物馆陈列厅里。博物馆经常有想要收藏的物件，而且希望这些物件不要变，可它们着实会变。你看，雕像上渗出了棕榈油，那是当年祭祀时淋上去之后被雕像吸收的棕榈油；正是它微妙地提醒着我们，这件雕像曾存在于完全不同的体系中。尽管这些物件如今被置于展示柜中，但并未被禁锢——它们的含义会随着时间的流逝而改变。

格伦·利贡，《无题：四幅蚀刻画》，1992年 ←

遗骨匣子部件：头部（《伟大的毕里人像》），19世纪 →

在加蓬的芳人部族里，为祭拜先祖而制作的人形雕像被用来装饰遗骨匣子。这件雕像将气韵超凡的先祖浓缩到头部，它的目光很有穿透力。这件雕像最初被放置于一个小型的家庭祭坛顶部，祭坛里放着一个大家族至少九代先祖的遗骨。这件《伟大的毕里人像》是芳人部族里已知的尺寸最大的头部雕像，它的形式和制作也最简洁。这件杰出的作品是非洲艺术里最常被复刻的作品之一。

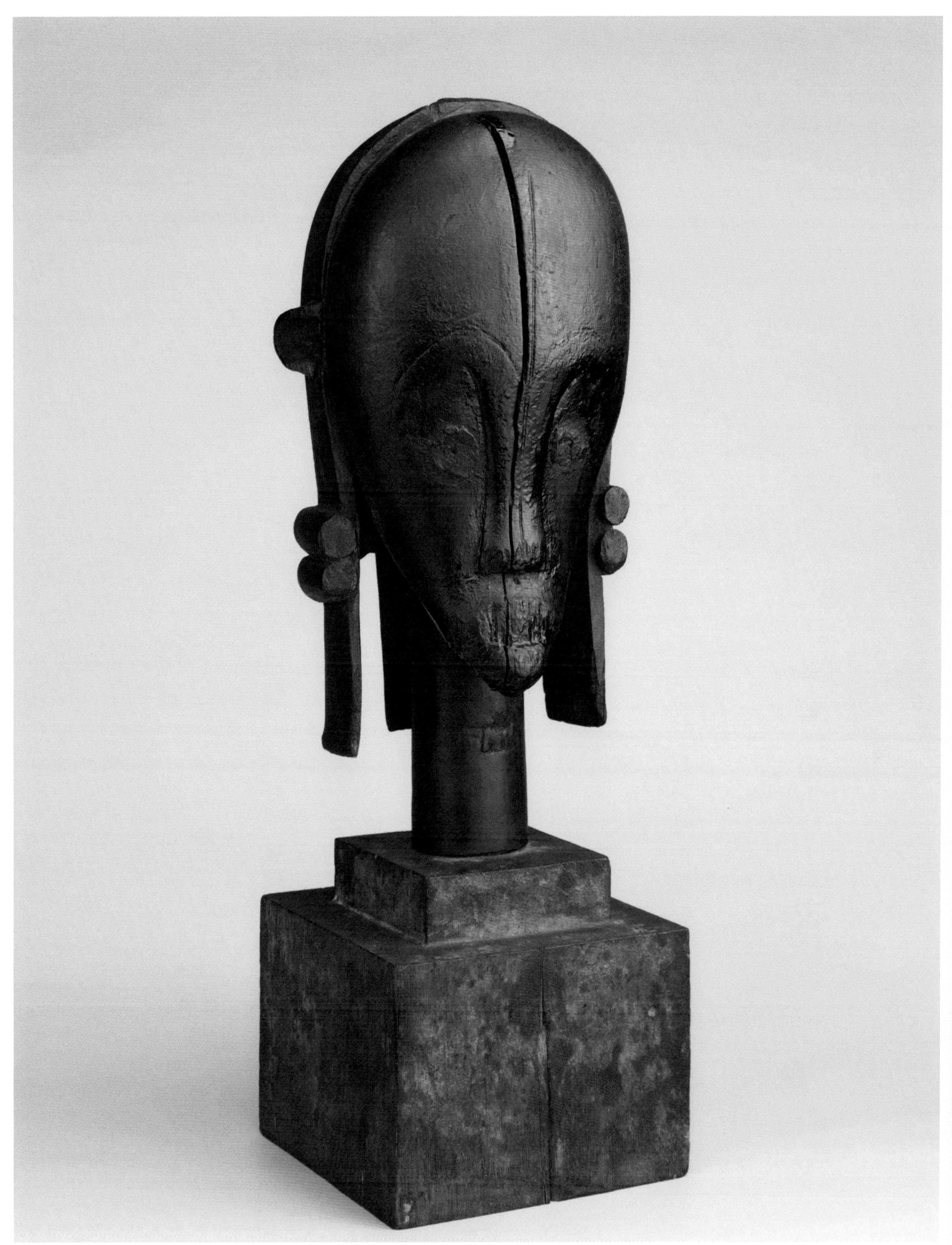

林天苗

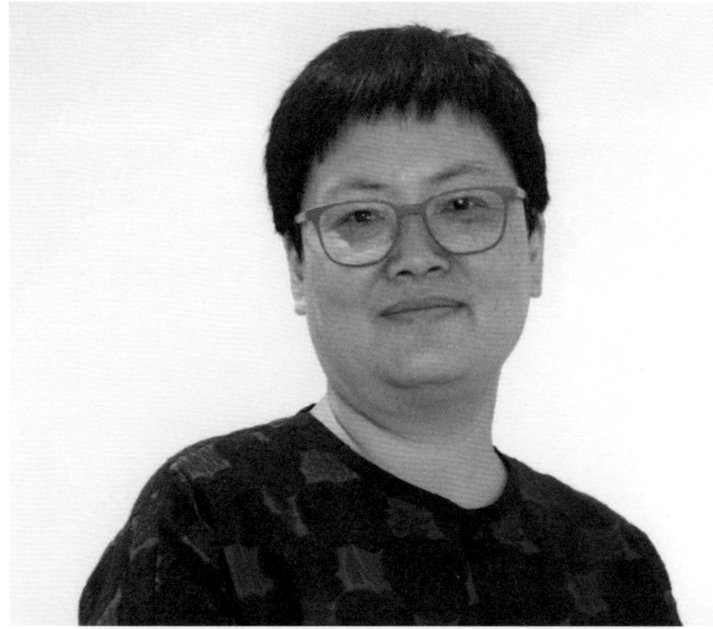

“他将私人生活放大并公开，还捕捉到了那些最动人、最暴露、最隐蔽的瞬间。”

我来自中国，20世纪80年代，当我第一次看到亚历克斯·卡茨的作品时，我发现他的笔法及作品的平面性与中国水墨画和日本木版画非常相似。就像画中国国画一样，整个绘画过程看起来非常快。卡茨的笔法非常简单，通过画笔的巧妙移动，你可以看到他的激情。但那是一种被抑制的激情。

卡茨对细节的考量颇多。如果没有将全部细节考虑清楚，他是不会在画布上自我表达的，只有这样，他的画笔才能跟上他的想法。深思熟虑之后，他浑身都散发着自信。

欣赏他的作品就像朗读一首诗，会立刻让你不知所措，让你感到震惊。在西方艺术中很少能找到诗意的感觉，因为西方艺术给你的是一个故事。但是，卡茨能抓住短暂的一瞬间，一个宝贵而精确的时刻。

卡茨的许多肖像画画的都是他所爱的人，因此更容易捕捉人物的多面性。他的作品看起来很传统，但我认为并非如此。我发现他的作品背后是人类之间的一种精神交流。

他对人物心理的精确刻画让我着迷。描绘的对象看起来很真实，但却让人感觉不到真实。即使是复杂的颜色——嘴唇的颜色——他也可以将其转变为超凡脱俗的东西。他将现实世界纯粹化，让它变得空灵。

卡茨对中产阶级物质主义生活的描绘是精神上的，同时也很敏感。他所描绘的一切让你感到安宁。对我来说，这一点特别宝贵。他捕捉了我们在商业社会中的当代存在——例如，广告对我们的影响是显而易见的。我还坚信他受了电影的影响。观者们多多少少都有点偷窥狂的心理，他放大了这种心理。他将私人生活放大并公开，还捕捉到了那些最动人、最暴露、最隐蔽的瞬间。他放大肖像的脸部以展现其精神因素。只有艺术才能达到那种程度的体验。

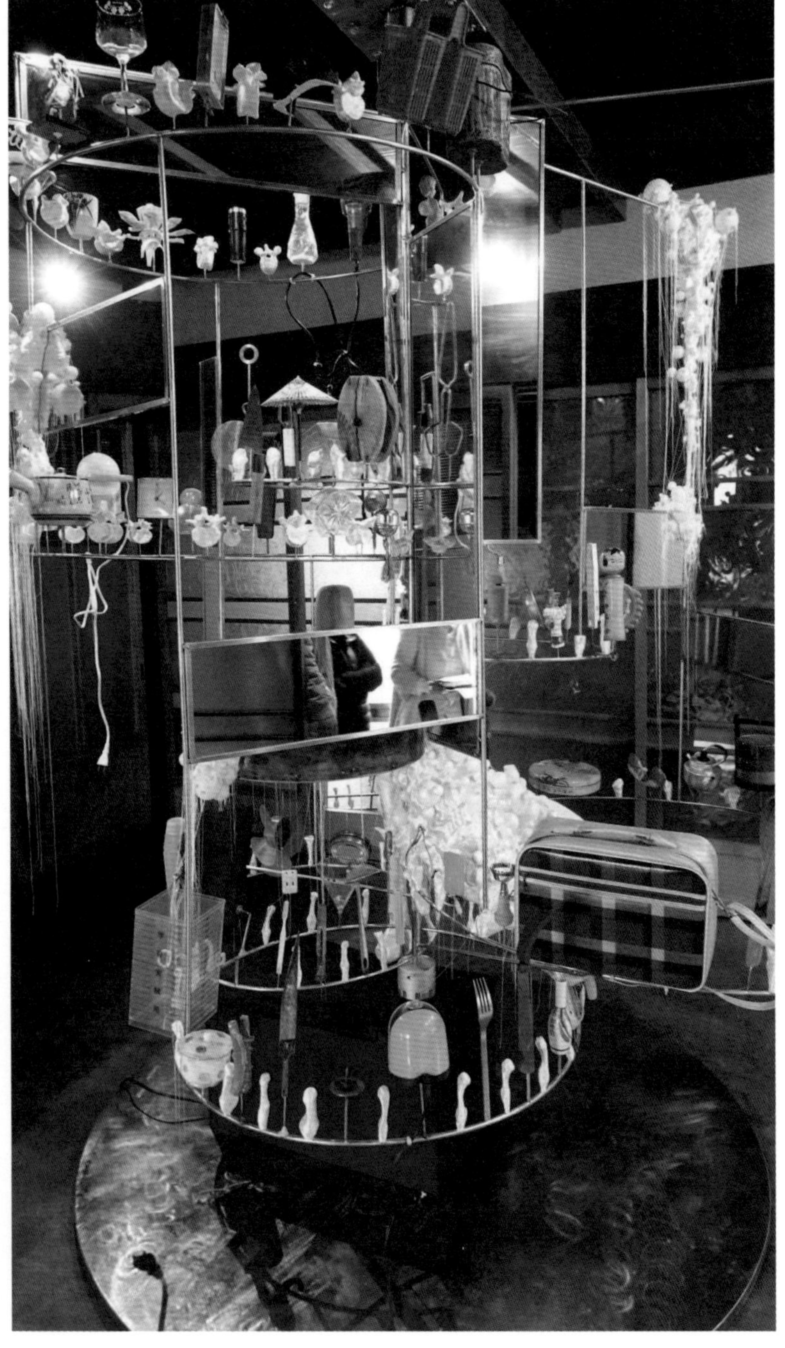

林天苗，《旋转-革命》，2016 年 ←

亚历克斯 · 卡茨，《黑棕色衬衫》，1976 年 →

卡茨在纽约画派的鼎盛时期成年；20 世纪 50 年代后期，他开始发展自己的成熟风格，其特征是风格化的抽象、简单和优雅。卡茨致力于描绘可识别的图案，尽量减少细节和阴影，并借助大胆的轮廓线和色块来描绘他的主题。卡茨的作品不仅代表某个人或某个地方，还描绘了“观察”行为本身，捕捉到了伴随着观者体验的惊喜和悬念、欲望和愉悦。

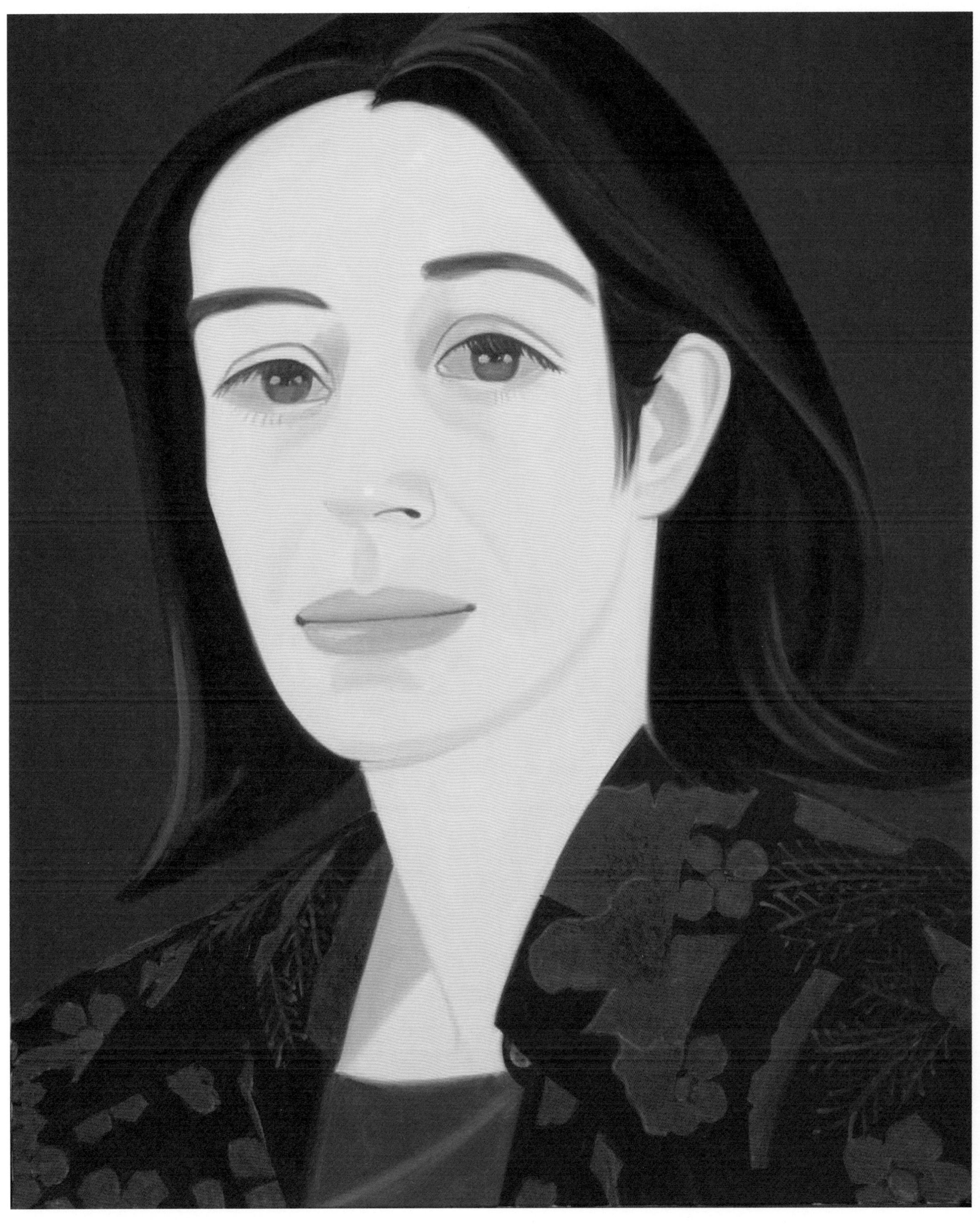

卡鲁普·林兹

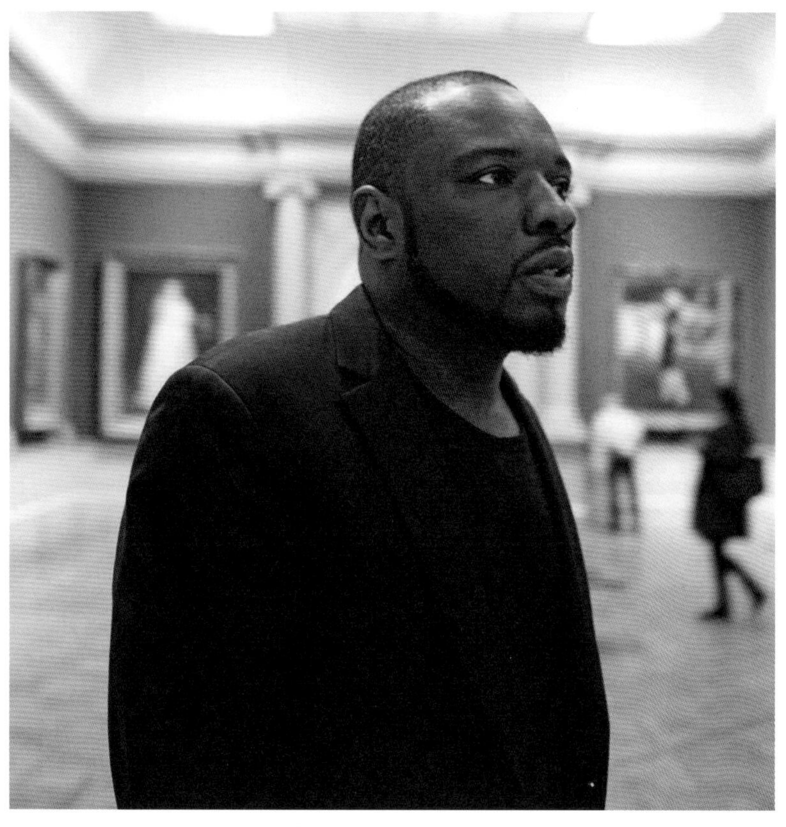

“让一件东西成为艺术的是这样一个事实——它为观者留下了想象的空间。”

爱德华·马奈的画吸引了我，因为我对自己的作品有太多疑问——“为什么这是艺术?”“这是娱乐吗?”“一切都是艺术吗?”“一切都是表演吗?”我觉得，从艺术家创作的过程来说，马奈的画是属于当代的。

马奈生活在巴黎，但他画的却是西班牙斗牛士，当然，他的搭配有点失误，比如那条毯子就不准确——这是他实验的一部分。这些场景其实是他在工作室里创造的。

这幅画中的女人和马奈另一幅《穿着马约式服装的年轻男人》(1863)里的男人穿着相同的斗牛士服装。我不确定当时是否有女斗牛士，但在我看来，这里似乎存在着性别扮演。马奈在他的工作室里放了很多衣服，还让模特们穿上它们扮演不同的角色。我很喜欢这样的想法——让人感觉马奈生活在我的时代，因为我的工作室里也有衣服，我的表演者们来了就可以换上并扮演不同的角色。

马奈的很多幅画里都出现了这位女子。在这幅画里，她变了装，所以你得近距离观察才能将她辨认出来。但是，一旦认出她来，你不禁会觉得画里表现的要么是表演活动，要么是角色扮演活动。你会意识到，这个人在马奈的工作室里进进出出，帮助马奈完成这些表演，好让他完成画作。虽然这些表演不是动态的，表演者不会四处走动，但着实也是一场表演，因为他们得保持那个姿势。你得把那些姿势和手势都看作场景。

这样的场景让马奈的创作显得更加真实——他并没有孤独地处于他想象的某个地方。他肯定展开过某种类型的对话、讨论或交谈。

看到这幅画，我就想到，当我准备扮演某个角色的时候，我会研究各种手势，以便找到正确的肢体语言。我总是希望——真不想说希望这个词——我总是想象自己生活在另一个时代。我想走进那些古老的画作，并想象自己穿越回那个时空。

鲁保罗(RuPaul)曾经说过:“我们赤条条地来到这个世界，后来穿上的不过是些异装。”在某种程度上，当我欣赏马奈的这些画作时，我确实认为画中的人物穿的都是异装，但我着实不知道那一刻发生的全部故事。

如今，艺术家们可以使用更多的媒介用于表达，但马奈笔下的人物必须在画布上表演。我想象了一下，如果这些人物像动画一样可以动，那这个人会怎么移动呢?

我一直觉得娱乐节目是艺术的私生子。小时候，我和我的堂表兄弟们会假装生活在肥皂剧中；但当你上了艺术学校后，你就会假想自己在扮演艺术家的角色。让一件东西成为艺术的是这样一个事实——它为观者留下了想象的空间。它为你留出了空间，这样你就可以用自己的方式来处理事情。

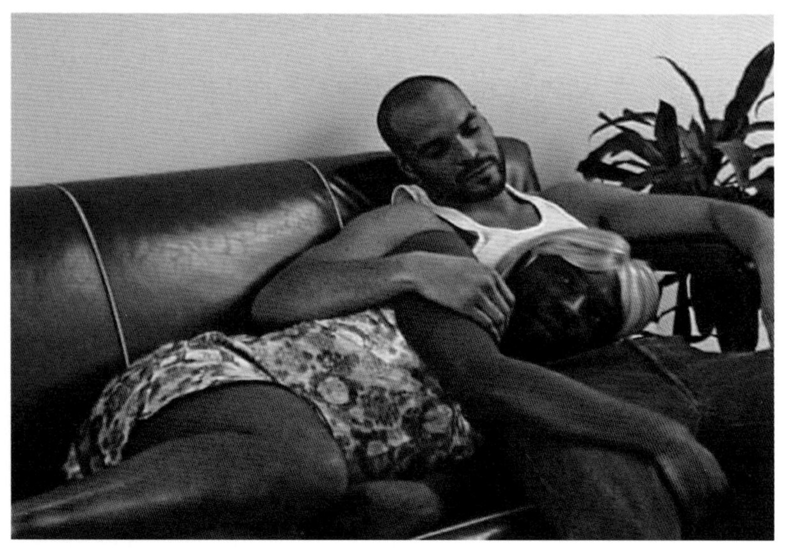

卡鲁普·林兹，《和柴伦的机智谈话 V：艺术世界的变身》，2006 年 ←

爱德华·马奈，《身着斗牛士服的 V 小姐》，1862 年 →

马奈形象地描绘了打扮成男斗牛士的模特维多琳·默兰(Victorine Meurent)，她摆的姿势仿自文艺复兴时期的一件印刷品。维多琳穿的鞋子并不适合斗牛运动，她手里挥动的毯子是粉色的，这不是正确的颜色，但丝毫不影响她扮演的角色的神韵。画面背景重现了弗朗西斯科·戈雅《斗牛士》系列版画中某个斗牛士狂欢的场景。

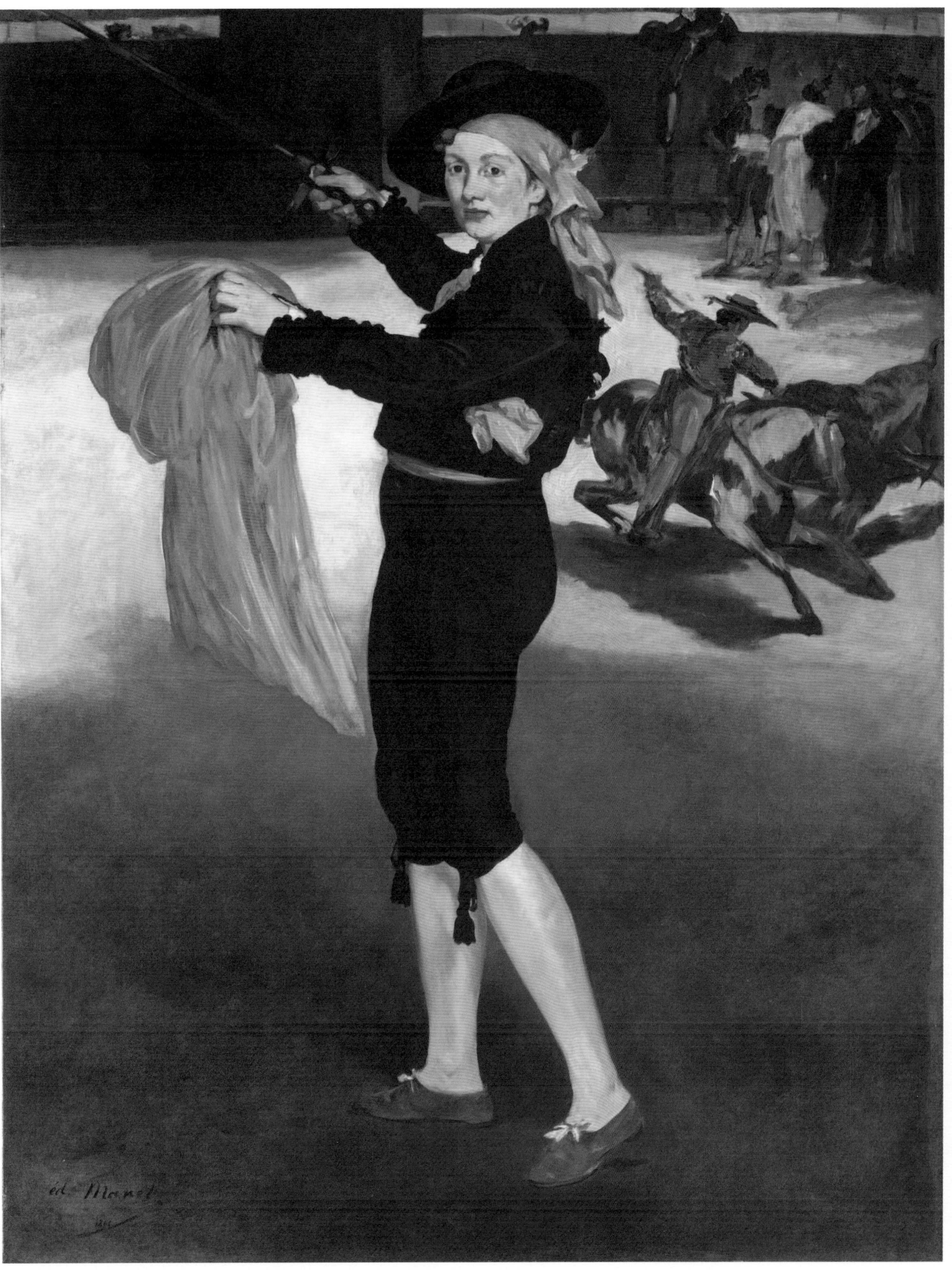

罗伯特·隆戈

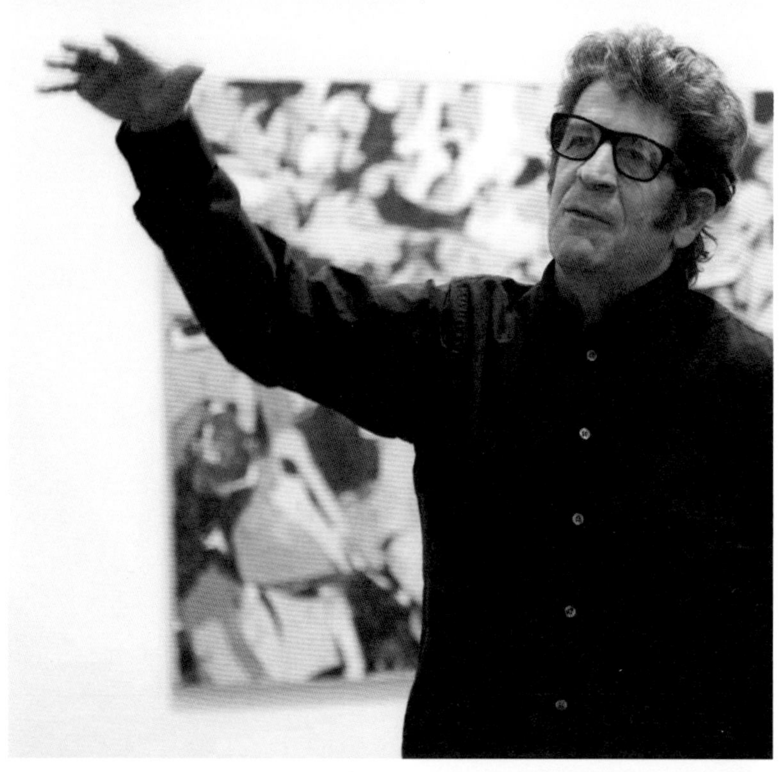

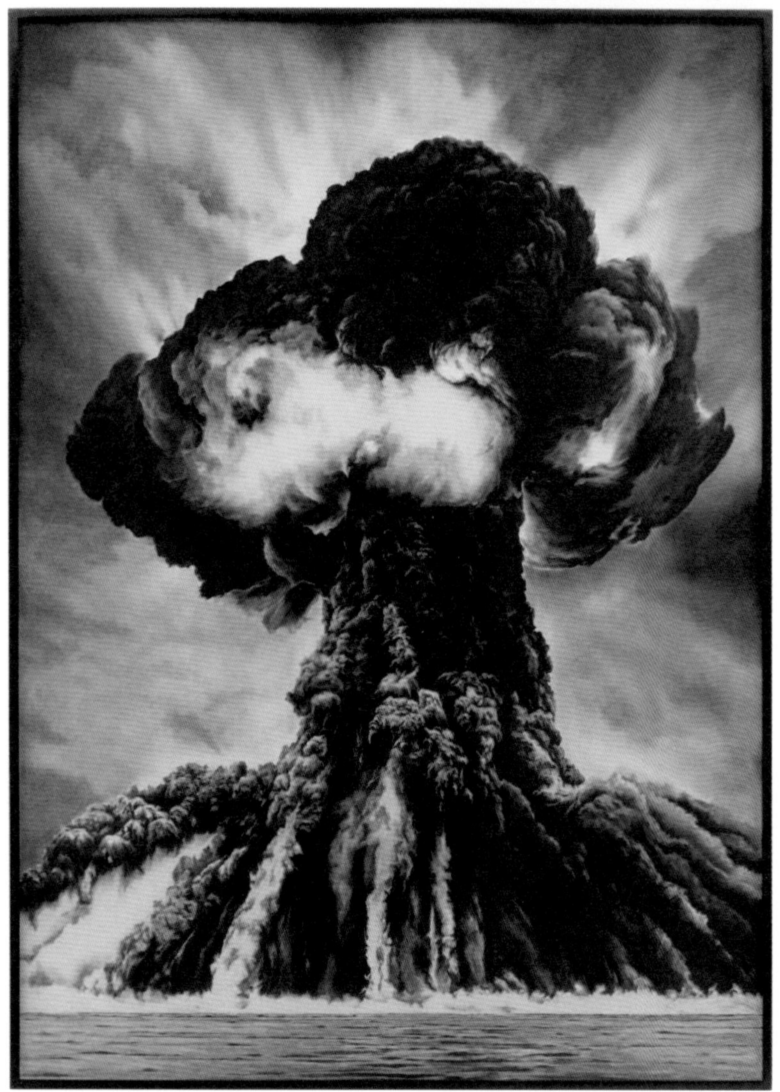

“伟大的艺术历来都是要提出问题的，并且，提出的问题越多，它就越好。”

作为美国人，我们从小就听大人说“越大就越好”。以前，我以杰克逊·波洛克的画为例说明为什么我要创作大型作品。因为我想与自己周围的世界较量，而波洛克的作品是他与电影之间的较量。

《秋的节奏》是心灵的记录，是人类存在的一种体现。你在画里可以看到波洛克身体移动的轨迹。我肯定，有人可以通过分析这幅画来得知波洛克的身高和体重。这是一种独一无二的记录。

我觉得波洛克的潜意识确实被激发了。我读过一些报道，也听他本人谈过，他说他在作画之前既没有草图也没有计划，但有一点很明显，他肯定有某种策略。我认为，眼前这幅画是通过三个部分完成的。首先，他用黑色墨水画出有点像人类的形状，然后用白色和绿色覆盖这些黑色，最后再加上这些鸟的形状和V形——你可以清晰地看到它们。

作为艺术家，你就是自己所处时代的记者。波洛克开始创作的时候，整个世界已经差不多要自我毁灭了。他画作的大小和泰奥多尔·热里科（Théodore Géricault）、雅克-路易·大卫（Jacques-Louis David）的大型战争主题画的大小是一样的，但在他的笔下，绘画颜料不再服务于幻象。绘画颜料本身成了作品。他的画创造了死胡同。在波洛克之后，你还能延伸到何处？

这幅画里有民主。你可以一眼就看完，但也可以选择想怎么看就怎么看，因为画里没有任何叙事结构。我看了它很多遍，比看自己最喜欢的电影的次数还要多。

我觉得，波洛克当时已经意识到人们会对他的作品进行各种阐释，但是，伟大的艺术历来都是要提出问题的，并且，提出的问题越多，它就越好。与科学或哲学一样，艺术试图去理解，但艺术有包容其他思想的能力，可以帮助我们理解自己当下所处的环境。

我确实把艺术当作信仰，它是我的宗教。这幅画就带有这种力量。

罗伯特·隆戈，《无题（俄罗斯炸弹 / 塞米巴拉金斯克核试验场）》，2003年 ←

杰克逊·波洛克，《秋的节奏（第30幅）》（含细部），1950年 →

1942年，杰克逊·波洛克在纽约“本世纪艺术画廊”举办了首次个人画展。此后，直到44岁的波洛克于1956年因车祸去世，他多变的艺术和独特的个性使他成了纽约艺术界的风云人物。在1947年和1948年，他进行了很激进的创新：运用基于线性结构的“泼”和“滴”两种技法，在画布或纸面上进行创作，重新定义了“绘画”这两个字。《秋的节奏》展现了波洛克通过自己的技法在“意外”与“控制”之间达到了绝佳的平衡。

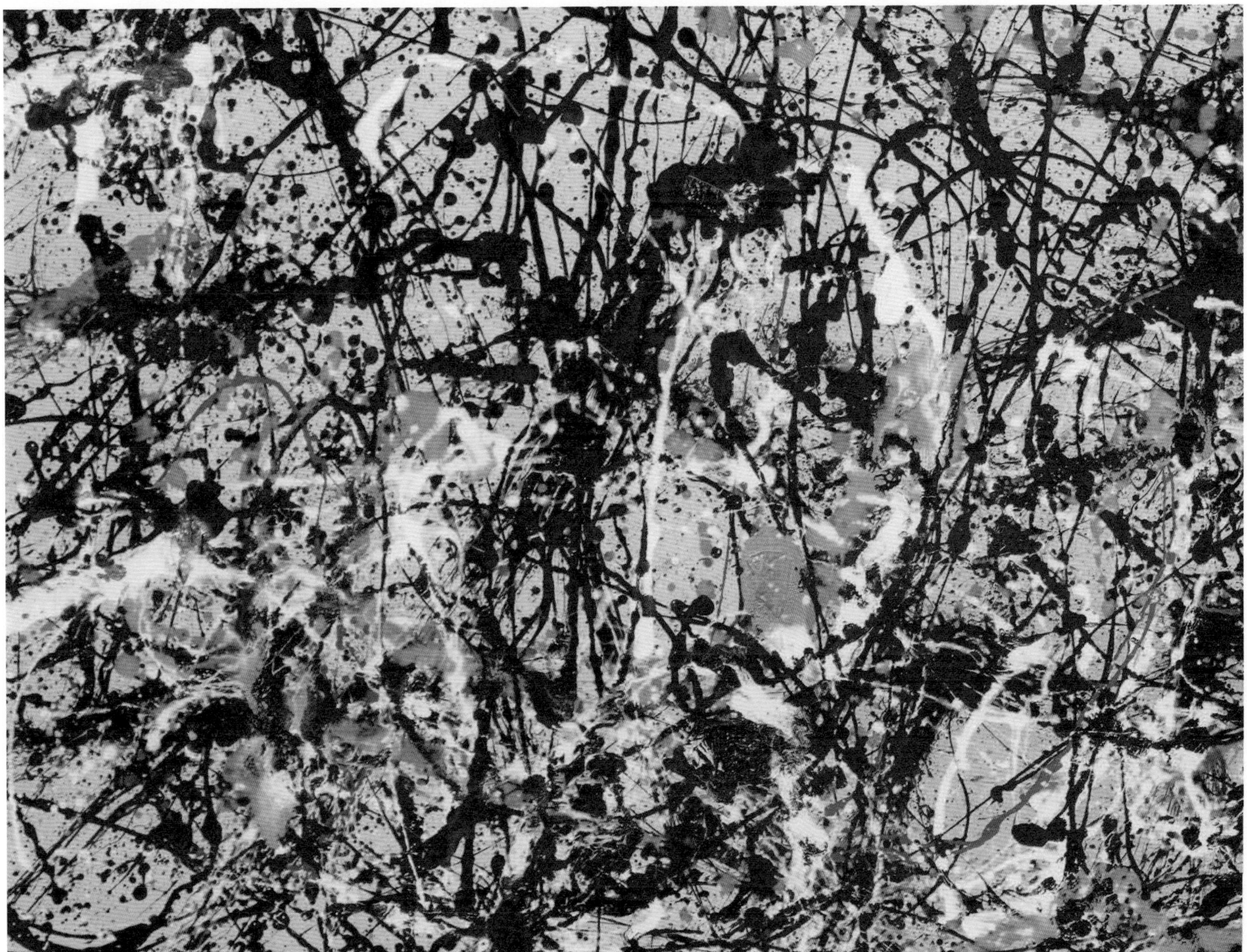

杰克逊·波洛克的《秋的节奏（第 30 幅）》

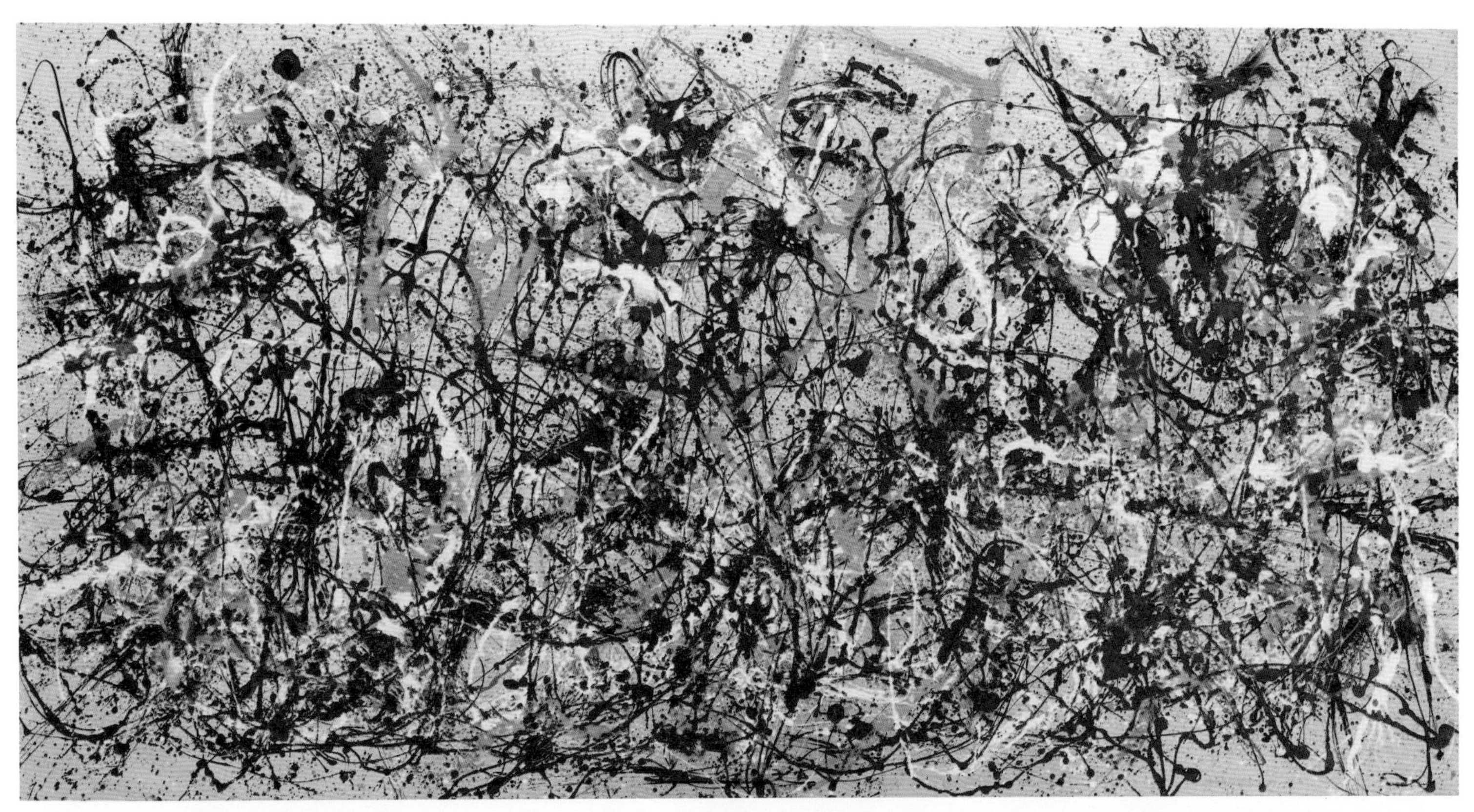

尼古拉 · 洛佩兹

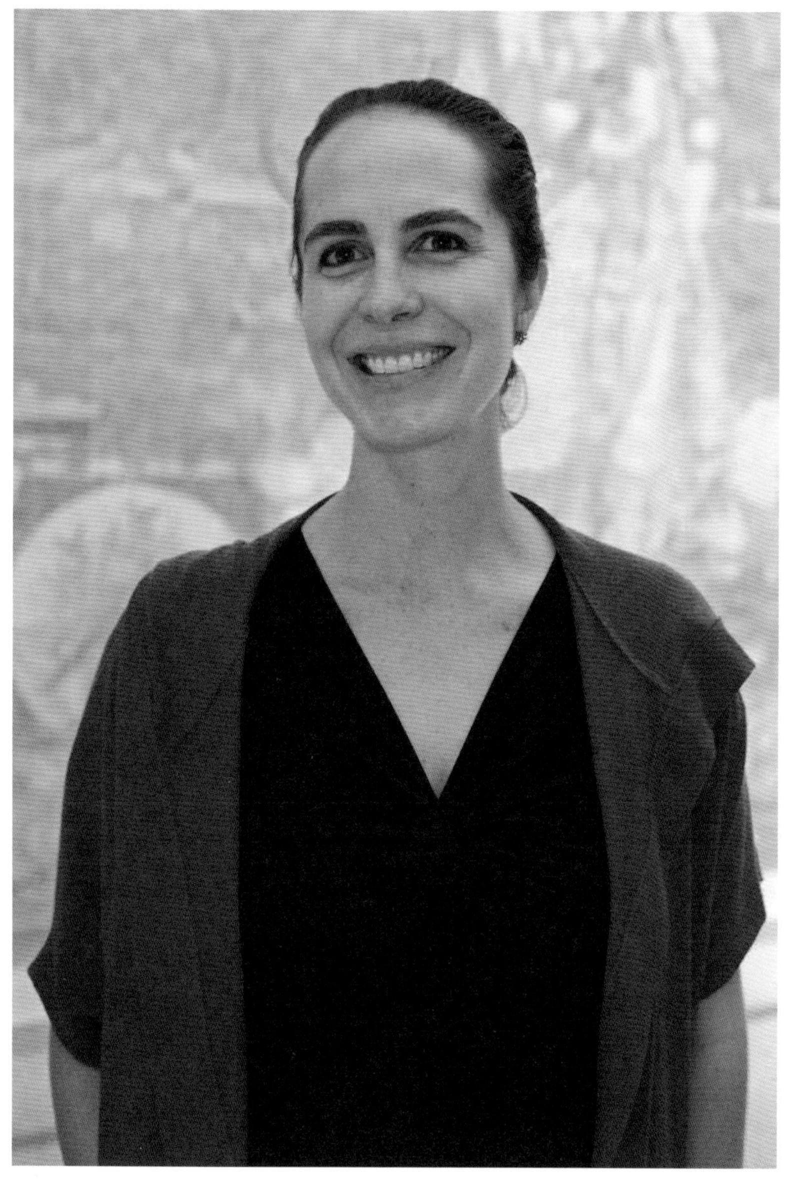

“纸张可以记录画家的手速，并不是所有材料都能做到这一点。”

学习艺术品、观看艺术品已经很少局限于单件作品了。我觉得更有趣的是观察艺术家如何在实践中一路向前、如何成长、如何改变。这才是你在画廊里欣赏作品时看到的东西，它们往往体现了媒介的广度。哪怕是完全没有受过艺术训练的人，他们也可以握着铅笔做记号。

在一些草图里，我们可以看到一点污迹，或有东西被移动、擦除或重画。你可以近距离了解艺术家的创作过程、创作实践和创作思想，就像无意间瞥见了他们的工作室一般。

我怀疑欧仁·德拉克洛瓦（Eugène Delacroix）确实曾打算拿自己的画稿作为艺术成品进行展示，不过，我们可以从中了解他的想法。墨水中蕴含的流动感以及线条中承载的重量——你可以从中看到他的尝试、错误及整个创作过程。这种感觉和你看一幅成作时的感觉完全不同。它是一种不同的语言，也许为了解作品提供了不同的方式。

然后，我去看雅克·卡洛（Jacques Callot）的版画和素描，二者的图像是相同的，只是在版画中，图像是翻转过来的，而墨水才有这种梦幻般的流动感。你会觉得光线似乎在风景中散开了。蚀刻而成的同一图像则体现出“超”精确的特点。

每种媒介都有自己的特点，而纸张是表面异常敏感的媒介，它能暗示最终图像的一部分——线条的变化、深浅，甚至速度。纸张可以记录画家的手速，并不是所有材料都能做到这一点。

人们可以看到媒介如何与作品的主题发生关系——或抵触、或推动、或质疑。作品的一部分内容就与不同层次之间的相互作用有关。通过媒介，总有什么东西是肯定可以跨越时间的。

作为一名艺术家，我有一种很棒的感觉，似乎我可以和自己真正敬佩的那些已经过世几百年的艺术家进行对话……如今，仍然有些东西能让我们的作品相互平等。

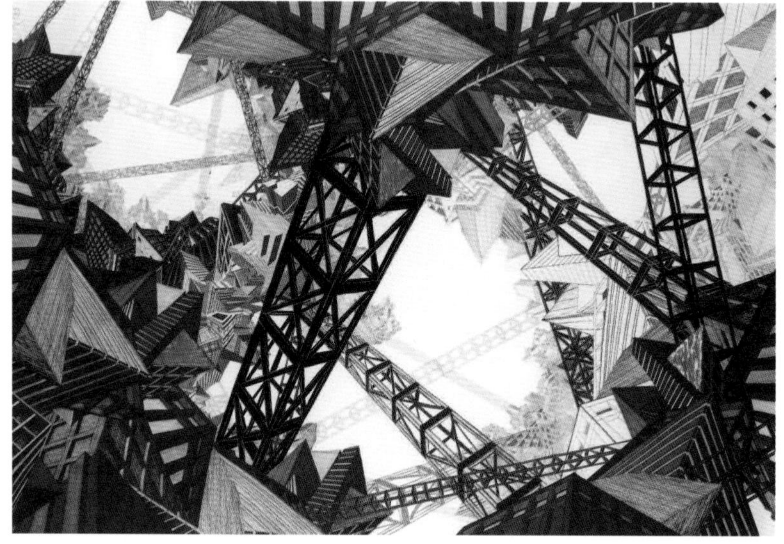

尼古拉 · 洛佩兹，《脚手架之城》，2008 年 ↙

雅克 · 卡洛，《瑟耶镇庆祝五朔节》，1624—1625 年 ↗

卡洛是 17 世纪欧洲最伟大的图像艺术家之一。他的作品涉及宗教题材和军事题材，还描绘了当时宫廷和乡下的娱乐活动。在这幅作品里，他描绘了洛林地区的一个小村庄庆祝五朔节的场景，他们家族在这里拥有地产。这一题材让卡洛有机会把乡下村民与衣着考究的旁观者混在一起。

欧仁 · 德拉克洛瓦，《摩洛哥苏丹和随从》草图，约 1832—1833 年 →

这张随意挥笔而就的草图记录了 1832 年 3 月 22 日苏丹阿卜杜·拉赫曼（Sultan‘Abd ar-Rahman）在摩洛哥的梅克内斯接待法国大使查尔斯·德·莫尔奈（Charles de Mornay）的场景。德拉克洛瓦作为法国外交团的一员参加了这次典礼，在他的创作生涯里，这一历史场景反复出现。最引人瞩目的是，受北非之旅的启发，他最大的一幅画就是以这一场景为主题，它高达 366 厘米，曾被提交到法国 1845 年沙龙展。那时，莫尔奈伯爵的出使注定要以失败告终，虽然他和他的翻译出现在这张素描画的右边，但是，德拉克洛瓦将他从画作成品里删除了。

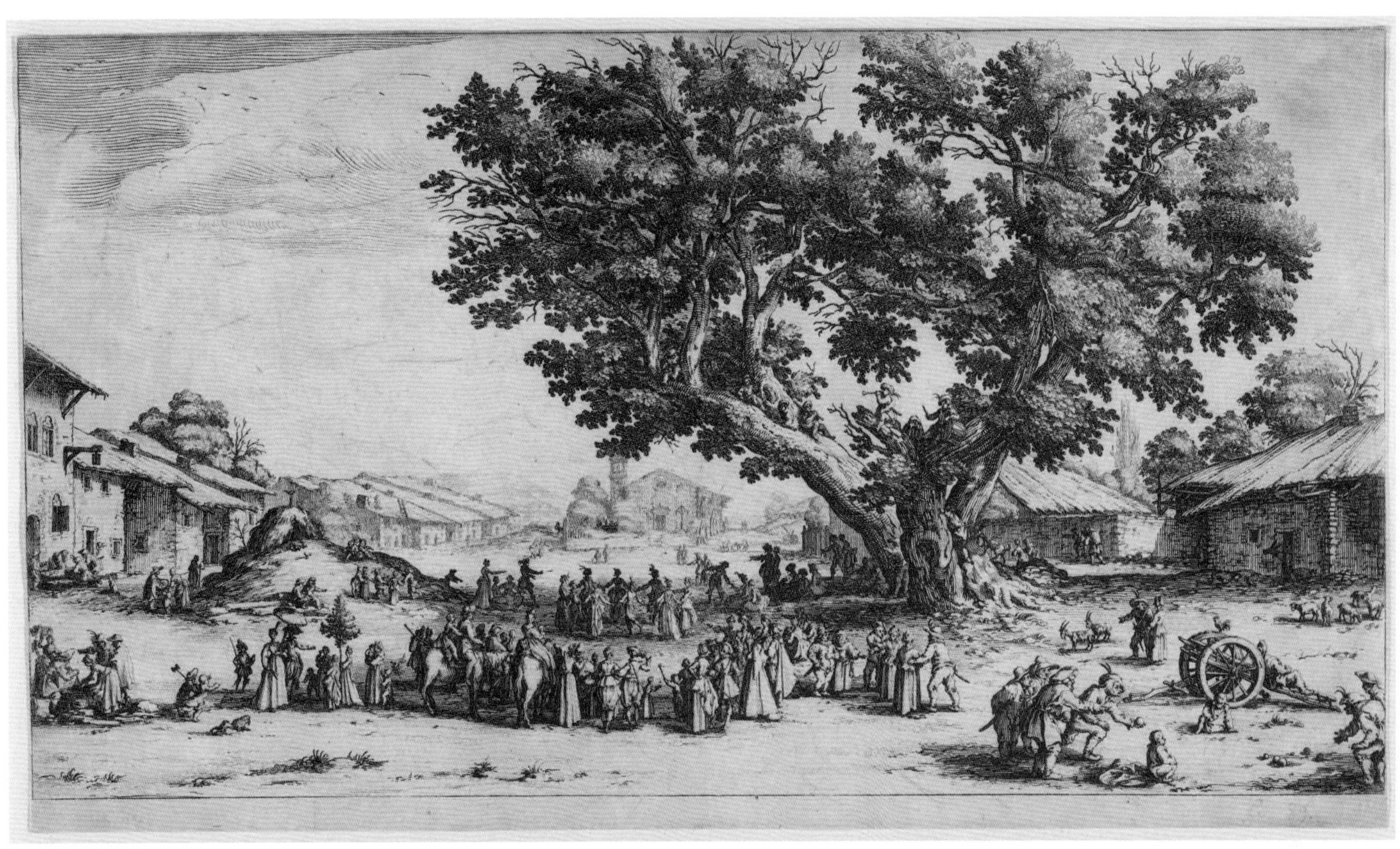

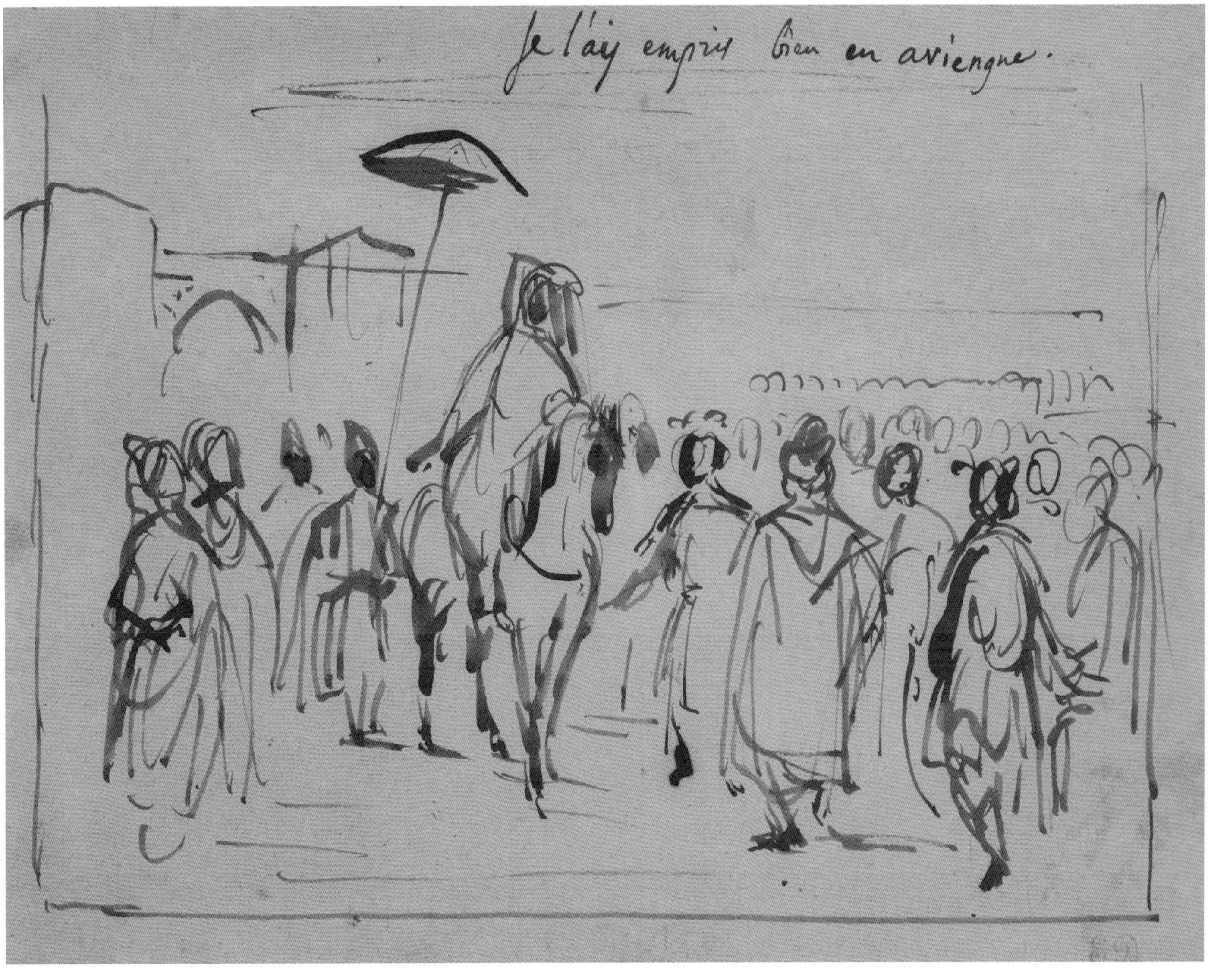

Je l'ay empris bien en aviengne.

纳里尼 · 马拉尼

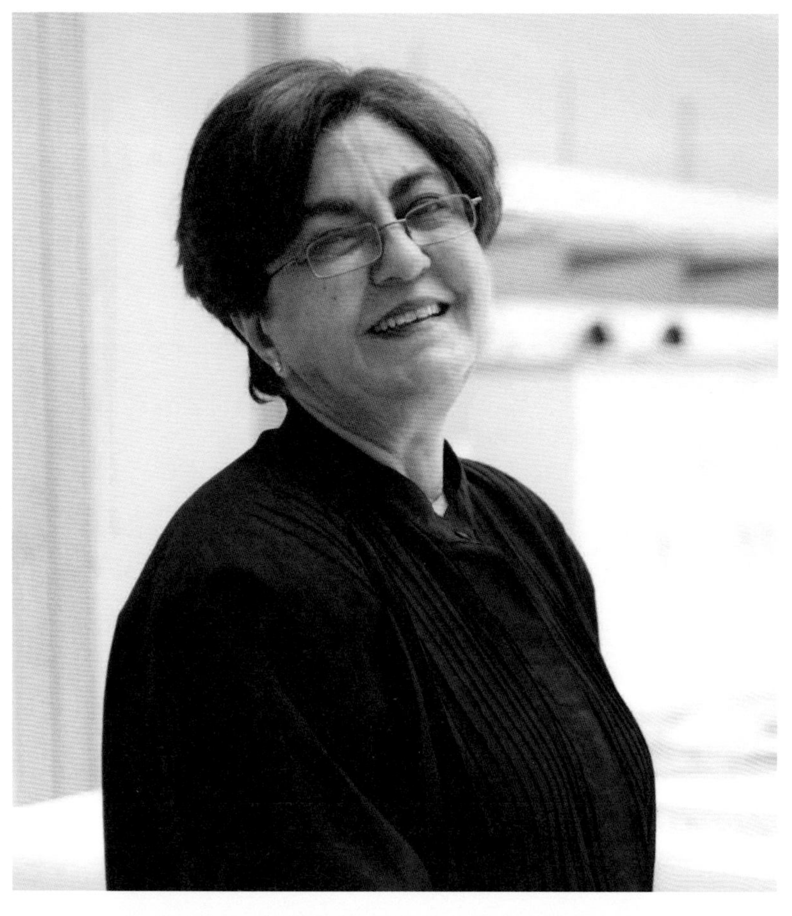

“印度神话很吸引我，它们是一种将人联系起来的语言。”

我是一个叙事型艺术家，我讲故事。我不是印度教徒，但印度神话很吸引我，它们是一种将人联系起来的语言。印度神话里有很多角色，他们演绎着带有普遍真理的复杂心理故事，这些故事在我们之前早已流传了好几代人。

有一个叫哈奴曼（Hanuman，人 / 猴模样的神）的角色，他被认为是忠诚的象征。我发现《哈奴曼举着长满草药的山顶》这幅作品不同寻常，它是用墨水在布面上完成的。看起来，艺术家打算让人从远处观看这幅作品，但哈奴曼的尾巴上承载着整个宇宙。你如果想数一数哈奴曼尾巴上的那些人，没问题，他们被画得非常精致。我猜，艺术家肯定使用了芦苇或竹子切片制成的画笔。

哈奴曼的肌肉非常发达。字体般的弯曲形状让人觉得他结实的大腿肌肉非常发达。从他嘴里吐出来的像漫画书一样的东西也很吸引我——他伸出舌头说了些什么。那些字母围绕在他身旁，营造出一种焦虑的颤动，好似他在移动一般。另一个古怪之处在于，艺术家还为哈奴曼的尾巴做了个小小的套子——哈奴曼是如何把自己塞进那条短裤的？他肯定先要把尾巴塞进去啊！

对我来说，这件作品有三条时间线，作为叙事手段，这至关重要。第一条时间线是事件，由于罗摩在战斗中受伤，哈奴曼被派往喜马拉雅山采草药。哈奴曼横穿印度抵达喜马拉雅山，但是忘了要采哪种药，于是就把整个山顶都搬走了，希望山顶上有罗摩需要的草药。

第二条时间线是他肩膀上那个小罗摩。彼时罗摩仍在战场上，并没有真的坐在那里，这只是罗摩的幻象。因此，哈奴曼带着神的旨意，好像在说：“我忠于这个小东西，我将竭尽所能完成任务。”

最后一条时间线是你在他尾巴周围看到的一切。那不是军队在打仗，更像是一种欢迎仪式——一场游行。哈奴曼已经预言他们会胜利，会赢得这场战役。

我觉得这样的时间线很迷人。如果我在自己的作品中使用这种图像和叙事，肯定会给作品增加很多疑问。这种军事上的胜利，最终并不能算作真正的胜利。当今世界发生了太多冲突，我们处于一个非常模糊的境地，而且，我也不知道胜利是什么模样。

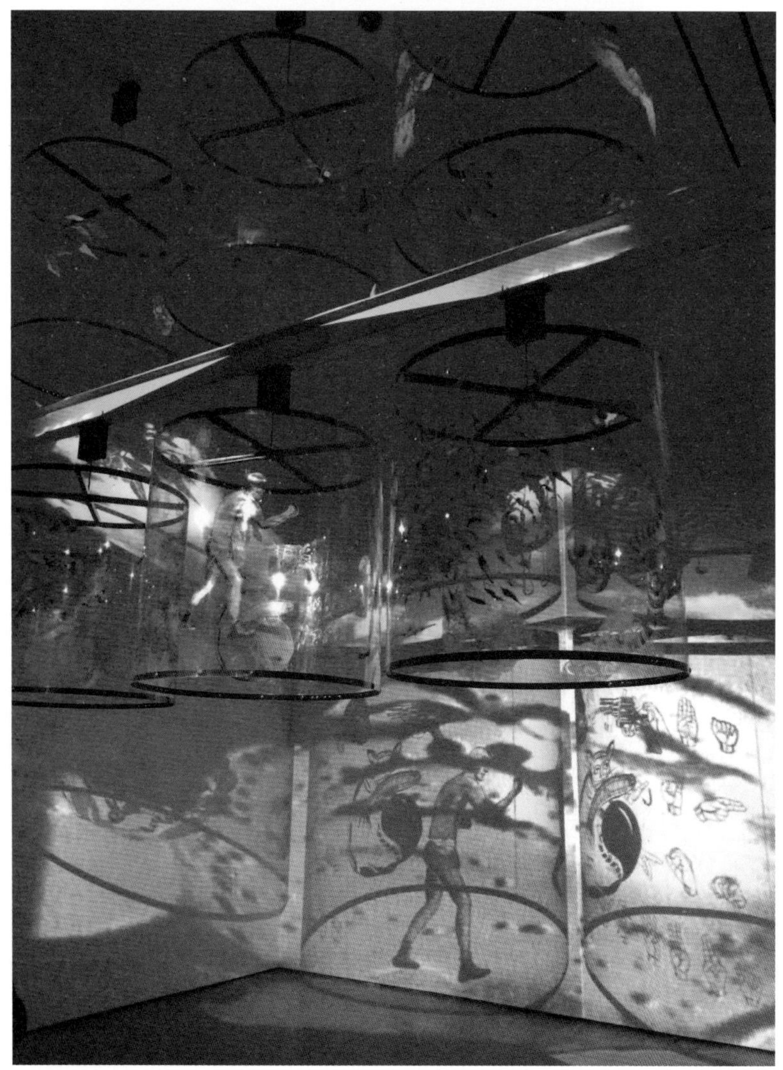

纳里尼 · 马拉尼，《游戏》，2003 年 /2009 年 ←

《哈奴曼举着长满草药的山顶》，约 1800 年 →

这幅关于忠诚的猴子将军哈奴曼的画描绘的是他最著名的英雄壮举——将喜马拉雅山山峰带给罗摩和拉克什曼。这二位神祇在大战中身受重伤，急需喜马拉雅山山顶斜坡上生长的草药医治。哈奴曼不确定需要采集哪种草药，于是将整个山峰摘下，然后飞上天返回罗摩身边。我们从他的尾巴上可以看到，罗摩的军队在游行，尾巴周围环绕着虔诚的经文。这幅画让人想起，在它被创作的那个年代，信徒们对哈奴曼的狂热崇拜。哈奴曼的超自然力量、军事天赋，尤其是他的忠诚，都值得人们敬仰。

《哈奴曼举着长满草药的山顶》

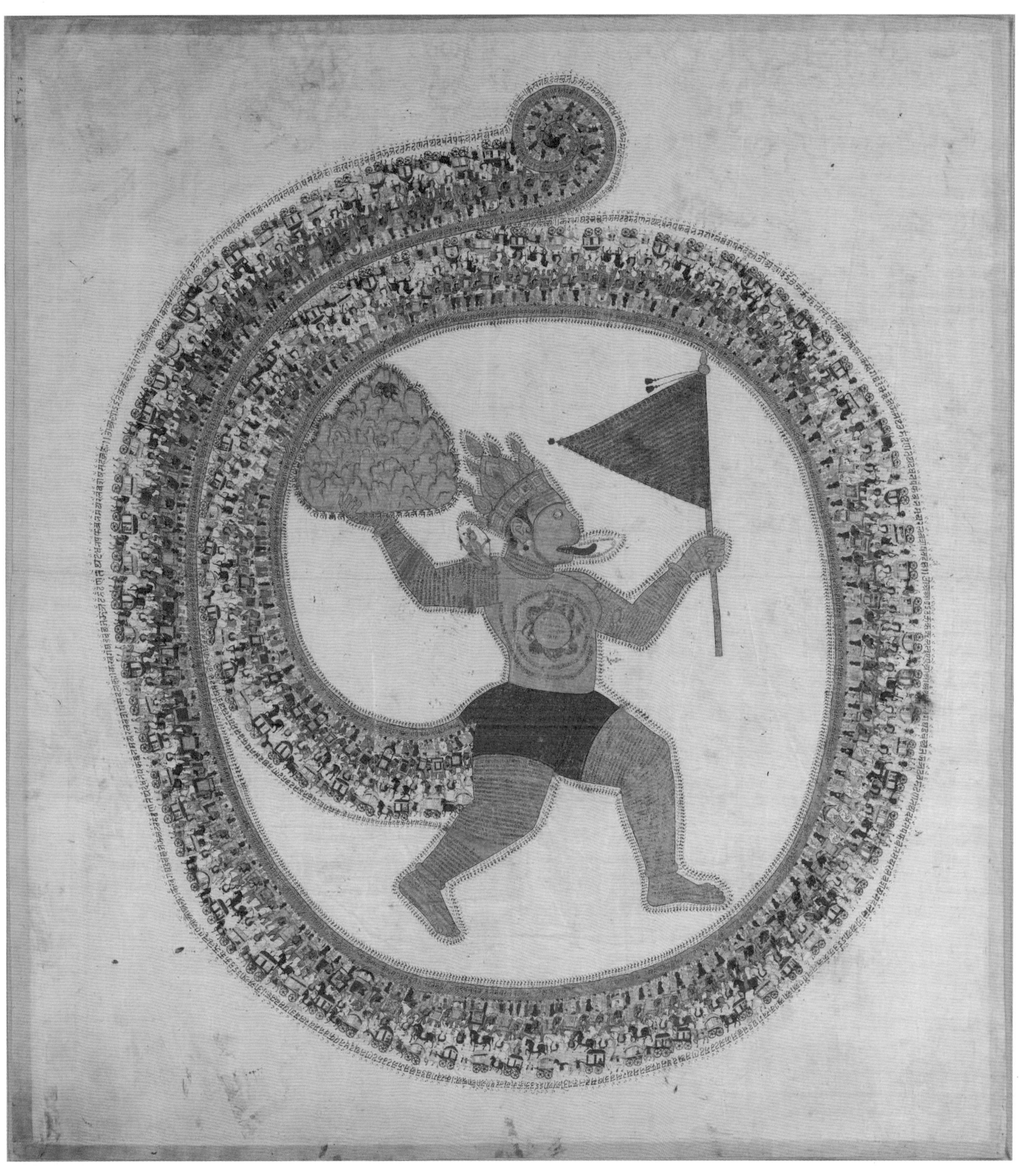

克里·詹姆斯·马歇尔

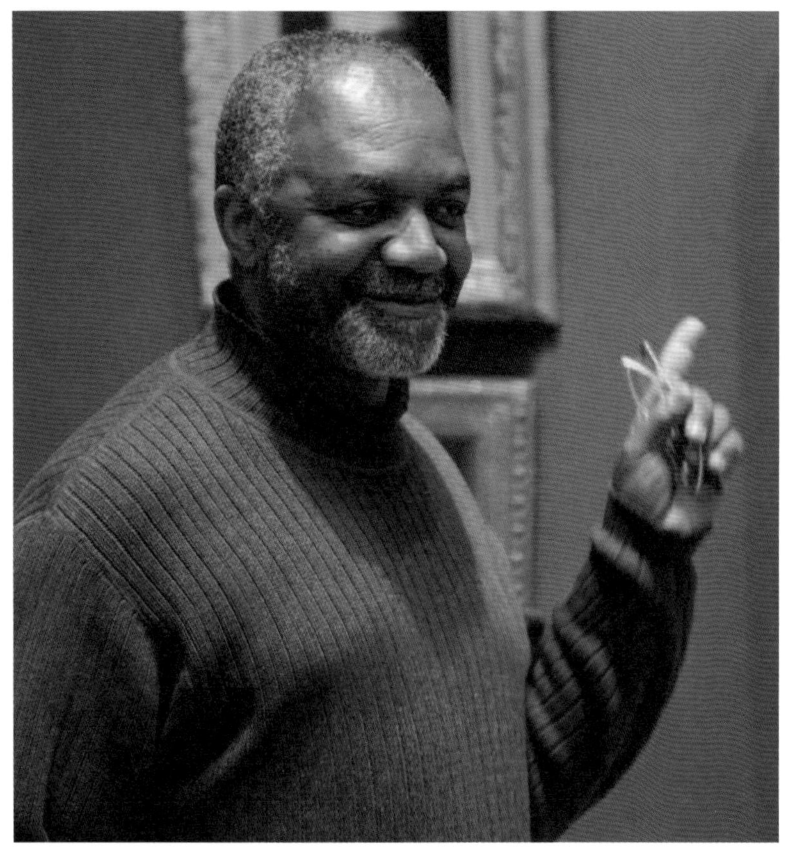

“这幅作品的超现代性让我印象深刻，因为它就像一张纯粹的图像那样存在着。”

我是画家安格尔的粉丝，他最好的作品是肖像画。他肖像画的画面令人惊叹——我们既不认识也不太在意作品中的任何人——但他们在画里看起来很漂亮。我感兴趣的是作品运用的手法。

这幅作品的超现代性让我印象深刻，因为它就像一张纯粹的图像那样存在着。我觉得它完全属于观念艺术，因为我们看不到这个色域中的世界。在灰色中，女子的形象完全被框在了“画”里。

安格尔创作这幅画的方式体现了一种特殊的精确性。我们有两种不同的方式来考察它。一个是线条的精确——或是形式及形状的精确，另一个是选择上的精确。细节的水准、布帷的处理、背景中扁平的黑色空间——这些都是艺术家所做的决定，因为这一切不可能顺其自然地发生。我认为，拥有多个选择至关重要，这才是真正的自由表达之所在。

当我创作时，我对图片的创作方式很感兴趣，而我唯一能让它变得清楚的方式，就是在同一张图片中使用多种手法。当我绘制轮廓清晰的人物时，我会做一个手势标记，因为我希望人们了解画里的每一处都是一次选择。

为了达到想要的某种效果，安格尔的图像被风格化了。图中的人体是被构建出来的，如果你只是想做到非常精确的话，那么这幅图中的一切是不可能在真实的人体上出现的——比如上半身的扭转方式以及手臂下方的乳房。这个乳房位于极其别扭的位置，让人感觉它几乎长在身体的一侧，而没有长在正常的胸部位置。如果你沿着这个女人背部的曲线直到大腿，然后再往下穿过膝盖，直到位于末端的脚，你会发现这是一条非常漂亮、韵律十足的曲线，它从图片的左侧一直延伸到右侧。但是，为了让它正常地发挥作用，位于画面末端的脚必须比它在正常的画面中要小，甚至比它上方的那只脚还要小。安格尔一定是故意这样做的，因为我知道他对此相当了解。如果他把那只脚画成应有的大小，那么它一定得向前伸。他要保持整个画面的平面性，这样，人物才具有装饰性。

我们低估了现代主义哲学之外的艺术家们对抽象艺术的浓厚兴趣。这才是抽象的真正含义——你必须对抗自认为已知的一切去处理所谓的抽象。

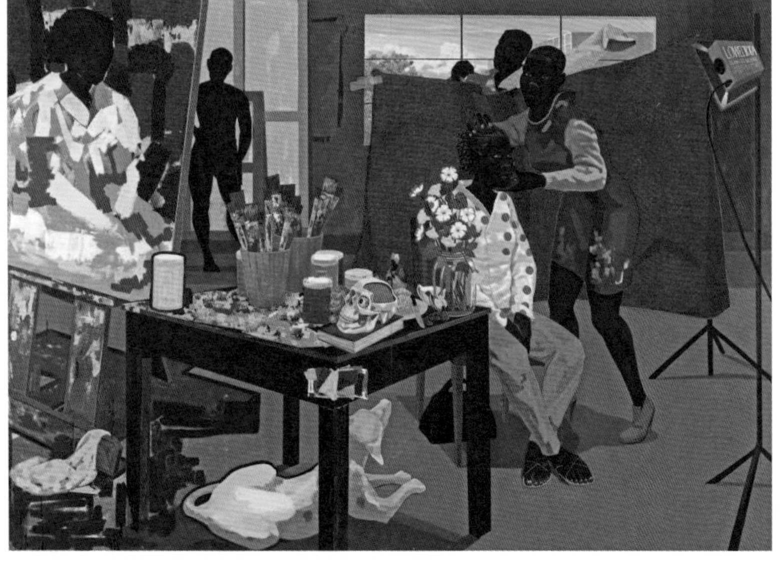

克里·詹姆斯·马歇尔，《无题（工作室）》，2014 年 ←

让-奥古斯特-多米尼克·安格尔及其工作室，《灰色调宫女》，约 1824—1834 年 →

这幅画是安格尔 1814 年创作的著名的《大宫女》的未完成版本，不但尺寸缩小了很多，画面也精简了很多。《大宫女》是体现安格尔“理想美”观念的一件重要作品。安格尔将这幅《灰色调宫女》收入自己 1824 年至 1834 年创作于巴黎的作品集中。创作灰色调画作是为了表现色调上的变化，以指导黑白版画画家们。由于这件作品和已知的那些《大宫女》复制品并无明确的联系，所以，最初的创作目的尚不明确。

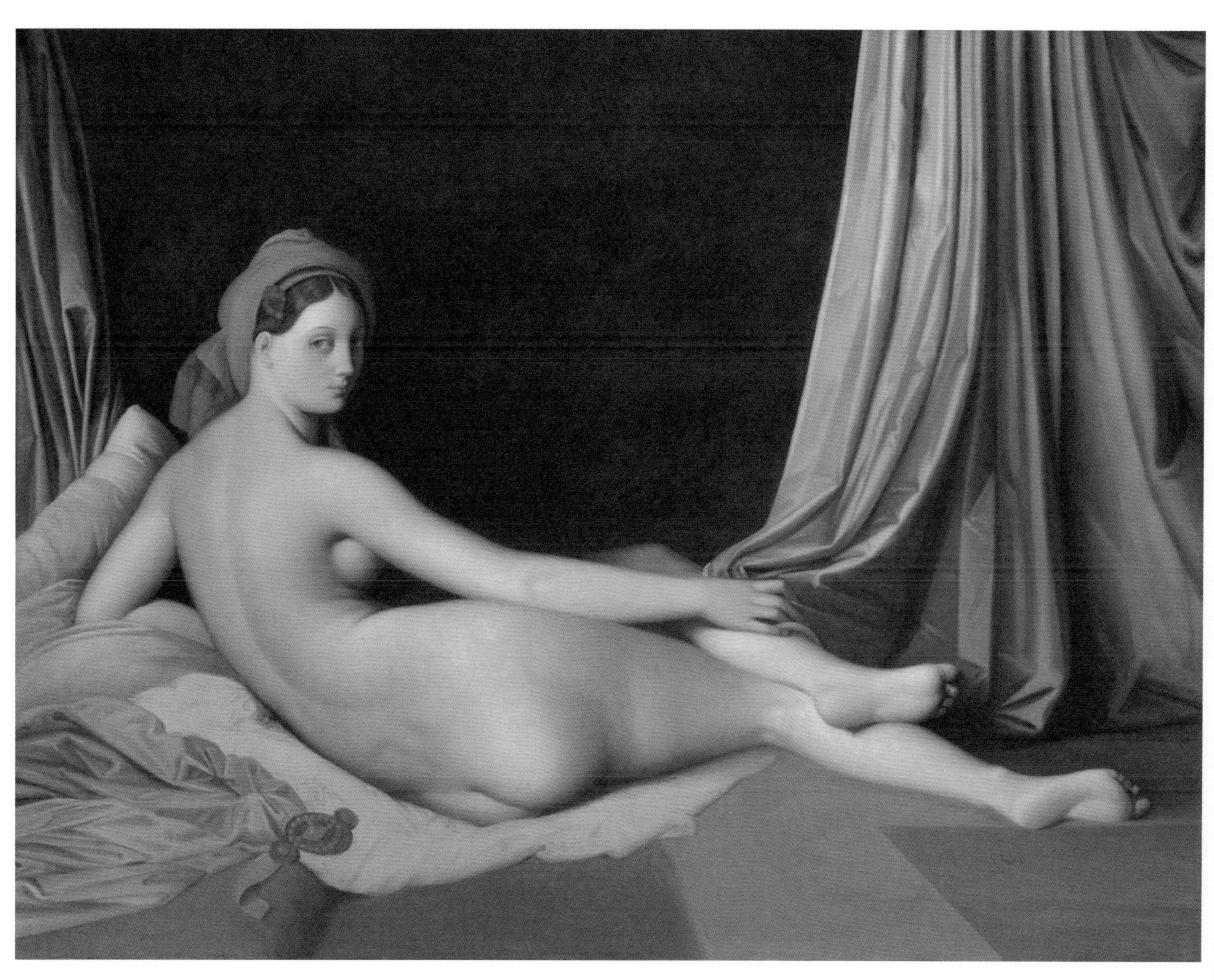

约西亚·麦克尔赫尼

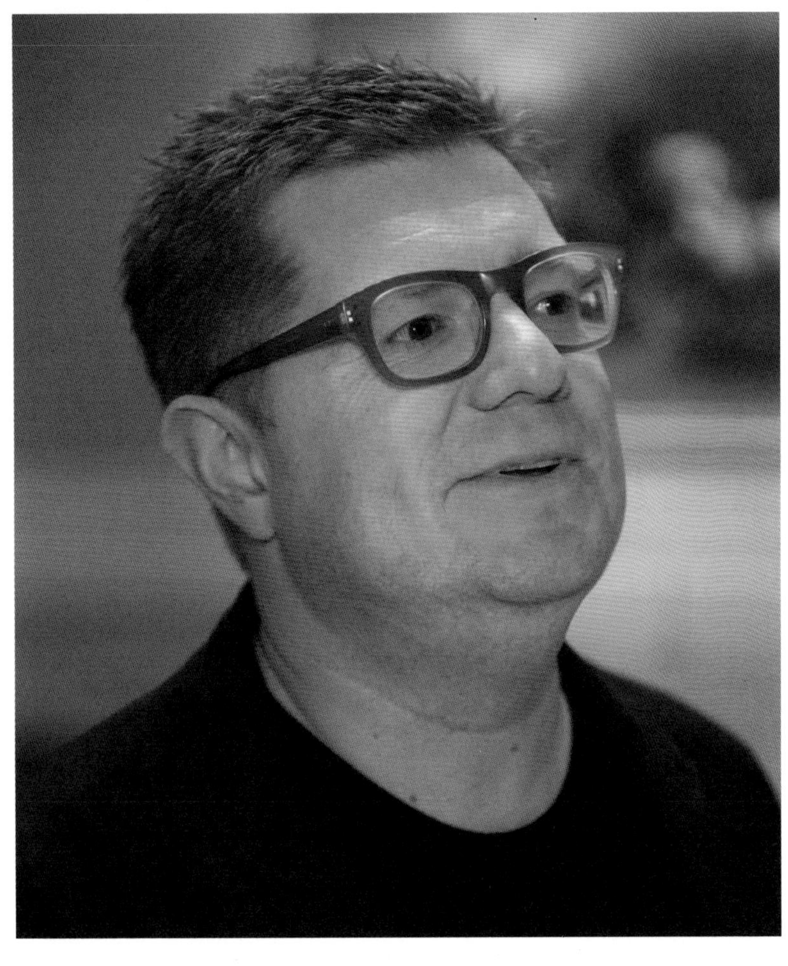

“我相信，皮平是美国有史以来最伟大的画家之一。可能我们已经忘了这一点，但现在可以记住了。”

在美国历史上，大多数画家的目光都曾追随欧洲——追随宏大的、贵族式的绘画传统，并把它看作自己需要遵循的创作标准。但欧洲不是美国，欧洲不是移民建立起来的国家，也不是靠恐怖的奴隶制发迹的国家。美国画家霍勒斯·皮平（Horace Pippin）与我们国家的身份认同和历史产生了共鸣，他向我们展示了我们来自哪里、我们身处何方。许多美国人的经历受到极大压缩，跟“宏大”毫不沾边。

这些画的尺寸都小小的，我很喜欢，象征着许多人不得不这样生活。在一幅名为《睡着了》（1943）的画中，炉子的腿断了，所以用砖块来代替。墙上还有洞，所以孩子们必须裹着外套睡觉。而这幅画里充满了温暖与情感，画面的核心是和记忆之间的关系——看、见、记，这些行为是无形的。皮平从自己的生活中汲取灵感，将它转化为一连串符号和一连串历史，它变成了植根于自身的一种美丽视角，同时也是自身的一种写照——抽象就从这里开始了。

第一次世界大战之后，皮平最初是以艺术疗法开始学习绘画的。有人说他是艺术界的局外人，从某种意义上说，他的作品的确具有那种局外人的自由，但让他成为美国最伟大的画家之一的，是他开始扮演自己角色的方式。如果查看绘画史，哪些人才是艺术家最常描绘的对象？是那些非常有钱的人啊！皮平的自画像反映了他在思考自己在这个世界的地位，他是中产阶级，是艺术家，是想把自己的脸直接放入我们视野中的人。这就是为什么说他的作品的确是“美国性”的重要表现。究竟是什么人成就了美国？是那些为建设这个国家辛苦劳作的人。我们需要时不时回顾这一点。

对我而言，尽管皮平画作的尺寸非常保守，但内容真的很宏大，这幅自画像就是绝佳的例子。你看的次数越多，就越会发现他独特的用色表现出来的那种深刻——这件作品体现的是他个人形象的雕塑性结构。我相信，皮平是美国有史以来最伟大的画家之一。可能我们已经忘了这一点，但现在可以记住了。

把一个人称为“局外人”时就是在进行假设——只有出身于特定的阶层，你才会有眼光。人人都有潜力获得杰出的眼光。皮平的作品向我们展示了社会没被正常关注的一面，这一面也通常不会是伟大审美体验的来源。

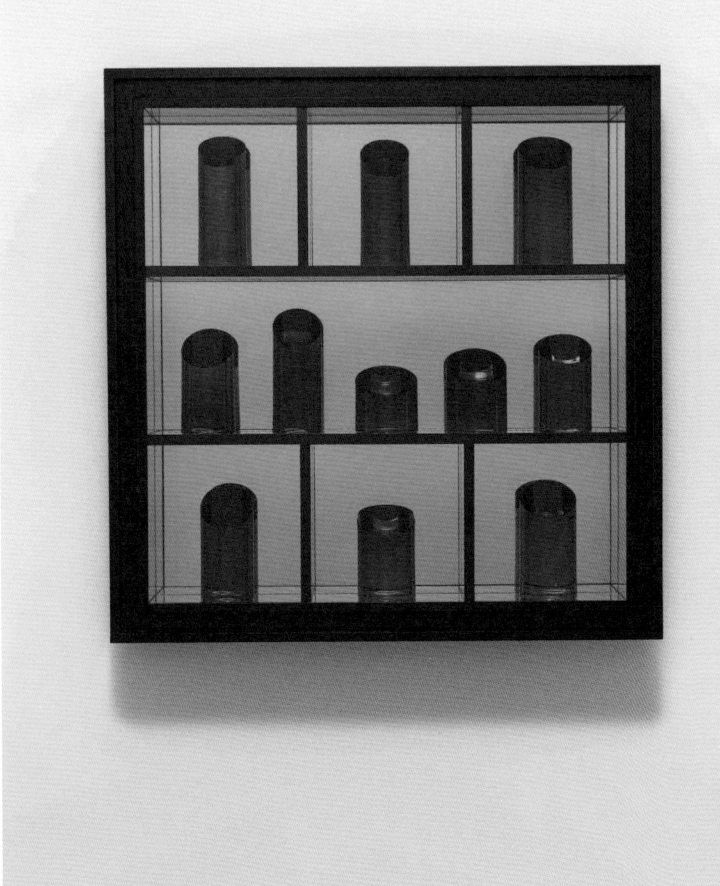

约西亚·麦克尔赫尼，《蓝色镜面玻璃画 V》，2015 年 ←

霍勒斯·皮平，《自画像 II》，1944 年 →

皮平的画通常描绘日常事件、历史人物和宗教主题。这幅画是画家在职业生涯中仅有的两幅自画像之一。艺术家把自己表现为一个中年职业男性。他外穿夹克、内着西装、打着领带，看上去淡定自若。似乎很明显，皮平希望这部完成于自己去世前两年的视觉式自传能够承载他人生的一个篇章，在这期间，他拥有深刻的自我意识和绝对自信。

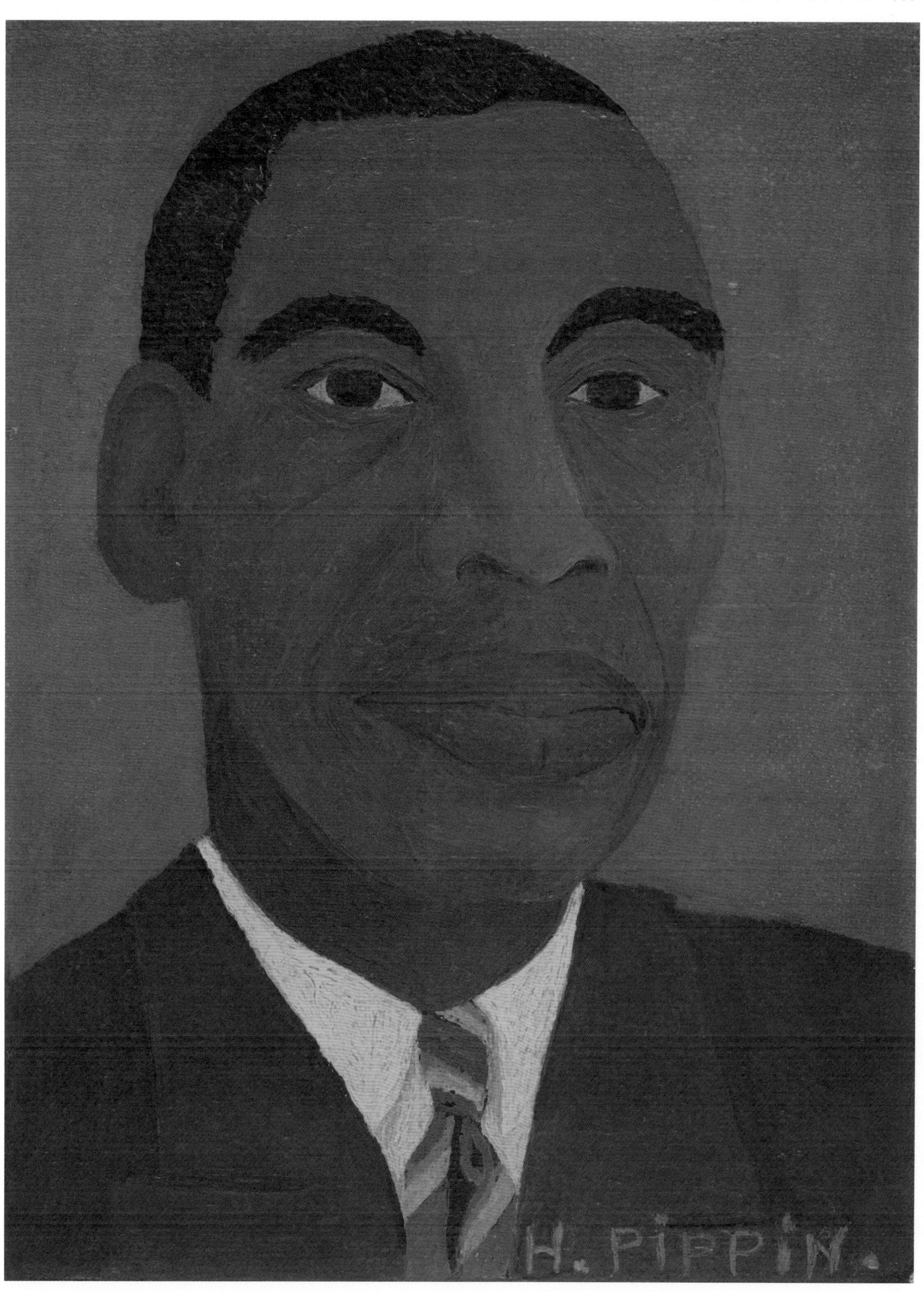
H. PIPPIN.

劳拉·麦克菲

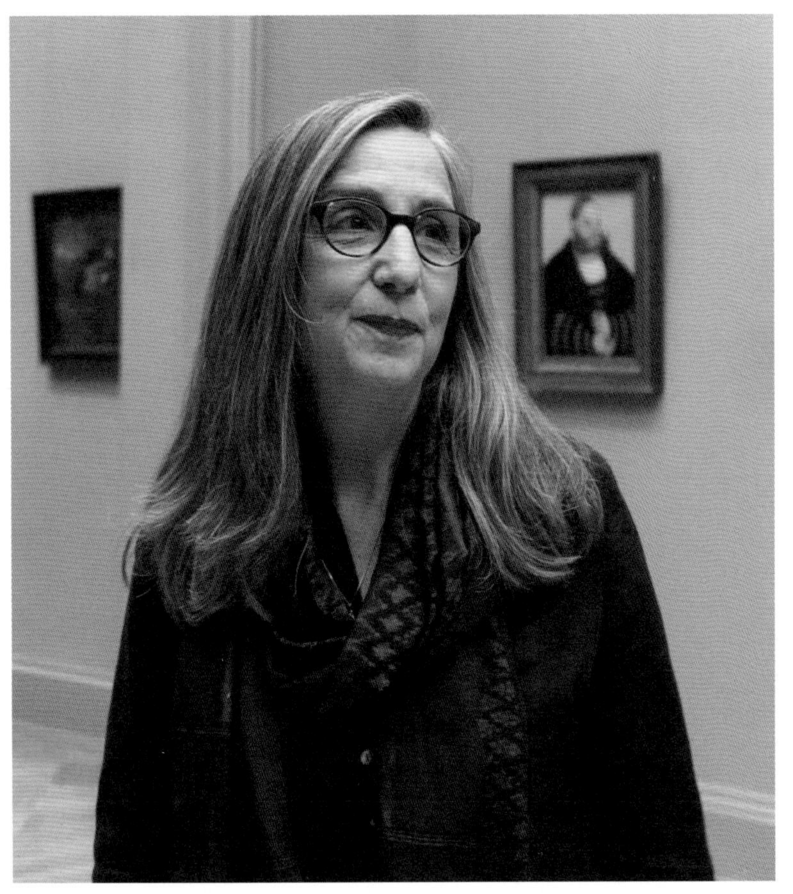

“让整支交响乐出现在同一张图像中——这真是太棒了。”

老彼得·勃鲁盖尔（Pieter Bruegel the Elder）的这幅《收割者》早于摄影术的诞生。我主要使用迪尔多夫 8×10 大画幅相机拍摄风景。这幅画给人的感觉就像是你在野外用 8×10 全景相机拍摄得来的——世界就这样在你眼前展开。他让那棵树坐落在画框边缘，那条路也离你远去，深入风景，一直触到画框边缘——它太像摄影作品了。他似乎正在决定要把画框边缘置于何处。再看看这清晰度，画面各处的锐利度也很像摄影作品。整幅图像表现出精准的一刹那，这是 1/60 秒，因为一切都凝固了：前景里的那群人正在享用午餐，品尝奶酪和面包，其中一个男孩正拿着勺子往嘴里送食物，他们身后的那个女人正俯身抱起一捆麦秆。

农民们在努力劳作。一个提着罐子的男人朝我们走来，脚步里透着疲惫。你要知道，田里的这些小麦不仅供应这个小村庄。小麦从山坡上收割下来，被装到塞得满满的马车上，马车朝着轮船的方向驶去，这些轮船将成捆的小麦运往世界其他地方。这些劳动者正在为别人的利益而劳作。

每当我思考摄影的时候，就会想到世界矛盾的本质：它是如此美丽，但又存在许多问题，其中一些问题还是自己强加给自己的。我们与大地是一体的，既要耕耘它，又要保护它。让我感兴趣的是试图理解其复杂性并把它传达出来。这幅画结构严谨，看起来很简单——梨子从树上掉下来，人们把梨子捡起来吃掉。其实这幅画非常复杂，很多个瞬间互相依存。

勃鲁盖尔深谙“同时性”这一概念，画面上的这些元素似乎看起来毫无联系——前景中的人完全不知道中间田野里或轮船上的人在做什么，但他画出了这些联系。让整支交响乐出现在同一张图像中——这真是太棒了。

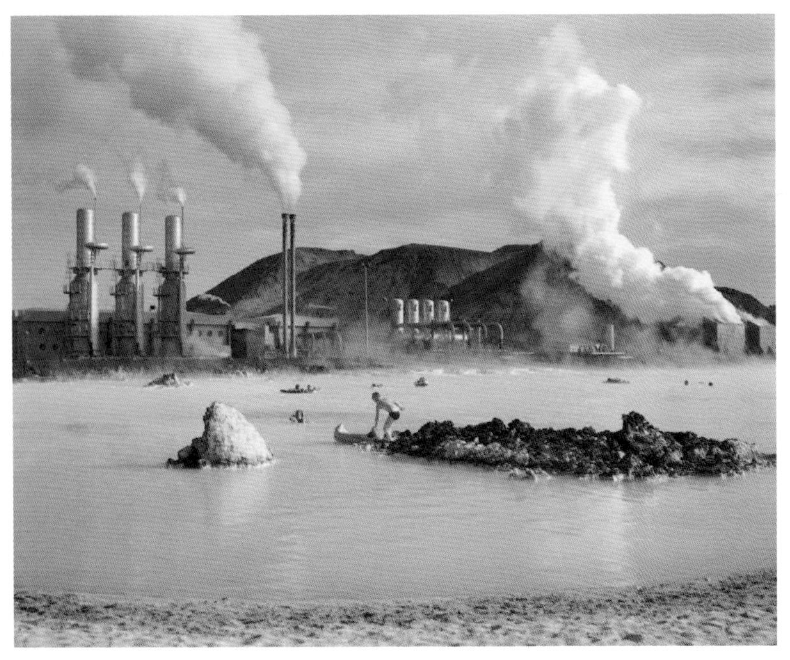

劳拉·麦克菲与维吉尼亚·比汉，《蓝色潟湖，史瓦特森格尼地热泵站，冰岛》，1988 年 ←

老彼得·勃鲁盖尔，《收割者》，1565 年 →

这幅画是勃鲁盖尔创作的组图之一，该系列最早包括 6 幅画，表现了一年不同的季节。除了表现七八月或夏末的《收割者》这幅画以外，同系列的其他 4 幅画也有幸得以保存。该系列是西方艺术史上的分水岭，此后，服务于宗教的风景画被新人文主义压制，画家通过自然观察以非理想化的方式描绘了当地的风景。

老彼得·勃鲁盖尔的《收割者》

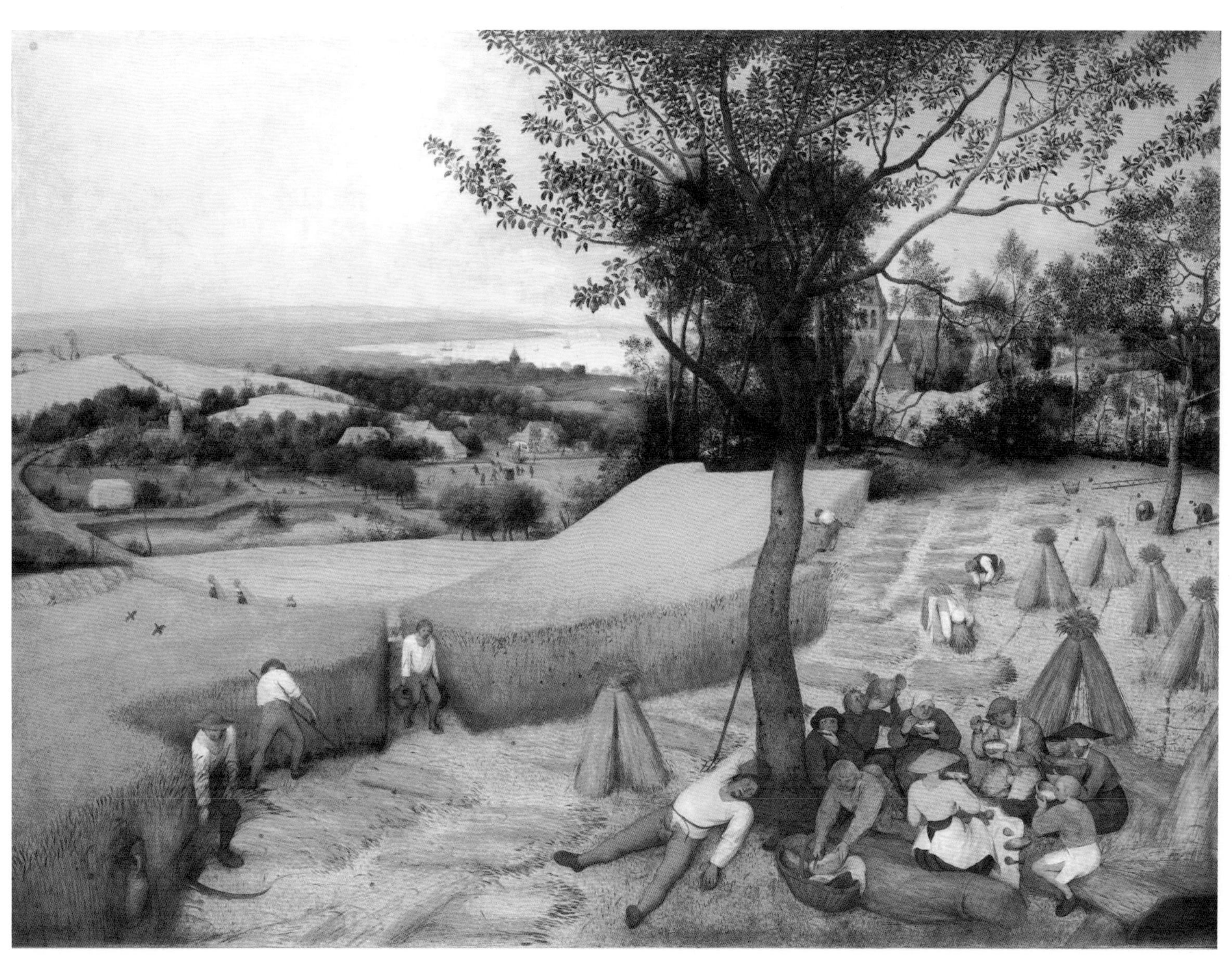

约瑟芬·梅克塞泊

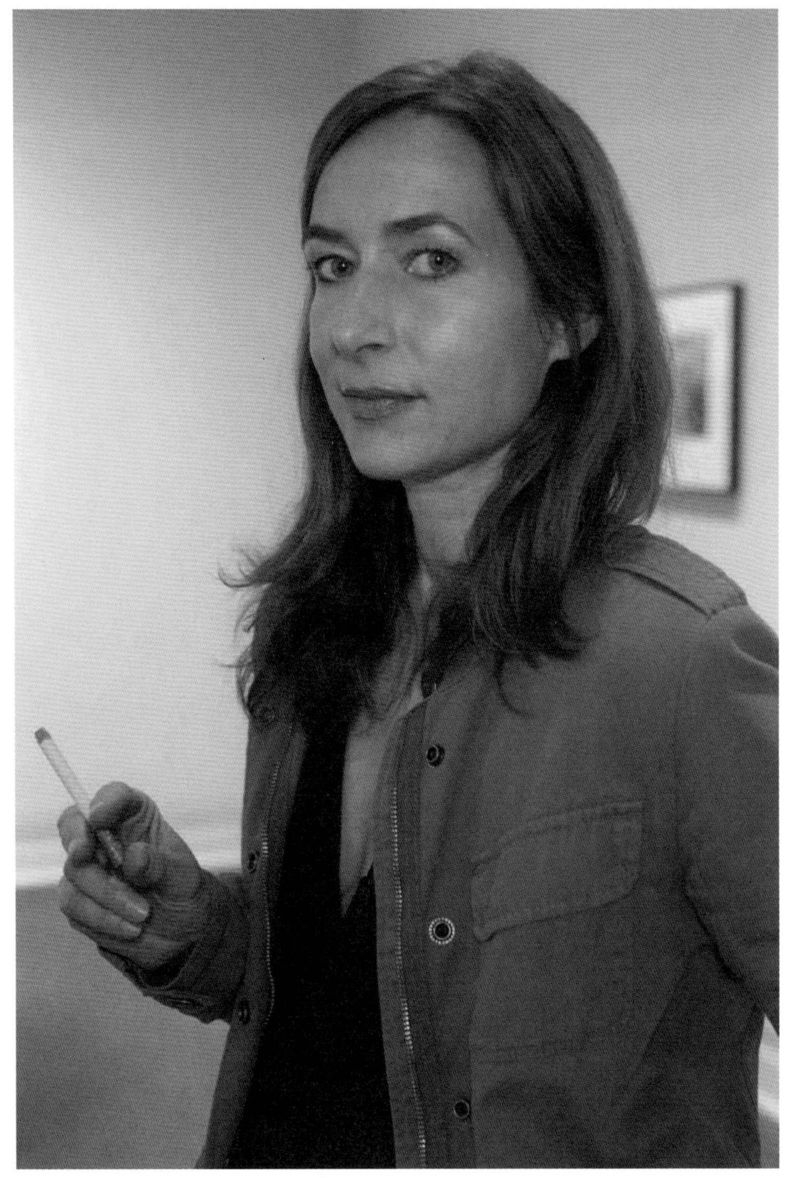

"欣赏艺术确实可以帮助你理解另一个完全不同的现实。"

这幅名为《政府办公室》的作品由乔治·图克（George Tooker）创作于1956年，它以朴素低调的风格脱颖而出。整幅作品有种奇怪的个性，让人觉得既熟悉又害怕，就像在机场或车辆管理局排队一样。那时，这些大型写字楼如雨后春笋般拔地而起。对人们来说，它是新事物，人们真的再也不知道自己身在何处了。图克捕捉到了集体焦虑的时刻。

该作品以独特而个性化的方式传递了一种不安的感觉——眼前皆是荧光灯下病恹恹的肉体。当他创作时，跟随的是谁的目光？是以一个无辜孩童的视角看大人们在做什么吗？还是以我们这些正在被审问的观者的视角？

图克曾在哈佛大学学习文学，他的作品确实让我想到了弗兰兹·卡夫卡（Franz Kafka）的小说《审判》：在这个丧失人性的社会里，人们被建筑分隔开来；你面对的再也不是真正的人，你将变成一个数字或一个克隆人。图克的作品表现了这一黑暗面，即人类那种凄凉的无力感。

观者很容易理解具象画作。这幅作品几乎像是过去现实的一张快照，但是，通过艺术家的作品来获得这种心理上的诠释则是另外一回事。不知道我们现在如何诠释图克的作品。在这个时代，美国国家安全局监控着全球，有一种更强大的力量威胁着我们，想将带有帝国主义倾向的各种控制合法化。

这些确实让我思考那些为了制造"自我感"而创作的叙事，以及我们如何在外部世界里不断创造自己的内心世界。欣赏艺术确实可以帮助你理解另一个完全不同的现实。

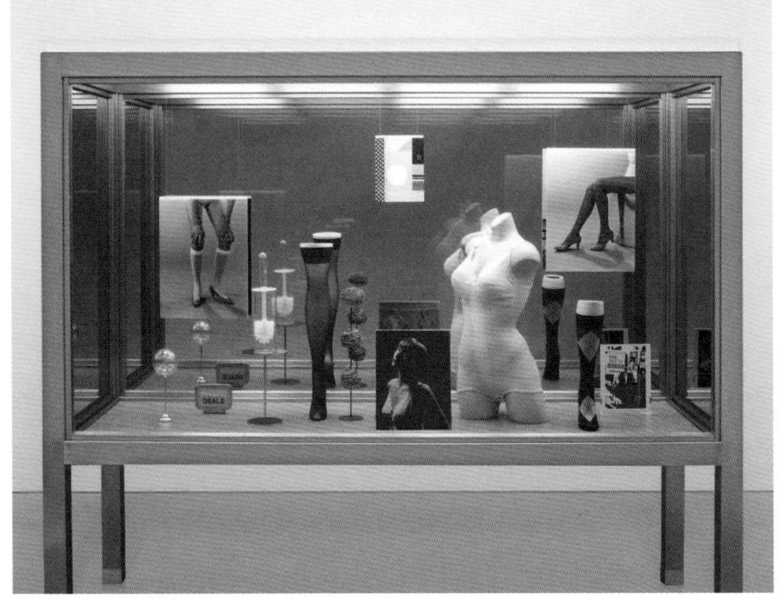

约瑟芬·梅克塞泊，《放大（米切利）》，2006年 ←

乔治·图克，《政府办公室》，1956年 →

尽管图克的作品通常表达了这位艺术家对社会和谐与公平的强烈渴望，但《政府办公室》却代表了他艺术中更黑暗、更悲观的一面。它将观者带人冷冰冰的、灯火通明的室内，里面满是身份不明的人和一个个格子间。更诡异的是，格子间隔断上的圆形窗户后面是政府雇员疲倦又悲伤的眼睛。图克运用来自意大利文艺复兴时期蛋彩画的精细手法，突出表现了这个场景让人不安的疏离感。

乔治·图克的《政府办公室》

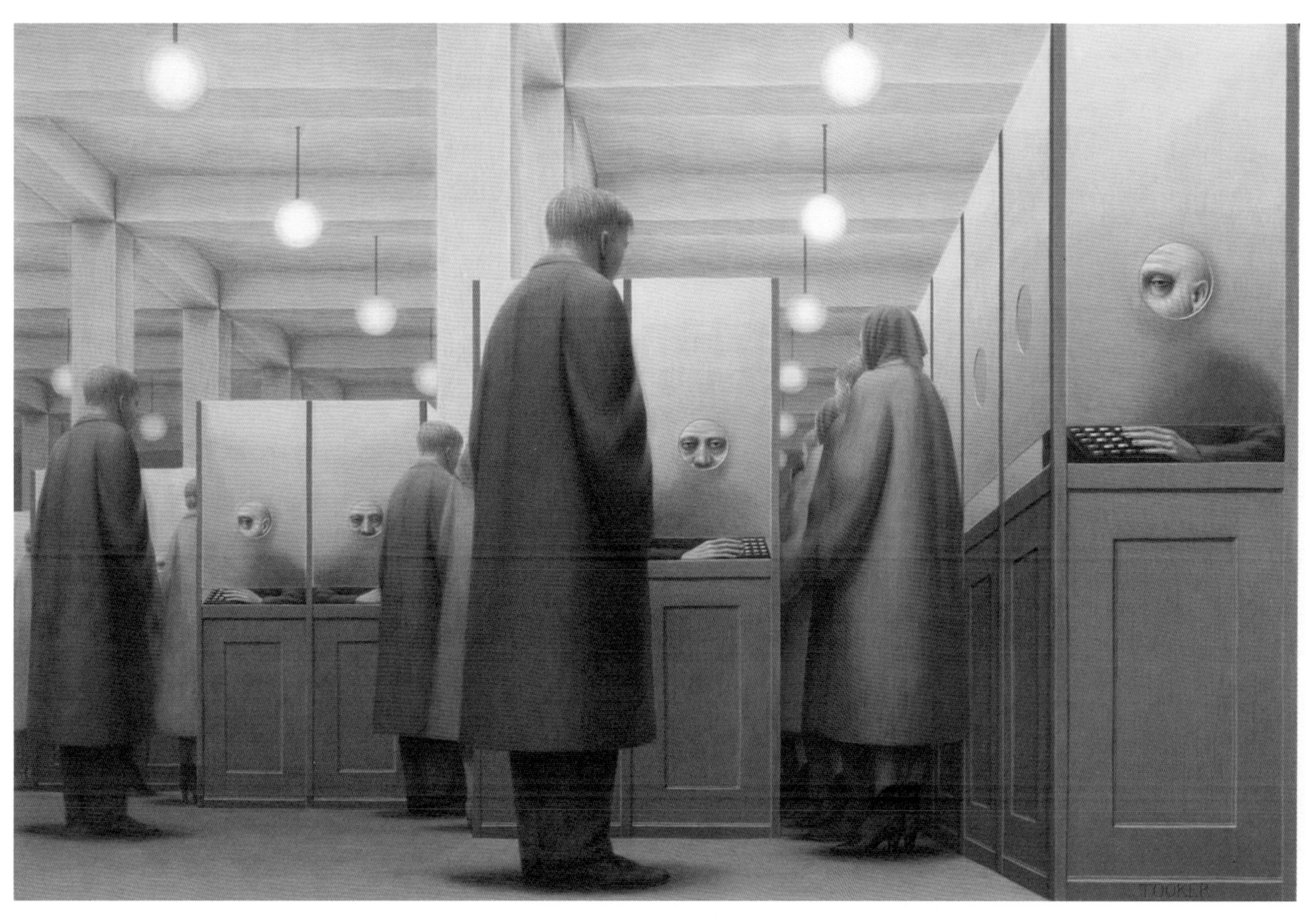

朱莉 · 梅赫雷图

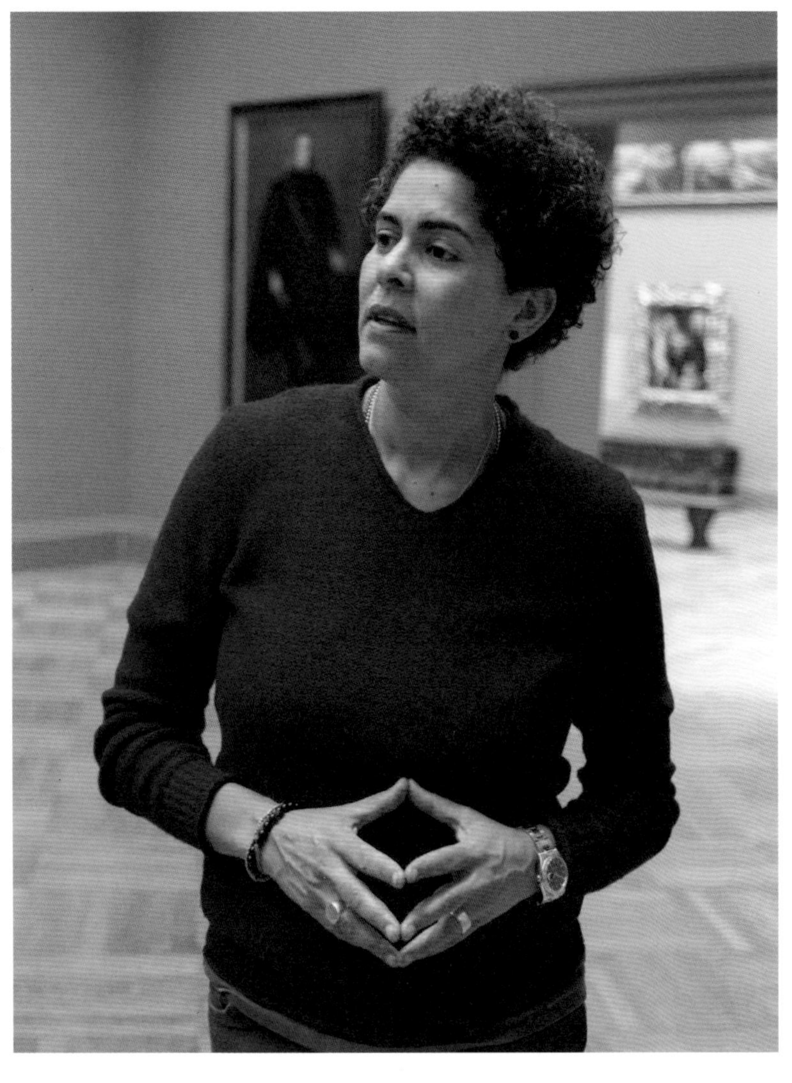

“看着他的表情，我几乎要潸然泪下。没有多少画能做到这一点。”

画廊中的有些画出类拔萃，召唤着你去欣赏它们。在大都会艺术博物馆收藏的所有委拉斯凯兹的绘画中，这一幅始终萦绕在我心头。它是一幅肖像画，我查阅了与它相关的故事。委拉斯凯兹准备创作《教皇英诺森十世》这幅肖像画时，在罗马待过几年，当时陪伴他的是胡安·德·帕雷亚。胡安是委拉斯凯兹的主要助手之一，也是他的奴隶。读到这些时，我就想，你会如何描绘你的奴隶呢？虽说美国奴隶的叙事与欧洲的完全不同，但画中这个人依然不具备独立的人权。这种背景具有讽刺意味：事实上，委拉斯凯兹可以站在拥有者的立场上捕捉这个人的复杂情绪，正是这种立场剥夺了后者为人的权利。

胡安·德·帕雷亚非常自豪庄重地站在那里。他滑入披肩下的手恰好位于心脏下方，牢牢吸引着你的目光。头发与背景融合，映衬出脸部的光晕。走近这幅画，你会发现勾勒出披肩上蕾丝花边的那些笔触真是令人难以置信。我鸡皮疙瘩都冒出来了。委拉斯凯兹的画笔温柔地勾勒出胡安的脸庞、嘴唇和鼻孔——你能感觉到他屏住了呼吸。看着这幅画，你会觉得好像遇到了一个真正的人。

要捕捉一个你认为并非完整的人的完整人性……这种令人难以置信的矛盾打乱了我的心。你想想看，画一个古铜色皮肤、眼神锐利的棕眼睛黑人暗含的政治意味。这不是轻蔑的眼神，我没有读出愤怒，也没有读出逆来顺受，反而读出了他的尊严里矛盾又含蓄的悲伤。

被委拉斯凯兹这种大师描画是一种莫大的荣幸，但据我所知，胡安·德·帕雷亚本人也是一名画家。有这么一个说法，委拉斯凯兹给了胡安自由，让他继续自己的创作。也有另外一种说法，委拉斯凯兹其实并不想让胡安画画，所以，胡安不得不瞒着他秘密地创作。这些相互矛盾的故事令我着迷。谁知道真相是怎样的呢？谁又知道肖像画背后的动机呢？但事实是，这幅肖像画完成后，胡安依旧好些年没能获得自由。看着他的表情，我几乎要潸然泪下。没有多少画能做到这一点。当你看着这样充满活力的作品时，其实很难用语言描述它带来的独特体验。你从它面前走开，但他的目光会追随你。我离开了，但他的脸留在了我心里。

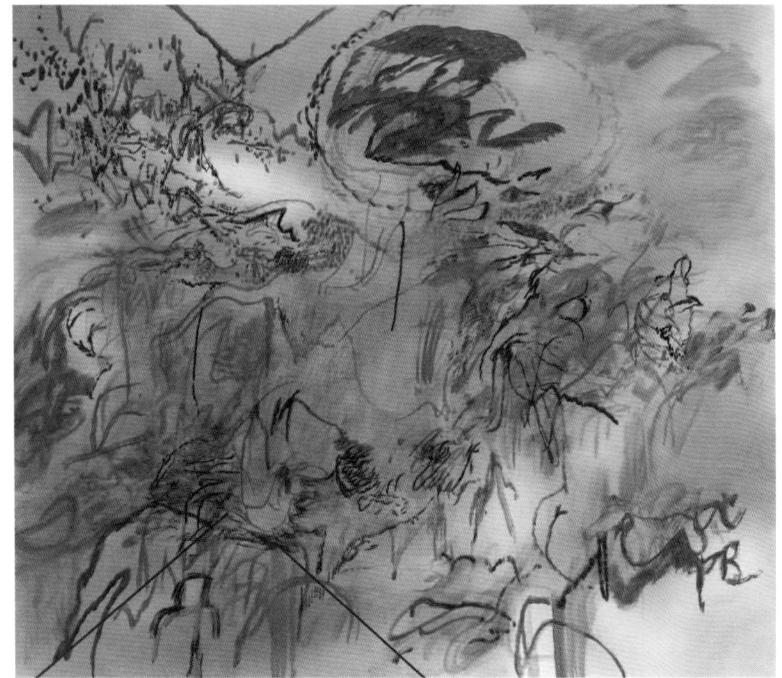

朱莉 · 梅赫雷图，《想象的部分（头部），阿勒颇》，2016 年 ←

委拉斯凯兹（全名迭戈 · 罗德里格斯 · 德 · 席尔瓦 · 委拉斯凯兹），《胡安 · 德 · 帕雷亚》（他生于 1610 年左右，卒于 1670 年），1650 年 →

胡安·德·帕雷亚出生于马拉加省，母亲是摩尔人，父亲是西班牙人。他是一个混血儿，家生奴隶，很显然，委拉斯凯兹从自己父辈那里继承了他。委拉斯凯兹很可能让帕雷亚在他的工作室里打杂，比如研磨颜料。他选用了这幅引以为傲的奴隶助手肖像画在罗马首次亮相。作品完成的那一年，委拉斯凯兹签署了一份文件，承诺四年后给予帕雷亚人身自由。后来，帕雷亚以独立画家的身份享有盛誉，当然，他的绘画风格与委拉斯凯兹的明显不同。

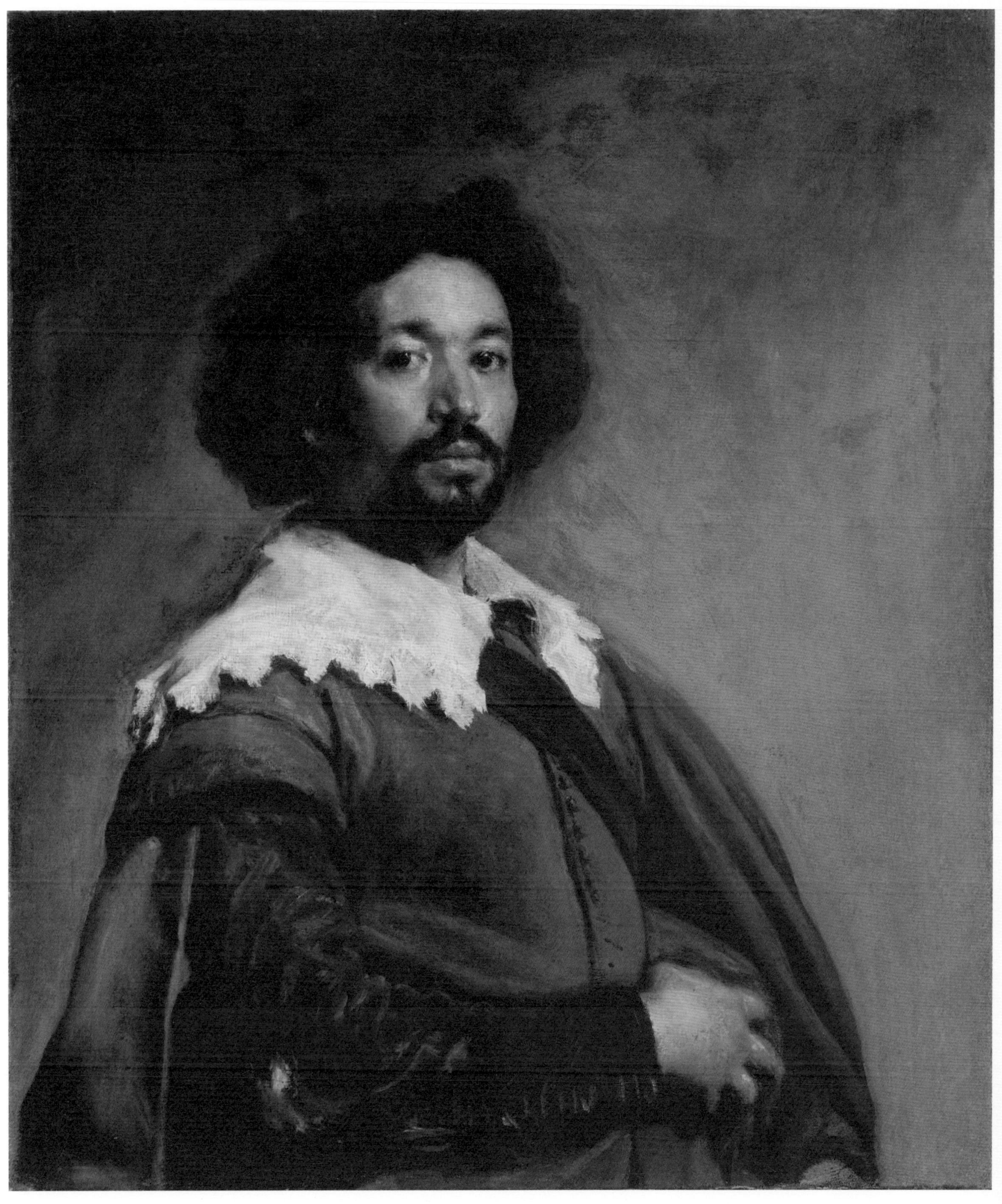

亚历山大·梅拉米德

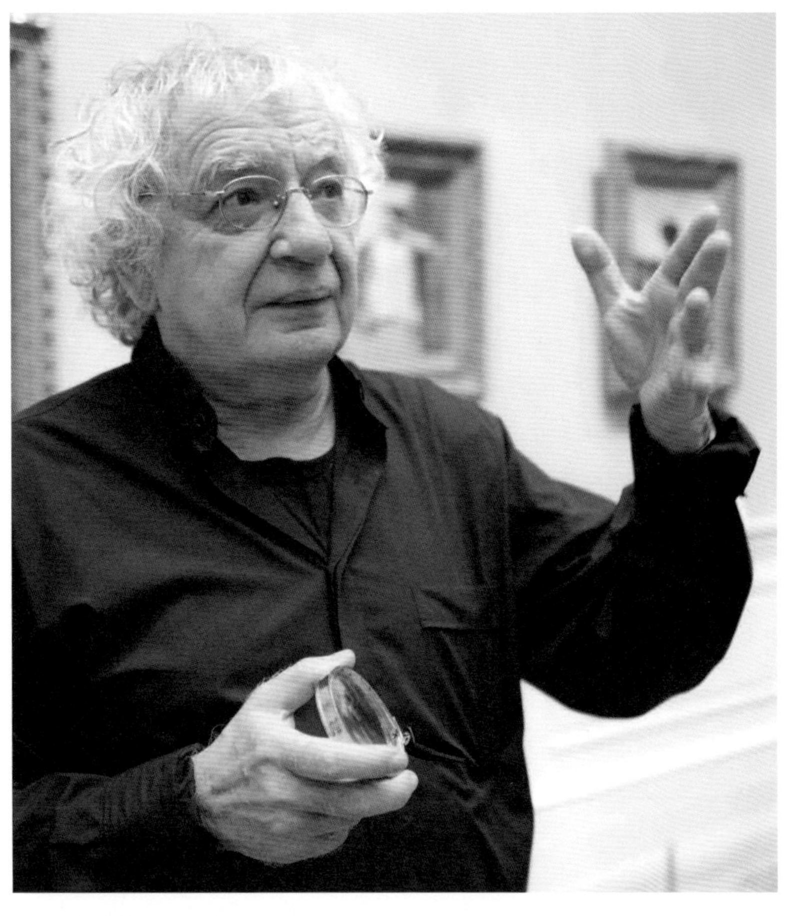

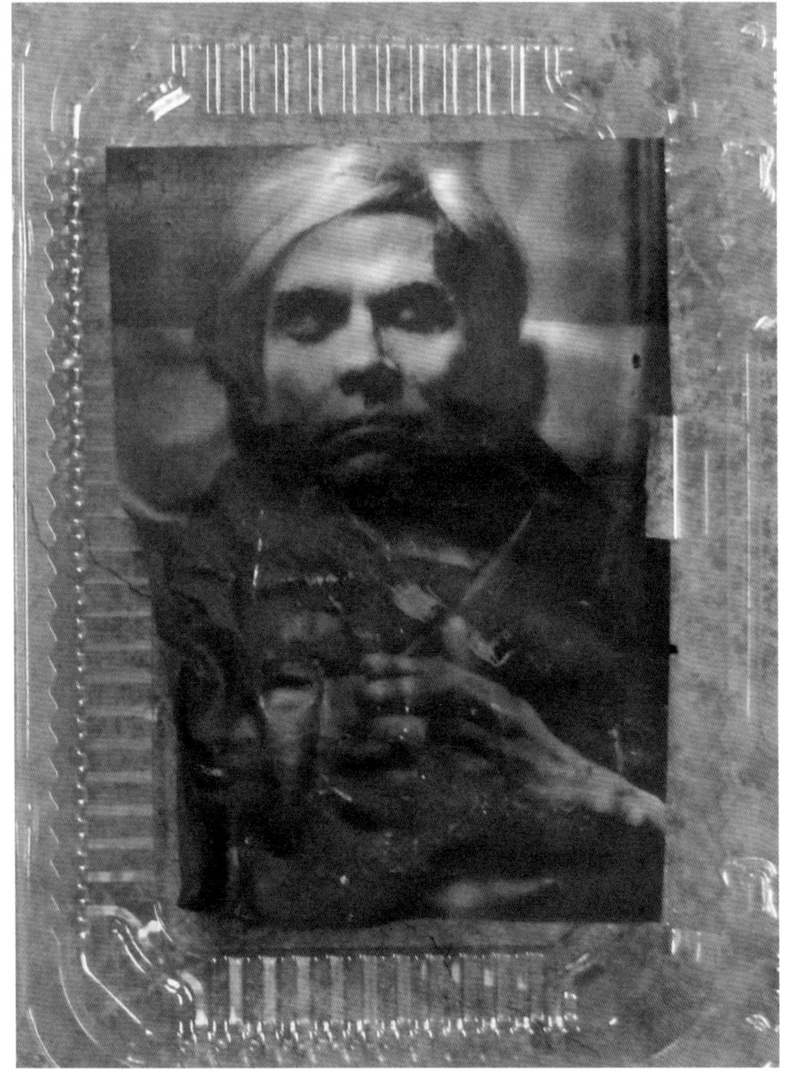

“如果没有至高无上的力量，艺术就没有任何意义，只能沦为装饰品。”

我尝试用不同的方法理解艺术的力量，理解它发挥作用的方式及原因。我在精神病房工作时，曾向病患展示过一些艺术品，因为当人情绪低落的时候，就得看看艺术品。艺术有着特殊的力量——可能给你启迪或改变你的生活。如果没有至高无上的力量，艺术就没有任何意义，只能沦为装饰品。

这幅画所在的展厅——其实算不上展厅，就是条走廊——有点像烈士纪念馆。欧内斯特·梅索尼埃（Ernest Meissonier）凭借令人惊叹的技艺被誉为他那个时代最好的艺术家。但他也是个过气的英雄：曾经重要如斯，如今也已辉煌不再。

梅索尼埃的这幅画是在普法战争之后完成的，法国人最终在这场大战中惨败，但是，在画中描绘的这场特殊战役里，法国人大获全胜，这极大地鼓舞了民族主义者，他们发誓要重振法国的辉煌。我们在画里看到，拿破仑的军队正冲向俄国士兵。我觉得拿破仑打了个手势，然后军队就开始发动进攻。梅索尼埃画出了所有的细节，包括腾空的马。就像摄影一样，相机凝固了1/30秒的瞬间，在这么短的时间里，人眼是无论如何也看不清同时发生的一切的。战场上的拿破仑没有受到丝毫影响，也没有受到丝毫威胁。他在法国是神灵般的人物，但现在这种民族主义已经过时了。这就是为什么这样的艺术现在被认为是失败的，因为人们的思想已经改变了。

当然，我们对艺术的判断——对任何事情的判断，尤其是和艺术相关的判断，都是武断的。它不过是一个由少数人定义的规则——什么作品是好的，什么作品是不好的，他们说了算。但为什么他们觉得这件作品很伟大呢？关键在于，弄明白“伟大”现在的定义之前，得先明白“伟大”过去的定义是什么。

约翰·拉斯金（John Ruskin）曾手持放大镜看过这幅画，试图找出它为何如此伟大的秘密。那里有些东西，可不仅仅是我们的想象，它里面蕴含的客观力量会帮助我们。也许真有无线电波之类的特殊力量会影响我们对艺术的欣赏。也许一切根本毫无意义。

亚历山大·梅拉米德，《油炸的安迪·沃霍尔（三分熟）》，2013年 ←

欧内斯特·梅索尼埃，《1807年的焦土》，约1861—1875年 →

这幅梅索尼埃尺寸最大、最雄心勃勃的画作描绘了拿破仑·波拿巴最伟大的胜利之一。梅索尼埃为它创作了数百件准备稿，其中包括多幅草图和雕塑模型。构思这幅画时，他将这场战役看作这位法国皇帝一生中最重要的五大事件之一，但最终只完成了其中两件。除了这幅画以外，还有《1814年法国之战》，那是一场彻头彻尾的败仗。1876年，美国百货公司巨头亚历山大·T. 斯图尔特（Alexander T. Stewart）连看都没有就从艺术家那儿以60,000美元的天价买下了这幅画，一时间，它名声大噪。

欧内斯特·梅索尼埃的《1807 年的焦土》

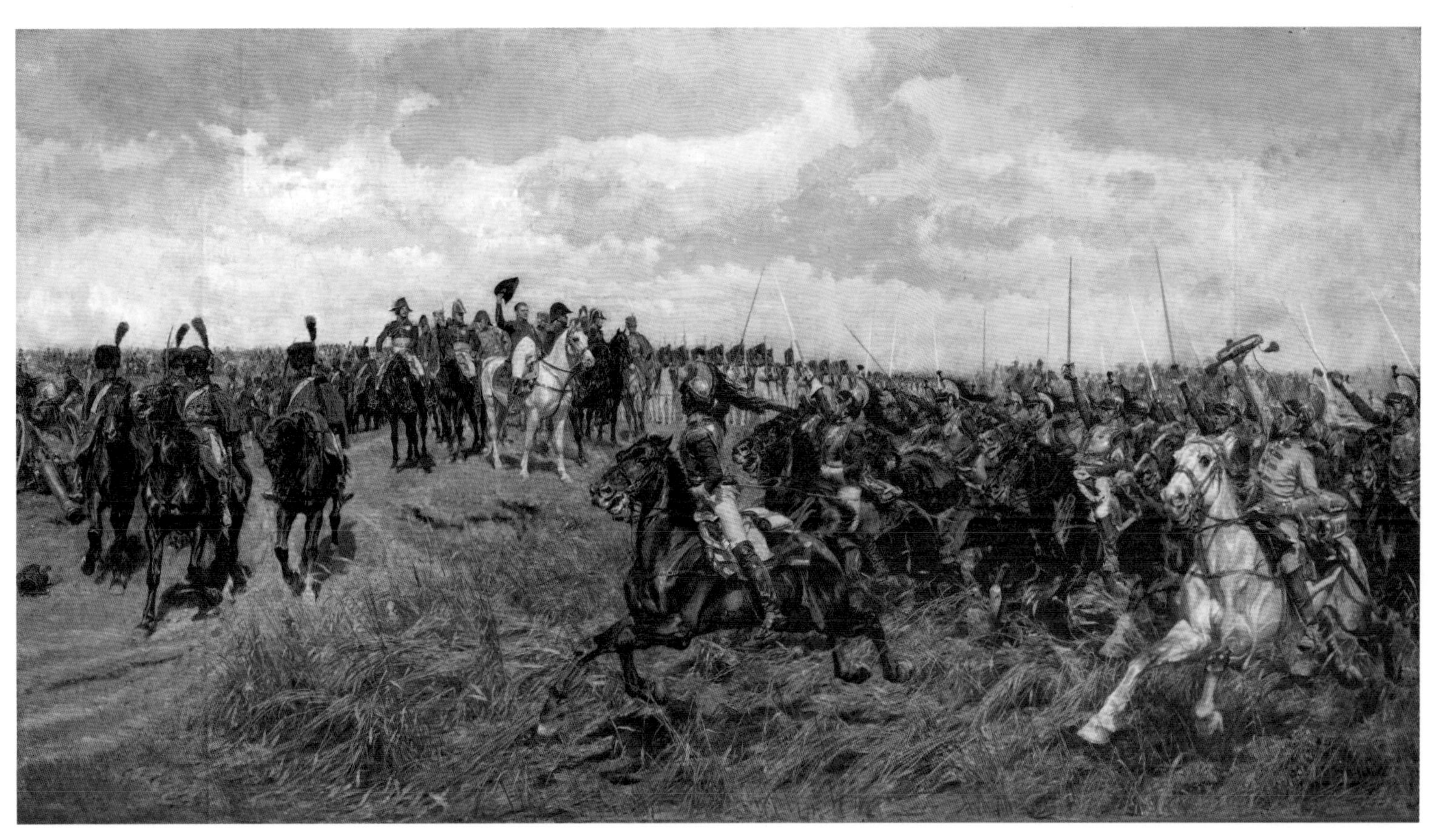

森万里子

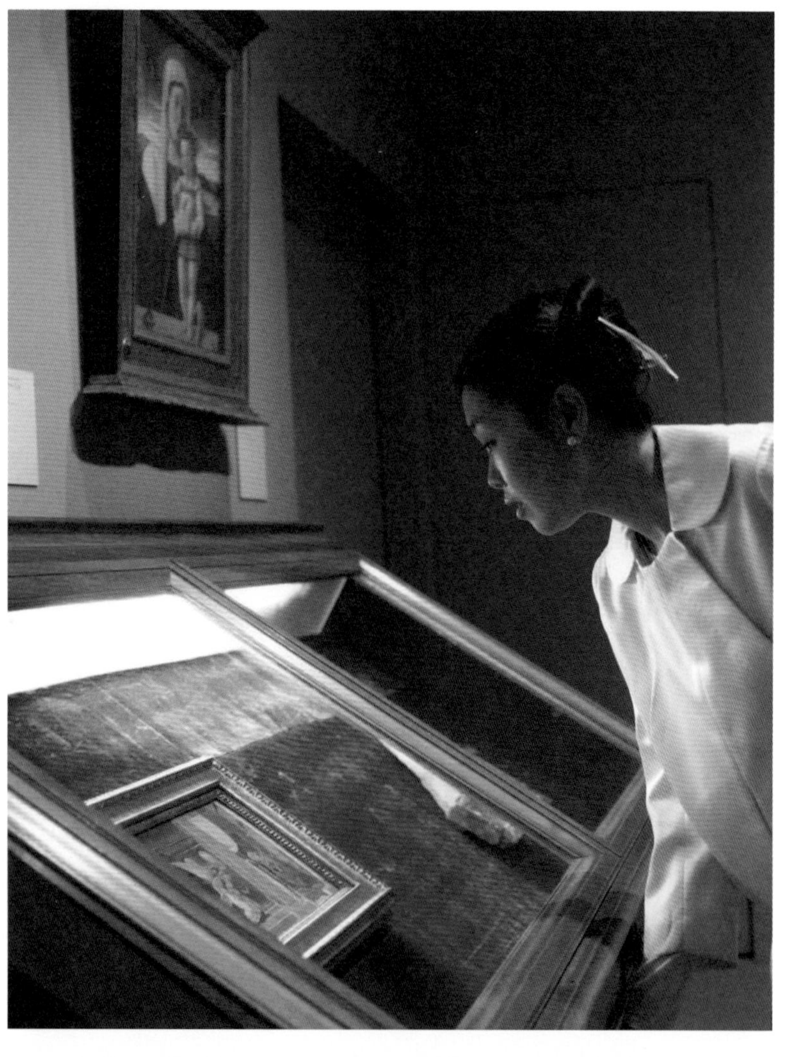

"当有人向你鞠躬时，会让你想起自己的高尚来，你高贵的品质。"

从素描到景观中的大型特定装置，我使用过不同的媒介。当你制作一件艺术品时，是艺术品决定自身的尺寸，反之却不亦然，尺寸并不能决定艺术品。如果桑德罗·波提切利（Sandro Botticelli）的《圣母领报》是一件大型作品的话，估计它原本蕴含的张力就会消失殆尽，而我作为观者，会觉得自己是个局外人。

在这幅《圣母领报》中，圣母玛利亚正在致敬圣洁的天使加百列，而天使加百列正施礼回敬圣母玛利亚。

看到这幅画时，我发现了它和我自己文化之间的相似点。按照茶道传统，沏茶的人是佛陀，客人也是佛陀，他们互相鞠躬致敬——我们互相尊重。看到天使和人类互敬互重，我感到了谦卑，也觉得自己获得了祝福和尊重。当有人向你鞠躬时，会让你想起自己的高尚来，你高贵的品质。当然，带着光环的圣母玛利亚是有福的女人，因为她要孕育上帝的儿子，但我相信世界上的每个生物都带有这种被祝福的光芒。

虽然这幅作品的主题是宗教，但它超越了宗教，变得普遍。我觉得，有一个我们看不见的世界存在着。那束光代表我们看不见的东西——圣洁——艺术品可以挑战你的想象力，让你通过它看见生活中看不见的东西。

在当今社会，我们已经心无敬意。也许我们的祖先曾拥有更多美好的人性。要从这幅画里汲取一个教训：如果尊重他人、尊重自然、尊重一切，那么世界就会变得更美好。

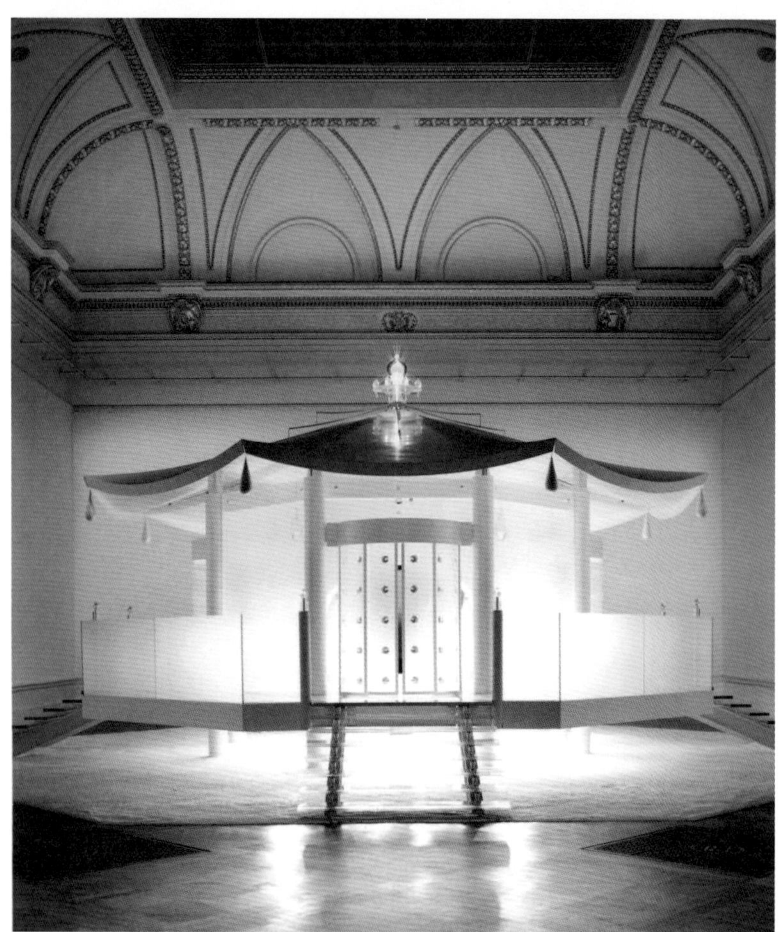

森万里子,《梦幻庙宇》, 1997—1999 年 ←

波提切利（原名亚历桑德罗·菲力佩皮）,《圣母领报》, 约 1485 年 →

圣母领报的场景设定在一座建筑内部，画家使用单点透视法给人以凹陷的空间错觉。在画面中心，一排方柱将天使加百列所在的巨大空间与圣母玛利亚的私密闺房分隔开来。一张帷帘高高挂起，现出姿态谦逊的圣母。几乎可以肯定的是，它是一幅私人定制的灵修像，并不是大幅画作的一部分。

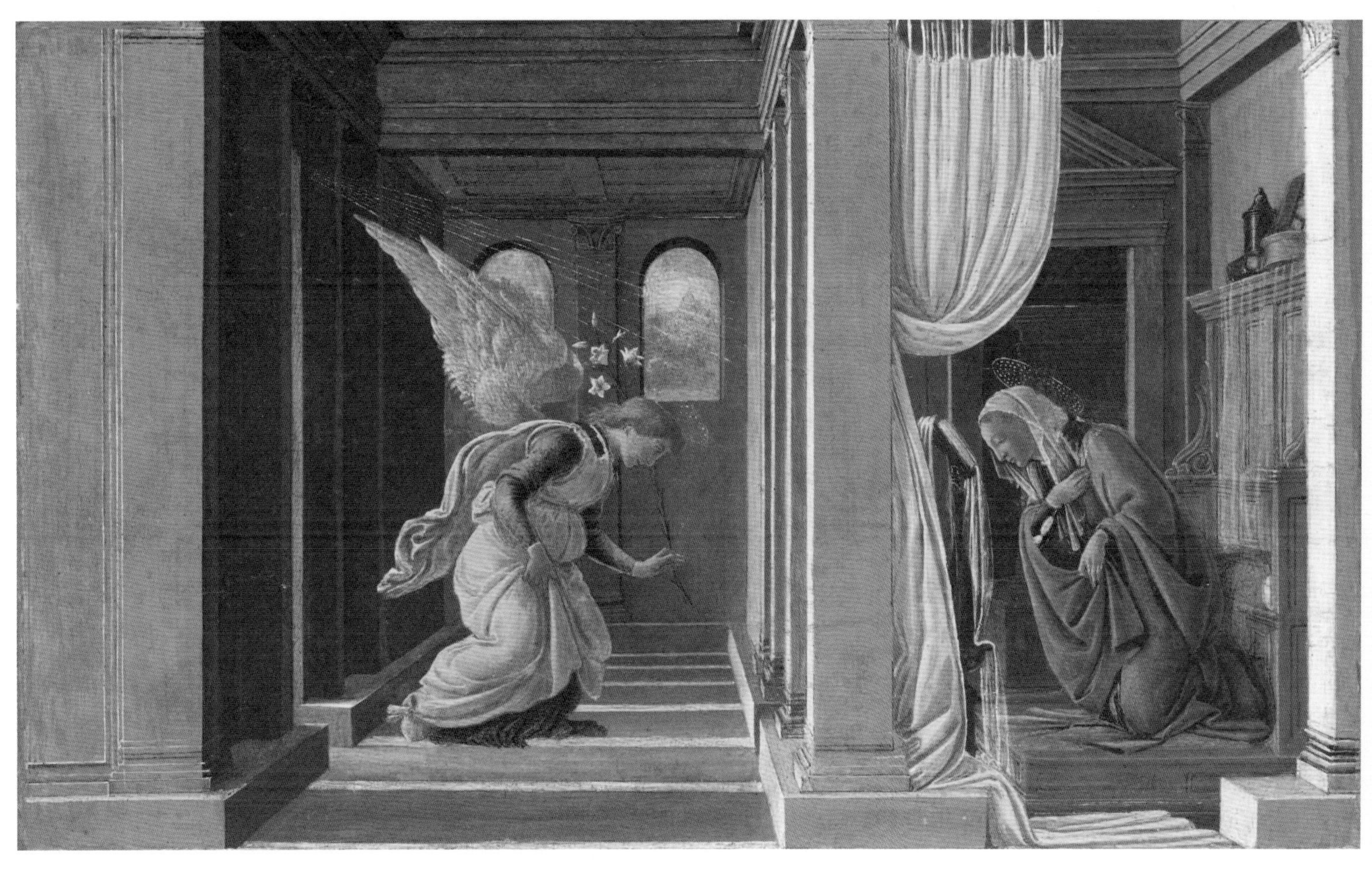

维克·穆尼斯

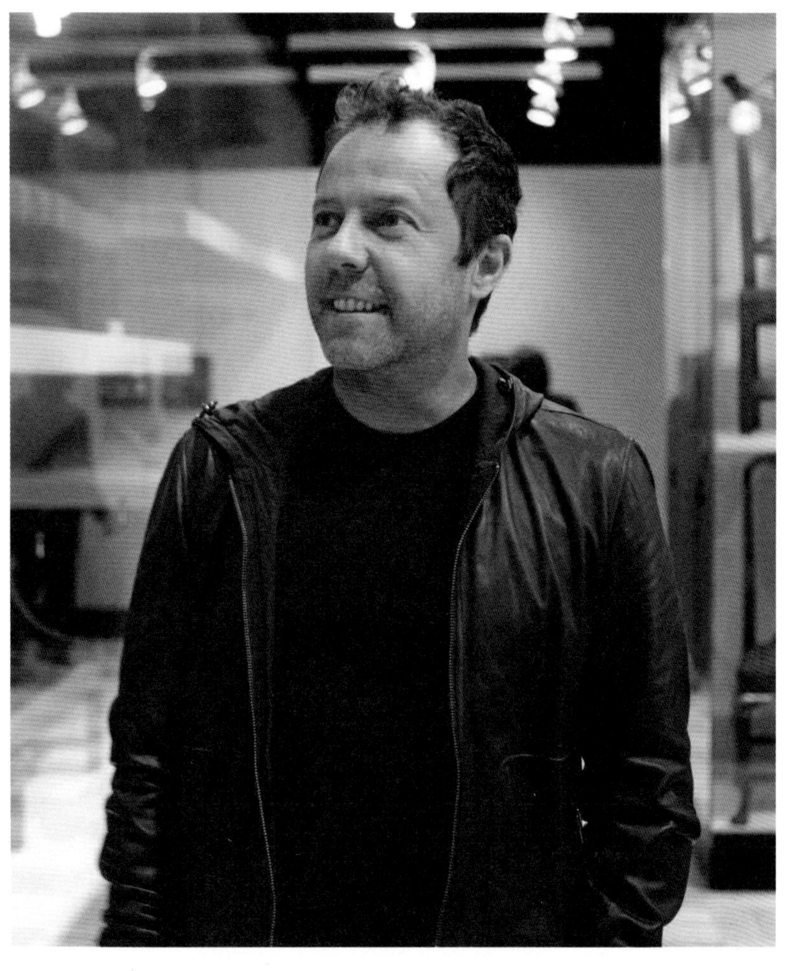

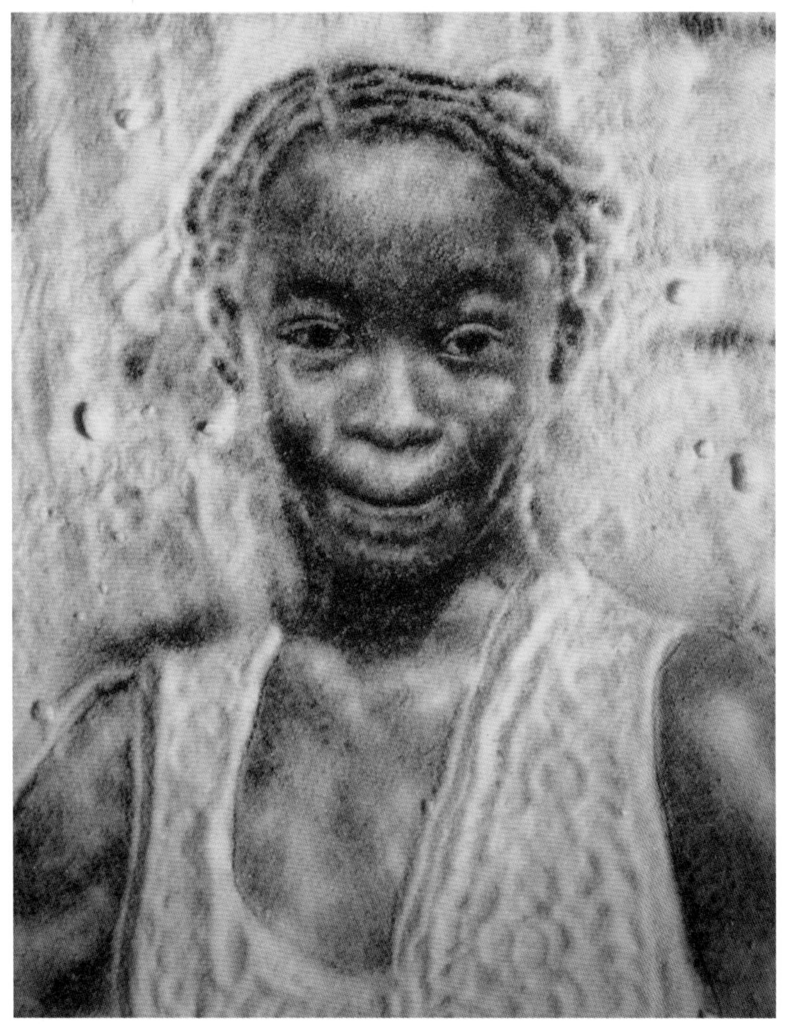

“卢斯中心是离经叛道的，它会赋予你力量。”

我记得，我发现卢斯中心纯属偶然。它给我的第一印象像个怪异的当代艺术装置。其实，我还问了一个保安，他说：“不，它就是一个所有物件都能被看见的仓库，你始终可以看到它们存储的方式。”现在，每次来大都会艺术博物馆，我都会参观卢斯中心，它能带给我很多想法。物件与物件之间的联系非常松散，而且不是预先设计好的。你看着它们，就像在菜市场看着那些被烹饪以前的蔬菜一样。这里收藏有香水瓶、蒂凡尼的灯、装饰画、雕塑、老式落地钟和门把手、镇纸——它们都能刺激你的创作灵感。

卢斯中心有个区域到处是框架，我认为这是对整个博物馆一个非常恰当的隐喻。博物馆本身就是一个巨大的框架，或者说，一个巨大的基座。在卢斯中心外面，博物馆的其他部分暗示着一种关于品质的观念：究竟是什么让一件作品成为高品质的物件，或成为代表某个历史时刻的物件？当你把一件作品与周围的环境分离，孤立地看待它时，它可能突然就成了一件杰作，一件珍贵的东西。也许因为来自巴西，我是在军事独裁的环境下长大的，所以对自己碰到的政治宣传或构建过的信息非常敏感。

在卢斯中心，物件纯粹的堆积和不算严格的分类法让它变得像个语义迷宫。你试着找寻意义，而这些东西不会真的引导你通向任何意义，它们不会问你问题——就安安静静地待在那里。你必须毫无偏见地看待这些物件，它们给观者绝对的自主权，让你构建自己的叙事，自己的故事。你不会仅仅因为有人告诉你这是件好东西，你就去看它。这个地方就这样把一切展现在你面前，你得琢磨如何找到自己的路。这地方就像互联网，但它是有形的，你能感受到它的物理存在。我常说，一件艺术品必须有人站在那里欣赏时，它才拥有生命力。所以，可见的存储方式真是个美妙的主意。

你“拥有”卢斯中心大量藏品的这一事实发人深思，它敦促你仔细琢磨下面这个想法：你接收的大部分信息都以这种或那种方式被人为操纵，它们是被精心修饰过的，从某种意义上说，是被歪曲过的。卢斯中心是离经叛道的，它会赋予你力量。它让你思考博物馆的运行机制——藏品是如何展示的，又是如何不被展示的——就这一点来看，它令人耳目一新，就像个“反”博物馆。

维克·穆尼斯，《跑得最快的瓦伦丁娜》，1996 年 ←

亨利·卢斯美国艺术研究中心 →

在亨利·卢斯美国艺术研究中心可以看到博物馆当前并未展出的美国艺术品和装饰艺术品。卢斯中心的藏品按材料类别（如油画、雕塑、家具和木器、玻璃、陶瓷和金属器）进行摆放，在上述类别中，这些藏品又按形式和年代排列。除了对光特别敏感的物件（如织物或纸上作品）之外，大多数藏品一直在陈列中。

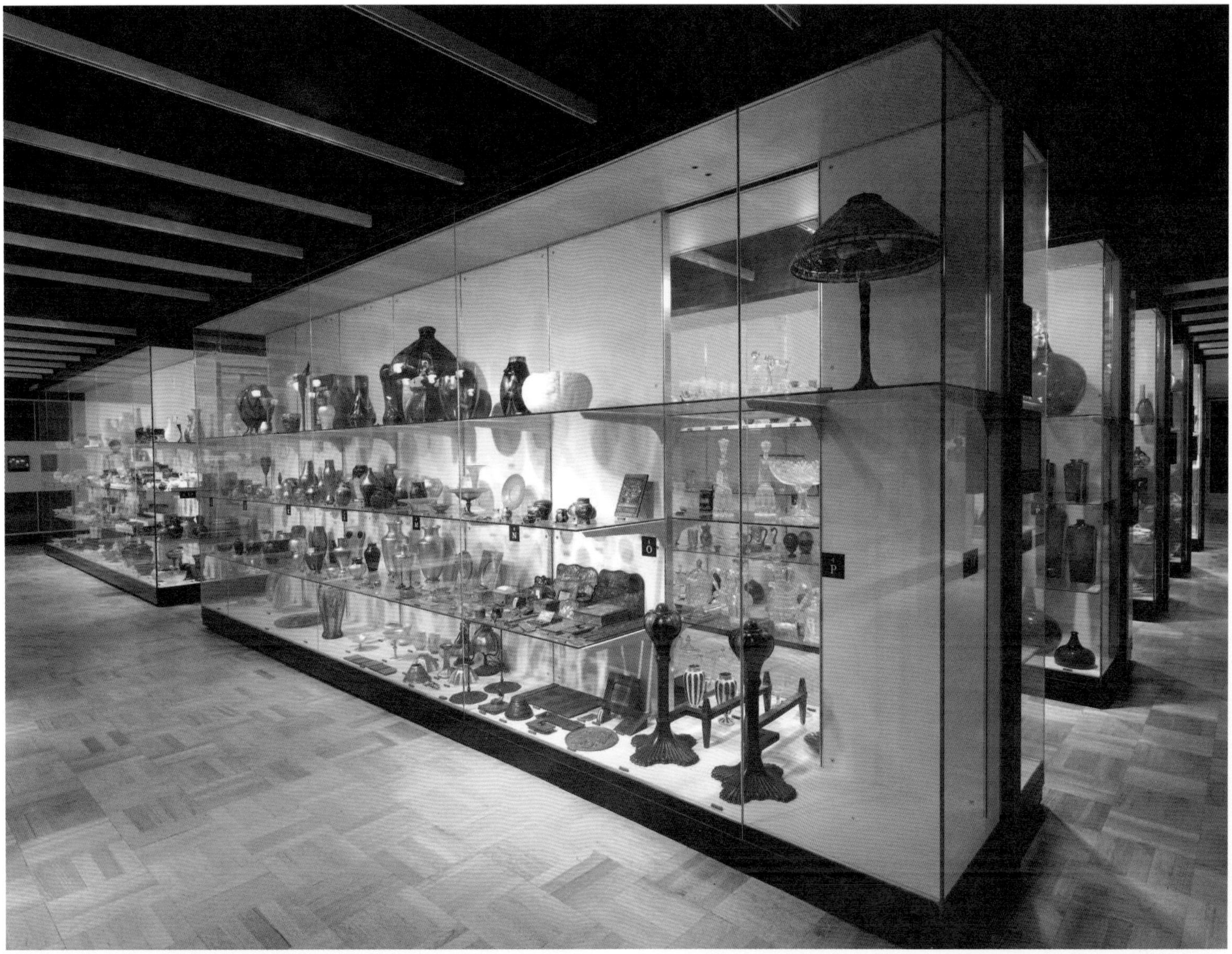

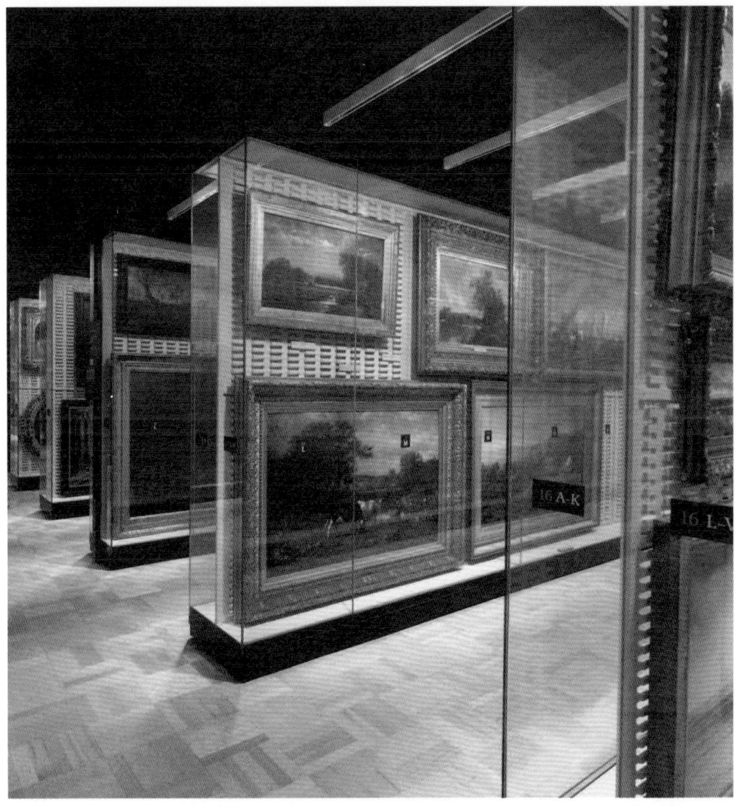
16 A-K

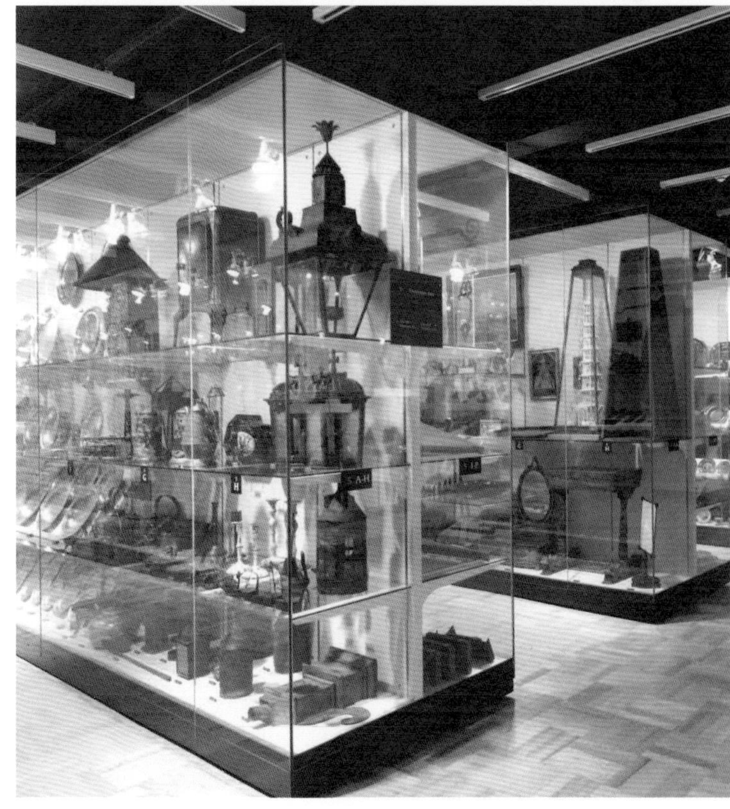

瓦格西 · 穆图

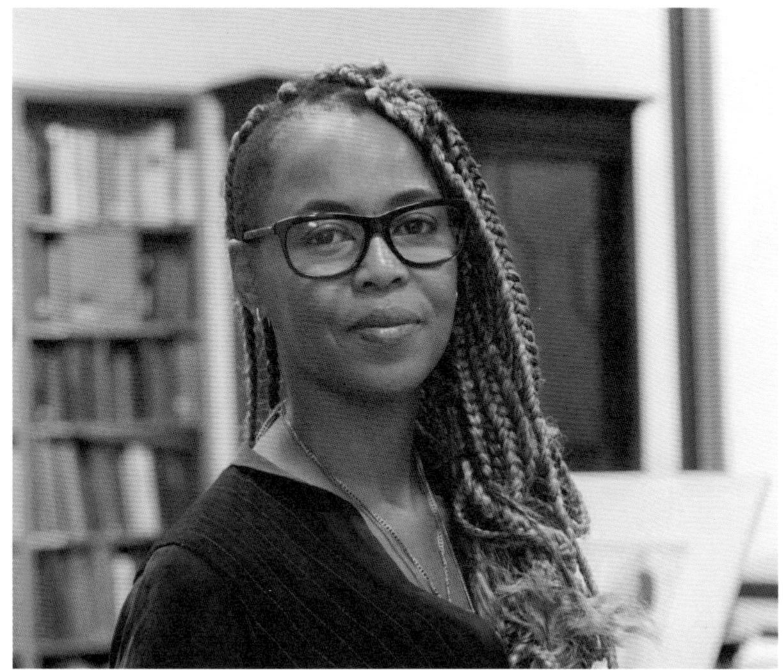

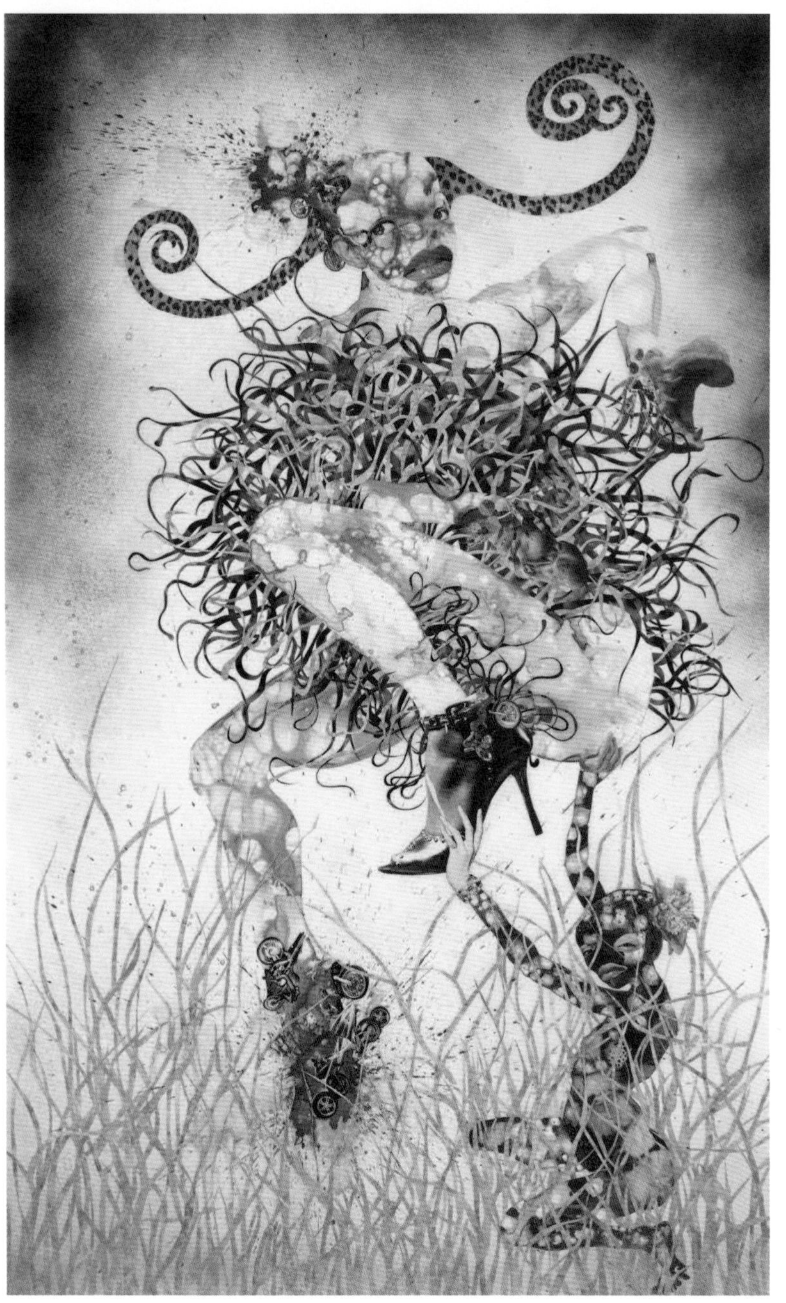

"席勒对他的人性和'现在性'很清楚:'我现在就在这儿,我待不了多久。'"

当我发现埃贡·席勒时,我意识到他的很多作品其实都是在小纸片上完成的。他线条的力量、简洁和清晰绝对令人震惊。

在《穿紧身衣和靴子坐着的女人》这幅画中,女子摆出这样的姿势并不容易。事实上,仅凭线条创作出这样令人信服的作品是相当复杂的。她的头扭向一边,手放在两腿之间,没有任何背景,也没有座椅。他用这种简简单单的材料表达了她手指间的纤巧、张力和运动。

我喜欢各种配饰、鞋子和长筒袜,这些都是人类虚荣心蓬勃发展的产物,它们记载了一个人出生以后的各种选择。他们穿什么?他们在牙齿和头发上花了多少钱?这些东西讲述了很多我们作为社会个体的信息。但是,我对女性裸体也很着迷,我一直在研究表达女性创造力的生育标志。在《穿衬裙坐着的女人》这幅画中,主人公的姿势、线条和羞涩都是那么温柔。当然了,高高抬起大腿坐在一个男人面前可与羞涩不沾边。席勒试图以最谦逊精简的方式描画出这个女人内在的性欲。于是,惊人的事情发生了。

席勒确实很同情那些社会地位低下的穷人和女人。我估计他在两分钟之内就画完了它,然后直接转到另一件事,不再想要不要回头修改修改,多少人能做到这一点呢?这就是年轻的灵魂和思想的象征,这就是英年早逝的艺术家的模样,这就是被怀疑是不是大师的年轻人。即使没有人知道他是谁,他也会画画,但他的签名正好在边上。他几乎像个涂鸦艺术家,签名就像一个小小的标签。他有很强的领域意识。他知道自己在做很特别的事情。

他不是彻头彻尾的抽象派,也不是立体主义者,因为他并没有暴力拆解人物。他只是提供了最少的信息来引导你的视线。没什么合适不合适的,一切都是原始的——性是原始的,两性关系也是原始的。

我在创作时注意到,如果我看着困扰自己的事物,它们就会以未经编辑、未经筛选的方式出现在我的作品里。在席勒的作品中,他观察到人类对彼此的残忍。在他消瘦憔悴的自画像中,我不知道他是否真的那么骨瘦如柴,但他正在考虑将身体推向极致。他的作品都和人类的境况相关,并问道:"生活如此艰难,为什么我们还在这里?"

这些作品不是油画,没有上色,也没有要画成永恒的生命这种想法。席勒对他的人性和"现在性"很清楚:"我现在就在这儿,我待不了多久。"

瓦格西 · 穆图,《100 个月的披荆斩棘》,2004 年 ←

埃贡 · 席勒,《穿紧身衣和靴子坐着的女人》,1918 年 ↗

埃贡 · 席勒,《穿衬裙坐着的女人》,1914 年 →

28 岁的席勒在不幸染上流感、英年早逝之前已经创作了 300 多幅油画和数千幅纸上作品。他画了很多幅年轻女人——大部分是裸体女人或衣着挑逗的女人,比如这两幅作品——并以超然而客观的态度对待她们。这些人物孤零零地出现在纸面上,周围空无一物,体现了席勒对线条、构图和姿态的精妙研究。

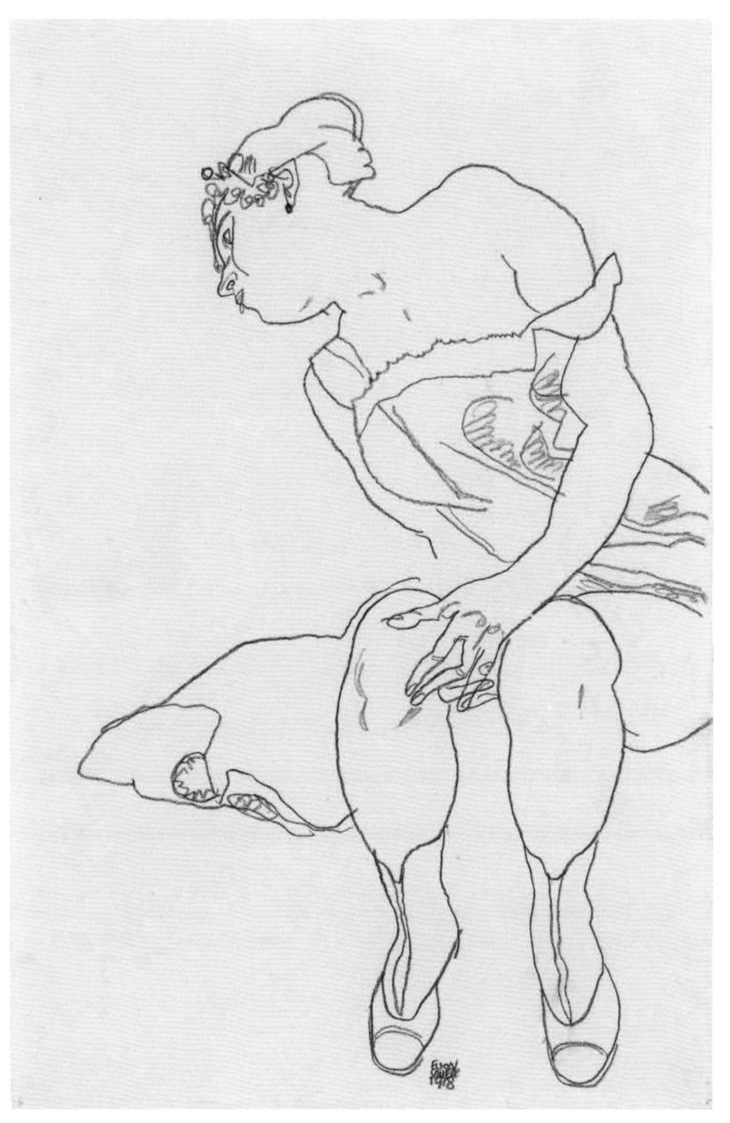

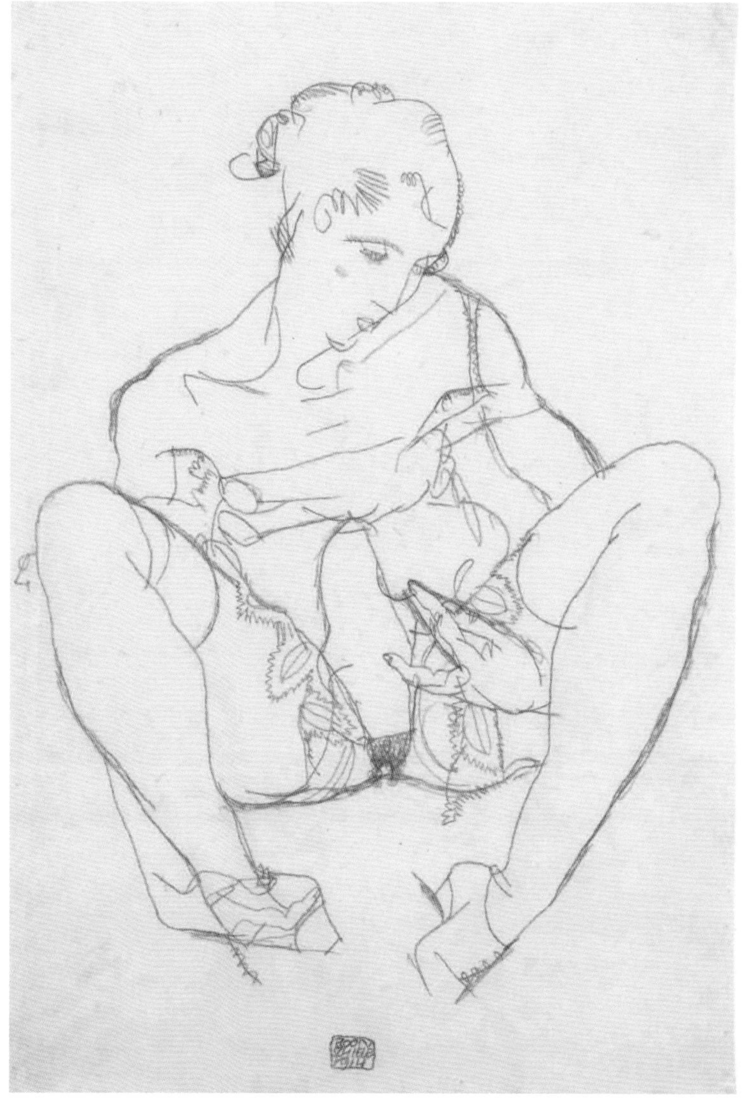

詹姆斯·奈尔斯

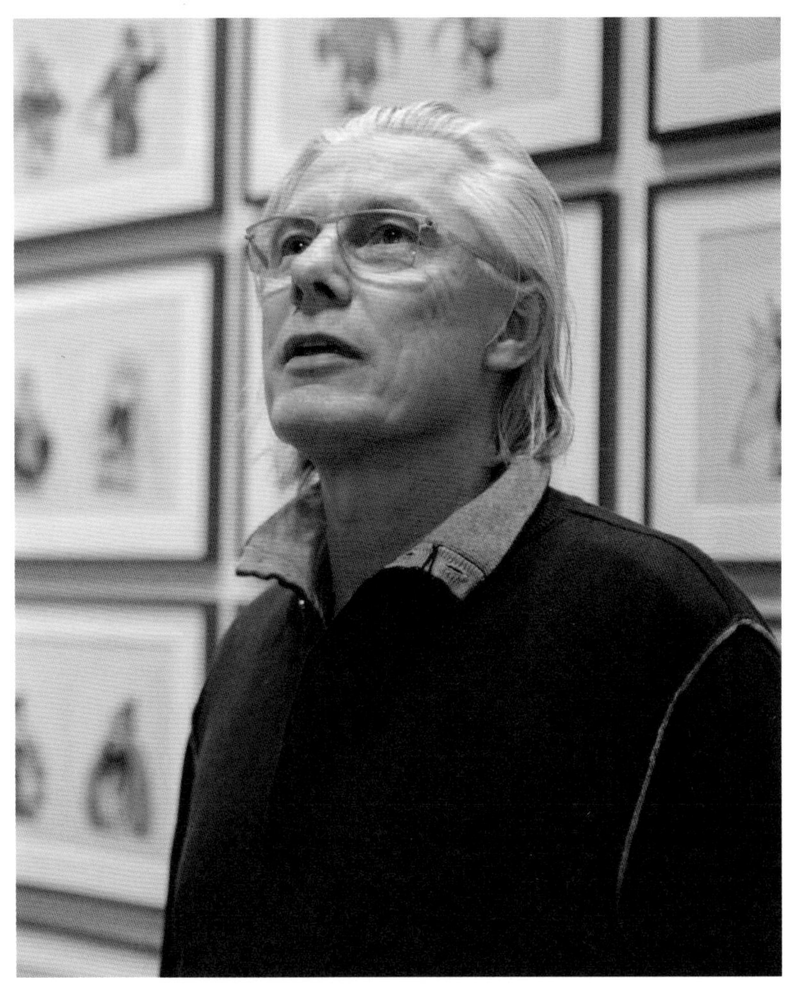

“你发现了书法家笔下的符号，于是你们紧密地联系起来了。”

我与书法的许多联系是凭直觉产生的，尽管其中一些是靠学习得来的。我的作品以不同的方式借鉴了这些中国书法作品。拓印是一种传播知识或图像的方式，它像早期的印刷形式，因此，在某种程度上，拓印与书法创作是截然相反的——书法是用毛笔跳舞。

我一直对与手相关的行为和动作很感兴趣，尤其是动作——它将大脑中的思想通过胳膊传递到手上。在我看来，书法一直是设计与个性的完美结合。你不希望形式完全破裂。当你看到一个完美的汉字时，内心总是非常欢喜的。有些字，尤其是那些年代久远的字，它们看起来非常大胆。你感到一种有条不紊的思想在发挥作用，但当它变得非常松散时，你会感觉自己出现在了思想创造的过程中，似乎你是在书法家挥毫泼墨的时候发现了他创作的这一图像。你发现了书法家笔下的符号，于是你们紧密地联系起来了。

我喜欢书法中“飞白”这一概念——没有任何符号的空间仍然充满着书法家的动作。我的画都是用画笔一气呵成的，就像跳舞一样。我觉得优美的动作可以传达一个故事，有开头、中间和结尾。如果我不喜欢某一笔，我的助手会擦掉它，然后我重新来一遍。在练习中，我没有太多禅意，不会冥想几个小时才画出一笔，我觉得这么做倒是更像写草书的书法家，因为他们是在纸上进行的创作，那可是擦不掉的。我喜欢一切都不隐藏的感觉。一切都不加修饰。这样的书法非常纯净，但是每个元素的可操作空间是无穷无尽的。

书法家的艺术都很有个性。在设计和客观环境之间，你总是行走在刀锋上，而我寻求的正是这两者之间的最佳状态。

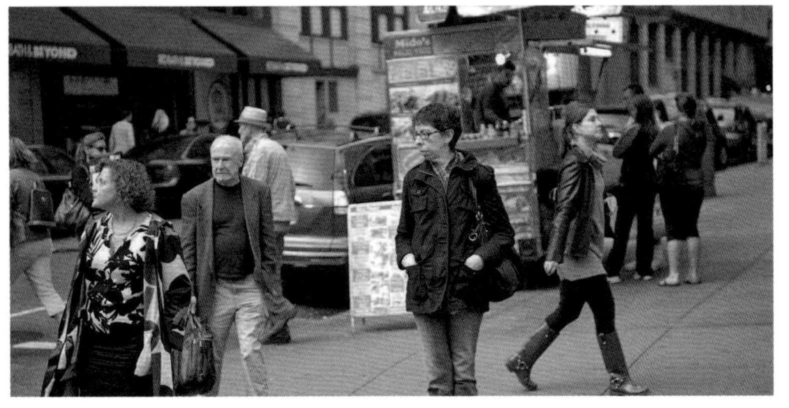

詹姆斯·奈尔斯，《街道》，2011 年 ←

东晋，王羲之，《十七日帖》，13 世纪 →

《十七日帖》是“书圣”王羲之（303—361）所写的 29 封书信选集，这些信件在唐太宗（627—649 年在位）的支持下收集而成。王羲之和其他早期书法大师的原始手稿在唐初已经很少见。为了保存和传播这些珍贵的字体，人们制作了精确的拓片及石刻和木刻复制手稿。雕刻复制手稿的拓片是学生学习古典字体的主要途径。现存的手稿拓片可以追溯到宋朝（960—1279）或更晚时期，而它们又都以唐朝的描迹或拓片为基础。

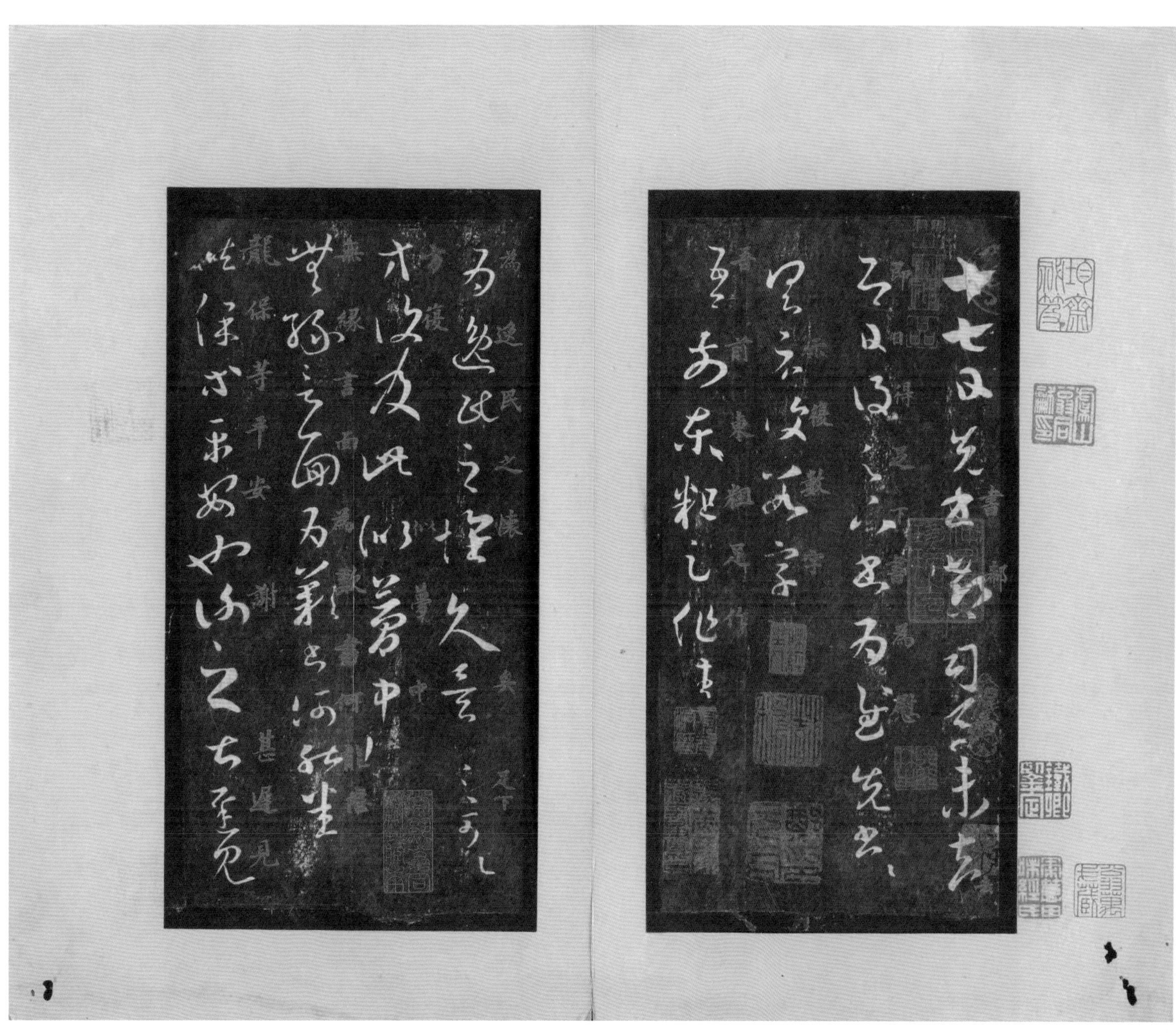

凯瑟琳·奥佩

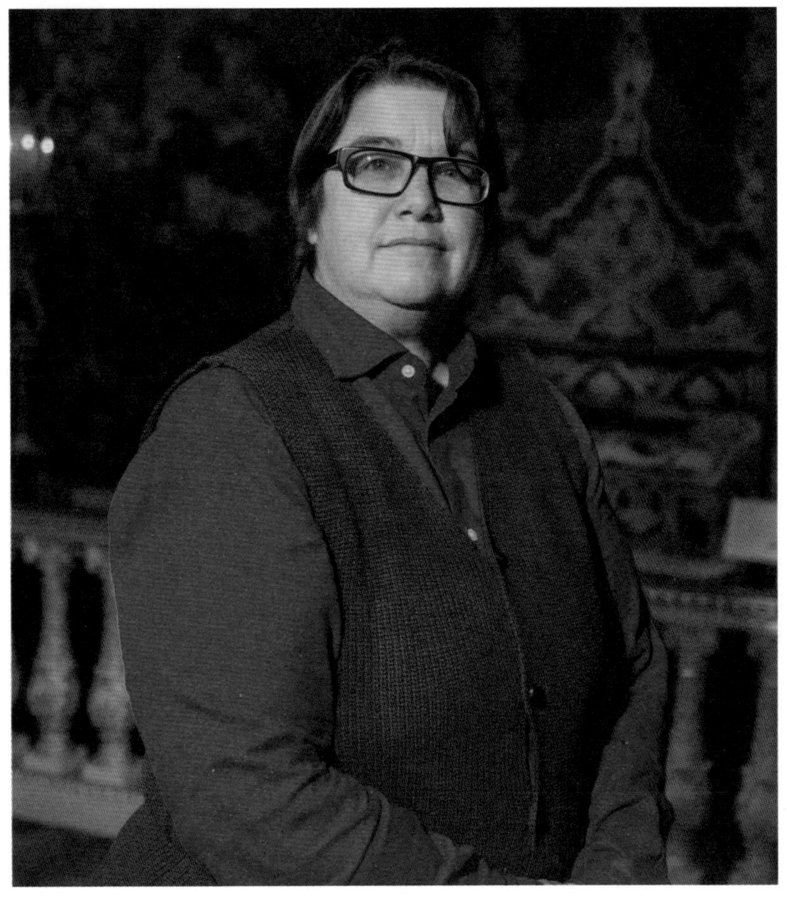

“引起我注意的是这本书的创意——居然可以探索一个充满想象的地方。”

我在俄亥俄州长大，街对面就是一片玉米地——那是我儿时生活的全部。9岁时，我读了E. L. 柯尼斯伯格（E. L. Konigsburg）写的那本名为《天使雕像》的书，书中的主角克劳迪娅（Claudia）从家里逃到了大都会艺术博物馆。作为一个来自中西部的孩子，引起我注意的是这本书的创意——居然可以探索一个充满想象的地方。今天，我看着一群学生经过路易十四的卧房，即使老师告诉他们要排好队通过，你也可以清楚地看出，他们只是想体验一下这个曾经有人居住的房间。

这是一个舞台。这个房间不仅是一间卧房，还是一幅肖像画，一幅与路易十四的许多故事相关的肖像画。它的奢华和富丽讲述了路易十四在位时期的故事，讲述了哪些东西有价值、哪些东西值得看。例如，在房间的一角，漂亮得令人难以置信的倒酒器皿上绘有神话里的大蛇和斩首场景。

拥有这些物件意味着多少特权啊！制作它们肯定也花了很长时间。这些镀金嵌花的物件里饱含着工艺。现在，“工艺”这个词在艺术界可不受欢迎——你绝对不想谈论工艺。我努力尝试把握自己的创作媒介，实际上，我自己很珍惜这种尝试。16世纪和17世纪在我的作品中一直占有一席之地，我之所以垂涎这两百年，就是因为手工制作的慢节奏。虽然我只拍摄照片，手在拍摄中的作用不像在雕塑、绘画或其他媒介中那么明显，但在我选择看什么、怎么构图方面，手的作用依然非常重要。就像这个房间一样，你打算在照片中呈现的特定时刻也是一个舞台。

我像拍照一样处理这些空间。我可以充满想象力地观察绘画作品和各种物件，我想这是因为我小时候读过很多次《天使雕像》。不幸的是，这也是我体验大部分世界的方式，这可能是个问题。我的伴侣总是告诉我不要凝视，体验就好。我回答说：“我正在体验。对我来说，看就是在体验。”

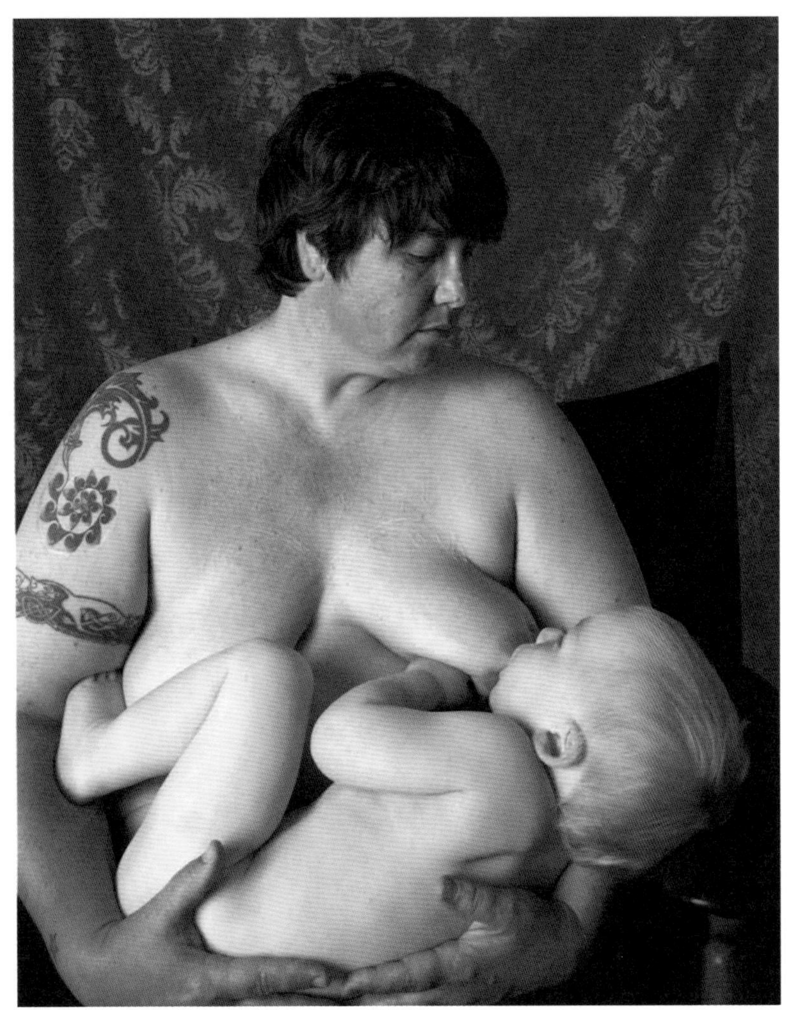

凯瑟琳·奥佩，《自画像 / 哺乳》，2004年 ←

床幔与侧帘，约1700年 ↗

路易十四被称为“太阳王”，是法国在位最久、权力最大的君主之一。当时的艺术围绕着国王的个人喜好展开，赞扬了他宫廷的宏伟和庄严。皇家符号经常被用于装饰，很少有与统治者的个性联系得更紧密的风格。

一对酒罐，约1680年 →

这对酒罐上装饰着经典的神话场景。右边的那只酒罐上，女神赫拉命令赫尔墨斯将百眼巨人阿尔戈斯斩首，阿尔戈斯是赫拉的丈夫宙斯挚爱的少女伊娥的守护神。左边的酒罐上，腓尼基公主欧罗巴被宙斯伪装成的温顺而美丽的公牛带到了克里特岛。

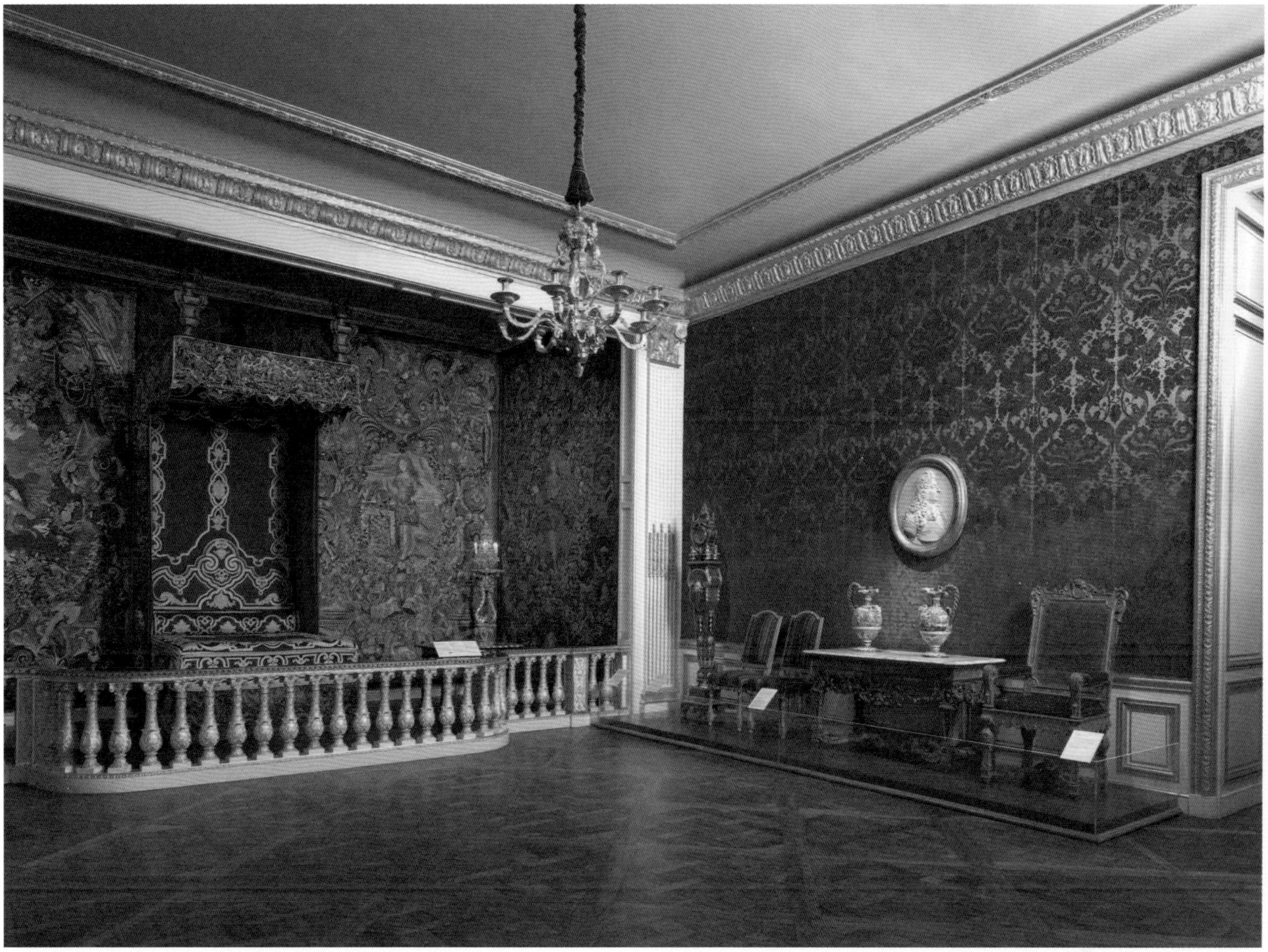

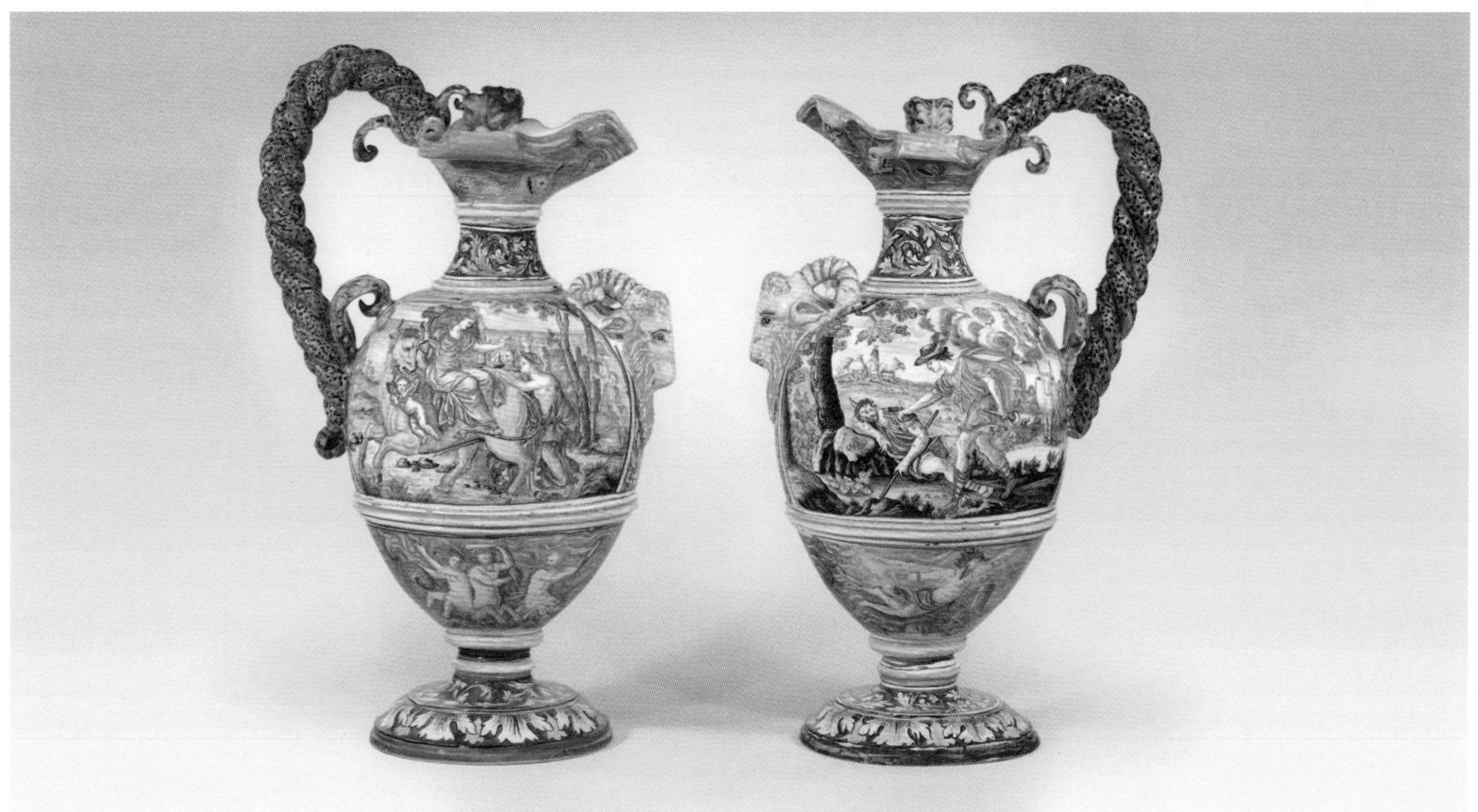

科妮莉亚·帕克

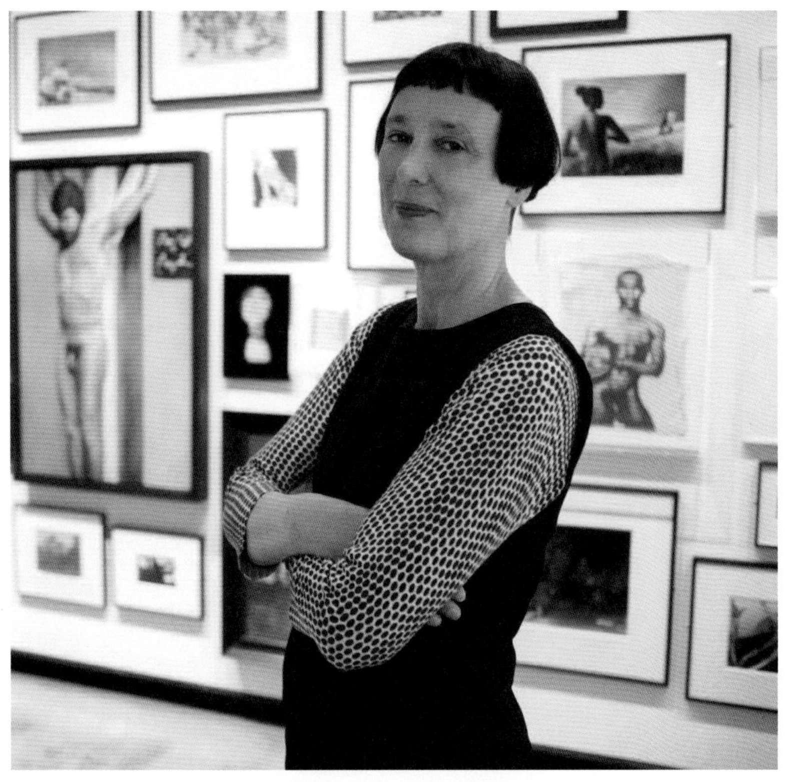

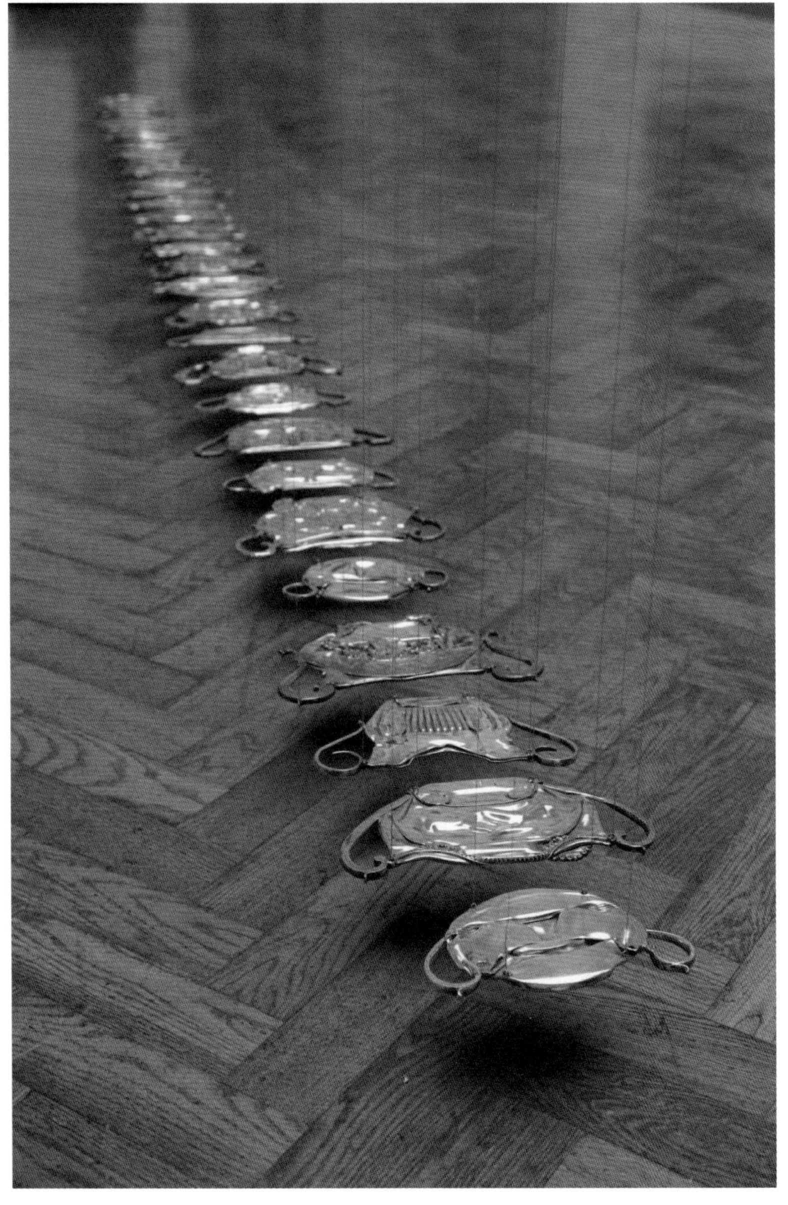

"整幅作品让你觉得，似乎只要将胶卷倒回，下一秒，你就又能见到活蹦乱跳的他了。"

我创作中非常重要的一点是"悬念"，是指将已经结束的东西重新激活的一种想法。罗伯特·卡帕（Robert Capa）在这张照片里抓住了我自己各种创作尝试的本质。

当时，战争摄影是开创性的——极其勇敢又莽撞无比，尤其是西班牙内战时期的战争摄影。上战场的摄影师不一定接受了委托，他们随机出动，在战场上和士兵们肩并肩战斗。这张照片记录的是一个西班牙政府军士兵，他身上的衣服与其说是制服，不如说是日常便服。他的右边是空旷的乡村。他脸上的表情很平和，并没有充满痛苦，仿佛只是在眺望远方，只不过紧闭着双眼。他的手臂张开，毫无防备，也没有任何保护。他毫无警觉，在一路飞奔的时候被击中。

人已死，但仍然保持站立姿态的照片非常非常少。这张照片既不见血，也不见什么内脏器官。整幅作品让你觉得，似乎只要将胶卷倒回，下一秒，你就又能见到活蹦乱跳的他了。他是谁？他是怎么死的？我们一无所知。他在战场上吗？或者，当他正在为卡帕的拍摄摆姿势的时候，狙击手击中了他？了解得越多，它就越吸引我，也越让我捉摸不透。你就是没有办法确定它的意义。

我出生于1956年，即第二次世界大战结束11年之后，所以从小就沉迷于与战争相关的图像。我妈妈逃离了德国——战后的德国没有一处可以停留。她连谈都不能谈战争这件事，但我确实知道这段经历让她在心理上受到了极大的伤害。

摄影让我们能有机会检视哪怕是很久之前的某个特定瞬间。比起那些移动的镜头，我们可以更深刻地记住这个静止的镜头——他正在倒下，但他永远不会倒下——这个静止的瞬间有更令人震撼的力量。

明明描绘的是暴力行为，却呈现出这样的宁静，这正是照片吸引我的地方——它抓住了生与死之间的过渡。他已经死了，还是快要死了？这个瞬间就这样继续着，它完全是我们这个时代的事情，因为类似的事情仍在发生。这个士兵代表了所有已经倒下的和正在倒下的无名士兵。它是标志性的。这可能是战争最后的纪念碑；它无疑是战争中那些白白逝去的生命的纪念碑。人们时刻准备冒着生命危险捍卫自己的信仰。只有当我们死了，重力才能最终抓住我们。

科妮莉亚·帕克，《无尽的糖》，2011年 ←

罗伯特·卡帕，《倒下的士兵》，1936年 →

虽然尚有争议，但这张照片依然算是最著名的战争照片，一看到它，你就会想起摄影师罗伯特·卡帕的名字。这张照片拍摄于西班牙内战初期，它展示了一个西班牙政府军士兵被子弹击中的瞬间。这张照片象征着摄影这一媒介具有无与伦比的刻画突发死亡的能力。它还是典型的新闻摄影风格，这种风格被用于定义卡帕及其同事们在20世纪40年代末为玛格南图片社拍摄的作品。

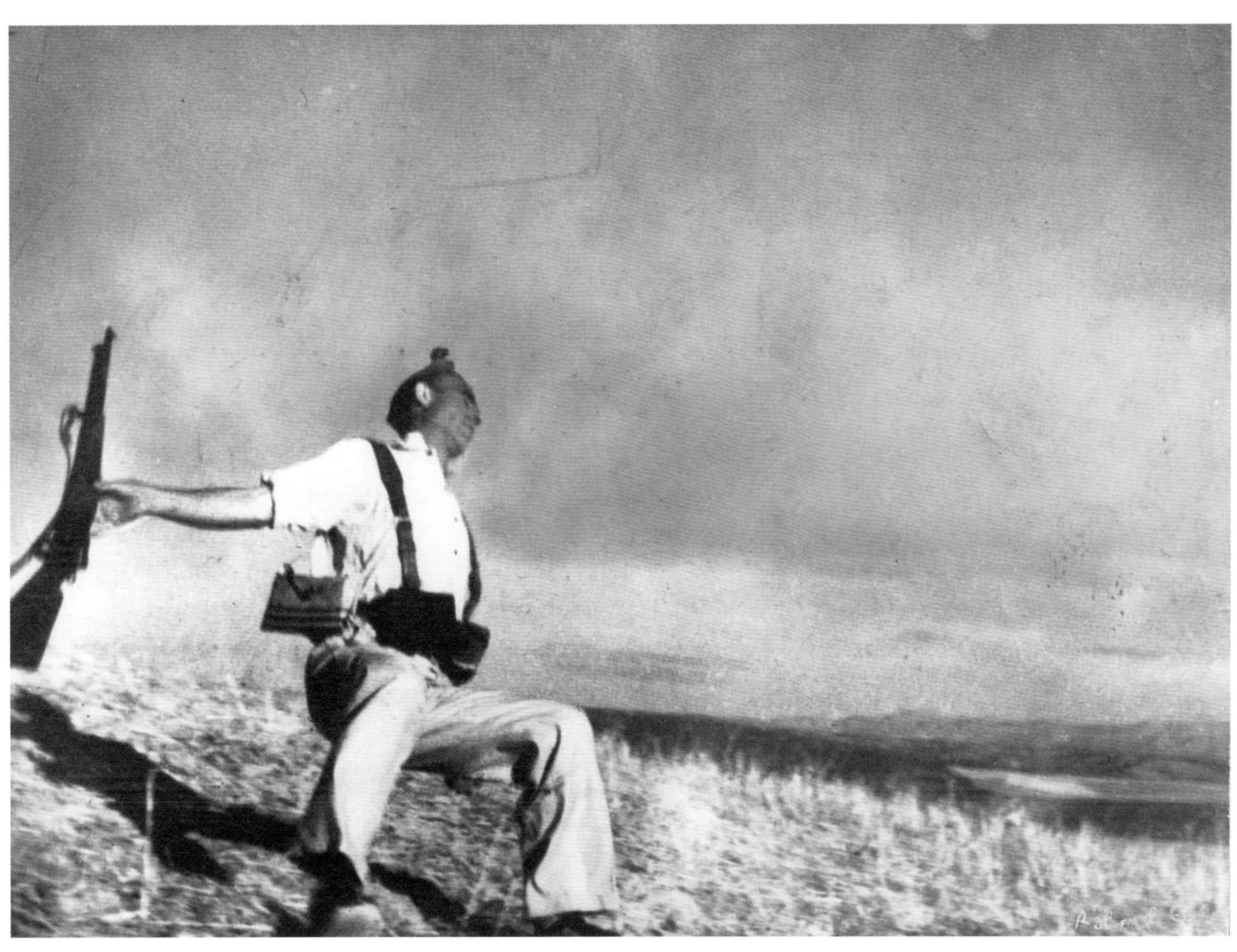

伊萨尔·帕特金

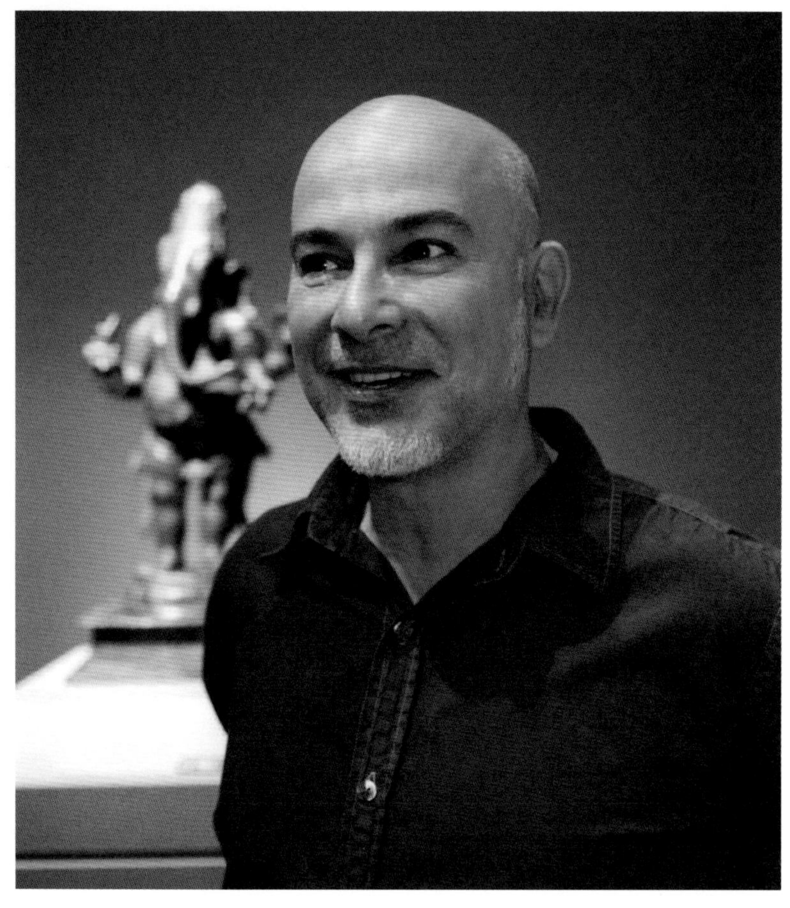

“我不必信仰湿婆神，但……我不能忽略当初它被制造时的意图。”

1977年，我第一次从以色列来到纽约。像我这种来自没有宗教形象文化的人，第一次看到这些图像时，我很不安，毕竟它们不但常常代表着深刻的信仰，而且还代表着力量。

一个敏感的朋友注意到我的困境，他来找我，对我说：“我想让你做点什么——为我做一个湿婆神。”我说：“为什么？”他回答：“那就是我想要你学习的一课啊。”

我最终完成了一座正在跳舞的舞王湿婆雕像，并把它与美国艺人约瑟芬·贝克（Josephine Baker）和百老汇歌星卡门·米兰达（Carmen Miranda）的形象混合在一起。这件雕像是用穆拉诺玻璃制成的，非常透明，非常诱人。完成之后，我打电话给我的朋友佩德罗·库珀曼（Pedro Cuperman），他过来后，我问他：“你对我的湿婆神有什么看法？”他说：“你现在已经明白了！这就是我想让你学的东西。”我问他：“你想让我学什么？”他反问道：“你遗漏了什么东西？”我回答说：“‘雕像’这个单词。”

这一点可谓意义深远，因为湿婆神雕像既不是信徒的代表，也不是某种思想抽象化的结果。它是神的显现，所以雕像就是神。这是一座充满对立的雕像：毁灭与重生、静止与运动。这样一来，我发现自己变成了一个容器，里面盛满了与我的信念无关的思想。

走进暗黑的展厅，那里陈列着《舞王湿婆神》，每一件雕像看起来都像是神灵。我身上叛逆的那一面说，我才不信这些呢；但如果仔细看，就会发现雕像的基座上有很多开口，有人将硬币从这里投进去，作为对神灵的供奉。这里有种神奇又逾越的东西——我们并不在乎自己处于博物馆里。我们不在乎这件雕像事实上是作为历史作品被展示的。我们不在乎它来自哪个世纪。这就是我的神，我正在供奉我的神。

这是与艺术品完全不同的一种关系。我不必信仰湿婆神，但在那一刻之后，我与其他所有雕像的关系就被它打动了。我不能忽略当初它被制造时的意图。

我明白了——我最抗拒的东西可能是我最该研究的东西，如果你觉得自己有很多东西要学习，这通常是个好兆头。今天，我明白了，不能低估百科全书式博物馆的作用。这是个需要宽容的地方，宽容是进入博物馆这种机构的第一准则。

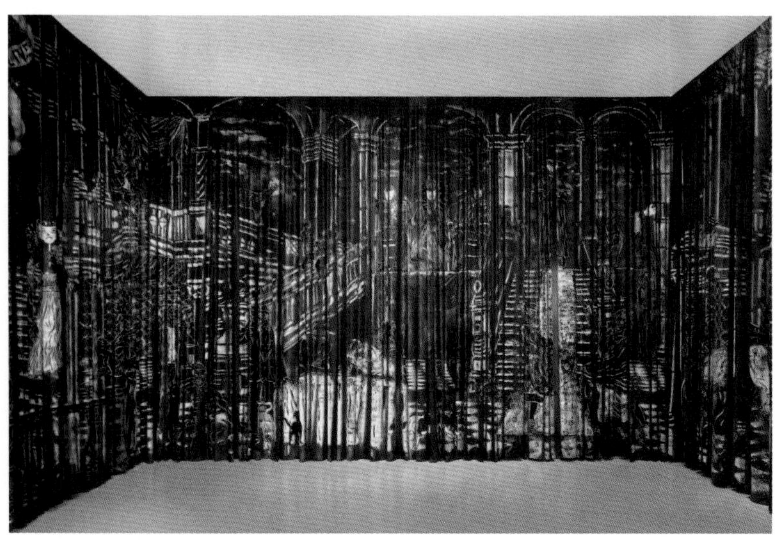

伊萨尔·帕特金，《黑色画作》（《黑夜》）细部，1986年 ←

《舞王湿婆神》，约11世纪 →

作为一种象征，舞王湿婆神的形象融合了湿婆神的多重角色——宇宙的创造者、守护者和破坏者，并传达了时间无限轮回的印度思想。尽管湿婆神早在公元5世纪就出现在了印度雕塑中，但它目前众人皆知的形态是从乔拉王朝（9世纪末至1279年）演变而来的。雕像里的符号包含着这样的暗示，通过信仰湿婆神，供奉者们可以实现自我救赎。

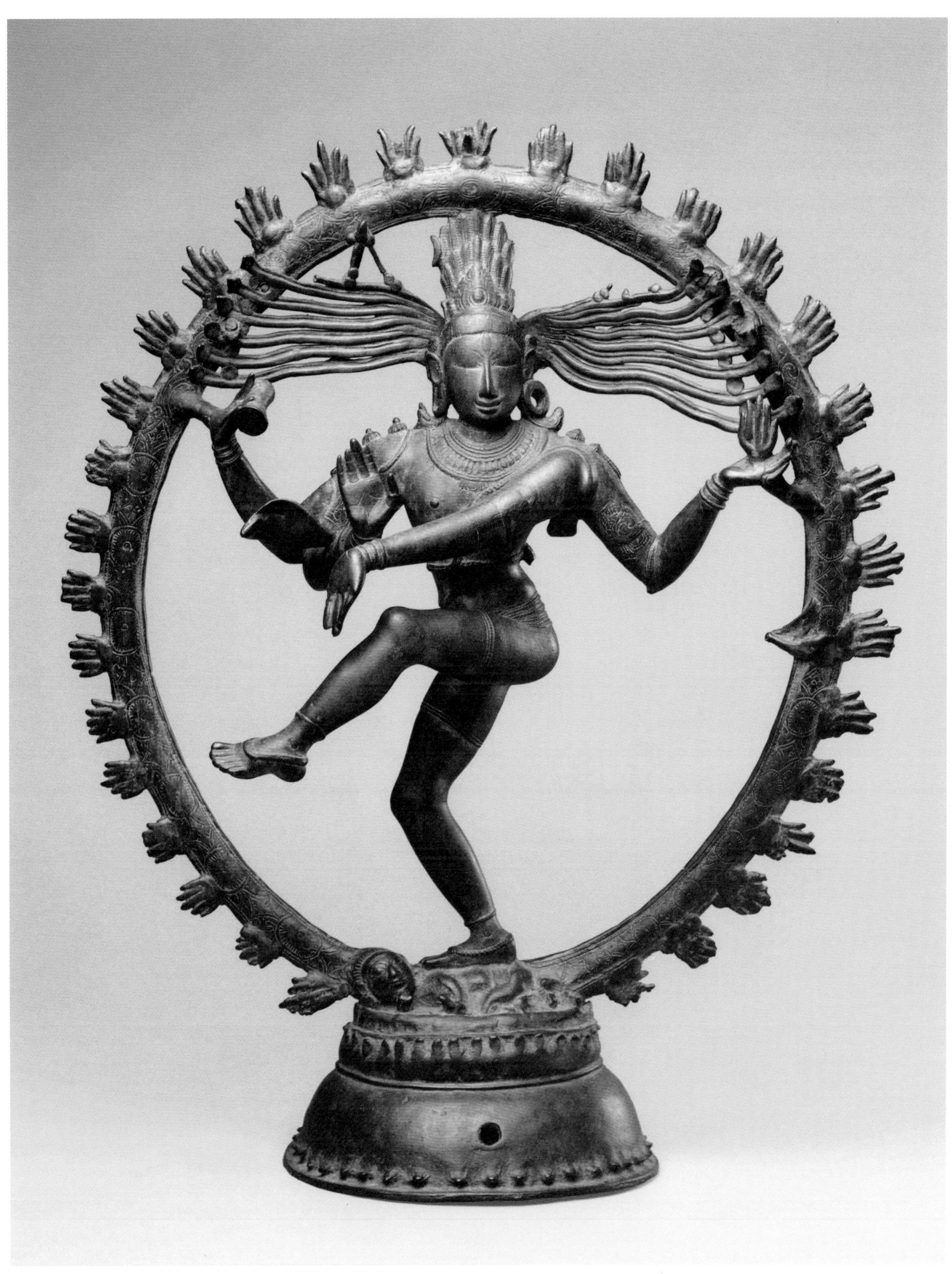

希拉·佩佩

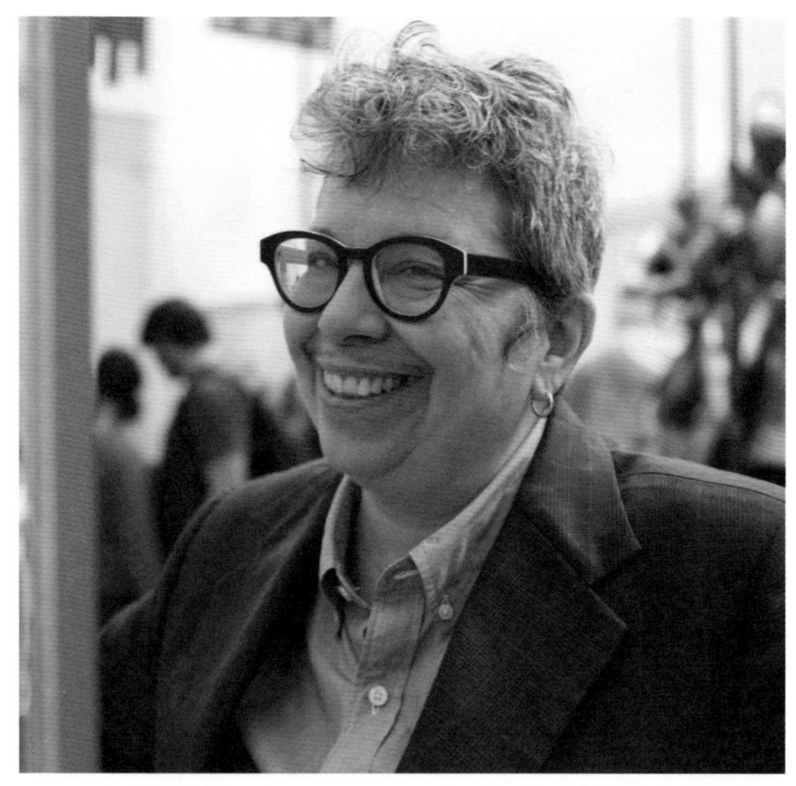

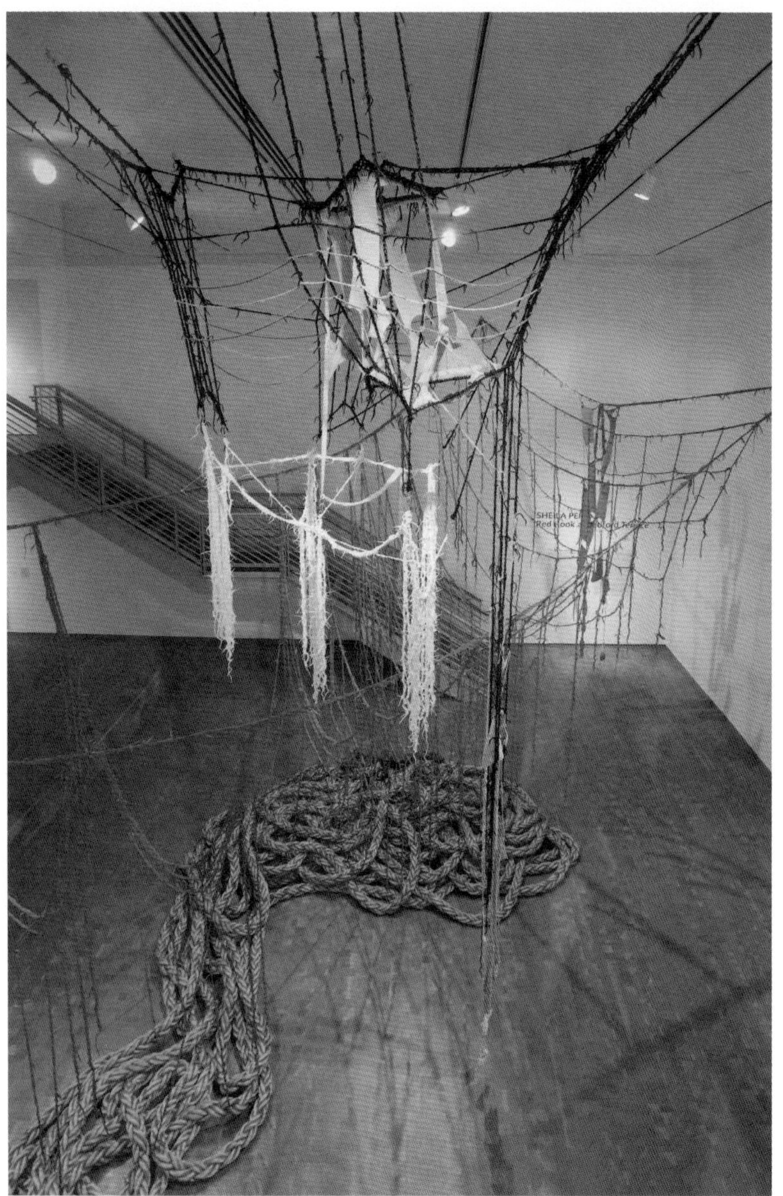

“我也在寻找工匠与他们制作的物件之间的关系，就算是最坚硬的边缘我也不会放过。”

过去十五年里，我一直在用钩针编织大型装置，其中大部分只保留很短一段时间。对我来说，这个欧洲盔甲展览馆并不合逻辑。这是我工作中常常遇到的对立面之一：它很坚硬，由大火淬炼而成，一切皆与战斗有关。但在我年轻的时候，穿着闪亮盔甲的骑士就很受人欢迎。小时候，我迷上了华特·迪士尼的动画长片《石中剑》，我会想象自己身披盔甲。后来，对我来说，这些作品成了理想的性别认定场所。当我对着这些作品浮想联翩时，就不可避免地成了其中的一部分。

作为一个造东西的人，我喜欢金属制品，喜欢制作它们的工学技术，喜欢它们的样式。盔甲既是一种时尚，也是一种保护装置。在盔甲发展的后期，它们变得更加时尚——令人兴奋的那种时尚。看看盔甲的这些样式，特别是日耳曼式盔甲——脚趾张开，有些头盔看起来像疯狂的动物。

自从来到纽约，大都会艺术博物馆的欧洲盔甲展览馆一直是我作画的固定地点，因为这些样式真的能够重现移动的身体。这些盔甲会提供所有机械零件来让你描画。一切具有骨骼功能的零件都露在体外，但这是另一种不同的骨骼形态——混合了机器、动物和人这三重特点——一种半机械人。

这个展览馆帮助我追溯工艺的故事以及如何制物的故事，制造者们置于作品中的那些常被忽视的交谈时使用的小手势、一个物件与另一个物件之间的连接方式、铰链的处理方式……他们处理金属的方式也如此可爱，充满了爱意。就像欣赏一幅画的人可能会追踪画面上的笔迹一样，我也在寻找工匠与他们制作的物件之间的关系，就算是最坚硬的边缘我也不会放过。

对我来说，这不是一个合乎逻辑的地方。从女性主义者的角度来看，这些确实是男人迷恋战争的美好象征，但我也意识到，我也可以迷恋战争呀。

希拉·佩佩，《贝德福德露台上的红色钩针》，2008 年 ←

昆兹·洛克纳，奥地利大公斐迪南一世的盔甲，1549 年 →

奥地利大公斐迪南一世曾经拥有这件盔甲，脚尖上的纹章指明了这一点：皇家专用的双头鹰顶冠代表斐迪南一世是罗马人的国王，是其兄查理五世皇帝的继承人。盔甲胸前的圣母子像也被用于查理五世的盔甲上。背面装饰有交叉的棍棒和打火石，这是斐迪南所属的精英骑士团——金羊毛骑士团——的标志。

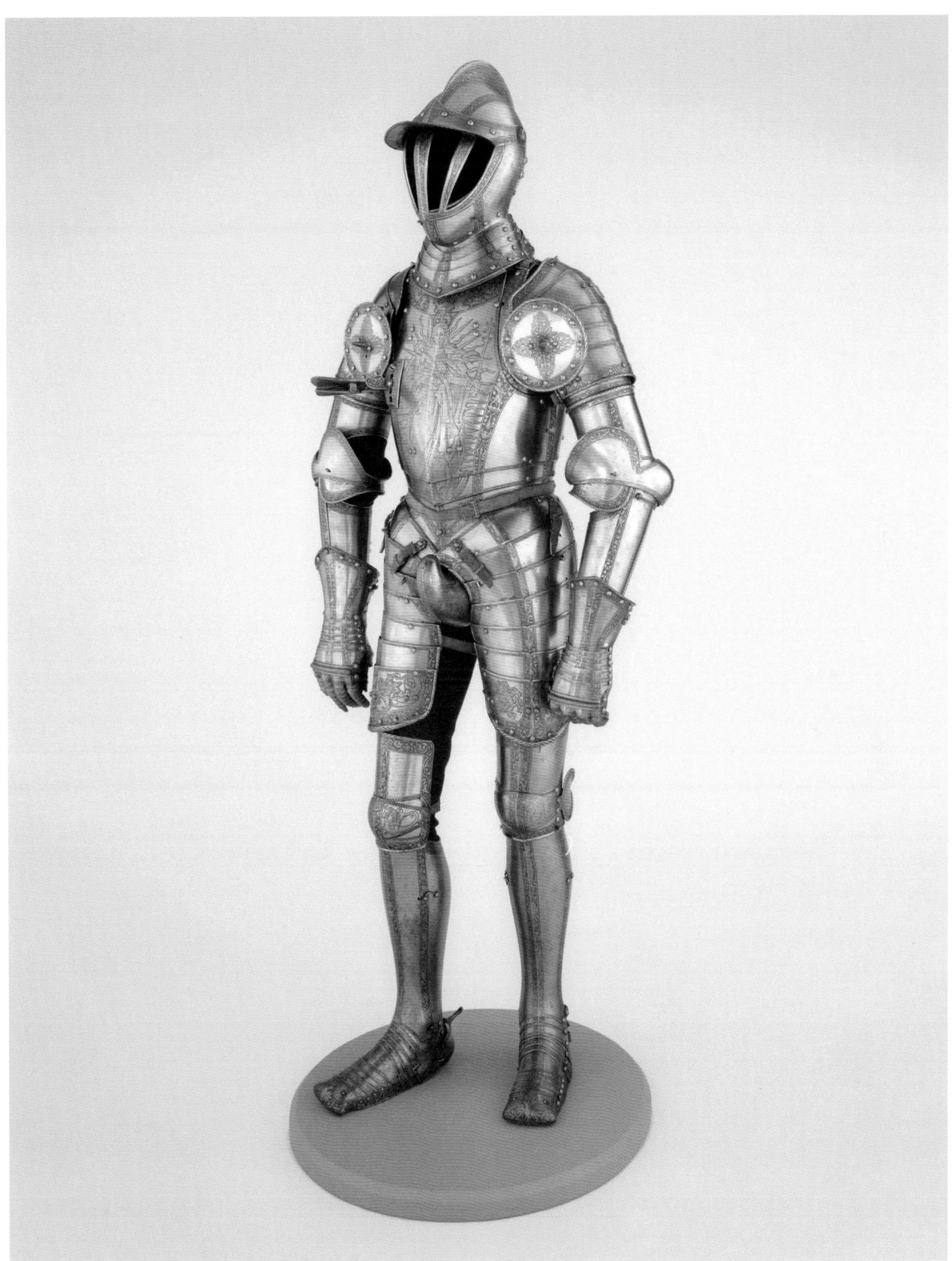

雷蒙德·帕提伯恩

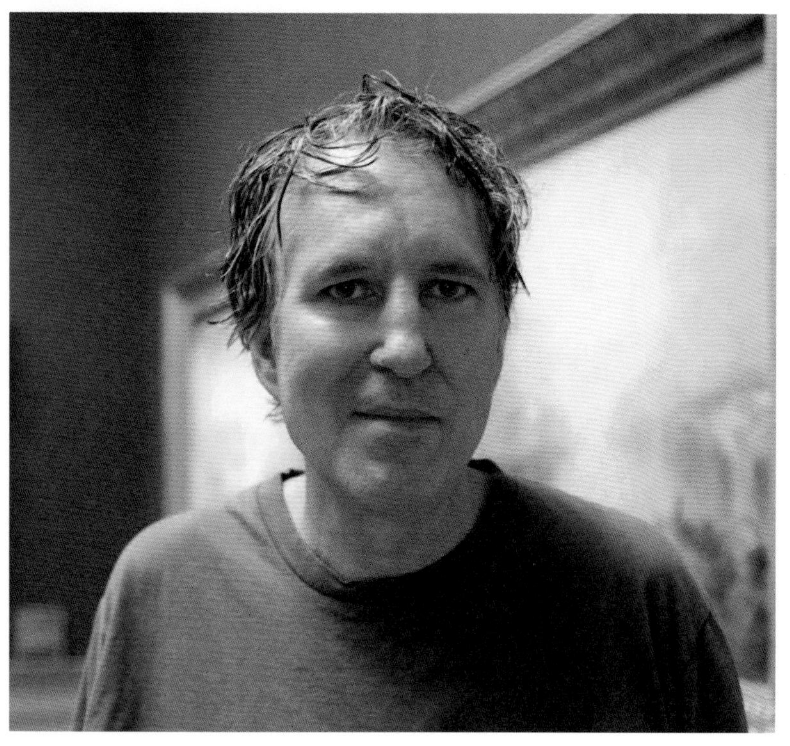

“我喜欢这样一种艺术，你可以从中看到创作的艰辛。”

有一些伟大的艺术家在学到了想学的技巧、达到了想要的大师级水准之后，他们接下来的作品就和以往的作品看起来没什么两样了。当然了，还有一些像约瑟夫·马洛德·威廉·透纳（Joseph Mallord William Turner）这样的艺术家，从某种意义上说，他本人就是一种自然行为，你不知道他接下来要做什么。随着岁月的流逝，他也不再对自己能多好地表现某一物象感兴趣，反而对颜料本身具有的能力开始痴迷。他一生从未创作过绝对抽象的作品，但他的作品却预示了多年后绘画发展的方向。

正如他在这幅威尼斯风景画里展示的那样，他可以根据需要运用生动写实的技巧。哪怕用一种卡通般的、带有光泽的绘画方式也能将威尼斯这座城市表现得如诗如画，但透过透纳的作品，你可以了解绘画本身。你可以看到船，可以看到每一张帆，但当你远离作品时，它会变得更加模糊、更加松散。水面上的倒影更像是绘画，或者说，看起来更杂乱。在某种意义上，你把自己放到了透纳的位置。

我没有很好的视觉记忆，也不擅长从生活中汲取创作灵感。大自然倾向于采取不合作的态度。例如，十分钟后，我头顶上的天空便完全变样了。透纳如何从现实生活中画出这样的场景呢？从这个意义上讲，这幅画不是纯粹的再现。云朵、阴影、船的位置——你几乎可以从源头上体验一切。这幅画让人想起透纳命人将他绑在船桅上的故事，他冒险的目的就是想亲身体验海上风暴的滋味。

我喜欢这样一种艺术，你可以从中看到创作的艰辛：成功的地方，疏漏的地方，你手握饱蘸颜料的笔满怀信念地进行创作，如果犯了错，你得将它盖起来，并把它变成别的什么东西。有准备，有开始，有停顿，还有新的开始。每次画画都是一个学习的过程，而不仅仅是一个将它画出来的过程。画刷可能是我胳膊的延伸，是我本人的延伸，而现在，你依然在延伸你自己。

任何来自《阿周真人秀》的学员都可以学习绘画，但他们不可能像透纳那样进行创作。这就是华而不实与真正绘画之间的差别。绘画是站在最高点来面对崇高与自然。

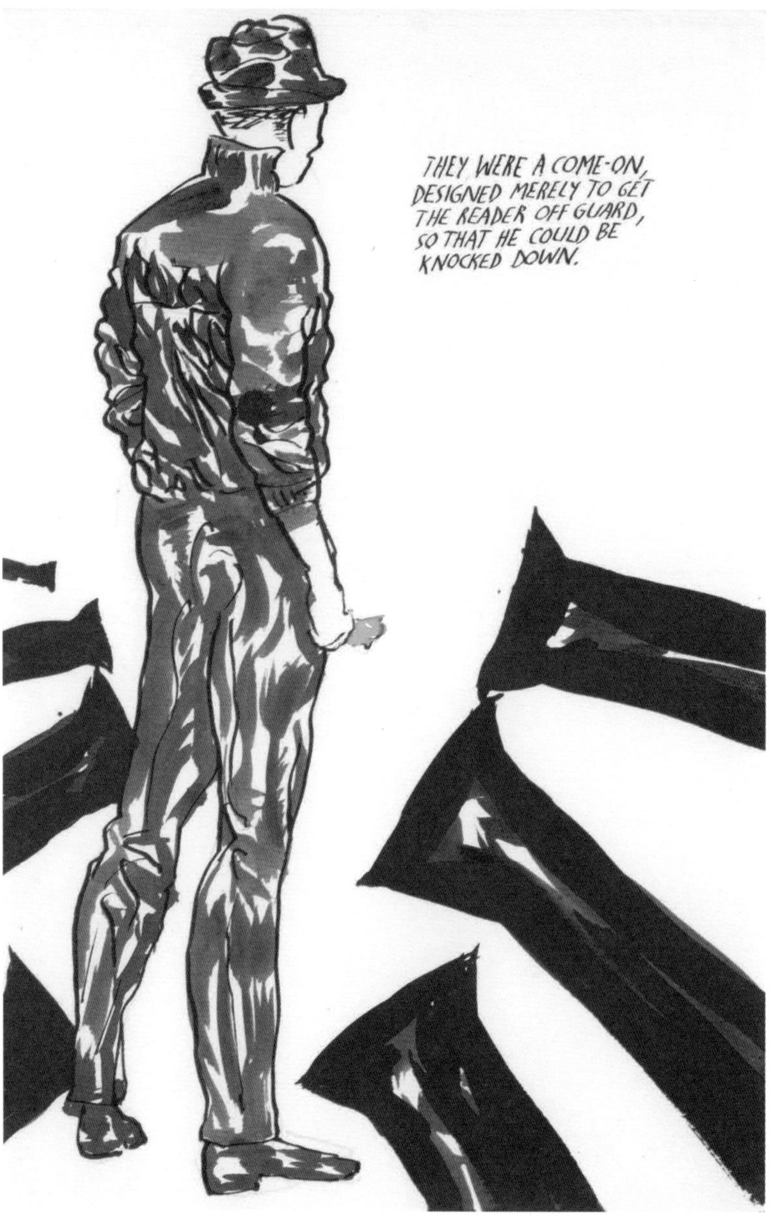

雷蒙德·帕提伯恩，《无题》（《他们是一……》），1998 年 ←

约瑟夫·马洛德·威廉·透纳，《威尼斯运河》，约 1835 年 →

透纳凭借自己海洋画家的丰富经验和水彩画家的精湛技艺创作了这幅画，画中威尼斯宫殿的地基通过微妙的反射渐渐消失在环礁湖里。他以 1819 年第一次威尼斯之行时画的铅笔素描为基础创作了这幅画；但它更直接地源自他 1833 年的第二次威尼斯之行。透纳于 1835 年在伦敦皇家美术学院展出了这幅画，赢得了广泛好评。

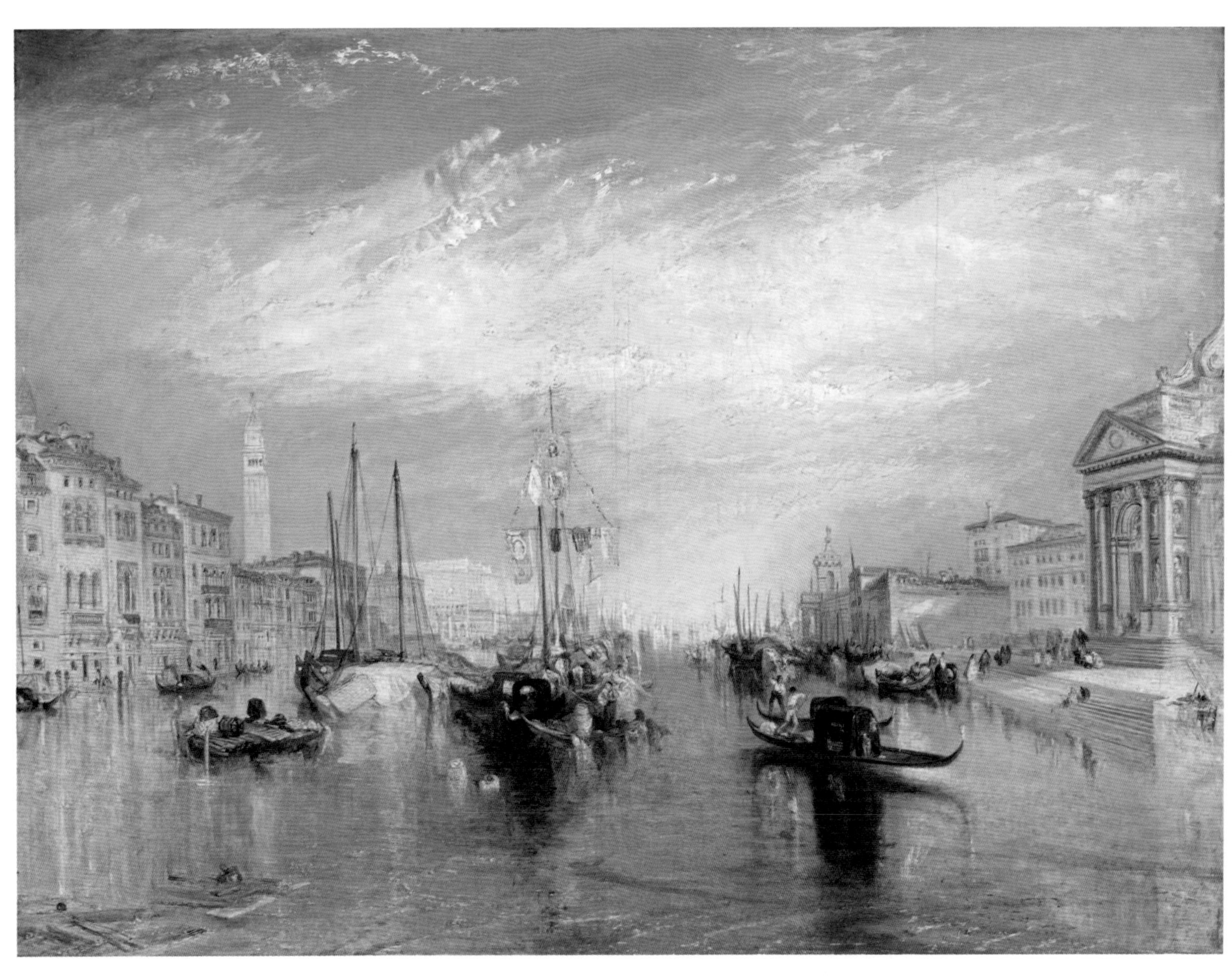

索菲普·皮奇

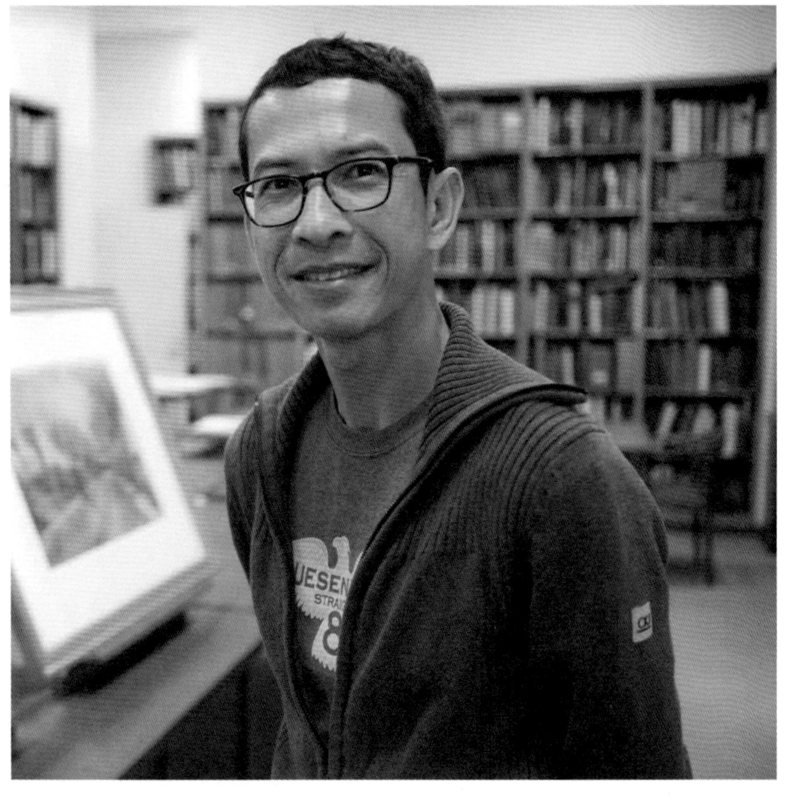

“他的素描作品再现的是慢下来。这些作品关乎焦点，关乎专注，还关乎自由。”

我直到很晚才接触艺术。我的父母总是对我说：“不要当艺术家，要当医生，当一个可以为这个世界做点事情的人。艺术家对这个世界毫无贡献。”我不相信他们说的是事实。我认为世界是丰富的，充满了各种可能性。

我一直说凡·高对我产生了很大的影响。年轻的时候，我不知道如何理性地分析背后的“为什么”，但我现在制作雕塑，整天与线条和建筑打交道，我发现了和凡·高的直接关系，因为他构建了自己的画作和形式。他有构建线条的过程，这让他的作品有分量、有内容。

凡·高和我的艺术实践里都包含素描。素描是艺术家生活的重要方面。在凡·高的例子中，我们看到了逐渐发生的变化。在早期的素描作品中，他研究的是如何描绘风景、树干或枝条。在后期的素描作品中，你会感到一种坚决。有一种我喜欢的妥协的感觉。你会觉得，他似乎正站在什么东西前面，它正告诉他如何观察、要将哪些东西置于画纸上——关于如何认识自然的一种直接。他的那些标记告诉你，这很有趣，尽管它只是一幅简单的风景素描，但那些线条在对你歌唱，你就这样被它吸引。

凡·高的作品永不过时。他的素描作品再现的是慢下来。这些作品关乎焦点，关乎专注，还关乎自由。它们有种嬉戏的感觉。你欣赏的不是这个部分或那个部分，你欣赏的是一个整体。这样的工作是不可能在工作室里完成的，你必须到大自然中去。

当我想到凡·高时，我不会想到疯狂的凡·高。我对此不感兴趣。我没有读过他的传记，也没有试图深入研究他的心理。我对“为什么”和“在哪里”不感兴趣，对挖掘他这样那样的身份也不感兴趣。我对他做过的事情感兴趣，对他产出的作品感兴趣，对那些证明他所画为何物的蛛丝马迹感兴趣。对我来说，素描是你完成作品的证明。这是我的旅程。这是我存在过的证明。

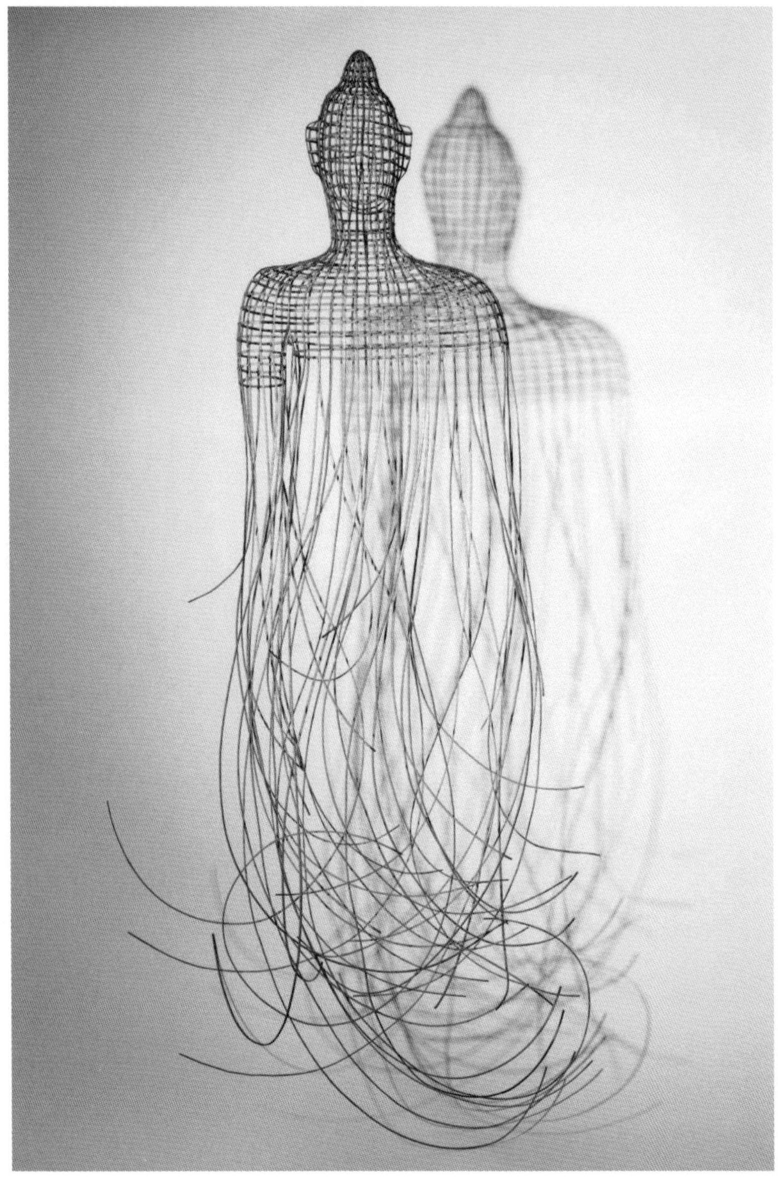

索菲普·皮奇，《佛 2》，2009 年 ←

文森特·凡·高，《埃顿的路》，1881 年 →

1881 年，凡·高曾在荷兰埃顿短居过一段时间，他在那里画过许多关于当地农民和劳动者的素描，他们从事的是一成不变、卑贱低下的工作。这件大师级素描作品就是一个典型的例子，在这幅素描中，一个拿着扫帚的人正在扫大街，街道两旁种着修剪过的柳树。

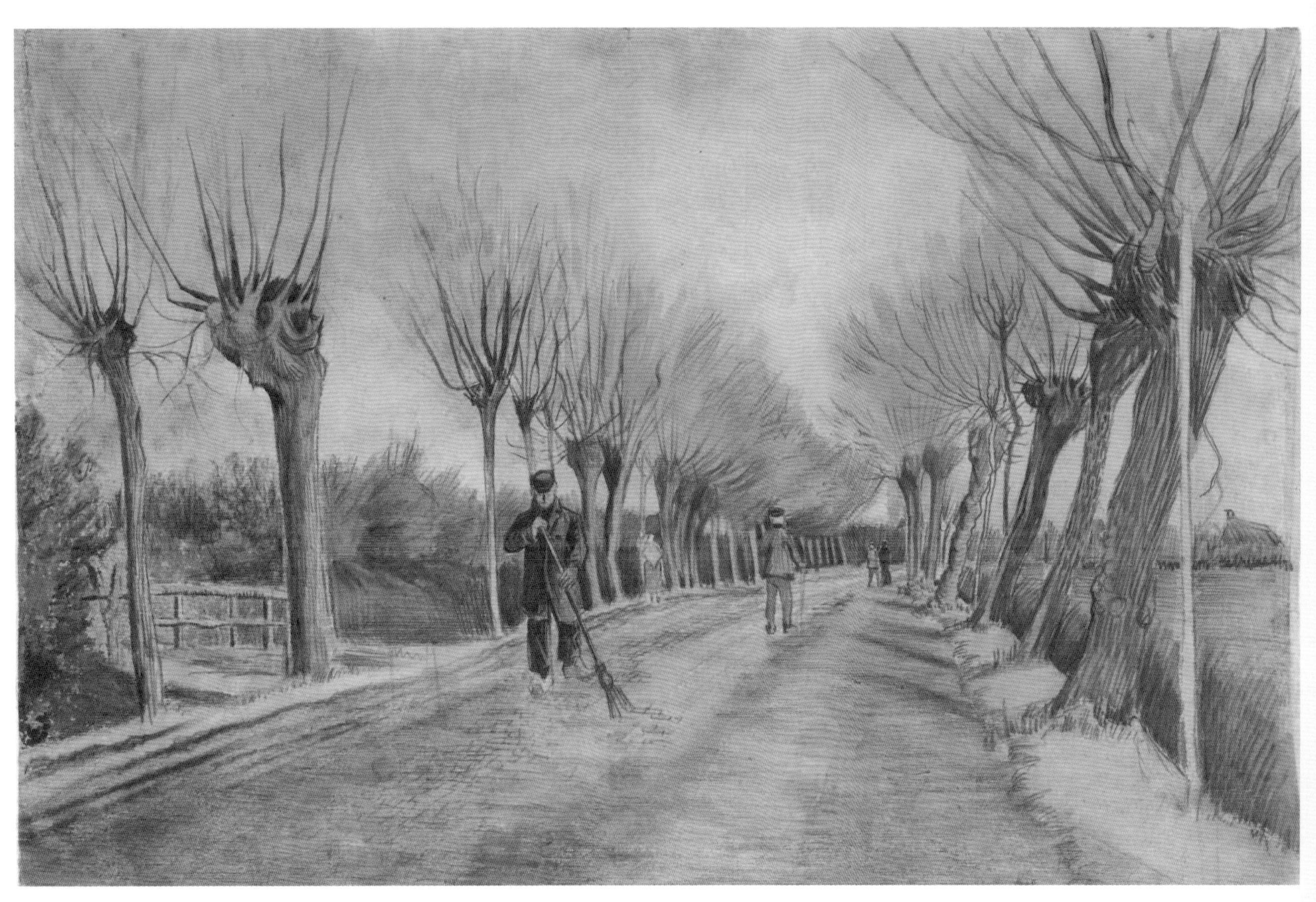

罗伯特 · 波利多里

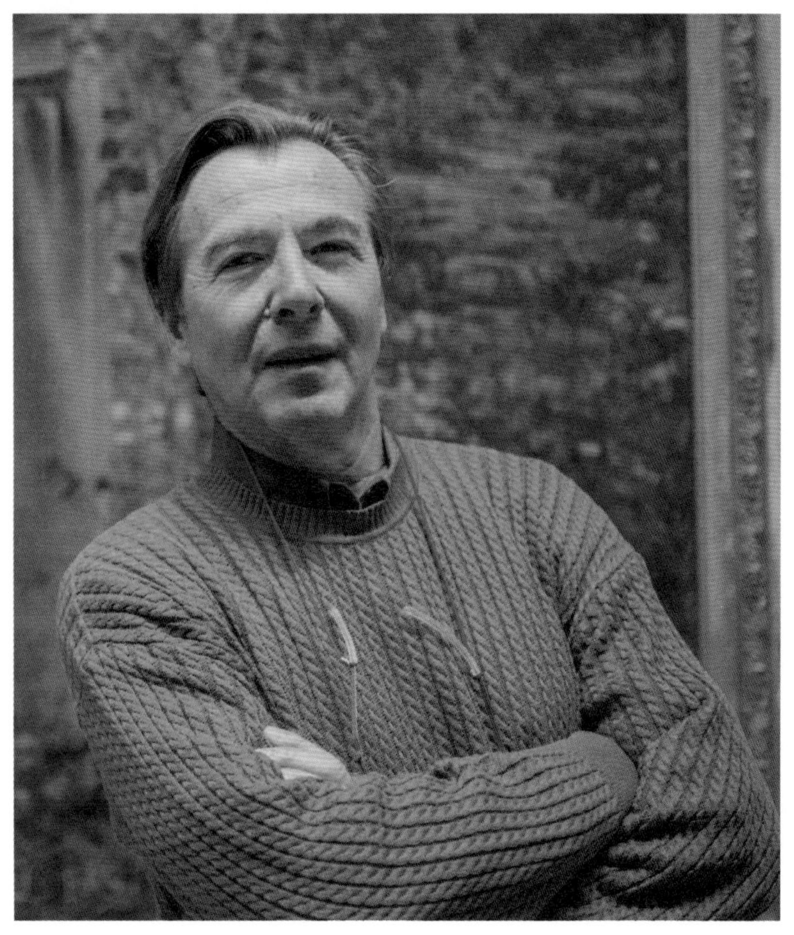

“这幅画强化了我看待这个世界的方式。”

人们说我净拍摄些空荡荡的房间，但我认为，我的作品是一些人的肖像画，他们可能居住在这里，或者，至少使用了这些空间，只不过不在现场。我对超我感兴趣——人们想如何投射心中的自己以及他们想成为的人。

我最初是在 1969 年 8 月下旬或 9 月上旬注意到这幅画的，也就是伍德斯托克（Woodstock）音乐节几周之后。来到大都会艺术博物馆，我兴奋到了极点，立刻就被她的脸吸引住了。她的脸这样很合适，因为她本人就处于一种变化的状态。虽说她在向外看，但其实是在向内看，就像内心的想象和主观的状态。这超越了视线。

我曾经看到这幅画就忍不住微笑。我将永远记得自己第一次看到这幅画的情景。不过，随着时间的流逝，我对它越来越重视。第一次看到这幅画时，我没有特别注意的一个事实是，它是历史人物圣女贞德。我只是被她的眼睛迷住了。

圣女贞德声称自己能看到指引她的圣徒们。画面背景中，透明的圣徒和天使实际上是画家创作的幻象。贞德手里拿着一片叶子。她的心并没有停留在身体里或外物上，但她拿着那片树叶，这样她就可以留在人间，不会飞升。

大多数一神教都将自然视为要被驯服的东西——科学已经纠正了一神论的傲慢。我认为它恰恰肯定了这样的观点——大自然的混乱程度远远超过人类的混乱程度。

当你看到最好的肖像画时，你要么看到了脸上洋溢的爱，要么爱上了那张脸。但朱尔 · 巴斯蒂安-勒帕吉（Jules Bastien-Lepage）的肖像画与这二者无关。当你凝视这幅画中的脸时，你会发现你的内心敞开了，你看到了自己的灵魂，这就是我偏爱这幅画的原因。这幅画强化了我看待这个世界的方式。画家在找寻内在的真理。

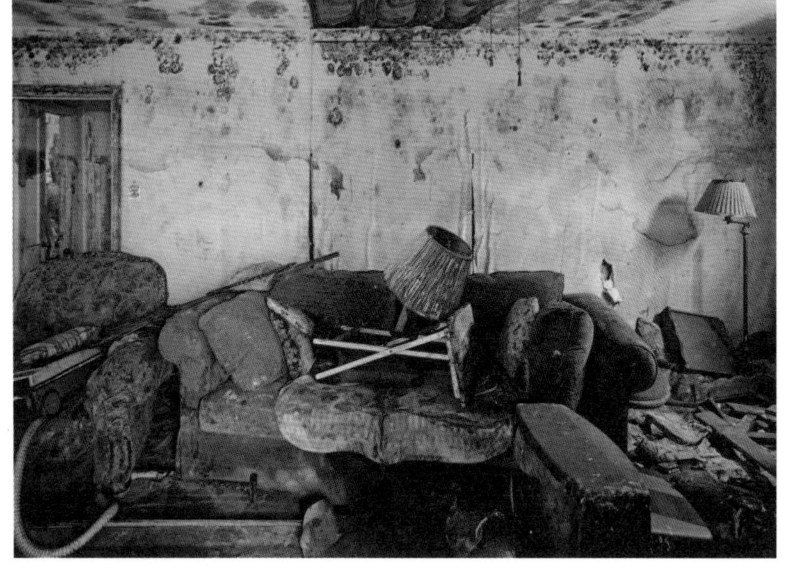

罗伯特 · 波利多里，《路易斯安那州，新奥尔良市马里尼街区 5417 号》，2006 年 3 月 ←

朱尔 · 巴斯蒂安-勒帕吉，《圣女贞德》，1879 年 →

圣女贞德是中世纪时期来自洛林的少年烈士。普法战争（1870—1871）结束后，法国将洛林割让给了德国，此后，圣女贞德获得了新的地位，成了爱国的象征。巴斯蒂安-勒帕吉是洛林本地人，这幅作品描绘了圣徒迈克尔、玛格丽特和凯瑟琳在贞德父母家的花园里现身的时刻，激励她在百年战争中抗击英国侵略者。

朱尔·巴斯蒂安-勒帕吉的《圣女贞德》

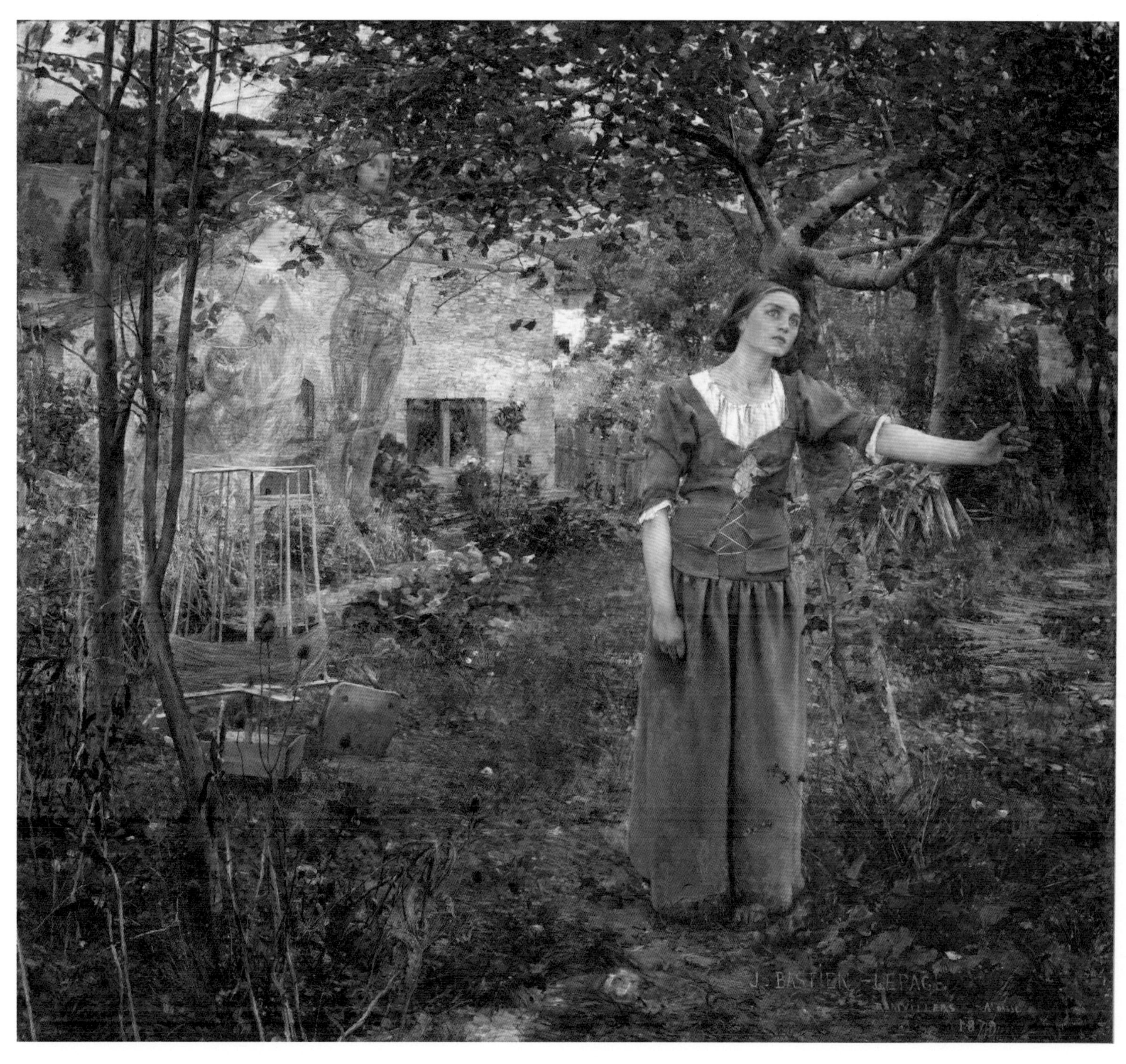

罗娜 · 庞迪克

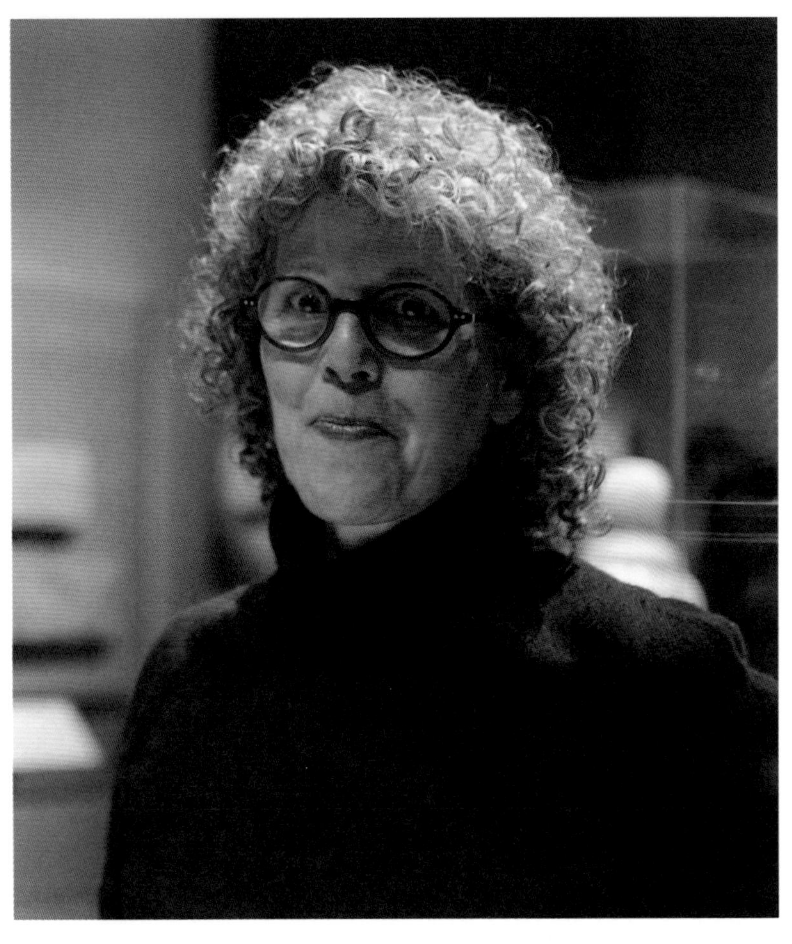

“我将这些残片看作刻意打造的产物。”

过去三十年，我一直将人体各部分用于自己的作品中。我在纽约长大，青年时期的我常常游荡在大都会艺术博物馆的埃及馆，我也真的不明白为何埃及馆的一切那么吸引我，感觉就像谈了一场恋爱，因为我遇见这些藏品的时候还很年轻，对我来说，它带有初恋般的光环。

埃及艺术里没有运动。它是一种态度。这倒不是说埃及艺术里的人物都是死的，他们看上去栩栩如生。我想说的是，这些人物并没有被禁锢，他们只是保持静止。一切都是内部张力，让人感觉他们似乎会从内而外爆炸。

比如说，埃及馆里有一组雕塑残片，它们的安装方式展示了残片之间的负空间是如何被赋能的，于是，整个陈列变得像编排好的舞蹈一般。每块残片都如此震撼人心、能量爆棚。不在场的反而为在场的提供了信息。那块头部残片、那双脱离了躯体的手，还有躯干，因为不完整而变得更有纪念意义。你的想象力被激活了，作为一个观者，你便更有融入感。

我将它拆解。看到箱子里的残片，我发现各种形式一遍又一遍地重复。如果我仅仅将嘴唇与嘴唇相比较，它们就像来自同一套嘴唇一样，这倒不是像与不像的问题，而是是否抓住了这一形式的精髓。这块嘴唇残片明明看着很简单，却又能迅速地传递丰富的信息。“形式”本身有着无与伦比的精致。也许正因为你的精力集中在这些残片上，它们才变得更有力量，充满了诗意。这块头部残片风化得厉害，我就这样接受了它的美。风雨肯定会影响石头表面，这根本无法避免。我们都想事物亘古不变，但这不可能呀。

我在这些残片里看到的东西与艺术史学者看到的东西截然不同。我是一个制造者，所以我问自己的第一个问题总是——这东西怎么造？如果现在就要制造它，我该怎么做？

我将这些残片看作刻意打造的产物，而不是自然力作用的结果。这块鼻子残片不是谁一刀削下来的——它一直就像这样。它看起来完美极了。它看起来如此坚固，如此可信，充满了魔力。

罗娜 · 庞迪克，《猴子》，1998—2001 年 ←

埃及法老阿肯那顿的鼻子和嘴唇，约公元前 1353 年一公元前 1336 年 →

这块残片被认为描绘的是埃及法老阿肯那顿。沿着鼻子往上看，可以看到左眼的内眼角。尽管很难区分对埃及诸多法老和王后的刻画——尤其是在阿玛纳王朝初期，但根据这块残片上鼻子和嘴唇的形状以及弯曲的上唇旁边那条特别长的线条，我们可以确定它描绘的是阿肯那顿。大都会艺术博物馆藏有许多来自阿顿神庙保护区的硬化的石灰石雕塑残片，它们都是神庙破坏者在现场留下来的，表现出了各自不同的风格。

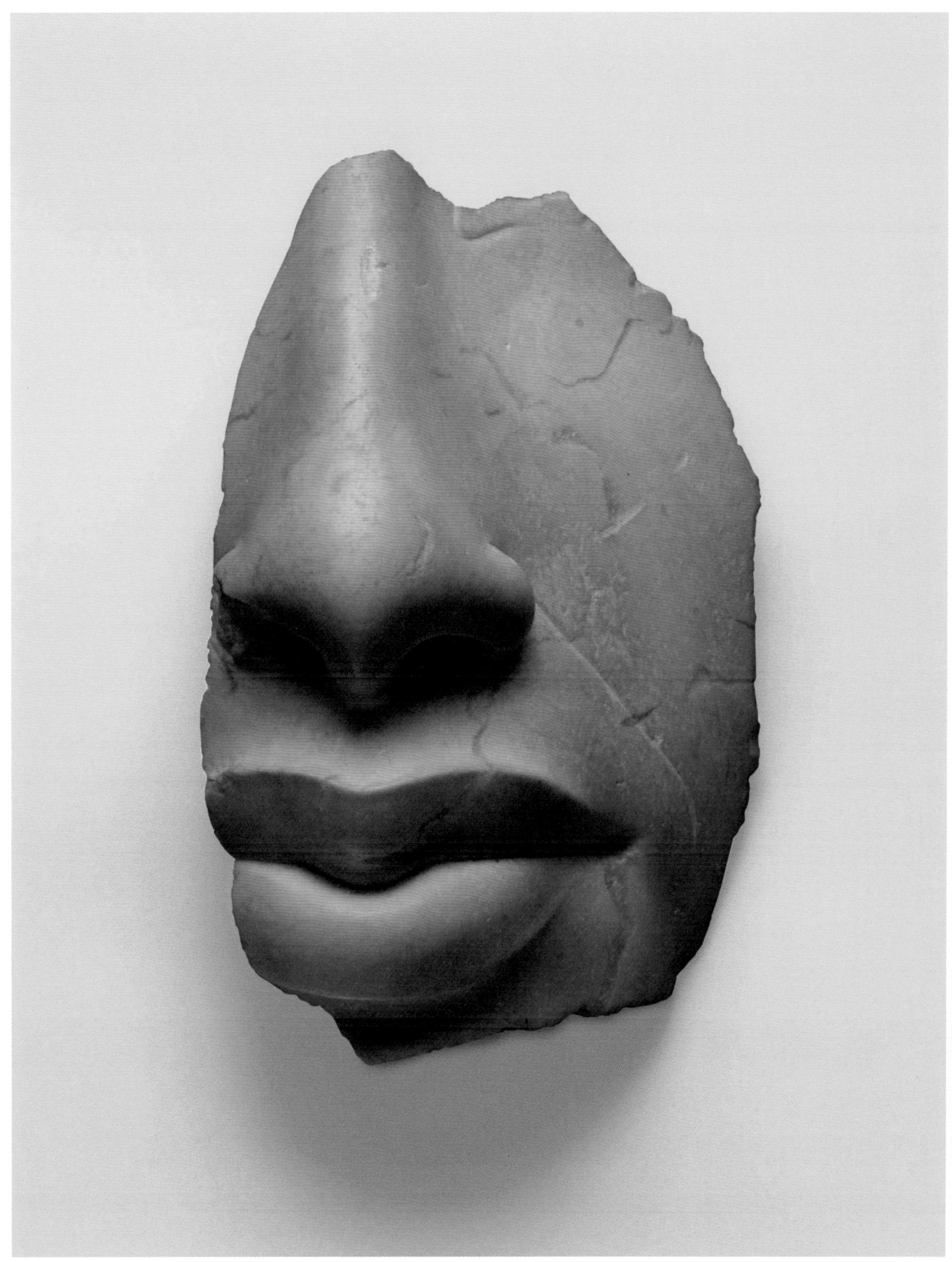

莉莉安娜 · 波特

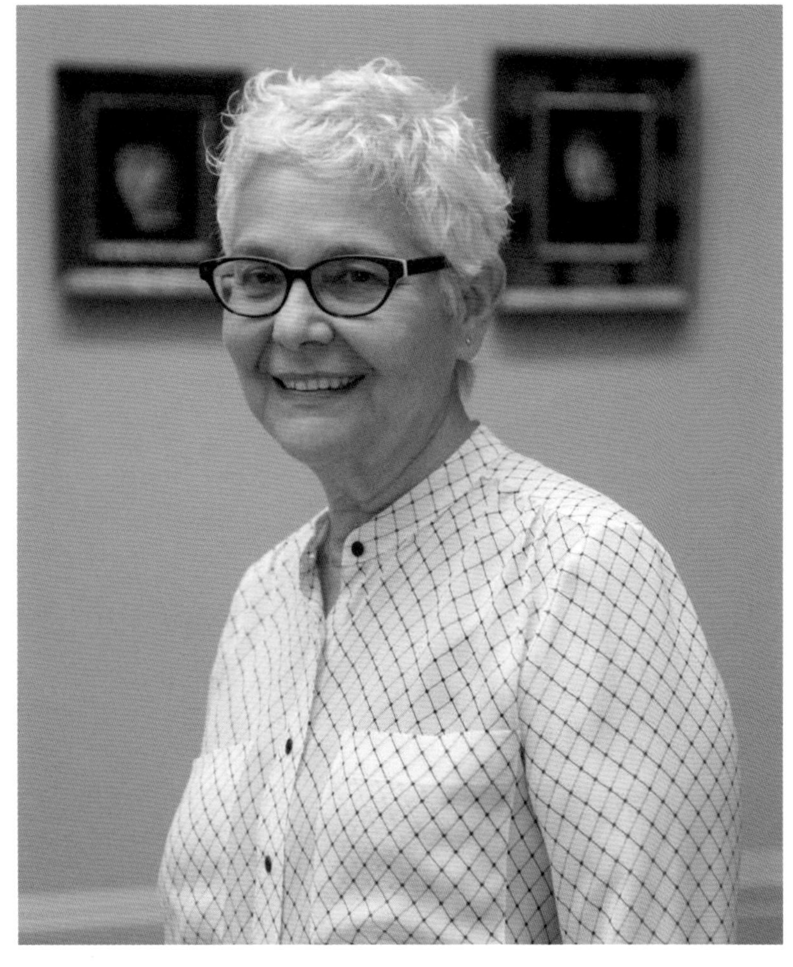

“我很喜欢这样的想法——一样东西可能同时离你很近，又离你很远；既让你觉得熟悉，也让你觉得陌生。”

我用不同的技法进行创作——版画、绘画、视频，甚至戏剧——但对我而言，最重要的还是主题，因为我对真实与表现之间模棱两可的空间很感兴趣。我总是被这些创作于 15 世纪晚期的肖像画打动，因为它们太精确了。在现在这个时代，我们很难从这些作品当时所处的环境出发去理解它们。比如，看这衣服和帽子——你必须将它们浪漫化，因为这些东西对我们而言太陌生了，它们只会出现在童话故事里。

在这幅肖像画里，人物的脸看起来很熟悉，这一点让它更加吸引人，然后你会思考：“为什么他要做这个发型？”这样的细节提醒我们，这个人不属于我们这个时代。（我在别的什么地方读到过，说这种发型在 15 世纪末的威尼斯非常流行。）

但同时，他可能是你的邻居或别的什么熟人。他看起来平凡普通，是再正常不过的人。他的双唇算不上百分之百完美，这让他看起来更加真实。他不是王子，其实，他究竟是谁并不打紧。事实是，这幅作品里并没有什么叙事，所以观者可以自由地诠释它。

我很喜欢这样的想法——一样东西可能同时离你很近，又离你很远；既让你觉得熟悉，也让你觉得陌生。这让我更加意识到万物皆然，即使是那些我们自认为熟知的事物也不例外。没有任何描述可以表达某种事物的完整意义。比如，那些字典总是装作收录了每个单词的含义，让人感觉好像里面的每个定义都是真实无误、客观公正的，字典似乎可以解释一切。但事实并非如此。这简直像个笑话。

比如，你可以逮个人，数清楚他有多少根头发，量清楚他身上的每个部分，但我觉得，你量得越准确，可能这个人对你而言就越不真实。这幅作品里的年轻人有一种魔力——六百年之后，他还是这么年轻。这个事实让你意识到作品、画家以及主题之间的距离；这些主题曾是那么地真实。“真实”这个观念就是这么难以捉摸。

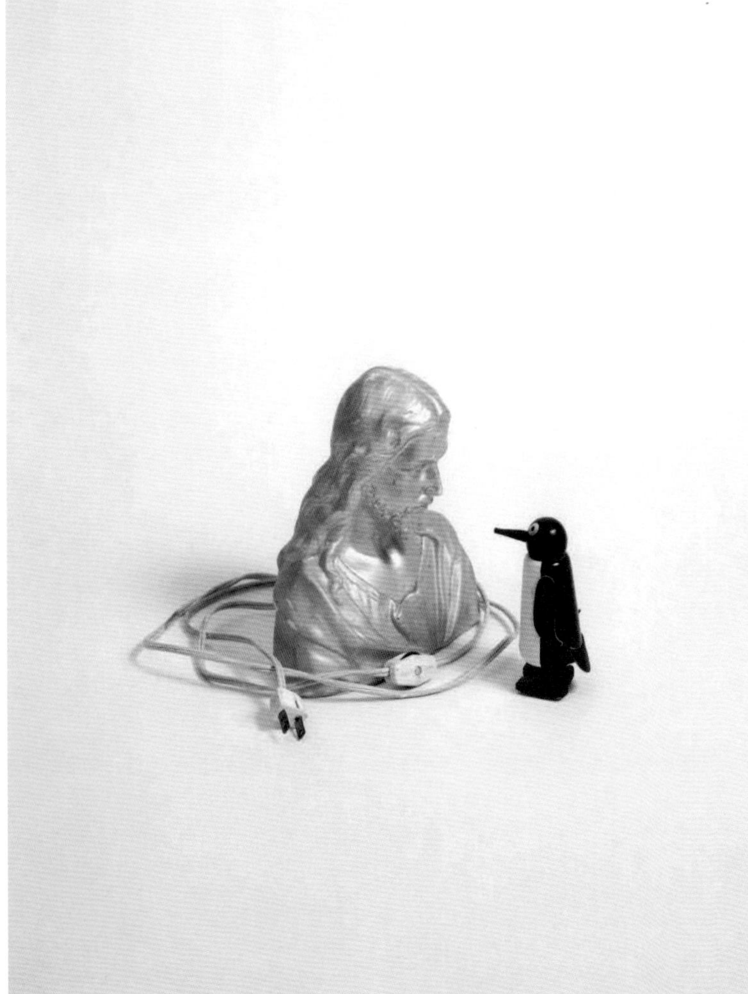

莉莉安娜 · 波特，《（与企鹅）对话》，1999 年 ←

贾科梅托 · 韦内齐亚诺（Jacometto Veneziano），《一名青年男子的画像》，15 世纪 80 年代 →

贾科梅托这位杰出的细密画家活跃于威尼斯，他还擅长肖像画，深受西西里画家安托内罗 · 达 · 梅西那（Antonello da Messina）的影响，后者曾于 1475 年至 1476 年在威尼斯短暂工作过一年。贾科梅托的肖像画有一种晶莹剔透的清澈感，黑色的背景更是烘托了这种感觉。画中青年的发型被称为“拖把头”或“蘑菇头”，在 15 世纪 80 年代和 90 年代的威尼斯风靡一时。

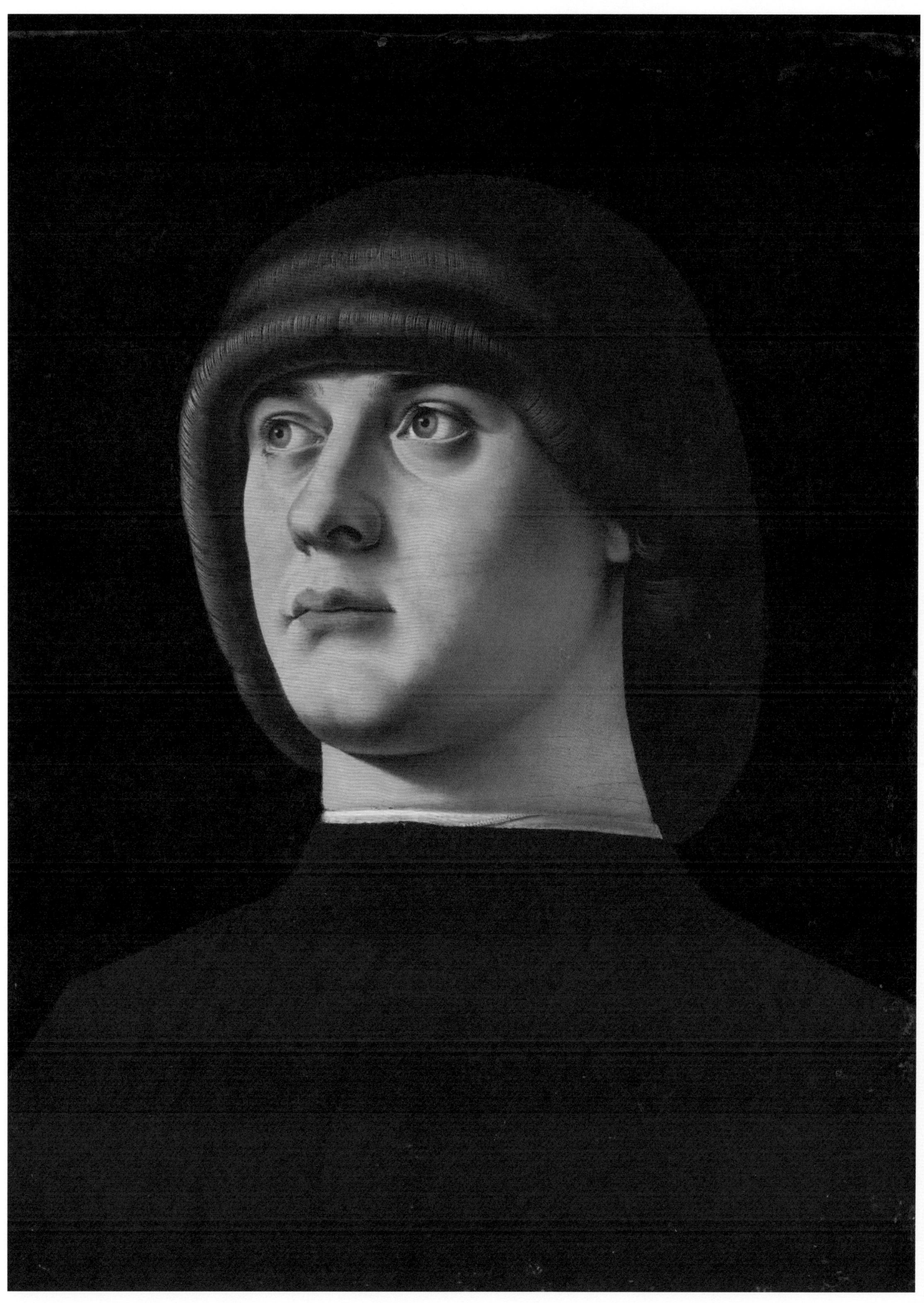

维尔弗雷多 · 普列托

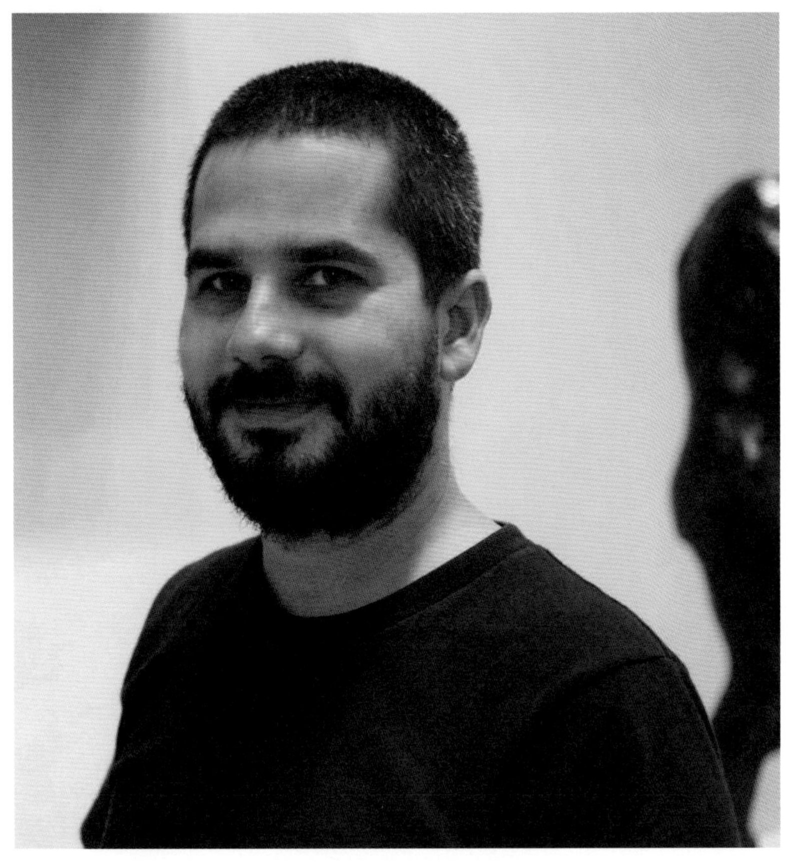

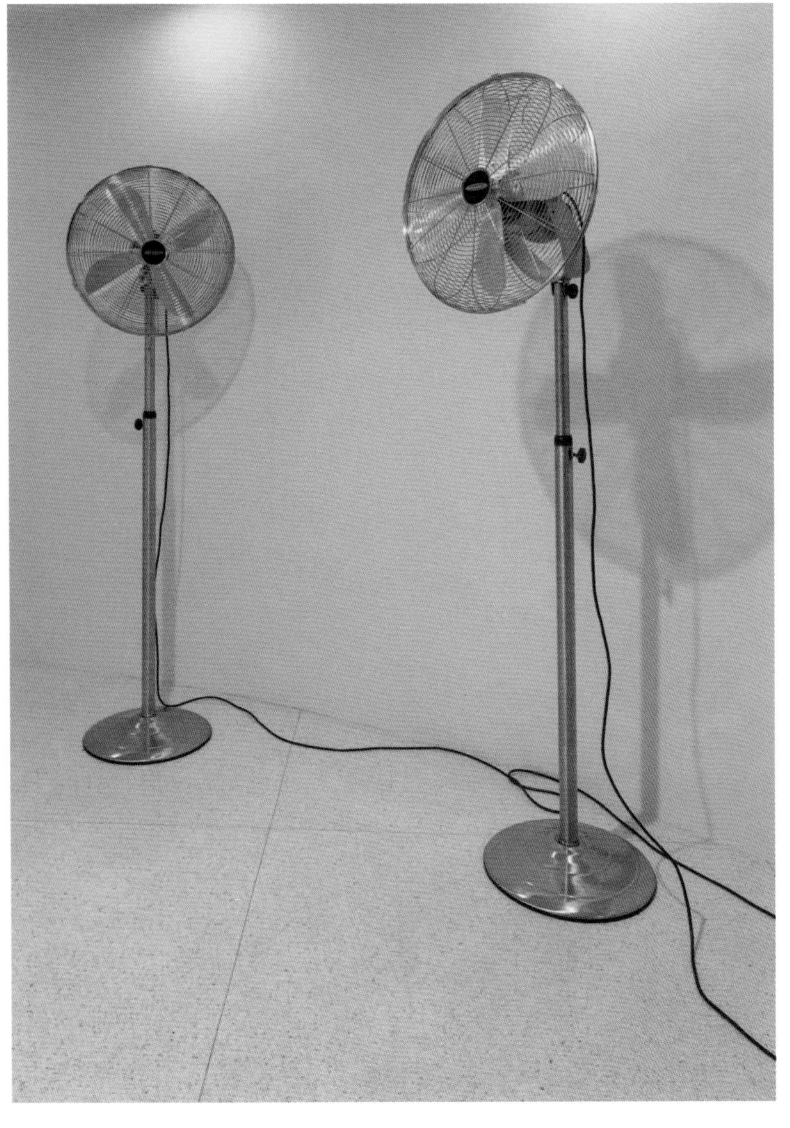

“你必须主导材料，而不是让材料主导你。”

当艺术家创作自己的作品时，他们会学习前辈大师们曾经的做法，然后再尝试创造自己的想法。奥古斯特·罗丹（Auguste Rodin）就是这些大师之一，也是一位革命者。欣赏一件熟悉的作品是一个挑战，因为你开始将它定义为某种风格。当我在博物馆时，往往不得不经历一个过程，即消除周围一切其他事物，就像PS处理掉所有外部噪声一样。然后我才可以看到每件作品中的情感。

我知道，人们在谈论罗丹时，经常会想到他的《思想者》和其他知名作品，但是，与最终的雕塑成品相比，我对它完成之前的不同草图和实验作品更感兴趣。我认为那样才算得上是一位艺术家，你要体验将自己的思想诠释给观者这一过程，并与之进行交流。

我记得自己在11岁时尝试过创作一只手，那真是巨大的挑战。所有艺术家都会在创作手时面临困境。当你看罗丹的作品时，你的反应是“该死，我真希望是他的学生”，因为他在表达方式上拥有极大的自由。

最令我感动的是材料中蕴含的表达。你必须主导材料，而不是让材料主导你。我一直认为这有点像棒球运动员。他必须知道击球的技术和力量，但他还得进一步思考并想象把球传到哪里。

罗丹改变了他雕塑中的某些比例，但这是基于对比例的理解进行的修改，是他专业性和掌控力的体现。我试图再现罗丹的手的动作，但发现这几乎不太可能。它们看起来没有残缺，也不像不准确——它们看起来很真实。我不认为它们像数学公式般趋于完美，而是要达到你能理解并体会的那种程度。像手这样简单的东西就成了某种重要感觉的主角。

与其他媒介相比，雕塑具有立体感，因此更接近真实。罗丹在雕塑方面掀起了一场革命，因为他的雕塑表现了更贴近生活的事物。在那一刻，我想象罗丹——带着力量和勇气，当你创作时，你会接近自己的思考方式和自己的思想。

维尔弗雷多 · 普列托，《是 / 否》，2002 年 ←

奥古斯特 · 罗丹，《手的习作》，约 1895 年制模 →

尽管罗丹因为雕塑的色情性和私生活丑闻引起了不少争议，但是，在那个时代，他仍然是大家公认的重要艺术家。他可能在1895年左右就为最初的草图制好了石膏模型。它原本是为《加莱义民》纪念像中的某个人物准备的，但并未用于哪一位义民的最终版本。

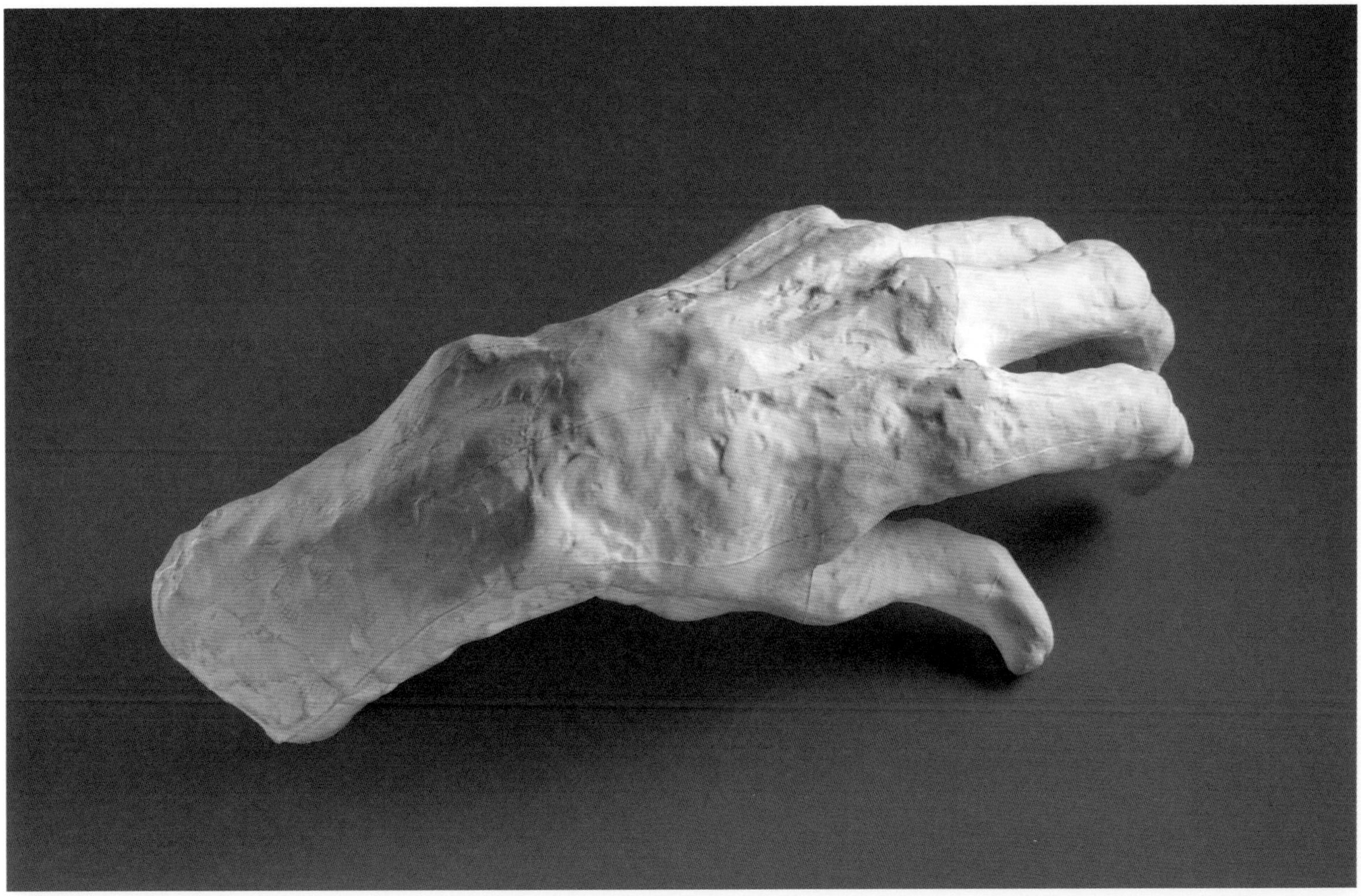

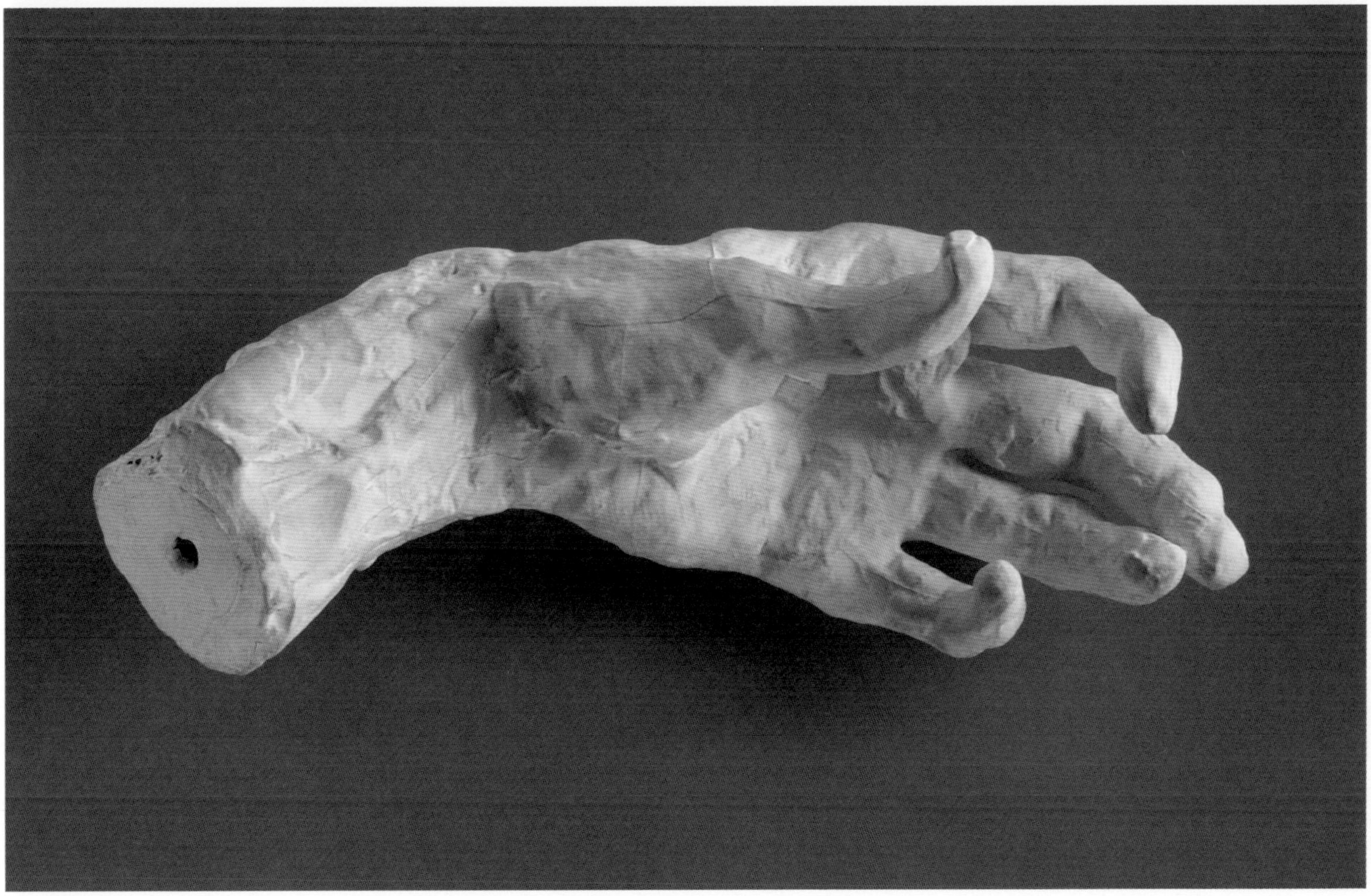

拉希德·拉纳

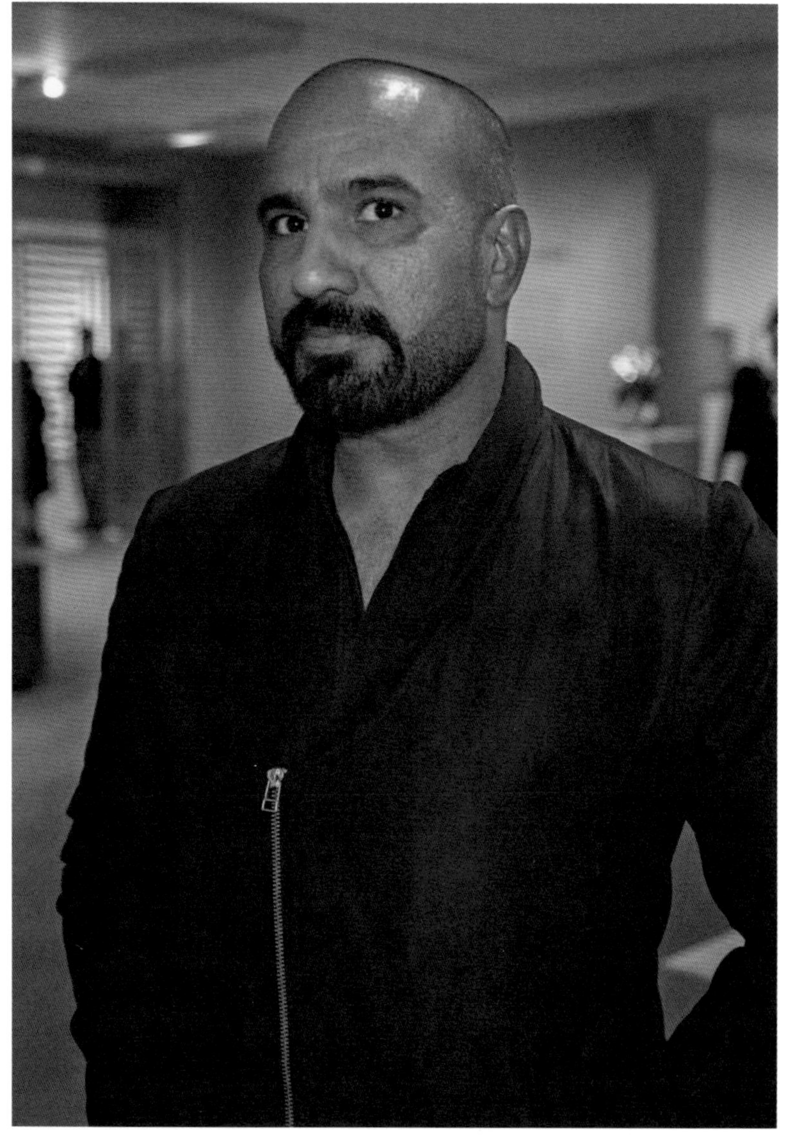

“好的艺术品会跨越时间，时时赋新。”

翁贝托·波丘尼（Umberto Boccioni）的作品《独一无二的形式在空间中的延伸》现在对我们仍有启发，虽然这件作品创作于一百多年以前。作品的质量超越了其所处的时代，它关乎速度的动力和未来主义者相信的一切。一些未来主义者后来卷入了法西斯主义运动，当然，在这一切发生之前，波丘尼已经过世。人们总是可以解读一件作品的历史背景和创作背景；但是，一件杰出艺术品的意义从来都会超越艺术家当时的创作意图。

这件作品很好地说明了形式是如何引领潮流的。它作为一股同质化力量打破了传统：画家带着立体主义的影响力创作时，决定制作一件三维作品，它将同一创作计划推向三个维度。在我看来，立体主义更像是一个主题，而不是一种视觉手段。这件作品关乎时间：即使从单一的角度来看它，视角也会成倍增加。

在这里，形式被解构为超出有形肉体的不同平面，肌肉及其不同的侧面融入空间。艺术家省略了手臂，这是明智的选择——作品并不完整。如果波丘尼为这个人物加上双臂，那么整件作品必然会变得复杂不堪，描述意味也会过重。形式的特质，即艺术品或物件自带的特质，是不拘泥于时间的。从历史的角度看，忽略法西斯主义这一问题似乎有点不负责任，也许正因如此，我们才能为这件作品及其形式争取一些时间，让它有机会向我们展示它自身想要呈现的东西——也许艺术家当时并无此意，然而，由于某种机缘，现在却得以呈现。

我对时间和地点的兴趣以及它自身的解构是一种解放，让我们这些观者意识到自己心中存在着各种边界。这件作品来自过去，而且关乎未来。好的艺术品会跨越时间，时时赋新。

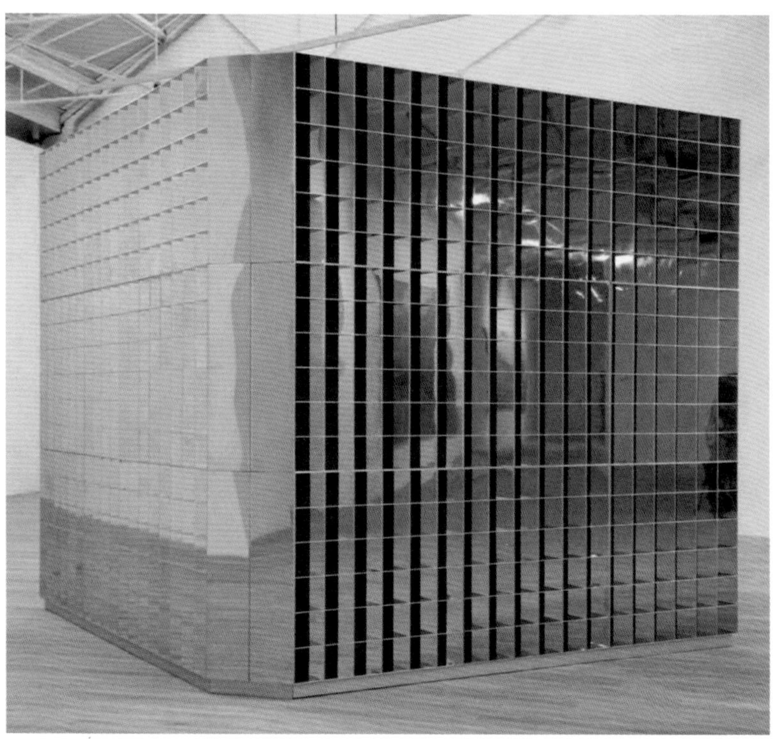

拉希德·拉纳，《疯狂找寻天堂 I》，2007—2008 年 ←

翁贝托·波丘尼，《独一无二的形式在空间中的延伸》，1913 年 →

未来主义者对现代世界快速发展和机械力量的欢庆在这件雕塑的活力和能量中突显出来。作品中的人物大步行进，他的轮廓由于风和速度显得有些变形，而光滑的金属轮廓又表现了他的机械感。波丘尼完成这件作品后的第二年，第一次世界大战爆发了。未来主义者相信，现代战争是技术战争，这势必将打破意大利对古典历史的迷恋，因此，他们对冲突表示欢迎。不幸的是，波丘尼于 1916 年在行动中被杀，享年 34 岁。

翁贝托·波丘尼的《独一无二的形式在空间中的延伸》

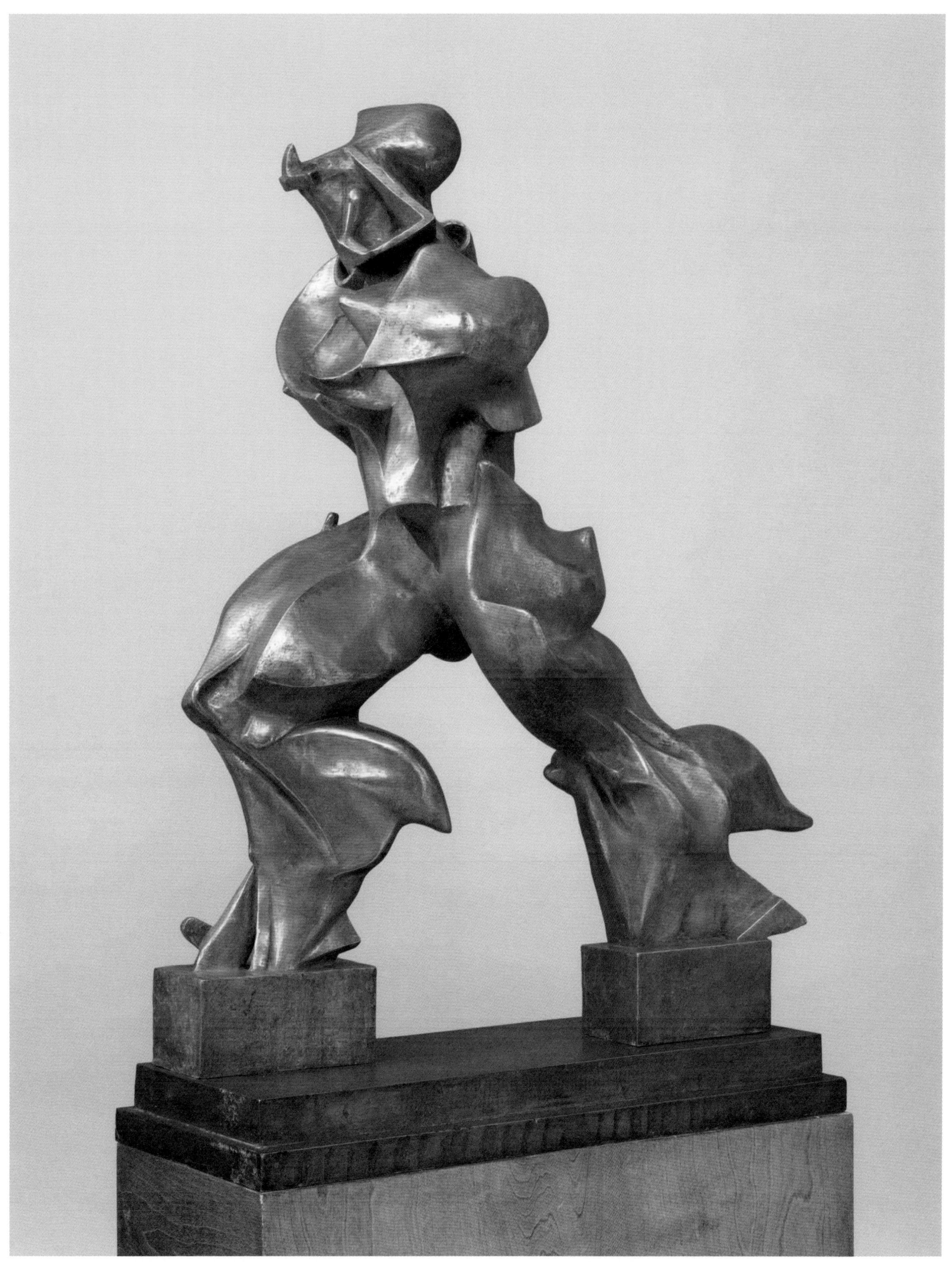

克里希纳·雷迪

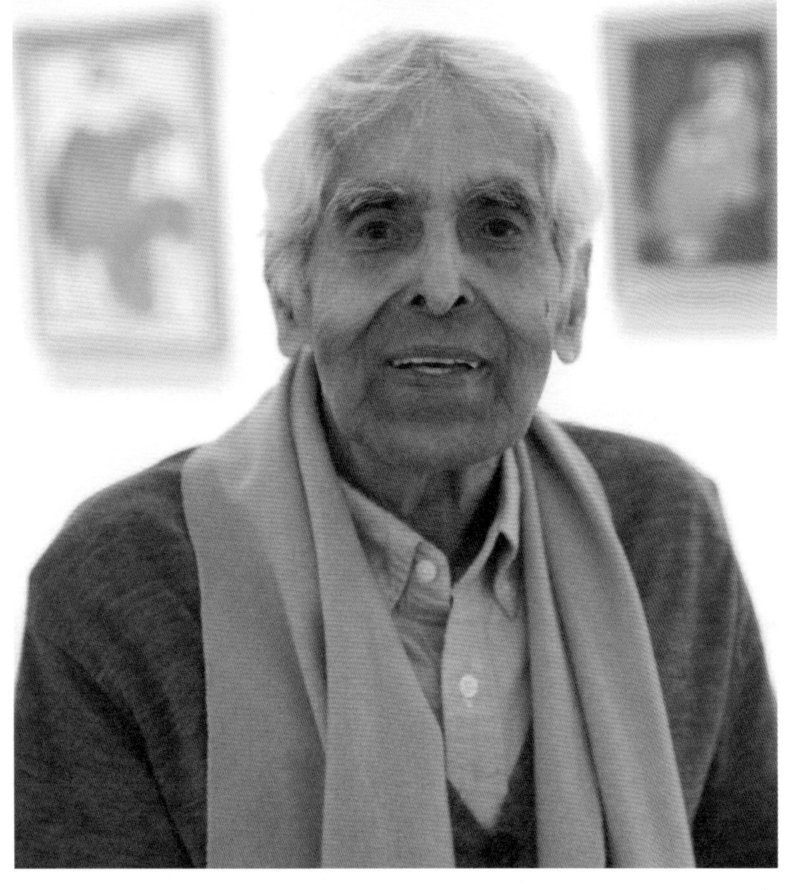

“如果我们能真实地表达自己，就会感动别人，这一点具有普遍性。”

对我来说，能看到亨利·摩尔（Henry Moore）的所有雕塑简直就像一个梦。我现在快100岁了，但仍在挣扎着继续创作。大约四十五或五十年前，我居住在巴黎。当时，所有伟大的艺术家都在那里。这些大师们的工作室挤在一条小街上。所有艺术家都会聚在一起讨论艺术。作为一个年轻人，我从这些大师身上学到了很多东西。他们是思想家，以东方思想为导向给我打开了另一个维度。我一心只想了解更多。

在伦敦，我遇到了亨利·摩尔，我在他的学校里上学。他把我带进他的工作室，我立刻就被他的雕塑吸引了。这些雕塑很真实——完全可以感觉出来。我领悟到他在雕塑方面的创新——那种感觉穿过艺术家的身体流入作品中——那一瞬间是自由的。一般教育不可能教授这种类型的体验。

摩尔试图从现实中建造他的雕塑。他那些躺着的人物雕像都很简单，完全是纯粹的存在，这对我来说已经足够了。这是有关生命的问题，如果艺术家从灵魂出发，走得越深，作品就越长久不衰。

艺术不过是试图捕捉挣扎灵魂的一个借口。那是一种无法描述的感觉，它延伸到一个非常精神性的领域。艺术是一个谜，但它有着非凡的意义。你想触摸那陶土，想将它取出来或放回去——就像孩子们玩泥巴。如果我们能真实地表达自己，就会感动别人，这一点具有普遍性。

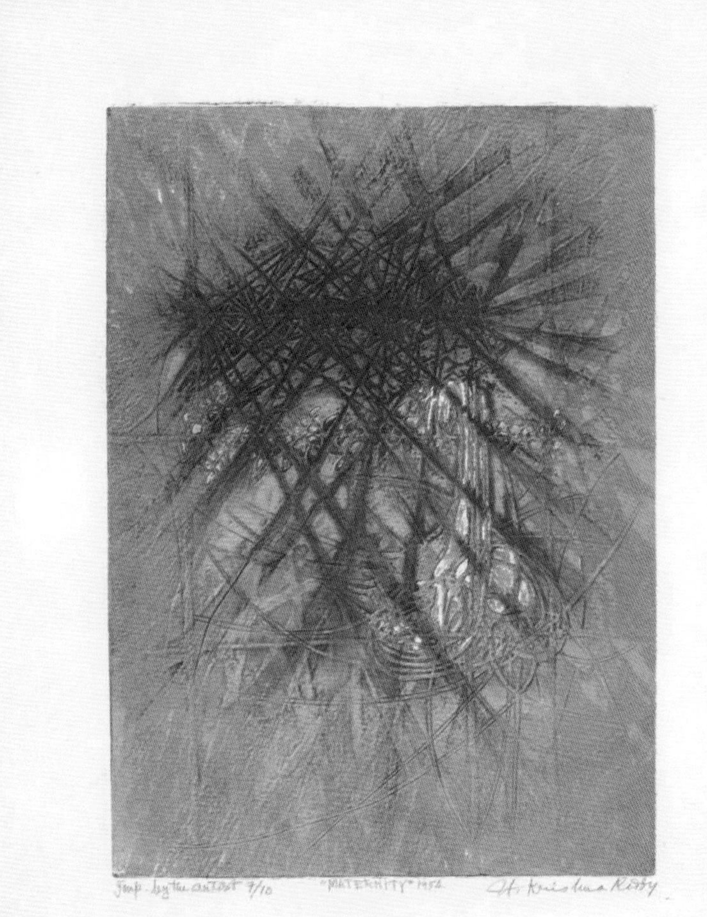

克里希纳·雷迪，《孕育》，1954年 ←

亨利·摩尔，《斜躺着的人，第4号》，1954—1955年 →

这件富有表现力、带有斑驳铜绿色的青铜雕像是摩尔在20世纪四五十年代创作的代表作之一。在不屈服于现实主义的前提下，摩尔捕捉到了人体的真实感，夸大了女人放松的体态以及四肢、头部和躯干的相对尺寸。大腿上垂下的衣幔让人回想起艺术家不久前的希腊之行，正是这趟旅行让他从古典雕塑中获得了创作灵感。就像那些古代雕塑一样，这件作品里，女人的头部和长颈气派地仰着，脸部的五官则简化成一张没有特征的面具。

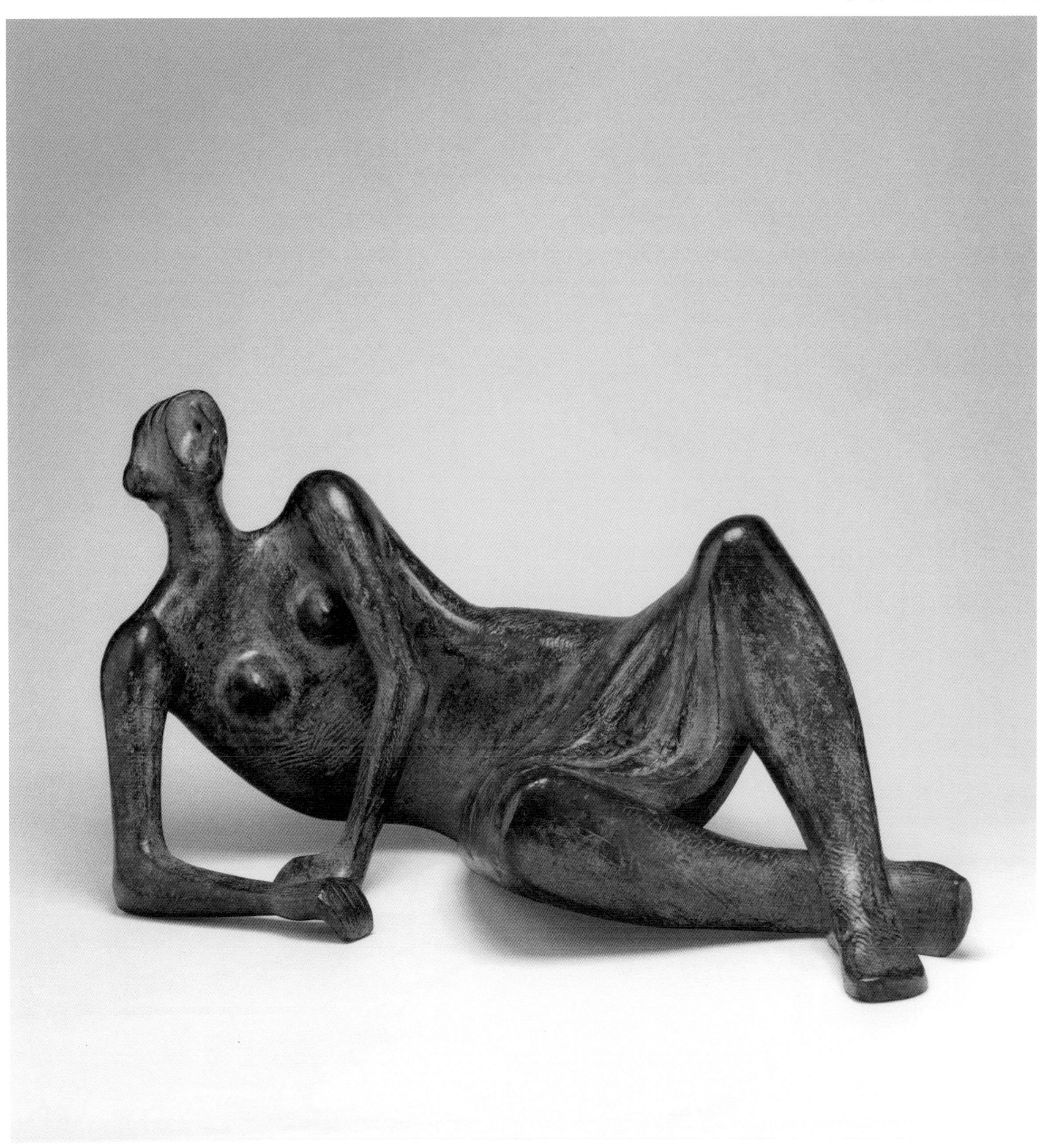

马修·里奇

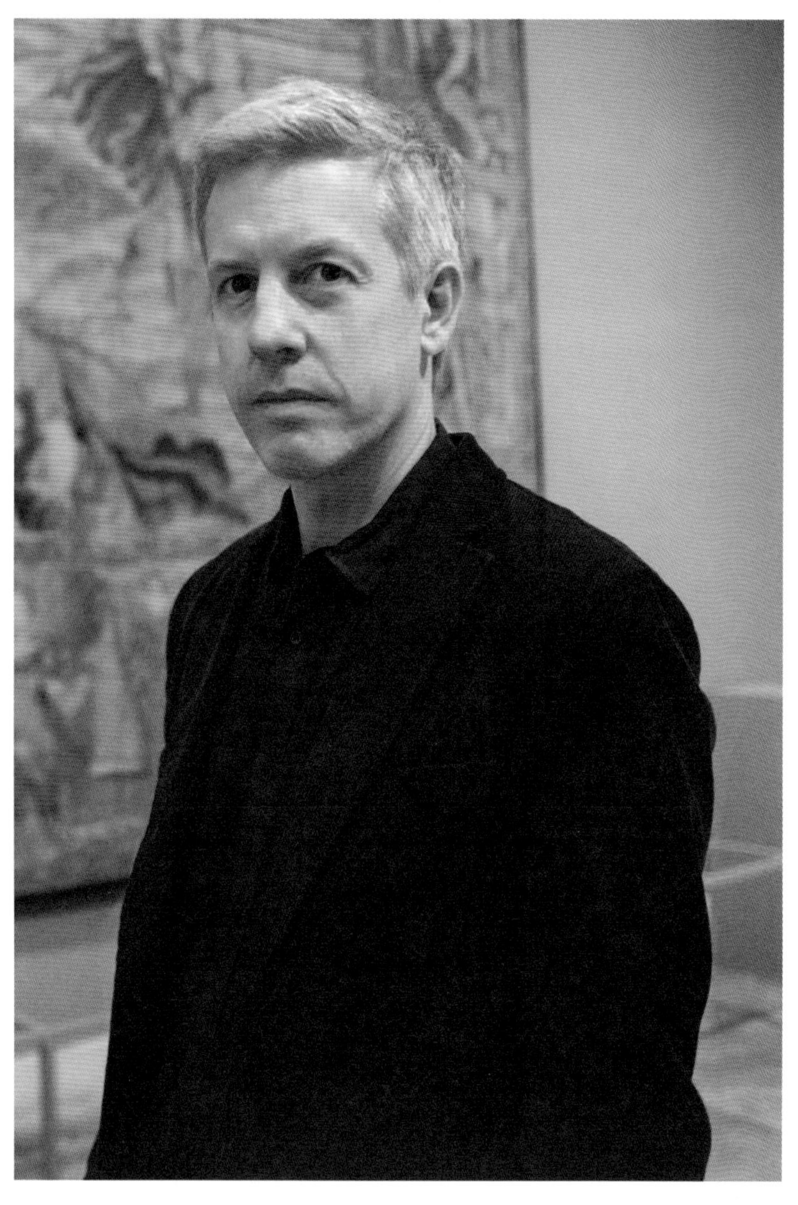

“一看到这挂毯，你就会陷入一张内涵和术语交织而成的网中。”

我喜欢中世纪艺术的扁平空间。尽管这张名为《名誉战胜死亡》的挂毯是在中世纪之后制作的，但整件作品仍然具有那种扁平感，与后来文艺复兴艺术所谓的自然主义空间非常不同。挂毯的设计师试图将尽可能多的信息融入画面。一看到这挂毯，你就会陷入一张内涵和术语交织而成的网中。

从许多方面看，这张挂毯描绘的是时间。它是根据彼特拉克（Petrarch）写的一首关于生命大轮回的诗歌《胜利颂歌》（意大利语为 *I Trionfi*）的内容编织而成的。对于观者而言，织入挂毯中的单词是一种简单有效的指示——“来，解码吧”。

这件作品是生存状态的示意图。“名誉”在这张挂毯中被表现为一个手持大型小号的女士，这表明挂毯赞颂的不是普通的名誉，而是声名远扬、流芳百世。亚历山大大帝位于挂毯中央，即使他英年早逝，也仍然是最著名的历史人物。挂毯下部是阿特洛波斯（Atropos）——希腊神话命运三女神中最年长的那位，也就是掐断生命线的女神。我想，对挂毯的制作者们来说，这一点意义非凡，因为他们手中用来编织挂毯的线犹如生命线。

大象是名誉的传统象征，挂毯中，两头大象被一只公鸡和一只蝙蝠拉着。公鸡象征白天，蝙蝠象征夜晚或嫉妒。查理曼大帝的左手托着象征世界的金球，球顶镶嵌着十字架，因为他是第一个振兴神圣罗马帝国的皇帝。

这些是当时所有人都在谈论的主题，那时的人们对挂毯中的人物相当熟悉，就像我们熟悉美剧《权力的游戏》中的所有角色一样：“这位国王会和查理曼大帝一样优秀吗？他会像上一位国王那样毁了我们吗？”

挂毯的画面必须得向上倾斜，这样你才能看到全部内容，作品中的多层含义才能被展示出来。这样会创造出非常独特的抽象空间。对我来说，这张挂毯类似于计算机屏幕，它是一个扁平的空间，但里面填了很多东西，你需要不断地移动位置，直到一切合适为止。

我们只能想象挂毯结构里的对应关系和精细的图示推理。这可能需要花费一年时间——不同的人的双手在不同时间介入，他们在这里处理一番，在那里又处理一番——然后奇迹出现了。这张挂毯包含了许多不同的想法，它不要求你单次解读；实际上，它坚持让你多次解读。

我不知道，不绘制一份图的图示并将它刻入大脑中——我创作的时候就会绘制——自己也可以将这些信息牢牢记住。但我认为，我的做法非常“后中世纪”。我对这张挂毯的制作者深表同情——他们试图整合一大堆截然不同的想法，但最后依然坚定地忠于整体。

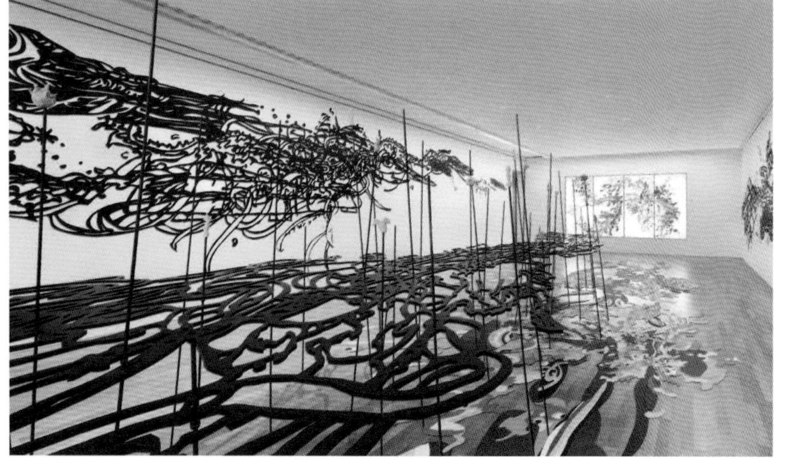

马修·里奇，《等级的问题》，2003 年 ←

《名誉战胜死亡》，约 1500—1530 年 →

这张挂毯的主题源于 14 世纪意大利诗人彼特拉克所作的《胜利颂歌》，一组白象拉着一辆战车，战车上坐着长有双翼的“名誉”女神。她身披锦缎和鸵鸟毛制成的羽衣，吹着小号，预示着四个伟大人物的出现——两位大哲学家柏拉图和亚里士多德以及两位伟大的统治者亚历山大大帝和查理曼大帝。亚历山大大帝佩戴着法国国王的标志，而查理曼大帝则头戴神圣罗马皇帝的王冠和象征法国王室的百合花花饰。象征死亡的女性人物被踩在脚下。

《名誉战胜死亡》

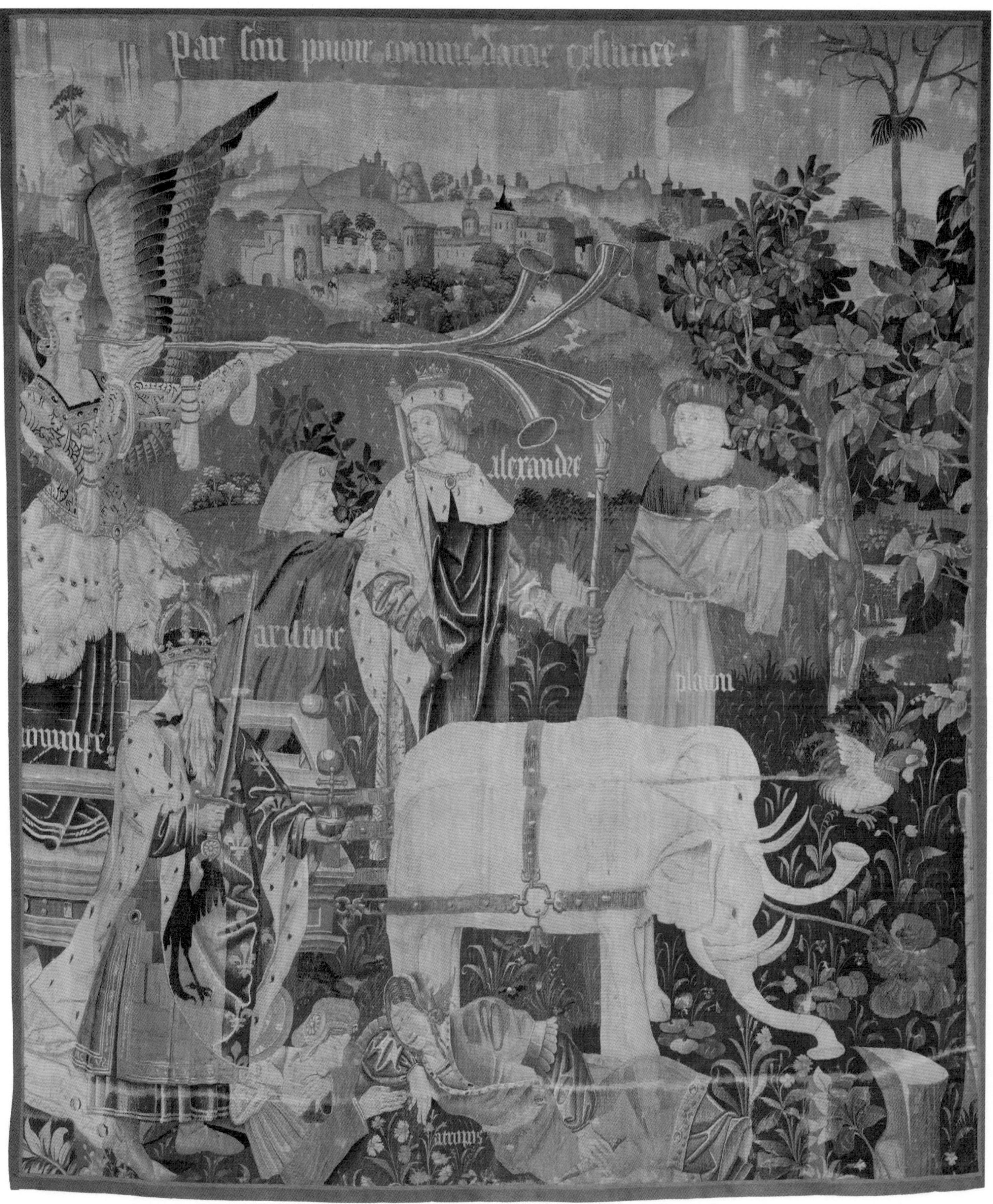

多萝西娅·洛克伯尼

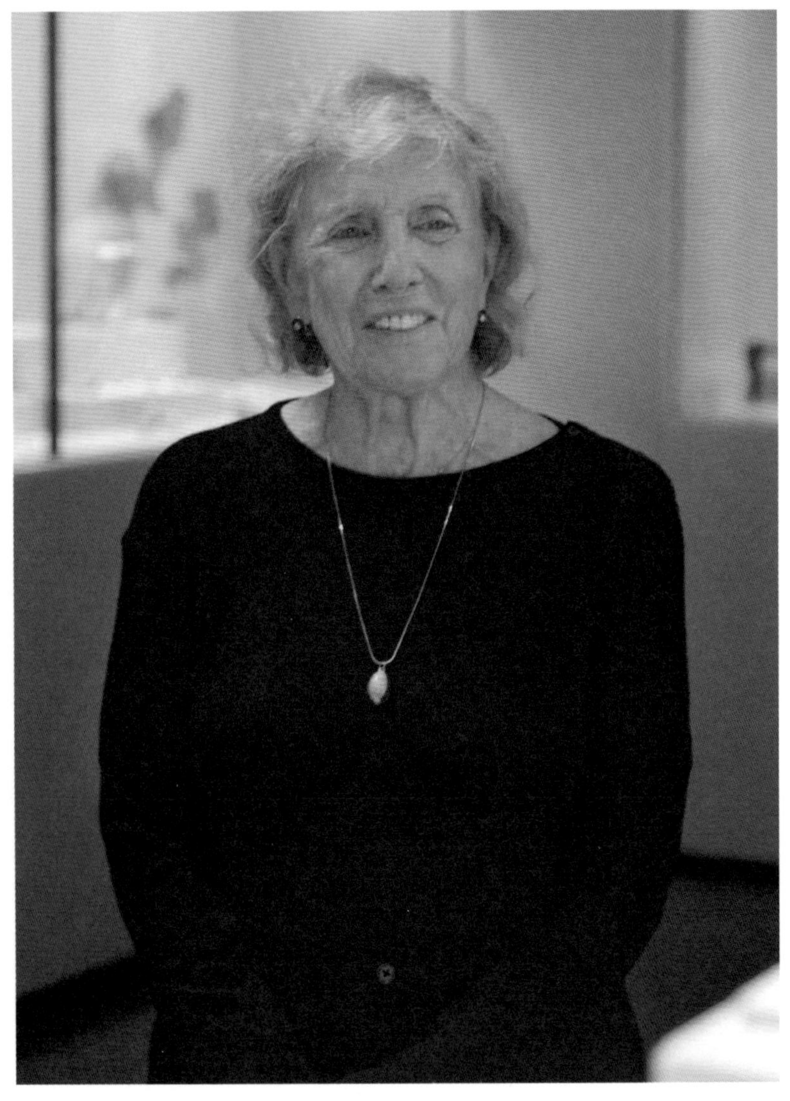

“艺术不存在于单一单元中——它是自身文化的一部分。”

我一直对古代文明很感兴趣，因此，初来纽约时，我很自然地先参观了大都会艺术博物馆。看到这个头部雕塑的时候，我感觉到了它和我之间的磁场。我们都带着自己的偏见来对待艺术，我自己反感庞大而无序的艺术。这个头部雕塑打动我的是他脸上的善良。它显示了一个真正的统治者的威严。

我发现他的这双眼睛，即使空洞，也依旧带着柔和的感觉，但柔和并不代表弱势。如果说空洞的眼睛有刺穿人心的力量，那么这双眼睛就是如此。它们放着光，它们看着你。上唇胡须向下弯曲的线条以及双唇紧闭产生的线条都别有一番味道——这意味着给予。没人喜欢招风耳，但雕刻家却将这个人的耳朵刻成了这样。这一点很不寻常，在古代艺术中，刻画人物的方式通常都会顺应当时的时兴样式。

这是某个人的肖像。艺术不存在于单一单元中——它是自身文化的一部分——所以我不禁要想，这个人到底是哪里人？

他的头激起了我对一切事物的好奇心。我问自己同样的问题：我来自哪里？如果我不是艺术家，那我本该是一名科学家。吸引我的从来不是那些最新的艺术。吸引我的是艺术的历史性。

很久以前我就意识到，艺术不像科学也不像数学，因为艺术不会提升。时至今日，公元前 2000 年完成的艺术品依然是艺术品。这让我着迷，它是个谜题。艺术领域中没有新发明。你可以制作抽象艺术，你可以使用现代材料，但是，它和古代艺术不构成竞争关系。我不是说古代艺术更好，我想说的是这件作品如今依然很有意义，它让我的灵魂充满渴望。一看到它，我就想工作。

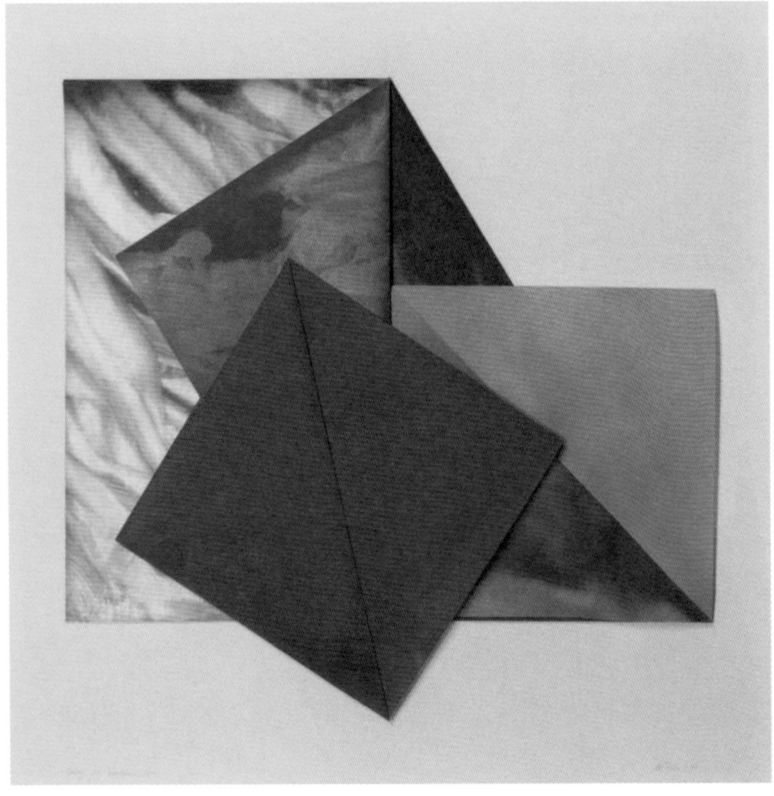

多萝西娅·洛克伯尼，《研习六翼天使：爱》，1982 年 ←

统治者的头，约公元前 2300 年—公元前 2000 年 →

这件来自古美索不达米亚、和真人头部一样大小的雕塑作品描绘的究竟是何人？他的身份至今是个谜。该雕塑是用一种非常昂贵的铜合金制成的，而且，它的成型和铸造所运用的工艺及创新技术表明，它的原型应该是某个国王或精英人物。这个头部雕塑非凡的个性化特征表明，它可能是一座肖像雕塑。如果确实如此，那么它可以算是古代西亚艺术中罕见的肖像雕塑实例。最近的检查表明，人们一直认为非常坚硬的头部最初是包含一个黏土芯的。

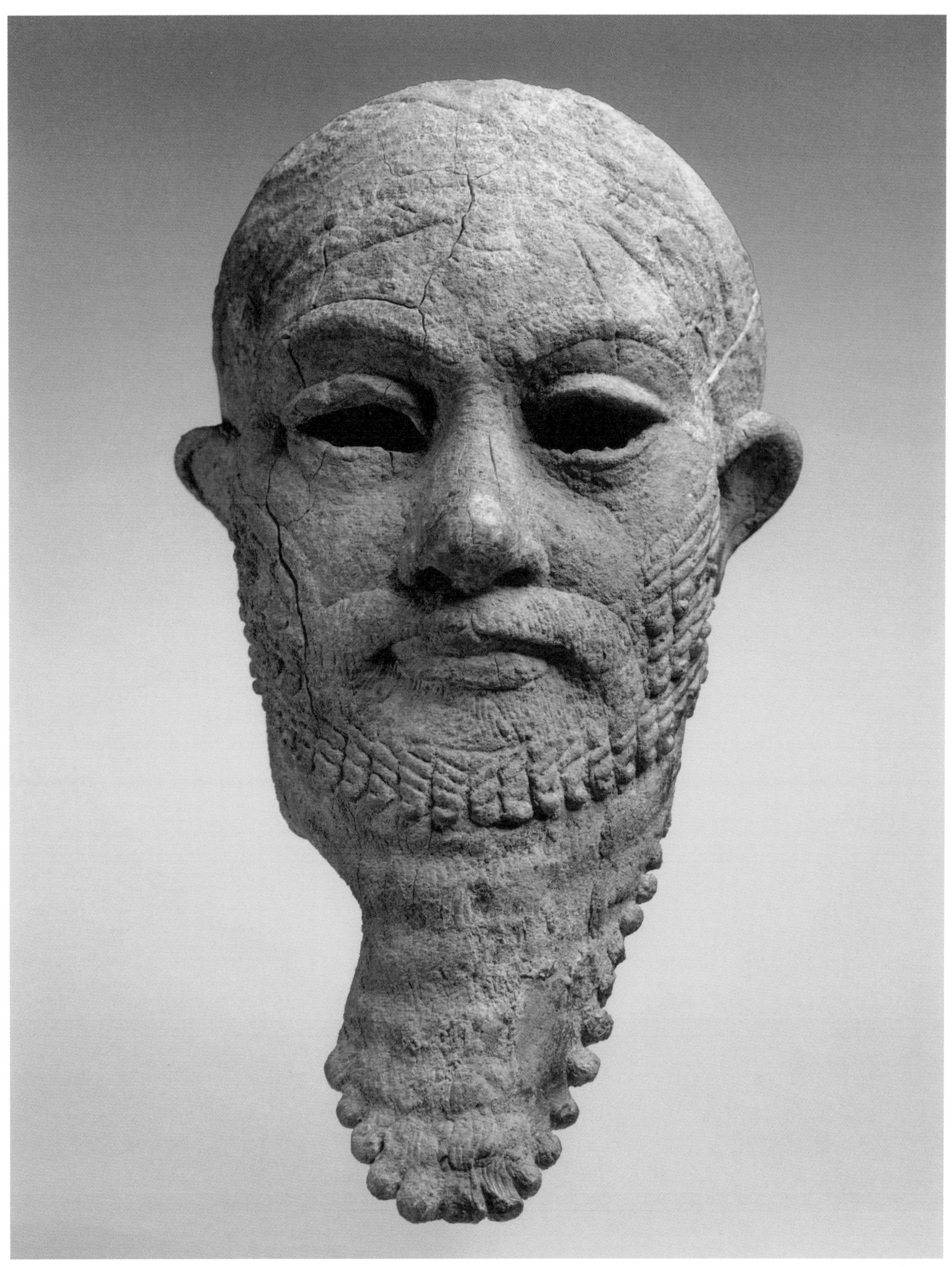

阿历克西斯·洛克曼

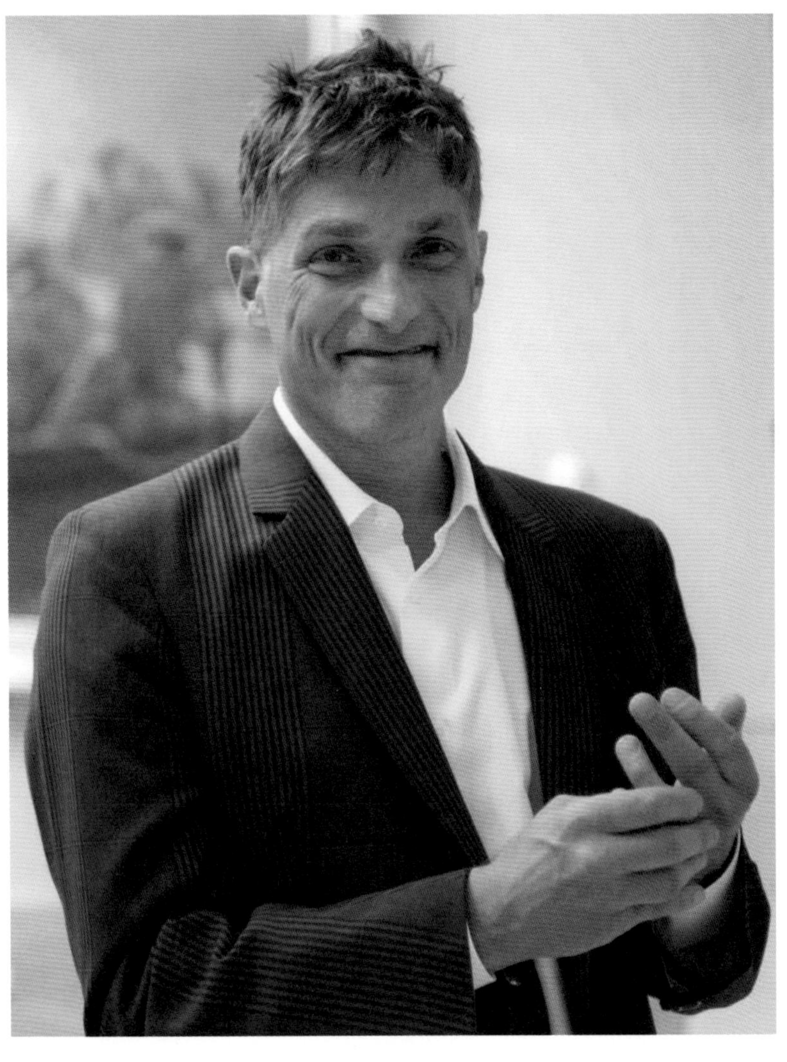

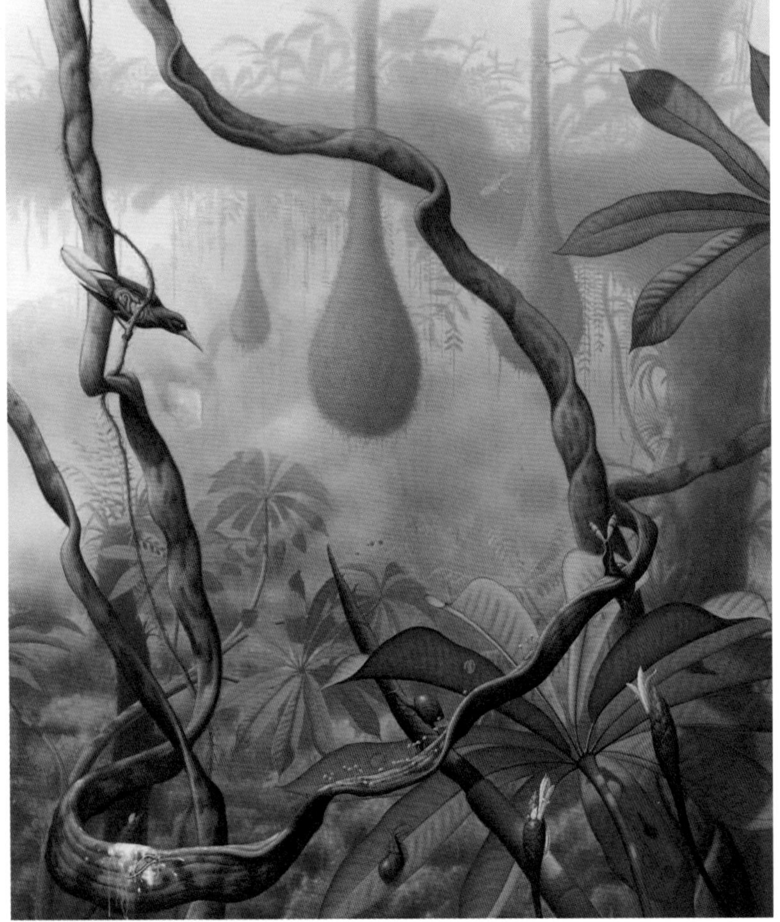

“这幅画是一个时间胶囊，是一件令人心碎的手工艺品。”

我非常了解文明的脆弱性，也知道有多少文明曾经出现又消失，因为我的母亲是个考古学家。我在曼哈顿长大，但总觉得我们就像一个等待裂开的小蛋壳。

这幅画是马丁·约翰逊·海德（Martin Johnson Heade）关于巴西旅行的作品之一，也是他创作的高度浪漫、科学准确的异域旅行画的典范之一。有人形容海德是一个戴着现实主义面具的浪漫主义者。这幅画是一个时间胶囊，是一件令人心碎的手工艺品，它吸引了我，因为森林被过度砍伐，它可能是唯一有关黑耳仙蜂鸟的留存记录。海德最初希望这些画成为野外指南，而且，作为一个通才，当时的画家其实是可以为科学知识做贡献的。现在几乎不可能了，因为在我们身处的文化中，每个人都非常专业。

海德了解查尔斯·达尔文（Charles Darwin）和他的性选择理念。西番莲与诱惑有关，既有视觉诱惑，又有嗅觉诱惑。还有什么比画一朵花更好玩、更有趣、更有挑战性呢？这幅画的色彩纯度高，非常对称；虽然有空间，但几乎算是抽象的。他偏爱艺术史上不曾被偏爱的事物，这一做法实在令我着迷。

这幅画完成于透视画流行时期，就连它本身也可能与这种潮流有关。透视画非常戏剧化——它们就在你面前——而且背景也不是陪衬，因为它就是氛围和剧场。

想想壮游吧——如果你是一位受过良好教育的绅士，就必须游览欧洲各地。我认为这幅画是该传统的一部分：它展示了美洲的珍宝和自然资源，还向你展示如何找到这些事物的崇高之处。海德亲自去了这些地方，这给他的作品带来了公信力和真实性。

直到20世纪90年代，人们都还在二手市场上购买这类绘画，虽然人们并不关心海德的作品。在整个20世纪，各种各样的人物都对幻觉艺术不太认同，但我站在弱者这边。在海德的时代，没有人会预料到广大南美洲地区可能陷入危险，这令人心碎。这件作品表明，这些主题是值得我们重视的。

阿历克西斯·洛克曼，《宿主与载体》，1996年 ←

马丁·约翰逊·海德，《蜂鸟与西番莲》，约1875—1885年 →

从1880年到1904年，热烈献身于自然历史的海德为杂志《森林与溪流》的读者贡献了100多纸关于蜂鸟及相关主题的信件和文章。尽管他早在1862年就着迷于画蜂鸟，但他的大部分创作都完成于1875—1885年，正是他完成最后一次南美旅行之后。这幅画再现的是一种特殊的蜂鸟——黑耳仙蜂鸟，它的栖息地是亚马孙河流域的低地区域，也是西番莲的生长地。

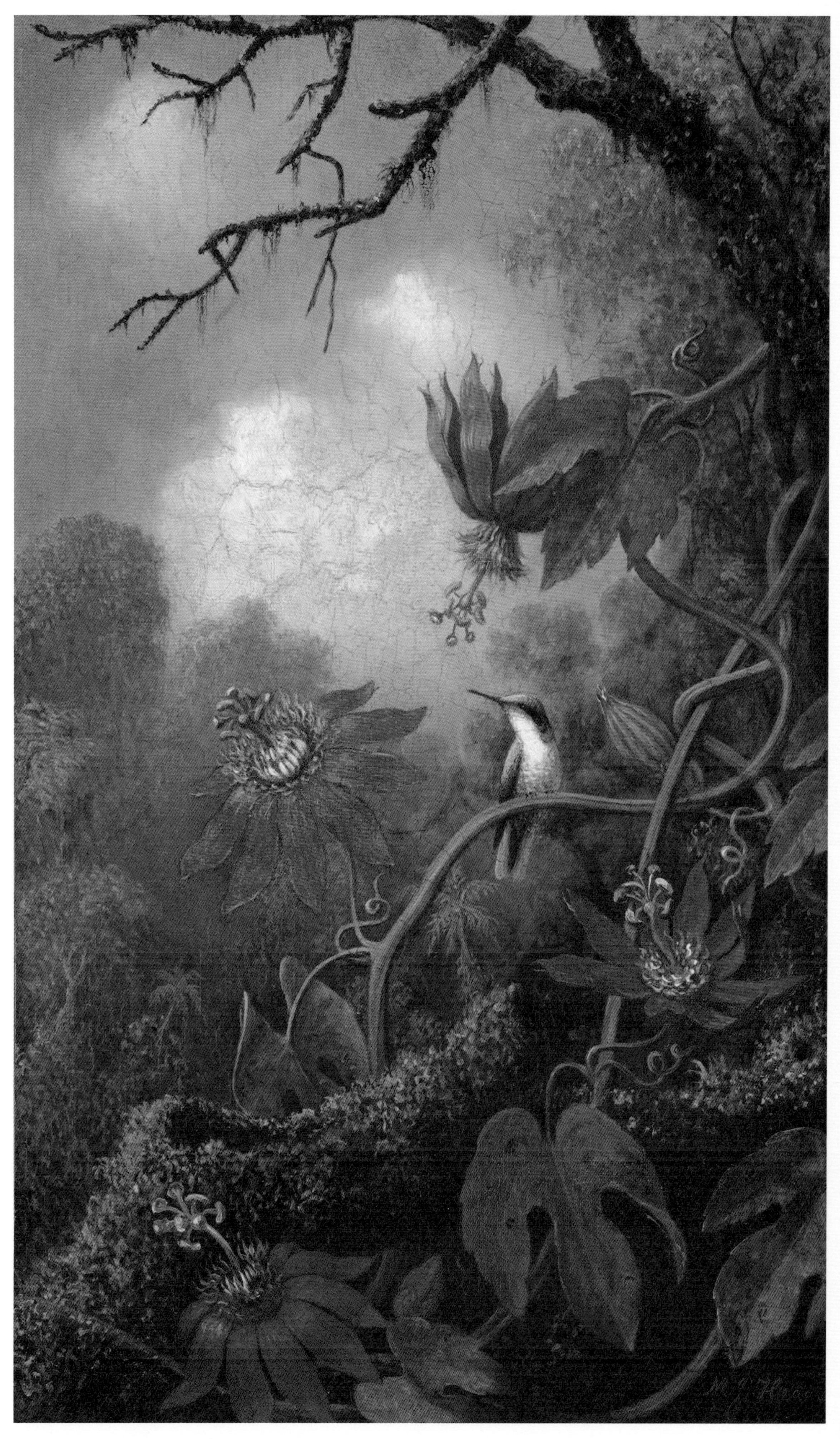

安娜贝斯 · 罗森

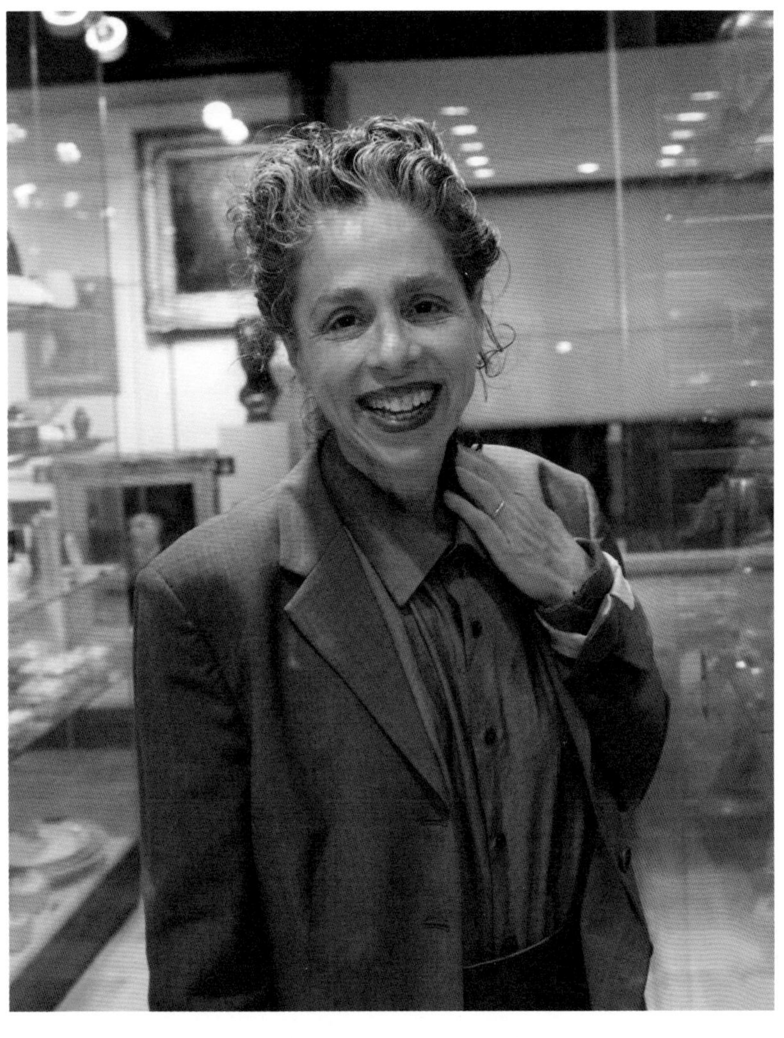

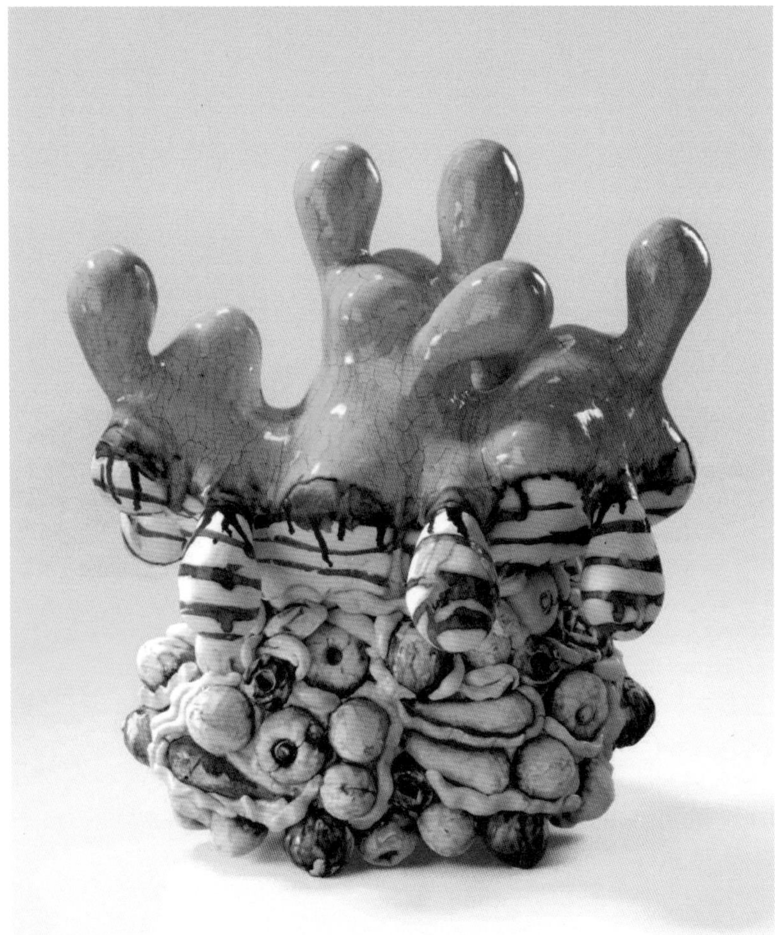

“这两件作品看起来各不相同，因为受了绘制它们的人类之手的些许影响。”

我喜欢的艺术不必迎合我的品位或风格。它们可能像我们喜欢并熟知的其他事物一样，比如平凡世界中带给我们快乐的某些物件。我甚至不必去博物馆，我可以去市场，看看那一排排、一堆堆货品，并从这些经历中得到启发。瓷器就有这种效果。我做雕塑，一直和黏土打交道。作为一名制作有形物件的艺术家，我认为，制作那些能用于现实世界的东西会让我获得最大的满足感，因为这弥合了视觉和感官之间的差距。

这该死的大都会艺术博物馆！这里收藏了每一件精致绝伦的珍宝，从文化和艺术的角度来看，它们每一件都代表着极致的伟大。这只小母鹿显得渺小又微不足道，直到你真正注意到它的眼睛。然后就有了这种关联。我愿意相信关于它的艺术虚构——艺术家在复制大自然的某些东西时经历的痛苦和绝望。

值得注意的是，此处提到的两件作品出自同一铸模，它们都是人工制造的，但看起来各不相同，因为受了绘制它们的人类之手的些许影响。有人密切关注过材料的性质，这些人知道它们的表现方式各不相同。他们往母鹿脖子上施釉的方法和往母鹿身体上施釉的方法不同。如果只有一件孤品，我们可能会认为这是窑中烧制时发生了异常变化。

我个人比较喜欢棕色的那件。这头棕色的母鹿长得平淡无奇，多了几分质朴，少了几分诱惑，这反倒让它更加具有力量感。我们围绕动物构建神话，并将象征性的自我投射到它们身上。

我没把这些作品当成伟大的艺术品。我思量这些作品的时候——包括博物馆里的其他所有作品——想到的是它们对我这个艺术家有什么用，我们能从这些作品中学到些什么，以及我们的作品如何推动文化向前发展 。

我真的不知道为什么我们作为人类就必须创造，但我就这样被艺术吸引了，强迫了。

安娜贝斯 · 罗森，《维洛》，2006—2007 年 ←

动物火捻子瓶，1830—1870 年 ↗

动物火捻子瓶，1849 年 →

19 世纪中叶见证了浮雕陶器的大量涌现，这种陶器的表面覆盖着斑驳的棕色搪瓷釉料——通常被称为罗金厄姆陶器，以致敬最早在英格兰生产此类器皿的罗金厄姆侯爵。这两件斜躺的母鹿造型作品最初很可能是壁炉架上的装饰品。母鹿背后的空心树干是用来装纸捻子或木片的，点蜡烛或油灯时会用到它们。

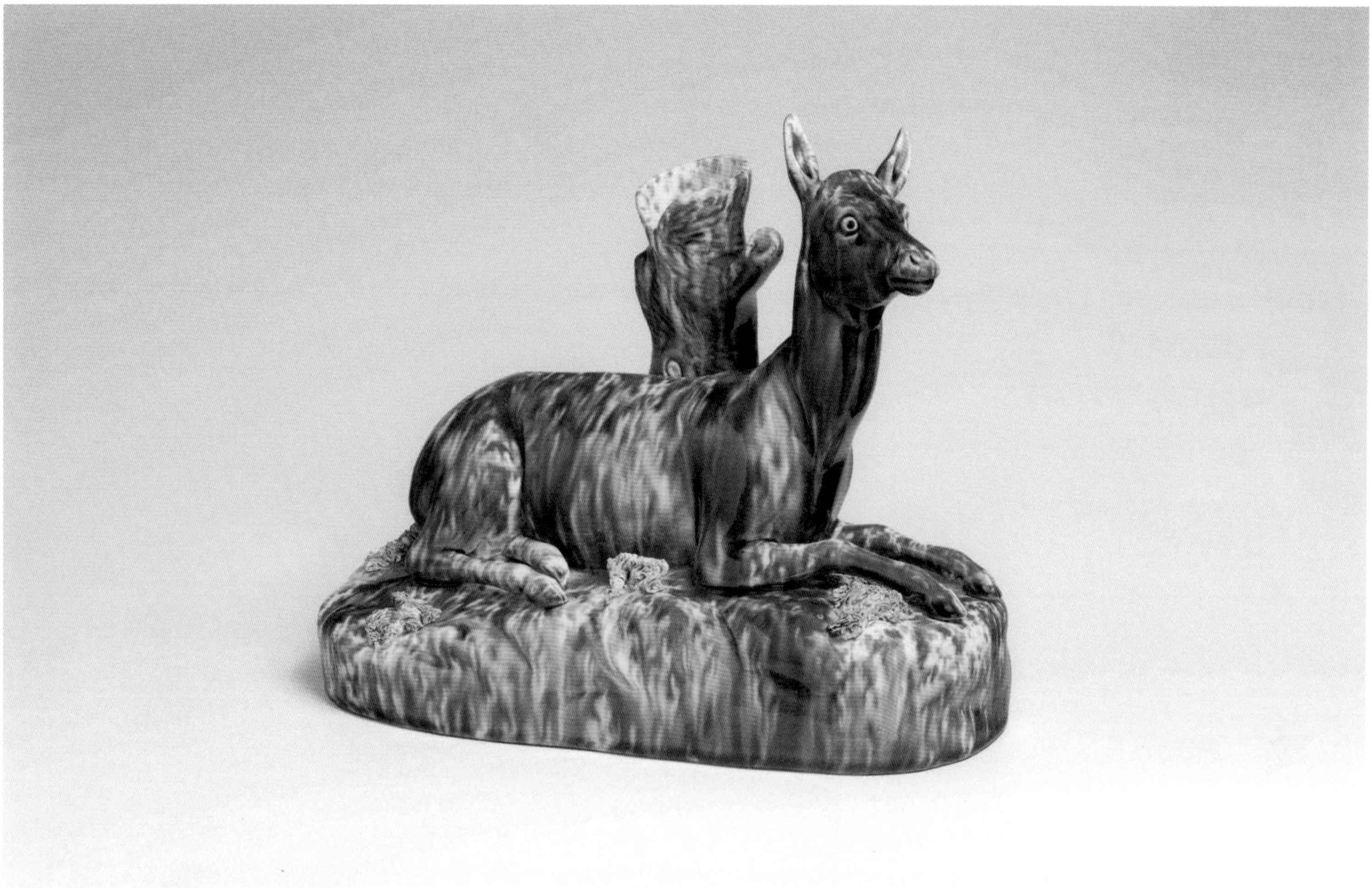

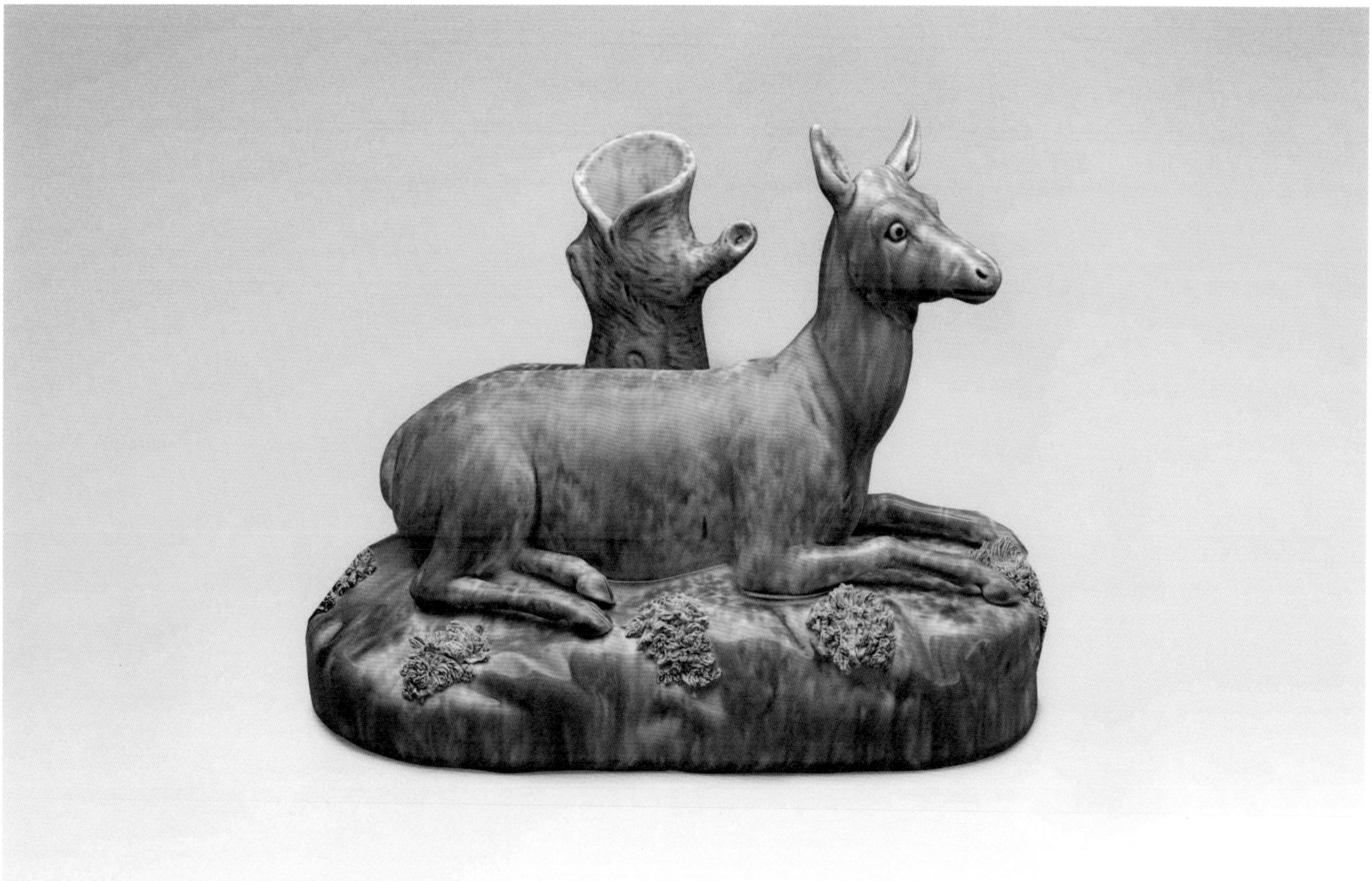

玛莎·罗斯勒

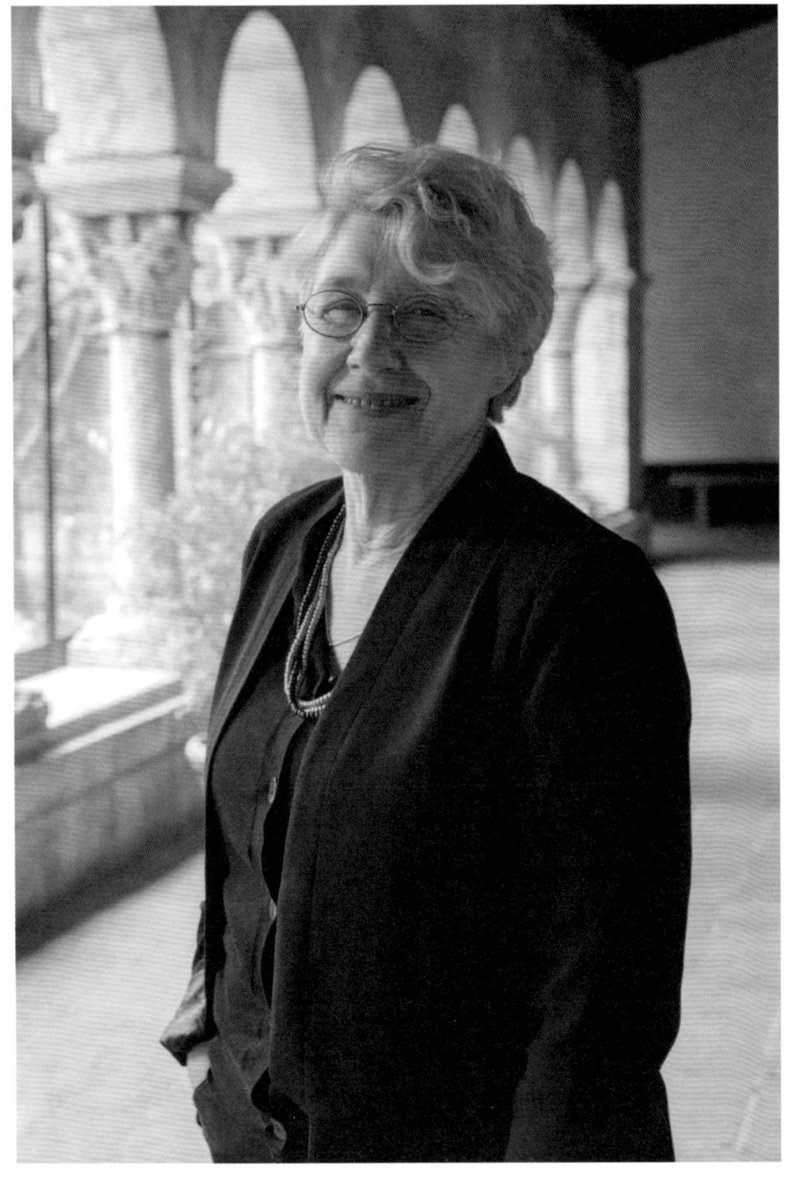

“就像飘浮在云端的另一个世界。”

我总是去第五大道上的大都会艺术博物馆，或坐下来思考，或欣赏那些作品，但是大都会艺术博物馆修道院分馆本身就是一件艺术品。就连它的名字——修道院——都暗示它是隐蔽的、与世隔绝的，就像飘浮在云端的另一个世界。我来自布鲁克林，在成长的过程中，修道院分馆对我来说很可能真的一直在云端。那个年代，布鲁克林是个无名之地，是你想要远离的地方，你想从这里走向更高的文化。还有什么比曼哈顿之巅的这个中世纪风格的修道院更高呢？

我第一次接触修道院分馆是在20世纪60年代初，那时，中世纪世界对我们来说已经无处不在。单调音乐很重要，中世纪的表现形式让人想到了抽象表现主义绘画教导我们去追求的扁平感，我在学生时代就是这么做的。看到中世纪艺术处理边边角角的方式以及后来的作品对中心性的关注，我对这二者之间的对立感到非常满意。例如，以百花图案为背景的作品清清楚楚、极富个性，就像中世纪挂毯中经常出现的那样，它形成了一个拥有无限边界的完整表现领域。

中世纪艺术还打开了抽象表现主义所禁止的空间，即叙事。作为布鲁克林的第一代犹太人，我试图了解自己在中世纪宗教叙事中所处的位置。我在宗教家庭里长大，想真正了解基督教但又不感到被孤立或被淹没的唯一方法就是看它的各种表现形式。中世纪主义提供了一种思考根源、起点和群体的方式。各式挂毯由工匠组成的团队共同生产，他们创造了一种公共产品。他们是艺术家，以谦逊而非独特的天才般的方式进行创作。我们在60年代对中世纪世界的投射——简单与和谐——显然大多并不曾存在。这是在经历了第二次世界大战、繁荣的50年代、麦卡锡主义以及拥有了白人独享的民权之后，我们内心所渴望的东西。放眼世界，看到上述的一切似乎都在掌控之中，我们感到些许安慰。

我喜欢修道院分馆的静修气质，但它可不是什么水疗中心！“存在”这一伟大的链条在这里展出的作品中显而易见。你去那里就可以接触到各种想法，我希望这就是我们想从艺术中得到的东西。

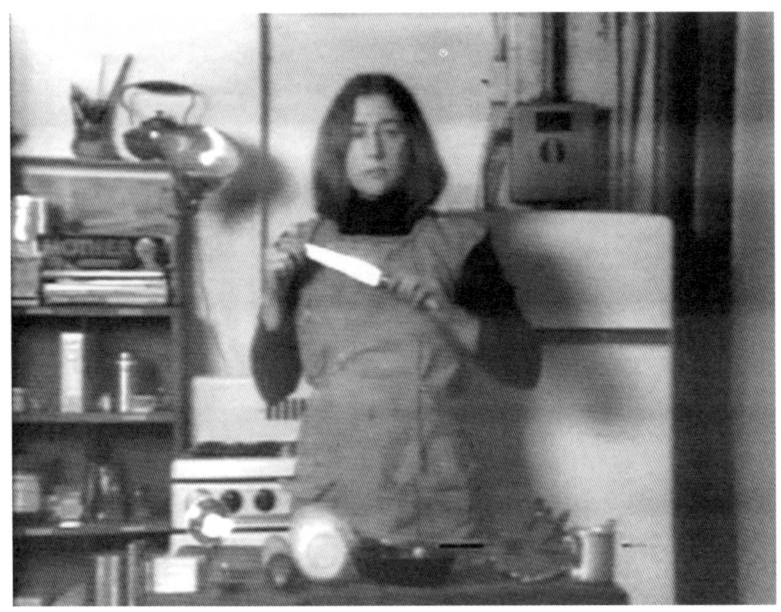

玛莎·罗斯勒，《厨房里的符号学》，1975年 ←

居扎修道院，约1130—1140年 →

修道院分馆于1938年向公众开放，它是大都会艺术博物馆的分支机构，专门展陈中世纪欧洲的艺术和建筑。修道院分馆坐落在曼哈顿北部，占地约1.6万平方米，俯瞰哈得孙河。整个博物馆是一个建筑群，参考了众多先前的历史建筑，以现代建筑的形式将教会和世俗空间结合在一起。来自中世纪修道院的建筑元素，包括圣-米歇尔-德-居扎修道院（Saint-Michel-de-Cuxa）、圣-吉扬莱-勒-代塞尔修道院（Saint-Guilhem-le-Désert）、拜斯河畔特里耶修道院（Trie-sur-Baïse）、弗罗维尔修道院（Froville），以及曾被认为来自法国博内丰-昂-康明吉斯修道院（Bonnefont-en-Comminges）和欧洲其他地方的部分元素，都被融入这个建筑群中。

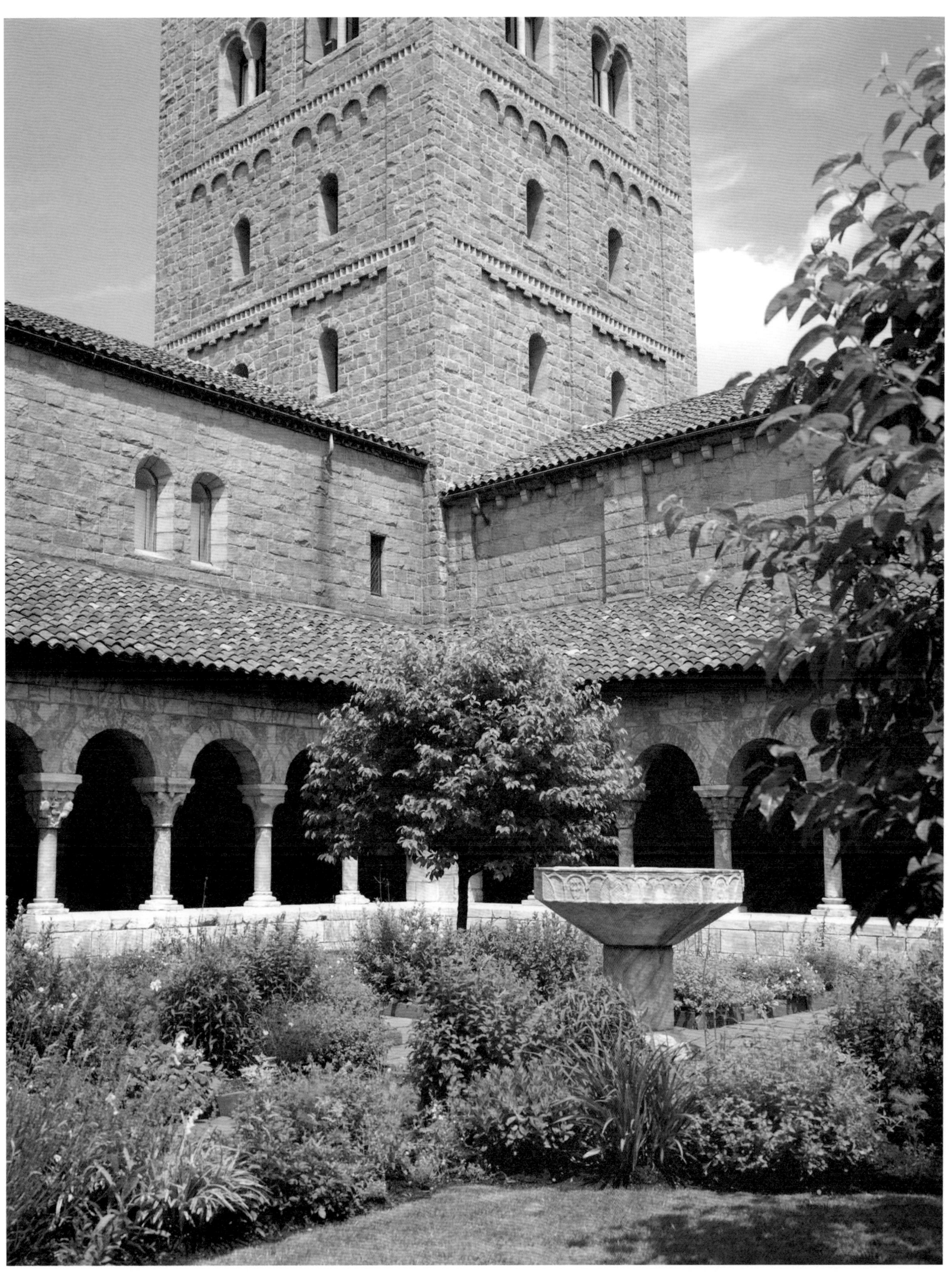

汤姆 · 萨克斯

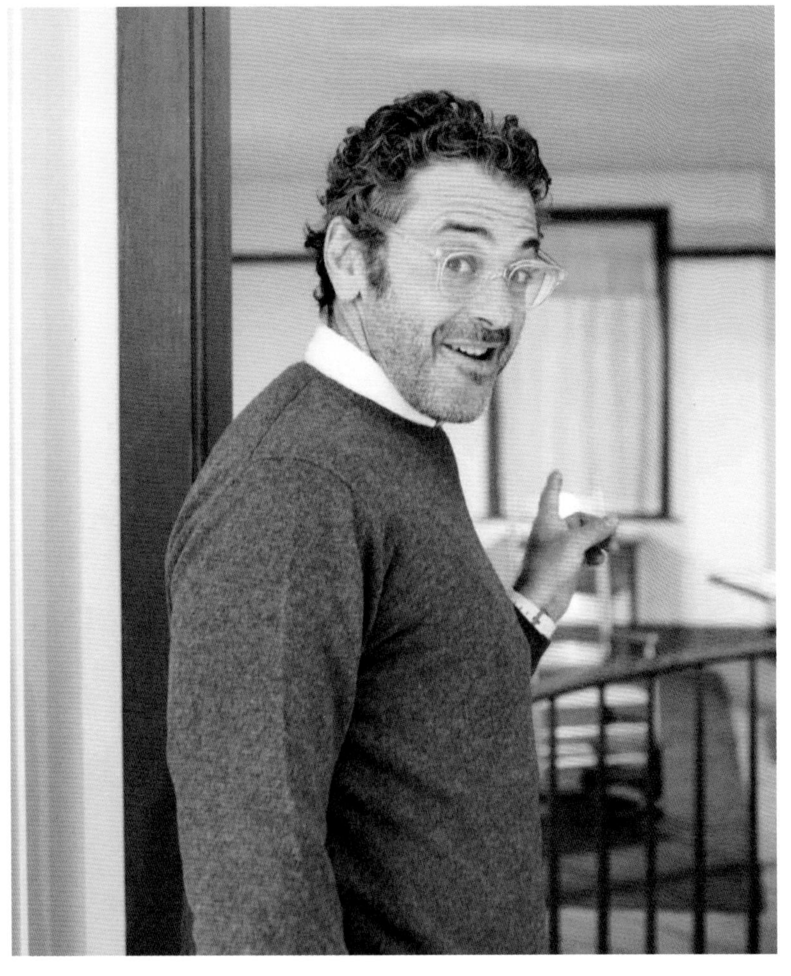

“当你看着一件作品的时候，能够说出‘嘿，有人曾经在这里造过这玩意儿’之类的话，对我来说，这很重要。”

我造的东西越多，就会开发出越多不同的技术和风格，在某种程度上，我尝试利用它们将自我投射到作品里。当我的作品清楚地表达了自己的信念时，我会觉得自己很成功。

震颤派的作品清楚地表达了自己的意识形态——他们的清规戒律、对工作的奉献精神以及“工作就是祈祷”这一信念。工作也是我生存的意义。我不休假，我认为休假纯粹是浪费资源。作为人类，我们唯一拥有的真正资源就是时间。

看着这个空间里的每个物件，想象你卧室中的每个物件，你就会意识到自己想要处理掉的那些垃圾。这个房间里的任何东西都是有用的，没有一样用作装饰。你将外套挂在墙面的挂钩上，将椅子挂在墙面的挂钩上。床腿装有轮子，可以向侧面转动，这样你就可以移动它，然后对床底进行清洁。这些人通过自己极简的信念发明了令人难以置信的东西，比如椅子靠背上的倾斜面。在我看来，这小物件充满了讽刺意味，有了它，想到自己斜靠在椅子上似乎非常颓废和放纵。

像它们的设计一样，震颤派使用的材料也是一种出色的创新。大部分震颤派家具都由松木制成，因为松木产量大、价格低、容易切割。而且，松木很低调。这种家具大部分未上漆。我们在工作室里常说一句话：“千万不要给梯子刷漆。”这是规则，如果在梯子上刷了漆，你就看不到梯子上的裂纹以及它的走向。这也代表着认可“永远不要掩盖自己的过去”这一想法——拥抱你自己的路。我认为这个想法在我们的时代格外重要，因为当下我们拥有的是像苹果手机这样不知如何被制造出来的物件，你完全看不出人工参与的痕迹。而在震颤派制作的物件里，你看得到细木工活儿，你能看出来有谁曾在那里为凳子编棉织带，还有人曾经非常小心地用锉磨平椅子的表面。你能看出这都是手工制作的。

当你看着一件作品的时候，能够说出“嘿，有人曾经在这里造过这玩意儿”之类的话，对我来说，这很重要，这是在拥抱个人。它是非常美国式的想法，而在像震颤派一样的群体里说出这样的话，则更是有趣。我认为，这是艺术相对于工业而言唯一真正的优势——它是个人的表达。

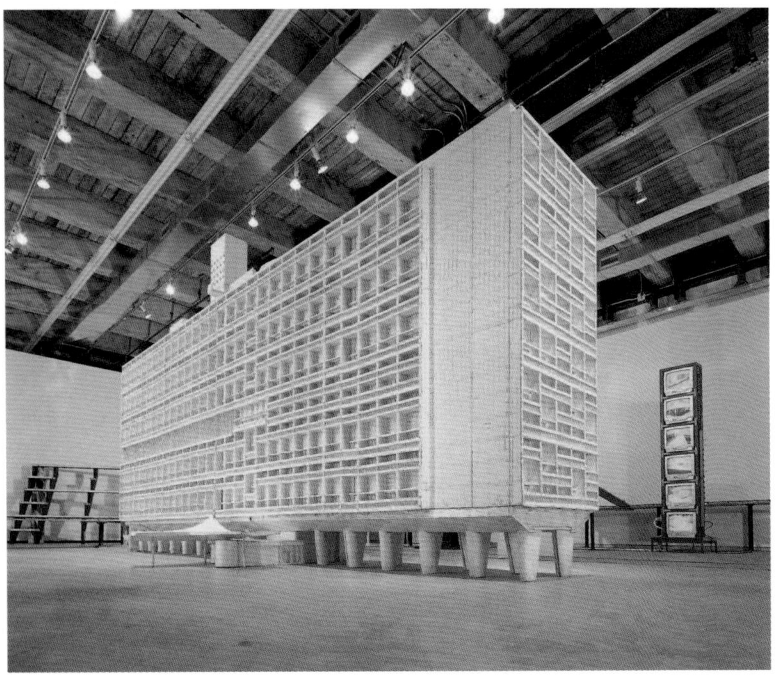

汤姆 · 萨克斯，《单一》，2001 年 ←

北方家庭住宅建筑元素，新黎巴嫩镇，纽约，约 1830—1840 年 →

这个休息室属于纽约新黎巴嫩镇的一座北部家庭住宅。它既是一间卧室，也是被《震颤派千禧年法》禁止的一个休息场所，在那里“可以安静地待上半小时，在参加集会之前，先认真做些福音工作”。干净的白色石膏墙、擦得锃亮的松木地板和被岁月染成暖棕色的简单木制品，共同体现了震颤派家具设计最典型的三个特征：实用、简约、美观。

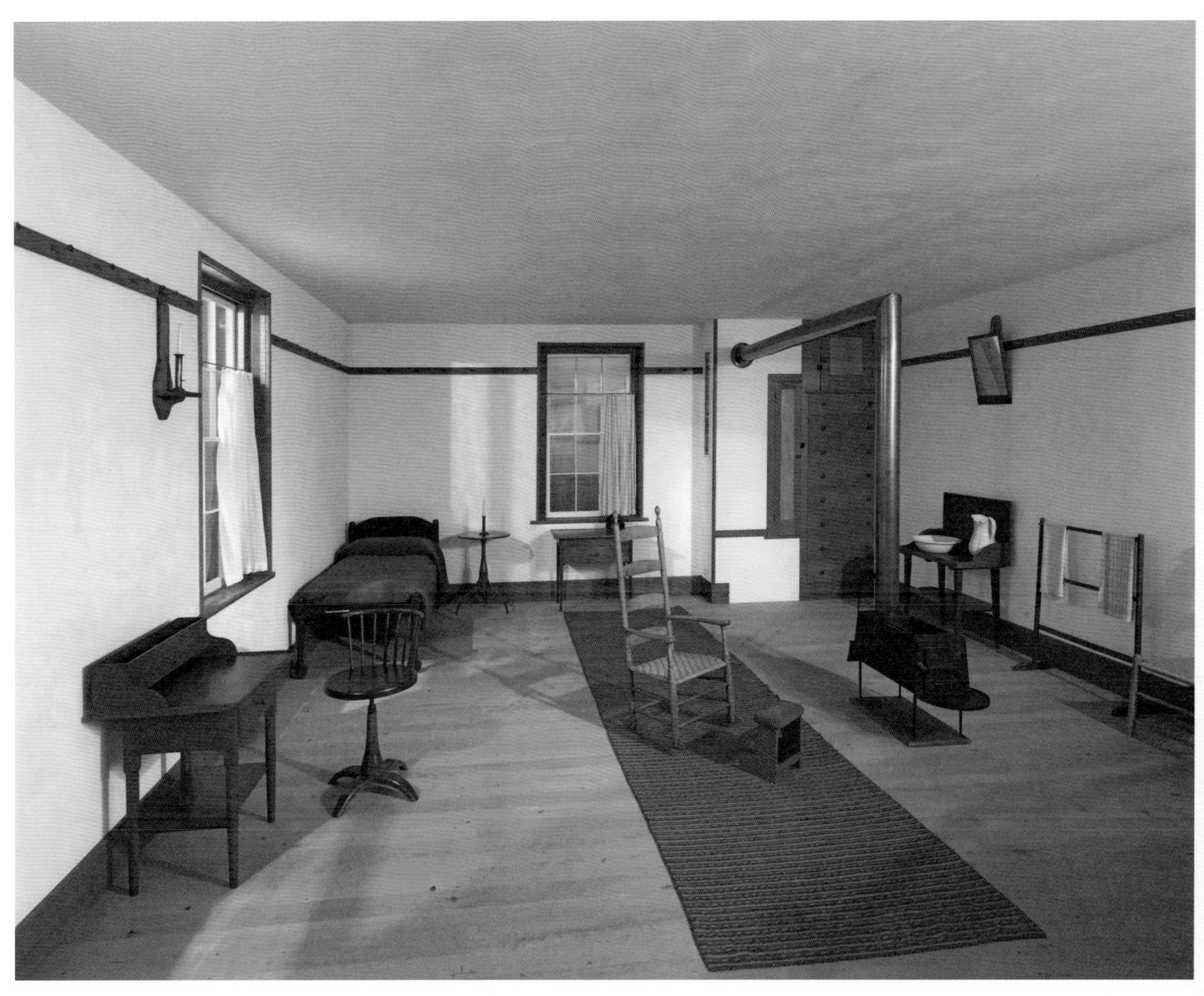

大卫·萨利

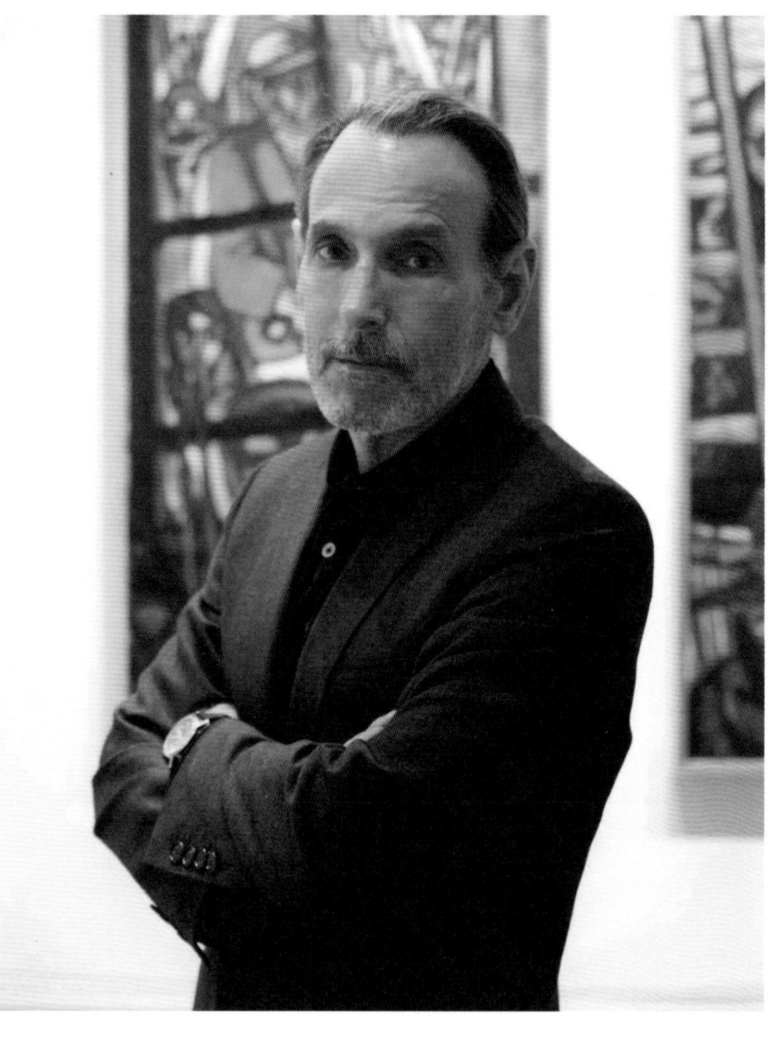

“画家如何传达情感始终是个巨大的谜题。”

马斯登·哈特利通过图像式的想象力和接受力接近这个世界，并与他的创作主题保持一致。画家如何传达情感始终是个巨大的谜题。情感如何发挥作用？它从何而来？哈特利为这个谜题赋了形。你很难确切地解释为何他的画拥有如此强烈的情感力量。他的作品抵制任何形式的伤感以及简单的、带有说明性质的叙事关系。哈特利图像式的想象力及其对主题的感觉相互影响，这让他的画作带有一种即时性。

在哈特利的作品《缅因州的卡塔丁山，秋天 2 号》里，这座大山被描绘成单一的巨大黑色形状，变成了图形意义上的锚；山后的云朵和天空好像是用和这座山相同的材料切割而成的，如同被锯子锯下来一般。不管这些材料的密度和质量如何，它们仍旧可以在空中飘浮或远扬；在晴朗的日子里，你甚至可以感觉到云朵的升起。

这幅《捕龙虾的人》的主题截然不同，也有很强的内部结构感：画面中心是呈块状的、被黑色轮廓线加强的各种沉重形状，黑色的轮廓线时而流畅、时而起伏，在二者交替之间产生了节奏感，这种交替既是本能，也是智慧。哈特利将绘画的思想内化为一种结构——一种可以承受重量、可以在它上面构建不同形式的东西。作为一名精通颜色的画家，哈特利可选择的颜色范围并不广，但是，只要是调色板上的色彩，他都擅用。夕阳西下，阳光打在山体的一侧，高浓度的红色看起来像火焰一般点燃了山体。捕虾人身上的红衬衫带有的红色调和粉色调简直让人心碎。哈特利明白，当阳光打在红色上，红色会变成粉红色——在粗糙的背景下，由于光线不协调，整个画面几乎呈现出歌剧般的感觉。

你会觉得，哈特利对于他所画的对象——无论是人还是岩石——都怀有极大的同情心。从某种意义上说，主题就是一个容器或一根导管，可以使人们对生命、生命的宏伟以及生命的痛苦有更深层次的认识。只有坚强地适应了新英格兰工人阶级生活的人才能画出这样的作品——恶劣的天气和沉寂。你可以感觉到，他们已经安然面对生命的变幻和恶劣了。

这是悲剧艺术家的艺术悖论——他可以以凄美的方式来描绘悲剧性事件或表达生命的悲剧感。哈特利的艺术是如此美式，它忠实于时间和地点，还在当下释放出如此多的活力。

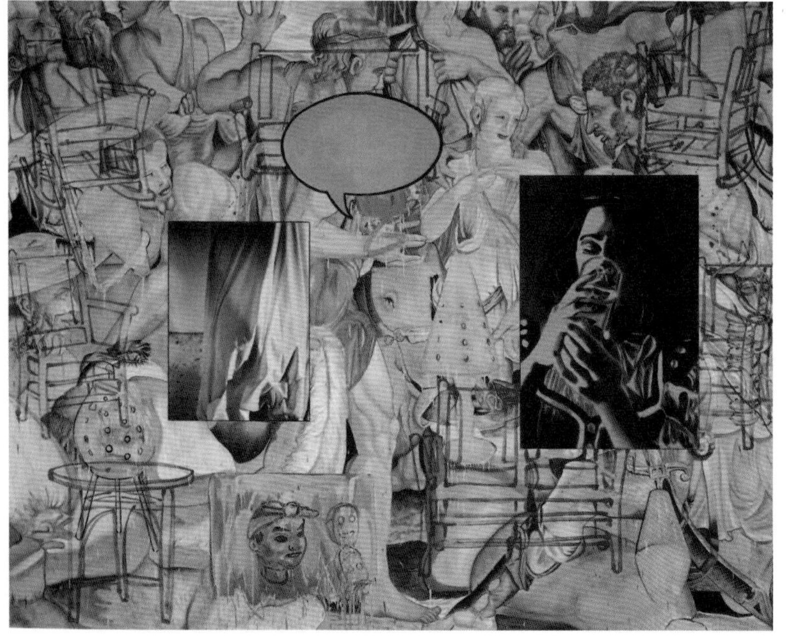

大卫·萨利，《查尔斯·明格斯在墨西哥》，1990 年 ←

马斯登·哈特利，《捕龙虾的人》，1940—1941 年 ↗

马斯登·哈特利，《缅因州的卡塔丁山，秋天 2 号》，1939—1940 年 →

20 世纪 30 年代中期，哈特利自称“来自缅因州的画家”。从 1940 年到 1941 年，他在沿海小镇科雷亚描绘了聚集在码头的那些带着捕龙虾工具的渔民，这样的场景传达了人与自然的深度融合。1939 年至 1942 年间，哈特利创作了 18 幅以上以卡塔丁山为主题的作品。这座位于阿巴拉契亚国家步道最北端的山峰是该地区乃至整个国家的象征。哈特利对形式扁平且粗糙的描绘将他的作品与民间艺术联系起来，在他创作的这段时期，观者和评论家都把他看作内在的美国人。

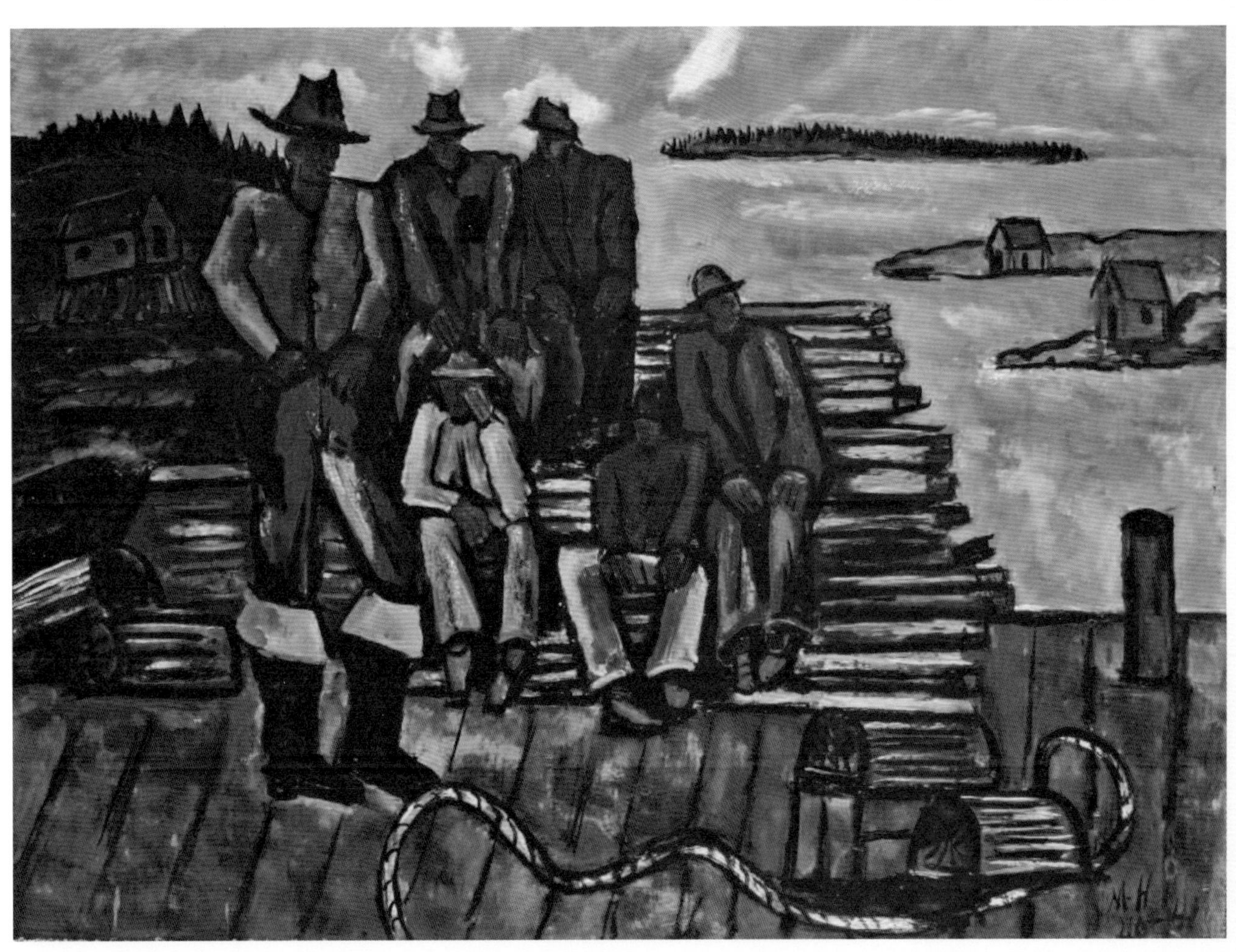

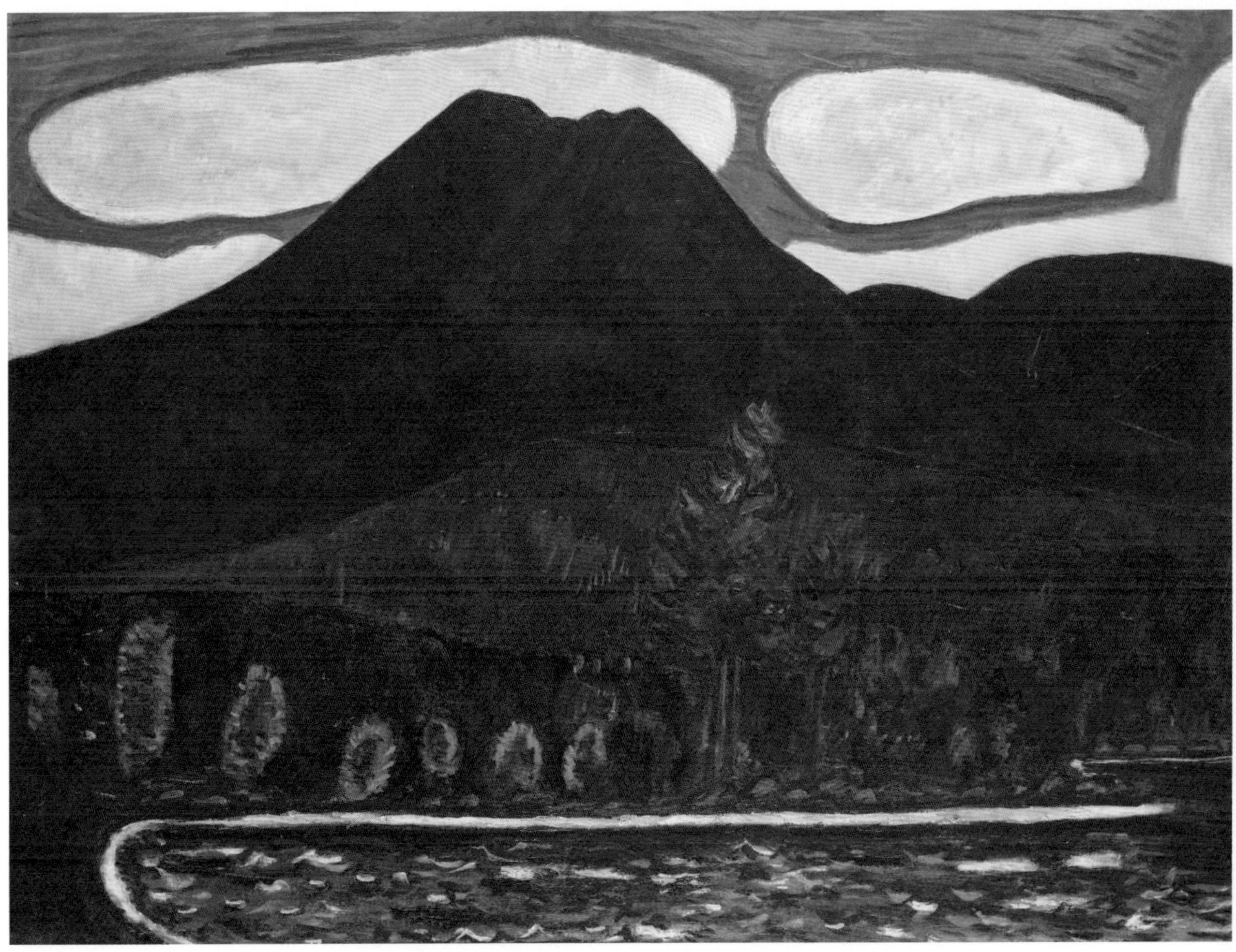

卡罗里 · 施内曼

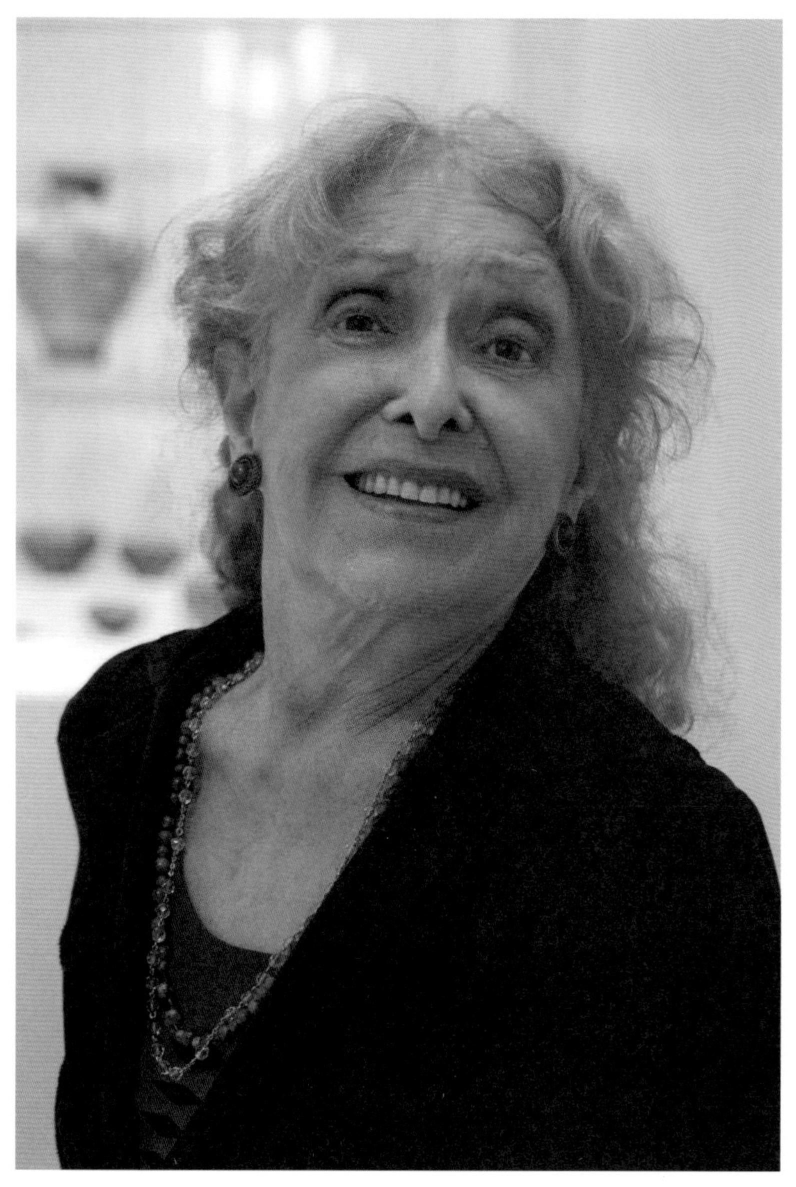

“它们具有流动感，就像相互连接的岛屿一样。这就是它们散发出的诗意。”

早期基克拉迪文明的人像让我很感动，而且让我着迷不已。对我们而言，这些人像意义非凡，因为它们提供了破坏古代田园文化、女神崇拜文化及传统的相关历史背景，直到现在，我们也无法将其复原。它们是具有象征意义的遗迹，与女性对自己身体的感觉有着深刻的生理联系。这些人像没有被传统地性别化，尽管它们都具有轮廓清晰的外阴。

对我来说，重要的是尝试去模仿它们的姿势和交叠的手臂，进而了解这些刻画。它们的姿势看起来极其虔诚，是沉思的、克制的，也是非常平和的。这些小巧的人像很多都与怀孕、生育及死亡有关。它们都有可爱又简单的乳房，仪态简洁又优雅——整齐的腿和细长的脖子形成了有趣的生殖器形状。其中一些人像似乎想要保护自己，双手环抱着身体，你可以感觉到这种姿势传递出的不适感。

我对身体的这些方面深表认同。在这些作品身上，我没有感到任何男性化的构建，我猜测这些人像都是女人雕刻的。直到古希腊人和他们充满阳刚之气的神祇入侵基克拉迪群岛之后，这些手臂才张开。它们的微妙之处——以及它们的安全感——已经完全被改变了。

这些雕像很有触感，也很有立体感，这能让我们想象将手放在它们周围或表面。它们具有流动感，就像相互连接的岛屿一样。这就是它们散发出的诗意。

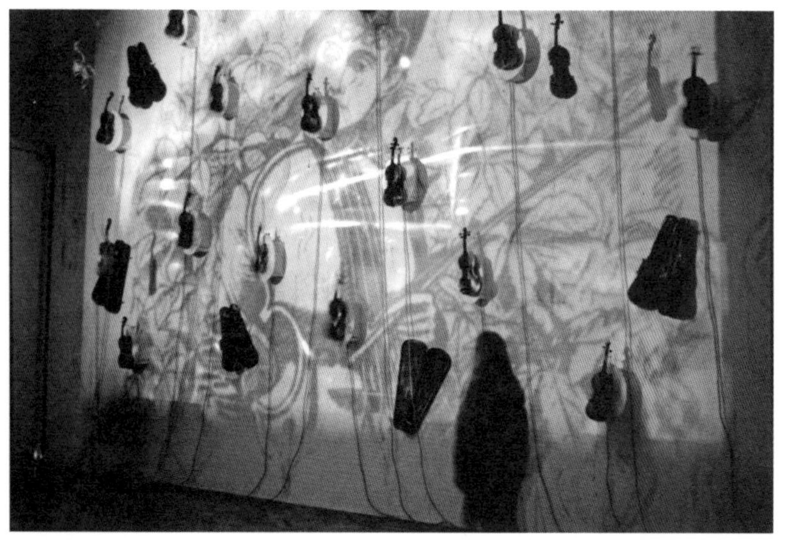

卡罗里 · 施内曼，《基克拉迪印记》，1991—1993 年 ←

被认为由大师巴斯蒂斯创作，《大理石女像》，公元前 2600 年—公元前 2400 年 →

基克拉迪大理石雕像刻画的大多是女性，它们的功能尚不明晰，很可能与生育有关。制作时，它们被设计成水平放置，而不是垂直站立。雕刻家对易碎石料的把控非同寻常，还有大量的证据表明，这些雕像曾被上色。重复的比例系统和雕刻细节能让大家识别不同艺术家的特点。

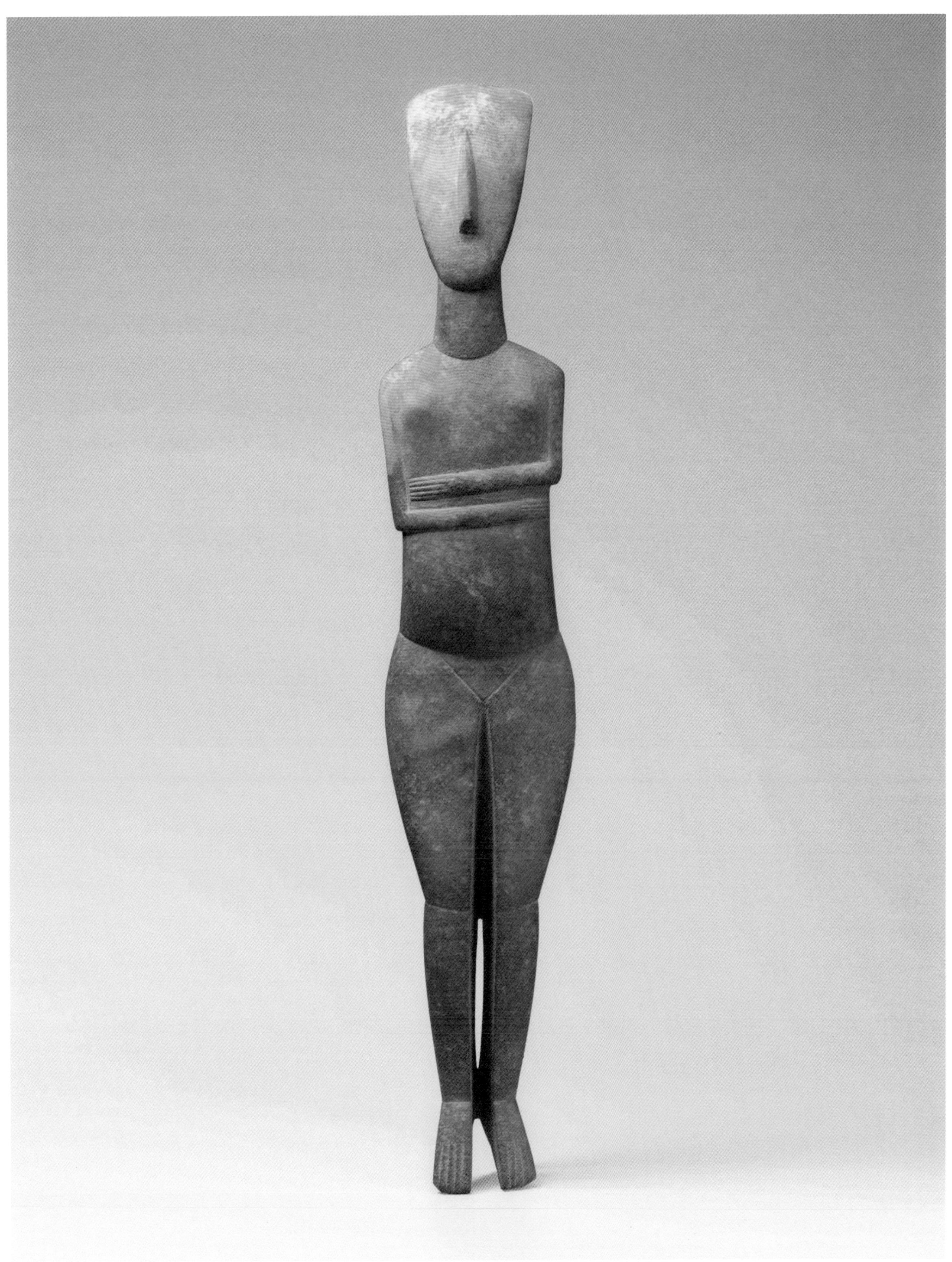

达娜·舒兹

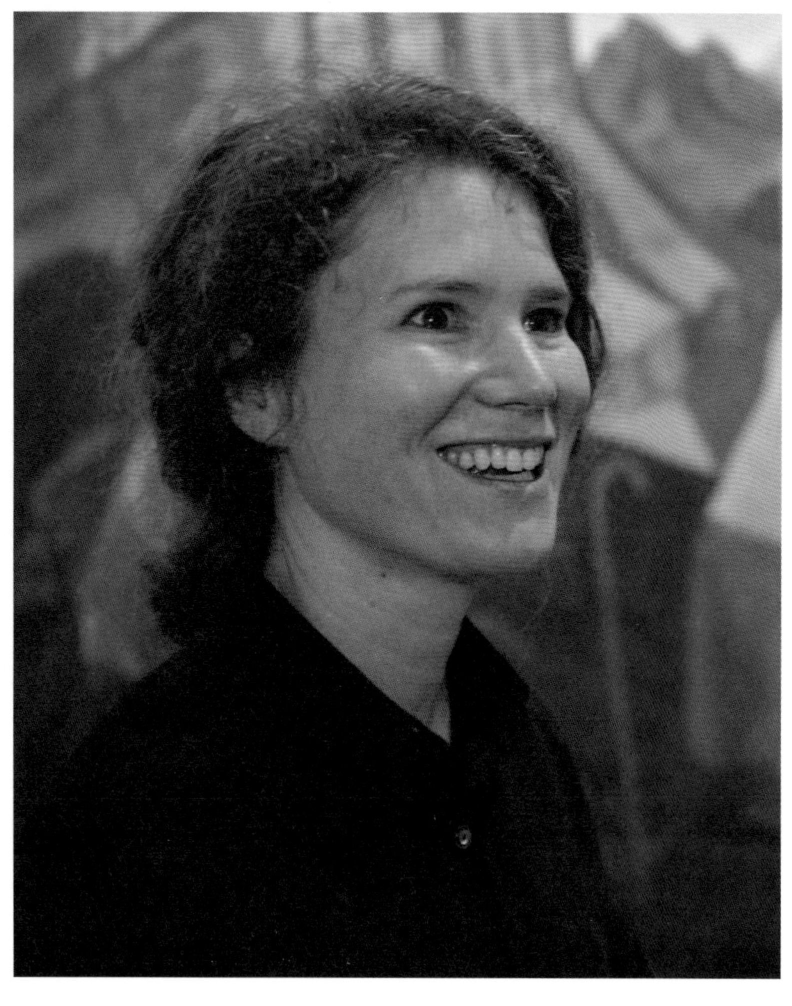

“有时，你实际上可以从自己不喜欢的作品里学到更多。”

我主要描绘假定环境中的想象类主题。巴尔蒂斯的《大山》是我经常想到的一幅画。它不是那种能让你一见钟情的作品，因为它看起来非常僵硬，平淡无奇。但是，你看得越久，就越觉得它精神错乱。

这幅画的大尺寸及其蕴含的恐惧感令我震惊。画中的风景非常辽阔，感觉正处于太阳下山的时刻，里面的人物可能都会死在那里，让人感觉很不祥。另一处让人感到恐惧的是，那个看起来像是死了或被击倒在地的人是否预示着其他人也会有相同的遭遇？你完全无法判断。背景里的人物则完全脱离了前面的场景。

风景画的有趣之处在于，时间如何在前景、中景和背景之间产生不同的作用。如果你远观作品，就能看出巴尔蒂斯精心进行了一番布置，而你越往后退，就离过去越近。但是，这幅画里有一个瞬间，时间变得完全不受束缚。

巴尔蒂斯通常使用光线来揭示主题或唤起羞耻感和判断。在这幅画中，光线更多与欲望相关，它的作用是将这些相互分离的人物捆绑在一起。绘画中的全部象征性叙事都是在光线下发生的。背景中有一对夫妇，他们表现出一种亲密的关系，中景里的男人想要前景里的那个女人，但却无法接近她。

并非每一幅画都是叙事性的，但你会在意真正的叙事性作品里发生的一切。你想知道这些人物身上发生了什么。这很罕见，因为叙事并不是绘画的强项。

对巴尔蒂斯而言，这幅画有点让人窒息的感觉，例如，人物像是被冻住了，画里好像遗漏了一些信息，少了些什么东西——这些都加强了画面的张力。

巴尔蒂斯很特别的一点就是，他的作品让人觉得毛骨悚然。刚看到这幅画的时候，你的反应可能是：“哦，它挺朴素。”但是，看得越久，不知道怎么回事，你就会变得非常不舒服。在这幅画里，背景中的山看起来像乳房，还有一块大岩石，看起来像奇怪又扭曲的阴茎。在巴尔蒂斯的作品中，你感觉自己像进入了他的脑袋。无论喜欢与否，你都将以画家本人的视角融入作品里正在发生的一切。这真的很有趣。

在大都会艺术博物馆的馆藏里，这绝对不是我最喜欢的一幅画，起码，从长远来看它不是。但是，有时，你实际上可以从自己不喜欢的作品里学到更多。

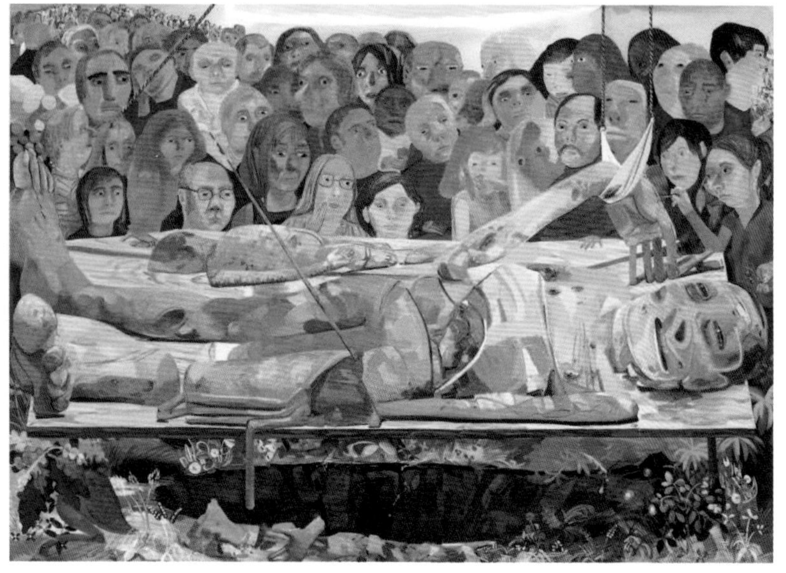

达娜·舒兹，《展示》，2005 年 ←

巴尔蒂斯（巴尔塔扎·克洛索夫斯基），《大山》，1937 年 →

巴尔蒂斯在自己简陋的巴黎工作室里进行创作，他在这幅巨大的画布上描绘了瑞士贝阿滕贝格附近的尼德峰的开阔景观，想象着要逃离拥挤的城市。7 人组成的远足小队一起探索了这片多山的高地，但这些人却被奇怪地分隔开来，这是巴尔蒂斯作品的一贯特征。《大山》让人想起了夏天的生活，它是画家放弃的 4 幅表现四季的作品之一。

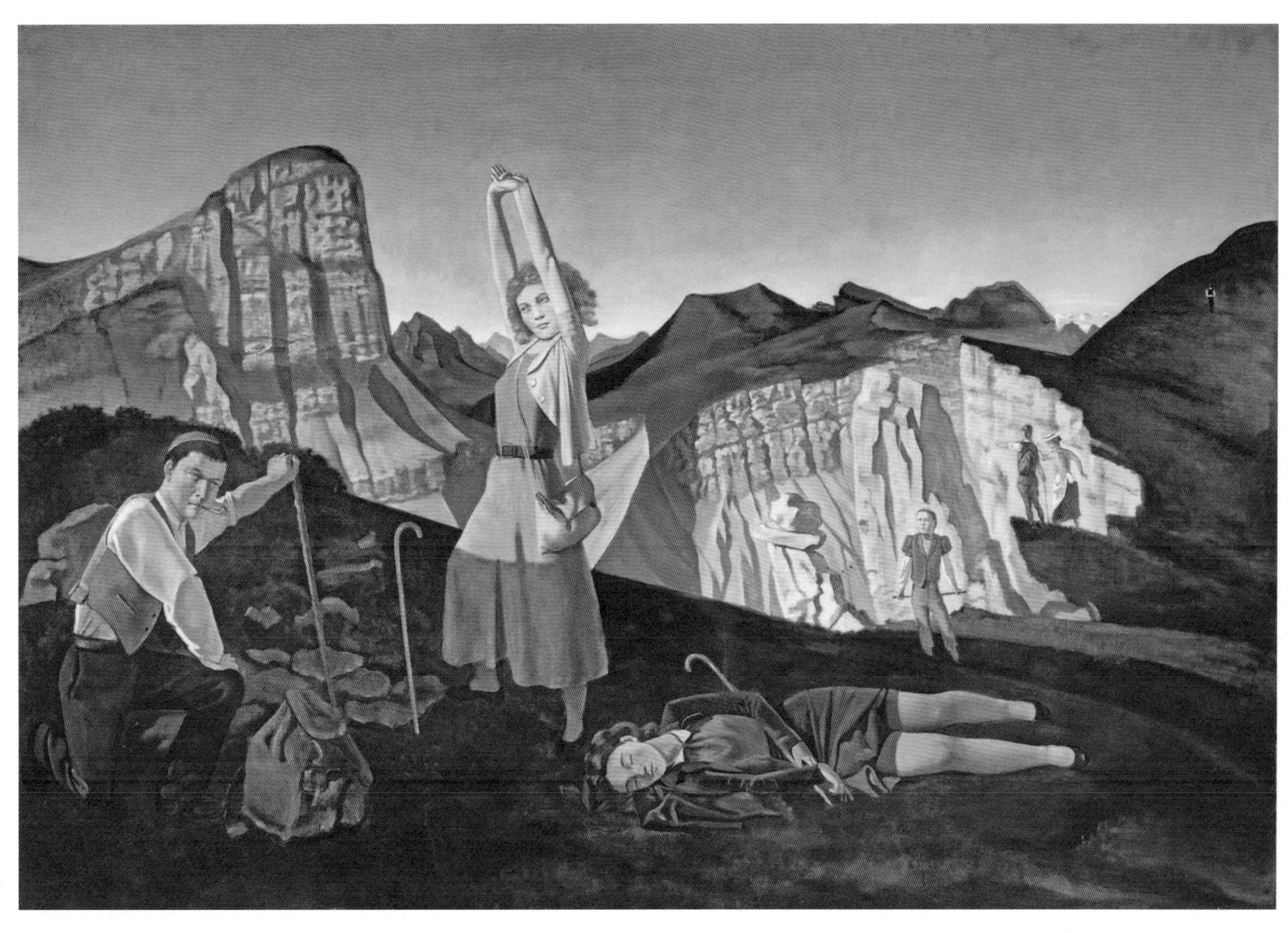

阿琳·舍切特

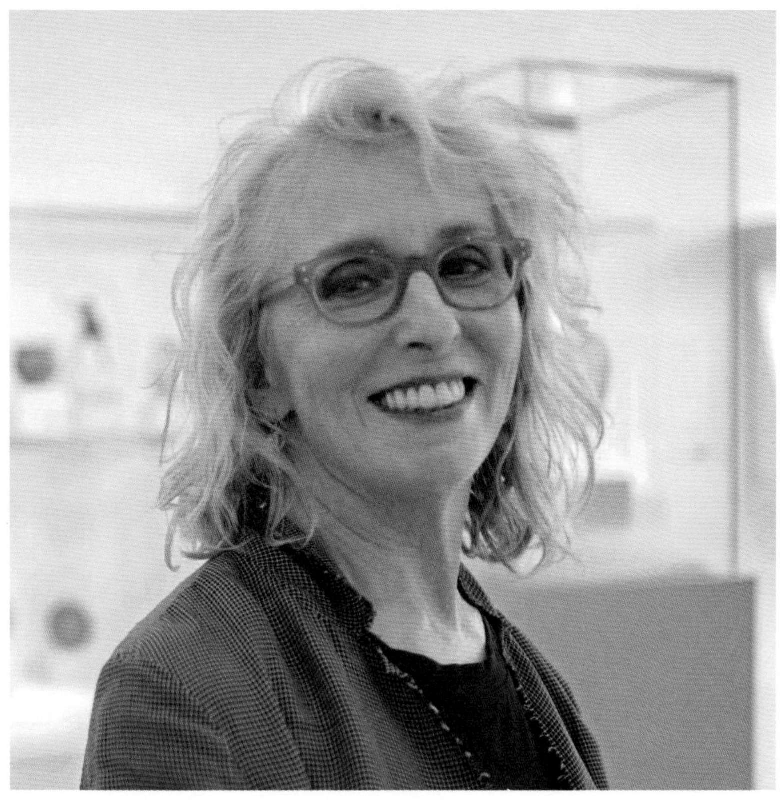

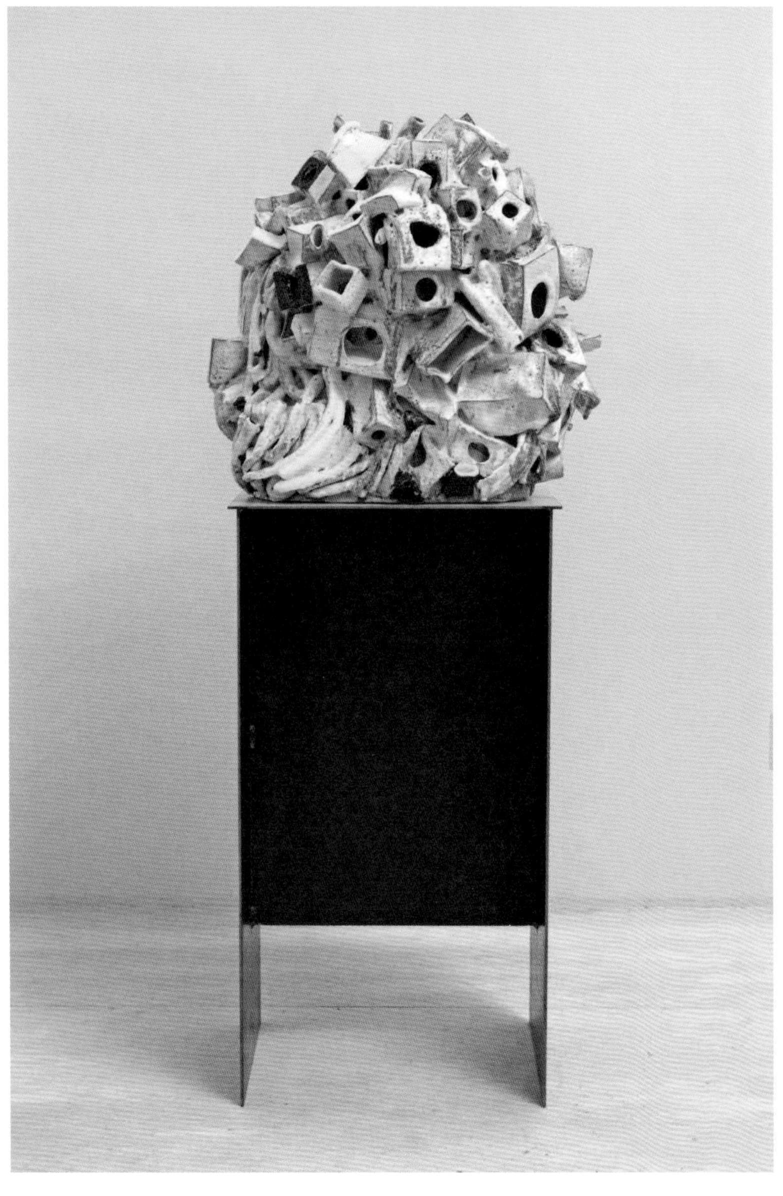

“当艺术家爱上一件作品时，这种爱会跨越时间。数千年后，我们仍然可以感受到这份爱。”

上艺校时，我会去图书馆看书，我读的都是那些散放在桌子上、没有被放回书架的书。所以，自然而然地，我最喜欢在大都会艺术博物馆做的事情就是毫无目的地瞎晃荡，感觉像是在大自然里一样：大都会艺术博物馆就是茫茫旷野，我可以时不时地弯腰闻一闻花香。

这十五年到二十年间，我来来回回看这件作品不知道看了多少遍。第一次看到它时，作为一件完美的小型雕塑，它深深地吸引了我。制作小型雕塑比制作大型雕塑要难得多，因为小型雕塑的容错率太低——每一个小小的手势，甚至每一个小小的褶皱都至关重要。

我觉得雕塑和舞蹈是相互贯通的实践。一位雕塑家也是一位编舞者，雕塑的创作全部围绕着身体。例如，当一件雕塑是倾斜的，观者会感觉自己的身体也跟着它倾斜了。作品中的这位舞者正在转身，迫使你绕着它走。当你绕着它移动时，会看到它身上的织物勾勒出的线条。雕塑的正面和背面没有什么层次上的差别，没有让人觉得哪一面比其他面更好。但无论如何，我们仍然将它理解为一个单一的形式。

雕塑的重量感朝着裙子底部的单一方向，但她的脚尖并没有着地。如果你把它看作一件怪异的雕塑，那么它可真是一个很棒的装置。棒极了！这样的设计赋予它情感，如果脚尖着地的话，这种情感就没有了。如果不是衣服的褶皱支撑着这位舞者，她将无法抬起她的脚，那么，这件作品也就没那么诱人了。

舞者的姿势在对你说：“快来！”但又在警告你：“别靠近我！我正忙着呢。”她掌控着一切，炫耀着女性的权力，表明自己并非唾手可得。虽然她的身高只有约 20 厘米，但她与那些身披剥下来的狮子皮、身高两三米、大理石质地的男人们发挥着同样的作用。别忘了，这个女人只是穿着正常的衣服而已。

最初的雕塑可能先用石膏或黏土刻成，然后再用青铜铸造。额外的青铜铸造过程表明了这件作品的珍贵。这里有值得赞美的东西，而且还是一个女人。

这件作品看得我直起鸡皮疙瘩，因为感觉太真——当艺术家爱上一件作品时，这种爱会跨越时间。数千年后，我们仍然可以感受到这份爱。

阿琳·舍切特，《眼见为实》，2015 年 ←

一个蒙面舞者的青铜小雕像，约公元前 3 世纪—公元前 2 世纪 →

这位希腊风格舞者的复杂动作仅通过身体与几层衣服之间的相互作用就得以刻画出来。她穿着轻质斗篷，底衫层层叠叠地拖垂在身后，由于右臂、左手和右腿施加的压力，她的头部和身体呈绷紧状态。可以确定的是，这个人绝对是专业的演艺人员之一，这些演艺人员由哑剧演员和舞蹈演员组成，在古代，亚历山大这座国际大都市因此而遐迩闻名。

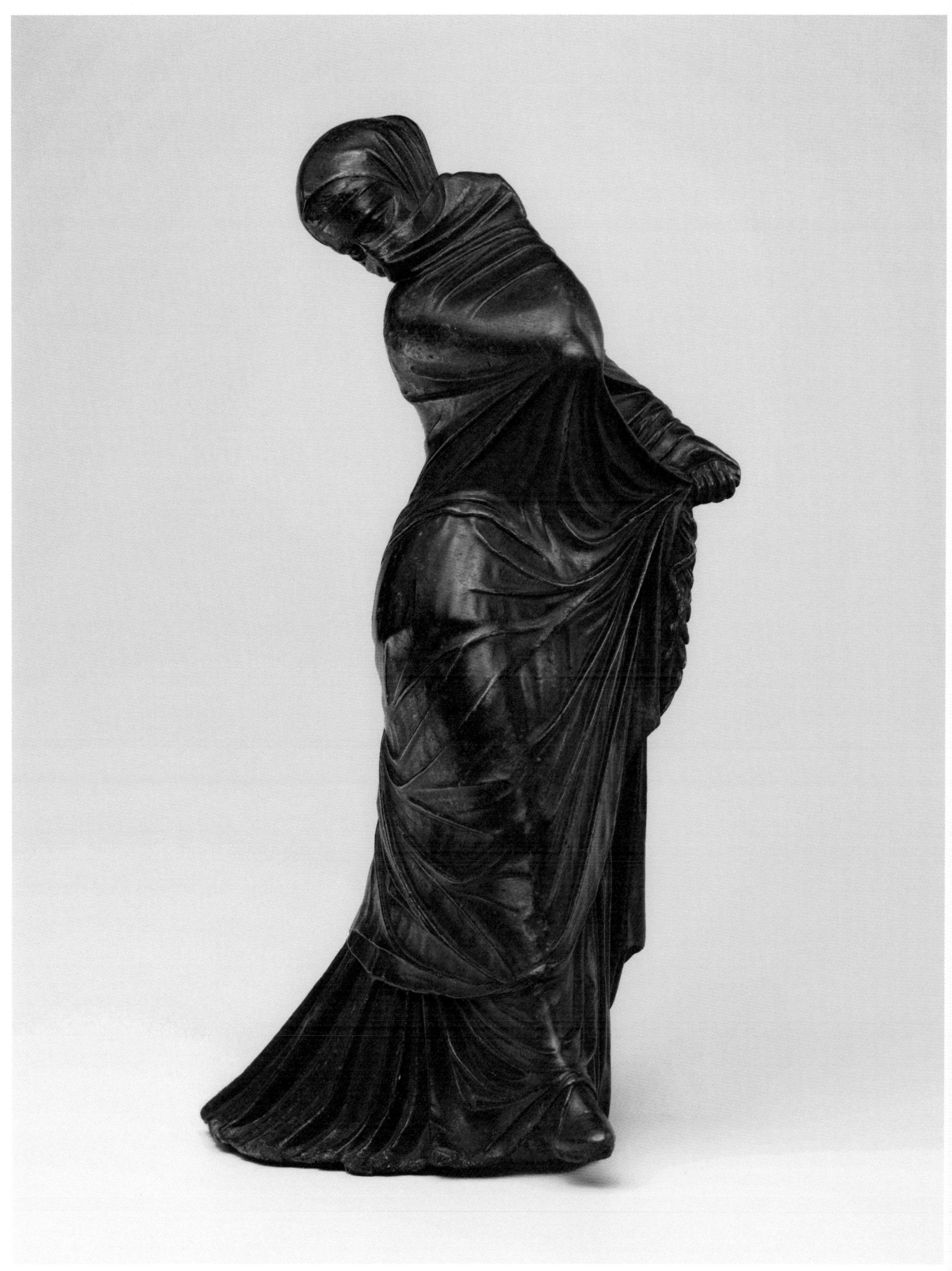

詹姆斯 · 锡耶纳

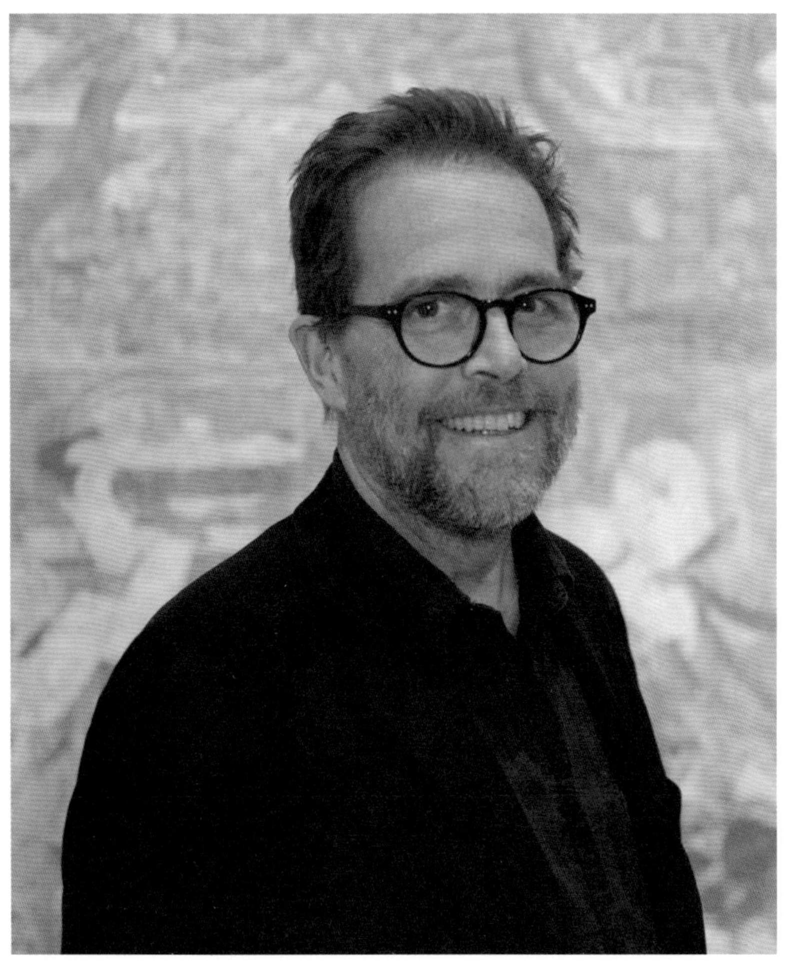

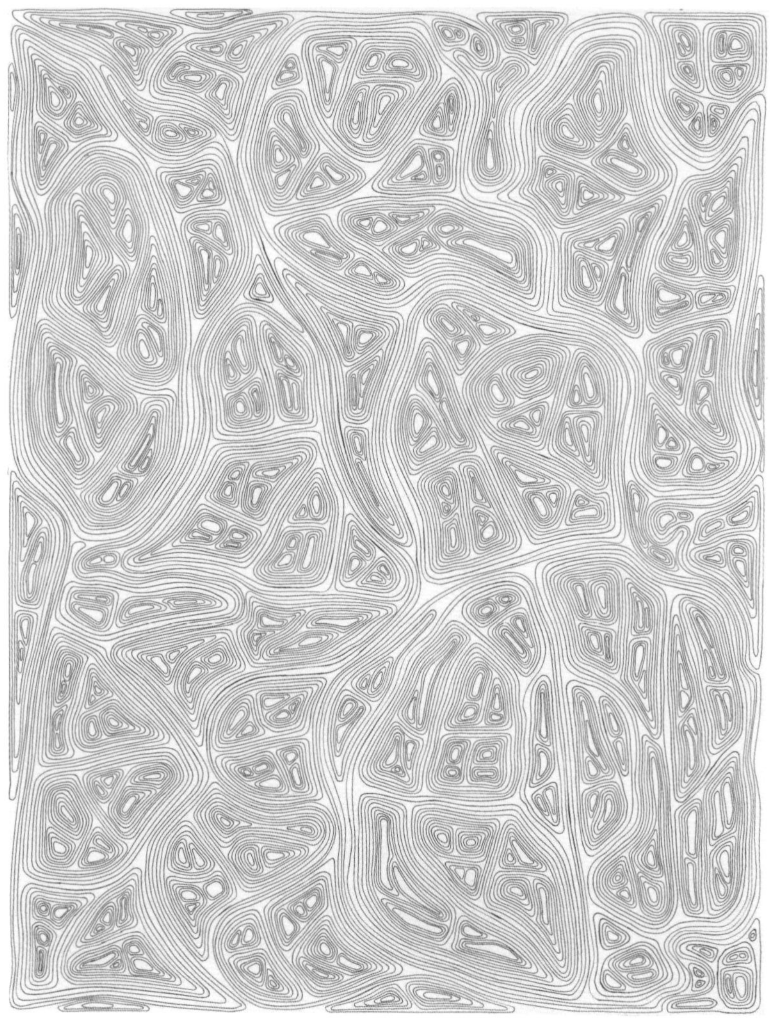

“艺术可以成为时光机。拥有这样一种对过去的直接体验非常令人感动。让人觉得过去并没有那么遥远。”

当我还是一个年轻的艺术家、一个小混混的时候，我觉得杰克逊·波洛克的画太大了——它们占的地儿真多。但是，即使是那些作品，也没有哪一件的尺寸敢跟这幅壁画相比。我自己的作品尺寸都很小，连尺寸最大的作品也是小小的，跟它相比，我的画简直只有邮票那么大。这幅壁画盖过了当代艺术界那些装腔作势的作品。这尊“佛”背后的野心是巨大的，而我们今天认为这理所当然，因为它是宗教题材。这幅壁画原本属于一座庙宇，有特殊的功能，你会发现，要理解它，就必须将其拆解再组装回去。感觉好像走了很长一段路，不仅是中国到纽约的地理距离，而且是时间的距离。艺术可以成为时光机。拥有这样一种对过去的直接体验非常令人感动。让人觉得过去并没有那么遥远。

这幅画的构图非常壮观，因此你真的无法一眼看完整个场景。你能看出其中一些人物和中间药师佛之间的关系。它在挑衅观者，要他们认认真真地观看。

不同人物的不同比例令人惊叹。从视平线上看，这些人物是真人大小，但随着你将视线上移，那些人物看起来会越来越大。无论是谁绘制了这幅作品，他的意图都相当明显，那就是让你觉得自己是它的一部分。

这些人物的面部表情令我感动不已，他们的目光平静而克制。镇定的表情会对观者产生生理上的影响：你的心律会减慢，或许还有别的什么反应。我认为自己不算一个信仰神灵的人，倒不是因为犬儒主义或其他原因，我可能只是不怎么相信神灵的存在，但这件作品的创作者们确实相信神灵的存在，他们因此更加强大。我希望自己可以感觉到这些吗？有时候我真的愿意，但如果我信了，我就不再是我了。我是个世俗的人文主义者：我笃信科学，并且我认为，存在的各种奥秘和任何基于信仰的世界观一样令人着迷。

就这幅壁画而言，背景的改变起了作用。什么是博物馆？博物馆是人类生存状况的庙宇。对我而言，这是我能抵达的离神灵最近的地方。

观摩一件作品并反复查看它是一种重要的观察方式，也是我生活的目标之一。每次我看这幅作品时，我都会看到一些新的东西。但你知道吗？我变了。我也穿越了时空。

詹姆斯 · 锡耶纳，*Squa Tront*，2005—2010 年 ←

《药师佛佛会图》（含细部），约 1319 年 →

身体和精神疗法在佛教传播到整个亚洲的过程中发挥了重要作用。在这幅壁画中，医学之佛（药师佛）正在参加一场相关神佛的大型聚会，其中有两个坐着的菩萨，他们手持太阳和月亮的象征物，12 名药叉大将分列两侧，每边 6 名，象征着佛陀发誓要帮助他人。强健且正面的人物形象和浅浅的空间结构是朱好古作品的显著特征，此人活跃于 14 世纪初。

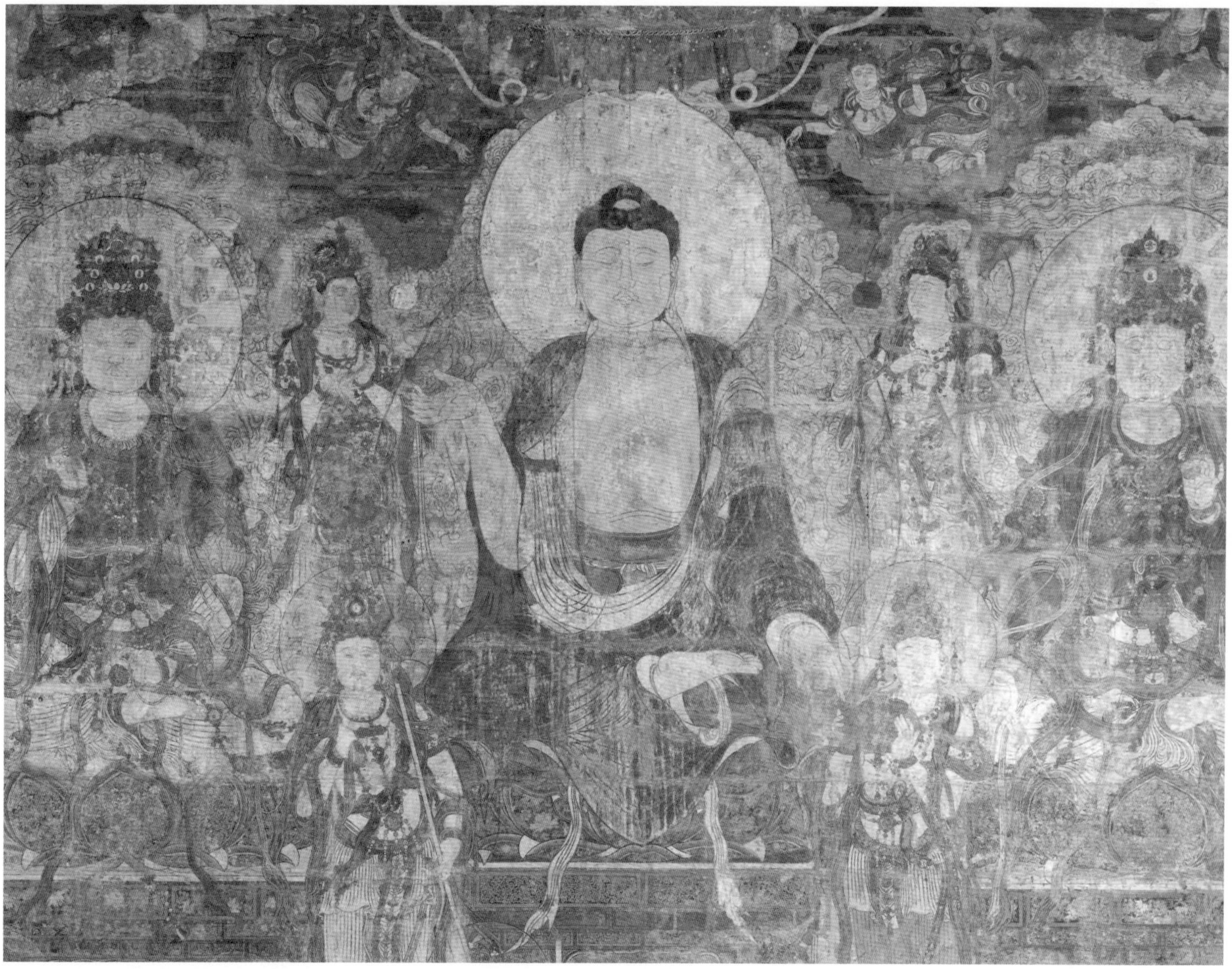

《药师佛佛会图》

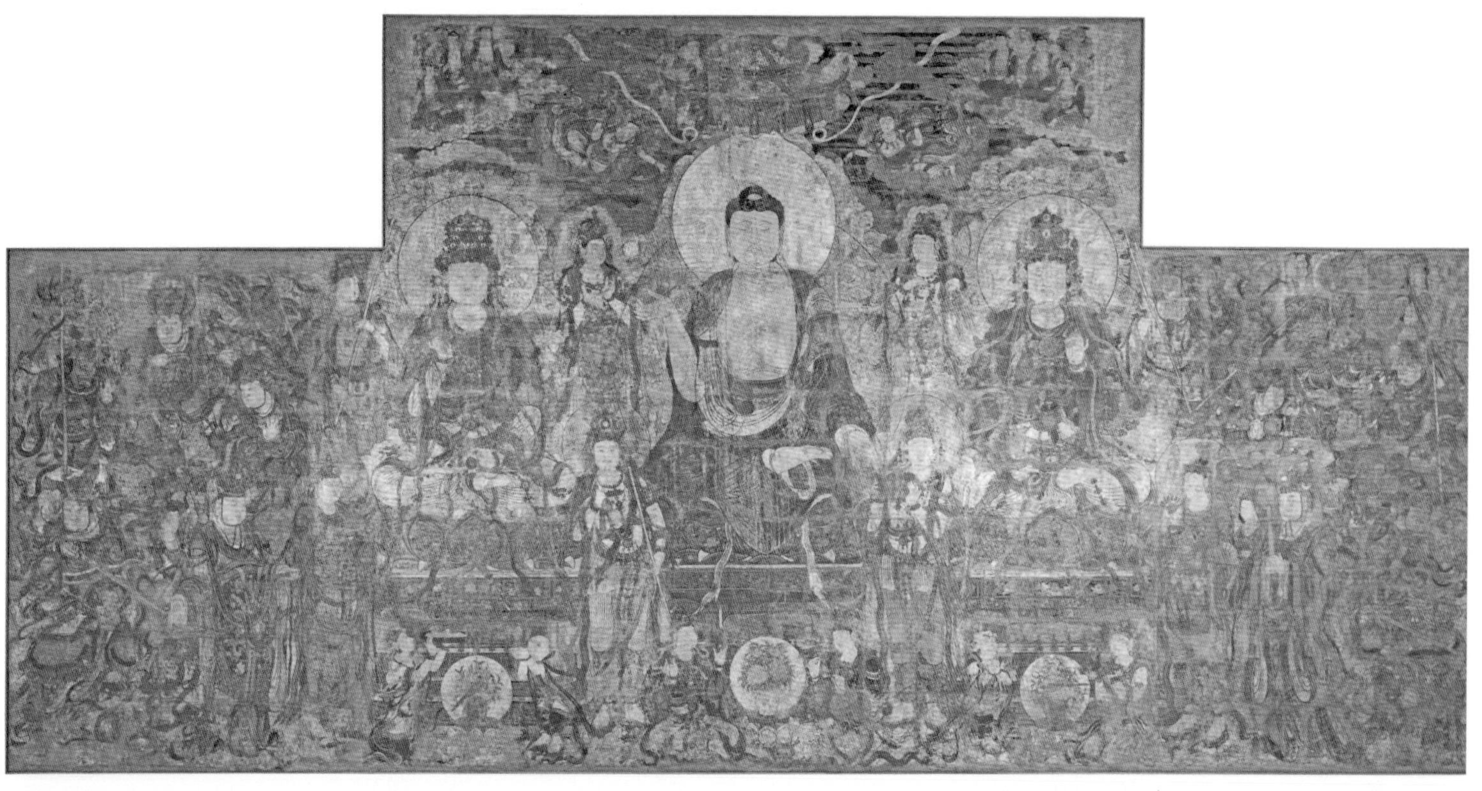

卡特琳·西于尔扎多蒂

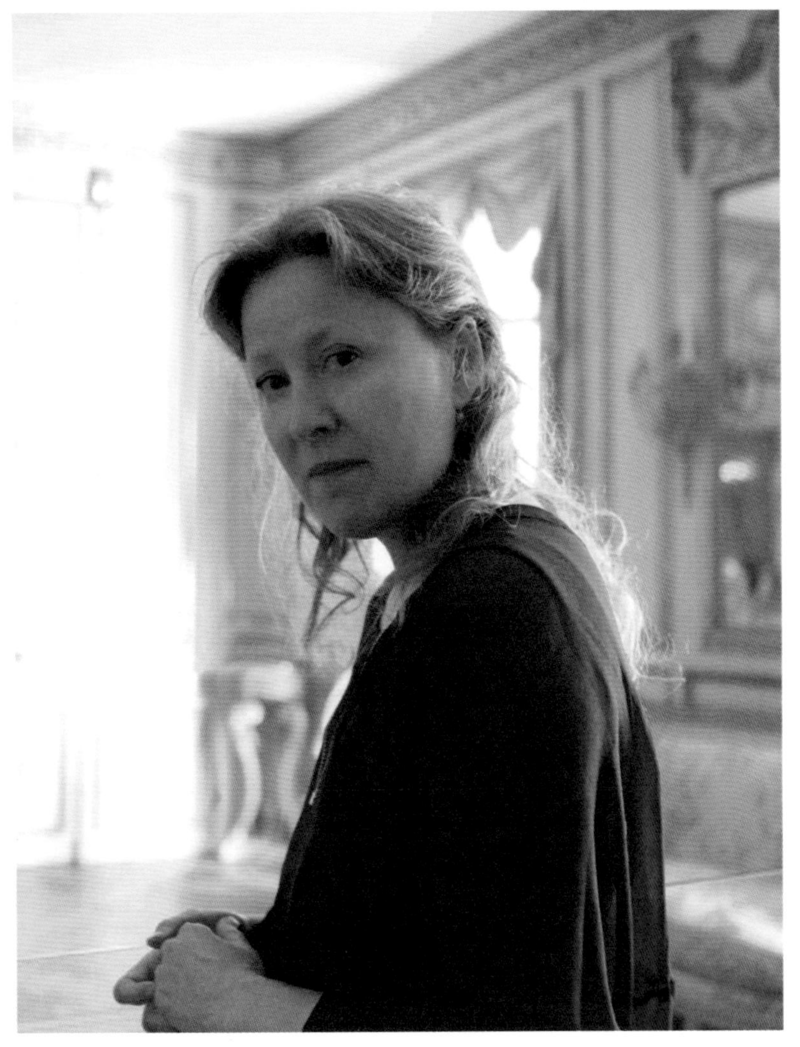

“你可以在它身上灌注你的幻想，它就像一个充满想象和回忆的小隔间。”

我制作雕塑。多年来，我一直对雕塑中的分割和隔断很感兴趣。我的作品在功能上非常像拼图，这正是我对时代展室感兴趣的地方。它最初被分区设计，每部分——镶嵌板、家具、窗帘、固定装置、地毯——由不同的工匠制作，然后再将它们集合到一起，共同呈现房间设计师和居住者的生活。就像博物馆收集入藏的每件作品一样，这些物件被重新组合在一起，以纪念它们原有的功能。

人们可以看出这个房间曾经的面貌和现在的面貌有多大的区别。它最初是出于非常私人的功能性目的而设计的，并非供人参观的展室。

博物馆陈列是一种深度的公共体验，而时代展室则意味着一种更私密、更具体的体验。访客被允许进入一个非常私密的空间，这个空间可以容纳一两个人，就像真实尺寸的玩具屋一样。你可以在它身上灌注你的幻想，它就像一个充满想象和回忆的小隔间。当然，这种幻觉只有镶嵌板那么厚——它后面可不是法国这家酒店的墙，你不在格拉斯，不在巴黎，也不在 18 世纪。你在博物馆里。

简单地解构时代展室的理念并告诉你你的体验很不真实——我认为这样做没什么意思。这不是我创作的目的。我们通过主流文化解读历史，而那正是得以保留下来的东西。太多历史告诉我们世界大部分地方曾经的生活是什么样子，只是如今，这些生活方式不复存在。

你可以说，时代展室的诱惑、浪漫或梦想是让你真实地穿越了时空。我认为，艺术的目的和必要性在于，我们能够更接近生活的真相，这个真相是无法通过普通的体验看见或构建的。

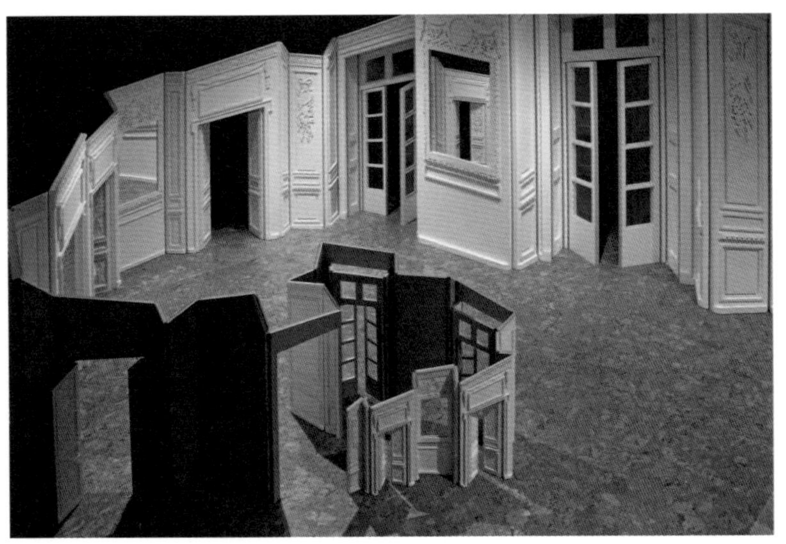

卡特琳·西于尔扎多蒂，《细木护壁板》，2010 年 ←

卡布里公馆的细木护壁板，格拉斯，法国，约 1774 年 →

这一套橡木镶板是卡布里侯爵让-保罗·德·克拉皮耶（Jean-Paul de Clapiers，1749—1813）和他的妻子路易斯·德·米拉波（Louise de Mirabeau，1752—1807）在巴黎为他们的新住所定制的。安装到位后，你会发现当年这些镶板装饰的墙壁比今天要小得多。最初，房间有 5 套双开门（现在减少到 4 套）和 5 面镜子（现在只有 3 面）。雕花的镀金木作和反射的玻璃镜面交错在一起，当时的和谐效果肯定让人惊艳不已。

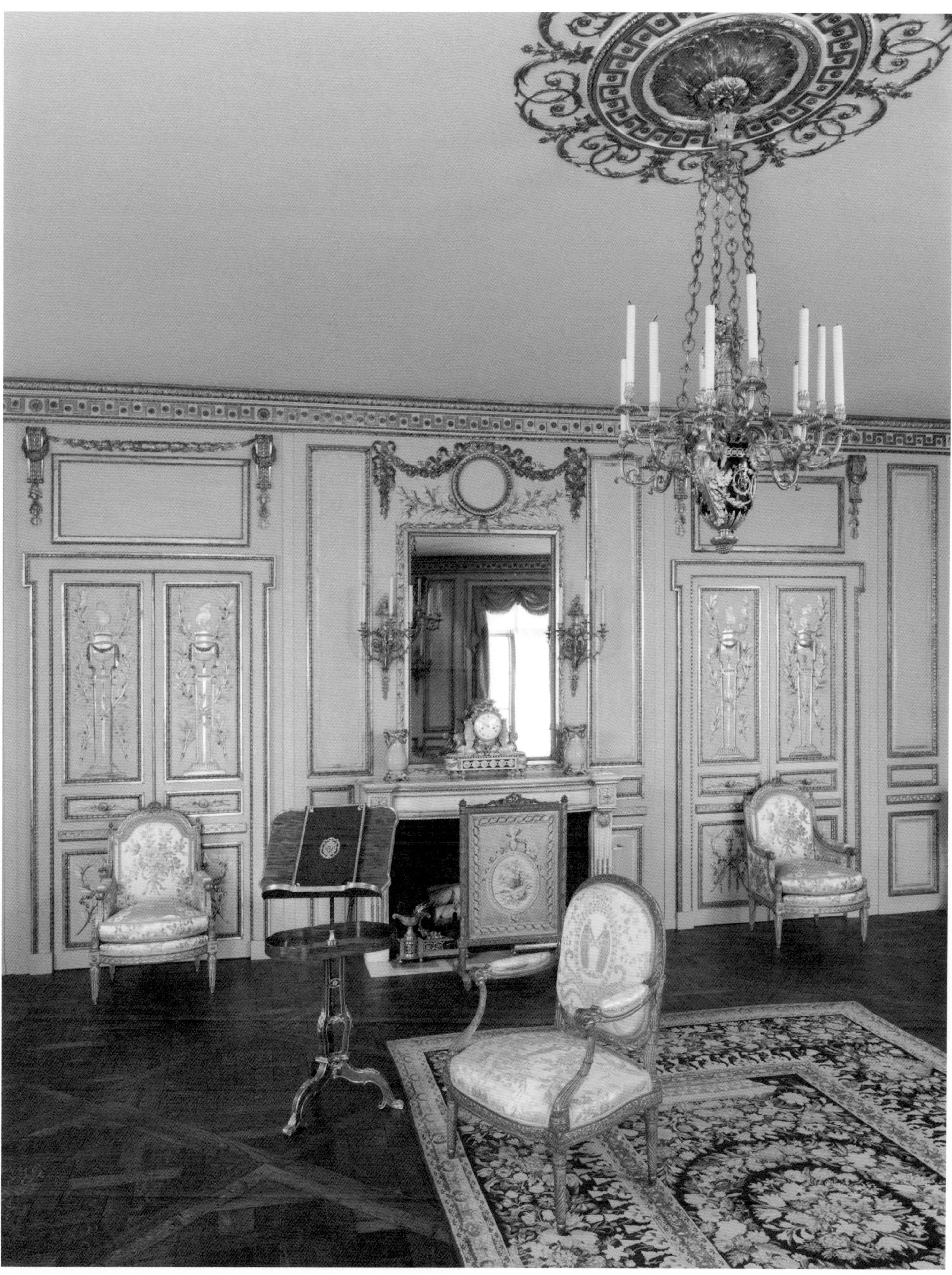

沙希亚 · 西坎德

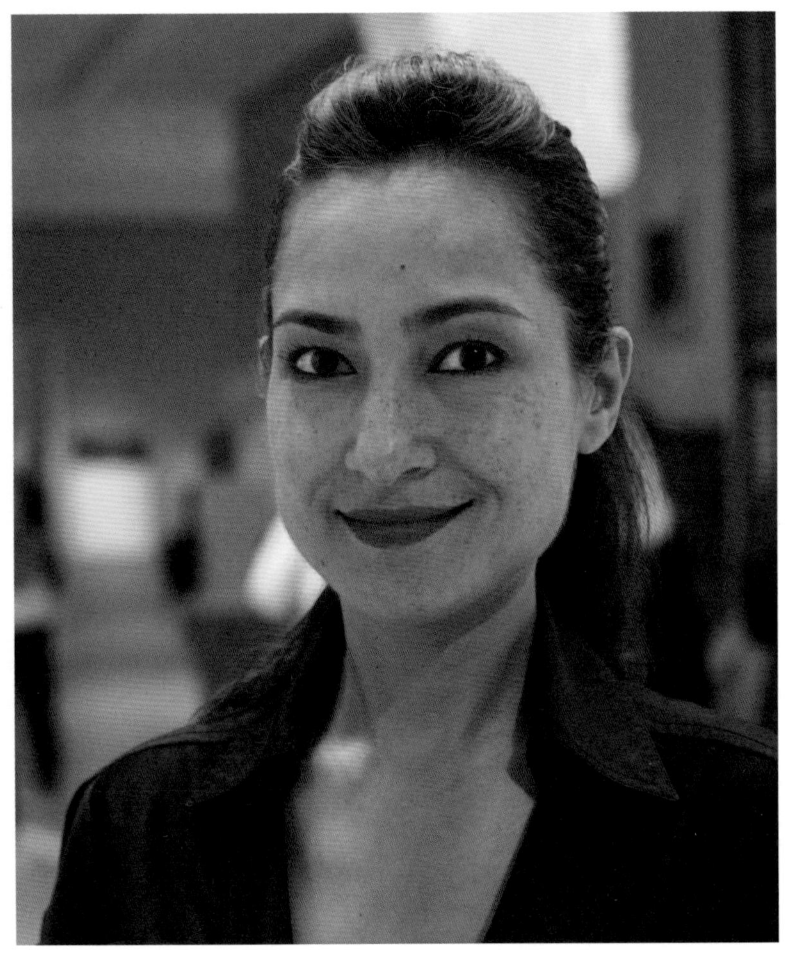

“五百年过去了，这幅画看起来依然这么鲜活。”

我与细密画有着很深的联系。十几岁的时候，我在巴基斯坦拉合尔学习细密画，在那里，我是个学徒，专门学习这种媒介的传统技术和手工艺。我的兴趣是了解所谓的传统类型的社会构建。为什么将它视为一种传统形式或一种特定的文化形式呢？

我研究印度细密画和波斯细密画的时候，细密画并不流行，因为它们主要是为游客消费而创作的，这一媒介承载着低级艺术与高级艺术、插画与美术、传统与前卫之间的对立。细密画真的不是很时髦。好极了！我正好不想要时髦——我只是想学点东西。那时候，我试图将我自己的关系投射到这一类型上。

彩色的对开页《莱拉和玛吉努上学》来自一本书，这本书为诗人尼扎米（Nizami）的一首关于莱拉和玛吉努的诗以及他们之间的爱情故事配了图。有很多诗歌和细密画都与莱拉和玛吉努之间的爱情史诗相关，因为个人故事和我们的联系最为紧密，它们吸引我们的注意，它们被重新讲述，它们留在我们的记忆里。

这幅画让我想到了一个有关艺术品来源的强势观点。原创是什么？面对媒介的挑战，艺术家要如何创作他们自己的浪漫爱情版本？

这一艺术类型需要遵循复杂的风格化规则：严谨、细节、小尺幅、堆叠透视、复杂的几何形状，还有色彩。“风格”变成了语言，然后这种语言再被传递给下一代细密画家。所有传统艺术家都必须学习字母、手法和技能，然后再依葫芦画瓢。

对我来说，这些密集的几何图案陷入了一种僵局，因为它们困住了一切。但当你用放大镜深入观察那些细节时，它们就打开了。细察，不一定要盯着作品看，你完全可以看出它的广阔。这件作品堪称宏大。

五百年过去了，这幅画看起来依然这么鲜活。我将它视为一幅穿越历史的地图。

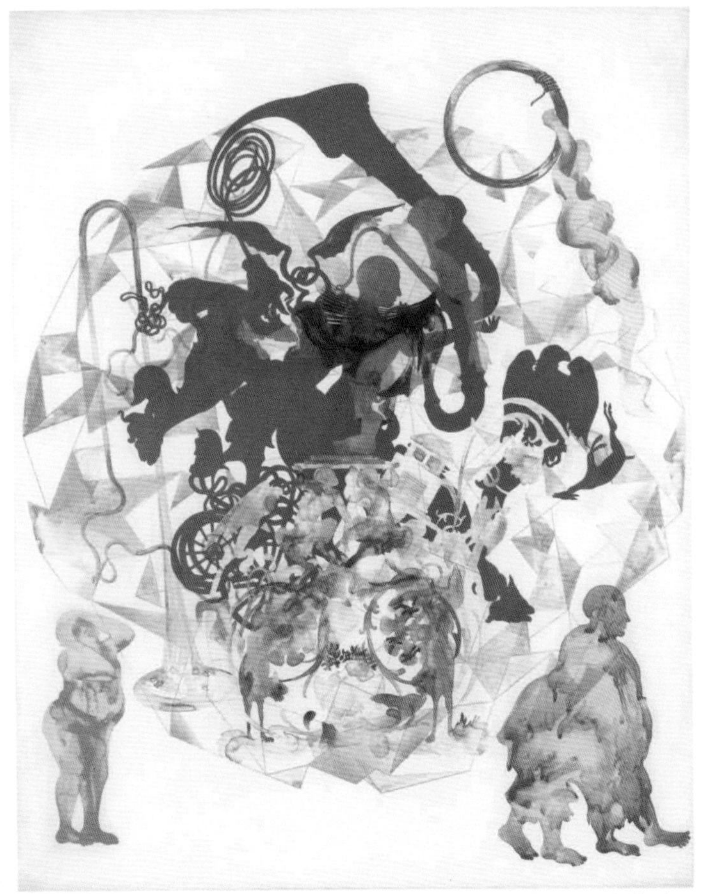

沙希亚 · 西坎德，《轨迹》，2012 年 ←

《莱拉和玛吉努上学》，对开页来自尼扎米的《五卷诗》，希吉拉纪元 931 年 / 约公元 1524—1525 年 →

尼扎米的《五卷诗》里最著名的故事之一就是莱拉和玛吉努的故事，他们俩就像命中注定没有好结果的罗密欧与朱丽叶。这张对开页描绘了莱拉和玛吉努两人在学校里相遇，然后一见钟情的场景。除了这对年轻的恋人之外，这幅画还非常详细地描绘了 16 世纪校园里的孩子们之间流行的活动——磨纸、练习书法和阅读各种书。尽管这个故事发生在阿拉伯，但背景中的建筑呈典型的波斯风格。

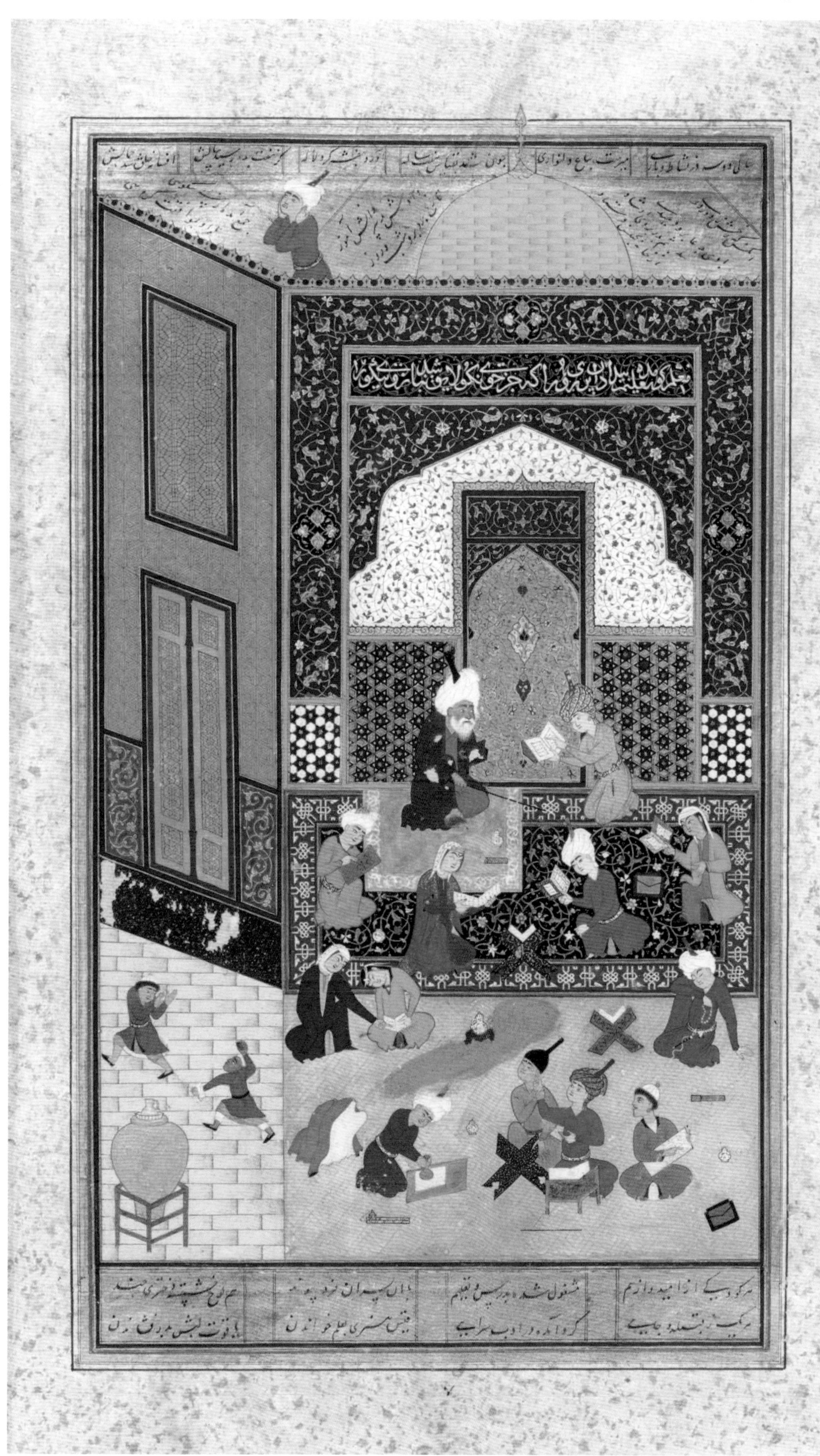

琼 · 斯奈德

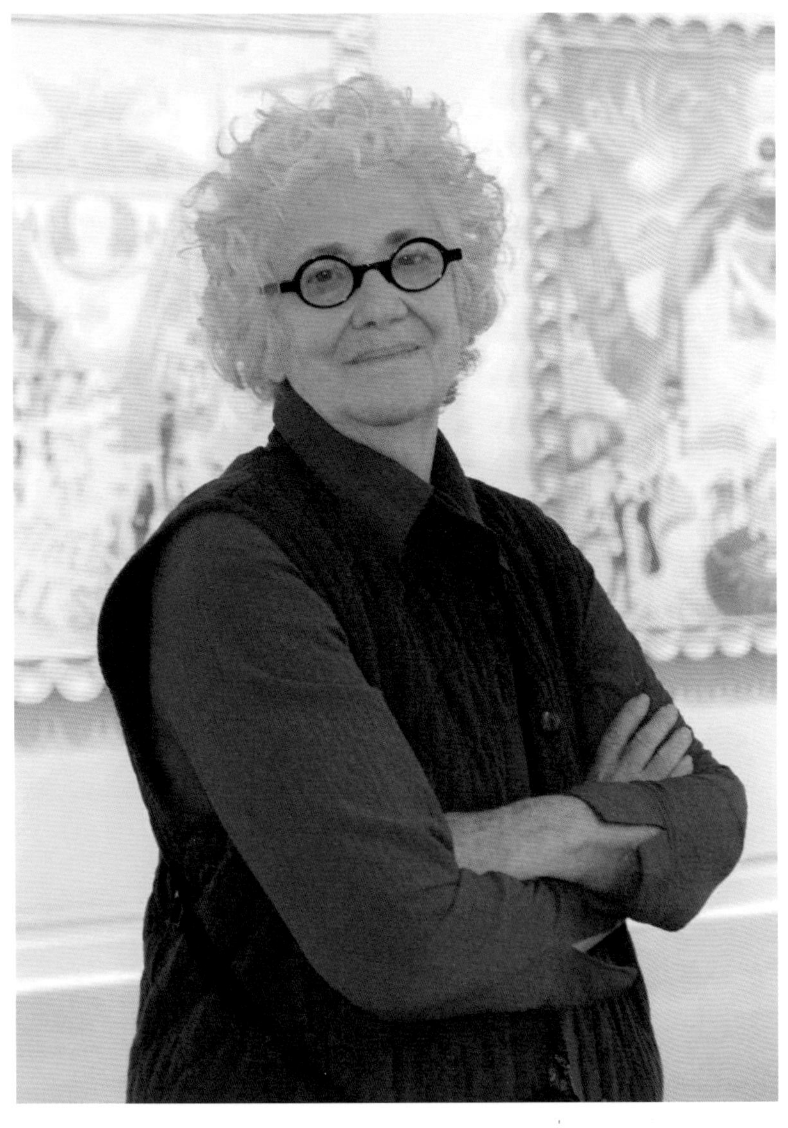

“她有一种电影般的敏感；她想讲出整个故事。”

我一直很喜欢弗洛琳 · 史提海莫（Florine Stettheimer）的作品。对我来说，这个女人这么富有，却创作了这些天真、漂亮、复杂的画，让我着迷不已。她并不想将自己的作品展示给任何人，而且她自己也是一个内向的人，这一点与大多数艺术家相反。在去世之前，她要求姐姐将她所有的画作烧毁，要不就把它们和她一起埋葬。幸运的是，她姐姐没有听她的话，所以我们才能看到她所有的作品。它们简直太美了！

她的 4 幅画——《艺术大教堂》《百老汇大教堂》《第五大道大教堂》和《华尔街大教堂》——经常放在一起展出，这些是她的代表作。

史提海莫属于“更多就更好”这一流派。她有一种电影般的敏感；她想讲出整个故事，像记者一样观察一切，再把它们放到画布上。

在《艺术大教堂》中，每个人物都有自己的态度：卫兵交叉着双臂站在那里，斜眼看着周围的一切，一脸怀疑；艺术经销商躺在躺椅上，舒服地搭着双腿；甚至还有记者，他头上顶着闪光灯，正跪在地上打字。史提海莫通过这些画作嘲笑了她生活的那个世界。她既是局内人，也是局外人。她在艺术界的日子很艰难。你知道，我们很多人都在艺术界经历过苦日子。艺术界是个非常难的地方。

爵士乐手查理 · 帕克（Charlie Parker）总是说，他花了很长时间才能像查理 · 帕克那样演奏。你努力、努力、再努力，最终才成为你自己。如此简单地画出这幅作品其实很难，但这就是史提海莫进入工作室时的样子。对于该怎么精致，该怎么胆大妄为，她其实做了很多选择。尽管她笔下的人物是扁平的，而且画得非常简单，但他们栩栩如生。

无论她使用的是深色、浅色、粉色或金色，画面上的颜色都非常精致。如果仔细观察，你会发现她先涂了厚厚的颜料，然后再在上面雕刻作画。她的画里还有字。当我在画里写字时，他们便称我为“女权主义者”——这词可不干净。史提海莫则不必为此担心，我敢肯定没人对她说过：“你是个女权主义者。你不能在你的画里写字。不要在那幅画里写下什么东西。”

但我认为，史提海莫具有女性特有的敏感，我们能从她的选色和叙事风格里感觉到。她把自己放在画里。那些画如此有个性，如此私密。这些都是我一直在绘画中使用的技巧。在 20 世纪 60 年代末和 70 年代初，这是年轻女性创作时的一种本能做法。当时我们说：“我们会按照自己的方式去做。”

琼 · 斯奈德，《心心心》，1975 年 ←

弗洛琳 · 史提海莫，《艺术大教堂》，1942 年 →

这是史提海莫 4 幅教堂系列作品之一——《艺术大教堂》。这 4 幅巨作描绘了纽约不同的经济机构、社会机构和文化机构，而《艺术大教堂》则是史提海莫为纽约艺术界所绘的奇幻肖像画。这幅画也是纽约三个重要博物馆及其馆长们所掌管的藏品的缩影：现代艺术博物馆（左上）、大都会艺术博物馆（中）和惠特尼美国艺术博物馆（右上）。大都会艺术博物馆的大楼梯周围聚集了包括史提海莫本人（右下）在内的艺术评论家、艺术经销商和摄影师。

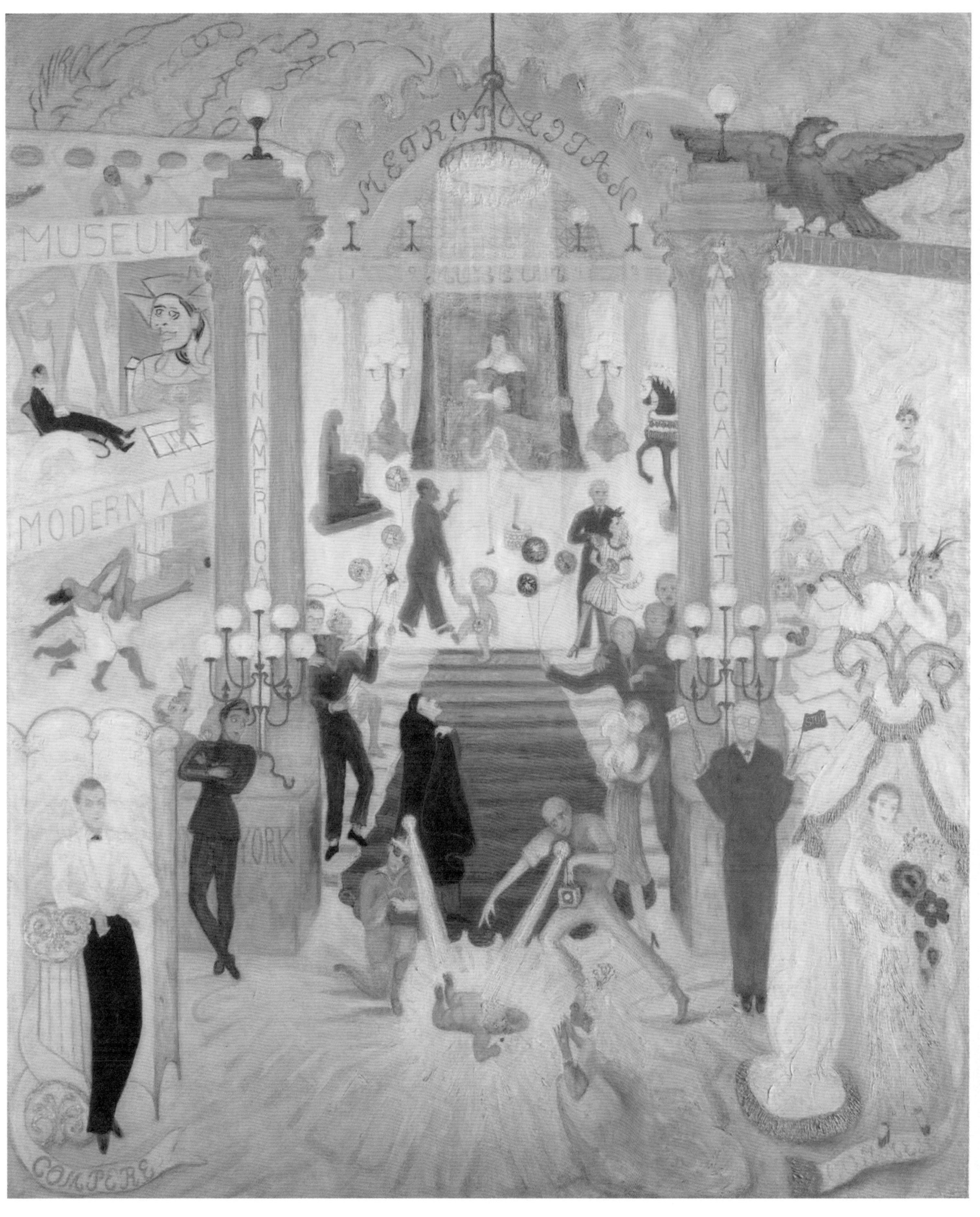
METROPOLITAN
MUSEUM
MODERN ART
ART IN AMERICA
AMERICAN ART
YORK
COMPERE

帕特·斯蒂尔

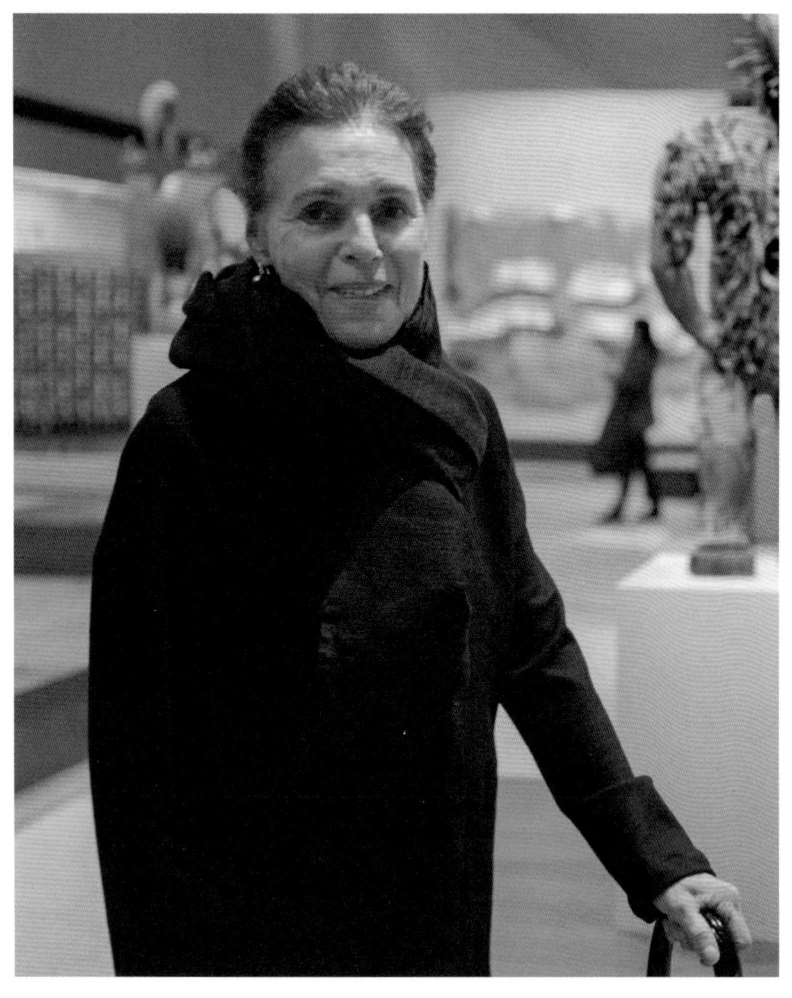

“我喜欢他身体残破的部分，犹如我喜欢那些完整的部分。”

在当今的艺术讨论中，没有任何关于灵魂或内心的东西。我们被禁止谈论这些，如果你要谈，就会被认定是软心肠的老东西。我可以说出那些让自己眼泪汪汪的艺术品，这件雕塑就是其中之一。这件能量像具有特殊的魔力，是某个人严格按照精神导师的指引制作的。只要我到大都会艺术博物馆来，我总会去看这件能量像。有一次我来博物馆的时候没有去看他，结果我摔了一跤，还把脚给扭伤了。我可没开玩笑，真的，他吓到我了。

显然，他是他们的头儿。插入他身体的钉子是能量的象征，不是痛苦的象征。当我第一次看到这件能量像时，我想：“天啊，他正在吸收所有人的痛苦！”这当然不是真的。他之所以被制造出来，是为了保护一个村庄。他呈防御状态，但也充满了攻击性。他冲那些想害自己村民的坏人们尖叫，他也冲宇宙尖叫。我们不知道这是不是艺术家做的决定，有可能那个精神导师说：“他必须这么站着，他必须抬起头来。”

从形式上看，这件能量像显得很雄辩，也显得很悲伤。他并不是在一个小村庄里——旁边的大个子正捶打着他的胸口——但现在他在博物馆里，正尽着自己最大的努力保卫周围来自不同时代和地区的新的家人们。他像一位退役的橄榄球运动员——他不再是以前的他，这是我爱他的原因，也是他打动人心的原因。

我喜欢他身体残破的部分，犹如我喜欢那些完整的部分。他曾被放在室外——从他被虫蛀的双脚就可以发现。他失去了装在肚子里的魔药，失去了它，他就失去了魔力。他表达了人性、人的欲望和人的努力。他失去了太多，这倒让他看起来充满了人性，像一个朋友——一个保护我家人、保护我、保护我艺术的朋友。

虽然这件能量像已经远离了最初创作的时间和地点，但他带着自己穿越了时光。一件达到了自己目的的艺术品会改变那个看到它的人——它让你变得更好。艺术不一定非要是具象的才能影响我。这件能量像通过自身的形象以及创作者的意图打动了我，因为他是艺术家内心的一部分——不仅仅是理性的那一部分。

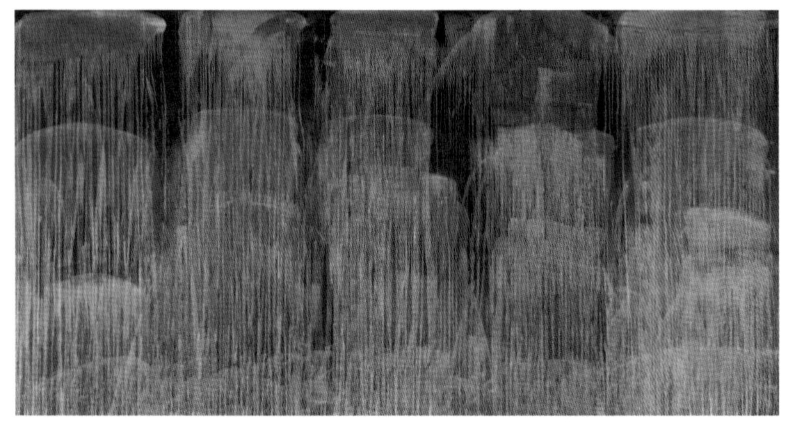

帕特·斯蒂尔，《16 帘梦幻瀑布，记忆与感伤》，1990 年 ←

能量像，19 世纪 →

中非能量像是刚果雕塑家和典仪专家共同创作的成果。人们认为，这些能量像拥有特殊的神秘力量。据传，图中所示的这件能量像出自一位大师的工坊，这位大师活跃于 19 世纪末的刚果和安哥拉沿海地区。该能量像的上半身非常健硕，上面嵌有各种不同的金属，记录了那些许下的誓言、签署的条约以及为消灭邪恶所做的努力。这一切证明了该雕像的核心作用——他既是自己所在族群重大事件的见证者，也是执行者。

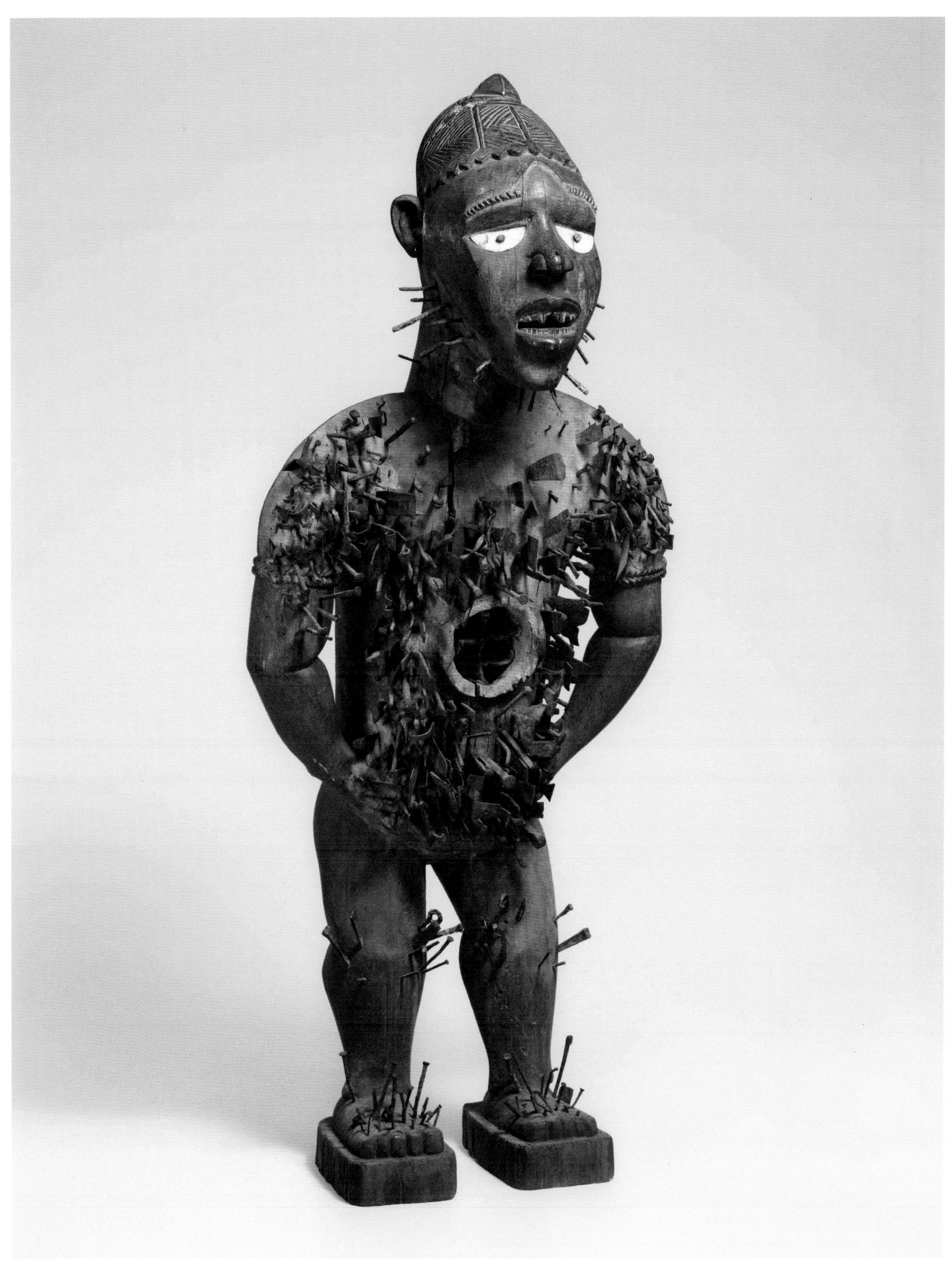

托马斯 · 斯特鲁斯

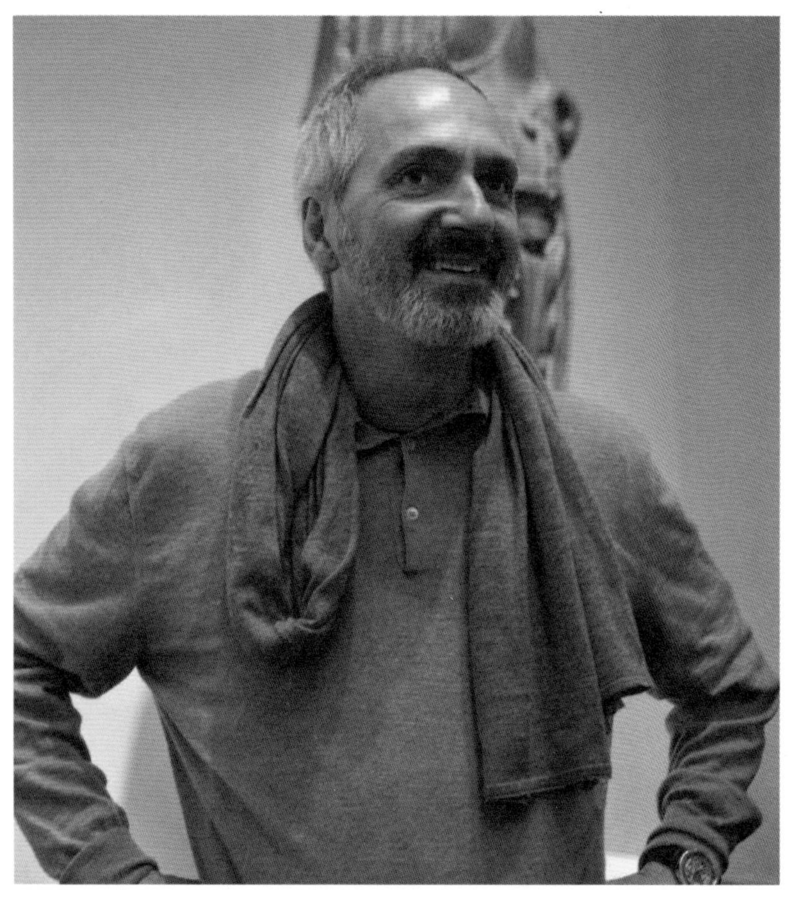

“你观看艺术品的时候，也在向内看，试图弄清楚它的含义。这件艺术品可以改变我的生活吗?”

曼哈顿就像一个梦想之城，人们有过的梦想都在这座城市的建筑之中。要在曼哈顿找到一个安静的地方并不容易，但中国佛像展厅犹如一片宁静的绿洲。你跟自己的观察握手言和。这些作品的陈列方式非常简单，有点像中国佛像的典型风格，展厅的每侧各有 5 件作品，分别排成一列，全都面朝正中央的空间，所以你可以用透视的方式观察它们。真是漂亮。

我在基督教家庭长大，即使现在我不再是基督徒，但我仍然对灵性着迷不已。对我而言，与十字架上的耶稣像相比，这些宁静的佛像更让我有认同感。文殊菩萨的凝视中有着瞬间的宁静：眼睑半张，略微下垂。他既向外看，也向内看。

每件雕像的塑造方式各有不同，解读雕刻家想要表达的内容非常有趣。一件看起来几乎像皇帝的脸，颇有威严感；另一件的表情极其温和，全部注意力向内集中；还有一件是个孩子，他微笑着，头转向一侧，似乎正在玩耍。

这些雕像几乎和真人大小一样，而且历史悠久，因此你可以说你看到的是人，年老而谦逊的人。我对谦逊这样的说法很感兴趣。如今的我们能做到谦逊吗?

这些作品是供寺庙使用的，它们是冥想的标志。冥想也可以发生在博物馆中。你观看艺术品的时候，也在向内看，试图弄清楚它的含义。这件艺术品可以改变我的生活吗？它能否或多或少改变我的观点和我的存在？它澄清了什么吗？一般说来，今天的艺术品没有明确的目的——当代艺术是一个开放领域。

任何信念都可以拿来辩论。我不是佛教徒，但我发现这种沉思的宁静空间——尤其是在我们生活的时代——很有吸引力，值得推荐。它真的异常漂亮。

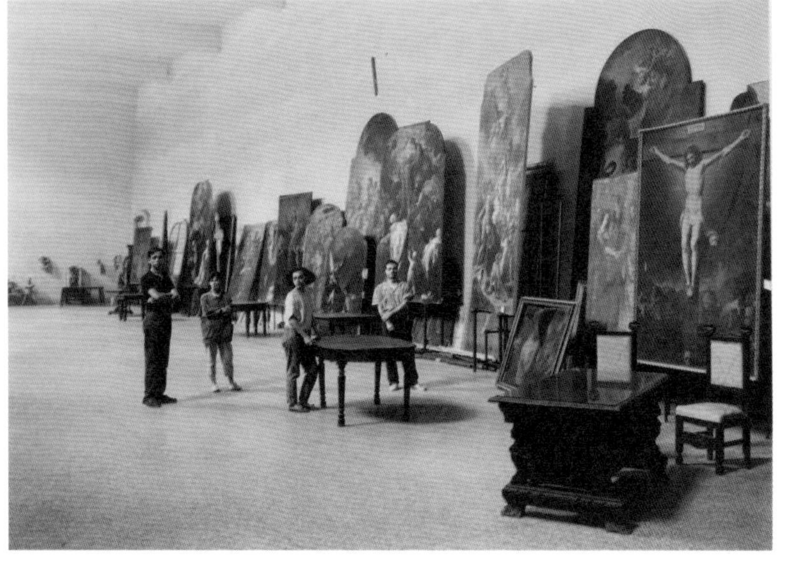

托马斯 · 斯特鲁斯，《圣 · 洛伦佐 · 马焦雷大教堂的修复工作者们，那不勒斯》，1988 年 ↙

文殊菩萨，10 世纪末—12 世纪初 ↗

佛陀，可能是阿弥陀佛，7 世纪初 ↗

208 号展厅布置图 →

大都会艺术博物馆里的中国佛像藏品展现了中国接纳佛教的复杂性。佛陀已经彻底达到了精神开悟的状态，不再受表象世界的束缚。佛陀手臂的位置（右上方）表明他正在冥想，并暗示他是掌管西方极乐世界的教主阿弥陀佛。从 6 世纪开始，对阿弥陀佛的信奉成了中国佛教实践的重要组成部分。菩萨也很开明，但选择让其他人继续信奉。这位菩萨右手握着的卷轴（左上方）让我们知道他是文殊菩萨——高深智慧的化身。

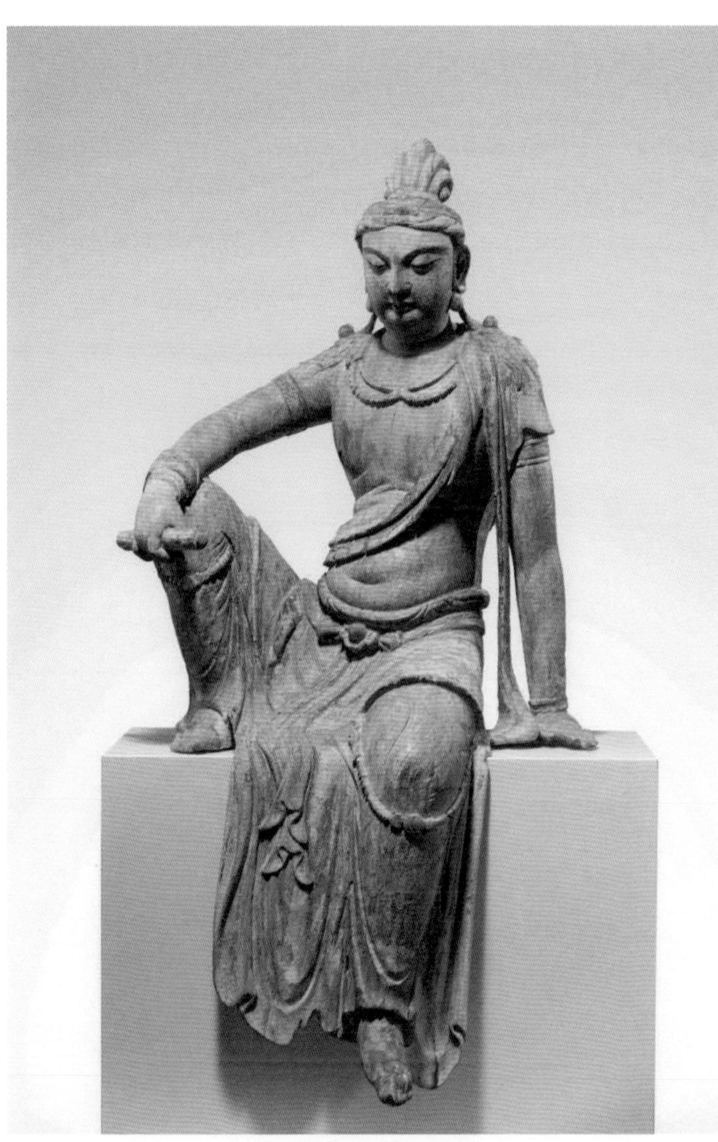

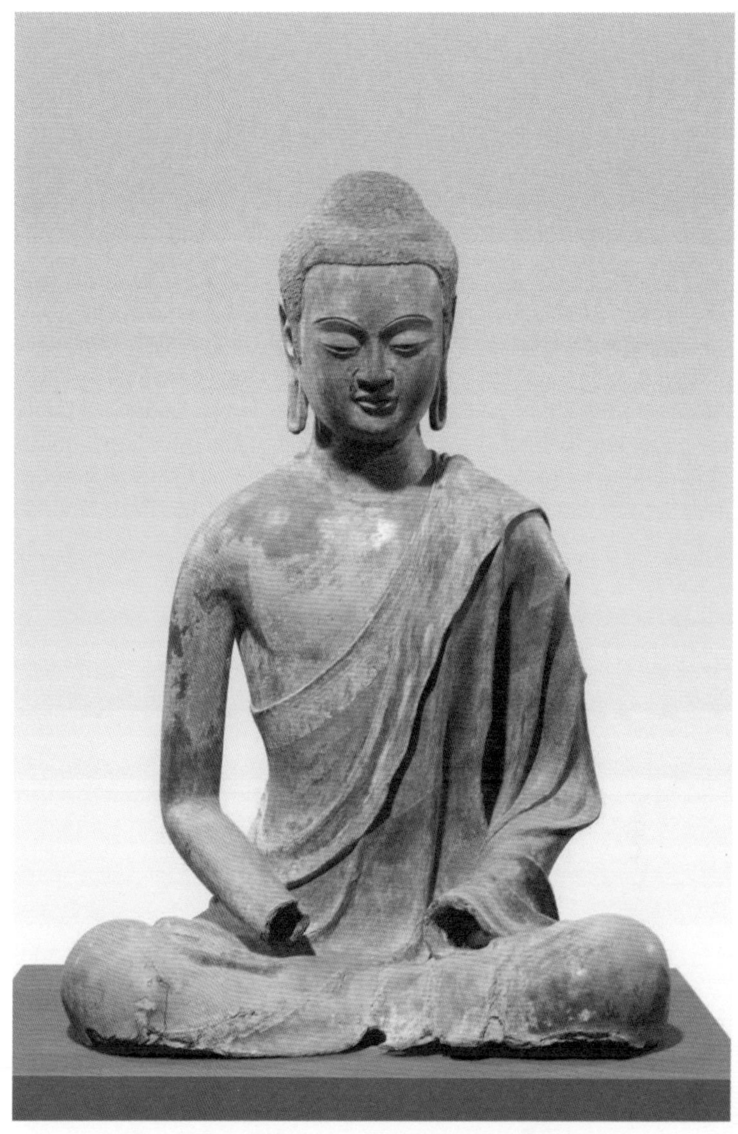

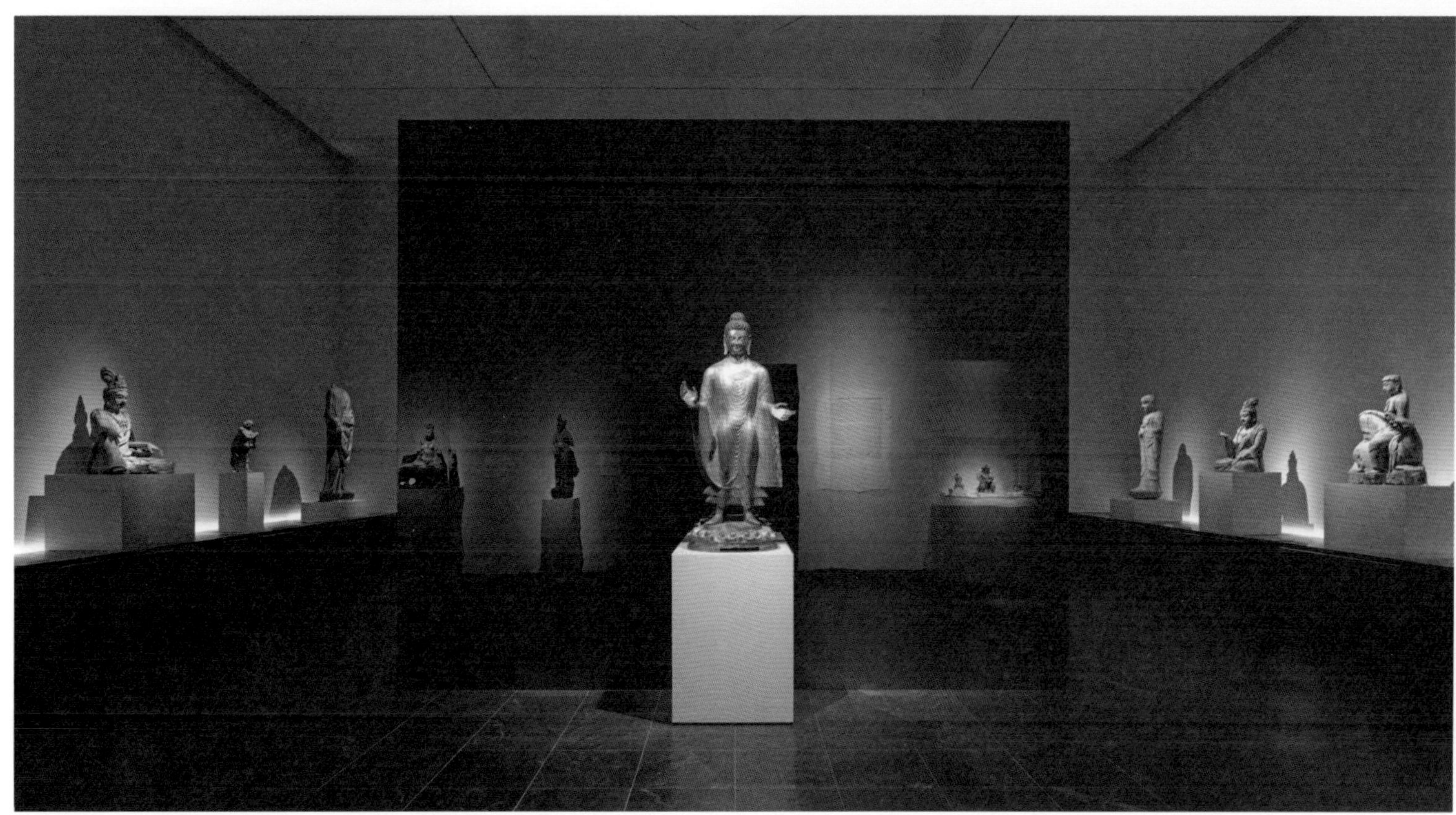

杉本博司

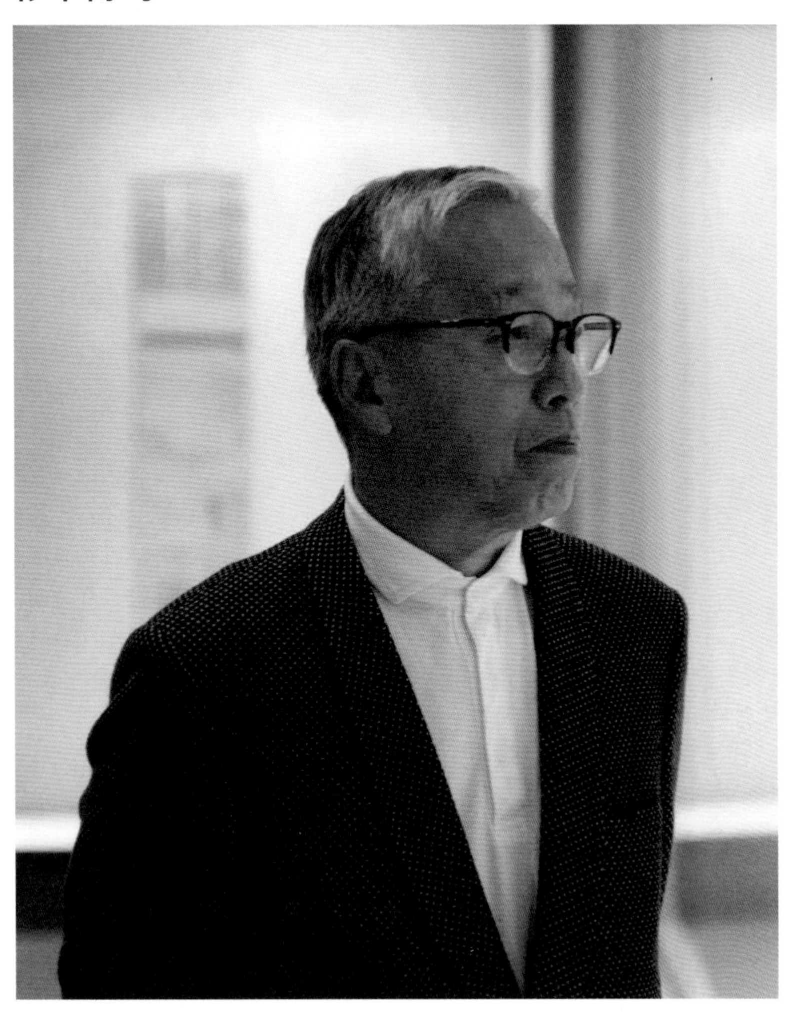

“尽管它创作于 15 世纪，但对我来说，它就像观念艺术。”

从摄影师的角度看，时间的流逝是我的艺术中非常重要的一个因素。尽管摄影似乎能让时间停下——把某个瞬间展示出来——我运用长时间曝光来捕捉时间的流逝。这就是我对这幅 15 世纪的竹屏风画非常感兴趣的原因——我关心历史的流逝。

屏风上描绘了竹子一生经历的四季。从最右端开始往左看，它展示了早春的竹子与小小紫色花朵的景象；继续往左，早春变成了初夏，竹子正在生长；初夏过后，这幅画就跳入了秋天——因为日本人不喜欢盛夏——竹子上挂着漂亮的红色常春藤；接着，最后一屏画的是雪景。

在日本，竹子是一种象征或符号，神灵会降落在竹子上。这是神道教的一种观念。

从美学角度看，这幅画也很漂亮。美，不仅体现在构图上，而且体现在精神和空间感上：竹子与幼笋之间的空间，还有非常幼稚的色彩感。有时，绘画是装饰性的，并且非常繁杂，但这组屏风的构图很谨慎，这一点是很不容易完成的。

当代作品也好，古典作品也罢，任何强大的艺术品背后都有强大的观念。在 15 世纪的绘画里展现时间的流逝是一个非常独特的想法。尽管它创作于 15 世纪，但对我来说，它就像观念艺术，影响着我如何成长为一名当代艺术家。

杉本博司，《乌特维尔的博登海》，1993 年 ←

被认为由土佐光信创作，《竹的四季》（含细部），15 世纪末一16 世纪初 →

这对日式六面屏风将中国传统的竹子主题与四季融为一体。左面屏上的铭文表明土佐光信是它的创作者，他被认为是土佐派的中心人物。竹子带有节奏感的起伏与平坦的地面相呼应，这是土佐派的艺术家们设计屏风构图时常用的装饰方法。

《竹的四季》

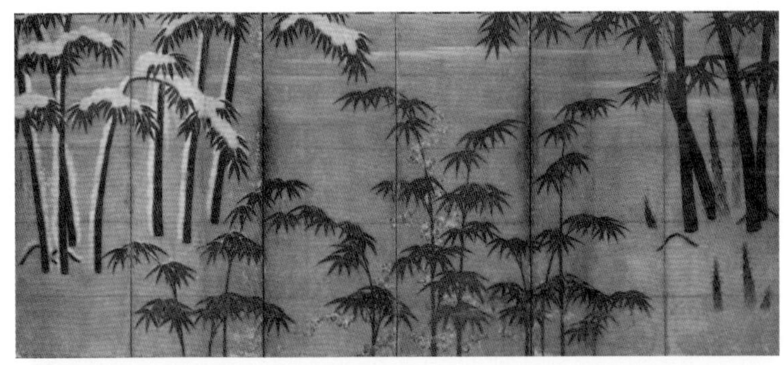

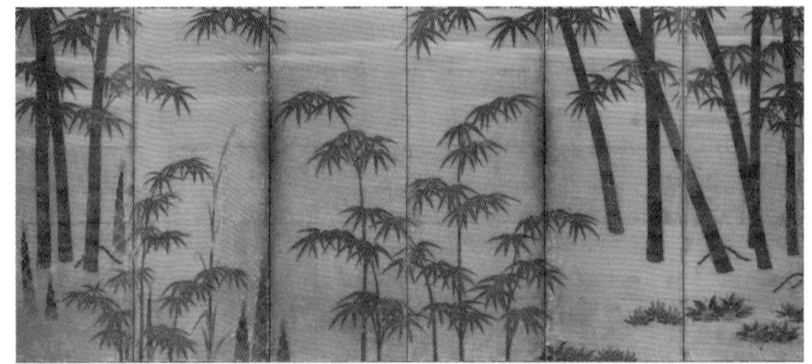

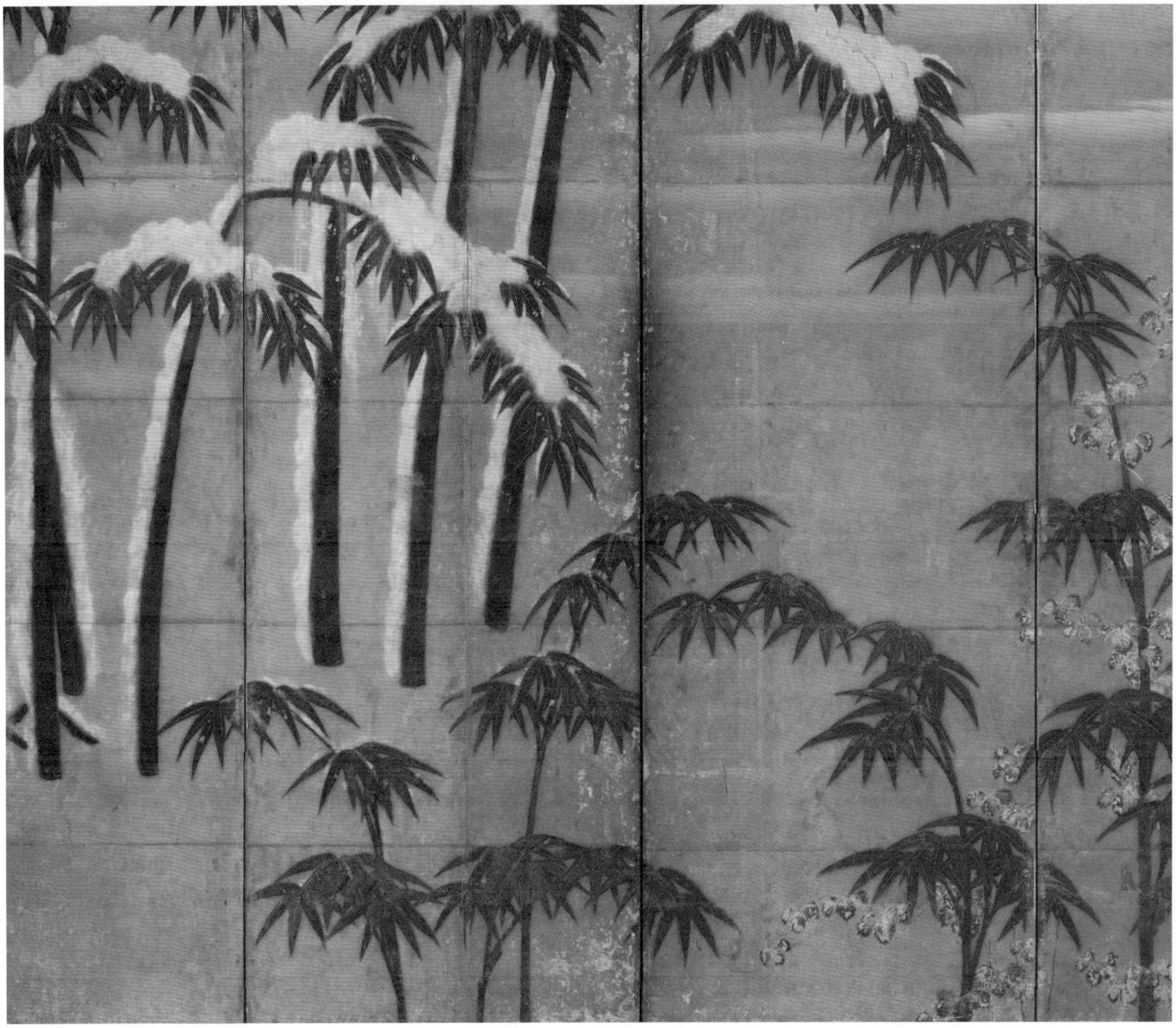

伊芙·萨斯曼

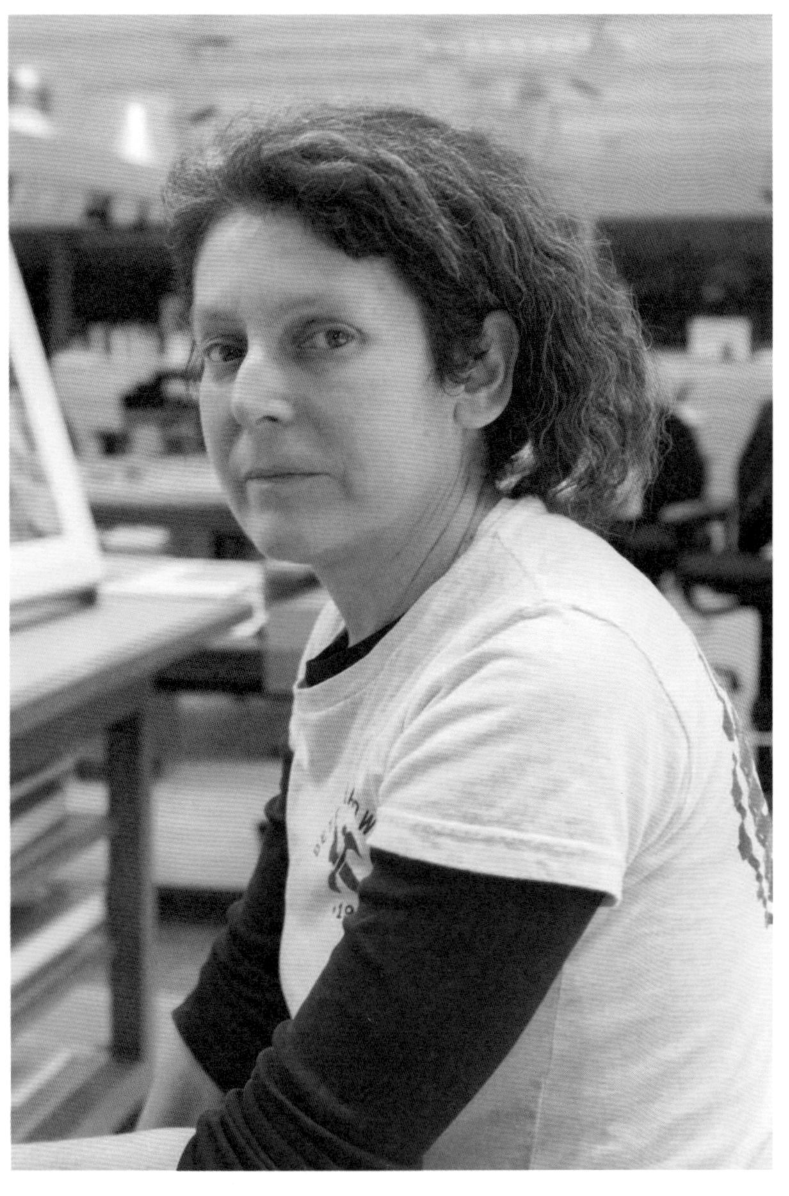

"公然挑战历史和技术的事物是强大的。"

从上大学开始，我就对威廉·埃格尔斯顿（William Eggleston）的摄影惊叹不已。更年轻的时候，你偶尔会喜欢某一件作品或某一位艺术家，过了一段时间，等你成熟之后，就不会再喜欢了。对于埃格尔斯顿，我却恰恰相反。与20多岁时的我相比，现在的我对他的作品更加着迷。

他的作品最吸引我的是它混合了平凡无奇与不祥之兆。他的照片充满了神秘感——你不知道他是否在刻意寻找这种不祥之兆，因为它们如此常见，都和日常生活相关。还有比烤箱、花洒或角落里的电视机更常见的东西吗？甚至那个发型精致、衣着考究、手上拿着一叠法律文件、坐在残破路肩上的女人，不也挺常见的吗？这些照片展现出惊人的诗意和天赋。没有生命力的事物几乎被赋予了人性，建筑物呈现出个性，例如，窗户遮阳篷几乎变成了巨大的眼睫毛。很多时候，当你真正看到美丽的形式摄影时，你会觉得摄影师有点过虑了，但是，这种图像蕴含着一种不可思议的自发性。

这些照片是在自然光线下拍摄的，事先没有任何准备。拍摄时，他注意观察，留心一切。摄影和你眼前的事物有关。他紧凑地框定自己的主题，所以，从某种意义上讲，他"捕捉了"它们。你可以感受到这种"捕捉"和"框定"，并且你还知道镜框之外有些不让你看到的东西。这就是你对它更有兴趣的部分原因，它还会刺激你思考："这东西我看过成千上万遍，但从来没以这种方式看过。"

我非常感兴趣的是：将静止的图像当作一帧，再想象它前后发生了什么。埃格尔斯顿在其他照片中暗示了这一点。有一张酒店房间的照片会让你觉得奇怪，房间的其余空间是怎么一回事？我们可以看到一个手提箱，但它的左右两侧肯定有摄影师不愿意让我们看到的东西，整个画面都很不安。另一张烤箱的照片肯定会让你联想到西尔维娅·普拉斯（Sylvia Plath）。你会感到这种无处不在的空虚。

埃格尔斯顿的照片鼓励你和它们共情，那是一种持续向前和向后的人类反应。公然挑战历史和技术的事物是强大的，它们让你不断质疑。埃格尔斯顿并没有告诉你这是什么。你知道，它只是一栋房子，对，只是一栋房子——但你知道远非如此。你不得不假设自己能弄明白其中的深意。

伊芙·萨斯曼/鲁弗斯公司（伊芙·萨斯曼的电影公司），电影装置《白上加白：黑色算法》的定格照片，2009—2011年 ↙

威廉·埃格尔斯顿，《无题（孟菲斯）》，1971年 ↗

威廉·埃格尔斯顿，《亚拉巴马州的亨茨维尔》，约1970年 ↗

威廉·埃格尔斯顿，《无题（孟菲斯）》，约1970年 →

威廉·埃格尔斯顿，《无题（孟菲斯）》，约1972年 →

60年代初，埃格尔斯顿以现代彩色摄影先驱的身份登上艺术舞台，而今天，他仍然是最多产和最有影响力的榜样。通过自己对美国乡村（尤其是密西西比河三角洲他的故乡附近）的深刻理解及对用染料转印版画工艺表现该地区特有的光线与高饱和色彩的信心，埃格尔斯顿让彩色摄影变成了正式的艺术媒介。从南·戈丁到大卫·伯恩（David Byrne），再到科恩兄弟（Coen Brothers）和大卫·林奇（David Lynch），他拍摄的那些标志性的日常照片已经成了几代艺术家、音乐家和电影制片人的试金石。

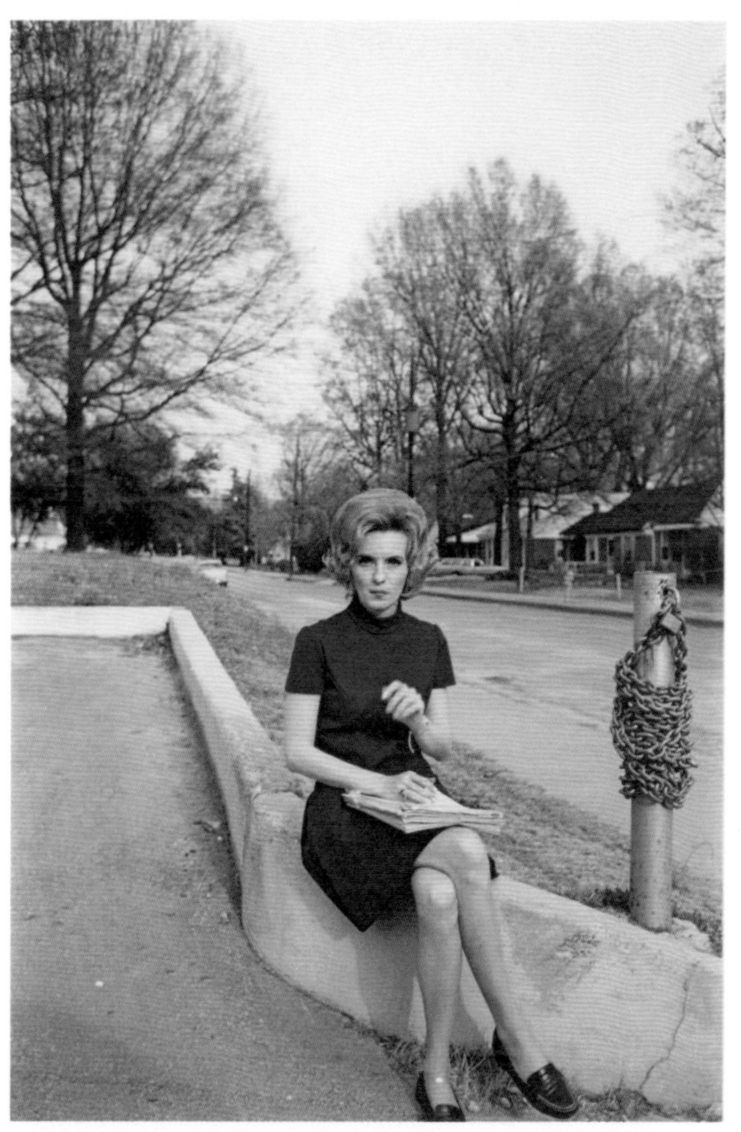

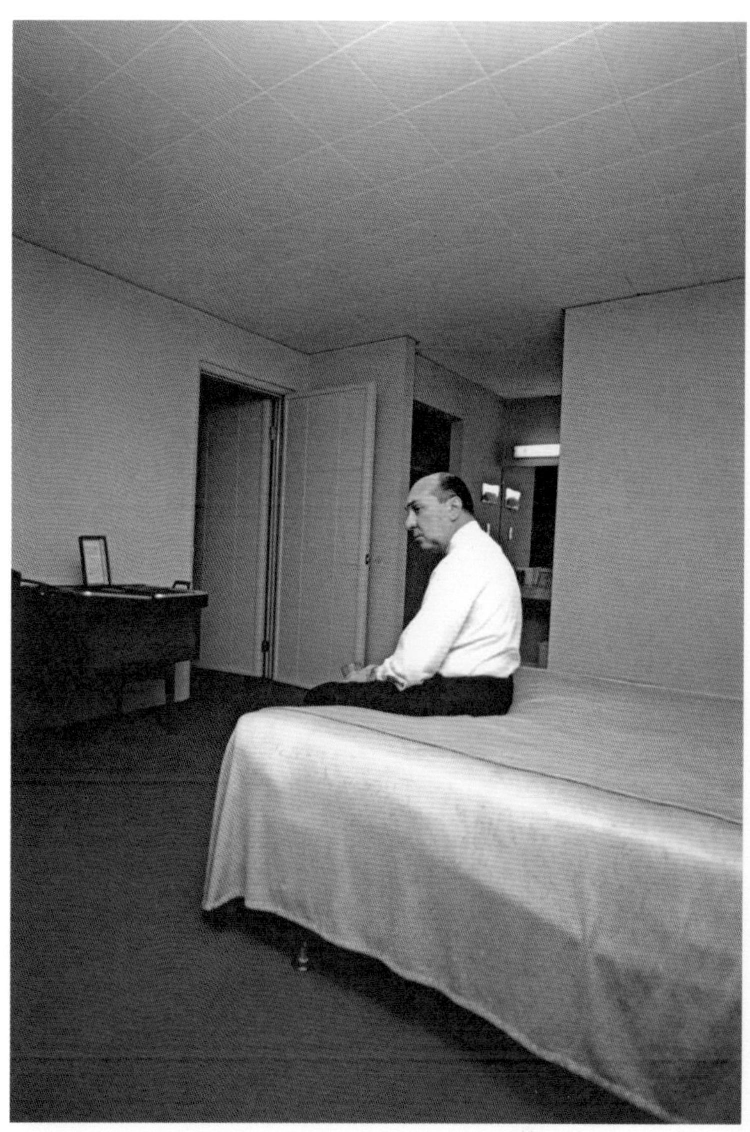

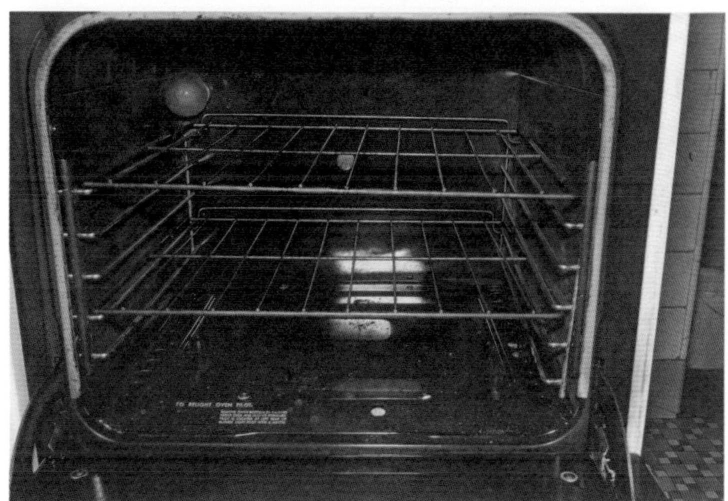

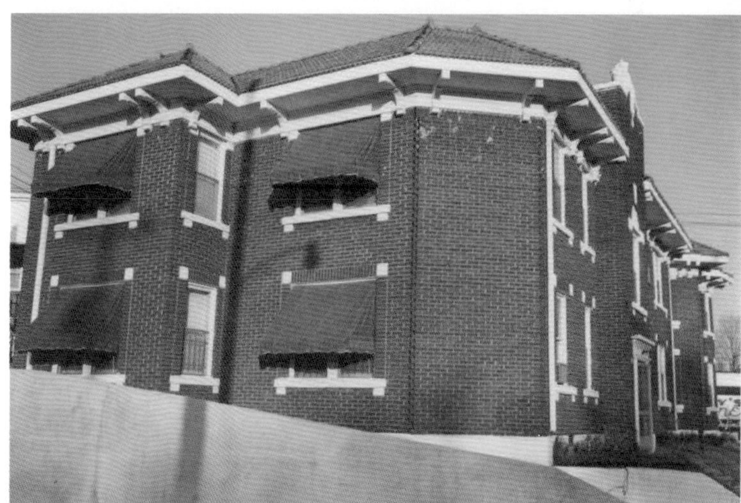

斯万

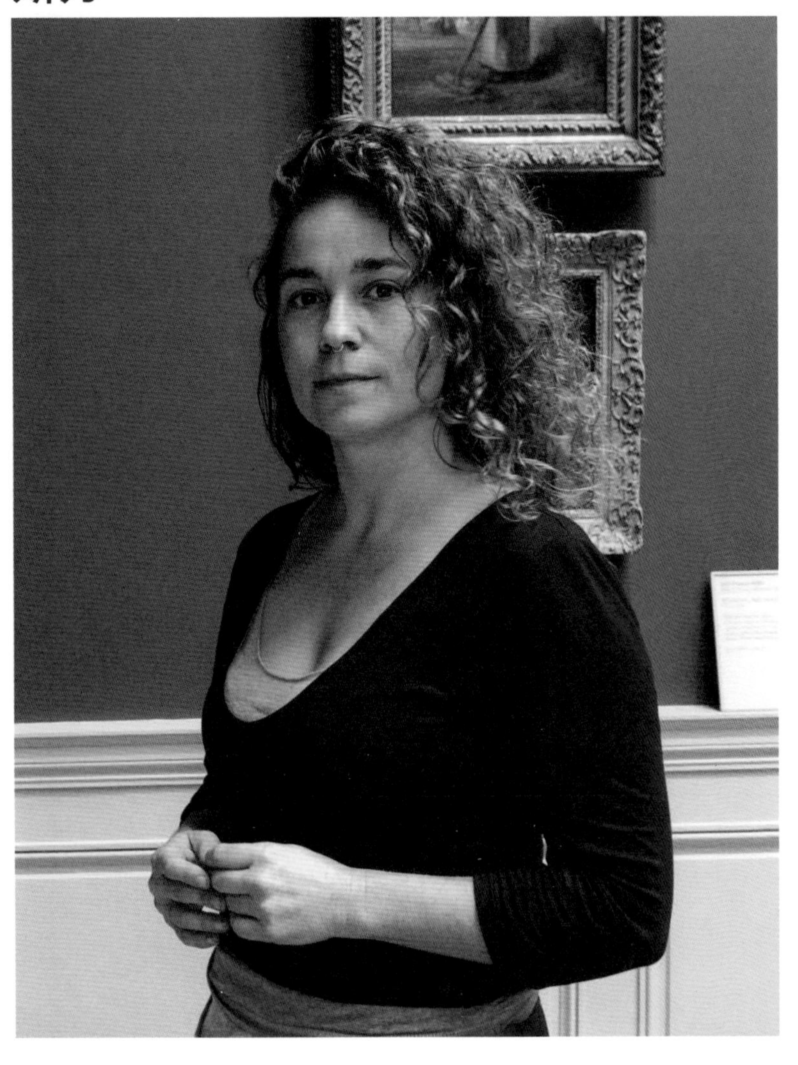

“你可以感受到‘看’里蕴含的爱。一幅画完全可以承载对这个世界的情感观。”

我一直痴迷于一条贯穿艺术史的线索，即日常生活和一个人观察另一个人的简单性。在我十五六岁的时候，这幅画对我来说非常重要，它在我整个神经系统里呼啸而过。奥诺雷·杜米埃创作了时间的肖像：你看到了火车、成排的乘客和社会风貌，但对我而言，它不仅仅是各个部分的总和。

你会看到正在用母乳喂养孩子的母亲、旁边的祖母和靠着祖母的孩子这三人之间的关系，这种关系会深深地打动你。当你更近一点观察时，会发现它的粗糙和模糊，但你还会看到一个网格，它是做什么用的？母亲表情里的亲密感是如何由简单草率的寥寥几笔完成的？我认为，因为杜米埃是个漫画家，所以他的线条看起来很有卡通感。但是，当他把精力投入绘画时，就会迸发出这种即时性、敏捷性和粗糙感——尽量让形式简单——这种画法在他那个时代确实很激进。

有人说，这幅画把贫穷伤感化了，我不同意这种说法。我认为，他触及的是生活的复杂性。画面里有让人觉得温暖和粗糙的东西，也有艰难和美丽的东西。这件作品充满了同情心。

作为一名艺术家和激进分子，杜米埃非常有趣。他是一个不屈不挠的社会观察家，总会在作品中表达自己的观点。从学术上看，这种类型的社会观察在艺术界一直处于边缘地位，因此，很多人自然而然地看轻他，“哦，他是个善于讽刺的人”，或者，“他总是把自己的政治理想倾注到作品里”。但是，这样做是需要力量的，这股力量体现在画里。怎么看、怎么观察、怎么讲述真相，在这些方面，他透露出一种浓浓的反权威意味。你可以感受到“看”里蕴含的爱。一幅画完全可以承载对这个世界的情感观。

艺术家们总是在问自己：“我该如何创作出独特的作品？我该如何创作出切题的作品？”从这件作品中，我们能看到杜米埃的立场——只需要观察别人。观察发生了什么，然后记录下来，并忠实于最简单的真相。我在自己的创作中发现，艺术最崇高的作用之一就是成为共情的工具。当我看到这幅画时，它刚好打燃了火石。我试着跟随杜米埃的脚步。

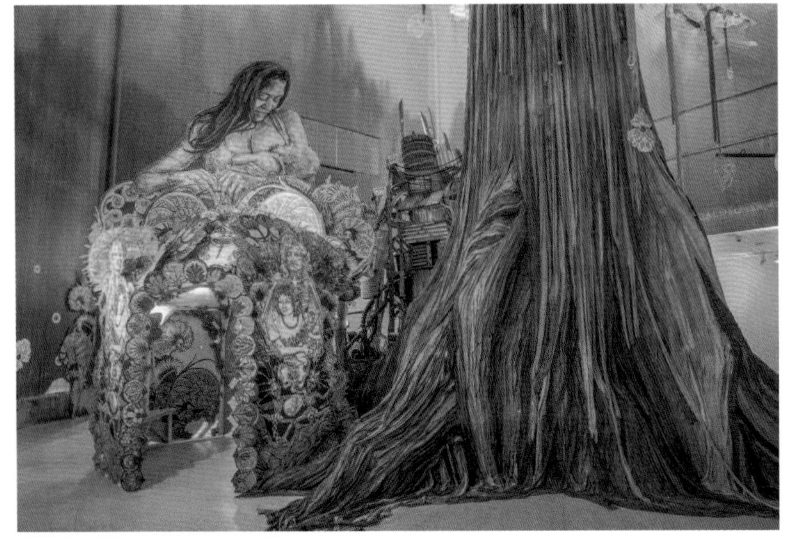

斯万，《破晓与胞芽》，2014 年 ←

奥诺雷·杜米埃，《三等车厢》，约 1862—1864 年 →

作为图像艺术家和画家，杜米埃记录了 19 世纪中叶工业化对巴黎现代城市生活的影响。在这里，他放大了约十年前制作的一幅石版画的主题——三等车厢里那些乘客的艰辛和安静的毅力。光线下，哺乳的年轻母亲、老妇人和熟睡的男孩散发出一种与公共交通无关的宁静。这幅画并未完成，而且，为了方便运输，它被制成了正方形，与 1864 年的水彩画（沃尔特斯艺术博物馆，巴尔的摩）和差不多同期创作的油画（加拿大国家美术馆，渥太华）相互呼应。

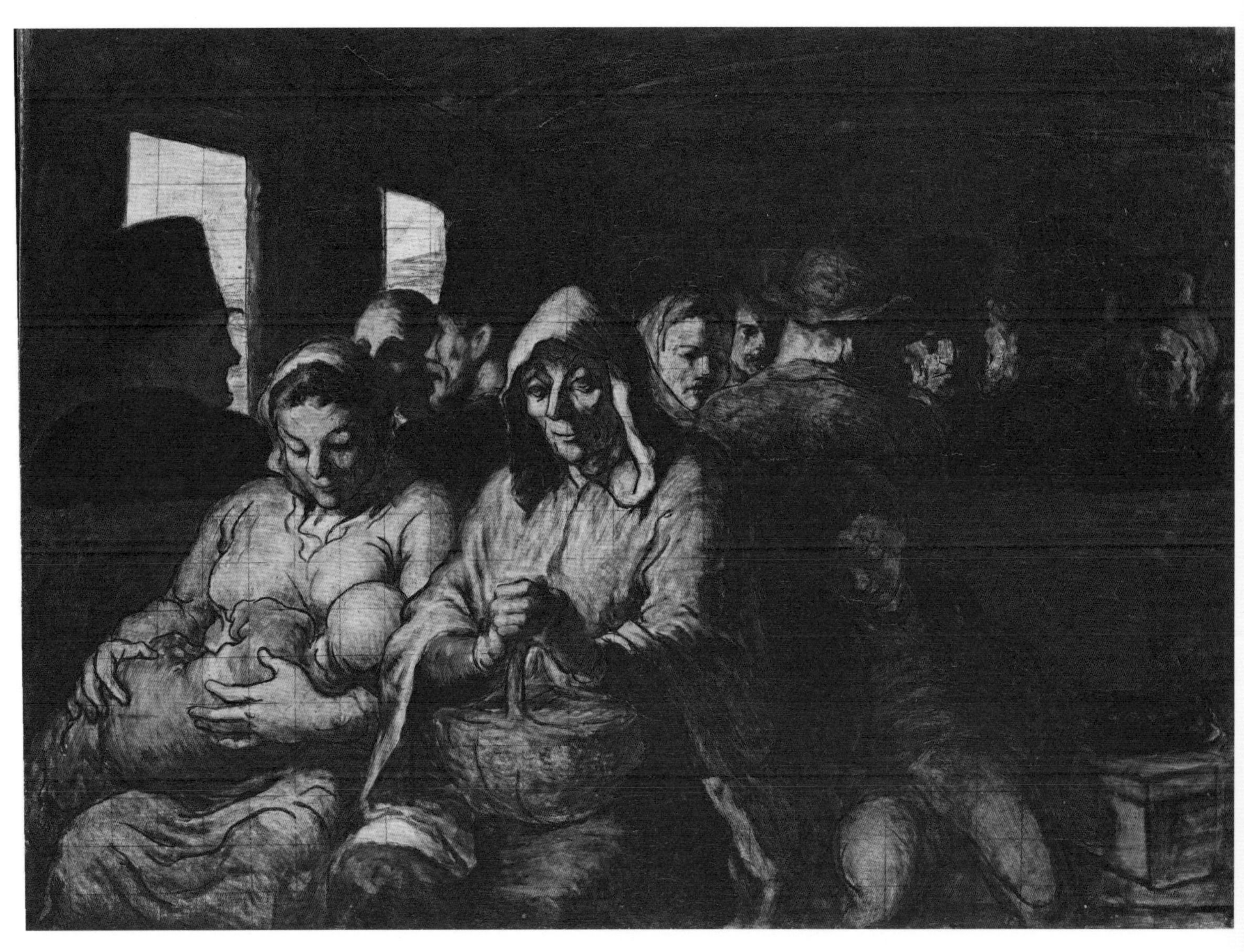

萨拉·斯茨

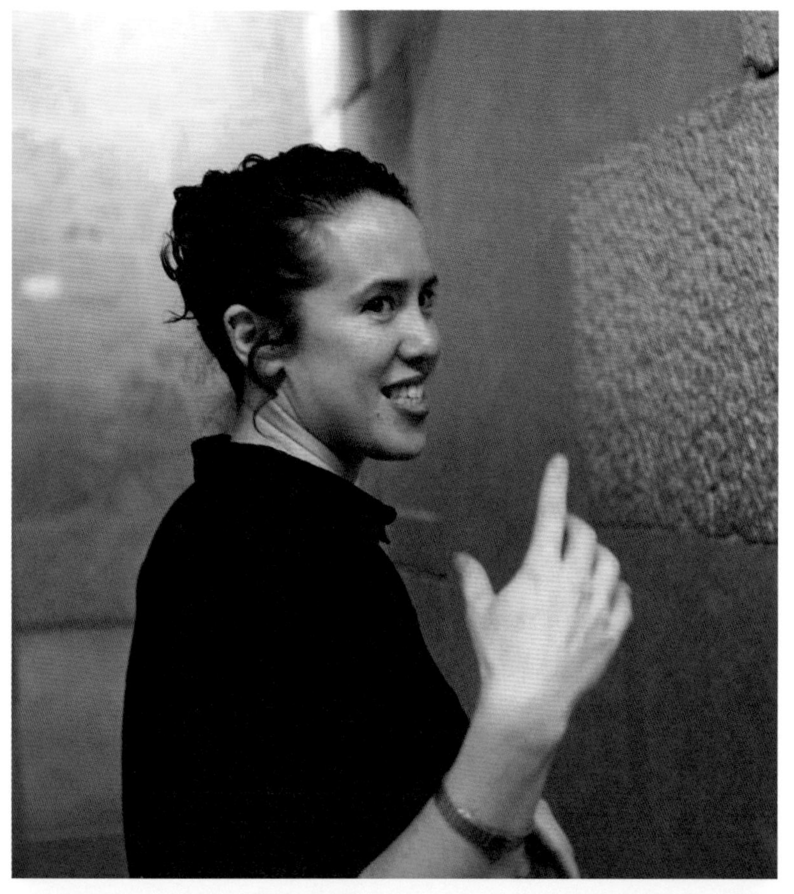

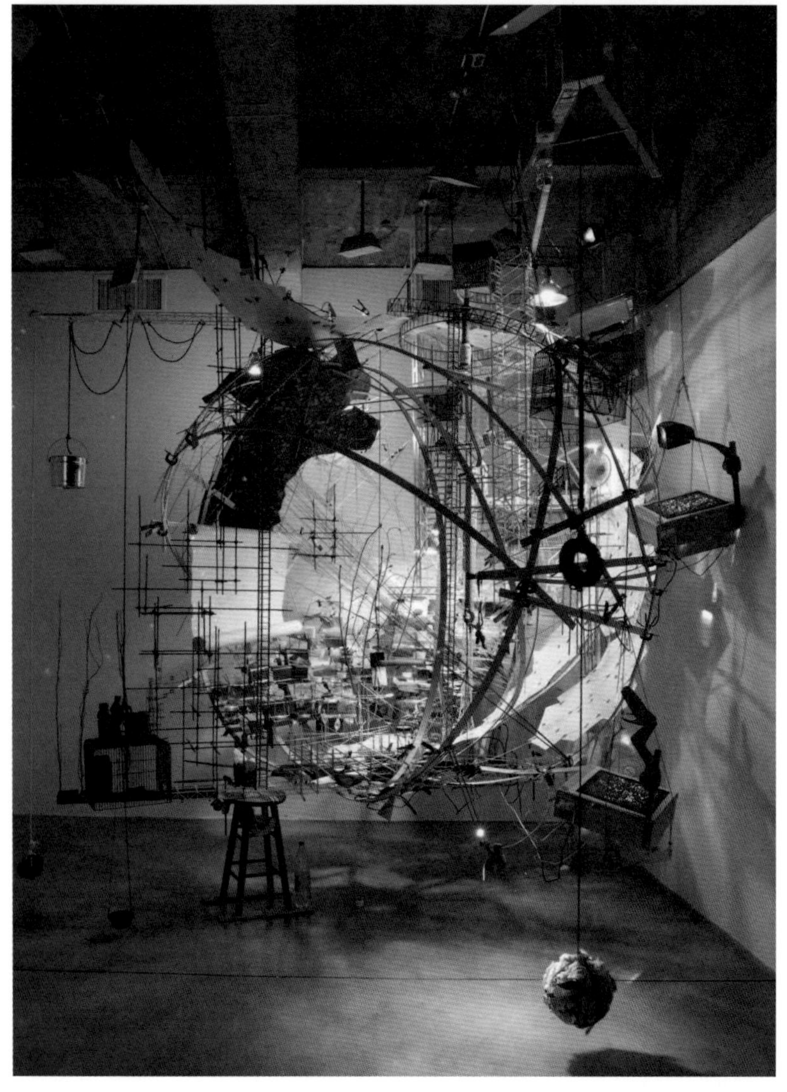

“献祭的思想对于任何艺术品来说都是不可或缺的。”

我经常想，一个没有生命的物体怎么能是活的？你如何能将生命注入一个没有生命的物体？这是一个非常古老的雕塑观念。我把我的作品看作坟墓：它们是死的，但提醒着你们它们曾经活过。

朋内布墓室是一块完全没有生命的石头，它告诉你该如何行动。当你走进墓室时，就会看到一堵墙，上面刻着朋内布和那些献给他东西的人。石头上还有一份用象形文字书写的贡品清单，它看起来特别像“所需携带物品”的 Excel 电子表格。这个场景的上方画有大量的松鸡、公牛和面包，一直堆到天花板那么高。墙面被画得满满的。这个墓室就像一部动画电影，为大家展示墓室墙壁之间发生的一切。

在隔壁的走廊里，有一扇怪异的窗户和一座封闭在第二个房间里的人形雕像，这个房间无人可进。真是让人震惊。房间一侧有一个陈列柜，用于摆放从原墓址里发现的碗和其他物件。这些碗具有的美好特点之一是，它们非常平淡无奇，就像我们现在使用的塑料咖啡杯一样；但这些杯子透露出那些拿过它们的手、喝过它们的嘴的各种信息。

还有一条小项链，并不是特别珍贵、特别美丽或特别重要，但项链的精致与周围的建筑结构以及不可思议的石头——它们已经存在很久了——所表现出来的威严碰撞在一起，让你感觉站在那里的自己是多么地不堪一击，让你明白自己不可能永远站在那里。

进入这个房间之后，人们很快就会离开。我认为很多人都感到恐慌，不仅仅是因为幽闭恐惧症，主要是因为它给人很强烈的体验感。你能感觉到，那里还有什么东西活着，这就是你会很快离开的原因。这间墓室的结构过于紧凑，让你意识到自己正在填补它的负空间。不知怎么的，你就变成了一个被监视的或被期待有所表现的对象。

因为朋内布墓室是一座坟墓，所以它自觉地通过献祭行为引发了一次和另一时空的对话。我认为，在博物馆这样的环境里，这间墓室看起来真的很美，因为献祭的思想对于任何艺术品来说都是不可或缺的。艺术品确实是艺术家的献祭，这些艺术家试图为超越自己生活的一次对话做贡献。

萨拉·斯茨，《360（便携天文馆）》，2010 年 ←

朋内布马斯塔巴墓室，约公元前 2381 年—公元前 2323 年 →

埃及第一王朝（约公元前 3100 年）开始时，古埃及人已经发展出了一种规范化的坟墓类型，即埃及研究专家所谓的“马斯塔巴”（在阿拉伯语里是“长凳”的意思）。来博物馆参观的人可以像古埃及人那样体验朋内布马斯塔巴墓室：穿过一个小小的入口，然后进入内院。庭院的外墙最先是由相邻的马斯塔巴墓室的主人修建的，在这里被部分重建了。从庭院往里走，就进入了内层房间，这是举行重生仪式的地方。在墙上的装饰画中，这些仪式和祭品得以永存，为故去的人永久地提供生活所需之物。

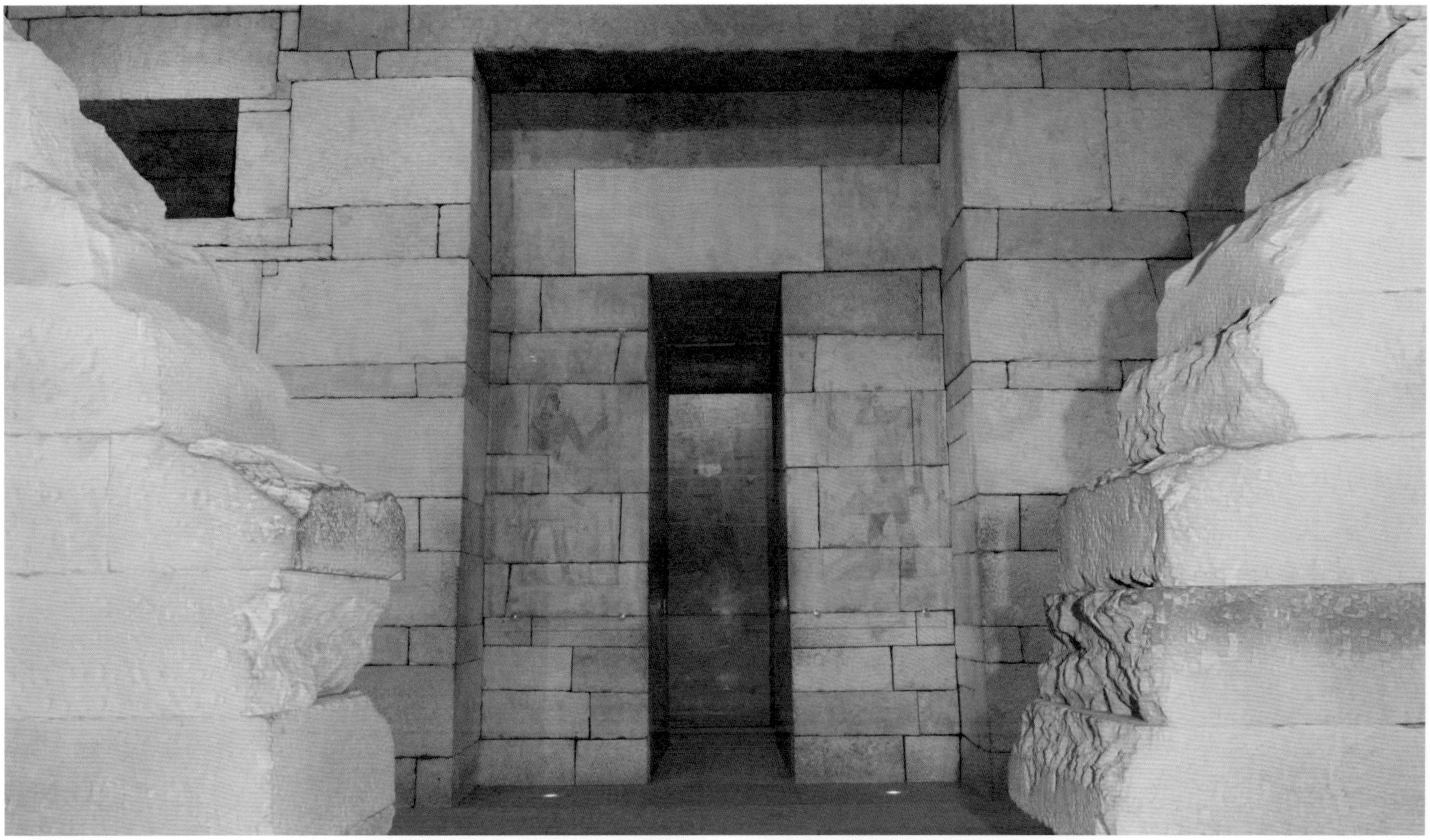

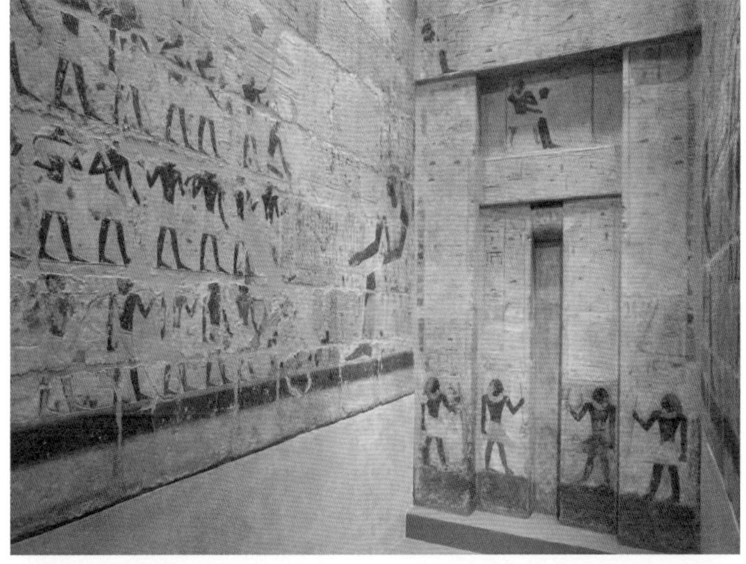

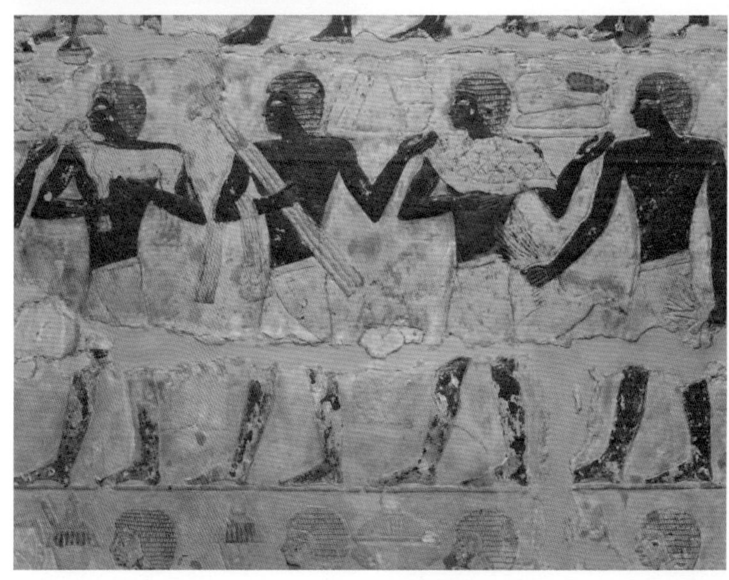

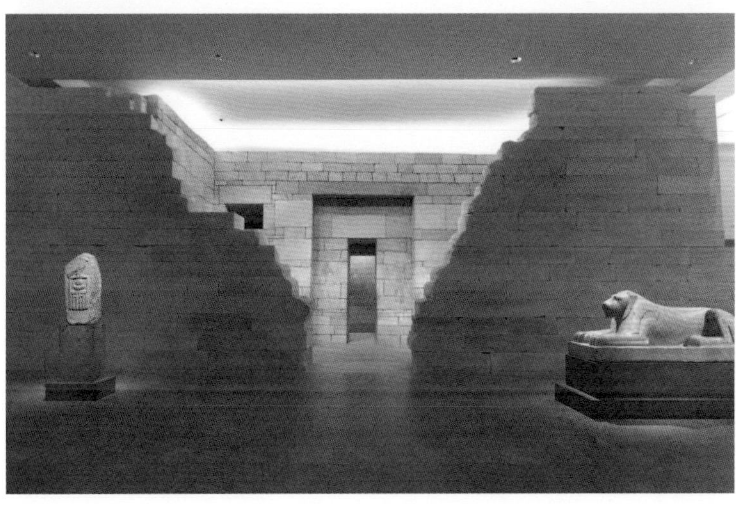

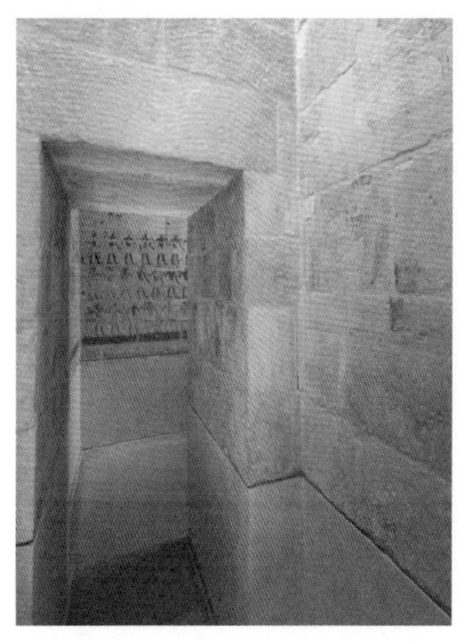

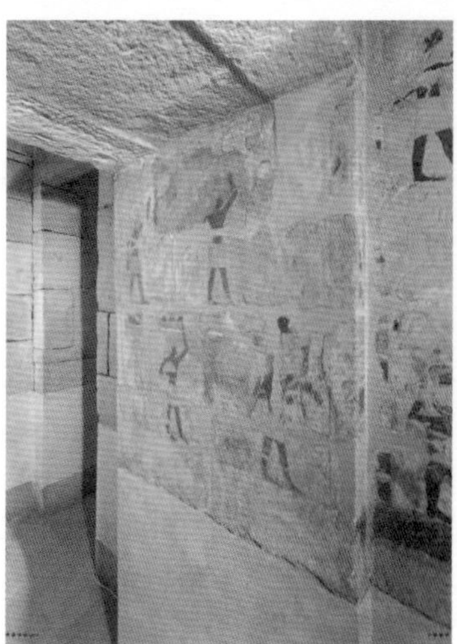

保罗·塔兹韦尔

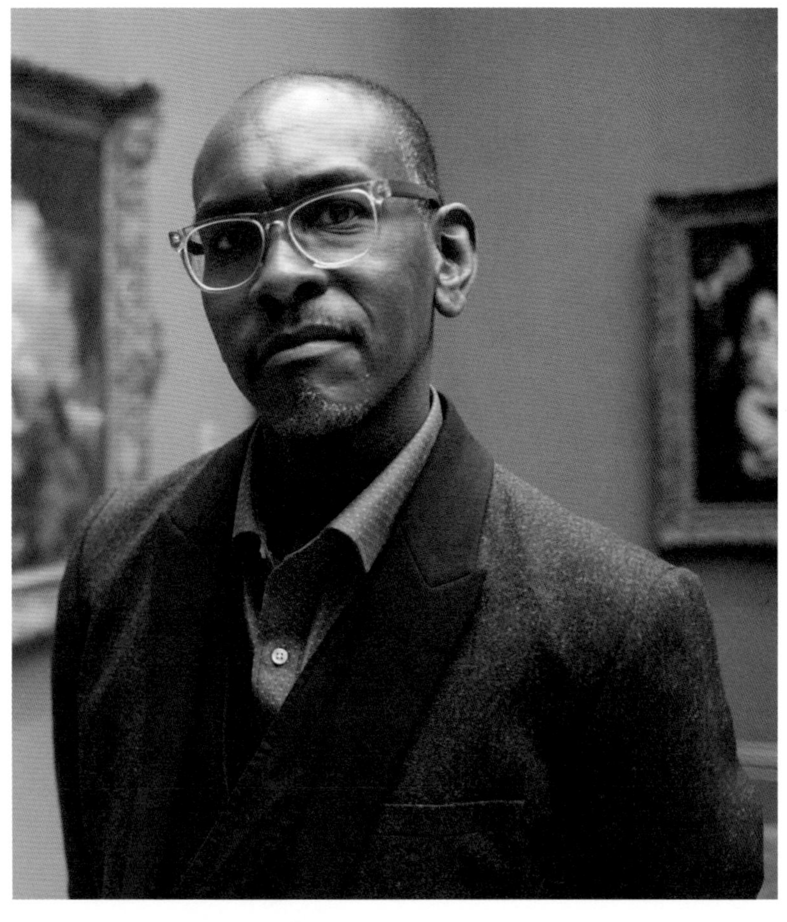

“他在布置每幅肖像作品时，态度端正，满怀充沛的情感。它就像剧场。”

设计服装让我有机会以间接的方式体验不同角色的生活。我做出的设计选择支撑着角色们——从他们首次登台一直到开口说话。这就是作品里正在发生的事情。安东尼·凡·戴克（Anthony van Dyck）非常出色，他可以深入了解一个人的性格，然后弄清楚如何最好地表现他的身份。正因为他非常了解布料、衣物以及穿着这些衣物的人，所以，一切细节都在他的肖像画中得以呈现。

在凡·戴克创作的那个历史时期，他们的服装比我们现在习惯的服装女性化很多。那时候，展现权力的方式跟现在完全不同。我确实想知道：这些肖像画中的人物是如何选择服装的？凡·戴克向他们灌输了什么信息？还是说，这是他的模特们自己选择的？他如何使他的模特们变得更美？他消除模特的各种小瑕疵了吗？他让那个人更具吸引力了吗？你要知道，所有的细节都是提前想好的。

在凡·戴克的自画像中，他把自己打扮成他描绘的那些贵族的模样。他设想了一种非常优雅的生活方式：装饰有绒球的鞋子、齐膝高的长袜、布料繁复的服饰。当你查看他画里光线与颜色（黑色、炭灰色、浅灰色和银色）的交叠方式时，就会发现，他在创造光线打在金属色和黑色上的反射效果，并表现它是如何变形并形成自己的雕像的。

他在布置每幅肖像作品时，态度端正，满怀充沛的情感。它就像剧场，让我为之倾倒。

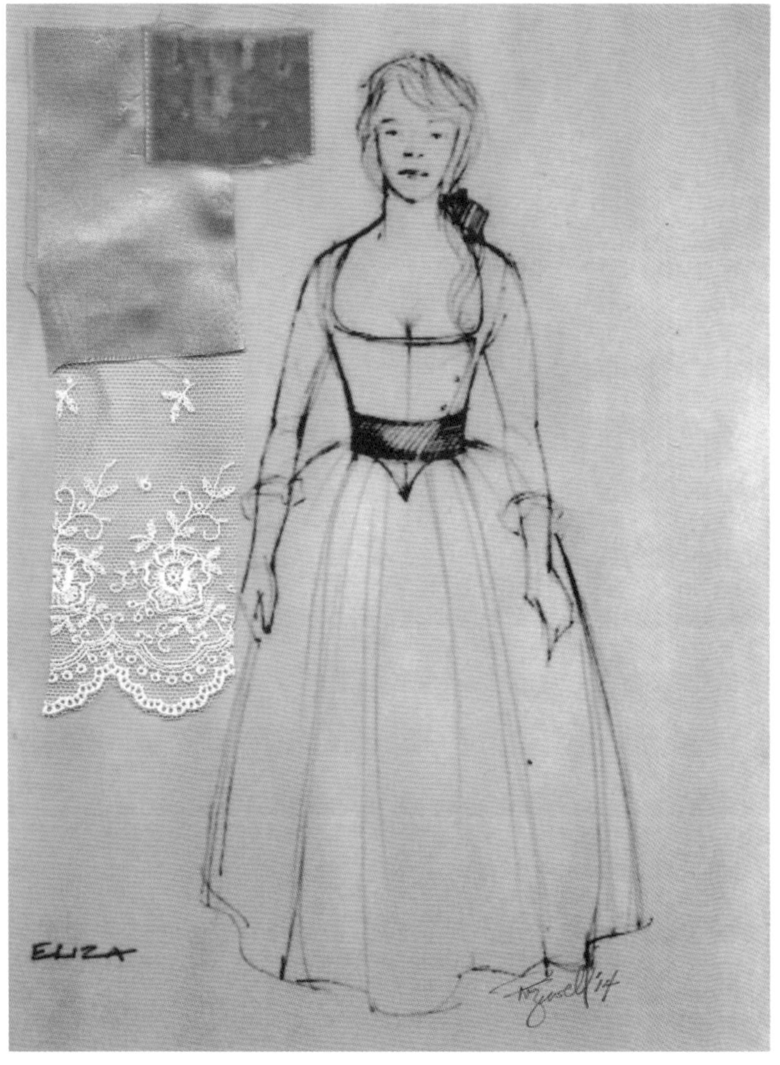

保罗·塔兹韦尔，百老汇音乐剧《汉密尔顿》中伊丽莎的服装设计，2014 年 ←

安东尼·凡·戴克，《里士满和伦诺克斯公爵詹姆斯·斯图亚特（1612—1655）》，约 1633—1635 年 →

很可能在 1633 年 11 月詹姆斯·斯图亚特被授予嘉德勋章后不久，凡·戴克就创作了这幅伟大的作品。银色的星星、绿丝带上的“小乔治”牌和嘉德（在左膝下方）是勋章的标志。格雷伊猎犬表明他们拥有狩猎的特权，暗示着身份的高贵或品性的忠诚。

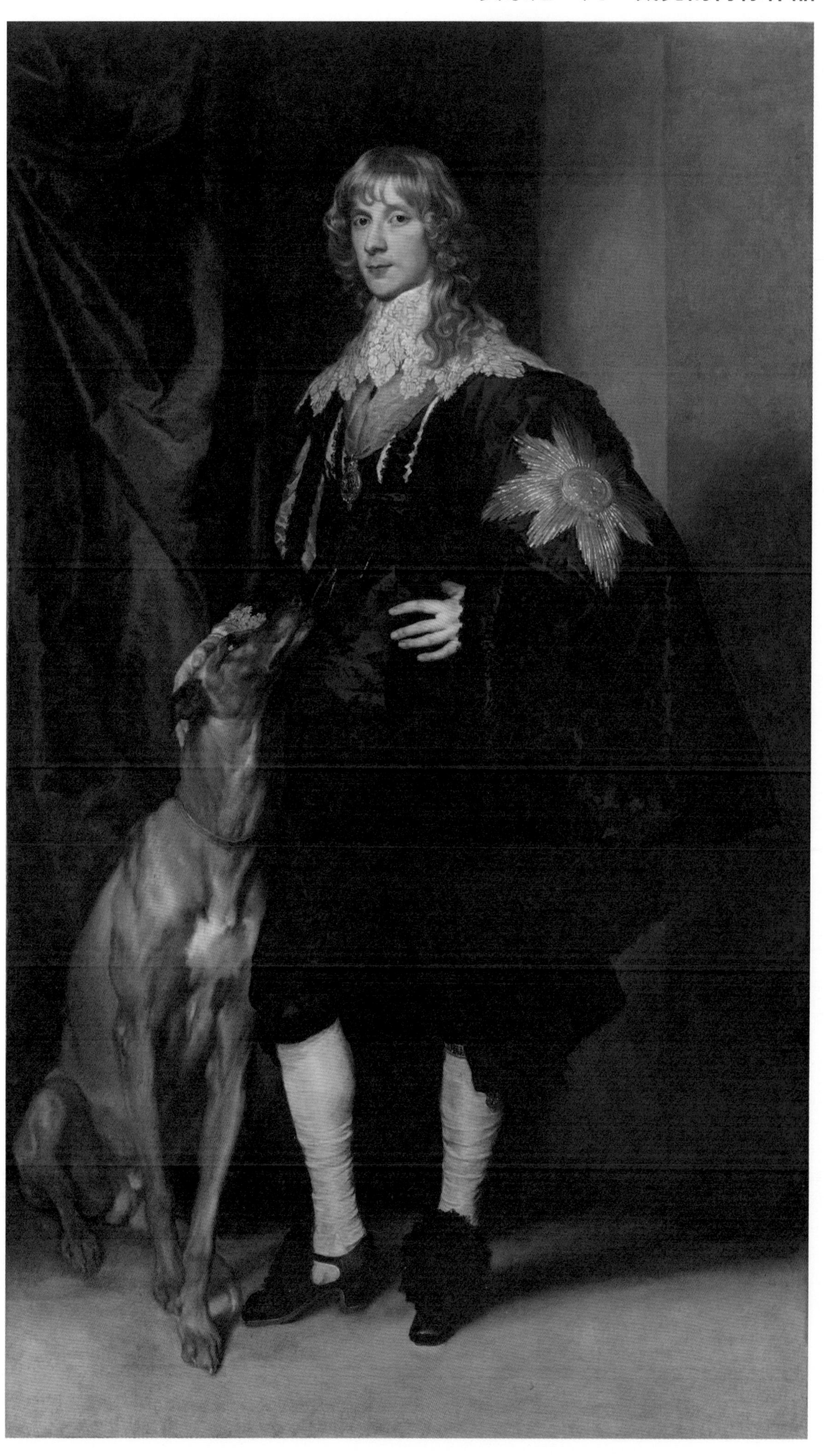

伟恩 · 第伯

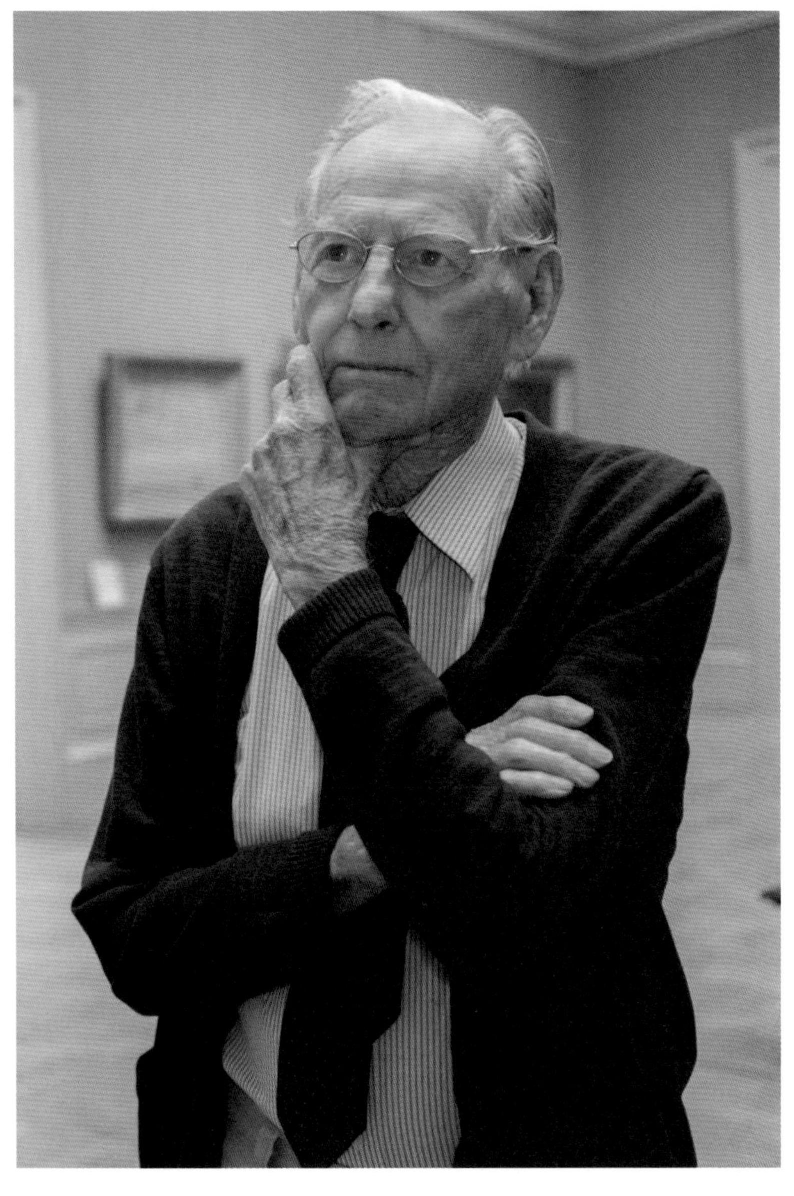

“想想看，你得需要多少知识才能画出所有这些形状。”

这幅画描绘了精彩的马市。你可以将它同今天的车展相比，在车展上，你可以找到最新的车型。7 岁那年，我第一次看到这幅画时，它还只是我祖父桌子上方悬挂的黑白照片。我告诉祖父：“我喜欢那张照片。”他说：“伟恩，它不是照片，是一幅画，比咱们这幅大得多。大概有 2.4 米高，4.8 米长。”

罗莎・博纳尔（Rosa Bonheur）所做的一切绝对令人震惊，而且对我作为一名老师而言，她特别有趣，因为她几乎使用了所有的绘画规则，包括古典主义、现实主义、浪漫主义和美丽的印象主义。画面的右上角，大约有 10—15 个人在观看。这种转圈的运动太美妙了！在那该死的玩意儿上立几根桩，你就可以坐旋转木马了！

各种各样的马被画了下来：黑的、白的、灰的、带斑点的，甚至还有一匹娇小的栗棕色的马，它似乎是唯一一匹没有骑手的马，仿佛挣脱了缰绳一样。也许这匹马正是罗莎・博纳尔本人，因为她背离了自己的宗教信仰，而且还想确保自己的出局者身份。

所有这些腿，人腿也好，马腿也好——都是了不起的舞蹈编排。想想看，你得需要多少知识才能画出所有这些形状。

她使用了各种光——明亮的光、闪烁的光，直到没了光。她展现了五六千米的空间。这不容易做到。你会发现，在画中找线条是一种挑战——这里只能靠推断。线条是抽象化的，因此她避免使用线条，但会将绘画中所需的一切放到那个如梦如幻的三维空间中。

像保罗・塞尚那种用纤细微妙的笔触作画的艺术家能让你踏上太空之旅。博纳尔也能做到。看看那堆马粪灰，再看看马儿扬蹄的姿势。在这里，共情因素也很重要。你真的可以走上前去识别那些马，因为画面太真实了。

从某种程度上说，这不过是把廉价的诡计揉进了一幅杰作里。如果你想成为画家，这就是你应该做的事情——利用我们从前辈那里继承的一切。 这是了不起的挑战，我们很幸运能够进行创作。

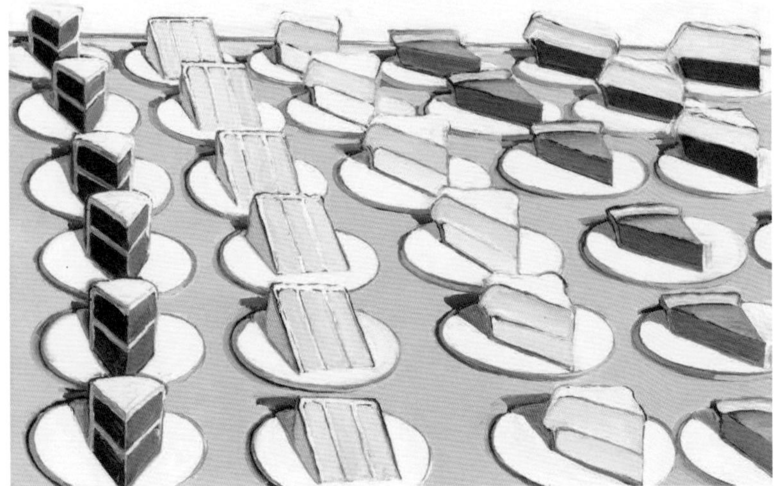

伟恩 · 第伯，《摆满派的柜台》，1963 年 ←

罗莎 · 博纳尔，《马市》，1852—1855 年 →

这是博纳尔最著名的作品，展示了巴黎 13 区绿树成荫的医院大道上举办的马市。这条林荫大道靠近萨尔佩特里埃医院，医院的圆顶在画面左侧的背景中隐约可见。在一年半的时间里，博纳尔每周两次去马市画素描，为了不引起别人的注意，她总是女扮男装。1853年，当这幅画在巴黎沙龙首次亮相时，博纳尔便确立了自己动物画家的地位。在完成最终的布局时，她从乔治・斯塔布斯（George Stubbs）、泰奥多尔・热里科、欧仁・德拉克洛瓦以及古希腊雕塑那里汲取了灵感。她把《马市》这幅画称为自己的“帕提侬神庙上的装饰雕带”。

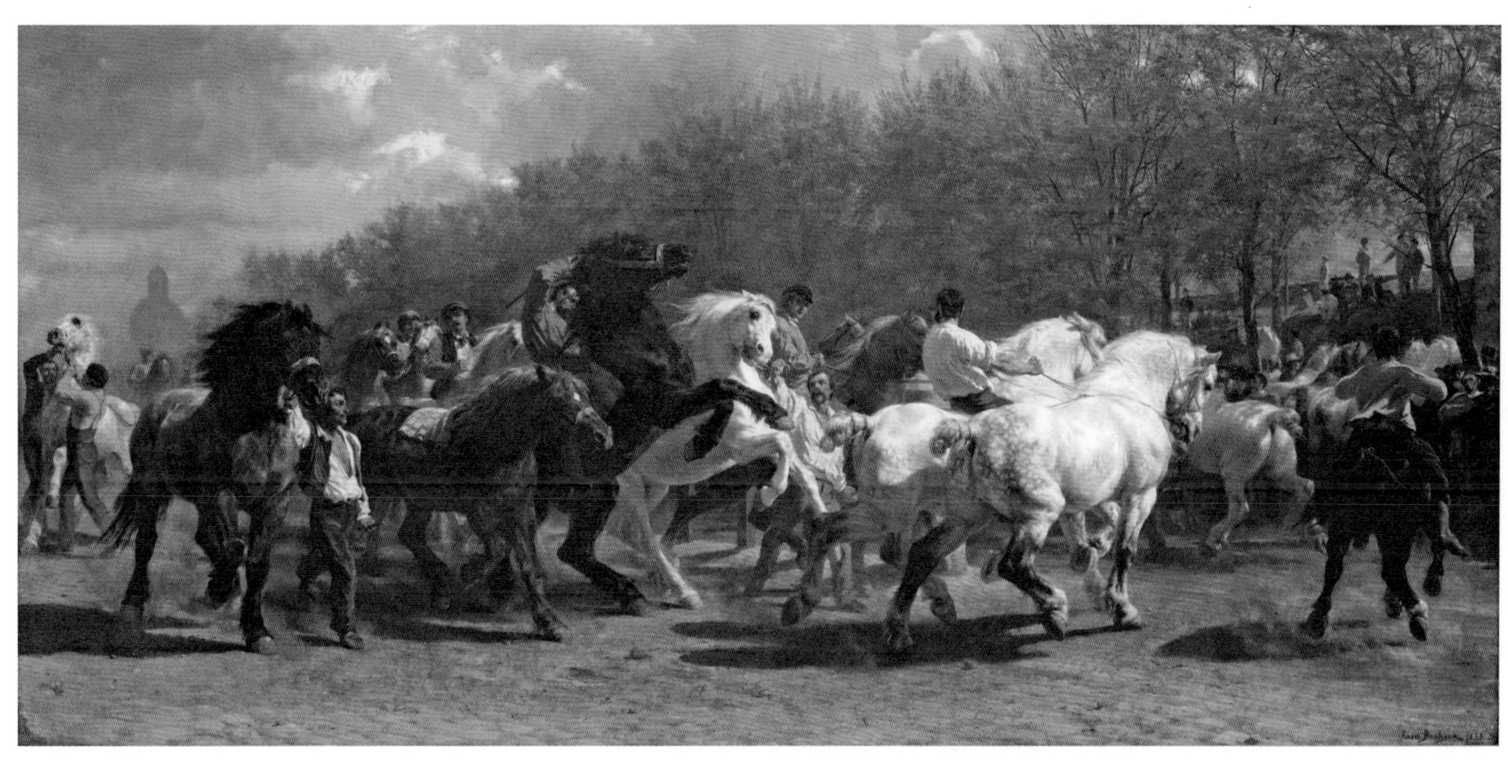

汉克 · 威利斯 · 托马斯

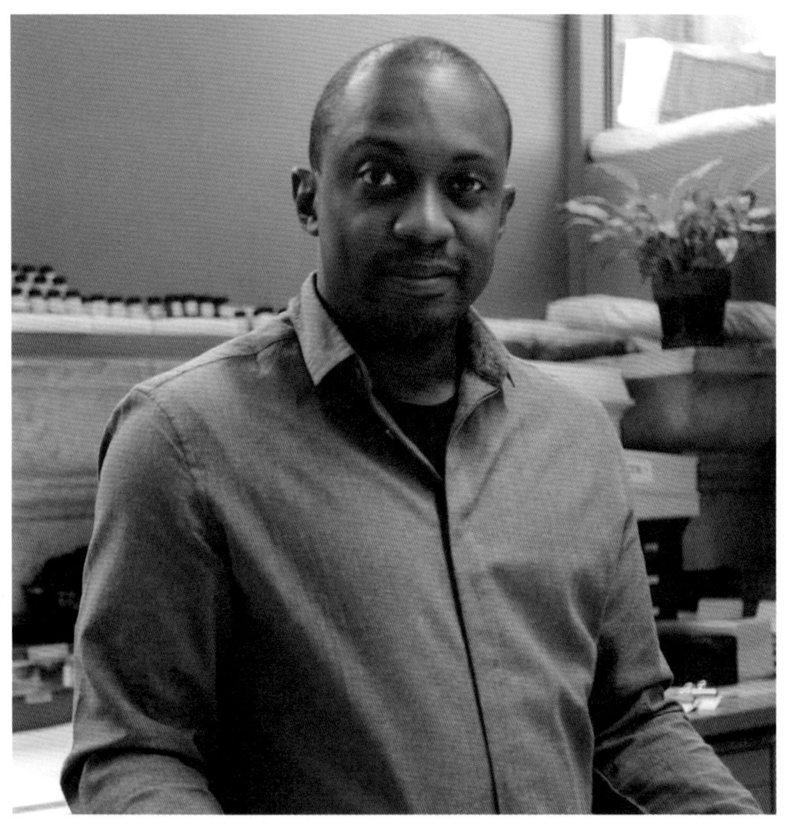

“它们包蕴着可见性 / 不可见性和意义的魔力，而正是这种模糊性让大多数艺术变得清晰又永恒。”

作为一名艺术家，我非常喜欢将已经打包收起来的东西翻出来，然后围绕它进行讨论。我们的历史以及我们对世界的理解如何发生变化，这个问题让我着迷，所以我认为历史是一个移动的靶子。

这是一颗带银版照片的纽扣，至于它是不是一根废奴主义别针，长久以来人们一直持怀疑态度，因为在照片里，看起来是一黑一白两只手共同握着《圣经》。现在，我们相信这两只手属于同一个人，而且我们不确定这两只手拿的是《圣经》。这真的让我着迷，因为我受最初定义的启发，制作了一件复制品。

当一个人别上纽扣时，他们实际上提出了自己想要在其他人身上激活的问题，但你必须离这些人很近才能真正看清纽扣上的内容。在这样小的物件上打造出如此程度的细节，确实只有银版摄影才做得到，这是 19 世纪的拍照方法，要将乳剂覆在金属上。看着这颗纽扣的同时，你也看到了反光的金属和印制的图像，它们似乎会从你眼前消失，这取决于光线的角度和你手握纽扣的位置。

这两只手看起来像是年轻成年人的手，也许他是个从事体力劳动的人。我认为图片是被有意裁剪成这样的，这样一来，照片的主题便无法为人所知，两只手就变成了一种象征。实际上，它们拿书的方式与亲密、保护有关，正在觊觎这一对象。摄影师还希望我们知道这个人会读书，有思想。在那个时代，在许多非裔美国人的照片里，他们都是拿着书的，以此来反驳“黑人”低人一等的说法。

现如今，人们戴着别针和纽扣来表达他们在政治运动中的立场，我确实为这种悠久的传统感到兴奋。我们不知道这是“黑”人的手还是“白”人的手，或者，后来有什么事情发生在他们身上，这样挺好的，因为我们就可以说这两只手是我们的手。它们包蕴着可见性 / 不可见性和意义的魔力，而正是这种模糊性让大多数艺术变得清晰又永恒。

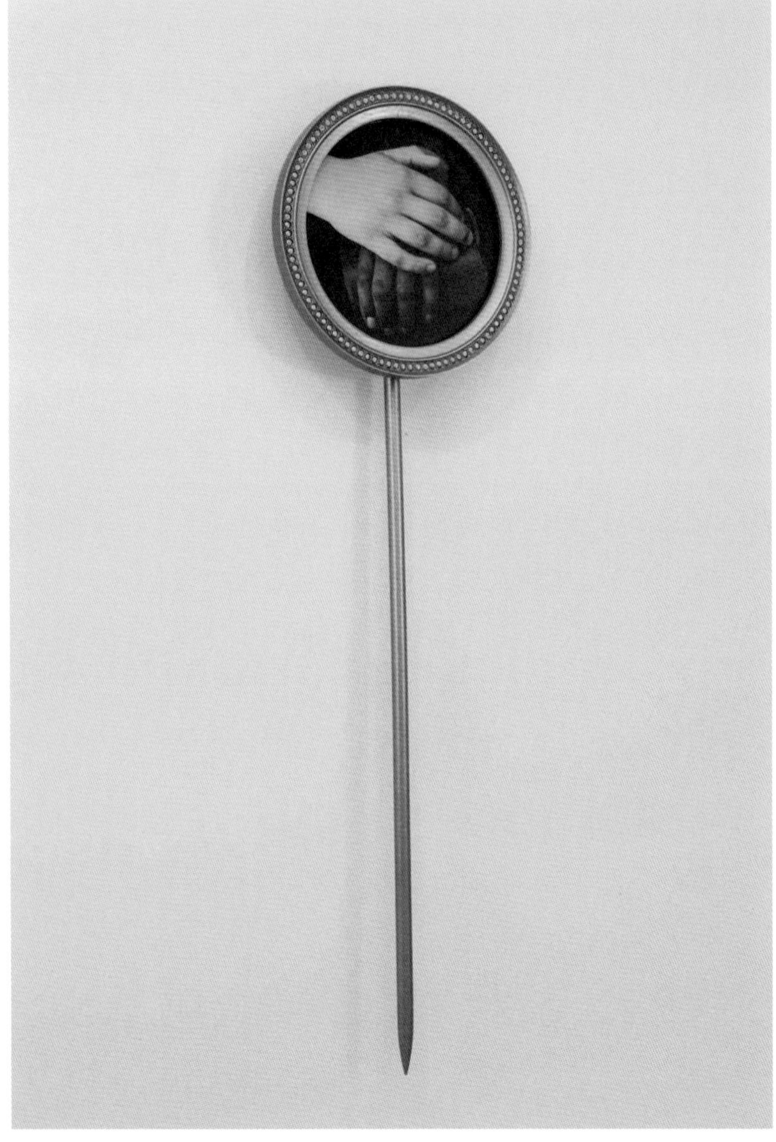

汉克 · 威利斯 · 托马斯，《从那以后，永远自由》，2012 年 ←

纽扣，19 世纪 40—50 年代 →

这张微型银版照片展示了搁在一本书上的两只手。它被放在一个两片式镀金黄铜框中，框的背面有一个小环，因此可以把它缝在衣服上当纽扣使用。纽扣框带有一圈简单的凸起装饰边，这是新英格兰几家工厂在 1830 年至 1850 年大量生产的一种典型的镀金金属纽扣。后来，纽扣发展成了一种典型的美国式政治广告和个人表达方式。这颗纽扣是 20 世纪 80 年代初在马萨诸塞州的一个跳蚤市场上发现的。

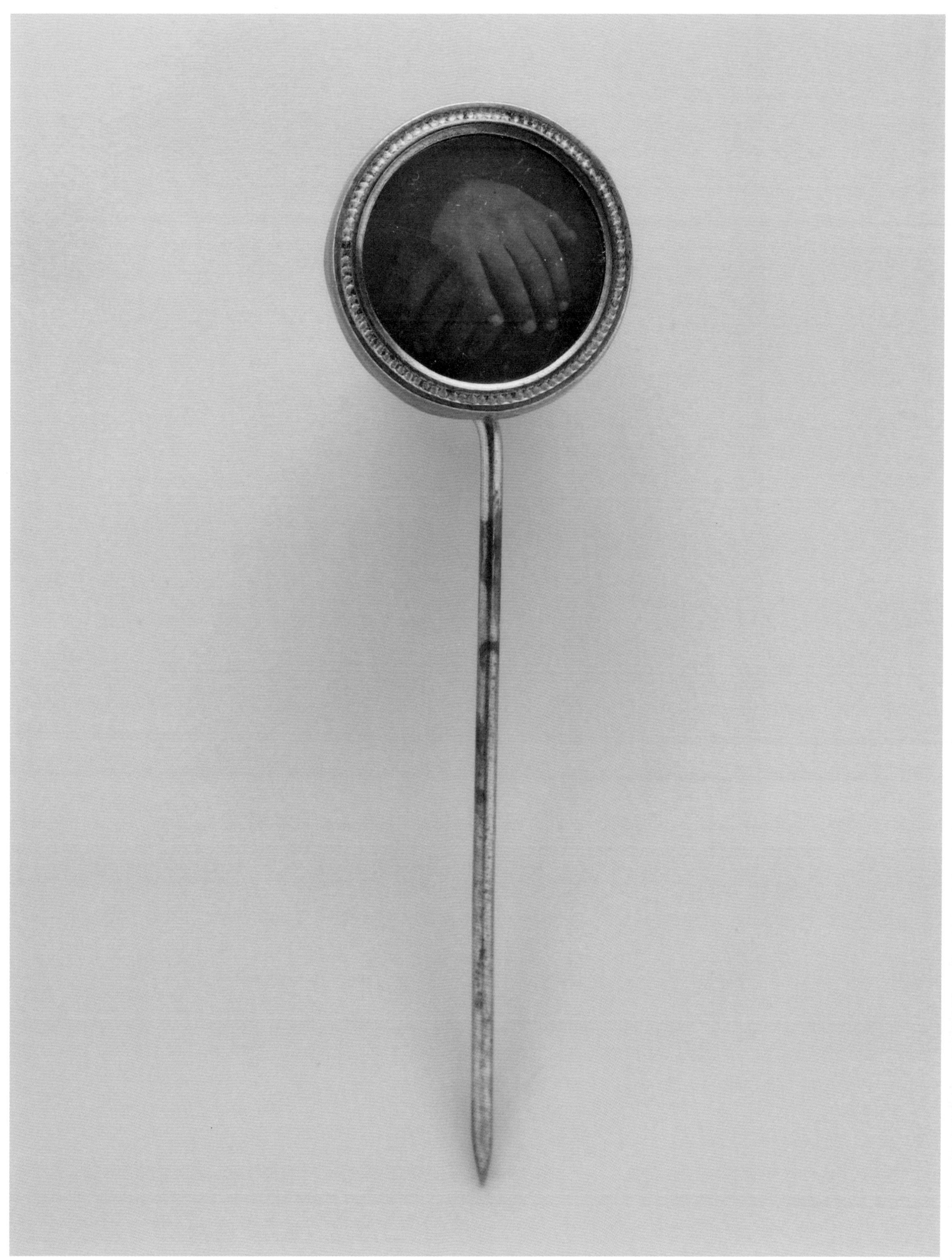

米卡琳 · 托马斯

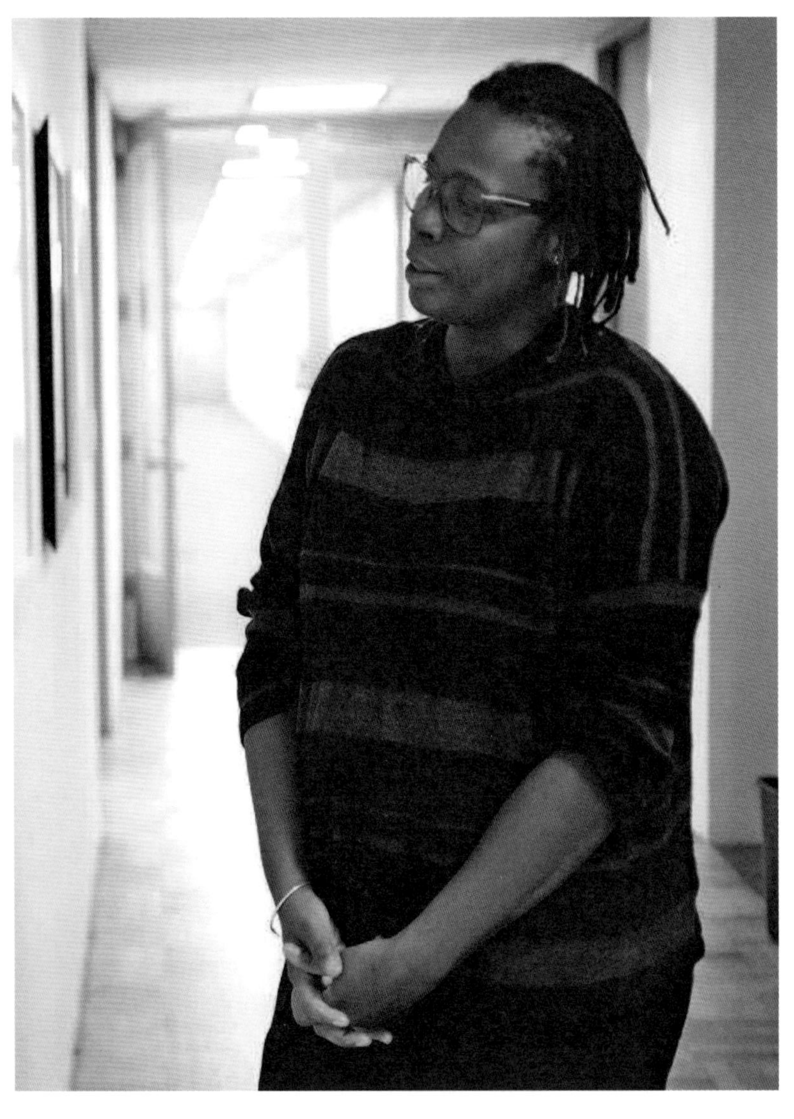

“他是让普通人发声的催化剂。”

我最初并不是被当作摄影师培养的，但照片一直是我绘画的来源之一。我常常会一边看塞杜 · 凯塔（Seydou Keïta）的作品，一边思考他是怎么做到的。第一次看到他的作品我就很喜欢，因为他呈现了你在照片中没看到的一切。

我是以抽象画家的身份进行研究的，在凯塔的《无题》（1953—1957）里，不同的面料互相撞色却又不失协调，这真的让我感到非常兴奋。它们制造了混乱，但人物身上又表现出宁静的一刻。宁静的点是她的脸和皮肤。你看着她的时候，会看到她柔软的双唇。那一刻的停顿会让你注视她的眼睛，让你止步不前。

凯塔对灰度非常了解。如果你看着《斜靠在收音机上的男子》（*Man Leaning on Radio*, 1955）里的那位绅士，他夹克上不同的黑色会四散开来，但变成了一种漂亮的形式。即使它是黑白的，你也可以感觉到图像中的所有色彩。皮肤的黑和布料的黑并不相同，因为皮肤的黑色程度是变化的。一个女人与另一个女人相比，她们的肤色可能相差很多，也可能相差无几。我们的皮肤充满了生命力，它的光亮和活力是织物不具备的。

他打破了模式。他不仅使用照相馆，还利用周围的事物，以自己熟悉的文化语言进行创作。他的作品里有一种主人翁感——你不觉得是什么摄影记者在向世人讲述你的故事——是你在讲你自己的故事。有些作品会让你感觉到拍摄对象和艺术家之间的完美合作。

我喜欢那些看起来像是在照相馆里拍摄的照片。凯塔用道具和服装营造出优雅的氛围。例如，在作品《无题》（又名《两对身份不明的夫妇，两位女士穿着相同的衣服》，1959—1960）里，四个人身后挂着一块布。他们显然是在室外，也许正准备去参加某个重要活动，或者，他这样打扮他们是为了营造一个不一定真实，但却令人信服的时刻。

作为一名艺术家，你的作品就是你自我的延伸。它来自你的经验以及你看待世界的方式。这些照片里有很多个凯塔。这就是他所爱的一切——气味、布料、与他一起成长的人。这些图像非常强大，因为他和它们是相互联系的。他是让普通人发声的催化剂。当别人看到我们时，我们会看到自己。这些照片坐实了那些人曾经在这里的时刻。

米卡琳 · 托马斯，《爱情之外的一点味道》，2007 年 ←

塞杜 · 凯塔，《无题》，1953—1957 年 →

从 1949 年到 1977 年，凯塔是他的家乡——马里首都巴马科——最受欢迎的肖像摄影师，他被委托拍摄了成千上万张照片，这些委托人里有政治家、政府工作人员、商店老板和普通公民，这些肖像组成了一份现代社会的杰出视觉记录。在这幅沉思的人物肖像中，凯塔强调了图案和节奏的强弱错位带来的碰撞——背景中旋涡状的蔓藤花纹、女人传统长袍上的印花图案以及毯子上大胆的黑白格纹。很多细节让他的拍摄对象看起来更加体面，比如她额头上的部落祭祀划痕和她修长的手指，这些体现了她社会地位的崇高。

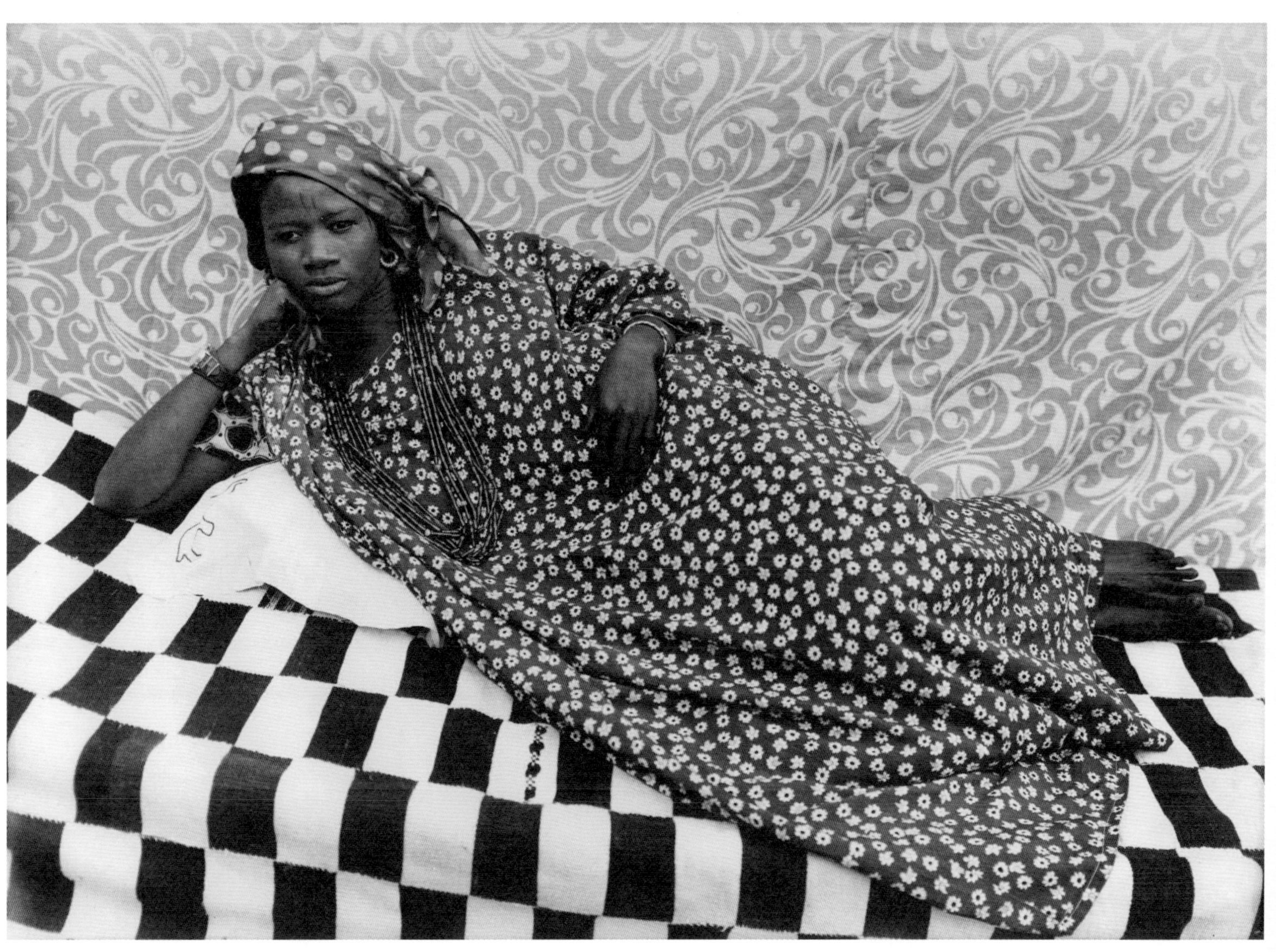

弗雷德·托马塞利

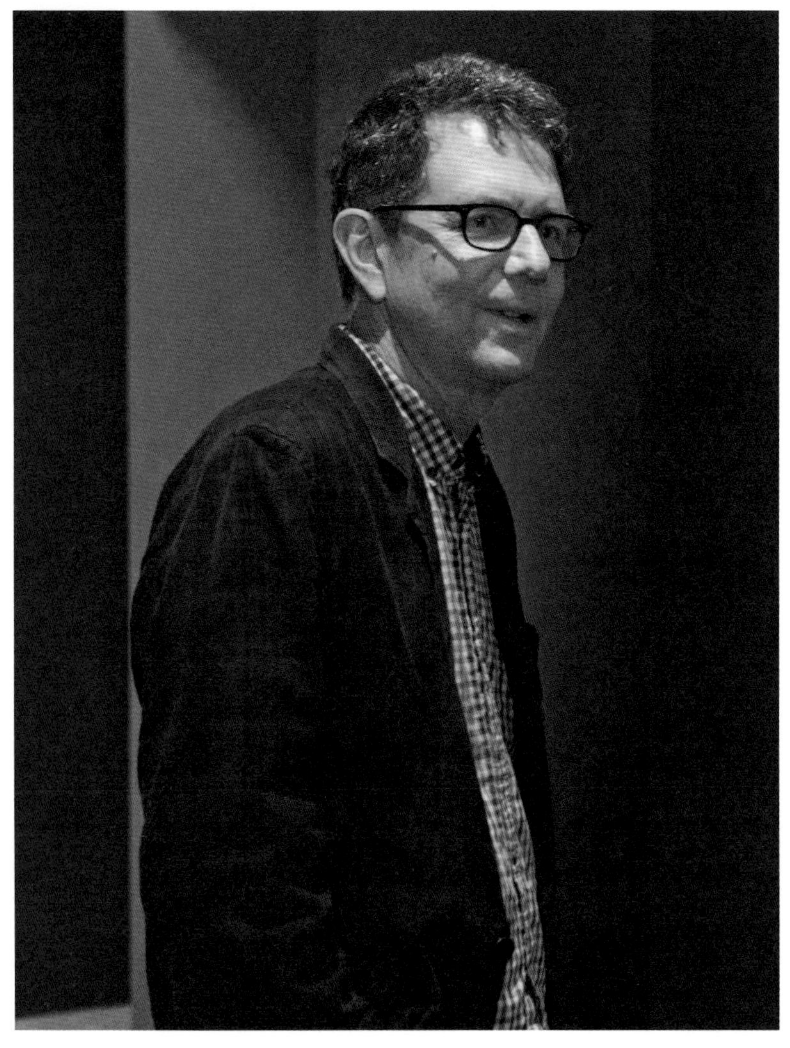

“有些艺术很容易枯竭，但这幅作品，你看得越久，它就变得越神秘。”

我是个拼贴画家，使用他人的语言工作，因此，我被这幅画杂糅的观念吸引了。上面的图像是几代人传下来的共同遗产。据我所知，忿怒莲师是佛法的守护者。他是你不想招惹的家伙。他的花环是由一个个砍掉的头穿起来的，头冠是人的头骨做的，一口毒牙，还长着三只眼——这家伙不好惹！他身上喷出的火焰象征着神圣的智慧。他脚下踏着的两具身体代表无知，这个动作也让他成了美丽、内心平和与宁静的暴力守护者。整件作品充满了矛盾，迷人至极。

在残酷和杀戮之间，占据作品顶部的是散发着平静与安宁的佛教圣人们。这幅画承认了世间的某种绝对：难以言喻的残酷行为时时刻刻都在发生，但同时，在某些地方，你依然可以找到平和与美丽。它体现了世界二元论。藏传佛教中的许多内容都与移居别处有关，让你不要害怕死亡或害怕面对死亡。

我基本上算个无神论者，所以，当我观看这幅作品的时候，我将它从过去的意识形态根源里剥离了出来，但即便如此，它还是向我展示了惊人的力量。佛祖的形象被嬉皮士劫持，所以它让我没那么害怕，反而有一种熟悉的感觉。我在一群金属摇滚乐手、瘾君子、飙车族、朋克摇滚乐手中间长大，正是通过这些低劣媚俗的版本，我才终于找到了通往原作的路。显然，这件作品好得多，但庆幸的是，我有自己的途径。

这件作品确实有一种致幻的效果。即使所有元素的边缘都异常清晰，而且做得非常精致，但整件作品给人的感觉似乎是处于一种持续的动态。画面中心的人物在跳舞，熊熊燃烧的头发飘向画面左侧，而身上喷出的火焰又在向右转。

漂亮和美丽是有区别的。一件漂亮的东西往往穿行于我们熟知且适应的艺术语言中。而美丽则有一点奇怪。这件作品不光有点奇怪，它还是美丽的。

有些艺术很容易枯竭，但这幅作品，你看得越久，它就变得越神秘。它不断地向你开放，我渴望自己的作品也具有这样的品质。

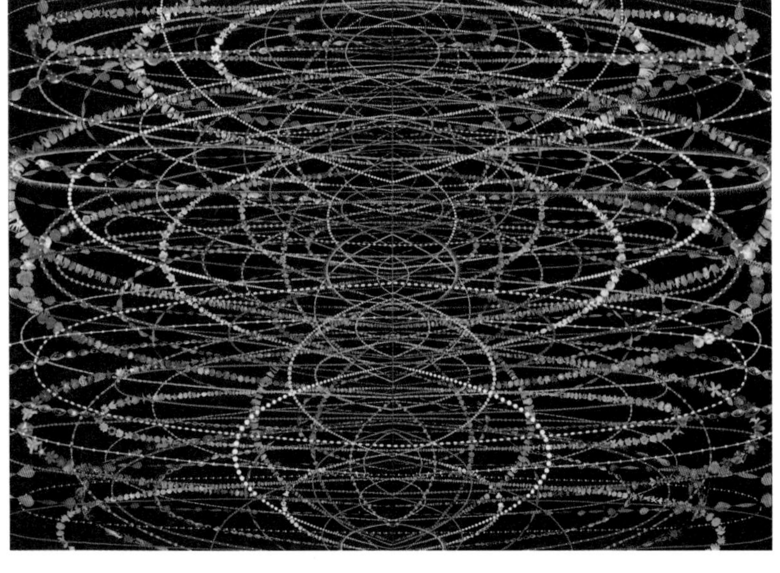

弗雷德·托马塞利，《回声、哇呜和悸动》，2000 年 ←

《忿怒莲师》，18 世纪 →

以这种愤怒冥想的形象现身的忿怒莲师是莲花生大师幻化而成的威猛火像，是藏传佛教宁玛派的重要保护神。他叉开双腿站立在火轮之中，右手拿着法器金刚杵，左手抓着黑蝎子。他腰间缠着虎皮，肩上搭着象皮，头上戴着人的头骨制成的冠冕，脖子上挂着头颅做成的花环。

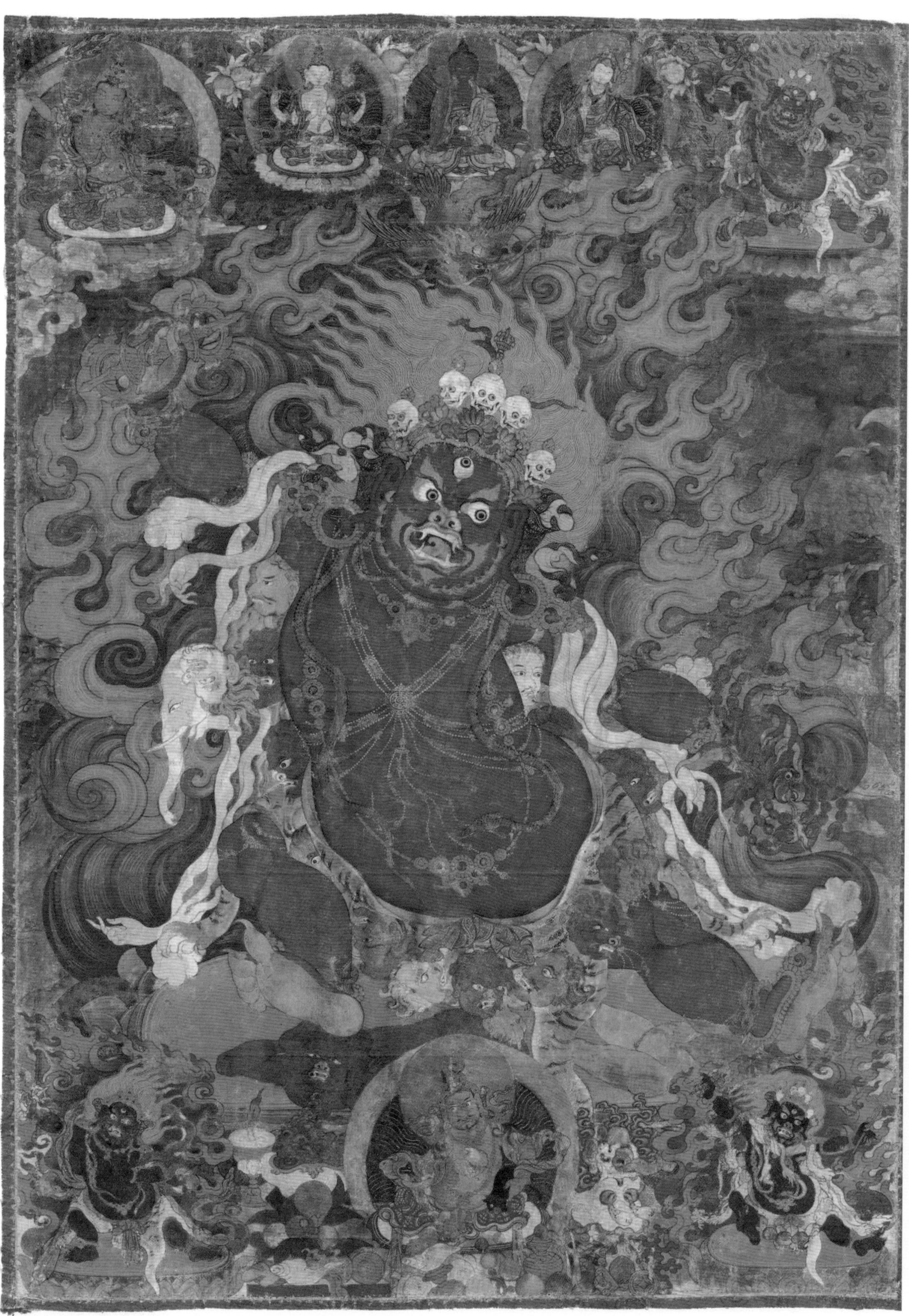

雅克·维勒格莱

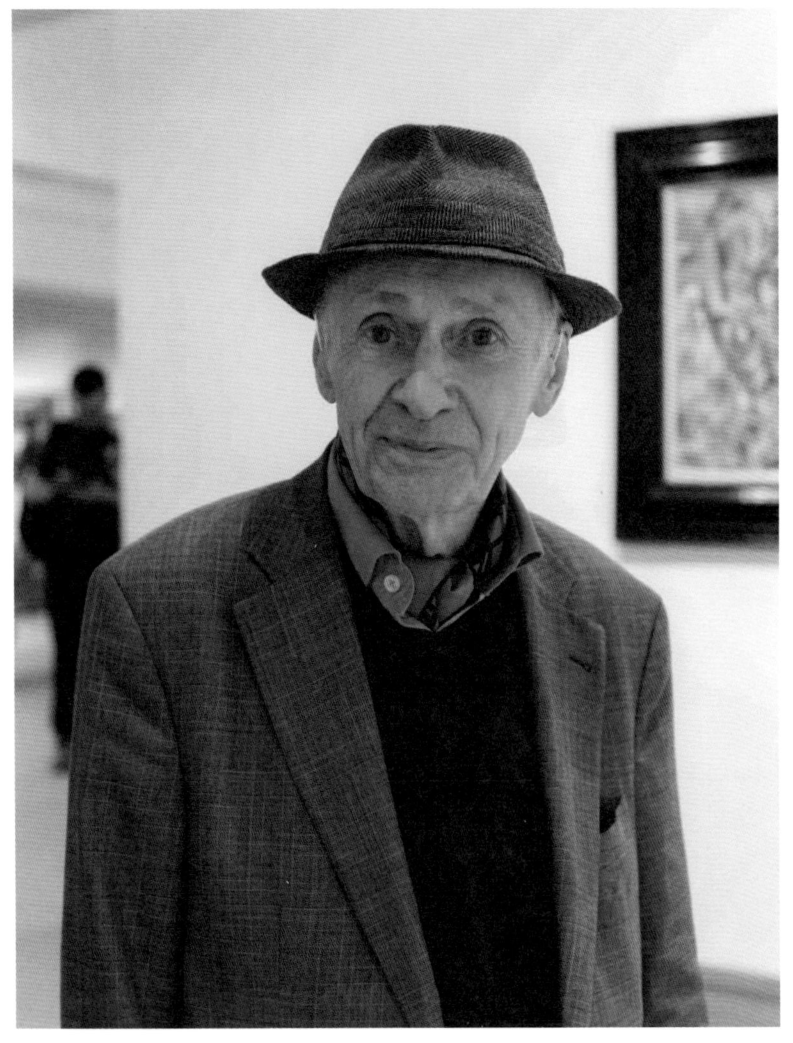

“当我在 1943 年发现布拉克和毕加索的画时，它们对我来说既新鲜又震撼。”

常常有人“控诉”我，说我创作的艺术跟艺术本身是对立的，但我觉得，我的创作在很大程度上是对过去的绘画和现在的绘画的一种回应。面对绘画传统，我有种如鱼得水的感觉。第二次世界大战中期，我偶然在一家书店里发现了毕加索（Picasso）和布拉克（Braque）的这些画。在那个特殊时期，你不可能看到现代艺术家的原作。这些难以看懂的画让我感到震惊，但我发现画中的某种东西让我很感兴趣，并且我再熟悉不过了，那就是字体设计——我对它的了解主要来自海报。作为一个年轻画家，我为选择什么样的创作主题而苦苦挣扎，我从这些画作中发现，字体设计可能就是我艺术创作的主题。

我一直对汉字、拉丁字母以及它们背后可能包含的社会政治背景很着迷。字体是可以说话的，即使你不能理解它。这些字母对我说话，因为我认识到它们既是单个文字又是符号，还具有某种含义。我不会像大家阅读一篇文章那样阅读这些单词，我将它们视为画作的一部分。即使你不完全了解空间，也能感觉到这种体积感。

我从布拉克的作品中看出他来自法国诺曼底地区，诺曼底算不上是最启发灵感的一个地区，也不算是文化最丰富的地区，但它是个平静的地方——这就是我从布拉克的画里感受并欣赏到的东西。相比之下，来自地中海附近的毕加索在巴黎工作，巴黎的故事可就多了。这种差异很快体现在了作品中。它们都是非常地道的绘画作品，而不是拼贴作品。这些物件、字母和形式被整合到一个构图中，然后在艺术家设定的地方漂浮着。

我成长的时候，法国正处于德国的占领之下，那时我无法接触世界上其他地方发生的新鲜事情，所以，对我而言，布拉克简直就是一位革命性的艺术家。我接受的是非常传统的教育，在学校里，我是个闷闷不乐的坏学生；但在学校之外，我一直试图寻找属于自己的教育。这是一种全新的艺术，我未曾见过，起初也无法理解。当我在 1943 年发现布拉克和毕加索的画时，它们对我来说既新鲜又震撼；如今虽已时过境迁，但这些作品依然充满活力，深深吸引着我。

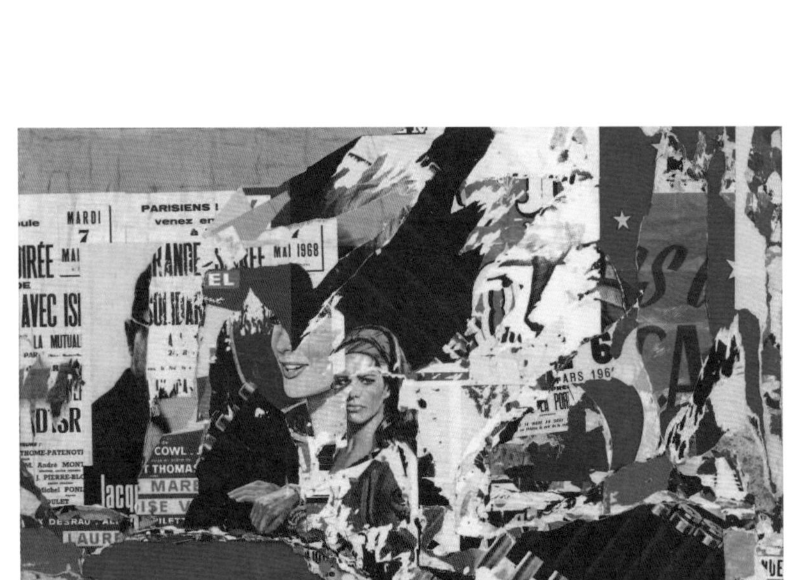

雅克·维勒格莱，《巴黎庙街 122 号》，1968 年 ←

乔治·布拉克，《静物：带钩短矛》，1911 年 ↗

在布拉克的作品中，互相交错的平面、字母和破碎的物件被复杂地排列到一起，这种复杂的排列与同一时期毕加索的作品几乎没有区别。两人在塞雷镇一起度过了 1911 年的夏天。塞雷镇坐落在法国比利牛斯山脉，极受艺术家们欢迎。他们两人在那里探索了后来被称为立体主义的形式元素。由于布拉克本人不是斗牛运动爱好者，所以标题中的带钩短矛——斗牛中使用的带有钢倒刺的木棍——可能是他在向毕加索致敬。

巴勃罗·毕加索，《静物：朗姆酒瓶》，1911 年 →

毕加索在塞雷画了这幅画，它完成于立体主义最抽象的阶段，这个阶段也被称为“高级立体主义”或“分析立体主义”（1910—1912）。该作品描绘了一个圆桌面，左端有高脚杯，中间是朗姆酒瓶，前景靠右处是个烟斗。它是毕加索首批含有字母的作品之一。

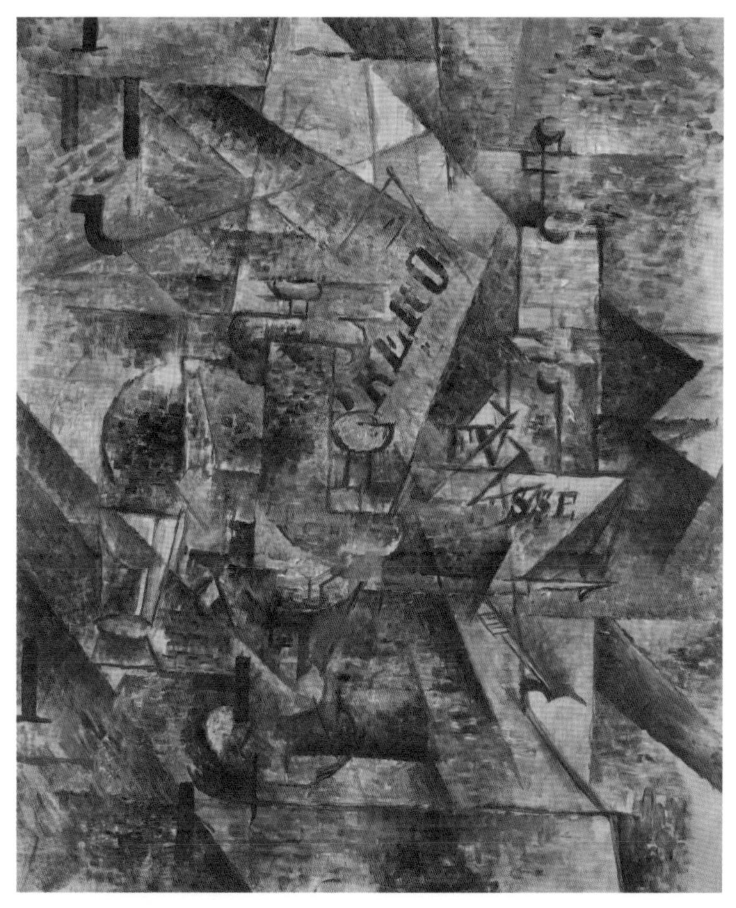
SSE

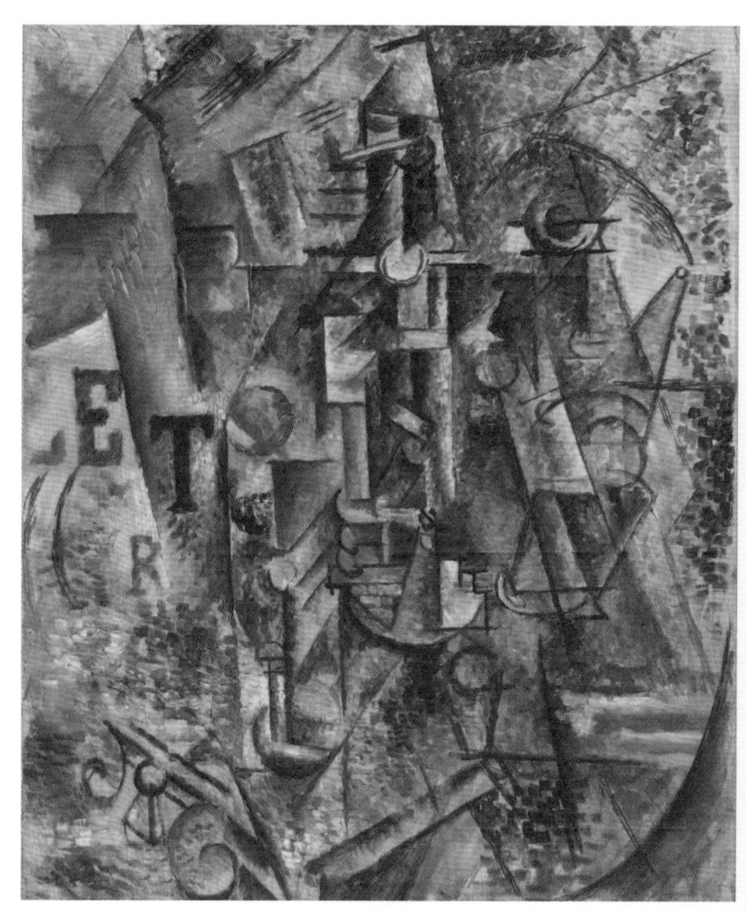
ET
R

玛丽 · 韦瑟福德

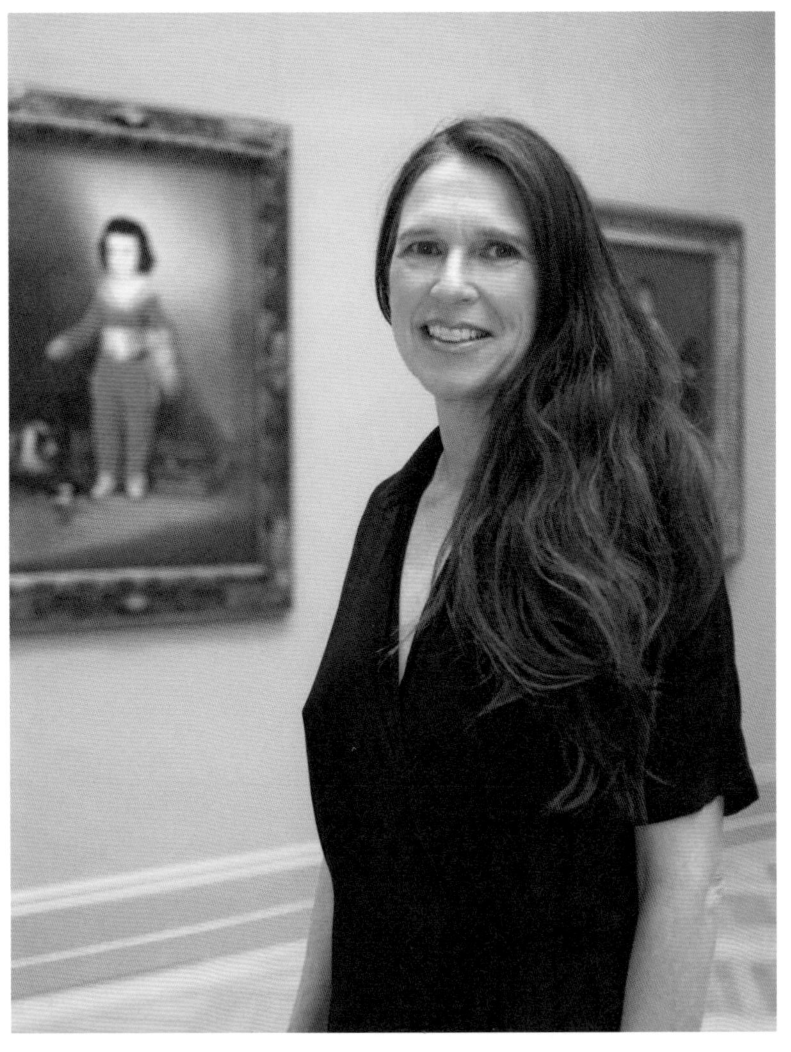

“画中的内容远超你的想象，它就这样活了。”

刚出生时，我得到了一本名为《名画》的书，其中我最喜欢的一幅是戈雅为身穿红色套装的小男孩画的肖像画，小男孩名叫曼努埃尔·奥索里奥·曼里克·德·苏尼加，这幅画让我魂牵梦萦。我真希望他能从画里走出来成为我的朋友。我一直有点为他感到难过，虽然他很富有，但看上去身边没多少朋友，尽管他确实养了不少宠物。哪个孩子不想和这样的小男孩做朋友啊？他有三只猫、一笼金丝雀，还有一只拴着绳子的鸟。成年后，你只能去回忆一部分童年幻想，它让你能听见戈雅置入这幅画中的声音。我仍然记得那阵阵鸟鸣：“啾啾，啾啾，啾啾。”

猫儿们流着口水，盯着那只小鸟。但男孩有点难过，他没有笑，尽管画一个快乐的孩子很容易，你只要稍微抬起他们的嘴角即可。显然，这个男孩也是照吩咐办的，因为这是他的正式肖像画。在被捕捉到的那一刻，他的神色并不轻松，相反，他拥有的那些宠物围着他，仿佛他是一个圣人。他的双手优雅地张开，这姿势有点像屈服，又有点像祝福。他是个圣人，只是被伪装成了一个牵着一只鸟的小男孩。

我喜欢这些颜色——那种红色——还有他那条涂抹了灰色和白色的缎带。在偏绿色背景的映衬下，这个小男孩的皮肤显得那么白皙，脸颊粉粉的，深棕色的大眼睛像黑色的大理石珠子一样。但是，最有趣的是他那只小小的左手，手里握着拴鸟的绳子；这只根据透视法缩短的小手太棒了——看起来就像一朵小花。绳子画得好极了，光线在绳子的不同部分若隐若现，我非常喜欢。

那只猫直勾勾地瞪着那只鸟，满满的期待从它的眼睛里迸出，感觉它的头都要晕了。小时候，我养过一只小金丝雀，它的名字叫克里斯托弗。有一天，我回到家，克里斯托弗只剩下一只小小的红爪子。这幅画里的场景是真实的——那只猫在等着扑向那只鸟！

人生中，遇到一幅如此重要的画——即使它只是书中的一幅图——然后你走进博物馆，看到它如此真实地挂在你眼前，这种经历简直难以言表……画中的内容远超你的想象，它就这样活了。

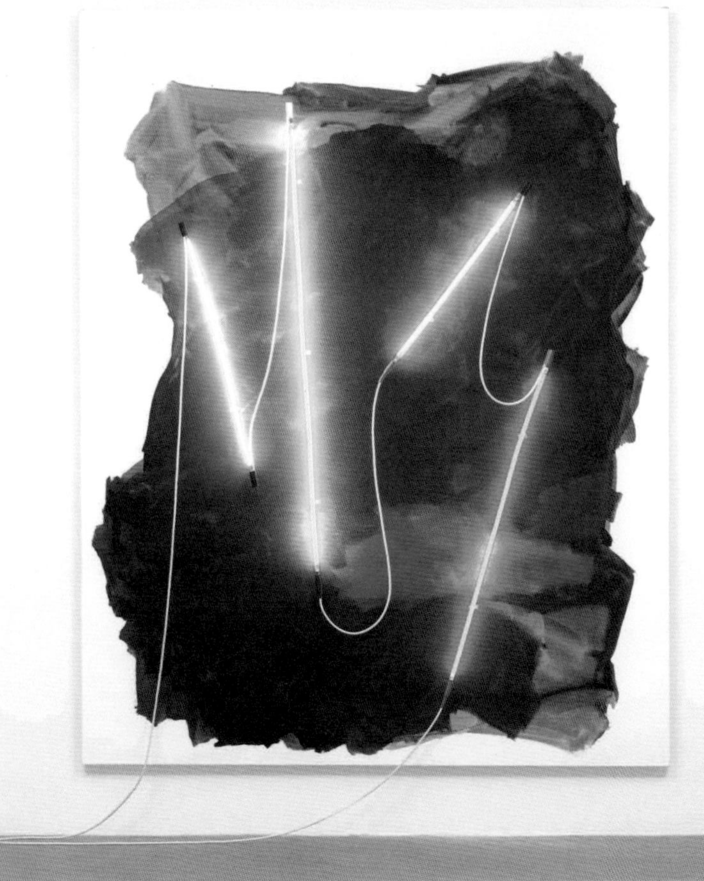

玛丽 · 韦瑟福德，《科尼艾兰 II》，2012 年 ←

弗朗西斯科 · 戈雅，《曼努埃尔 · 奥索里奥 · 曼里克 · 德 · 苏尼加（1784—1792）》，1787—1788 年 →

这幅画中的模特是阿尔塔米拉伯爵夫妇的儿子。他身穿华丽的红色套装，正在和自己养的宠物们玩耍，其中有一只喜鹊（嘴里叼着画家的名片）、一笼金丝雀和三只瞪圆了眼睛的猫。在基督教艺术中，鸟通常象征着灵魂；而在巴洛克艺术中，笼中鸟象征着纯真。戈雅可能打算用这幅肖像画来表明儿童世界与邪恶势力之间的脆弱边界，或者，用它来解释纯真和青春短暂易逝的本质。

戈雅的《曼努埃尔·奥索里奥·曼里克·德·苏尼加》

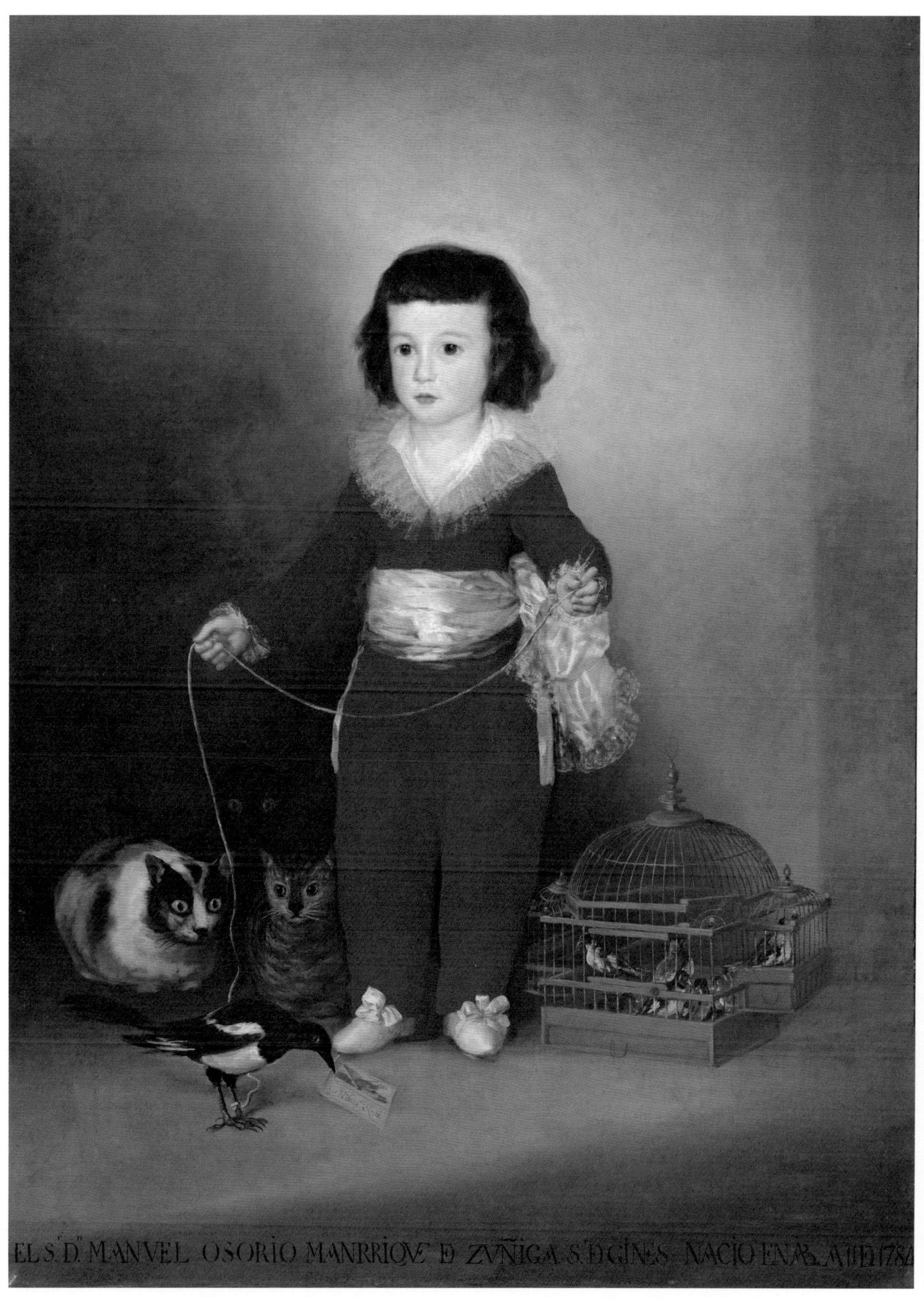

威廉·魏格曼

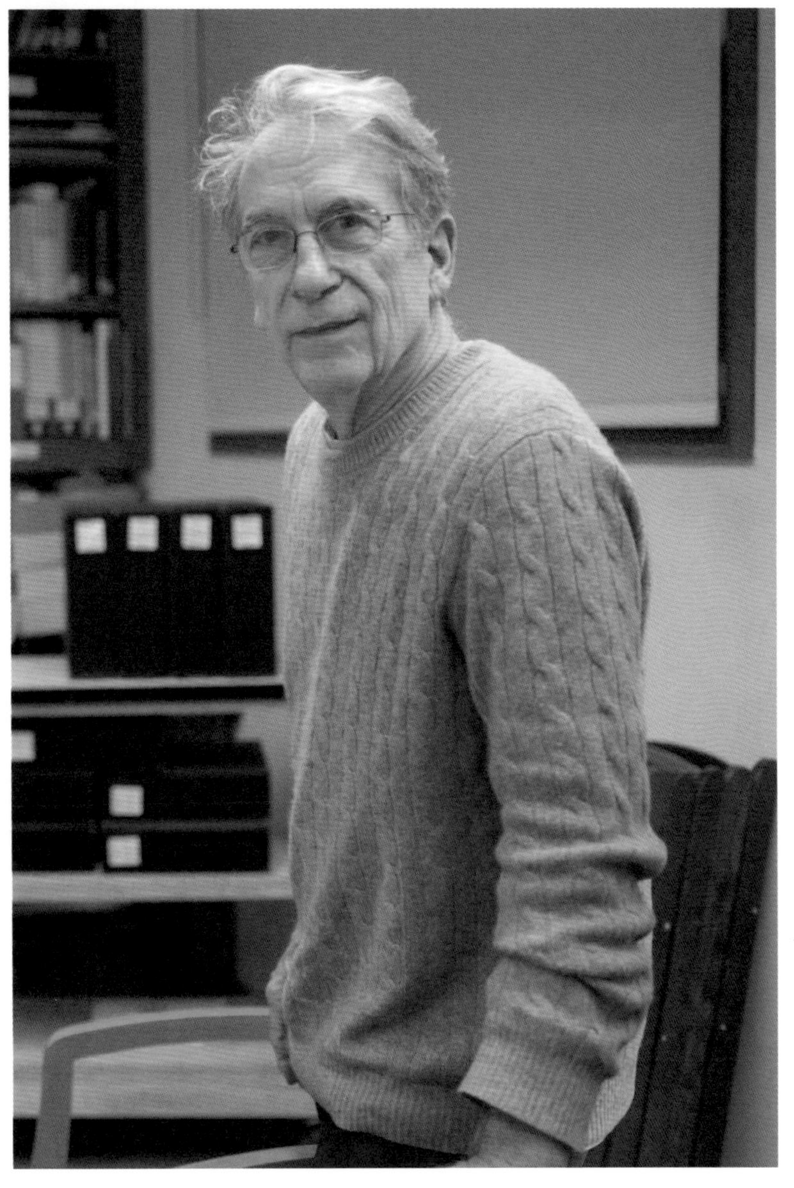

“有些东西着实会引起我的注意，而且，我会消耗超出自己预期的时间盯着它们看。”

我收集了很多明信片。我喜欢它们的尺寸——大多是 10 厘米 ×15.2 厘米，这个尺寸让它们变成了一个很有趣的类别，你可以对它们进行对比和分类。所以我很喜欢看沃克·埃文斯收藏的明信片。我觉得很有趣的一点是，埃文斯热爱并懂得他童年时代的一切，那时候风景明信片刚开始流行，他也还没开始练习摄影。

他对自己的喜好非常清楚，这一点在我脑海中萦绕不去。他很珍惜那些被他称为“抒情纪录片”的作品，也可能受了这些作品的影响。埃文斯不喜欢彩色照片。对他来说，那些由石版画家上色的作品更有吸引力。他觉得那些作品更迷人，我深以为然。

该收藏中有 4 张奥尔巴尼州议会大厦的明信片，它们看起来各不相同，但如果你仔细观察，就会在这 4 张明信片里看到同样的人群和同样的汽车，并且，旗帜飘扬的方向也一致……实际上，这些明信片上的图像完全相同，但不同的上色程度让它们看起来完全不一样。

早期明信片另一个有趣的点在于烟和火的润色方式，那些云朵简直见所未见——它们是明信片上的云朵。它们是天蓝色的，中间掺杂着些许淡橙色，这种蓝色被一次次用于描画天际线。

和埃文斯一样，我也对明信片背面的信息很感兴趣，感觉有点像在偷听别人谈话。我听说，埃文斯向某人寄了明信片后，可能会要求对方将其退还。我想知道，既然他知道自己会将它收回，那么他是否还会在明信片上留下信息呢?

现如今，每个人都有电子邮件，明信片差不多已经不复存在了。如果你去了一些美妙的地方，你会用手机拍照，然后把照片发给某个人。我自己就从来没有寄过明信片，但每当我在明信片架子前驻足，却再也看不到那么优秀的作品时，我会非常伤感。

曾经有人给了我满满一手提箱明信片，我试图将它们归类，但实在太多了。当我找到一张漂亮的明信片时，就会想起埃文斯的收藏。他的灵感来自他收藏的明信片，所以，从某种程度上说，它们是他创作的原材料。

对我来说，明信片算不上真正的艺术品。有些东西着实会引起我的注意，而且，我会消耗超过自己预期的时间盯着它们看，和我参观博物馆时一模一样。我会意外碰到一件让自己震惊的作品——我喜欢这种上头的感觉。

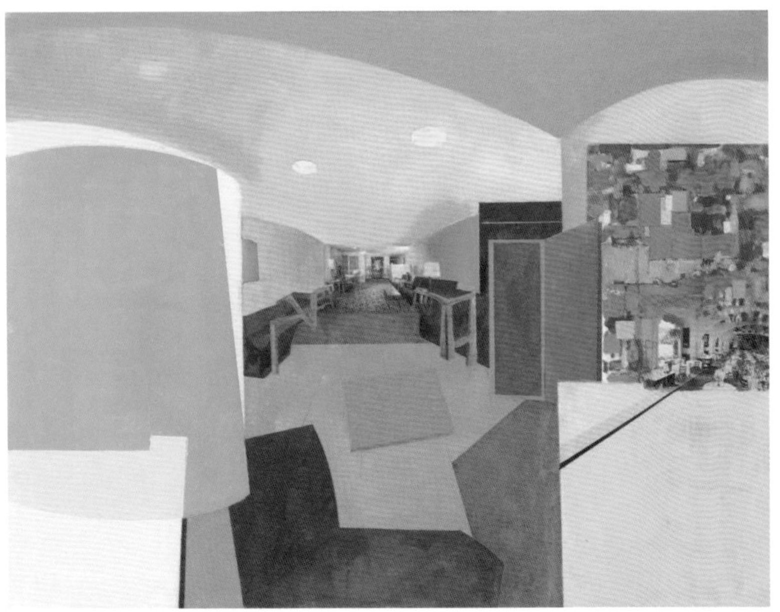

威廉·魏格曼，《门厅的抽象画》，2015 年 ←

《145 张沃克·埃文斯收藏的火车站明信片》，20 世纪初—20 世纪 30 年代 →

1994 年，大都会艺术博物馆获得了美国摄影师沃克·埃文斯收集的 9000 张风景明信片。20 世纪初，在美国“一元店”里售卖的风景明信片描绘了带有现实主义风格和家乡自豪感的小城镇，主题包括当地的标志性建筑、仓库和煤矿。埃文斯认为，这些明信片记录了其他任何媒介所不曾记录的美国的一部分。对他来说，这些明信片的吸引力在于平凡的题材、朴实的画质和淳朴的风格，他用相机翻拍了它们，用于制作自己的纪录片。

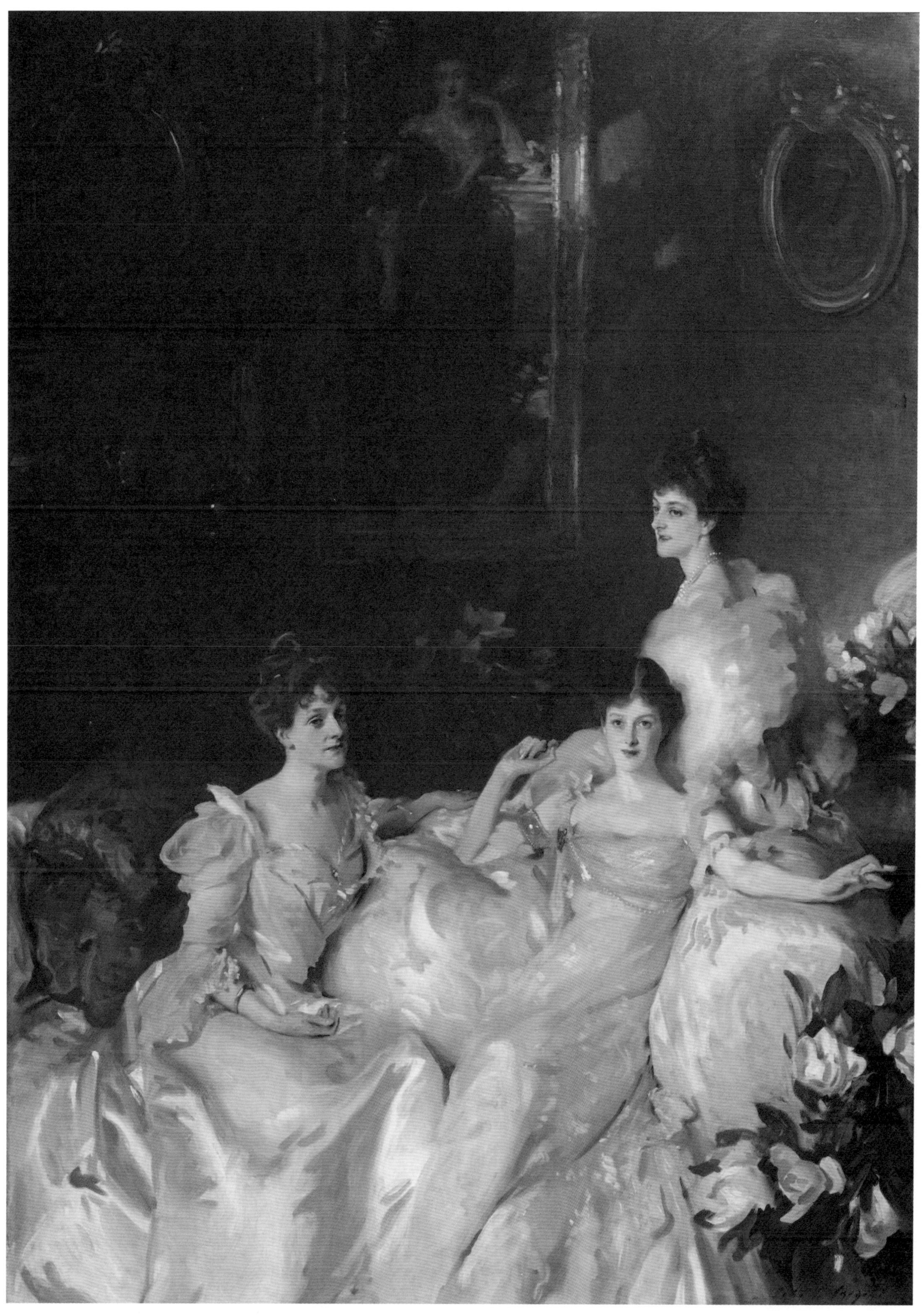

贝蒂 · 伍德曼

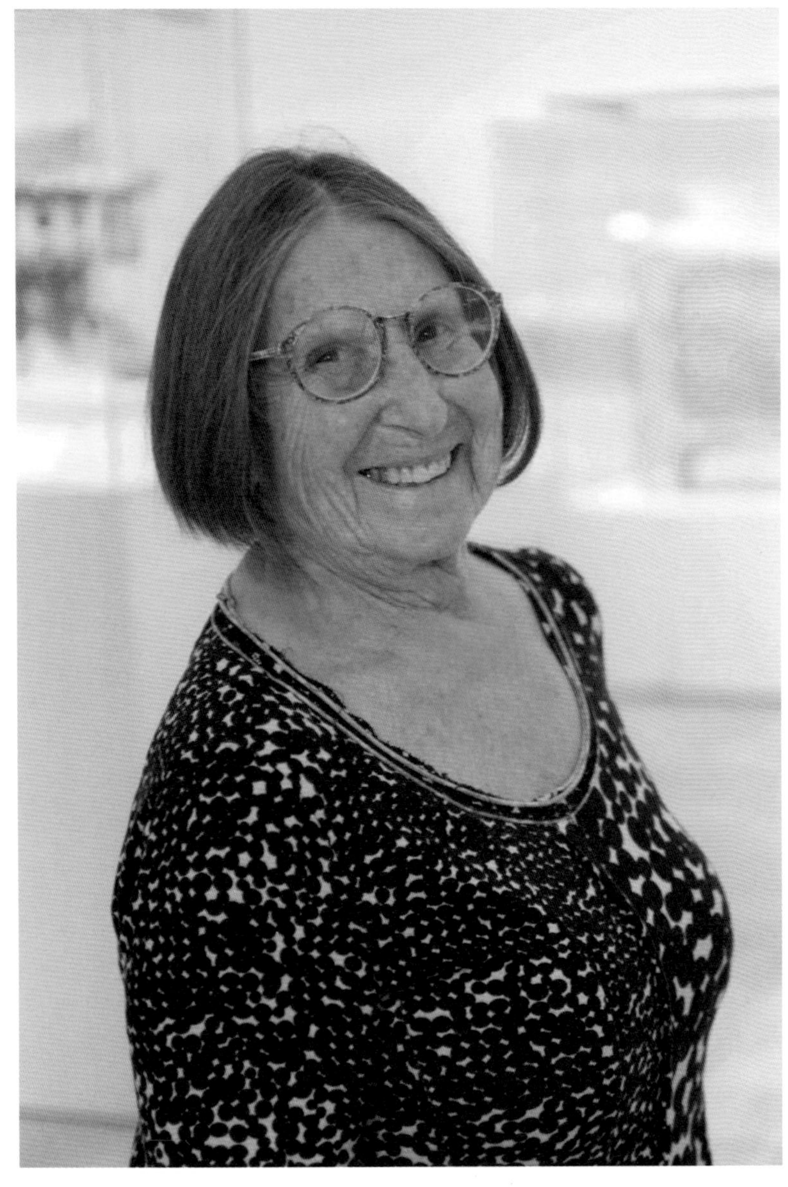

“当你在某样东西上作画时，你会改变自己对它的看法。”

我热情地用黏土创作已经 60 多年了。黏土的种类众多，它们可以创造出许多不同的东西，无论这些东西是不是功能性的。它是一种丰富的材料。这个陶土棺充满了我在创作过程中吸取的教训，但当我还是学生的时候，没有人教过我这些。那时，人们的兴趣在于形式的纯粹，而非绘画本身，但我认为，这两者都有很多值得学习的地方——它是绘画与形式的结合。当你在某样东西上作画时，你会改变自己对它的看法。

这件作品是一件石棺，它的装饰方式表明了这一点。那为什么还要进行装饰呢？这玩意儿不是放在墓里的吗？它让我想起了巴勃罗 · 毕加索的作品。当你绕着它观看时，你会发现，无论是形状的表现还是棺材上的各种标记，都有很多不同的事情在发生。这一点简单、新鲜而又确定。

这些标记还表明黏土是烧制过的，并且窑内的空气改变了装饰的颜色，使之从锈红色变成了黑色。棺盖熔化了，因为窑炉里太热，高温让它变弯了。做陶瓷的人，不管从业多久，都会有这种经历，但这件作品可是在公元前 13 世纪制成的。作为一件人类的物件，它正在逐渐拥有归属感，并成为这种艺术连续性的一部分。

我觉得，谁都无法再做出这样的作品了。它不大像当代作品，但今天，人们可以看到它，并从中获得很多乐趣。在创作新的作品时，我会尝试着捕捉一些可以让人想到过去的历史，但我并不会试图重现过去。也许有人希望复制这件作品，但我认为这样做无异于将其扼杀。

这件作品与黏土的特性息息相关，从某种意义上说，也与我对它的热爱息息相关。

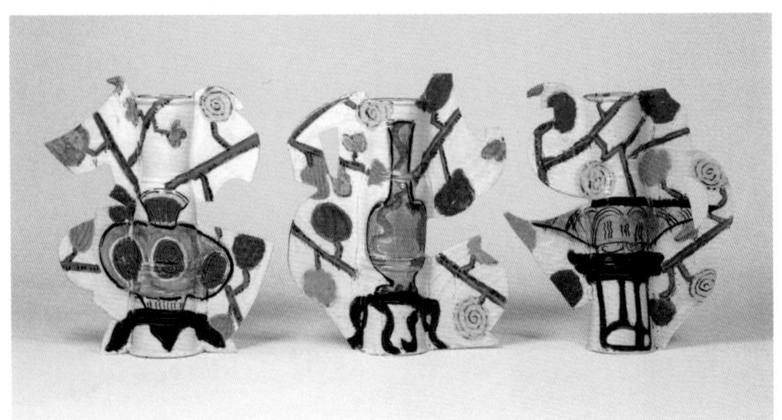

贝蒂 · 伍德曼，《明姐妹》，2003 年 ←

《陶土棺（柜形棺）》，公元前 13 世纪中叶 →

从公元前 14 世纪初期到公元前 12 世纪，柜形棺是克里特岛的标准棺材类型。这种两侧均带有凹式面板的结构表明，它很可能是基于某个木器原型而制作的。最近一项学术研究发现，产自埃及的箱子可能是这些棺材的模型。棺材两侧均装饰有几何图案和植物图案，这是该时期的陶器上经常使用的花纹。

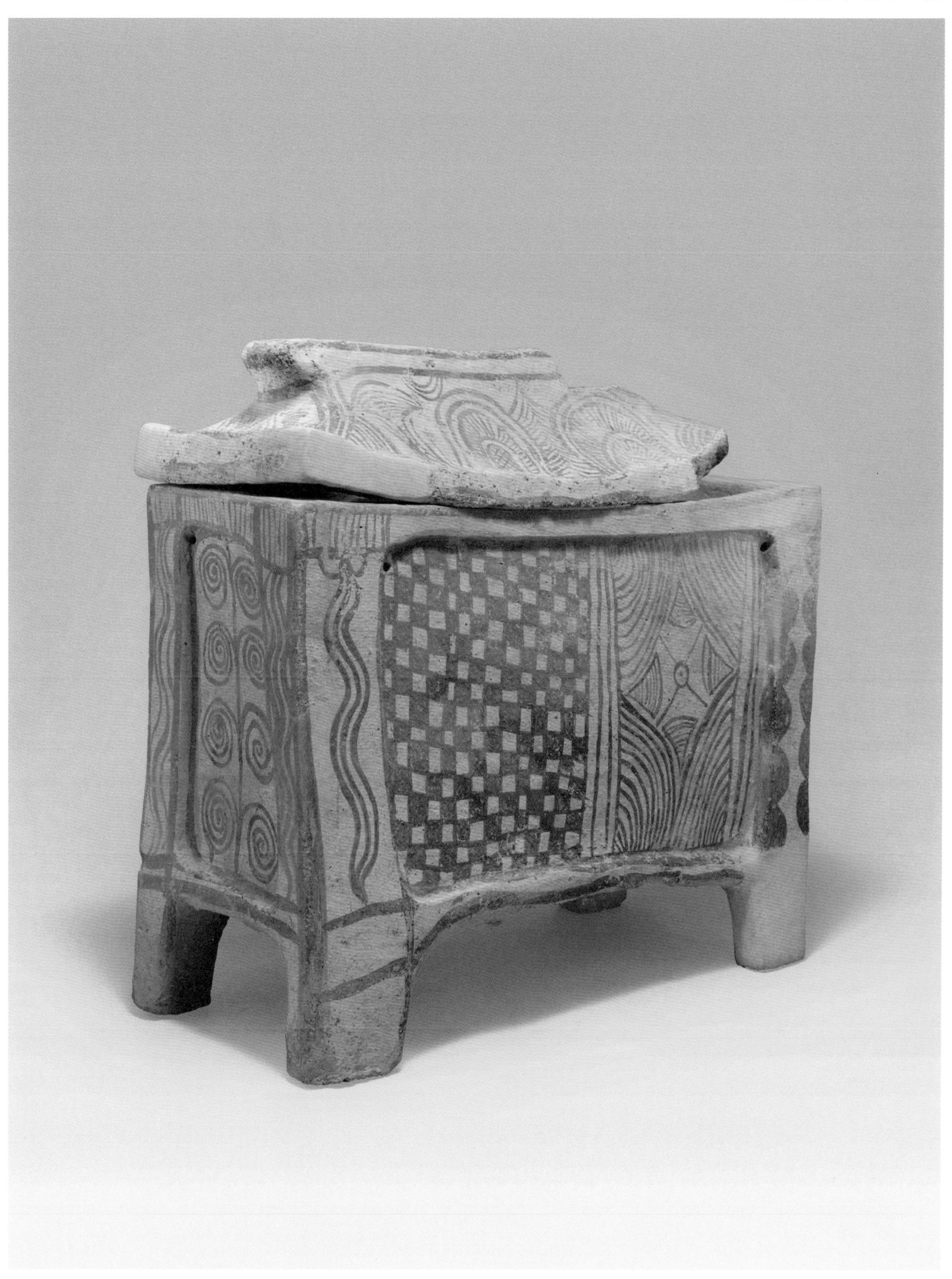

徐冰

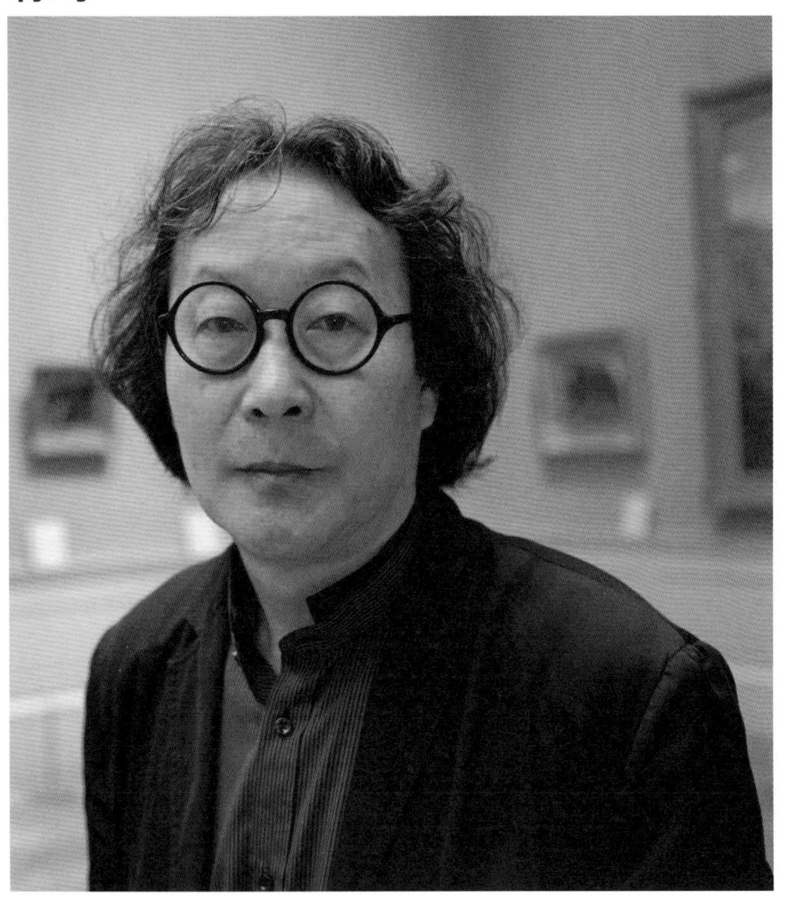

“我喜欢人们日常生活中不曾注意的那些风景，而这些风景里处处有人类活动和生活的痕迹。”

我画过许多风景，因为我真的不喜欢画人物。画人物是很具体的一件事。我喜欢人们日常生活中不曾注意的那些风景，而这些风景里处处有人类活动和生活的痕迹。

大多数城市居民看到让-弗朗索瓦·米勒（Jean-François Millet）这样的画作时，他们的想法可能是这样——哦，这就是农民的生活。而我却会回到描绘的场景——那是我在乡下三年亲历的场景。

我是在中国接受的艺术教育。我们培训的一部分便是去中国的农村和工厂，与农民和工人一起体验他们的生活，并从这种经历中获得创作灵感。

我发现米勒的画作令人赞叹的一点是，他会平等地描绘人类、动物世界、干草垛和农舍。在他的作品里，我们看到了对农民的热情和尊重，而这种热情和尊重实际上是对大自然的热情和尊重。这源于米勒对生活真正的理解。大概就像你被丢进了这个戏剧性的、充满感情的场景一样，你会感到这些即将发生的自然变化。

在秋天，你必须在预计的降雨到来之前完成所有的收割工作。你看看这些乌云，而且，如果你了解农场和农民的生活节奏，就能体会到他们的焦虑。在这种非常纯净的暖调光线下，背景中的农舍清晰可见。这真是一种对农场生活的温暖及农民生活的艰难的有趣表达。

在过去，人与自然环境之间的联系往往被忽略，起码没有得到应有的重视。艺术大部分时候仅仅是人与神之间，或贵族之间、权力之间、政治与人民之间的关系。与许多将农民或单纯的人物形象作为主题的艺术家和画家不同，米勒笔下的农民是我知道的与大自然有真正联系的农民。

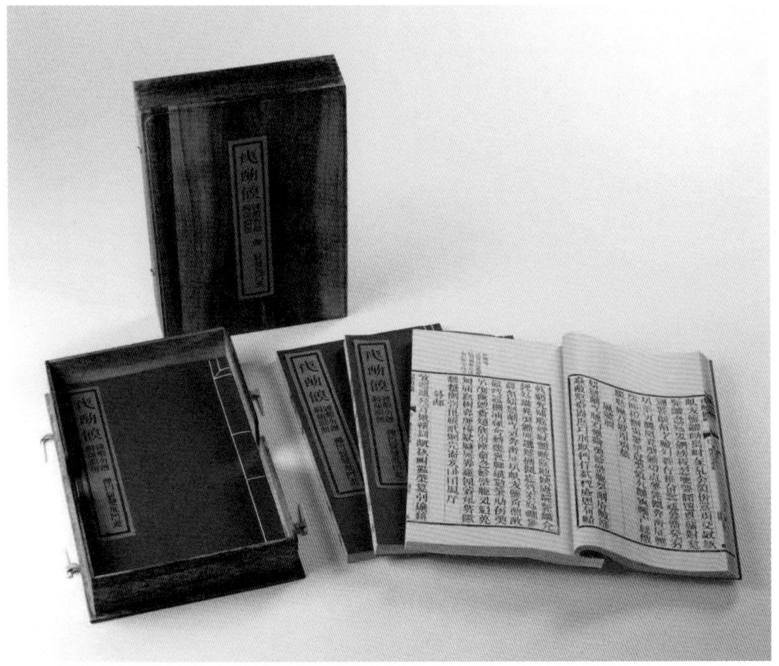

徐冰，《天书》，约 1987—1991 年 ←

让-弗朗索瓦·米勒，《干草垛：秋天》，约 1874 年 →

这幅画来自四季系列，1868 年由实业家弗雷德里克·哈特曼（Frédéric Hartmann）委托米勒创作。米勒在接下来的七年里断断续续地创作了这个系列。秋天的时候，收割完毕，收割者们离开了，绵羊被放到田里吃草。这幅作品随意的、如素描般的表面处理呈现出米勒后期风格的特点：深丁香粉的底色刻意裸露在外面，底部的线条清晰可见，尤其明显的是干草垛和绵羊的轮廓线。

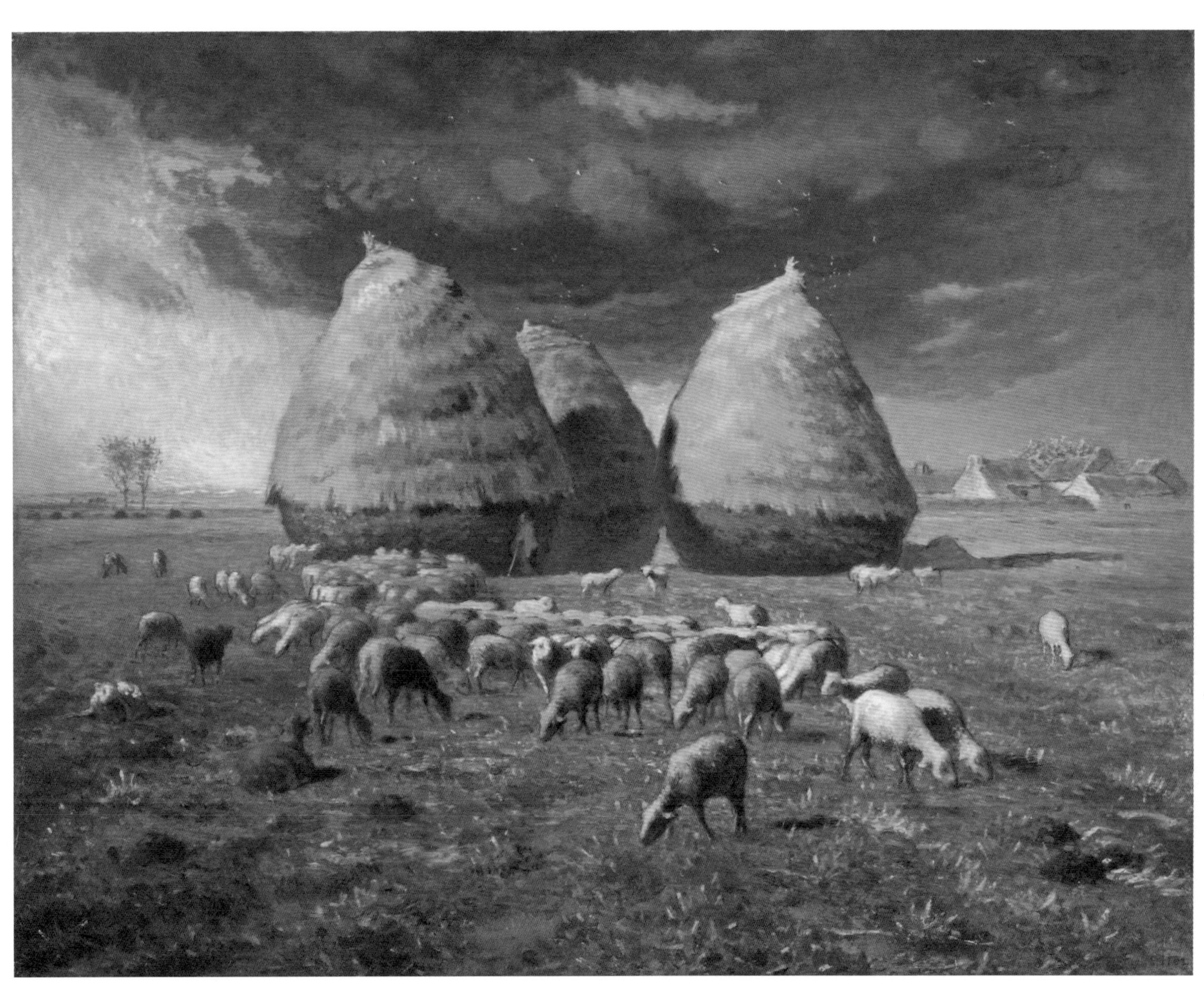

达斯汀·耶林

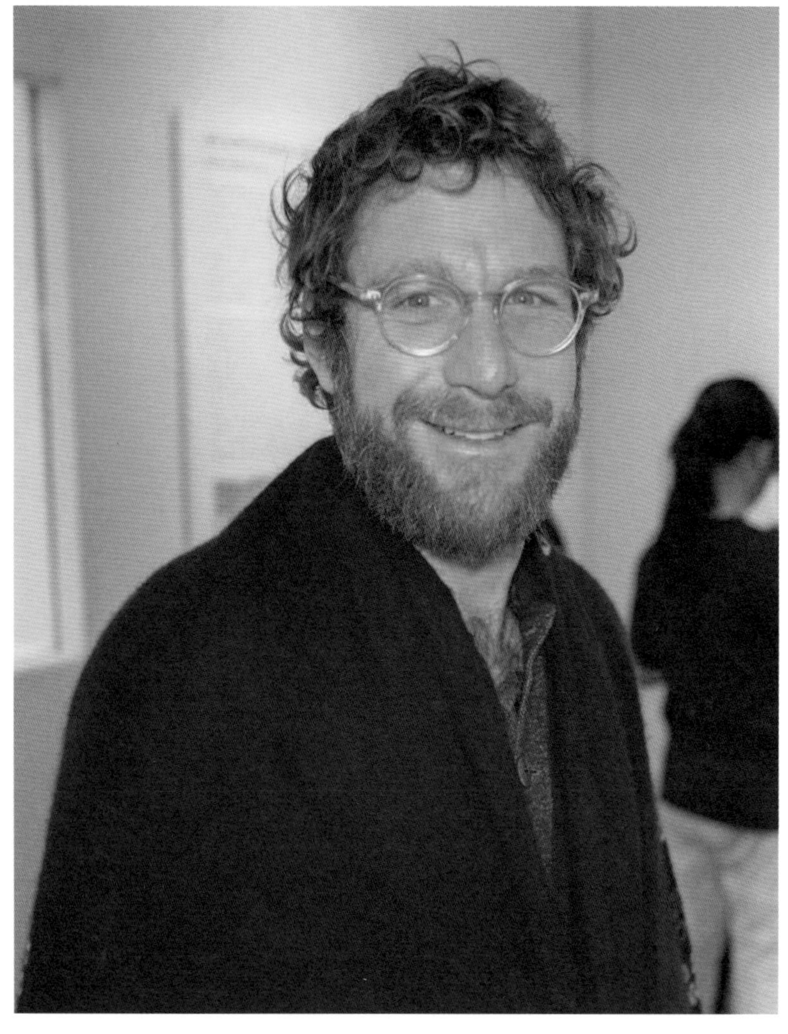

“我认为可以同时访问过去、未来和现在。”

我曾经在一家岩矿店工作，现在我仍然四处去搜寻矿石。当我去海滩时，我可以接连几个小时触摸岩石。与我同行的人总是有同样的反应：“你有毛病啊?”但对我来说，岩石是世界上最美丽的古物。

我喜欢圆筒印章，因为它们始于原石，然后才变成这些微型雕刻作品。它们有些是赤铁矿，有些是石英石。这些印章所用的岩石大概有几百万年历史，上面的雕刻大概也有三千年历史。图片不是用来看的，而是用来阅读的——我喜欢这样的想法。等你真的有了一坨黏土，再将这枚印章滚到黏土上，你才能完整地看到印章上的图案。那一刻一定令人心动不已。这些圆筒印章似乎隐藏着数千年的信息，其中一些很直观简单，例如狩猎场景、祈祷场景或冲突场景——你会看到众神之战。

我不相信时间是线性存在的，我认为可以同时访问过去、未来和现在，但我不觉得我们今天滚出来的压痕与他们数千年前看到的图片是相同的。想想他们那时的认知状态就明白了——他们正试图理解自己与宇宙之间的关系以及自己在自然中的位置。

当我创作时，我会将一切视为古物，我会想到消失的人类。当我看到这些圆筒印章时，我会想到未来。要是我能活上三千年就好了——那是我的梦想。我想到过去一百年的变化，我想到未来一百年的变化。简直是痴人说梦！

我们着眼于过去，因为过去即未来。这些圆筒印章则是桥梁。它们来自一个文明中心的发源地。在此期间，车轮的发明、农业的发明和书写的发明一一出现了。对我们这个物种而言，楔形文字是一种巨大的进化。文字的发明确实将我们的思维模式外化成了图案。当你将圆筒印章与近百年来的技术和艺术进行比较时，你会发现这些印章仍然很复杂。

这些印章传递了什么？在一块岩石上以代码的形式留下隐藏的信息，这太有创新性了。它们完全算得上是早期的计算机，就像第一个模拟数字的时刻。但是，圆筒印章比现代技术更有技术流动性，因为它持久耐用，可以穿越历史持续传递它的信息和故事。

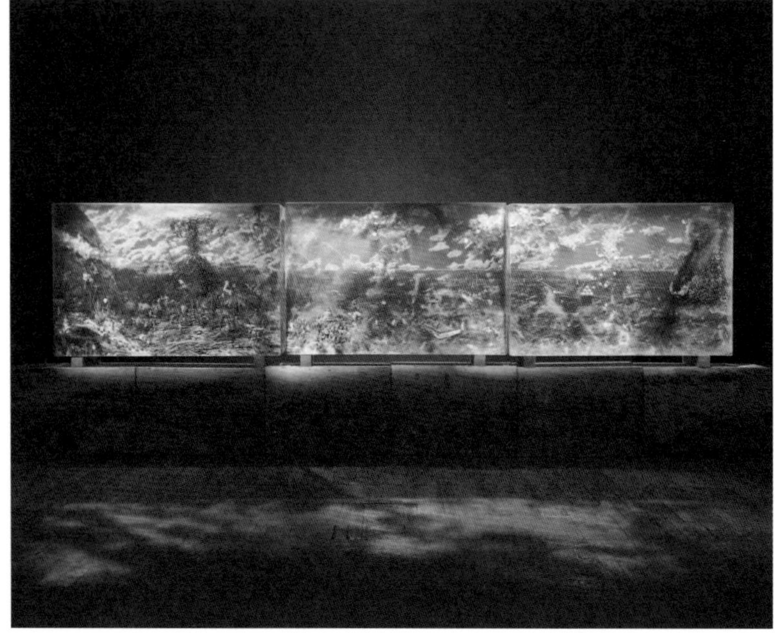

达斯汀·耶林，《三联幅》，2012 年 ←

圆筒印章：敬拜者带着献给端坐着的神灵的动物（含现代压印制图及放大的现代压印制图），约公元前 1480 年—公元前 1450 年 →

圆筒印章最早用于美索不达米亚，是所有权或身份的标识。它们通常由宝石制成，或压印在黏土块上用于密封罐子、门和篮子，或滚印于黏土板上用于记载相关的商业或法律交易信息。这枚印章上有一位端坐的神灵，他手持杖和环，敬拜者站在他面前，举着一只长角的动物。左侧，一位紧握权杖的神灵面前站着一位敬拜者，后者头上有一头狮子正在追捕一只长角的动物。通过现代压印技术，我们可以看到整个印章的全貌。

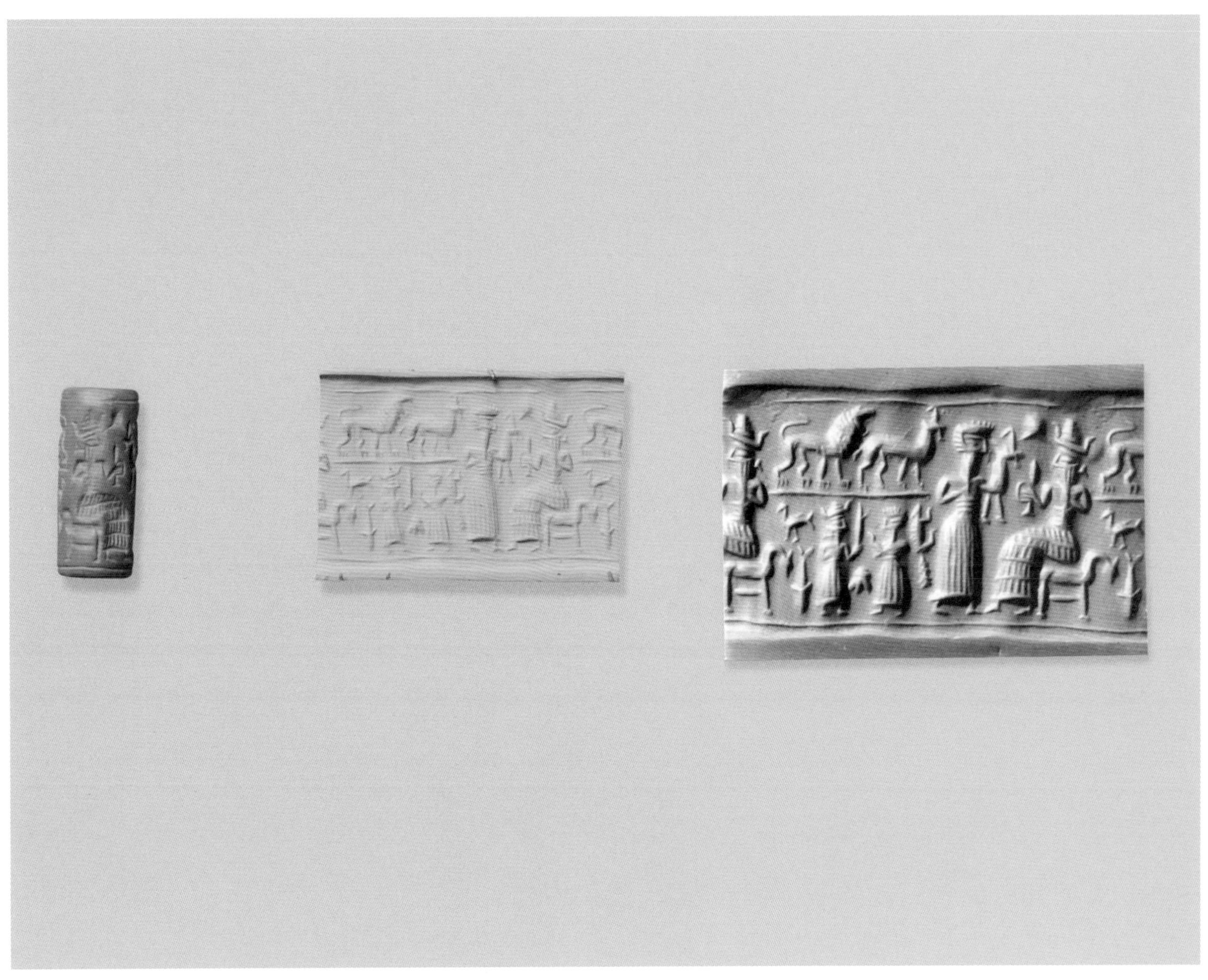

丽莎 · 尤斯卡维奇

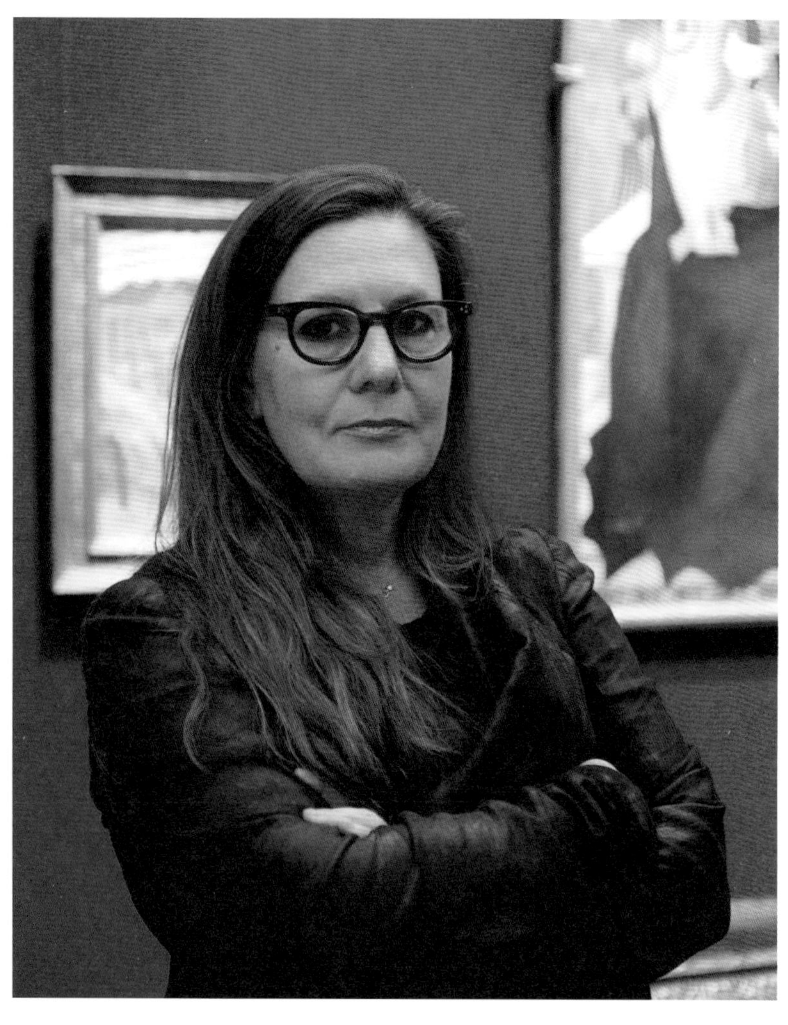

“这样的作品你看得越多，它们就越有煽动性，虽然依旧安安静静的。”

我想，由于我作品的尺幅和主题，没人会把我当作一个谦虚的画家。我真正喜欢爱德华 · 维亚尔（Édouard Vuillard）的一点是，他的画往往很小，且都以家庭为主题，很少出现煽动性的题材，但是，这样的作品你看得越多，它们就越有煽动性，虽然依旧安安静静的。

你尽可以说这幅画的内容不那么有趣——他的母亲在一个绿色的房间里织补衣服。让一幅画真正有趣的是绘画方式。这幅画在尖叫，那绿色在尖叫，让人感觉那绿色像在前进一样。我觉得，你也变成了绿色——在这幅作品面前，你被照亮了。

母亲与光线形成了对比。她把整幅画凝聚在一起，增加了它的重量感。你可以想象，她不是一个令人愉快的人物。我的意思是说，除非等你老了，否则和你的妈妈一起生活永远不是一件让人快乐的事情，但看起来他们关系很融洽。不过这幅画是不祥的，这种颜色从来不是什么好兆头。

维亚尔的绘画通常与窥探相关。那两块板——我们假设它们是窗户——只是悬在那儿，像一双眼睛一样盯着我们。它们变得充满了对抗性。

还有触感，以及他使用颜料的敏感性——将各种相关的颜料一层层堆积肯定会带来一种兴奋又混乱的感觉。形状的重叠创造了空间，和她的膝盖与地板上的绿色物体重叠的方式一样。在这幅画中，这种微小的重叠创造了令人难以置信的深度。

画作是无声的：一幅画必须通过眼睛才能被理解。我认为每件艺术品都值得观者亲自看。就像我在演讲过程中，前排那个一直在睡觉的人在问答环节醒来，然后说：“我讨厌你的画。”我会告诉他：“嗯，你亲眼看过哪怕我的一幅画吗？它如同一个人。只有你跟其中一个相处过，你才可以对我说，你讨厌它。”

你正在窥探另一个世界，但这是一种超凡的体验，你在其他任何地方都体验不到，只有在这里才可以。

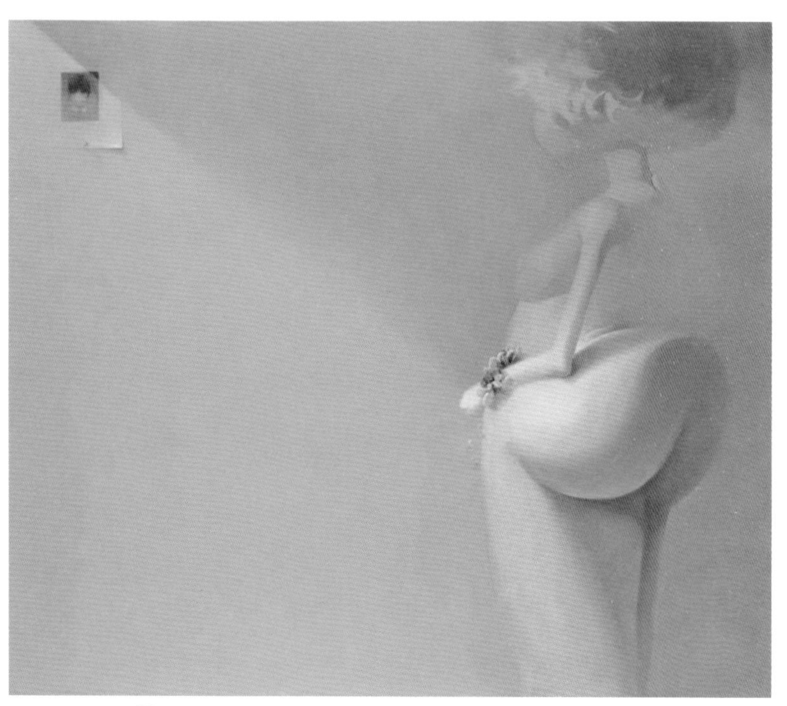

丽莎 · 尤斯卡维奇，《腕花》，1996 年 ←

爱德华 · 维亚尔，《绿色内饰（坐在拉上窗帘的窗户边的人）》，1891 年 →

1891 年，维亚尔与纳比派艺术家皮埃尔 · 博纳尔（Pierre Bonnard）和莫里斯 · 德尼（Maurice Denis）租了一个小小的工作室。这个工作室很可能就是这幅画的背景。艺术家摒弃了透视画法，更强调表面纹理，将幽暗的人物嵌入厚涂着苹果绿颜料的环境中。只有明亮的带图案的窗帘才能减少浓厚的绿色调。维亚尔私密的室内布景弥漫着一种神秘的气氛，一种拒绝叙事性解释的气氛。

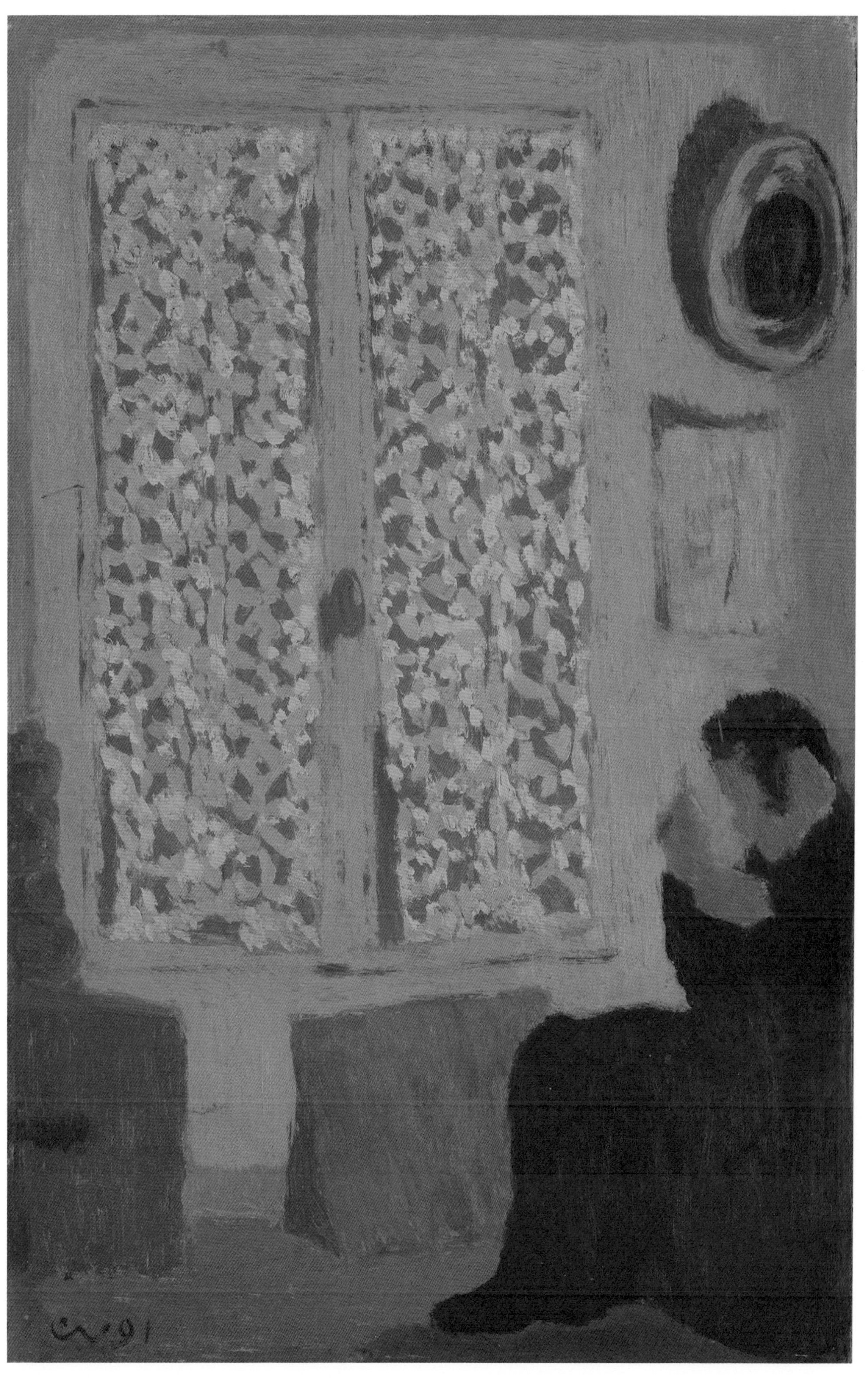

张晓刚

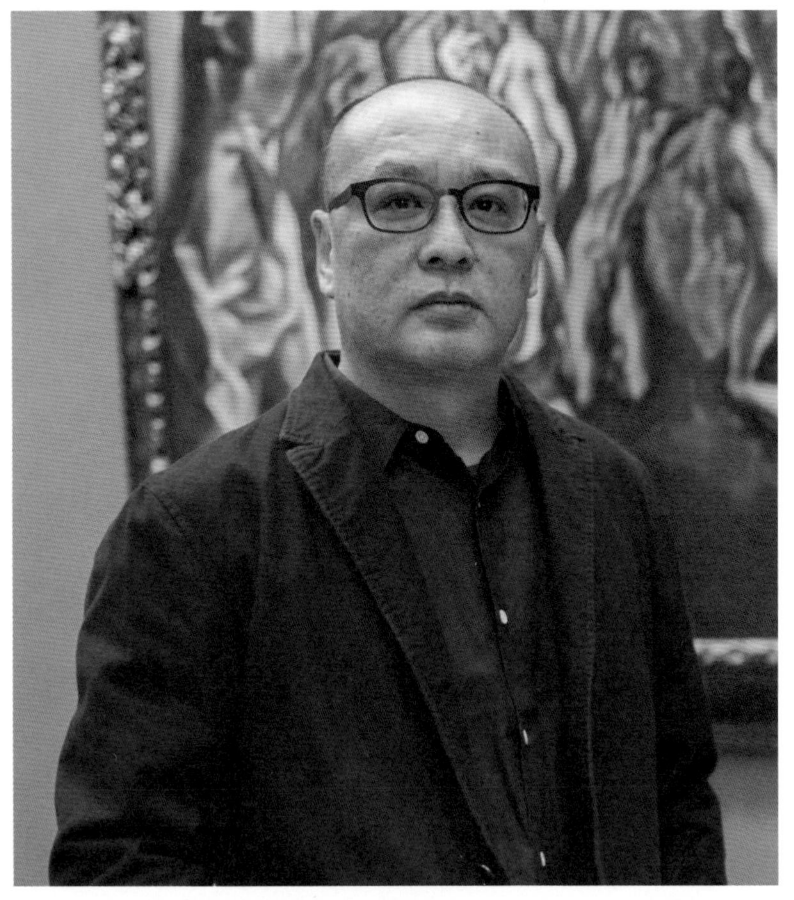

“艺术应该表达一个人的内心，应该表达一个人独特的视角。”

许多艺术家启发过我——一些用他们的技法，一些用他们的思想，还有一些用他们的艺术语言。我相信，在一位艺术家成长的每个阶段，他（她）都会找到特别吸引自己的那位艺术家。从一开始，埃尔·格列柯（El Greco）就是我一直无法放手的那位艺术家。他的作品有一种精神力量。虽然生活在一个严苛的神权社会，但他依旧描绘出了人们各种深邃复杂的情感，比如痛苦、渴望和恐惧。他的作品表达了对自己生活的那个世界的绝望——一种对神近乎痴迷的渴望。

这幅作品的角度很难描绘，因为视角非常夸张。埃尔·格列柯总是将观察的有利位置放在作品底部，就像在仰望天空一样。画中的人物徘徊在上方，好像正在上升，而他正在从下往上看。这个视角与其他大多数艺术家的视角不同。在我看来，这种角度可能是艺术家自身愿望的体现：他希望离开这个世界，追求更高尚的东西。

埃尔·格列柯的选色具有很强的主观性——它不是由我们现实生活中看到的颜色组成的。在运用光线时，他似乎更喜欢背光效果，这种效果有时会给人一种印象，就好像他看到的是水下世界，因为光是一种透明的反射。这让他的光感变得非常特别，似乎作品里的光有多个来源。这是圣光。

埃尔·格列柯在描绘布面褶皱、云彩、天空，甚至背景时，找到了一种共同的语言。一切都是扭曲的，它们被某种精神上的东西赋予了力量。我在他的作品里看到了某种癫狂。布面褶皱并不真正代表客观存在的褶皱或折痕，相反，他利用它们来表达内心的状态。

埃尔·格列柯已经开始关注人类心理学——心理学可是到了19世纪才出现在艺术里的。这可能是他吸引我的另一个原因——我在中国读书时，艺术只与社会主义现实主义相关。没有人学习或建议过应该如何表达心理特质。看到埃尔·格列柯的作品时，我感到他表达了非常重要的东西——艺术应该表达一个人的内心，应该表达一个人独特的视角。当我还是一个年轻的中国艺术家时，表达人物内在的目标是很难实现的。

埃尔·格列柯的洞见以及他通过艺术表达这些洞见的独特方式超越了自己所处的时代。每当看到他的作品，我都会感到某种与众不同的东西，它们一直让我感动。

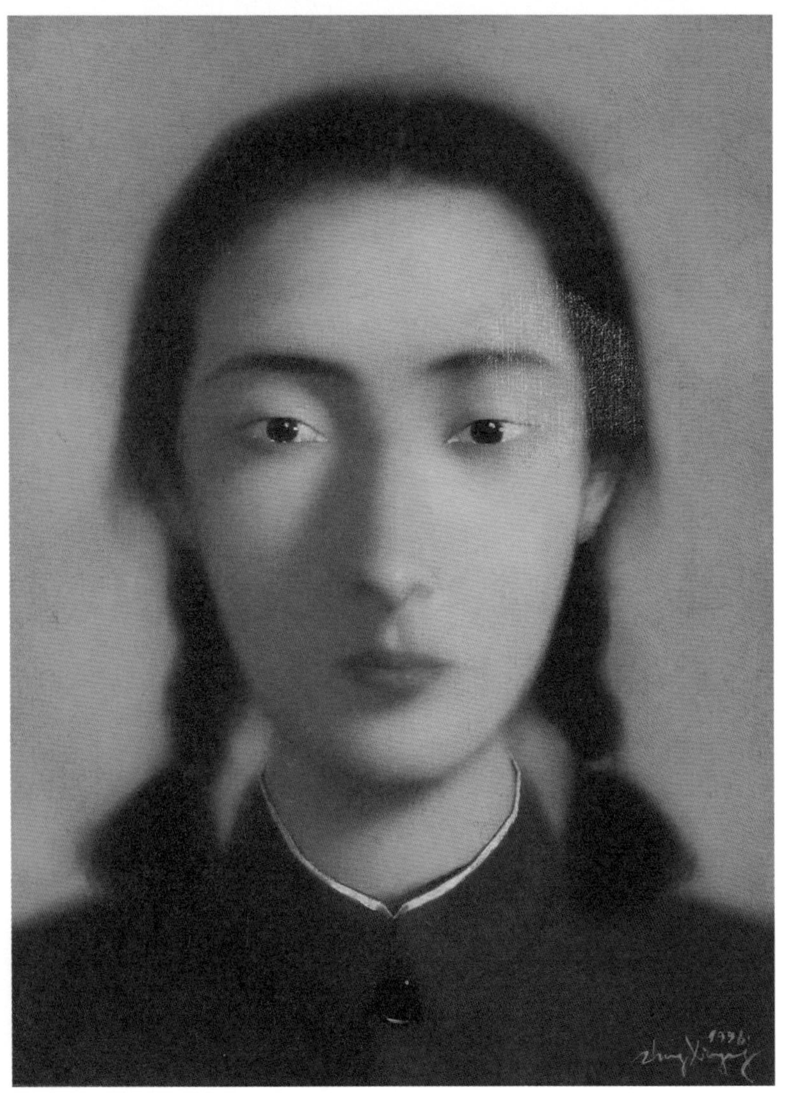

张晓刚，《同志第13号，1996》，1996年 ←

埃尔·格列柯（多米尼克斯·希奥托科普罗斯），《圣约翰的幻视》，约1608—1614年 →

这幅画是西班牙托莱多的圣约翰浸礼会医院教堂委托创作的大型祭坛画中的一个片段。它描绘了《启示录》（6:9—11）中的一个段落，该段落描述了末日来临时第五封印的开启，以及为“那些因上帝的事业和所做的见证而被屠杀的人”分发白袍的场景。对20世纪的艺术家们而言，这幅画是一件标志性作品。毕加索在巴黎时就知道了这幅画，并以此为灵感创作了《阿维尼翁的少女》（1907）。

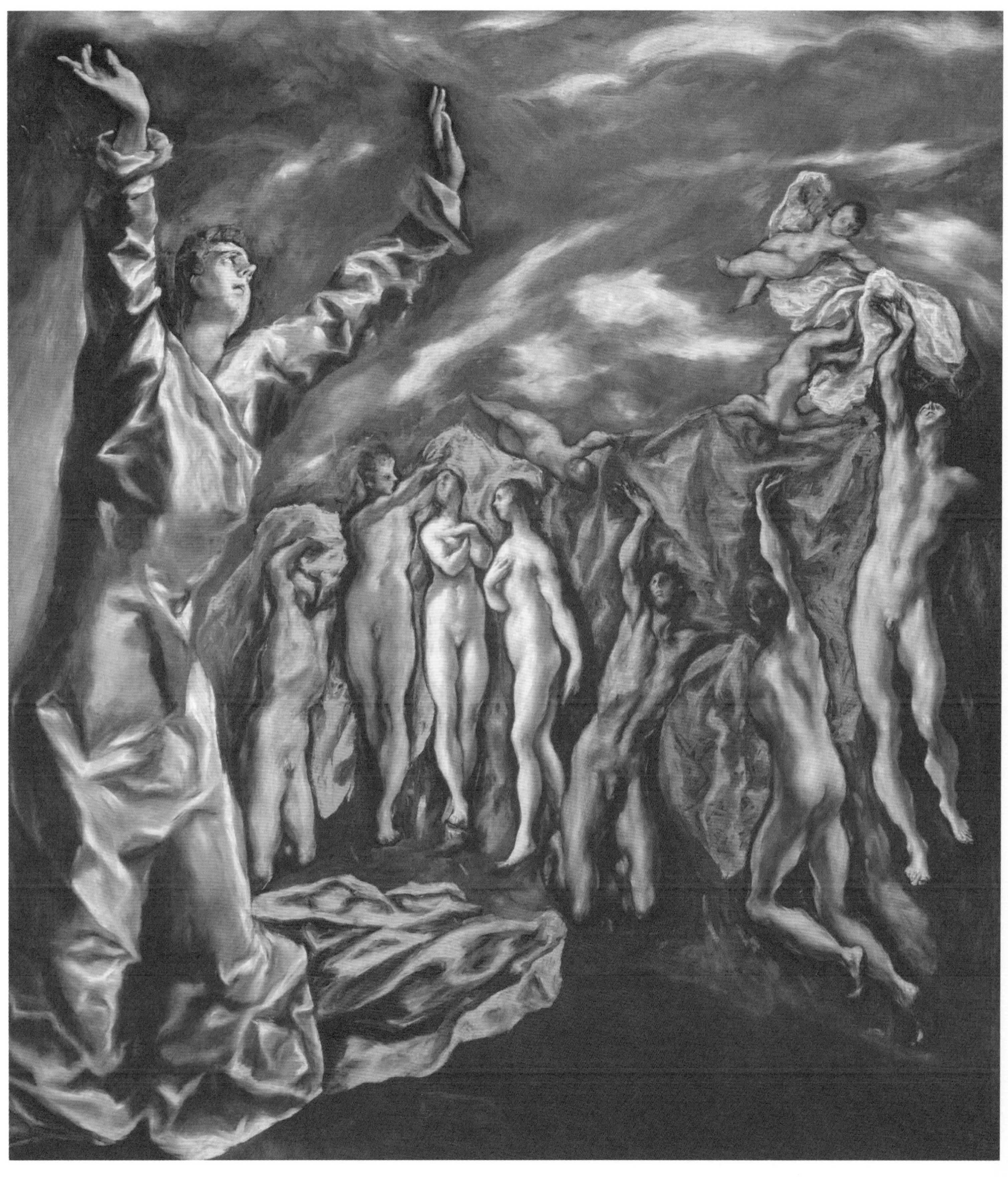

艺术家生平简介

维托·阿肯锡（Vito Acconci，1940—2017），美国多媒体艺术家、建筑师，以人体艺术、行为艺术、电影、视频、装置和建筑闻名。

安·阿吉（Ann Agee），出生于1959年，美国视觉艺术家，主要以陶瓷创作，在布鲁克林工作和生活。

奈德卡·阿库奈利·克罗斯比（Njideka Akunyili Crosby），出生于1983年，尼日利亚裔美国人。她是混合媒介艺术家，擅长在纸面上混合素描、绘画和拼贴进行创作。她目前在洛杉矶工作和生活。

加达·阿梅尔（Ghada Amer），1963年出生于埃及，艺术家。她使用多种媒介进行创作，包括雕塑、绘画、素描和装置。她在纽约工作和生活。

卡姆卢茨·阿拉姆（Kamrooz Aram），1978年出生于伊朗，美国艺术家。他使用多种媒介进行创作，包括绘画、拼贴、素描和装置。他目前在纽约工作和生活。

科里·阿肯吉尔（Cory Arcangel），出生于1978年，美国艺术家。他主要居住在布鲁克林，以多种媒介进行创作，包括素描、音乐、视频、行为艺术以及电子游戏改造。

约翰·巴尔代萨里（John Baldessari），出生于1931年，美国观念艺术家。他在加利福尼亚的圣莫尼卡工作和生活。

巴里·X·鲍尔（Barry X Ball），出生于1955年，美国雕塑家。他的作品既有当代色彩，又有古典色彩。他目前在纽约工作和生活。

阿里·班尼萨德（Ali Banisadr），1976年出生于伊朗首都德黑兰，画家。他目前在布鲁克林工作和生活。

戴亚·巴塔勒（Dia Batal），出生于1978年，巴勒斯坦跨学科艺术家，她的大多数作品基于特定的环境。她目前在伦敦工作和生活。

佐薇·贝洛夫（Zoe Beloff），1958年出生于爱丁堡，艺术家。她主要创作装置、电影、素描。她目前在纽约工作和生活。

达沃德·贝（Dawoud Bey），出生于1953年，美国摄影师。他以大型人像照片而闻名。他目前在芝加哥工作和生活。

内兰德·布莱克（Nayland Blake），出生于1960年，美国混合媒介艺术家。他目前在布鲁克林工作和生活。

芭芭拉·布卢姆（Barbara Bloom），出生于1951年，观念艺术家。她使用多种媒介进行创作，尤其以装置艺术品著名。她目前在纽约工作和生活。

安德烈娅·鲍尔斯（Andrea Bowers），出生于1965年，美国女权艺术家。她以多种媒介进行创作，包括素描、视频和装置。她目前在洛杉矶工作和生活。

马克·布拉德福德（Mark Bradford），出生于1961年，美国抽象画家。他在洛杉矶工作和生活。

塞西莉·布朗（Cecily Brown），出生于1969年，英国画家。她的作品结合了具象与抽象。她目前在纽约工作和生活。

路易斯·加姆尼则（Luis Camnitzer），1937年出生于德国，乌拉圭观念艺术家，主要创作版画、雕塑和装置。他目前在纽约工作和生活。

尼克·凯夫（Nick Cave），出生于1959年，美国艺术家。他以芝加哥为大本营，用多种媒介进行创作，包括雕塑、装置、视频、声音和行为艺术。

亚历桑德罗·切萨科（Alejandro Cesarco），1975年出生于乌拉圭，他是一名深受文学和文学理论影响的艺术家。他在纽约生活和工作。

恩利克·查哥雅（Enrique Chagoya），1953年出生于墨西哥，画家、版画家。他目前在旧金山工作和生活。

罗兹·查斯特（Roz Chast），出生于1954年，美国卡通艺术家。她目前居住在康涅狄格州。

威利·科尔（Willie Cole），出生于1955年，美国雕塑家。他在新泽西工作和生活。

乔治·康多（George Condo），出生于1957年，美国画家。他以绘画、素描、雕塑、版画等多种媒介进行创作。他目前在纽约工作和生活。

佩塔·科因（Petah Coyne），出生于1953年，当代雕塑家、摄影师。她以大型悬挂雕塑和地面装置而闻名，现居纽约。

约翰·柯林（John Currin），出生于1962年，美国具象主义画家。他目前在纽约工作和生活。

莫伊拉·戴维（Moyra Davey），1958年出生于加拿大，视觉艺术家。她以多种媒介进行创作，包括摄影、写作和视频。她在纽约工作和生活。

埃德蒙·德·瓦尔（Edmund de Waal），出生于1964年，英国艺术家、作家。他目前在伦敦工作和生活。

托马斯·迪曼德（Thomas Demand），出生于1964年，德国摄影师、雕塑家。他目前在柏林和洛杉矶两地工作和生活。

特雷西塔·费尔南德斯（Teresita Fernández），出生于1968年，美国雕塑家和装置艺术家。她在纽约工作和生活。

斯宾塞·芬奇（Spencer Finch），出生于1962年，美国艺术家。他以多种媒介进行创作，包括水彩、摄影、玻璃、电子设备、视频以及荧光灯。他目前在布鲁克林工作和生活。

埃里克·费舍尔（Eric Fischl），出生于1948年，美国画家、雕塑家和版画家。他目前在纽约的萨格港工作和生活。

罗兰·弗莱克斯纳（Roland Flexner），1944年出生于法国，美国艺术家，专攻素描。他目前在纽约工作和生活。

沃尔顿·福特（Walton Ford），出生于1960年，美国画家、版画家。他在纽约工作和生活。

纳塔莉·弗兰克（Nathalie Frank），出生于1980年，美国艺术家，擅长绘画和素描。她目前在纽约工作和生活。

拉托娅·鲁比·弗雷泽（Latoya Ruby Frazier），出生于1982年，美国艺术家。她主要围绕摄影、视频和行为艺术进行创作，目前在匹兹堡和芝加哥两地工作和生活。

苏珊·弗雷孔（Suzan Frecon），出生于1941年，美国抽象画家。她在纽约工作和生活。

亚当·弗斯（Adam Fuss），1961年出生于伦敦，英国摄影师，在纽约工作和生活。

莫琳·加拉斯（Maureen Gallace），出生于1960年，美国风景画家。她在纽约工作和生活。

杰弗里·吉布森（Jeffrey Gibson），出生于1972年，继承了乔克托人和切罗基人传统的画家和雕塑家。他在纽约工作和生活。

南·戈丁（Nan Goldin），出生于1953年，美国摄影师。她在纽约、柏林和巴黎三地居住。

谷文达（Wenda Gu），1955年出生于上海，艺术家。他以多种媒介进行创作，包括绘画和装置，因使用来自人体的材料——如头发和血液——而闻名。他目前在布鲁克林工作和生活。

戴安娜·阿尔-哈迪德（Diana Al-Hadid），出生于1981年，叙利亚裔美国艺术家。她主要创作雕塑、装置和素描。她在布鲁克林工作和生活。

安·汉密尔顿（Ann Hamilton），出生于1956年，美国多媒体装置艺术家，她还创作视频、雕塑、摄影、织物和版画。她在俄亥俄州哥伦布市工作和生活。

简·哈蒙德（Jane Hammond），出生于1950年，美国画家、版画家、摄影师和雕塑家。她目前在纽约工作和生活。

雅各布·艾尔·哈纳尼（Jacob El Hanani），1947年出生于摩洛哥卡萨布兰卡，以色列艺术家，创作微型素描作品。他在纽约工作和生活。

扎里娜·哈什米（Zarina Hashmi），1937年出生于印度，艺术家。她以多种媒介进行创作，包括版画、抄纸和雕塑。她目前在纽约工作和生活。

希拉·希克斯（Sheila Hicks），出生于1934年，美国纺织艺术家。她目前在巴黎工作和生活。

拉希德·约翰逊（Rashid Johnson）， 出生于1977年，美国雕塑家、摄影师，他用日常挖掘的材料进行创作。他目前在布鲁克林工作和生活。

Y. Z. 卡米（Y. Z. Kami）， 出生于1956年，伊朗画家，目前在纽约工作和生活。

德博拉·卡斯（Deborah Kass）， 出生于1952年，美国艺术家。她目前定居在布鲁克林。

妮娜·卡查杜里安（Nina Katchadourian）， 出生于1968年，美国观念艺术家，以多种媒介进行创作。她目前主要生活在布鲁克林。

亚历克斯·卡茨（Alex Katz）， 出生于1927年，美国具象艺术家，以绘画、雕塑和版画而闻名。他目前在纽约工作和生活。

杰夫·昆斯（Jeff Koons）， 出生于1955年，美国艺术家。他以使用日常物品进行创作而闻名，其艺术作品主要围绕自我接受和超越这两个主题。

黎安美（An-My Lê）， 1960年出生于越南，美国摄影师，目前在纽约工作和生活。

李日（Il Lee）， 出生于1952年，韩国艺术家，目前在布鲁克林工作和生活。

李明维（Lee Mingwei）， 1964年出生于中国台湾，艺术家。他主要创作参与式装置艺术品，目前在巴黎、纽约和台北三地工作和生活。

李禹焕（Lee Ufan）， 出生于1936年，韩国极简画家和雕塑家。他在法国巴黎和日本镰仓两地工作和生活。

格伦·利贡（Glenn Ligon）， 出生于1960年，美国观念艺术家。他以多种媒介进行创作，包括绘画、装置、霓虹灯和视频。他目前在纽约工作和生活。

林天苗（Lin Tianmiao）， 出生于1961年，中国艺术家，以多种媒介进行创作，包括装置、雕塑和摄影。她目前在北京工作和生活。

卡鲁普·林兹（Kalup Linzy）， 出生于1977年，美国视频与行为艺术家，在布鲁克林工作和生活。

罗伯特·隆戈（Robert Longo）， 出生于1953年，美国艺术家。他以多种媒介进行创作，包括素描、绘画、雕塑、行为艺术、电影和摄影。他目前主要居住在纽约。

尼古拉·洛佩兹（Nicola López）， 出生于1975年，美国艺术家。她创作装置、素描和版画，主要在布鲁克林工作和生活。

纳里尼·马拉尼（Nalini Malani）， 出生于1946年，印度画家和多媒体装置艺术家。她在孟买工作和生活。

克里·詹姆斯·马歇尔（Kerry James Marshall）， 出生于1955年，美国画家、雕塑家。他在芝加哥工作和生活。

约西亚·麦克尔赫尼（Josiah Mcelheny）， 出生于1966年，美国艺术家，以将玻璃和其他材料结合而闻名。他目前在纽约工作和生活。

劳拉·麦克菲（Laura Mcphee）， 出生于1958年，美国摄影家。她在马萨诸塞州的布鲁克莱恩创作、教书、生活。

约瑟芬·梅克塞泊（Josephine Meckseper）， 出生于德国，她使用玻璃、橱窗和杂志等商业展示形式，表达了消费文化对社会不可分割的影响。她在纽约生活和工作。

朱莉·梅赫雷图（Julie Mehretu）， 1970年出生于埃塞俄比亚的斯亚贝巴，抽象画家和版画家。她目前在纽约工作和生活。

亚历山大·梅拉米德（Alexander Melamid）， 出生于1945年，是一位在莫斯科长大并开始其艺术生涯的艺术家。 自1978年起，他在美国生活和工作。

森万里子（Mariko Mori）， 出生于1967年，是一位对历史和科学感兴趣的日本跨学科艺术家。 她在伦敦、纽约、东京工作和生活。

维克·穆尼斯（Vik Muniz）， 出生于1961年，巴西混合媒介艺术家和摄影师。他目前在纽约和里约热内卢两地工作和生活。

瓦格西·穆图（Wangechi Mutu），艺术家和雕塑家。她在布鲁克林和肯尼亚首都内罗毕工作和生活。

詹姆斯·奈尔斯（James Nares），出生于 1953 年，居住在纽约的英国艺术家。他以多种媒介进行创作，包括绘画、摄影、电影和视频。

凯瑟琳·奥佩（Catherine Opie），出生于 1961 年，美国摄影师。她目前在洛杉矶工作和生活。

科妮莉亚·帕克（Cornelia Parker），出生于 1956 年，英国雕塑家和装置艺术家。她目前在伦敦工作和生活。

伊萨尔·帕特金（Izhar Patkin），1955 年出生于以色列，画家和雕塑家。他目前在纽约工作和生活。

希拉·佩佩（Sheila Pepe），出生于 1959 年，美国艺术家。她的作品运用观念主义、超现实主义和工艺探讨女权主义议题。她在布鲁克林工作和生活。

雷蒙德·帕提伯恩（Raymond Pettibon），出生于 1957 年，美国艺术家。他致力于创作素描、文章和艺术类书籍，他在纽约工作和生活。

索菲普·皮奇（Sopheap Pich），出生于 1971 年，柬埔寨雕塑家，用竹子和藤条进行创作。他目前在金边工作和生活。

罗伯特·波利多里（Robert Polidori），出生于 1951 年，法国、加拿大和美国摄影师。他目前居住在加利福尼亚州的圣莫尼卡。

罗娜·庞迪克（Rona Pondick），出生于 1952 年，美国雕塑家，在纽约生活和工作。

莉莉安娜·波特（Liliana Porter），出生于 1941 年，阿根廷艺术家。她用多种媒介进行创作，包括摄影、版画、混合媒介作品、装置和视频。自 1964 年以来，她一直在纽约生活和工作。

维尔弗雷多·普列托（Wilfredo Prieto），出生于 1978 年，古巴观念艺术家。他目前在哈瓦那工作和生活。

拉希德·拉纳（Rashid Rana），出生于 1968 年，艺术家，从事摄影、雕塑和各种数字媒体创作。他在巴基斯坦拉合尔工作和生活。

克里希纳·雷迪（Krishna Reddy），出生于 1925 年，印度版画家和雕塑家。他目前在纽约工作和生活。

马修·里奇（Matthew Ritchie），1964 年出生于伦敦，美国艺术家，使用多种媒介进行创作，包括绘画、素描、雕塑和装置。他目前在纽约工作和生活。

多萝西娅·洛克伯尼（Dorothea Rockburne），出生于 1932 年，加拿大抽象画家。她主要从对大自然的兴趣中汲取灵感，并通过数学和天文学将其形象化。她目前在纽约工作和生活。

阿历克西斯·洛克曼（Alexis Rockman），出生于 1962 年，美国画家，在纽约工作和生活。

安娜贝斯·罗森（Annabeth Rosen），出生于 1957 年，美国雕塑家和陶艺家。她目前在加利福尼亚州的戴维斯市工作和生活。

玛莎·罗斯勒（Martha Rosler），美国观念艺术家。她使用多种媒介进行创作，包括视频、图文、装置和行为艺术。她出生于布鲁克林，并在这里工作和生活。

汤姆·萨克斯（Tom Sachs），出生于 1966 年，美国雕塑家，在纽约工作和生活。

大卫·萨利（David Salle），出生于 1952 年，美国画家、版画家和散文家。他目前在布鲁克林工作和生活。

卡罗里·施内曼（Carolee Schneemann），美国跨学科艺术家，使用多种媒介进行创作，包括绘画、摄影、行为艺术和装置。目前，她在纽约州的斯普林敦工作和生活。

达娜·舒兹（Dana Schutz），出生于 1976 年，美国画家，目前在布鲁克林工作和生活。

阿琳·舍切特（Arlene Shechet），出生于 1951 年，美国雕塑家。目前，她在纽约和哈得孙河谷两地工作和生活。

詹姆斯·锡耶纳（James Siena），出生于1957年，美国艺术家。他使用多种媒介进行创作，包括石版画、蚀刻版画、木刻版画、木雕、素描、雕塑和绘画，现居纽约。

卡特琳·西于尔扎多蒂（Katrín Sigurdardóttir），出生于1967年，冰岛装置艺术家，现居纽约。

沙希亚·西坎德（Shahzia Sikander），出生于1969年，巴基斯坦艺术家，主要创作素描、绘画、动画、大型装置、行为艺术和视频。她目前在纽约工作和生活。

琼·斯奈德（Joan Snyder），出生于1940年，美国画家。她目前在纽约州的布鲁克林和伍德斯托克工作和生活。

帕特·斯蒂尔（Pat Steir），出生于1940年，美国画家和版画家，在纽约工作和生活。

托马斯·斯特鲁斯（Thomas Struth），出生于1954年，德国摄影师。他目前在柏林工作和生活。

杉本博司（Hiroshi Sugimoto），出生于1948年，日本摄影师，目前居住在东京与纽约。

伊芙·萨斯曼（Eve Sussman），1961年出生于伦敦，美国艺术家。她使用多种媒介进行创作，包括电影、视频、装置、雕塑和摄影。她目前在布鲁克林工作和生活。

斯万（Swoon），出生于1977年，原名卡利多尼亚·当斯·库里（Caledonia Dance Curry），美国街头艺术家。她目前在布鲁克林工作和生活。

萨拉·斯茨（Sarah Sze），出生于1969年，美国雕塑家和装置艺术家。她在纽约工作和生活。

保罗·塔兹韦尔（Paul Tazewell），出生于俄亥俄州阿克伦城，美国戏剧、舞蹈和歌剧服装设计师。

伟恩·第伯（Wayne Thiebaud），出生于1920年，美国画家。他以描绘彩色的日常物体而闻名，目前在加利福尼亚州的萨克拉门托工作和生活。

汉克·威利斯·托马斯（Hank Willis Thomas），出生于1976年，美国观念摄影师。他在纽约工作和生活。

米卡琳·托马斯（Mickalene Thomas），出生于1971年，美国画家、摄影师、电影制作人，目前在纽约工作和生活。

弗雷德·托马塞利（Fred Tomaselli），出生于1956年，美国画家，他目前在布鲁克林工作和生活。

雅克·维勒格莱（Jacques Villeglé），出生于1926年，法国混合媒介艺术家和海报设计师。他目前在巴黎工作和生活。

玛丽·韦瑟福德（Mary Weatherford），出生于1963年，美国画家。有时，她会在作品中加入霓虹灯管。目前，她在洛杉矶工作和生活。

威廉·魏格曼（William Wegman），出生于1943年，美国艺术家，使用多种媒介进行创作，包括绘画、摄影和视频。他目前在纽约工作和生活。

凯欣德·威利（Kehinde Wiley），出生于1977年，美国肖像画家，现居布鲁克林。

贝蒂·伍德曼（Betty Woodman），出生于1930年，美国艺术家。在过去的六十年中，器皿和陶瓷一直是她创作的重点。她在纽约和意大利佛罗伦萨周边工作和生活。

徐冰（Xu Bing），出生于1955年，中国版画家、装置艺术家，目前在北京和纽约两地生活。

达斯汀·耶林（Dustin Yellin），出生于1975年，美国艺术家，居住在布鲁克林，以玻璃雕塑画闻名。耶林是“先锋作品”（Pioneer Works）的创始人，这家非营利性艺术与创新机构位于布鲁克林的雷德胡克街区。

丽莎·尤斯卡维奇（Lisa Yuskavage），出生于1962年，美国画家，目前在纽约工作和生活。

张晓刚（Zhang Xiaogang），出生于1958年，中国画家，目前在北京工作和生活。

图片说明和版权

所有前面带有星号的作品都是大都会艺术博物馆的藏品。除非另有说明，博物馆藏品的照片均由大都会艺术博物馆影像部拍摄。尺寸以高度 × 宽度 × 深度标识。

16—17 页：
阿肯锡工作室，穆尔岛，奥地利格拉茨，2004 年
钢铁、玻璃、橡胶、沥青、水、光
1,052 平方米
© 2017 Vito Acconci / Artists Rights Society (ARS), New York
* 赫里特·里特费尔德，《之字形椅》，约 1937—1940 年
榆木，72 厘米 × 31.8 厘米 × 39.4 厘米，6.4 千克
购买，J. 斯图尔特·约翰逊捐赠，2006 年（2007.11）
© 2017 Artists Rights Society (ARS), New York / c/o Pictoright Amsterdam

18—19 页：
安·阿吉，《花瓶》，2009 年
瓷器，44.5 厘米 × 39.4 厘米 × 17.8 厘米
费城艺术博物馆；费城艺术博物馆女性委员会和手工艺展委员会出资购买，2010 年（2010-189-1）
© Ann Agee. Photo credit: The Philadelphia Museum of Art / Art Resource, NY
*《哈勒奎小丑一家》，约 1740—1745 年
法国，唯宝工厂。软质瓷，36.4 厘米 × 20.8 厘米 × 16.2 厘米
杰克与贝尔·林斯基夫妇收藏，1982 年（1982.60.255）

20—21 页：
奈德卡·阿库奈利·克罗斯比，《静静的脸庞》，2015 年
纸面丙烯酸、炭笔、彩铅、拼贴、油、可粘贴图案，213.36 厘米 × 266.7 厘米
洛杉矶艺术博物馆，"AHAN：工作室论坛"出资购买，2015 年（"艺术此时此地"购买）
© Njideka Akunyili Crosby
* 乔治·修拉，《刺绣；艺术家的母亲》，1882—1883 年
米迦勒纸面孔蒂蜡笔，31.2 厘米 × 24.1 厘米
购买，约瑟夫·普利策遗赠，1951 年；从现代艺术博物馆获得，莉莉·P. 布里斯收藏（55.21.1）

22—23 页：
加达·阿梅尔，《欧石楠的枯萎》，2006 年
布面刺绣和胶媒介，198.1 厘米 × 157.5 厘米 × 3.8 厘米
布鲁克林博物馆，弗兰克·L. 巴博特基金，玛丽·史密斯·多沃德基金，小威廉·K. 雅各布基金，佛罗伦萨·B. 与卡尔·L. 瑟尔登基金，2013 年（2013.50.1）
© Ghada Amer
*《花园聚会》，1640—1650 年，伊斯兰风格，伊朗，可能是伊斯帕罕
玻璃砂器，涂色，彩色釉层（"干燥线"技法）
带标签的板面尺寸：104.1 厘米 × 188 厘米 × 6.4 厘米，181.4 千克
每片瓷砖：22.5 厘米 × 22.5 厘米
罗杰斯基金，1903 年（03.9c）

24—25 页：
卡姆卢茨·阿拉姆，《生活失败纪念碑》，2016 年
画布：布面油彩、蜡、铅笔，152.4 厘米 × 274.32 厘米
瓷砖小讲台：板面上的水磨石和黄铜，137.16 厘米 × 121.92 厘米 × 5.08 厘米
底座：胡桃木实木和黄铜，121.92 厘米 × 20.32 厘米 × 20.32 厘米；104.14 厘米 × 20.32 厘米 × 20.32 厘米
雕塑：皂石和雪花石膏，17.78 厘米 × 16.51 厘米 × 15.24 厘米；20.32 厘米 × 10.16 厘米 × 15.24 厘米
© Kamrooz Aram
* 带有棕榈叶图案的砖块，约公元前 6 世纪—公元前 4 世纪，伊朗，苏萨，阿契美尼德王朝
陶瓷，釉层，8.51 厘米 × 14 厘米 × 19 厘米
罗杰斯基金，1948 年（48.98.20a–c）
* 来自柱头上的牛头，约公元前 5 世纪，伊朗，伊斯塔赫尔，靠近波斯波利斯，阿契美尼德王朝
石灰石，46.99 厘米
罗杰斯基金，1947 年（47.100.83）

26—27 页：
科里·阿肯吉尔，《超级马里奥云》，2002 年
手工凿制超级马里奥兄弟墨盒和任天堂 NES 电子游戏系统，尺寸可变
纽约，惠特尼美国艺术博物馆；绘画与雕塑委员会出资购买（2005.10），艺术家与提姆美术馆惠赠，纽约
© Cory Arcangel
* 羽管键琴，17 世纪晚期，意大利
木头，多种材料
内箱尺寸：长（不带装饰条，227.8 厘米），长（带装饰条，231.2 厘米）；宽（不带装饰条，79.7 厘米），宽（带装饰条，81.5 厘米）；直径（24.8 厘米）；八度音程范围：c–b2，49.9 厘米
苏姗·怀特·布里斯捐赠，1945 年（45.41）

28—29 页：
* 约翰·巴尔代萨里，《（罕见的）灵魂》，1987 年
明胶银盐照片带油彩染色，123.5 厘米 × 209.2 厘米
购买，约翰·B. 特纳基金、霍拉斯·W. 高德史密斯基金会通过乔伊斯与罗伯特·门切尔捐赠，1988 年（1988.1001a, b）
© John Baldessari
* 菲利普·加斯顿，《一动不动的人》，1973 年
布面油彩，196.9 厘米 × 326.4 厘米
穆莎·加斯顿遗赠，1992 年（1992.321.2）

30—31 页：
巴里·X·鲍尔，《沉睡的阴阳神赫马佛洛狄忒斯》，2008—2010 年
大理石、不锈钢、合成树脂，174 厘米 × 91 厘米 × 80 厘米
艺术家惠赠 © Barry X Ball
* 女王面部残片，约公元前 1353 年—公元前 1336 年
埃及，新王国时期，阿玛纳时期，第十八王朝，阿肯那顿统治时期
黄玉，13 厘米 × 12.5 厘米 × 12.5 厘米
购买，爱德华·S. 哈克尼斯捐赠，1926 年（26.7.1396）

32—33 页：
* 阿里·班尼萨德，《审问》，2010 年
亚麻布面油彩，122.2 厘米 × 152.4 厘米 × 37 厘米
购买，2011 年大都会诺鲁孜节晚宴，2012 年（2012.38）
© Ali Banisadr
* 希罗尼穆斯·博斯，《三王来拜》，约 1475 年
橡木上油彩与描金，约翰·斯图尔特·肯尼迪基金，1913 年（13.26）

34—35 页：
戴亚·巴塔勒，《祭奠堂》，2012 年
塑胶印刷于 15 世纪手工绘制的大马士革瓷片上，录音，艺术家惠赠
© Dia Batal. Photo: Dia Batal
* 刻有书法铭文的瓷砖（含细部），伊斯兰历 1000 年 / 约公元 1591—1592 年
伊斯兰风格，叙利亚
玻璃砂器，透明釉层下多色彩绘，160.7 厘米 × 29.2 厘米 × 4.4 厘米，26.3 千克
阿格妮丝·米尔斯·卡朋特遗赠，1958 年（58.90.1a–g）

36—37 页：
佐薇·贝洛夫，《公社的岁月》，2012 年
视频、色彩、有声，154 分钟 59 秒
© Zoe Beloff
* 爱德华·马奈，《内战》，1871—1873 年，1874 年发表
裱贴石版画，最终状态（Ⅱ）
石头：39.7 厘米 × 50.8 厘米
版画纸：48.6 厘米 × 62.9 厘米
罗杰斯基金，1922 年（22.60.18）

38—39 页：
* 达沃德·贝，《布鲁斯歌手》，1976 年，1979 年印刷
明胶银盐照片，15.1 厘米 × 22.7 厘米
20 世纪摄影基金，2013 年（2013.112）© Dawoud Bey
* 罗伊·德卡拉瓦，《莫特大街》，1951 年
明胶银盐照片，33 厘米 × 21.8 厘米
购买，阿尔弗雷德·斯提格利茨协会捐赠，2014 年（2014.531）

40—41 页：
内兰德·布莱克，《第 5 号工作台》，1989 年
钢、玻璃、铝、皮革、塑料、橡胶、切肉刀
138.43 厘米 × 62.23 厘米 × 140.97 厘米
旧金山现代艺术博物馆，德尔与特米斯托克·米克斯为纪念约翰·卡德威尔捐赠
© Nayland Blake. Photo: Ben Blackwell
* 能量像，19 世纪—20 世纪上半叶，马里，班巴拉人
木头、祭祀材料（外层带铜绿），36.2 厘米 × 19.2 厘米 × 52.1 厘米
迈克尔·C. 洛克菲勒纪念堂收藏，纳尔逊·A. 洛克菲勒遗赠，1979 年（1979.206.175）

42—43 页：
芭芭拉 · 布卢姆，《贪婪》，1988 年
混合媒介，101.6 厘米 × 71.1 厘米
国际摄影中心，詹姆斯和德博拉 · 柯恩捐赠，2001 年（8.2001）
© Barbara Bloom
* 威尔汉姆 · 哈默修伊，《斯特兰戈德街 30 号的月光》，1900—1906 年
布面油彩，41 厘米 × 51.1 厘米
购买，欧洲绘画基金，安妮特 · 德 · 拉 · 伦塔捐赠，2012 年（2012.203）

44—45 页：
安德烈娅 · 鲍尔斯，《美丽移民 II》（《洛杉矶 2013 年劳动节》），2015 年
纸面石墨，43 厘米 × 61.5 厘米
艺术家和安德鲁 · 克莱普斯画廊惠赠
© Andrea Bowers
* 霍华德娜 · 平德尔，《椭圆形记忆系列 II：神龙城堡》，1980—1981 年
明信片剪贴、蛋彩、水粉、荧光漆、打孔的纸、钉子、泡沫板上的线
57.8 厘米 × 92.1 厘米
购买，莉莉安 · L. 铂赛斯捐赠，1981 年（1981.327）
© Howardena Pindell

46—47 页：
马克 · 布拉德福德，《楼板间的缝隙》，2014 年
布面混合媒介拼贴，335.5 厘米 × 305.5 厘米 × 5.5 厘米
艺术家和豪斯 & 沃斯画廊惠赠
© Mark Bradford. Photo: Joshua White
* 克利福特 · 史蒂尔，《无题》，1950 年
布面油彩，284.5 厘米 × 429.9 厘米
克利福特 · 史蒂尔夫人捐赠，1986 年（1986.441.6）
© 2017 City & County of Denver. Courtesy Clyfford Still Museum / Artists Rights Society (ARS), New York

48—49 页：
* 塞西莉 · 布朗，《美丽脸庞，痛苦悲伤》，2008 年
布面油彩，每幅画的尺寸：43.2 厘米 × 33.3 厘米
凯文 · 汤姆金斯与多迪 · 卡扎吉捐赠，2009 年（2009.533a–c）
© Cecily Brown
*《圣母子》，1345 年，南尼德兰
大理石，有镀金痕迹，116.2 厘米 × 40.6 厘米 × 22.5 厘米
弗莱彻基金，1924 年（24.215）

50—51 页：
路易斯 · 加姆尼则，《景观是一种态度》，1979 年
明胶银盐照片，24.13 厘米 × 33.33 厘米
沃克艺术中心收藏，明尼阿波利斯，T. B. 沃克收购基金出资，2011 年
© Luis Camnitzer
*《罗马人的宏伟建筑》，乔瓦尼 · 巴蒂斯塔 · 皮拉内西，伦敦皇家古物学会会员
1761 年，1765 年
蚀刻与雕刻，整体尺寸：56 厘米 × 42.5 厘米 × 7 厘米
罗杰斯基金，从图书馆转入，1941 年（41.71.1.7）

52—53 页：
尼克 · 凯夫，《发声套装》，2008 年
混合媒介，284.5 厘米 × 109.2 厘米 ×88.9 厘米
布鲁克林博物馆，玛丽 · 史密斯 · 多沃德基金（2009.44a–b），
艺术家和杰克 · 沙因曼画廊惠赠，纽约
© Nick Cave. Photo: James Prinz Photography
* 庆典上穿的女士半身裙，20 世纪早期至中期，刚果民主共和国，库巴人，布松族
树皮布、酒椰纤维，340.4 厘米 × 40.6 厘米
购买，威廉 · B. 戈尔茨坦捐赠，霍莉与大卫 · 罗斯捐赠，以及不同捐赠者出资
2006 年（2006.124）

54—55 页：
亚历桑德罗 · 切萨科，《沉思》，2013 年
16 毫米胶片转成的视频，黑白，有声，15 分钟 30 秒
装置展出，拉斐尔 · 科蒂斯画廊，米兰
艺术家和拉斐尔 · 科蒂斯画廊惠赠
© Alejandro Cesarco
* 阿尔贝托 · 贾科梅蒂，《威尼斯女子 II》，1956 年
涂色青铜，121.6 厘米 × 32.1 厘米 × 14 厘米
雅克和娜塔莎 · 格尔曼收藏，1998 年（1999.363.25）
艺术 © Alberto Giacometti Estate /Licensed by VAGA and ARS, New York, NY

56—57 页：
* 恩利克 · 查哥雅，《头痛：乔治 · 克鲁克香克同款作品的版画》，2010 年
蚀刻，雁皮纸面数码彩印，裱贴
版画校样：5/10，印版：20.3 厘米 × 25.4 厘米
版画纸：38.1 厘米 × 53.3 厘米
斯图尔特 · S. 麦克德蒙特基金，2010 年（2010.285）
© 2011 Enrique Chagoya
* 弗朗西斯科 · 戈雅，《理性沉睡，心魔生焉》，《狂想曲》系列第 43 幅，1799 年
蚀刻、凹版蚀刻、干刻及雕刻刀法
版面：21.2 厘米 × 15.1 厘米
版画纸：29.5 厘米 × 21 厘米
M. 鲁德勒公司捐赠，1918 年（18.64 [43]）

58—59 页：
罗兹 · 查斯特，《小鸽子》，2009 年
纸面墨水，图像：12.7 厘米 × 11.4 厘米
纸张：27.9 厘米 × 20.3 厘米
发表在 2009 年 6 月 8 日的《纽约客》杂志上
艺术家惠赠
© Roz Chast
* 卡尼维尔修士（巴托洛梅奥 · 迪 · 乔万尼 · 科拉迪尼），《圣母诞生》，1467 年
木面蛋彩与油彩，144.8 厘米 × 96.2 厘米
罗杰斯与格温 · 安德鲁斯基金，1935 年（35.121）

60—61 页：
* 威利 · 科尔，《闪》，2007 年
鞋、钢丝、单丝线、垫圈和螺钉，40 厘米 × 35.6 厘米 × 38.1 厘米
霍腾斯与威廉 · A. 莫尔雕塑收购基金出资，2008 年（2008.259）
© Willie Cole
* 羚羊头饰：母羚羊，19 世纪—20 世纪初
马里，巴马科地区，班巴拉人
木材、金属箍，71.2 厘米 × 30.8 厘米 × 5.4 厘米
迈克 · C. 洛克菲勒纪念堂收藏，纳尔逊 · A. 洛克菲勒捐赠，1964 年（1978.412.436）

62—63 页：
* 乔治 · 康多，《上下班高峰》，2010 年
布面丙烯酸、石墨、木炭和粉彩，211.6 厘米 × 185.7 厘米 × 8.9 厘米
乔治 · A. 赫恩基金，2011 年（2011.306）
© George Condo
* 克劳德 · 莫奈，《穿过鸢尾花的小路》，1914—1917 年
布面油彩，200.3 厘米 × 180 厘米
沃特 · H. 与莉奥诺 · 安纳伯格收藏，沃特 · H. 与莉奥诺 · 安纳伯格捐赠，2001 年，沃特 · H. 安纳伯格遗赠，2002 年（2001.202.6）

64—65 页：
* 佩塔 · 科因，《无题 第 875 号》（《黑鹰》），1997 年
蜡、钢、颜料、人造鸟、电线、色带、绸缎、电缆、链条、电缆螺母、卸扣、转环、线、纸巾、塑料，163.83 厘米 × 104.14 厘米 × 99.06 厘米
薇拉 · G. 李斯特，2002 年（2002.375a–n）
勒隆画廊惠赠，纽约
© Petah Coyne
* 织绣有蓬莱山的和式嫁衣，18 世纪下半叶—19 世纪上半叶，日本，江户时代
丝绸，锦缎上金属线刺绣，带镂空染色细节
整体尺寸：185.4 厘米 × 121.9 厘米
乔纳斯 · M. 戈德斯通医生和夫人捐赠，1970 年（1970.296.1）

66—67 页：
约翰 · 柯林，《感恩节》，2003 年
布面油彩，172.9 厘米 × 132.3 厘米
泰特美术馆，由美国基金会租借给泰特美术馆。马克 · 雅可布惠赠，2004 年：L02546.
© John Currin
* 卢多维科 · 卡拉奇，《圣母哀子》，约 1582 年
布面油彩，95.3 厘米 × 172.7 厘米
购买，莱拉 · 阿奇森 · 华莱士和安纳伯格基金会捐赠；哈里斯 · 布里斯班 · 迪克、罗杰斯与格温 · 安德鲁斯基金；帕特与约翰 · 罗森沃德、马克 · 费舍夫妇，以及荣恩与芭芭拉 · 兰道捐赠；莫提默 · D. 萨克勒、特蕾莎 · 萨克勒及其家族捐赠；维克多 · 威尔伯纪念堂、马宽德、阿尔弗雷德 · N. 帕尼特捐赠基金及查尔斯 · B. 柯蒂斯基金，2000 年（2000.68）

68—69 页：
* 莫伊拉・戴维，《铜头像网格图》，1990 年
100 张显色照片，每张尺寸：25.4 厘米 × 20.3 厘米
购买，重大项目基金公司通过乔伊斯与罗伯特・门切尔捐赠，2011 年（2011.17a–vvvv）
© Moyra Davey
* 带爱侣和死神头像的玫瑰经念珠，约 1500—1525 年，法国北部或尼德兰南部制作
象牙、翡翠吊坠、银镀金托台
整体尺寸：13.6 厘米 × 4 厘米 × 4.3 厘米
象牙部分尺寸：7.2 厘米 × 4 厘米 × 4.3 厘米
J. 皮尔庞特・摩根捐赠，1917 年（17.190.305）

70—71 页：
埃德蒙・德・瓦尔，《强光》细部，2014 年
一对木头、铝和玻璃橱窗中的 281 件镀金瓷器
每件尺寸：274.5 厘米 × 120 厘米 × 13.5 厘米
艺术家惠赠
© Edmund de Waal. Photo: Mike Bruce
* 西藏僧帽壶，15 世纪早期，中国，明朝
透明釉层下带有暗花装饰的瓷器（景德镇瓷器）
高 19.7 厘米
斯坦利・赫兹曼为纪念阿黛尔・赫兹曼而捐赠，1991 年（1991.253.36）

72—73 页：
* 托马斯・迪曼德，《储藏室》，2012 年
显色照片，220 厘米 × 276.9 厘米
购买，路易・V. 贝尔基金；阿尔弗雷德・斯提格利茨协会和雏鸟基金通过戴安娜・巴雷特和罗伯特・维拉出资，约瑟夫・M. 和芭芭拉・科恩基金会以及大泽秀幸捐赠，2013 年（2013.163）© 2017 Artists Rights Society (ARS), New York / VG Bild-Kunst, Bonn
* 古比奥公爵宫里的书房，约 1478 年—1482 年
由弗朗切斯科・迪・乔治・马蒂尼设计，在弗朗切斯科・迪・乔治・马蒂尼的监督下，在朱利亚诺・达・马伊亚诺和贝内代托・达・马伊亚诺的车间里制作，约 1478—1482 年，意大利，古比奥。胡桃木、山毛榉木、玫瑰木、橡木和果木，胡桃木基座，485 厘米 × 518 厘米 × 384 厘米
罗杰斯基金，1939 年（39.153）

74—75 页：
特雷西塔・费尔南德斯，《火》，2005 年
绢丝、电枢、环氧，243.84 厘米 × 365.76 厘米
旧金山现代艺术博物馆，委员会（与费城织物工作室和博物馆合作创建）基金购买（2007.144.a–b）
© Teresita Fernández. Photo: Don Ross
* 葬礼上用的面具，约公元前 5 世纪—公元前 1 世纪
哥伦比亚，卡利马谷地区，卡利马（伊拉马）
黄金，19.7 厘米 × 24.4 厘米
扬・米切尔父子收藏，扬・米切尔捐赠，1991 年（1991.419.39）

76—77 页：
斯宾塞・芬奇，《闪亮的星（天狼星）》，2010 年
荧光灯、固定装置、滤光片、铝，274 厘米
亚特兰大高等艺术博物馆，由第二届年度收藏家晚会赞助人出资购买
2011 年（2011.5）
© Spencer Finch
* 威廉・迈克尔・哈内特，《艺术家的书信架》，1879 年
布面油彩，76.2 厘米 × 63.5 厘米，莫里斯・K. 赫苏普基金，1966 年（66.13）

78—79 页：
埃里克・费舍尔，《来 / 去 / 那座岛》，1983 年
布面油彩，213.4 厘米 × 426.7 厘米
惠特尼美国艺术博物馆，纽约；购买，路易与贝西・阿德勒基金会，西摩・M. 克莱因主席出资（83.17a–b）
© Eric Fischl
* 马克斯・贝克曼，《开始》，1949 年
布面油彩，整体尺寸：175.3 厘米 × 318.8 厘米；左（a）：165.1 厘米 × 85.1 厘米；中（b）：175.3 厘米 × 149.9 厘米；右（c）：165.1 厘米 × 85.1 厘米
阿德莱德・米尔顿・德・格鲁特小姐（1876—1967）遗赠，1967 年（67.187.53a–c）
© 2017 Artists Rights Society (ARS), New York / VG Bild-Kunst, Bonn

80—81 页：
* 罗兰・弗莱克斯纳，《无题》，2007 年
纸面墨水，14 厘米 × 17.8 厘米
购买，斯蒂芬与南・斯威德捐赠，2010 年（2010.434）
© Roland Flexner
* 雅克・德・盖恩二世，《虚空静物画》，1603 年
木面油彩，82.6 厘米 × 54 厘米
查尔斯・B. 柯蒂斯，马宽德，维克多・威尔伯纪念堂，阿尔弗雷德・N. 帕尼特捐赠基金出资，1974 年（1974.1）

82—83 页：
沃尔顿・福特，《圣母往见》，2004 年
纸面彩色蚀刻、飞尘腐蚀、凹版蚀刻及干刻，111.7 厘米 × 78.8 厘米
史密森尼美国艺术博物馆，博物馆通过路易丝塔・L. 和弗朗兹・H. 邓豪森基金会购买（2010.3）
© Walton Ford. Photo credit: Smithsonian American Art Museum, Washington, DC / Art Resource, NY
* 扬・凡・艾克与工坊学徒，《最后的审判》，约 1440—1441 年
布面油彩，从木面转制
每幅尺寸：56.5 厘米 × 19.7 厘米
弗莱彻基金，1933 年（33.92a, b）

84—85 页：
纳塔莉・弗兰克，《千兽皮Ⅲ》（《格林童话》），2011—2014 年
纸面水粉、色粉，55.88 厘米 × 76.2 厘米
艺术家惠赠
© Natalie Frank
* 凯绥・珂勒惠支，《青年情侣》，1904 年
蚀刻，版面：29.5 厘米 × 31.6 厘米；版画纸：39.7 厘米 × 54 厘米
哈里斯・布里斯班・迪克基金，1928 年（28.68.5）
* 凯绥・珂勒惠支，《强暴》，1907 年由埃米尔・里希特出版于德累斯顿，第 2 版于 1921 年出版
蚀刻，软底干刻
版面：30.6 厘米 × 52.8 厘米
版画纸：51.3 厘米 × 67.7 厘米
入藏博物馆，1965 年（65.603 bis）

86—87 页：
拉托娅・鲁比・弗雷泽，《鲁比奶奶和我》，2005 年
明胶银盐照片，46.7 厘米 × 59.2 厘米，当代艺术博物馆；摄影委员会基金（22.2015）
© LaToya Ruby Frazier. Digital image © The Museum of Modern Art / Licensed by SCALA / Art Resource, NY
* 戈登・帕克斯，《瑞德・杰克逊》，1948 年
明胶银盐照片，48.5 厘米 × 39.6 厘米
艺术摄影捐赠，1959 年（59.559.58）
摄影：戈登・帕克斯，戈登・帕克斯基金会惠赠
© The Gordon Parks Foundation

88—89 页：
苏珊・弗雷孔，《番红花红》，2009 年
麻面油彩，双框，整体尺寸：274.3 厘米 × 221.9 厘米 × 3.8 厘米
单框尺寸：137.2 厘米 × 221.9 厘米 × 3.8 厘米
艺术家和大卫・卓纳惠赠，纽约 / 伦敦
© Suzan Frecon
* 杜乔・迪・博尼塞尼亚，《圣母子》，约 1290—1300 年
木面蛋彩与描金，整体尺寸（含画框）：27.9 厘米 × 21 厘米
涂色表面：23.8 厘米 × 16.5 厘米
购买，罗杰斯基金，沃特与莉奥诺・安纳伯格及安纳伯格基金会捐赠，莱拉・阿奇森・华莱士捐赠；安妮特・德・拉・伦塔捐赠；哈里斯・布里斯班・迪克、弗莱彻、路易・V. 贝尔、道奇基金，约瑟夫・普利策遗赠，主席委员会成员捐赠，伊莲・L. 罗森伯格与史蒂芬森家族基金捐赠，2003 年营利基金，以及来自不同捐赠者的资助，2004 年（2004.442）

90—91 页：
* 亚当・弗斯，《方舟》，2004 年
图像：35.6 厘米 × 27.9 厘米；框：54.6 厘米 × 47 厘米
购买，阿尔弗雷德・斯提格利茨协会捐赠，2006 年（2006.171）
© Adam Fuss
* 小女孩大理石墓碑，约公元前 450 年—公元前 440 年，希腊，古典时期
大理石，伯利安瓷，高 80.6 厘米，顶宽 37 厘米，底座 39.4 厘米 × 10.2 厘米，59.4 千克
弗莱彻基金，1927 年（27.45）

92—93 页：
莫琳·加拉斯，《玛莎葡萄园的彩虹路》，2015 年
木面油彩，22.9 厘米 × 30.5 厘米
纽约 303 画廊惠赠
© Maureen Gallace
* 保罗·塞尚，《静物：苹果与报春花》，约 1890 年
布面油彩，73 厘米 × 92.4 厘米
山姆·A. 莱维森遗赠，1951 年（51.112.1）
* 保罗·塞尚，《静物：姜罐与茄子》，1893—1894 年
布面油彩，72.4 厘米 × 91.4 厘米
斯特凡·C. 克拉克遗赠，1960 年（61.101.4）

94—95 页：
杰弗里·吉布森，《像我们一样的人》，2014 年
帆布小钱包、改用的羊毛军毯、玻璃珠、锡铃、尼龙流苏、人造筋、丙烯酸涂料
165.1 厘米 × 36.8 厘米 × 36.8 厘米
艺术家惠赠
© Jeffrey Gibson
* 狭缝锣，20 世纪 60 年代中后期，昂布林岛，瓦努阿图
木头、颜料，445.1 厘米 × 71.1 厘米 × 59.7 厘米
罗杰斯基金，1975 年（1975.93）

96—97 页：
南·戈丁，《艾拉在我的公寓》，柏林，2015 年
显色照片，76.2 厘米 × 17.78 厘米
南·戈丁和马修·马克斯画廊惠赠
© Nan Goldin
* 朱莉娅·玛格丽特·卡梅伦，《波莫娜》，1872 年
来自玻璃负片的蛋白法银盐照片
照片尺寸：36.4 厘米 × 26.3 厘米
装裱尺寸：49.7 厘米 × 37.4 厘米
大卫·亨特·麦克艾尔宾基金，1963 年（63.545）
* 朱莉娅·玛格丽特·卡梅伦，《朱莉娅·杰克逊》，1867 年
来自玻璃负片的蛋白法银盐照片
照片尺寸：27.4 厘米 × 20.6 厘米
购买，约瑟夫·普利策遗赠，1996 年（1996.99.2）

98—99 页：
* 谷文达，《遗失的王朝——C 系列：书法练习本格式中的仿印章铭文》，1983—1987 年
挂式卷轴，纸面墨水
图像尺寸：61.6 厘米 × 93.7 厘米
整体装裱尺寸：134.9 厘米 × 105.7 厘米
整体尺寸（带轴头）：134.9 厘米 × 113.7 厘米
多丽丝·多伦温德为纪念母亲格特鲁德·冯克·多伦温德而捐赠，2013 年（2013.628）
© Gu Wenda
* 罗伯特·马瑟韦尔，《抒情组曲》，1965 年
纸面墨水，27.9 厘米 × 22.9 厘米
匿名捐赠，1966 年（66.233.1）
艺术 © Dedalus Foundation, Inc. / Licensed by VAGA, New York, NY

100—101 页：
戴安娜·阿尔-哈迪德，《格拉迪瓦的第四面墙》，2011 年
钢材、聚合物石膏、木材、玻璃纤维、油漆
466.1 厘米 × 484.5 厘米 × 335.3 厘米
阿联酋，沙迦，沙迦艺术基金会
© Diana Al-Hadid
* 意大利博斯科雷亚莱地区 P. 法尼尤斯·悉尼斯托别墅中的卧室（含细部），约公元前 50 年—公元前 40 年，罗马共和国晚期
壁画，房间尺寸：265.4 厘米 × 334 厘米 × 583.9 厘米，罗杰斯基金，1903 年（03.14.13a–g）

102—103 页：
* 安·汉密尔顿，《ABC》，1994 年 /1999 年
单频数字视频，黑白，无声，13 分钟
彼得·诺顿家族基金会捐赠，2001 年（2001.270）
© 1999 Ann Hamilton
* 男性提线木偶，19—20 世纪
马里，桑城地区，班巴拉人或博佐人
木头、布料、金属、颜料、铁棒，71.8 厘米 × 28.6 厘米 × 9.5 厘米
迈克尔·C. 洛克菲勒纪念堂收藏，纳尔逊·A. 洛克菲勒遗赠，1979 年（1979.206.52）

104—105 页：
* 简·哈蒙德，《无题（41, 231, 85, 56, 200, 35）》，1991 年
布面油彩，193 厘米 × 190.5 厘米
购买，莎拉-安与沃纳·H. 克拉马斯基捐赠，乔治·A. 赫恩基金，1991 年（1991.295）
© Jane Hammond
* 无名，243 张业余快照，20 世纪初—20 世纪 70 年代
明胶银版照片、快照、显色照片，多种尺寸
彼得·J. 柯恩捐赠，2012 年（2012.556.1.1–.243）

106—107 页：
* 雅各布·艾尔·哈纳尼，《祷文》，1978—1981 年
布面墨水，127 厘米 × 127 厘米
西里尔和莱昂纳德·鲁宾捐赠，1983 年（1983.199）
© Jacob El Hanani
* 巴尔博弥撒画师，《密西拿-托拉》，约 1457 年，意大利北部
羊皮纸蛋彩画、金箔、皮革封面
封面：24 厘米 × 20.8 厘米 × 8.2 厘米
书页（共 346 页）：22.7 厘米 × 18.4 厘米
由耶路撒冷的以色列博物馆和纽约的大都会艺术博物馆共同拥有，2013 年
以色列博物馆的一名匿名捐助者慷慨出资；勒内和苏姗·布拉金斯基，苏黎世；芮妮和莱斯特·克劳恩，芝加哥；舒斯特曼基金会 —— 以色列；朱迪和迈克尔·斯坦哈特，纽约。管理者基金和朱迪与迈克尔·斯坦哈特为大都会艺术博物馆出资购买（2013.495）

108—109 页：
* 扎里娜·哈什米，《家是个陌生的地方》，1999 年
36 个对开页，乌尔都语文字木刻裱贴于纸面，纸上装裱
图像尺寸（b–nn）：20.3 厘米 × 15.2 厘米
版画纸（b–nn）：40.3 厘米 × 33 厘米
盒子（oo）：44.1 厘米 × 36.8 厘米
卷首图（a）：27.9 厘米 × 21.6 厘米
购买，乔治·埃克诺默收藏捐赠，2013 年（2013.565a–nn）
© Zarina Hashmi
* 来自一座清真寺的铭文，石板，伊斯兰历 905 年 / 约公元 1500 年
伊斯兰风格，印度，孟加拉
辉长岩雕刻，41 厘米 × 115.1 厘米 × 7 厘米，88 千克
购买，尼尔逊·杜布尔德夫人捐赠，查尔斯·R. 杰斯遗赠，以交易方式，1981 年（1981.320）

110—111 页：
* 希拉·希克斯，《鳞》，1976 年
丝绸、羊毛、刀蛏壳
不带框：23.5 厘米 × 21 厘米，带框：61 厘米 × 41.8 厘米 × 3.8 厘米
购买，梅尔文·L. 贝德里克捐赠，1989 年（1989.29）
© Sheila Hicks
* 传为贝斯利奥斯的作品，《祈祷书：圣母玛利亚的风琴》，17 世纪晚期，埃塞俄比亚，拉斯塔地区，阿姆哈拉人
羊皮纸、含颜料的墨水、木材、皮革、纤维，16.5 厘米 × 15.5 厘米
路易·V. 贝尔基金，2006 年（2006.99）

112—113 页：
拉希德·约翰逊，《新黑人脱身术社会运动俱乐部（马可）》，2010 年
艺术微喷，50.8 厘米 × 40.6 厘米
芝加哥当代艺术博物馆收藏，莎拉·阿尔布雷希特捐赠（2011.48）
© MCA Chicago and Rashid Johnson. Photo: Nathan Keay
* 罗伯特·弗兰克，《新奥尔良的电车》，1955 年
明胶银盐照片，21.9 厘米 × 33.2 厘米
吉尔曼收藏，购买，安·特南鲍姆和托马斯·H. 李捐赠，2005 年（2005.100.454）
© 2016 Robert Frank from *The Americans*

114—115 页：
Y. Z. 卡米，《有着紫色眼睛的男人》，2013—2014 年
麻面油彩，207.3 厘米 × 182.9 厘米
艺术家和高古轩画廊惠赠
© Y. Z. Kami
*《穿蓝色披风的女人》，版画，54—68 年
埃及，罗马时期，尼禄
木面浇蜡，38 厘米 × 22.3 厘米
管理者基金，2013 年（2013.438）

116—117 页：
德博拉·卡斯，《分裂的两个红杨朵（我的猫王）》，1993 年
丝网印刷和布面丙烯酸，183.5 厘米 × 182.9 厘米
犹太博物馆，纽约；购买，琼和劳伦斯·克莱曼捐赠（1993-120a-b）
© 2017 Deborah Kass / Artists Rights Society (ARS), New York. Photo: John Parnell. Photo credit: The Jewish Museum, New York / Art Resource, NY
* 由陶工希伦签名，传为画工马克隆所绘，赤陶制基里克斯杯（酒杯），约公元前 480 年
希腊，古典时期，阿提卡
赤陶，红绘，高 13.8 厘米，直径 33.2 厘米
罗杰斯基金，1920 年（20.246）

118—119 页：
妮娜·卡查杜里安，《卫生间自画像——弗拉芒风格第 4 号》，2011 年
选自《座席》项目，2010 年至今
显色照片，36.2 厘米 × 25.4 厘米
旧金山现代艺术博物馆，尼昂·麦考伊捐赠
© Nina Katchadourian
* 汉斯·梅姆林，《托马索·波蒂纳里（1428—1501）肖像画》《玛利亚肖像画（玛利亚·玛德莱娜·巴龙切利，生于 1456 年）》，约 1470 年，木面油彩
托马索（.626）整体尺寸：44.1 厘米 × 33.7 厘米
画面尺寸：42.2 厘米 × 31.8 厘米
玛利亚（.627）整体尺寸：44.1 厘米 × 34 厘米
画面尺寸：42.2 厘米 × 32.1 厘米
本杰明·阿特曼遗赠，1913 年（14.40.626–27）

120—121 页：
* 亚历克斯·卡茨，《诗人的脸》，1972 年
布面油彩，289.6 厘米 × 533.4 厘米
保罗·雅克·舒普夫捐赠，1986 年（1986.363）
© Alex Katz
* 弗朗兹·克莱恩，《黑、白、灰》，1959 年
布面油彩，266.5 厘米 × 198 厘米
乔治·A. 赫恩基金，1959 年（59.165）
© 2017 The Franz Kline Estate / Artists Rights Society (ARS), New York

122—123 页：
杰夫·昆斯，《凝视球》（《法尔内塞的大力神》），2013 年
石膏、玻璃，326.4 厘米 × 170.2 厘米 × 123.5 厘米
The Broad (F-KOONS-2013.025).
© Jeff Koons
* 年轻的大力神的大理石像，69—96 年
罗马，早期帝国，弗拉维安
大理石，高 246.9 厘米，弗雷德里克·F. 汤普森夫人捐赠，1903 年（03.12.13）
* 三女神大理石群雕，公元 2 世纪，罗马帝国时期
大理石，123 厘米 × 100 厘米
购买，菲罗多鲁瓦俱乐部，莱拉·阿奇森·华莱士、玛丽与迈克尔·贾哈里斯、安妮特与奥斯卡·德·拉·伦塔、莱昂·莱维基金会、罗伯特·A. 与芮妮·E. 贝尔法家族基金会、约翰·A. 莫然夫妇，珍妮特与杰纳森·罗森，马尔科姆·休伊特·维纳基金会与尼古拉斯·S. 佐拉斯捐赠，2010 年（2010.260）

124—125 页：
* 黎安美，《越南南部的同塔省》，1994 年
明胶银盐照片，40.3 厘米 × 57.4 厘米
购买，霍拉斯·W. 高德史密斯基金会通过乔伊斯与罗伯特·门切尔夫妇捐赠，1998 年（1998.251）
© An-My Lê
* 尤金·阿杰，《厨房》，约 1910 年
来自玻璃负片的蛋白法银盐照片，21.4 厘米 × 17.2 厘米
购买，霍拉斯·W. 高德史密斯基金会通过乔伊斯与罗伯特·门切尔夫妇捐赠，1990 年（1990.1026.2）

126—127 页：
* 李日，《无题 303》，2003 年
纸面圆珠笔，76.2 厘米 × 55.9 厘米
购买，维尔赛克基金会捐赠，2016 年（2016.18）；艺术家和国际艺术项目惠赠，纽约
© Il Lee
* 伦勃朗·凡·莱因，《拿扇子的年轻女子画像》，1633 年
布面油彩，125.7 厘米 × 101 厘米
海伦·斯威夫特·尼尔森捐赠，1943 年（43.125）

128—129 页：
李明维，《花开的声音》，2013—2015 年
进行中的参与式行为装置，使用了椅子、乐谱架、服装、即兴创作的歌曲
艺术家惠赠
© Lee Mingwei. Photo: Anita Kan
* 丝绒质感的龙袍，17 世纪，中国，清朝
真丝天鹅绒，带真丝、金属线和羽毛线织成的图案
139.7 厘米 × 259.1 厘米
购买，亚洲艺术之友捐赠，1987 年（1987.147）
* 女式百蝠团花纹吉服，18 世纪上半叶，中国，清朝
绸缎，带真丝和金属线刺绣，137.2 厘米 × 190.5 厘米
匿名捐赠，1943 年（43.119）

130—131 页：
李禹焕，《从线开始》，1974 年
布面油彩，181.6 厘米 × 227 厘米
现代艺术博物馆，绘画与雕塑基金委员会（392.2010）
© Lee Ufan. Digital image
© The Museum of Modern Art / Licensed by SCALA / Art Resource, NY
* 月亮瓶，18 世纪下半叶，韩国，朝鲜王朝，瓷器
高 38.7 厘米，直径 33 厘米，罐口直径 14 厘米，罐底直径 12.4 厘米
哈里·G. C. 帕卡德亚洲艺术收藏，哈里·G. C. 帕卡德捐赠；购买，弗莱彻、罗杰斯、哈里斯·布里斯班·迪克以及路易·V. 贝尔基金，约瑟夫·普利策遗赠，以及安纳伯格基金捐赠，1975 年（1979.413.1）

132—133 页：
* 格伦·利贡，《无题：四幅蚀刻画》，1992 年
4 幅蚀刻画对开页（图：该系列第 1 幅）
63.5 厘米 × 43.8 厘米
彼得·诺顿家族基金会捐赠，1998 年（1998.456.2a-d）
© Glenn Ligon
* 遗骨匣子部件：头部（《伟大的毕里人像》），19 世纪，加蓬，芳人，贝兹族
木头、金属、棕榈油，46.5 厘米 × 24.8 厘米 × 16.8 厘米
迈克尔·C. 洛克菲勒纪念堂收藏，纳尔逊·A. 洛克菲勒遗赠，1979 年（1979.206.229）

134—135 页：
林天苗，《旋转-革命》，2016 年
聚脲、钢、丙烯酸、丝绸、混合媒介，尺寸可变
艺术家惠赠
©Lin Tianmiao
* 亚历克斯·卡茨，《黑棕色衬衫》，1976 年
布面油彩，182.9 厘米 × 152.4 厘米
乔治·A. 赫恩基金，1978 年（1978.9）
© Alex Katz

136—137 页：
* 卡鲁普·林兹，《和柴伦的机智谈话 V：艺术世界的变身》，2006 年
单频数码视频，彩色，有声，12 分钟 10 秒，多位捐赠者出资，2012 年（2012.250）
© 2006 Kalup Linzy
* 爱德华·马奈，《身着斗牛士服的 V 小姐》，1862 年
布面油彩，165.1 厘米 × 127.6 厘米
H. O. 哈夫迈耶收藏，H. O. 哈夫迈耶夫人遗赠，1929 年（29.100.53）

138—139 页：
罗伯特·隆戈，《无题（俄罗斯炸弹 / 塞米巴拉金斯克核试验场）》，2003 年
纸面炭笔，247.7 厘米 × 180.3 厘米
现代艺术博物馆，朱迪斯·罗斯柴尔德基金会当代素描收藏捐赠（2252.2005）
© 2017 Robert Longo / Artists Rights Society (ARS), New York. Digital image
© The Museum of Modern Art / Licensed by SCALA /Art Resource, NY
* 杰克逊·波洛克，《秋的节奏（第 30 幅）》，1950 年
布面珐琅，266.7 厘米 × 525.8 厘米
乔治·A. 赫恩基金，1957 年（57.92）
© 2016 Artists Rights Society (ARS), New York

140—141 页：
* 尼古拉·洛佩兹，《脚手架之城》，2008 年，由佩斯印刷公司印制并出版
蚀刻、油毡切割、拼贴，143.7 厘米 × 212.4 厘米
约翰·B. 特纳基金，2013 年（2013.617）
© Nicola López

* 雅克・卡洛,《瑟耶镇庆祝五朔节》, 1624—1625 年
蚀刻画，4 幅中的第 1 幅，19 厘米 × 33.2 厘米
哈里斯・布里斯班・迪克基金，1925 年（25.2.5）
* 欧仁・德拉克洛瓦,《摩洛哥苏丹和随从》草图，约 1832—1833 年
在厚纸上用棕色墨涂刷，19.4 厘米 × 25.2 厘米
凯伦・B. 柯恩的欧仁・德拉克洛瓦收藏，以亨利・卢瓦雷泰的名义捐赠，2013 年（2013.1135.20）

142—143 页：
纳里尼・马拉尼,《游戏》, 2003 年 /2009 年
四声道视频 / 影子秀（彩色，有声，12 分钟），6 个聚碳酸酯圆筒，合成聚合物颜料，尺寸可变
现代艺术博物馆，理查德・J. 梅西艺术和科学基金会捐赠（199.2007）
© 2015 Nalini Malani
*《哈奴曼举着长满草药的山顶》，约 1800 年，印度，拉贾斯坦邦
布面墨水和不透明水彩，130.2 厘米 × 116.2 厘米
爱德华・M. 布拉泰捐赠，1957 年（57.70.6）

144—145 页：
* 克里・詹姆斯・马歇尔,《无题（工作室）》, 2014 年
PVC 板、丙烯酸，211.9 厘米 × 301.8 厘米
购买，雅克和娜塔莎・格尔曼基金会捐赠，收购公司基金，大都会艺术博物馆多元文化受众发展计划捐赠，2015 年（2015.366）
© Kerry James Marshall
* 让-奥古斯特-多米尼克・安格尔及其工作室,《灰色调宫女》，约 1824—1834 年
布面油彩，83.2 厘米 × 109.2 厘米
凯瑟琳・罗瑞拉德・沃尔夫收藏，沃尔夫基金，1938 年（38.65）

146—147 页：
约西亚・麦克尔赫尼,《蓝色镜面玻璃画 V》, 2015 年
手工造型、被切割打磨的蓝色玻璃，低铁玻璃镜、蓝色建筑玻璃板、橡木、墨汁
110.2 厘米 × 110.2 厘米 × 19.1 厘米
安德里亚・罗森画廊惠赠，纽约
© Josiah McElheny. Photo: Ron Amstutz
* 霍勒斯・皮平,《自画像 II》, 1944 年
布面油彩，粘贴于纸板，21.6 厘米 × 16.5 厘米
简・肯达尔・金格里希遗赠，1982 年（1982.55.7）
© Estate of Horace Pippin

148—149 页：
* 劳拉・麦克菲与维吉尼亚・比汉,《蓝色潟湖，史瓦特森格尼地热泵站，冰岛》, 1988 年
显色照片，74.3 厘米 × 94 厘米
劳拉・麦克菲与维吉利亚・比汉捐赠，2000 年（2000.101）
© Laura McPhee and Virginia Beahan
* 老彼得・勃鲁盖尔,《收割者》, 1565 年
木面油彩，整体尺寸，包含顶部、底部和右边加装的条带：119 厘米 × 162 厘米
原始绘画表面：116.5 厘米 × 159.5 厘米
罗杰斯基金，1919 年（19.164）

150—151 页：
* 约瑟芬・梅克塞泊,《放大（米切利）》, 2006 年
人体形状（穿内衣的躯干），两个塑料框，每个框含照片两张；腿部（穿丝袜，齐膝）、腿部（穿丝袜）、圆形金属支架、坐便器、金属雕塑、两个玻璃球 、双面"折扣无限"标志、夹子架，在辛特拉板上装裱的双面彩印，在辛特拉板上装裱的双面 C-type 照片 / 明胶银盐照片，未装裱的明胶银盐照片，208.3 厘米 × 243.8 厘米 × 68.6 厘米
购买，斯特凡与南・斯威德捐赠，以及辛西娅・海森・波尔斯基基金出资，2014 年（2014.297a–w）
© Josephine Meckseper
* 乔治・图克,《政府办公室》, 1956 年
木面蛋彩，49.8 厘米 × 75. 2 厘米
乔治・A. 赫恩基金，1956 年（56.78）
DC 摩尔画廊惠赠，纽约
© Estate of George Tooker

152—153 页：
朱莉・梅赫雷图,《想象的部分（头部），阿勒颇》, 2016 年
布面墨水和丙烯酸，182.9 厘米 × 213.4 厘米，第 18443 号
玛丽安・古德曼画廊惠赠
© Julie Mehretu

* 委拉斯凯兹（全名迭戈・罗德里格斯・德・席尔瓦・委拉斯凯兹),《胡安・德・帕雷亚》（他生于 1610 年左右，卒于 1670 年），1650 年
布面油彩，81.3 厘米 × 69.9 厘米
购买，弗莱彻和罗杰斯基金，阿德莱德・米尔顿・德・格鲁特小姐（1876—1967）遗赠，以交易方式，由博物馆的朋友们捐赠补贴，1971 年（1971.86）

154—155 页：
亚历山大・梅拉米德,《油炸的安迪・沃霍尔（三分熟）》, 2013 年
纸、塑料食品盒，22.9 厘米 × 17.8 厘米
国家肖像画廊，华盛顿特区
© Alexander Melamid
* 欧内斯特・梅索尼埃,《1807 年的焦土》，约 1861—1875 年
布面油彩，135.9 厘米 × 242.6 厘米
亨利・希尔顿捐赠，1887 年（87.20.1）

156—157 页：
森万里子,《梦幻庙宇》, 1997—1999 年
金属、玻璃、塑料、光纤、织物、半球形视觉系统（3-D 半球形显示器）、音频
500 厘米 × 1,000 厘米
米兰，普拉达艺术基金会惠赠
© Mariko Mori
* 波提切利（原名亚历桑德罗・菲力佩皮),《圣母领报》，约 1485 年
木面蛋彩和描金，19.1 厘米 × 31.4 厘米
罗伯特・莱赫曼收藏，1975 年（1975.1.74）

158—159 页：
* 维克・穆尼斯,《跑得最快的瓦伦丁娜》, 1996 年
明胶银盐照片，33.9 厘米 × 26.7 厘米
购买，匿名捐赠，1997 年（1997.230.1）
© Vik Muniz
* 大都会艺术博物馆亨利・卢斯美国艺术研究中心，为 2015 年维克・穆尼斯的"艺术家项目"而建
© 2015 MMA, photographed by Eugenia Tinsley

160—161 页：
瓦格西・穆图,《100 个月的披荆斩棘》, 2004 年
透明纸面，经剪切和粘贴的印花纸，含水彩、合成聚合物颜料、压敏贴纸
174 厘米 × 106.7 厘米
现代艺术博物馆：21 世纪资金（99.2005）
© Wangechi Mutu. Digital image
© The Museum of Modern Art / Licensed by SCALA / Art Resource, NY
* 埃贡・席勒,《穿紧身衣和靴子坐着的女人》, 1918 年
纸面蜡笔，50.2 厘米 × 32.7 厘米
斯科菲尔德・赛耶遗赠，1982 年（1984.433.300）
* 埃贡・席勒,《穿衬裙坐着的女人》, 1914 年
纸面石墨，45.7 厘米 × 30.8 厘米
斯科菲尔德・赛耶遗赠，1982 年（1984.433.313）

162—163 页：
* 詹姆斯・奈尔斯,《街道》, 2011 年
高清数码视频，彩色，有声，61 分钟
购买，重大项目基金，通过乔伊斯与罗伯特・门切尔捐赠，2012 年（2012.573）
© James Nares
* 东晋，王羲之,《十七日帖》, 13 世纪拓本，原始文本来自 4 世纪，中国
30 页册子，每张书页尺寸：24.4 厘米 × 12.7 厘米
翁万戈夫妇捐赠，1991 年（1991.380）

164—165 页：
凯瑟琳・奥佩,《自画像 / 哺乳》, 2004 年
显色照片，101.6 厘米 × 78.7 厘米
所罗门・R. 古根海姆博物馆，纽约；国际董事理事会和执行委员会以下成员出资购买：露丝・鲍姆，艾迪思・布罗德，伊莱恩・特纳・库珀，迪米特里斯・达斯卡洛普洛斯，哈里・戴维，盖尔・梅・恩格尔伯格，雪莉・菲特曼，尼基・哈里斯，达基斯・乔努，瑞秋・雷曼，琳达・麦克洛，彼得・诺顿，托尼诺・佩尔纳，伊丽莎白・里奇伯格，瑞，莫提默・D. A. 萨克勒，西蒙内塔・塞拉格诺利，戴维・泰格，金妮・威廉姆斯和艾略特・K. 沃尔克；常任委员：蒂奎・阿滕西奥，琳达・菲施巴赫，比阿特丽斯・哈伯曼，嘉吉尔和唐娜・麦克米兰，2005 年（2005.14）
惠赠，雷根项目画廊，洛杉矶和立木画廊，纽约和香港
© Catherine Opie

* 床幔与侧帘，约1700年，法国
帆布，丝毛刺绣，使用粗针和细针
艾尔文・恩特迈耶捐赠，1953年（53.2.1–.8）
* 一对酒罐，约1680年，法国纳维尔地区
彩陶（涂有金属釉层的陶器）
购买，查尔斯・E. 桑普森纪念堂基金，艾尔文・恩特迈耶捐赠，以交易方式，罗杰斯基金，约翰・L. 卡德瓦拉德遗赠，以交易方式，1985年（1985.181.1, .2）

166—167页：
* 科妮莉亚・帕克，《无尽的糖》，2011年
银盘、镀锡铜线，安装好之后，离地面12.7厘米，约26.03厘米深，412.75厘米长
购买，霍腾斯与威廉・A. 莫尔雕塑收购基金，2013年（2013.991a–dd）
© Cornelia Parker
* 罗伯特・卡帕，《倒下的士兵》，1936年，冲印时间较晚
明胶银盐照片，24.7厘米×34厘米
吉尔曼收藏，购买，阿尔弗雷德・斯提格利茨协会捐赠，2005年（2005.100.166）
摄影：罗伯特・卡帕
© Cornell Capa / Magnum

168—169页：
伊萨尔・帕特金，《黑色画作》（《黑夜》）细部，1986年
合成橡胶上墨水和乙烯基颜料，22块板，426.7厘米×670.6厘米×853.3厘米
现代艺术博物馆，斯特凡和玛莎・贝利尼捐赠（279.1987.a–v）
© Izhar Patkin. Digital image
© The Museum of Modern Art / Licensed by SCALA / Art Resource, NY
* 《舞王湿婆神》，约11世纪，印度，泰米尔纳德邦，乔拉王朝时期（880—1279）
铜合金，68.3厘米，直径56.5厘米
安思远古玩店为纪念苏姗・狄龙而捐赠，1987年（1987.80.1）

170—171页：
希拉・佩佩，《贝德福德露台上的红色钩针》，2008年
鞋带、棉纱、航海拖链，尺寸可变
史密斯学院艺术博物馆；博物馆参观委员会成员捐赠购买，以纪念安・约翰逊的退休（SC 2008:31）
© Sheila Pepe
* 昆兹・洛克纳，奥地利大公斐迪南一世（1503—1564）的盔甲，1549年，德国，纽伦堡
钢、黄铜、皮革，170.2厘米，24千克
购买，罗杰斯基金，乔治・D. 普拉特捐赠，1933年（33.164a–x）

172—173页：
* 雷蒙德・帕提伯恩，《无题》（《他们是一……》），1998年
纸面墨水和石墨，43.8厘米×29.8厘米
加布里埃拉・德・法拉利为纪念黛莉亚・布里尼奥勒・德・法拉利捐赠，2006年（2006.574.2a, b）
© Raymond Pettibon
* 约瑟夫・马洛德・威廉・透纳，《威尼斯运河》，约1835年
布面油彩，91.4厘米×122.2厘米
科尼利厄斯・范德比尔特遗赠，1899年（99.31）

174—175页：
* 索菲普・皮奇，《佛2》，2009年
藤条、电线、染料，254厘米×73.7厘米×22.9厘米
亚洲艺术之友捐赠，2012年（2012.349）
© Sopheap Pich
* 文森特・凡・高，《埃顿的路》，1881年
粉笔、铅笔、色粉、水彩，钢笔和棕墨打底，39.4厘米×57.8厘米
罗伯特・莱赫曼收藏，1975年（1975.1.774）

176—177页：
* 罗伯特・波利多里，《路易斯安那州，新奥尔良市马里尼街区5417号》，2006年3月
显色照片，照片尺寸：86.4厘米×121.9厘米；装裱尺寸：101.6厘米×137.2厘米；画框尺寸：104.1厘米×139.7厘米×5.7厘米
艺术家捐赠，2006年（2006.526.1）
© Robert Polidori
* 朱尔・巴斯蒂安-勒帕吉，《圣女贞德》，1879年
布面油彩，254厘米×279.4厘米
艾尔文・戴维斯捐赠，1889年（89.21.1）

178—179页：
罗娜・庞迪克，《猴子》，1998—2001年
不锈钢，104.77厘米×167.64厘米×217.17厘米，第6版
新奥尔良艺术博物馆，悉尼和瓦尔达・贝斯霍夫基金会捐赠
© Rona Pondick
* 埃及法老阿肯那顿的鼻子和嘴唇，约公元前1353年—公元前1336年，埃及，新王国时期，阿玛纳时期，第十八王朝，阿肯那顿统治时期；来自埃及中部的阿玛纳（阿肯塔顿），阿滕神庙
硬质石灰石，8.1厘米×6.3厘米×5.5厘米
购买，爱德华・S. 哈克尼斯捐赠，1926年（26.7.1395）

180—181页：
莉莉安娜・波特，《（与企鹅）对话》，1999年
汽巴克罗姆彩色印相，88.9厘米×68.58厘米
艺术家惠赠
© Liliana Porter
* 贾科梅托（贾科梅托・韦内齐亚诺），《一名青年男子的画像》，15世纪80年代
木面油彩，27.9厘米×21厘米
朱尔斯・贝克收藏，1949年（49.7.3）

182—183页：
维尔弗雷多・普列托，《是/否》，2002年
两个电动风扇，整体尺寸可变
所罗门・R. 古根海姆博物馆，纽约；古根海姆UBS MAP收购基金，2014年（2014.48）
© Wilfredo Prieto
装置图，“在同一太阳下：来自今天拉丁美洲的艺术”展览，所罗门・R. 古根海姆博物馆，纽约，2014年6月13日至10月1日
摄影：克里斯托弗・麦肯，图片版权：The Solomon R. Guggenheim Foundation /Art Resource, NY
* 奥古斯特・罗丹，《手的习作》，约1895年制模，法国
石膏，长34.3厘米，艺术家捐赠，1912年（12.12.8）

184—185页：
拉希德・拉纳，《疯狂找寻天堂I》，2007—2008年
显色照片，Diasec装裱，不锈钢，300厘米×300厘米×300厘米，第3版
艺术家和伦敦里森画廊惠赠
© Rashid Rana. Photo: Vipul Sangoi
* 翁贝托・波丘尼，《独一无二的形式在空间中的延伸》，1913年，铸造于1949年
青铜，121.3厘米×88.9厘米×40厘米
莉迪亚・温斯顿・马尔宾遗赠，1989年（1990.38.3）

186—187页：
* 克里希纳・雷迪，《孕育》，1954年
混色凹雕，64.8厘米×49.5厘米
约翰・B. 特纳基金，2014年（2014.80）
© Krishna Reddy
* 亨利・摩尔，《斜躺着的人，第4号》，1954—1955年
青铜，39.4厘米×59.7厘米×31.8厘米
莱昂纳多・S. 菲尔德夫妇捐赠，1995年（1995.600）
亨利・摩尔基金会授权复刻
© The Henry Moore Foundation. All Rights Reserved, DACS 2016 / www.henry-moore.org

188—189页：
马修・里奇，《等级的问题》，2003年
丙烯酸墙画、橡胶和特卫强地毯、摄影灯箱、油彩和马克笔绘画
所罗门・R. 古根海姆博物馆，纽约；国际董事理事会和执行委员会以下成员出资购买：露丝・鲍姆，艾迪思・布罗德，伊莱恩・特纳・库珀，迪米特里斯・达斯卡洛普洛斯，哈里・戴维，盖尔・梅・恩格尔伯格，雪莉・菲特曼，尼基・哈里斯，达基斯・乔努，瑞秋・雷曼，琳达・麦克洛，彼得・诺顿，托尼诺・佩尔纳，伊丽莎白・里奇伯格・瑞，莫提默・D. A. 萨克勒，西蒙内塔・塞拉格诺利，戴维・泰格，金妮・威廉姆斯和艾略特・K. 沃尔克；常任委员：蒂奎・阿滕西奥，琳达・菲施巴赫，比阿特丽斯・哈伯曼，米利亚姆・克努森，嘉吉尔和唐纳・麦克米兰，2004年（2004.75）
艺术家和安德里亚・罗森画廊惠赠，纽约
© Matthew Ritchie. Photo: Peter Oszvald
* 《名誉战胜死亡》，约1500—1530年，荷兰南部
羊毛经纱、羊毛和真丝纬纱，365.8厘米×325.1厘米
乔治・D. 普拉特遗赠，1935年（41.167.2）

190—191页：
* 多萝西娅・洛克伯尼，《研习六翼天使：爱》，1982年
犊皮纸面水彩，91.4厘米×94厘米
购买，路易与贝西・阿德勒基金会捐赠，1983年（1983.19）

© 2017 Dorothea Rockburne / Artists Rights Society (ARS), New York
* 统治者的头，约公元前 2300 年—公元前 2000 年
青铜时代初期，伊朗或美索不达米亚
铜合金，34.3 厘米，罗杰斯基金，1947 年（47.100.80）

192—193 页：
阿历克西斯·洛克曼，《宿主与载体》，1996 年
木面油彩，213.5 厘米 × 182.9 厘米，惠特尼美国艺术博物馆，纽约
奈家族捐赠（2002.1）
© 2017 Alexis Rockman / Artists Rights Society (ARS), New York
* 马丁·约翰逊·海德，《蜂鸟与西番莲》，约 1875—1885 年
布面油彩，50.8 厘米 × 30.5 厘米
购买，阿尔伯特·韦瑟比捐赠，1946 年（46.17）

194—195 页：
安娜贝斯·罗森，《维洛》，2006—2007 年
烧制陶瓷，48.26 厘米 × 43.18 厘米 × 33.02 厘米
艺术家和保尔·安格利姆画廊惠赠
© Annabeth Rosen
* 动物火捻子瓶，1830—1870 年
美国，美国佛蒙特州本宁顿制造，带硬搪瓷釉层的陶器，22.2 厘米 × 27.9 厘米，海伦·哈伊·惠特尼遗赠，1944 年（45.35.32）
* 莱曼芬顿公司（1849—1952），动物火捻子瓶，1849 年
美国，美国佛蒙特州本宁顿制造，带硬搪瓷釉层的陶器，27.3 厘米 × 27.3 厘米
罗杰斯基金，1938 年（38.125.1）

196—197 页：
* 玛莎·罗斯勒，《厨房里的符号学》，1975 年
单频数字视频，从录像带转录，黑白，有声，6 分 9 秒
购买，亨利·奈尔斯基金会捐赠，2010 年（2010.245）
电子艺术混剪（EAI）惠赠，纽约
© Martha Rosler
* 居扎修道院，约 1130—1140 年，加泰罗尼亚
大理石，大都会艺术博物馆修道院分馆收藏，1925 年（25.120.398–.954）

198—199 页：
汤姆·萨克斯，《单一》，2001 年
泡沫芯、导热胶、三菱笔、树脂、优质纸板和立可白修正液
218.4 厘米 × 525.8 厘米 × 96.5 厘米
纽约所罗门·R. 古根海姆博物馆捐赠；匿名捐赠，2003 年（2003.1）
© Tom Sachs
* 北方家庭住宅建筑元素，新黎巴嫩镇，纽约，约 1830—1840 年，美国，震颤派
木头，尺寸不可用
购买，艾米丽·克雷恩·钱德伯恩遗赠，1972 年（1972.187.1）

200—201 页：
大卫·萨利，《查尔斯·明格斯在墨西哥》，1990 年
光敏亚麻布面油彩和丙烯酸，213.4 厘米 × 289.6 厘米，萨奇画廊
© David Salle
* 马斯登·哈特利，《捕龙虾的人》，1940—1941 年
梅森奈特纤维板面油彩，75.6 厘米 × 103.8 厘米
画框：100.6 厘米 × 128.6 厘米 × 6.4 厘米
亚瑟·霍普克·赫恩基金，1942 年（42.160）
* 马斯登·哈特利，《缅因州的卡塔丁山，秋天 2 号》，1939—1940 年
布面油彩，76.8 厘米 × 102.2 厘米
画框：91.8 厘米 × 117.5 厘米 × 4.4 厘米
伊迪丝和米尔顿·洛文塔尔收藏，伊迪丝·亚伯拉罕森·洛文塔尔遗赠，1991 年（1992.24.3）

202—203 页：
卡罗里·施内曼，《基克拉迪印记》，1991—1993 年
幻灯片投影，电动小提琴，马尔科姆·戈尔茨坦四声声音拼贴，15 分钟，循环播放
609.6 厘米 × 1,097.28 厘米
艺术家惠赠
© Carolee Schneemann
* 被认为由大师巴斯蒂斯创作，《大理石女像》，公元前 2600 年—公元前 2400 年
大理石，高 62.79 厘米，克里斯托斯·G. 巴斯蒂斯捐赠，1968 年（68.148）

204—205 页：
达娜·舒兹，《展示》，2005 年
布面油彩，304.8 厘米 × 426.7 厘米
现代艺术博物馆，迈克尔和朱迪·奥维兹承诺部分捐赠（245.2005）
艺术家和佩策尔画廊捐赠，纽约
© 2015 Dana Schutz
* 巴尔蒂斯（巴尔塔扎·克洛索夫斯基），《大山》，1937 年
布面油彩，248 厘米 × 365 厘米
购买，内特·B. 斯宾戈德夫妇、内森·康明斯、罗杰斯基金，阿尔弗雷德·N. 帕尼特捐赠基金出资，以交易方式，哈里斯·布里斯班·迪克基金，1982 年（1982.530）
© Balthus

206—207 页：
* 阿琳·舍切特，《眼见为实》，2015 年
上釉陶瓷、涂色钢铁，152.7 厘米 × 55.9 厘米 × 63.5 厘米
购买，现代圈捐赠，2016 年（2016.229a, b）
© Arlene Shechet. Photo: Chris Kendall
* 一个蒙面舞者的青铜小雕像，约公元前 3 世纪—公元前 2 世纪，希腊，早期希腊文化时期
青铜，20.5 厘米 × 8.9 厘米 × 11.4 厘米，1.9 千克
沃特·C. 贝克，1971 年（1972.118.95）

208—209 页：
* 詹姆斯·锡耶纳，*Squa Tront*，2005—2010 年
版画，版面：48.6 厘米 × 38.1 厘米
纸张：68.6 厘米 × 57.8 厘米
约翰·B. 特纳基金，2011 年（2011.509.1–.10）
© James Siena
*《药师佛佛会图》，约 1319 年，中国，元朝
黏土与稻草混制的底面，水性颜料
亚瑟·M. 萨克勒以父母艾萨克与苏菲·萨克勒的名义捐赠，1965 年（65.29.2）

210—211 页：
* 卡特琳·西于尔扎多蒂，《细木护壁板》，2010 年
涂色的中密度纤维板、镜子、钢琴铰链
安装尺寸：731.5 厘米 × 177.8 厘米 × 497.8 厘米
购买，威廉·S. 利伯曼遗赠，2011 年（2011.186.1–.82）
© Katrín Sigurdardóttir
* 卡布里公馆的细木护壁板，格拉斯，法国，约 1774 年
后期有增补，法国，雕刻，喷漆和镀金橡木
整体尺寸：3.56 米 × 6.96 米 × 7.77 米
购买，查尔斯·怀特曼夫妇捐赠，1972 年（1972.276.1）

212—213 页：
* 沙希亚·西坎德，《轨迹》，2012 年
彩色直接凹版印刷，版面：68.6 厘米 × 54 厘米
纸张：66 厘米 × 74.9 厘米
斯图尔特·S. 麦克达蒙特基金，2013 年（2013.154）
© Shahzia Sikander
*《莱拉和玛吉努上学》，对开页来自尼扎米的《五卷诗》，希吉拉纪元 931 年 / 约公元 1524—1525 年
伊斯兰，即现在的阿富汗，赫拉特
来自一份带插图手稿的对开本；纸面墨水、不透明水彩和描金
画作：19.1 厘米 × 11.4 厘米
书页：32.1 厘米 × 22.2 厘米
衬边：48.9 厘米 × 36.2 厘米
亚历山大·史密斯·柯克兰捐赠，1913 年（13.228.7.7）

214—215 页：
* 琼·斯奈德，《心心心》，1975 年
纸面油彩、丙烯酸、纸、织物、粗棉布、混合纸浆、床垫棉、线
182.9 厘米 × 243.8 厘米
唐纳德·鲁格夫夫妇捐赠，1981 年（1981.199）
© Joan Snyder
* 弗洛琳·史提海莫，《艺术大教堂》，1942 年
布面油彩，153 厘米 × 127.6 厘米
埃蒂·史提海莫捐赠，1953 年（53.24.1）

216—217 页：
* 帕特·斯蒂尔，《16 帘梦幻瀑布，记忆与感伤》，1990 年
布面油彩，199.4 厘米 × 383.9 厘米

凯瑟琳·E. 赫德基金，以交易方式，2009年（2009.473）
© Pat Steir, New York, NY
* 能量像，19世纪，刚果共和国或安哥拉卡宾达，希卢安果河地区，刚果人，勇备族
木头、铁、树脂、陶瓷、植物纤维、织物、染料
118厘米×49.5厘米×39.4厘米
购买，莱拉·阿奇森·华莱士，医生丹尼尔和玛丽安·马尔科姆，劳拉·G. 和詹姆斯·J. 罗斯，杰弗里·B. 索里菲，罗伯特·T. 沃尔家族，医生悉尼·G. 克莱曼夫人以及史蒂文·科萨克捐赠，2008年（2008.30）

218—219页：
* 托马斯·斯特鲁斯，《圣·洛伦佐·马焦雷大教堂的修复工作者们，那不勒斯》，1988年
显色照片，图像：119.1厘米×159.7厘米
画框：121.9厘米×160厘米
购买，重大项目基金捐赠，通过乔伊斯与罗伯特·门切尔；阿尔弗雷德·斯提格利茨协会捐赠；珍妮弗·绍尔捐赠；莫提默·D. 萨克勒医生、特雷莎·萨克勒及其家族捐赠；格雷和莎拉·沃克维茨捐赠，2010年（2010.121）
© Thomas Struth
* 北宋 彩绘木雕文殊菩萨像（地黄木胎），文殊菩萨，10世纪末—12世纪初，中国，北宋（960—1127）
带彩绘的木头（地黄木），整段木料结构，109.2厘米×58.4厘米
艾比·阿尔德里奇·洛克菲勒捐赠，1942年（42.25.5）
* 唐 彩绘漆金夹纻阿弥陀佛像，佛陀，可能是阿弥陀佛，7世纪初，中国，唐朝（618—907）
干漆夹纻镀金彩绘，96.5厘米×68.6厘米×57.1厘米
罗杰斯基金，1919年（19.186）

220—221页：
* 杉本博司，《乌特维尔的博登海》，1993年
明胶银盐照片，42.3厘米×54.2厘米
购买，霍拉斯·W. 高德史密斯基金会通过乔伊斯与罗伯特·门切尔捐赠，1994年（1994.144.8）
© Hiroshi Sugimoto
* 被认为由土佐光信创作，《竹的四季》（四季竹图屏风），15世纪末—16世纪初，日本室町时代（1392—1573）
一对六扇屏风，纸面墨水、色彩和金叶
图像：157厘米×360厘米
哈里·G. C. 帕卡德亚洲艺术收藏，哈里·G. C. 帕卡德捐赠，购买，弗莱彻、罗杰斯、哈里斯·布里斯班·迪克和路易·V. 贝尔基金，约瑟夫·普利策遗赠，安纳伯格基金捐赠，1975年（1975.268.44, .45）

222—223页：
伊芙·萨斯曼/鲁弗斯公司（伊芙·萨斯曼的电影公司），电影《白上加白：黑色算法》的静止剧照，2009—2011年
S16毫米胶片，8毫米胶片，视频；连续循环
艺术家惠赠
© Eve Sussman and Rufus Corporation
* 威廉·埃格尔斯顿，《无题（孟菲斯）》，1971年，1999年印制
染料转印照片，图像：55.4厘米×36.8厘米，相纸：61厘米×50.8厘米
购买，路易·V. 贝尔、哈里斯·布里斯班·迪克、弗莱彻、罗杰斯基金，约瑟夫·普利策遗赠，霍拉斯·W. 高德史密斯基金会通过乔伊斯与罗伯特·门切尔捐赠，夏洛特·A. 与威廉·E. 福特捐赠，2012年（2012.285）
© Eggleston Artistic Trust
* 威廉·埃格尔斯顿，《亚拉巴马州的亨茨维尔》，约1970年
染料转印照片，46.9厘米×32.4厘米
杰夫瑞·弗兰凯尔与弗里希·布兰特捐赠，1991年（1991.1271）
© 2005 Eggleston Artistic Trust
希姆·雷德画廊惠赠，纽约，许可使用，保留所有权利
* 威廉·埃格尔斯顿，《无题（孟菲斯）》，约1970年，2002年印制
染料转印照片
图像：36.8厘米×55.3厘米
相纸：48.3厘米×56.5厘米
购买，路易·V. 贝尔、哈里斯·布里斯班·迪克、弗莱彻、罗杰斯基金，约瑟夫·普利策遗赠，夏洛特·A. 与威廉·E. 福特捐赠，2012年（2012.293）
© Eggleston Artistic Trust
* 威廉·埃格尔斯顿，《无题（孟菲斯）》，约1972年，1986年印制
染料转印照片，图像：34厘米×52.3厘米，相纸：47.3厘米×62.9厘米，购买，路易·V. 贝尔、哈里斯·布里斯班·迪克、弗莱彻、罗杰斯基金，约瑟夫·普利策遗赠，路易·V. 贝尔基金，2012年（2012.288）
© Eggleston Artistic Trust

224—225页：
斯万，《破晓与胞芽》，2014年
木头、纸张、颜料，132.1厘米×60.3厘米×2.5厘米
布鲁克林博物馆；艺术家捐赠（2015.58）
© Swoon. Photo: Tod Seelie
* 奥诺雷·杜米埃，《三等车厢》，约1862—1864年
布面油彩，65.4厘米×90.2厘米
H.O. 哈夫迈耶收藏，H.O. 哈夫迈耶夫人遗赠，1929年（29.100.129）

226—227页：
萨拉·斯茨，《360（便携天文馆）》，2010年
混合媒介、木头、纸张、绳子、牛仔布、石头，411.5厘米×345.4厘米×470厘米
加拿大国家美术馆惠赠，安大略省
© Sarah Sze
* 朋内布马斯塔巴墓室，约公元前2381年—公元前2323年，古王国时期，第五王朝，伊塞西到乌尼斯统治时期，来自埃及孟菲特地区，塞加拉，朋内布墓，埃及文物局/奎贝尔发掘
石灰石，彩绘，高482.2厘米
爱德华·S. 哈克尼斯捐赠，1913年（13.183.3）

228—229页：
保罗·塔兹韦尔，百老汇音乐剧《汉密尔顿》中伊丽莎的服装设计，2014年
艺术家惠赠
© Paul Tazewell
* 安东尼·凡·戴克，《里士满和伦诺克斯公爵詹姆斯·斯图亚特（1612—1655）》，约1633—1635年；布面油彩，215.9厘米×127.6厘米
马宽德收藏，亨利·G. 马宽德捐赠，1889年（89.15.16）

230—231页：
伟恩·第伯，《摆满派的柜台》，1963年
布面油彩，75.7厘米×91.3厘米
惠特尼美国艺术博物馆，纽约；购买，拉里·奥尔德里奇基金会出资（64.11）
艺术 © Wayne Thiebaud / Licensed by VAGA, New York, NY
* 罗莎·博纳尔，《马市》，1852—1855年
布面油彩，244.5厘米×506.7厘米
科尼利厄斯·范德比尔特捐赠，1887年（87.25）

232—233页：
汉克·威利斯·托马斯，《从那以后，永远自由》，2012年
混合媒介，154.9厘米×44.5厘米×11.7厘米
艺术家和杰克·沙因曼画廊惠赠，纽约
© Hank Willis Thomas
* 纽扣，19世纪40—50年代
银版照片，图像直径：1.6厘米
吉尔曼收藏购买，乔伊斯·F. 门切尔捐赠，2005年（2005.100.78）

234—235页：
米卡琳·托马斯，《爱情之外的一点味道》，2007年
木面丙烯酸、珐琅、莱茵石，274.3厘米×365.8厘米
布鲁克林博物馆；茱莉亚·博尔赫斯与指定的收购基金捐赠（2008.7a-c）
©Mickalene Thomas
* 塞杜·凯塔，《无题》，1953—1957年
现代明胶银版画，39.1厘米×55.2厘米
匿名捐赠，1997年（1997.267），CAAC-皮戈奇收藏惠赠
© Seydou Keïta / SKPEAC

236—237页：
弗雷德·托马塞利，《回声、哇呜和悸动》，2000年
木面树叶、药丸、照片拼贴、丙烯酸、树脂，213.36厘米×304.8厘米
詹姆斯·科汉惠赠，纽约
© Fred Tomaselli
*《忿怒莲师》，18世纪，西藏
棉布面胶画彩绘，61厘米×44.5厘米
购买，亚洲艺术之友捐赠，2015年（2015.269）

238—239页：
雅克·维勒格莱，《巴黎庙街122号》，1968年
撕碎并粘贴的打印纸张，布面，159.2厘米×210.3厘米
现代艺术博物馆；约阿希姆·阿伯巴赫捐赠（以交易方式）（229.1988）
© 2015 Jacques Villeglé / Artists Rights Society (ARS), New York / ADAGP, Paris

* 乔治・布拉克,《静物：带钩短矛》，1911 年
布面油彩、炭粉和沙子，65.4 厘米 × 54.9 厘米
雅克和娜塔莎・格尔曼收藏，1998 年（1999.363.11）
© 2017 Artists Rights Society (ARS), New York / ADAGP, Paris. Digital image
© The Museum of Modern Art / Licensed by SCALA / Art Resource, NY
* 巴勃罗・毕加索,《静物：朗姆酒瓶》，1911 年
布面油彩，61.3 厘米 × 50.5 厘米，雅克和娜塔莎・格尔曼收藏，1998 年（1999.363.63）
© 2017 Estate of Pablo Picasso / Artists Rights Society (ARS), New York

240—241 页：
玛丽・韦瑟福德,《科尼艾兰 II》，2012 年
亚麻布面、合成颜料、霓虹灯、变压器
261.6 厘米 × 210.8 厘米，现代艺术博物馆，21 世纪基金（61.2013.a–e）
© Mary Weatherford. Digital image
© The Museum of Modern Art / Licensed by SCALA / Art Resource, NY
* 弗朗西斯科・戈雅,《曼努埃尔・奥索里奥・曼里克・德・苏尼加（1784—1792）》，1787—1788 年
布面油彩，127 厘米 × 101.6 厘米，朱尔斯・贝克收藏，1949 年（49.7.41）

242—243 页：
威廉・魏格曼,《门厅的抽象画》，2015 年
木面油彩、明信片，76 厘米 × 101.5 厘米，斯佩罗内・韦斯特沃特惠赠，纽约
© William Wegman
*《145 张沃克・埃文斯收藏的火车站明信片》，20 世纪初—20 世纪 30 年代，照相工艺复制品；明胶银盐照片，每张约 9 厘米 × 14 厘米，沃克・埃文斯档案，1994 年（1994.264.1.1–.145）

244—245 页：
凯欣德・威利,《两姐妹》，2012 年
亚麻布面油彩，243.84 厘米 × 182.88 厘米
私人藏品，艺术家与肖恩・凯利画廊惠赠，纽约
© Kehinde Wiley
* 约翰・辛格・萨金特,《温德姆姐妹：埃尔乔夫人、阿德娜太太、田纳德太太》，1899 年
布面油彩，292.1 厘米 × 213.7 厘米，凯瑟琳・罗瑞拉德・沃尔夫收藏，沃尔夫基金，1927 年（27.67）

246—247 页：
* 贝蒂・伍德曼,《明姐妹》，2003 年
釉面陶器、环氧树脂、清漆、油漆
81.3 厘米 × 205.7 厘米 × 20.3 厘米
购买，A. L. 莱文家族基金会捐赠，以交易方式，2003 年（2003.413a–c）
© Betty Woodman
*《陶土棺（柜形棺）》，公元前 13 世纪中叶，米诺斯时期，陶土
带盖尺寸：101.6 厘米 × 45.7 厘米 × 107.3 厘米
棺体高度：77.5 厘米，棺盖高度：24.1 厘米
匿名捐赠，纪念尼古拉和米蕾耶・寇透拉基斯，1996 年（1996.521a, b）

248—249 页：
徐冰,《天书》，约 1987—1991 年
一盒四本手作书籍，线装，纸面墨水与木盒
书本（单本）：45.9 厘米 × 29.9 厘米
盒子：48.9 厘米 × 33.2 厘米 × 10.2 厘米
普林斯顿大学艺术博物馆；普林斯顿大学艺术博物馆东亚研究项目购买，福勒・麦考密克，1921 届，出资；以及唐炳源和温金美夫妇东亚艺术中心（2002-281.1–.5）
© 1991 Xu Bing. Photo. Bruce M. White. Photo credit: Princeton University Art Museum / Art Resource, New York
* 让-弗朗索瓦・米勒,《干草垛：秋天》，约 1874 年
布面油彩，85.1 厘米 ×110.2 厘米，莉莉安・S. 提姆肯遗赠，1959 年（60.71.12）

250—251 页：
达斯汀・耶林,《三联幅》，2012 年
玻璃、拼贴、丙烯酸，539.75 厘米 × 118.11 厘米 × 68.58 厘米
艺术家惠赠
© Dustin Yellin. Photo: David Deng
* 圆筒印章：敬拜者带着献给端坐着的神灵的动物，约公元前 1480 年—公元前 1450 年
埃兰（伊朗，卢里斯坦，苏克-杜姆）
磷灰石，2.49 厘米
罗杰斯基金，1943 年（43.102.39）
（现代压印制图，放大的现代压印制图）

252—253 页：
丽莎・尤斯卡维奇,《腕花》，1996 年
亚麻布面油彩，182.9 厘米 × 213.3 厘米
现代艺术博物馆，大卫・泰格尔承诺部分捐赠（332.2004），艺术家和大卫・卓纳惠赠，纽约 / 伦敦
© Lisa Yuskavage.
* 爱德华・维亚尔,《绿色内饰（坐在拉上窗帘的窗户边的人）》，1891 年
硬纸板油彩，装裱于带支架的木框
31.1 厘米 × 21 厘米，罗伯特・雷曼收藏，1975 年（1975.1.222）

254—255 页：
张晓刚,《同志第 13 号，1996》，1996 年
布面油彩，40 厘米 × 30.2 厘米
哈佛艺术博物馆 / 福格艺术博物馆
里德与伊丽莎白・格里弗斯夫妇捐赠（2012.118）
© Zhang Xiaogang. Image : Imaging Department.
© President and Fellows of Harvard College
* 埃尔・格列柯（多米尼克斯・希奥托科普罗斯）,《圣约翰的幻视》，约 1609—1614 年
布面油彩，222.3 厘米 × 193 厘米
罗杰斯基金，1956 年（56.48）

致 谢

这本书的灵感源自“艺术家项目”这个相当成功的线上系列栏目，它让观众有机会听到当代艺术家们就我们馆的部分藏品展开的精彩对话。我非常感谢托马斯 · P. 坎贝尔，他在担任大都会艺术博物馆馆长期间为这个线上系列栏目和这本充满创意的书提供了指导。他激励我和博物馆的同事们开展了这些雄心勃勃、令人兴奋的收藏项目，并为我们提供了宝贵的支持。

如果没有特蕾莎 · 赖的贡献，这本书也许不会存在。她与我共同构思并开发了“艺术家项目”的线上系列栏目。杰出的团队为我们提供了帮助，其中有萨拉 · 科万（Sarah Cowan）、斯特凡妮 · 乌尔茨（Stephanie Wuertz）、奥斯丁 · 费舍尔（Austin Fisher）、海伦娜 · 古兹克（Helena Guzik）、卡米耶 · 诺普（Camille Knop）以及负责设计和开发的 CHIPS 团队。摄影师杰基 · 尼尔（Jackie Neale）和凯瑟琳 · 赫尼（Kathryn Hurni）为本书中出现的艺术家们拍摄了精美的肖像照片。为了准备该线上系列栏目和这本书的出版，詹恩 · 谢尔曼（Jenn Sherman）与艺术家们进行了最直接的合作。

我还要感谢大都会艺术博物馆同事们的支持，包括前首席数字官斯瑞 · 斯瑞尼瓦桑（Sree Sreenivasan）及其团队，还有 Imaging 公司的芭芭拉 · 布里奇斯（Barbara Bridgers）及其团队，感谢他们为这本书里出现的大都会艺术博物馆藏品拍摄照片。大都会艺术博物馆的所有策展人都对艺术品的文字介绍做出了贡献，他们还帮助艺术家和跨越五千年艺术史的各种藏品联系起来。特别要感谢当代艺术和摄影策展人的努力，包括伊恩 · 阿尔特维耶（Ian Alteveer）、凯利 · 鲍姆（Kelly Baum），伊里亚 · 坎德拉（Iria Candela）、尼古拉斯 · 库利南（Nicholas Cullinan）、道格拉斯 · 埃克伦德（Douglas Eklund）、珍妮弗 · 法瑞尔（Jennifer Farrell）、米娅 · 菲曼（Mia Fineman）、比阿特丽斯 · 加利利（Beatrice Galilee）、玛拉 · 普拉瑟（Marla Prather）、萨曼莎 · 里普纳（Samantha Rippner）、杰夫 · 罗森海姆（Jeff Rosenheim）和希娜 · 瓦格斯塔夫（Sheena Wagstaff）。

大都会艺术博物馆的联合出版人格温 · 罗金斯基建议根据“艺术家项目”出版一本书，并与费顿出版社的集团出版人、副总裁德博拉 · 亚伦森合作，将这些资料打磨成流畅易读的开本，赋予了印刷版本新的含义。经过他们的努力，还有大都会艺术博物馆出版和营销助理瑞秋 · 海（Rachel High）及费顿出版社助理编辑布里奇特 · 麦卡锡（Bridget McCarthy）的大力协助，这本书的出版终于成为现实。

我还要感谢大都会艺术博物馆的出版人马克 · 波利佐蒂（Mark Polizzotti），他细心编辑了这本书的导言部分，并对其出版给予了大力支持。最后，我要感谢为《像艺术家一样观看》做出贡献的 120 位艺术家，感谢他们的热情，感谢他们愿意分享自己在欣赏艺术时看到的一切。

克里斯托弗 · 诺伊

图书在版编目（CIP）数据

像艺术家一样观看：解读 120 件大都会艺术博物馆珍藏 /（美）克里斯托弗·诺伊编著；文小雅译．-- 北京：北京联合出版公司，2023.4

ISBN 978-7-5596-6625-3

Ⅰ．①像… Ⅱ．①克… ②文… Ⅲ．①艺术品－鉴赏－世界 Ⅳ．① J051

中国国家版本馆 CIP 数据核字 (2023) 第 035717 号

像艺术家一样观看：解读 120 件大都会艺术博物馆珍藏

编　　著：［美］克里斯托弗·诺伊
译　　者：文小雅
出 品 人：赵红仕
选题策划：后浪出版公司
出版统筹：吴兴元
编辑统筹：蒋天飞
特约编辑：李　媛
责任编辑：龚　将
营销推广：ONEBOOK
装帧制造：墨白空间·张萌

北京联合出版公司出版
（北京市西城区德外大街 83 号楼 9 层　100088）
北京雅昌艺术印刷有限公司印刷　新华书店经销
字数 210 千字　635 毫米 ×965 毫米　1/8　34 印张
2023 年 4 月第 1 版　2023 年 4 月第 1 次印刷
ISBN 978-7-5596-6625-3
定价：338.00 元

作者简介

克里斯托弗·诺伊，美国艺术史学者、策展人、作家、艺术和文化类电影制片人，曾获得艾美奖。他现在担任大都会艺术博物馆馆长办公室的高级顾问，策划了线上系列栏目“艺术家项目”。

译者简介

文小雅，四川外国语大学英语专业副教授，博士生在读，主要研究领域为当代英美小说和英汉互译；匹兹堡大学和杜肯大学访问学者，爱丁堡大学和兰卡斯特大学高级研修；独立翻译宗璞先生《野葫芦引》四部曲，第一部和第二部英文版已在伦敦出版。

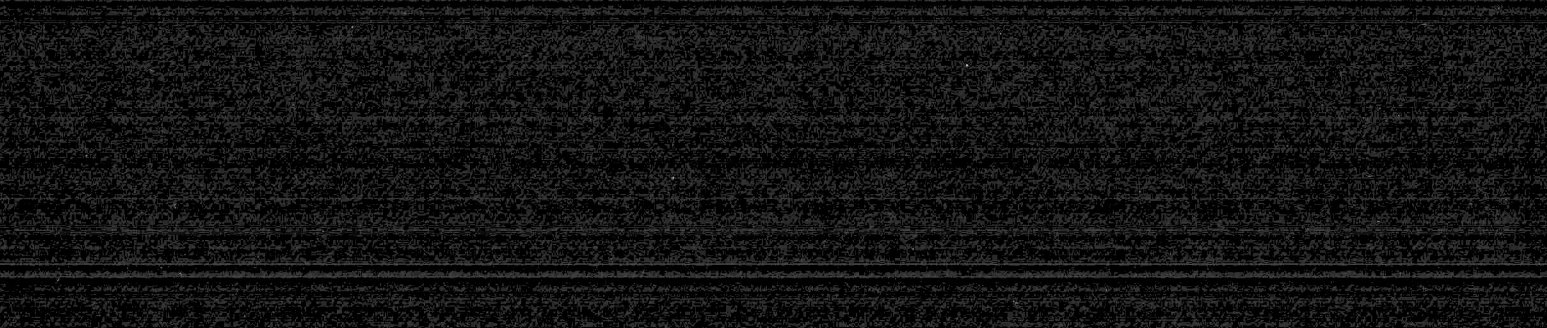